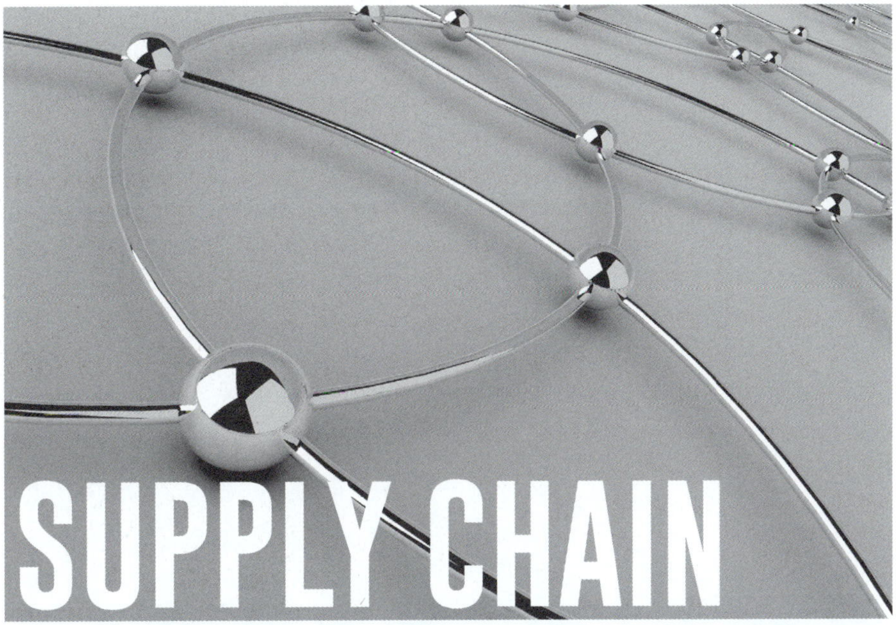

SUPPLY CHAIN MANAGEMENT

공급사슬관리

개정3판

서용원 · 박건수 · 신광섭 · 정태수 지음

생능

공급사슬관리

초판발행 2016년 6월 28일
제3판1쇄 2025년 5월 19일

지은이 서용원, 박건수, 신광섭, 정태수
펴낸이 김승기, 김민정
펴낸곳 (주)생능 / **주소** 경기도 파주시 광인사길 143
출판사 등록일 2014년 1월 8일 / **신고번호** 제406-2014-000003호
대표전화 (031)955-0761 / **팩스** (031)955-0768
홈페이지 www.booksr.co.kr

책임편집 이종무 / **편집** 신성민, 최동진 / **디자인** 유준범, 노유안
마케팅 최복락, 김민수, 심수경, 차종필, 백수정, 송성환, 최태웅, 명하나
인쇄 · 제본 상지사

ISBN 979-11-86689-61-5 93320
정가 33,000원

개정3판 머·리·말

뉴 노멀(New Normal), 위기가 일상화된 대변혁의 시대에 공급사슬관리 제3판을 내놓게 되었다. 2판을 내보냈던 2019년으로부터 6년여의 시간 동안 세상에는 정말 극적인 변화가 있었다. 코로나19로 암흑의 터널을 지나왔고 AI 혁명으로 SF에서나 공상했던 기계와의 대화가 가능해졌으며, 이 머리말을 쓰고 있는 2025년 현 시점에서는 미국발 관세전쟁을 필두로 글로벌 자유무역 체제가 균열을 보이고 있다.

이러한 대격변의 요동 속에서 공급망 또는 공급사슬의 붕괴와 재편성은 이제 일간지의 1면을 장식하는 단골 키워드로서 학술 및 비즈니스의 영역을 넘어 일상의 관심사로 확대된 주제가 되었다. 이 책의 초판이 나왔던 2016년 당시와 비교해 보면 공급사슬이라는 주제의 위상과 영향력에서 깊은 격세지감을 느끼게 된다.

이번 개정에서는 공급사슬관리를 둘러싼 경영환경과 기술의 격변을 반영하여 내용과 사례를 현행화하는 데 중점을 두었다. 인공지능, 로보틱스 등 공급사슬의 구조적 기반을 뒤흔들고 있는 기술 변화를 반영하였고, ESG를 비롯한 사회적 요구와 기업의 지속 가능 경영 관점을 담아내었다. 또한, 코로나19 팬데믹과 무역전쟁을 포함한 지정학적 리스크가 공급망에 미치고 있는 영향을 보여주는 사례들을 추가하였다. 이 책의 내용과 사례들을 통해 독자들은 공급사슬관리의 방법론들이 실제 비즈니스 현장과 어떻게 연결되고 있는지에 대한 실질적인 인사이트를 얻을 수 있을 것으로 믿는다.

늘 그렇듯이 글을 세상에 내보내는 것은 무겁고 두려운 일이다. 이 책을 교재로 채택해 준 많은 대학과 교육과정들, 그리고 일반 독자들에게 실질적인 도움이 되기를 바라며, 독자 제현의 많은 피드백과 고견을 기대한다.

이번 3판의 출간에 이르기까지 애정과 관심으로 건설적인 의견을 제시해 준 동료 연구자들과 이 작업이 가능하게 해준 가족들의 지지와 배려에 마음 깊이 고마움을 전한다. 또한, 아낌없는 도움과 헌신적 노력을 기울여 주신 출판사 관계자분들께도 감사드리며, 무엇보다도 이 책의 오늘이 있기까지 함께 해주신 독자들에게 깊은 감사의 말씀을 전한다.

2025년 5월

저자 일동

개정판 머·리·말

공급사슬관리 초판을 발간한 지 벌써 2년 반이 지났다. 처음에 저자들이 의기투합하여 집필 작업을 시작하고 책이 출판되기까지의 과정을 겪으면서 한 권의 책을 세상에 내놓는다는 것이 얼마나 무거운 일인지를 실감하였었는데, 초판이 세상에 나오고 보니 기쁨과 뿌듯함보다는 부족한 부분에 대한 아쉬움과 보이지 않는 독자들의 눈에 대한 두려움이 더 크게 다가올 따름이었다.

책이 나오고 여러 동료 연구자들께서 아낌없는 격려의 말씀을 주셨고, 또한 감사하게도 여러 과정에서 이 책을 교재로 쓰면서 많은 피드백을 보내주셨다. 이 분들의 관심과 배려가 2판 출판에 이르게 된 가장 큰 힘이 되었음에 먼저 진심으로 감사의 마음을 표하고자 한다.

2판은 많은 연구자들께서 제공해 주신 피드백과 저자들이 직접 강의를 진행하면서 발견된 수정 개선 요구사항을 반영하여 만들어졌다. 첫째로, 현실 사례가 더욱 많이 포함되었으면 좋겠다는 피드백을 반영하여, 공급사슬관리의 고전적 사례 이외에 각 챕터별로 해당 챕터의 주요 내용에 연관된 도입 사례를 추가하였다. 둘째로, 초판에서 미처 다 싣지 못하여 아쉬움이 남았던 내용들을 추가로 집필하여 보완하였다. 마지막으로, 초판에서 나타난 수식 오류와 오탈자를 전반적으로 점검하여 수정하였으며, 용어 및 번역어의 일관성을 높이고 표현이 어색하거나 모호한 문장들을 개선하였다.

이 책을 대학의 학부에서 교재로 사용하는 경우, 한 학기에 모두 다루기에는 다소 분량이 많을 수 있다. 시간의 제약이 있다면 심화주제를 도입하는 14장과 15장은 사례탐구로 대체하여도 좋을 것으로 생각된다.

초판에 비해 한층 완성도가 높아진 책을 세상에 내보내게 된 것 같아 그간 도와주셨던 많은 분들께 감사드리는 마음뿐이다. 배려와 희생으로 힘이 되어준 가족들과, 함께 길을 가면서 아낌없이 도와준 학생들, 출판 과정을 성심으로 지원해주신 출판사 관계자분들,

그리고 무엇보다도, 2판이 만들어진 원동력이 되었던 독자들과 동료 연구자들의 관심과 사랑에 다시 한 번 감사의 말씀을 전한다.

2019년 1월

저자 일동

머·리·말

기업의 경쟁 환경은 끊임없이 변화한다. 현대 경영에서 가장 특징적인 경쟁 환경의 변화는 기업 간 경쟁에서 공급사슬 간 경쟁으로 경쟁의 주체가 바뀌고 있는 현상이라고 하겠다. 공급사슬은 서로 다른 기업들이 거래 관계로 연관되어 이루어진 기업의 네트워크이다. 기업 경쟁의 양상이 공급사슬 간 경쟁으로 변화하면서, 기업은 자기 자신의 경쟁력뿐 아니라, 거래하고 있는 다른 기업들과의 협력을 통해 공급사슬 전체의 경쟁력을 높여야만 하는 도전 과제에 직면하게 되었다.

문제는 공급사슬에 참여하고 있는 다른 기업의 경영에 대한 통제권을 한 기업이 모두 가지고 있지 않다는 점이다. 다른 기업의 의사결정을 통제할 수 없다면, 다른 기업의 의사결정을 서로가 이익이 되는, 즉 상생(win-win)하는 방향으로 유도하는 것이 필요하다. 그래서 공급사슬관리는 단일 기업의 경영에서와는 다른 새로운 접근 방법을 요구한다. 공급사슬 전체의 경쟁력을 높이기 위해 서로 다른 기업 간의 정보 공유(communication)를 바탕으로, 기업 간 의사결정의 조정(coordination), 그리고 프로세스의 통합을 통한 협업(cooperation)이 요구된다. 이러한 공유, 조정과 협업은 기업 경영의 전략적(strategic), 전술적(tactical), 운영적(operational) 수준에서 입체적으로 일어나야 하며, 궁극적으로는 공급사슬 전체의 최적화(global optimum)를 지향한다.

공급사슬관리는 그래서 매력적인 도전이다. 서로 다른 기업의 경영 활동을 서로가 이익이 되는 방향으로 유도하면서 공급사슬 전체의 경쟁력을 강화하고 전체 최적화를 통한 상생을 추구하는 포괄적 방법론이라는 점에서 그러하다.

이 책은 공급사슬관리의 이러한 다면적 · 다층적 접근을 종합적으로 다루고자 하는 관점에서 집필되었다. 공급사슬관리의 전략적 접근을 위한 개념과 통합적 계획 · 운영을 위한 세부 기법을 균형 있게 다루어 너무 개념적이어서 공허해지지 않도록 하면서도 지나치게 기법적으로 복잡하여 학생과 실무자 등의 독자들이 다가가기 어렵지 않도록 노력하였다. 또한 생산운영관리 측면, 물류 네트워크 측면, 정보시스템 측면 등 공급사슬 관리를 구성하는 경영의 여러 측면에서의 균형적인 접근을 고려하였다. 특히, 공급사슬 관리 분야에서 대표적으로 인용되는 핵심 경영사례들을 각 파트의 대표사례로 수록하여 실제 사례에 기반한 개념과 기법의 이해를 도모하여, 사례 중심의 학습이 이루어질 수 있도록 설계하였다.

이 책의 구성은 다음과 같다.

제1부는 공급사슬관리에 대한 전반적 개요로서, 공급사슬관리의 개념과 중요성, 공급사슬관리의 도전과제에 대해 살펴본다. 제2부는 공급사슬의 기본 이론과 공급사슬 고유의 다이내믹스, 그리고 공급사슬에서 정보가 가지는 의미를 설명하였다. 제3부에서는 실무적으로 S&OP라고 일컬어지는 공급사슬의 계획과 조정에 대한 사례와 기법을 살펴본다. 이어지는 제4부에서는 공급사슬의 전략과 혁신을 위한 개념을 알아보고, 전략의 구현을 위한 제품설계상에서의 구현 방안을 설명하였으며, 제5부에서는 공급사슬에 함께 참여한 파트너들과의 관계 관리에 대해 살펴보았다. 제6부에서는 공급사슬의 물류적 측면인 글로벌 공급사슬 네트워크의 설계와 운영 방안을 설명하였으며, 마지막으로 제7부에서는 공급사슬 분야에서 최근 강조되고 있는 위험관리, 강건성, 지속 가능성 등의 새로운 이슈들에 대해 살펴본다.

공급사슬관리가 근래에 들어서 경영학, 산업공학 등 대학의 관련 전공뿐 아니라 기업의 교육과정에서도 중요하게 다루어지면서 다양한 분야에서의 중요 교육과정으로 개설되고 있다. 이 책이 이러한 대학 및 실무의 교육 과정에서 요구에 부합하여 활용될 수 있기를 기대하는 바이다.

끝으로, 책의 집필 과정에서 변함없는 지지와 격려를 보내준 가족들과 좋은 피드백을 준 동료 연구자들, 자료 정리에 고생한 학생들, 그리고 출판 과정에 도움을 아끼지 않은 출판사 관계자 여러분에게 깊은 감사의 마음을 전한다.

2016년 6월
저자 일동

강·의·계·획·표

주	Chapter	학습 주제
1	1장 공급사슬관리: 비즈니스 네트워크의 경영	공급사슬의 개념과 공급사슬관리의 필요성
2	2장 공급사슬에서의 재고의 역할과 의미	공급사슬에서 재고의 역할과 효율적 재고관리 방안
3	3장 채찍효과와 정보의 가치	채찍효과의 개념과 공급사슬에서 정보의 역할
4	4장 공급사슬과 IT	공급사슬에서 IT의 역할과 적용 방안
5	5장 수요의 불확실성과 공급량 결정	수요 변동에 대응하기 위한 공급량의 결정 방법
6	6장 공급사슬 의사결정의 조정과 계약	기업 간 의사결정 조정을 통한 공급사슬 전체 최적화 방안과 이를 위한 계약 설계 방법
7	7장 공급사슬 전략과 프로세스 유형	공급사슬 전략 수립과 프로세스 유형 및 전략 적합성
8	중간고사	
9	8장 공급사슬관리를 고려한 제품 설계	공급사슬관리의 효율성을 고려한 제품 설계 방안
10	9장 공급자관계관리	공급자관리 및 공급자 선정 방안
11	10장 수요관리와 예측	수요관리체계와 수요예측방법론
12	11장 공급사슬 네트워크 설계	공급사슬에서 물류 네트워크의 중요성과 설계 방안
13	12장 운송과 창고관리	공급사슬에서 운송 및 창고의 역할과 관련 의사결정 모형
14	13장 공급사슬 위험관리 체계	공급사슬 위험관리 체계와 방법론
15	14장 공급사슬의 유연성과 위험관리 15장 지속 가능성과 공급사슬관리	- 공급사슬 위험 경감을 위한 유연성 강화 전략과 방법론 - 공급사슬 지속 가능성의 개념과 고려사항
16	기말고사	

차·례

공급사슬관리

PART I 공급사슬관리 개요

Chapter 1 공급사슬관리: 비즈니스 네트워크의 경영

1

CHAPTER

공급사슬관리: 비즈니스 네트워크의 경영

학습 목표

- 공급사슬의 개념과 주요 용어를 이해한다.
- 공급사슬에서 제시되는 어려움과 공급사슬관리의 필요성을 이해한다.
- 공급사슬관리의 주요 접근방법을 이해한다.

사례

Deepseek이 AI와 공급망에 일으킨 물결효과(ripple effect)

DeepSeek AI의 혁신적 돌파구가 시장 혼란을 일으키며 반도체 공급망 지배력을 위협하고 있다. 중국의 혁신 생태계가 발전을 가속화하면서 AI 개발의 미래에 대한 의문이 제기되고 있으며, 초점이 효율성과 오픈 소스로 이동하고 있다.

지난 2년 동안 기술 업계는 Nvidia 칩에 대한 끝없는 수요를 누려왔지만, 이제는 냉혹한 현실을 마주하게 되었다.

잘 알려지지 않은 중국 인공지능 스타트업인 DeepSeek이 Nvidia가 생산하는 칩을 적게 사용하면서도 더 높은 성과를 낼 수 있음을 입증했다. 이로 인해 테크 기업들의 주가가 급락하고, 메타와 Nvidia와 같은 거대 기업들은 향후 전망에 대한 어려운 질문에 직면하게 되었다. 하지만 동시에 AI 개발의 본질, 비용, 그리고 첨단 반도체와 같은 전략적 자원의 중요성에 대한 의문도 제기되고 있다.

DeepSeek의 등장은 강력한 AI 시스템을 구축하려면 특수 AI 칩에 대한 막대한 투자가 필요하다는 기존의 믿음에 도전장을 던졌다.

이로 인해 오직 대형 기술 기업만이 최첨단 AI 기술을 개발할 수 있다는 기존의 개념이 흔들리고 있다. 샌프란시스코에 위치한 헤

지펀드 기업 Ogborne Capital Management의 설립자 마이크 오그본(Mike Ogborne)은 "AI로 정확히 어떻게 수익을 창출할 수 있을지는 알기 어렵다."라고 말했다. 해당 회사는 Nvidia에 대한 투자 포지션을 보유하고 있다.

◆ AI 개발의 새로운 패러다임

DeepSeek의 성과는 이전보다 훨씬 적은 연산 자원으로 강력한 AI 모델을 개발할 수 있는 능력에서 비롯된다. 일반적으로 주요 기업들은 슈퍼컴퓨터를 사용해 최대 16,000개 이상의 칩으로 챗봇을 훈련하지만, DeepSeek의 엔지니어들은 약 2,000개의 Nvidia 칩만으로도 충분했다고 밝혔다.

이러한 혁신적인 성과는 칩 사용량을 줄이는 동시에 더 효율적인 데이터 분석 기법을 개발한 결과다. DeepSeek의 연구 논문은 적은 칩으로 AI 기술을 구축하는 독창적이고 인상적인 방법을 제시했으며, 이는 다른 기업들도 활용할 수 있어 AI 모델 전반의 발전 속도를 가속화할 것으로 전망된다.

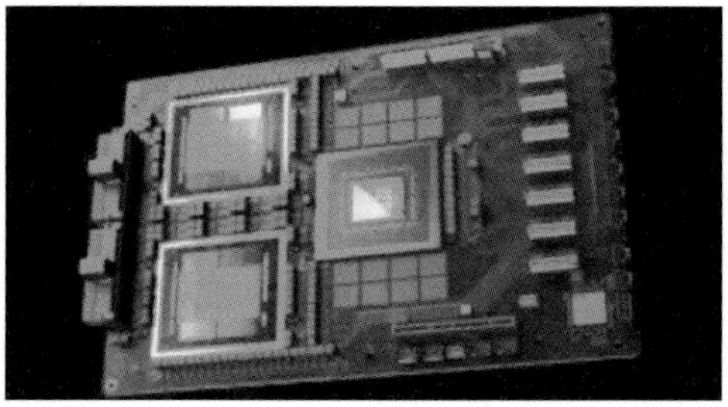

Grace-Blackwell 슈퍼칩(※ 출처: Nvidia)

이러한 성과는 연산 능력과 AI 성능 간의 관계를 다시 고려하게 만드는 계기가 되었다. DeepSeek의 혁신 이전까지, 기술 업계에서는 AI 발전이 더 강력한 연산 능력을 필요로 한다는 것이 정설이었다.

대부분의 기업들은 "더 큰 칩이 곧 더 강력한 AI 성능을 의미한다."고 믿었으며, 이에 따라 Nvidia가 시장을 지배하는 특수 AI 칩에 대한 의존도가 높아졌고, 데이터 센터에 대한 막대한 투자가 필수적인 요소로 여겨졌다.

DeepSeek은 막대한 하드웨어 투자 없이도 강력한 AI를 구축할 수 있음을 입증하며, 투자자들로 하여금 AI 인프라와 하드웨어의 가치에 대한 의문을 제기하게 만들었다.

◆ 반도체 공급망에 미치는 영향

DeepSeek의 성공은 반도체 공급망, 특히 Nvidia와 같은 기업에 중대한 영향을 미칠 가능성이 있다. Nvidia는 AI 붐을 이끄는 컴퓨터 칩을 판매하며 주식시장에서 최고 수준의 성장을 기록해 왔다. Blue Whale Growth의 최고 투자 책임자(CIO) 스티븐 유(Stephen Yiu)는 "DeepSeek이 경쟁의 장을 평준화했다."라고 평가했다.

이제 강력한 AI 시스템이 더 적은 수의 칩으로도 개발될 수 있다는 사실이 입증되면서, 가장 첨단이면서도 비싼 칩에 대한 수요가 줄어들 가능성이 제기되고 있다. 이는 AI 개발 비용을 낮추고, 더 많은 기업들이 AI 개발에 참여할 수 있도록 접근성을 높이는 결과로 이어질 수 있다.

이러한 변화는 AI 개발에서 미국이 지배적 위치를 차지하고 있다는 인식과 무역 규제의 효과에 대한 의문을 제기하고 있다. 미국은 글로벌 AI 경쟁에서 주도권을 유지하기 위해 바이든 행정부가 중국 및 기타 경쟁국에 판매되는 고성능 칩을 제한하는 규정을 시행한 바 있다.

그러나 DeepSeek은 이러한 제한 속에서도 혁신적인 성과를 거두었으며, 이는 중국 연구자들이 주어진 자원 내에서 새로운 방식으로 혁신을 이루고 있음을 보여준다.

이번 성과는 무역 규제의 예상치 못한 결과를 초래할 가능성에 대한 논란을 불러일으키고 있다. 즉, 이러한 규제가 오히려 중국 연구자들이 시장에서 자유롭게 사용할 수 있는 도구를 활용해 창의적인 해결책을 찾도록 유도하고 있을 수도 있다.

DeepSeek의 AI 시스템이 오픈 소스 방식을 채택함으로써, 기존 AI 공급망의 구조를 흔들 가능성이 커지고 있다. DeepSeek은 핵심 컴퓨터 코드를 다른 기업 및 연구자들과 공유함으로써, 누구나 동일한 기술을 활용해 제품을 개발하고 배포할 수 있도록 지원하고 있다. 이러한 오픈 소스 방식의 접근은 DeepSeek뿐만 아니라 다른 중국 기업들도 빠르고 저렴하게 경쟁력 있는 AI 시스템을 구축할 수 있도록 돕고 있다.

◆ 중국의 AI 생태계와 발전 방식

DeepSeek의 급부상은 중국이 AI를 개발하는 독특한 방식을 보여주는 대표적인 사례다. 중국의 접근법은 첨단 칩에만 의존하는 것이 아니라, 문화적 요소, 방대한 데이터, 그리고 기업가 정신의 조합을 활용하는 데 초점을 맞추고 있다.

AI 분야의 권위자이자 『AI 슈퍼파워(AI Superpowers)』의 저자인 카이푸 리(Kai-Fu

Lee)는 중국의 AI 성공이 여러 요인에 기인한다고 분석했다. 그에 따르면, 중국 문화는 모방과 변형을 장려하는 동시에 강한 근면성 및 기업가 정신을 촉진하는 특징이 있으며, 이러한 요소들이 중국 AI 산업이 빠르게 발전하는 원동력이 되고 있다.

딥러닝 분야의 선구자로서 Google Brain 프로젝트를 창립하고 바이두(Baidu)의 AI 연구를 이끌었던 앤드루 응(Andrew Ng)은 카이푸 리(Kai-Fu Lee)와의 인터뷰에서 중국의 AI 발전 속도에 대해 "중국의 속도는 믿을 수 없을 정도로 빠르다."라고 말했다. 또한 그는 다음과 같이 덧붙였다. "중국에서 팀을 이끌 때, 토요일이나 일요일, 혹은 내가 필요하다고 느낄 때 회의를 소집하면 모두 참석했다. 불평하는 사람도 없었다."

카이푸 리는 저서에서 중국의 AI 경쟁력이 방대한 데이터와 정부의 적극적인 정책 지원에서 비롯된다고 강조했다. 중국의 독특한 인터넷 생태계는 엄청난 양의 데이터를 생성하며, 이러한 데이터는 AI 발전을 가속화하는 핵심 자원으로 활용된다.

또한 중국 정부는 창업과 혁신을 적극 장려하는 정책과 자금 지원을 통해 AI 산업을 육성하고 있다. 야심찬 중국의 시장과 지방정부 지도자들은 자신의 도시를 새로운 AI 기술의 테스트베드로 만들기 위해 경쟁적으로 AI 프로젝트를 추진하고 있다.

카이푸 리(Kai-Fu Lee)는 "중국의 투자자, 기업가, 그리고 정부 관계자들이 한 산업에 집중하면, 그들은 정말로 세계를 뒤흔들 수 있다."라고 말했다. 그는 중국이 AI에 대한 투자, 연구, 그리고 창업을 역사적인 규모로 확대하고 있다고 강조했다.

미국의 정치 시스템은 기술 업그레이드 과정에서의 실수나 자금 낭비에 대해 강하게 제재할 수 있지만, 중국의 기술 실용주의적(techno-utilitarian) 접근 방식은 적극적인 투자와 빠른 도입을 장려하는 방향으로 움직인다.

앤드루 응은 "중국에서는 끊임없이 의사 결정이 이루어진다."며 다음과 같이 설명했다. "시장이 무언가를 하면, 빠르게 반응해야 한다. 이러한 환경이 중국 AI 생태계를 혁신적으로 만들었고, 새로운 기술을 어떻게 시장에 적용할지를 빠르게 파악하는 능력을 키웠다."라고 평가했다.

중국의 접근 방식은 기초 연구에 그치지 않고 실제 구현에 집중하며, AI의 현실 세계 적용을 적극 수용하는 태도에서 빛을 발하고 있다.

중국 기업들은 "현장 중심(going heavy)" 전략으로 유명하다. 이들은 배달 서비스, 자동차 수리, 공유 자전거 등과 같은 복잡한 산업 현장에 직접 뛰어들어 사용자들의 실제 생활 패턴을 면밀히 분석한다. 이러한 데이터 우위(data advantage)를 바탕으로, 중국 기업들은 온라인 상호작용에 집중하는 실리콘밸리의 거대 기술 기업들과 경쟁할 수 있는 강력한 기반을 구축하고 있다.

◆ 변화하는 AI의 미래

DeepSeek의 등장은 AI와 그 공급망의 미래에 대한 많은 질문을 불러일으키고 있다. 이 회사의 성공은 더 크고 강력한 AI 시스템을 구축하려면 특수 AI 칩과 데이터 센터에 대한 막대한 재정 투자가 필요하다는 기존의 합의를 뒤흔들었다. 기술 벤처 투자자인 마크 안드레센(Marc Andreessen)은 소셜미디어에서 DeepSeek이 "AI의 스푸트니크 순간(Sputnik moment)"이라고 언급하며, 이는 글로벌 AI 지형이 변화할 가능성을 시사하는 중요한 사건임을 암시했다.

Futurum Group의 CEO 다니엘 뉴먼(Daniel Newman)은 시장의 불확실성을 반영하며 "아직 여기서 승자가 결정된 것은 없다."라고 말했다. 그는 이어 "지금까지 AI 툴은 그저 그런 수준이었다. 하지만 모두가 더 나은 모델을 더 저렴한 비용으로 만들 수 있다면, AI 도입이 본격적으로 확산될 수도 있다."고 전망했다.

일부 반도체 업계 관계자들은 DeepSeek이 기존 AI 강자들을 대체할 것이라고 보지 않으며, 소량의 연산 자원만으로 강력한 AI 모델을 구축할 수 있다는 주장이 Nvidia의 사업을 위협할 것이라고도 확신하지 않는다. 그러나 DeepSeek은 분명 시장을 뒤흔들었으며, 기존의 통념에 도전하고 있다.

AI의 미래는 단순히 기존 시스템을 더 강력한 연산 자원으로 확장하는 방식이 아니라, 더 효율적인 자원 활용, 혁신적인 기술 접근법, 기존 가정을 재검토하려는 태도가 핵심이 될 가능성이 높다.

DeepSeek이 더 적은 자원으로도 의미 있는 성과를 달성한 사례는 AI 개발과 이를 뒷받침하는 반도체 공급망의 미래를 재편할 수 있는 중요한 선례로 남게 될 것이다.

출처: EETimes, Jan 28, 2025, https://www.eetimes.com/deepseek-ripple-effect-on-ai-and-supply-chains/

1.1 서론

비즈니스는 복잡한 네트워크이다. 비즈니스는 단독으로 존재하지 않는다. [그림 1-1]에 나타난 것처럼, 대부분의 비즈니스는 공급자, 공급자의 공급자, 제조업체, 유통업체, 최종고객에 이르기까지 수많은 기업이 상호관계를 맺으며 운영되고 있다.

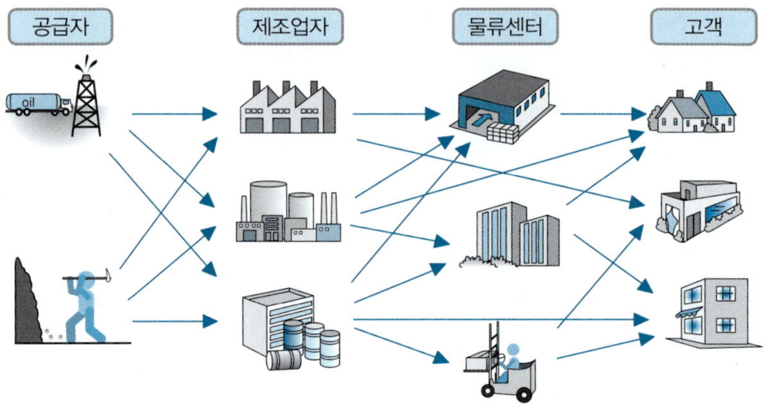

[그림 1-1] 비즈니스의 복잡한 네트워크

비즈니스가 이렇게 복잡한 네트워크를 이루면서 존재한다는 사실은 기업의 운영에 있어서 중요한 문제를 제기한다. 한 기업의 운영은 다른 기업의 운영으로부터 독립적이지 않다. 예를 들어, [그림 1-2]에서 공급자 A가 자연재해 등으로 갑작스런 운영중단사태를 맞았다고 해보자. 그러면 이 공급자로부터 공급받는 제조업체(B)는 곧 제조에 필요한 자재의 고갈을 겪게 되고, 이로 인해 제조에 차질을 야기하게 될 것이다. 제조업체의 제조 차질은 유통업체(C)의 영업에 차질을 일으켜 최종고객에 대한 해당 제품공급이 중단되기도 하며, 한편으로는 제조 중단에 따라 전반적인 자재 발주가 중단됨에 따라 다른 공급자(D)의 운영에 차질을 야기할 수도 있다. 상황의 심각성에 따라서는 공급자 A의 운영 중단과 공급자 D의 운영 차질에 의해 공급자 A에 대한 공급자나 공급자 D에 대한 공급자의 운영도 영향을 받을 수 있다.

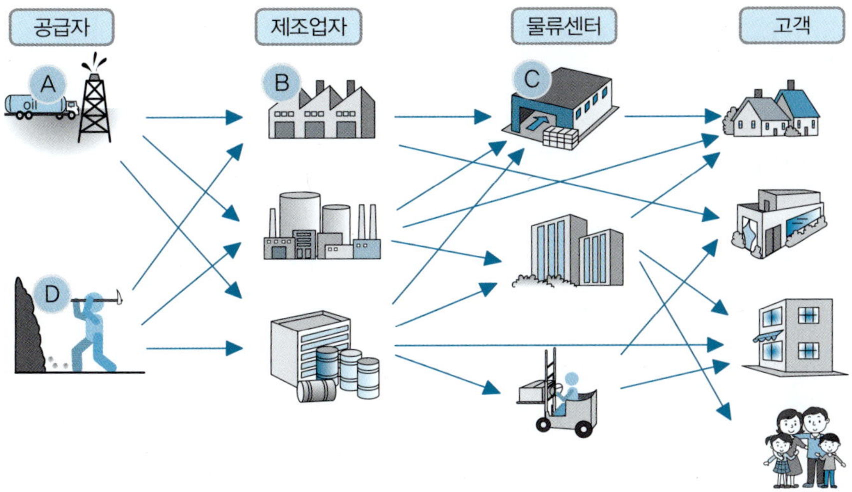

[그림 1-2] 기업 간 네트워크에서의 영향의 전파

기업들이 네트워크로 연관되어 있음에 따라, 한 기업에서 발생한 사건은 직·간접적으로 거래관계를 맺고 있는 다른 기업들에도 영향을 미치게 되어, 네트워크에 참여하고 있는 기업들의 운영은 서로 영향을 주고받는 관계에 있게 된다. 따라서 기업은 자사의 운영뿐 아니라 자사와 직·간접적으로 영향을 맺고 있는 다른 기업과의 운영 관련 연관관계를 고려하지 않을 수 없다. 여기에서 기업의 운영을 단일 기업 단위가 아닌, 기업 간의 네트워크인 공급사슬(supply chain)을 대상으로 해야 할 필요성이 대두된다. 이에 따라 이미 기업 간의 경쟁은 기업이 속한 공급사슬 사이의 경쟁으로 확대되었으며, 도입 사례에서 나타난 것처럼, 기술의 혁신이 공급사슬 전체의 구조를 뒤흔들고 기업 간 경쟁의 양상과 산업의 진화 방향을 바꿔놓기도 한다.

공급사슬은 공급망 또는 공급체인이라고도 하며, 원자재를 최종 고객에게 완제품으로 전달하는 과정에서 거래관계로 연관되어 있는 기업의 네트워크와 여기에 포함되어 있는 자재, 인적자원, 정보, 프로세스 등을 포괄하는 개념으로 정의할 수 있다. 이어지는 절에서 공급사슬의 개념을 좀 더 자세히 살펴보자.

1.2 공급사슬관리의 개념

전방(front-end)
후방(back-end)

공급사슬에 속해 있는 기업의 운영이 상호 영향을 주고받는다는 점은 기업의 운영을 공급사슬의 틀에서 이해해야 한다는 점을 시사한다. 이를 위해서는 공급사슬의 일반적 구조를 이해할 필요가 있다. [그림 1-3]은 '나', 즉 자기 자신을 중심으로 한 공급사슬의 형태를 단순화하여 도식화하였다. '나'는 공급자들에게 공급받은 원자재 및 부품을 이용해 제품을 생산한 후 이를 유통망을 통해 고객에게 전달한다. '나'의 시선의 방향이 고객을 향하고 있다는 관점에서, 내가 생산한 제품을 받아서 다른 제품의 생산에 활용하거나 유통시키는 쪽을 공급사슬의 '**전방**(front-end)', 나에게 원자재나 부품 등을 공급하는 쪽을 공급사슬의 '**후방**(back-end)'이라고 한다. 즉, 공급사슬의 전방은 유통 네트워크, 후방은 공급자 네트워크에 해당한다.

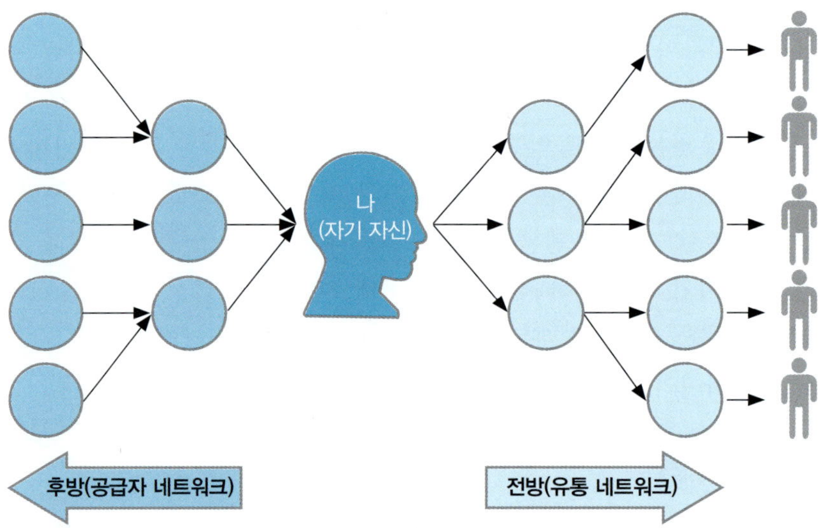

[그림 1-3] 공급사슬의 일반적 구조

공급사슬의 전방, 후방의 구분과 더불어 자주 사용되는 것이 공급사슬의 상류와 하류의 개념이다. [그림 1-4]는 오렌지주스의 공급사슬을 단순화한 예를 보여 주고 있다. 오렌지주스의 생산과정을 원재료인 오렌지로부터 중간 제품, 완제품 제조를 거쳐 유통을 통해 최종 고객에게 전달되는 일련의 흐름으로 볼 때, 이 공급사슬 전체는 자재가 상류에서 하류로 흘러가는 강으로 이해할 수 있다. 이러한 관점에서, '나'를 중심으로 볼 때 나에게 원자재 및 제품을 공급하는 쪽을 공급사슬의 '**상**

류(upstream)', 나에게 완제품을 공급받아 최종 고객으로 전달하는 쪽을 공급사슬의 '하류(downstream)'로 지칭한다.

상류(upstream)
하류(downstream)

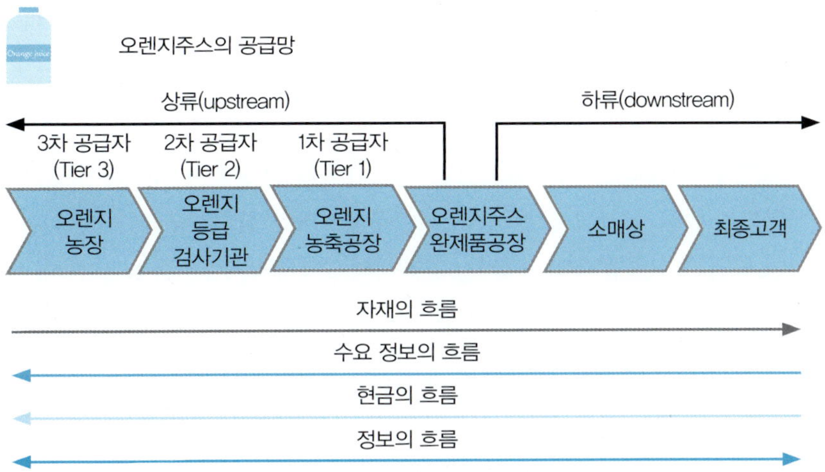

[그림 1-4] 공급사슬의 상류와 하류

[그림 1-4]에는 몇 가지 주목할 점이 있다. 공급사슬이라는 '강'을 따라 자재는 상류에서 하류로 이동하는 한편, 현금의 흐름(cash flow)은 최종 고객에서 발생하여 유통망, 제조업체를 거쳐 공급자들을 향해 공급사슬을 거슬러 올라간다. 또한, 고객에서 발생하는 최종 수요정보는 현금의 흐름과 함께 공급사슬의 하류로부터 상류로 전달되며, 이 과정에서 공급사슬통합을 위한 정보는 공급사슬의 상하류를 총괄하여 공유된다.

그러면 공급사슬관리란 무엇인가? Simchi-Levi 등(2009)은 공급사슬관리를 다음과 같이 정의하고 있다.

> 공급사슬관리는 고객 서비스 수준을 만족시키면서 시스템의 전반적인 비용을 최소화할 수 있도록 제품이 정확한 수량으로, 정확한 장소에, 정확한 시간에 생산과 유통이 가능하게 하기 위하여 공급자, 제조업자, 창고·보관업자, 소매상들을 효율적으로 통합하는 데 이용되는 일련의 접근법이다. (Supply chain management is a set of approaches utilized to efficiently integrate suppliers, manufacturers, warehouses, and stores, so that merchandise is produced and distributed at the right quantities, to

the right locations, and at the right time, in order to minimize system wide costs while satisfying service level requirements)

위의 공급사슬관리에 대한 정의를 바탕으로, 공급사슬관리에 대해 다음과 같은 시사점들을 생각해 볼 수 있다.

공급사슬 총 비용

- **공급사슬 총 비용과 관련된 모든 설비가 고려되어야 한다** 공급사슬에서 최종 고객에게 제품(또는 서비스)을 전달하는 과정에 발생하는 비용은 특정 업체에 국한되지 않고 공급사슬 전체의 모든 곳에서 발생한다. 공급사슬관리는 이와 같이 공급자와 공급자의 공급자, 고객사와 고객사의 고객 등을 포괄하여, 공급사슬에 참여하는 모든 설비에서 발생하는 비용을 고려해야 한다.

시스템 관점에서의 접근 (systems approach)

- **공급사슬 시스템 전체 관점에서의 통합적 최적화가 필요하다** 공급사슬에 참여한 모든 설비가 고려되어야 하고, 이들이 서로 연관되어 있으므로 고객 서비스 요구 수준에 부합하면서 공급사슬 총 비용을 최소화하기 위해서는 공급사슬 시스템 전체 관점에서의 최적화가 필요하다. 즉, 공급사슬관리는 필연적으로 '**시스템 관점에서의 접근**(systems approach)'을 요구한다.

전략적 수준(strategic level)
전술적 수준(tactical level)
운영적 수준(operational level)

- **기업 활동의 여러 수준이 관련되어야 한다** 기업의 활동을 크게 나누어 [그림 1-5]와 같이 **전략적 수준**(strategic level), **전술적 수준**(tactical level) 및 **운영적 수준**(operational level)으로 구분해 볼 수 있다. 전략적 수준은 최고경영자 및 임원급, 전술적 수준은 중간관리자급, 운영적 수준은 실무자 수준에서의 의사결정 및 활동을 의미한다. 공급사슬관리는 고객 서비스 요구 수준에 부합하면서 공급사슬 시스템 총 비용의 최소화를 위한 공급사슬의 통합을 고려하므로, 기업의 모든 수준에서의 의사결정과 수행 활동이 함께 고려되어야 한다.

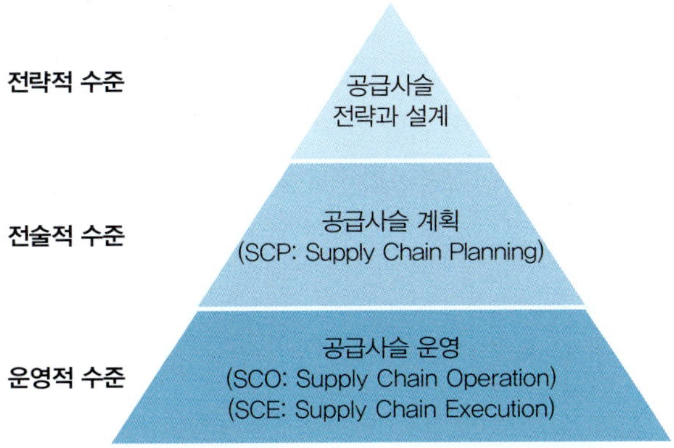

[그림 1-5] 공급사슬관리에 관련된 기업 활동의 수준

[그림 1-5]에서 나타난 공급사슬 활동의 수준을 각각 살펴보면 다음과 같다.

(1) 전략적 수준: 공급사슬 전략과 설계

이 수준에서는 공급사슬 구축을 위한 전략과 공급사슬의 설계에 관련된 의사결정 및 활동을 다룬다. 여기서는 기업의 경쟁우선역량을 고려한 공급사슬의 전략적 방향성—예를 들어, 공급사슬을 대응성에 초점을 둘 것인지 효율성에 초점을 둘 것인지—과, 이에 맞추어 공급사슬의 설비의 수나 위치선정, 공급사슬을 고려한 제품 설계 등 공급사슬의 설계에 대한 의사결정과 활동이 연관된다. 이러한 의사결정은 대부분 최소 수년~수십 년의 장기간 동안 영향을 미치게 되며, 관련 의사결정이 기업의 최고경영자 및 임원 수준에서 수행되는 경우가 일반적이다.

공급사슬 전략과 설계

(2) 전술적 수준: 공급사슬 계획

이 수준에서는 공급사슬의 생산, 재고, 운송 등의 통합적 계획을 고려한다. 대개 중간관리자급의 의사결정으로서, 의사결정의 영향 범위는 수주, 수개월에서 수년 이내의 수준인 것이 일반적이다. 공급사슬 총 비용의 최적화를 위해 설비별 생산 계획 및 재고배치 계획, 운송 계획 등을 고려한다. 정보 시스템 관점에서는 공급사슬의 전술적 수준에서의 통합 계획을 지원하기 위한 **의사결정지원시스템(Decision Support System: DSS)**들이 개발되어 있으며, 통칭 SCM 시스템이라고 일컬어지는 IT시스템들은 대부분 이러한 전술적 수준의 **공급사슬 계획(Supply Chain Planning: SCP)**인 경우가 많다.

의사결정지원시스템(Decision Support System: DSS)

공급사슬 계획(Supply Chain Planning: SCP)

공급사슬 수행(Supply Chain Execution: SCE)
공급사슬 운영(Supply Chain Operation: SCO)

(3) 운영적 수준: 공급사슬 운영

공급사슬 수행(Supply Chain Execution: SCE)이라고도 하는 이 수준에서는, 공급사슬 계획을 실제로 수행하기 위한 운영적 수준의 의사결정과 활동들이 이루어진다. 수행인력의 배정이나 일일생산량, 재고 수준의 설정, 배차 계획 등 수일~수주 정도의 범위에서 실무자들에 이루어지는 의사결정이 일반적이다. 정보 시스템의 측면에서는, 이러한 공급사슬 운영(Supply Chain Operation: SCO)의 지원은 보통 ERP(Enterprise Resource Planning) 시스템에 의해 수행된다.

1.3 공급사슬관리의 주요 문제

공급사슬관리가 중요하고 기업의 경쟁력 강화에 필수적이지만, 공급사슬관리의 수행에는 많은 어려움이 따른다. 최종 수요에 비해 상류에서의 주문량의 변동성이 더 증폭되는 공급사슬 고유의 역동성인 채찍효과(bullwhip effect)[1)]도 공급사슬관리를 어렵게 만드는 요인 중의 하나라고 할 수 있다. 보다 일반적으로, 공급사슬관리를 어렵게 만드는 대표적인 원인으로서 다음과 같은 점들을 생각해볼 수 있다.

- 공급사슬관리는 기업의 다른 부문과 통합적으로 고려되어야만 한다.
- 시스템 관점에서의 전체 최적화를 고려해야 한다.
- 위험(risk)과 불확실성(uncertainty)이 존재한다.

이어지는 절에서 각각의 요인에 대하여 살펴본다.

1.3.1 공급사슬관리와 기업 부문 간 통합

기업의 공급사슬 활동은 단독으로 존재할 수 없다. 공급사슬 전략은 마케팅, 재무, 인사관리 활동과 마찬가지로 기업 전략으로부터 도출되어야 한다. 그 뿐 아니라, 공급사슬 활동 자체도 기업의 다른 부문의 활동과 연계되어 있어, 공급사슬과 관련된 다른 부문에서의 프로세스는 통합적으로 설계되고 수행되어야 한다.

예를 들어, 공급사슬 프로세스와 제품 설계 사이의 연관관계를 고려해 보자. 다음의 사례를 살펴보자.

1) 채찍효과에 대해서는 제3장에서 자세히 설명한다.

HP가 새롭게 성장하고 있던 잉크젯 프린터 시장에 진출한 초기인 1990년대 초반, HP는 심각한 과다재고와 낮은 서비스 수준의 문제로 어려움을 겪고 있었다. HP의 잉크젯 프린터인 데스크젯은 유럽 여러 국가에 제품을 출시하면서 각 국의 언어 및 전압, 전원플러그의 형태에 따른 다양한 세부 모델이 존재하였으며, 세부 모델별 생산량과 실제 수요 사이의 편차로 인해 특정 세부 모델에 따라서는 수요를 충족하지 못하는 반면 다른 세부 모델에서는 과다한 재고가 발생하는 식의 문제가 반복되었고, 이는 심각한 수익성 저하로 이어졌다.

출처: Kopczak & Lee(1994).

이와 같이 낮은 서비스 수준과 과다한 재고가 동시에 발생하는 문제는 HP 데스크젯의 경우뿐 아니라, 많은 기업 운영에서 흔히 관찰되는 현상이다. 흔히 수요예측의 정확성을 높이거나 재고량을 더 높이는 방식으로 해결하고자 하지만, 수요예측의 정확성에는 한계가 있고 재고량은 이미 과다한 경우가 많다.

HP는 이 문제를 제품의 재설계로 해결하였다. 각 국가별 세부 모델을 밴쿠버 본사에서 완제품 형태로 생산하여 운송하는 대신, 본체에서 전원 모듈을 분리하고, 전원 어댑터와 전원 케이블도 별도의 모듈로 분리하였다. 이에 따라 본사에서는 공통의 본체만을 생산하여 유럽으로 운송하고, 각국 언어로 된 매뉴얼 및 소프트웨어를 유럽 시장 현지의 물류센터에서 통합하여 패키지로 포장함으로써 각 국가별 세부 모델의 수요와 재고 사이의 불균형을 해소하였으며, 이는 수익성과 시장점유율의 극적인 향상으로 이어졌다.[2)]

이 사례는 공급사슬의 문제의 해결을 위해 제품이 재설계되어야만 했던 전형적인 경우를 보여 준다. 이와 같이 많은 경우에 있어서 공급사슬관리 활동은 제품개발 프로세스와 연계되어 수행되어야 한다. [그림 1-6]은 공급사슬 프로세스와 제품개발 프로세스 사이의 연계관계를 도식화하여 나타내고 있다.

이러한 이유로, 공급사슬관리의 활동은 특정 부서 단독으로 수행될 수 없으며, 부서간의 협력과 최고경영자 수준에서의 조정이 요구된다. 이는 종종 기업의 기능부서 간의 의사결정 조정과 역할 재조정 등 구조적인 변화를 수반하며, 공급사슬관리의 구현에 중요한 도전과제로 제기된다.

2) 이 사례는 제7장과 제8장에서 다시 자세히 다루게 된다.

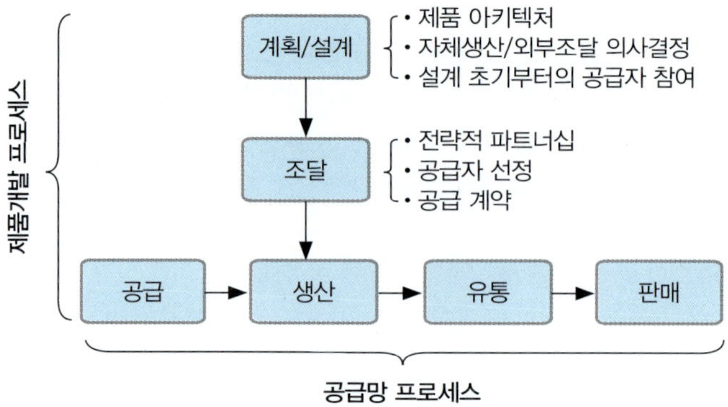

[그림 1-6] 공급사슬 프로세스와 제품개발 프로세스의 연계

출처: Simchi-Levi 등(2009).

1.3.2 시스템 관점에서의 전체최적화

공급사슬관리의 정의에서 나타난 바와 같이, 공급사슬관리를 위해서는 시스템 관점의 전체최적화가 필요하다. 전체최적(global optimum)은 부분최적(local optimum)과 대비되는 개념이다. 각각의 개념에 대해 다음의 예제를 통해 살펴보자.

예제 1.1 **공급사슬에서의 부분최적과 전체최적의 비교**

A사는 여름 시즌에 수영복을 판매한다. A사는 시즌 동안 판매할 수영복을 여름 시즌이 시작되기 전에 B사에 주문하여 제작하며, B사는 A사에서 받은 주문량만큼 생산하여 납품한다. A사는 수영복은 여름 시즌 동안 개당 12만 원에 판매하며, 시즌이 종료된 이후에는 아웃렛에 개당 2만 원의 가격으로 전량 넘겨주게 된다. A사는 B사로부터 개당 8만 원에 수영복을 공급받으며, B사는 개당 3만 원의 원가로 수영복을 제조한다. 여름 시즌 동안의 수영복 수요는 최소 1만 개에서 최대 2만 개 사이의 균일분포(uniform distribution)로 알려져 있다. 여기서,

1) A사가 자사의 이익을 최대화하기 위해서는 몇 개의 수영복을 주문해야 하는가? 이때의 A사와 B사 각각의 이익은 얼마이며, A사와 B사의 합한 공급사슬 총 이익은 얼마인가?

2) 만약 A사와 B사의 이익을 더한 공급사슬 총 이익을 최대화하려면 A사는 B사에 몇 개의 수영복을 주문해야 하는가? 이때 A사와 B사의 각각의 이익은 얼마가 되는가?

예제 1.1은 공급사슬에서의 부분최적과 전체최적의 차이를 잘 나타내고 있다. [그림 1-7]은 이 경우에 A사의 주문량에 따른 A사의 기대 이익과 공급사슬 전체

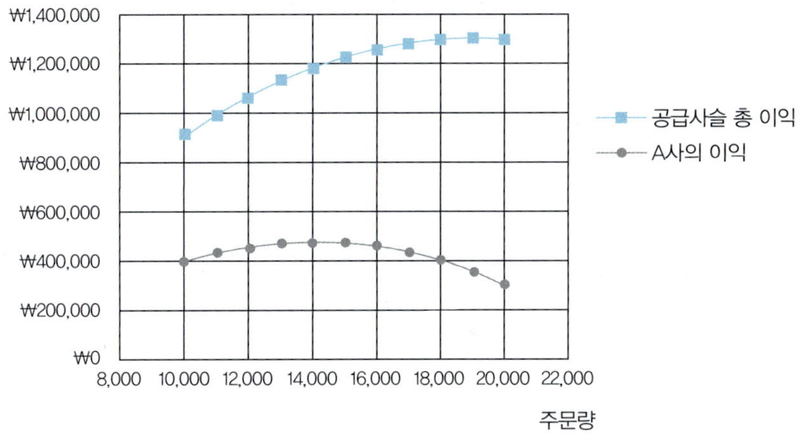

[그림 1-7] 예제 1.1에서 주문량에 따른 A사의 이익과 공급사슬 총 이익의 비교

의 이익을 비교하여 나타내고 있다.[3)]

예제 1.1의 첫 번째 경우에서와 같이 A사가 자사의 이익을 최대화하기 위한 의사결정을 수행한다면, [그림 1-7]에 나타난 바와 같이, A사의 기대 이익은 주문량 1만 4,000개에서 최대가 되며, 이때 A사는 4억 8,000만 원의 기대 이익을 얻게 된다. A사가 1만 4,000개를 주문하면 공급사인 B사는 (80,000원−30,000원)×14,000개 = 7억 원의 이익을 얻게 된다.

공급사슬 전체의 관점을 취하지 않는다면, 위와 같은 의사결정에는 아무 문제가 없어 보인다. A사와 B사가 각자의 의사결정을 수행한다면 이와 같이 운영되는 것이 당연하다. 그러나 실제로는 A사와 B사는 추가적인 이익을 창출할 수 있는 기회를 놓치고 있다.

예제 1.1의 첫 번째 경우에서 A사와 B사의 이익을 더한 공급사슬 전체의 이익은 11억 8,000만 원이 된다. 이제, 예제 1.1의 두 번째 경우를 보자. 만약 A사와 B사의 이익을 더한 공급사슬 전체의 이익을 고려한다면, [그림 1-7]에서 나타난 바와 같이 주문량 1만 9,000개에서 공급사슬 전체 이익이 최대화되며, 이때 공급사슬 전체에서는 13억 원이 넘는 이익을 얻을 수 있다. 따라서 공급사슬 전체의 이익을 고려한다면 A사가 B사에게 1만 9,000개의 수영복을 주문하는 것이 최적임을 알 수 있다.

그러나 각 사의 이익을 고려하면 문제는 단순하지 않다. 예제 1.1의 첫 번째 경

3) 주문량에 따른 기대 이익의 분석방법에 대해서는 제5장에서 자세히 다루게 된다.

우에 비해, 두 번째 경우에서는 A사의 이익은 4억 8,000만 원에서 3억 5,500만 원으로 오히려 감소하고 있다. A사는 자사의 이익 감소를 감수하면서까지 공급사슬 전체 이익의 최대화를 추구하게 될까? 아마 그렇지 않을 것이다.

부분최적(local optimum)
전체최적(global optimum)
상충관계(trade-off)

예제 1.1의 첫 번째 경우에서와 같이, 자사 혹은 공급사슬의 특정 부분에서만의 최적화를 고려한 의사결정을 부분최적화(local optimization)라고 하며, 이때 얻어진 의사결정의 결과를 **부분최적(local optimum)**이라고 한다. 한편, 예제 1.1의 두 번째 경우에서와 같이 공급사슬 전체의 최적화를 고려한 의사결정을 전체최적화(global optimization)라고 하며, 이 의사결정의 결과를 **전체최적(global optimum)**이라고 한다.

이러한 경우는 공급사슬의 운영에서 매우 일반적으로 발생한다. 공급사슬은 여러 기업이 참여하여 상호작용하는 복잡한 네트워크이다. 공급사슬에 참여한 기업들은 서로 거래관계로 연관되어 있으나, 사실상 독립적인 의사결정 주체로서 각자가 추구하는 목표는 상이한, 이른바 동상이몽(同床異夢)의 양상을 나타내는 경우가 흔하다. 예를 들면, 공급자-제조업체-유통업체-운송업체로 구성된 공급사슬에서, 공급자는 제조업체에게 안정적인 대량 구매를 요구하고 싶을 것이다. 반면, 제조업체는 재고 감축을 위해 필요할 때 필요한 만큼 공급받을 수 있는 유연성을 요구하는 한편으로, 가능하면 대량 생산을 선호할 것이다. 유통업체의 입장에서는 재고의 부담을 줄이기 위해 제조업체에게 소량 생산을 요구할 것이며, 수송업체는 소량 운송이 자주 발생하면 수송비용이 증가하므로 한번에 대량 일괄 운송하기를 원할 것이다. 이와 같이 공급사슬에 참여한 의사결정주체 간의 목표는 서로 상충되며, 한 부분에서의 성과를 높이기 위해서는 다른 부분에서의 성과가 낮아지는 **상충관계(trade-off)**가 항상 존재한다. 그러면 어떻게 해야 하는가?

공급사슬의 조정(coordination)

다시 예제 1.1로 돌아가서, A사에게 주문량의 의사결정이 맡겨진다면 A사는 당연히 자사의 이익을 최대화하는 부분최적화를 수행하게 될 것이고, A사가 주문량을 더 늘리거나 줄이면 자사의 이익이 감소하게 되므로 특별한 조치를 취하지 않는 한 공급사슬은 부분최적에서 벗어나지 못한다. 그러나 공급사슬 대 공급사슬의 경쟁이 격화되면서 공급사슬 전체의 이익을 더 높이는 방법을 취하지 않으면 공급사슬 전체의 생존이 위태로워지는 것이 현실이다. 이를 감안하면, A사와 B사의 공급사슬에서 전체최적의 의사결정인 1만 9,000개의 주문량이 이루어질 수 있도록 하고, A사와 B사가 이렇게 하여 추가로 창출된 공급사슬 이익을 적절히 분배하여 가져갈 수 있도록 하는 방법이 필요하다. 이를 **공급사슬의 조정(coordination)**이라고 하며, 이를 달성하기 위해 공급사슬의 조정이 이루어지도록 공급사슬 참여자 간의 계약(contract)을 적절히 설계하는 등 참여자 간의 전략적 제휴(strategic alliance)가 중요한 과제로 요구된다.

1.3.3 공급사슬의 위험과 불확실성

공급사슬의 운영은 항상 불확실성(uncertainty)에 노출되어 있다. 대표적으로 수요는 불확실하며, 공급자로부터의 납기가 준수되지 않을 수도 있다. 이 외에도 공급자의 부도나 파업 등의 가능성도 배제할 수 없으며, 공급사슬의 규모가 커지고 지리적 범위가 전 지구적 규모로 확장됨에 따라 최근에는 대규모 자연재해나 국지전 등의 영향으로 공급사슬 전체의 운영이 마비되는 경우도 종종 발생하고 있다. 다음의 사례는 대규모 자연재해에 의한 공급사슬 중단의 예이다.

불확실성(uncertainty)

일본 대지진의 여파로 글로벌 부품 '서플라이 체인'(공급 망)에 이상기류가 나타나고 있다. 자동차와 전자, 조선 등의 분야에서 수십년간 부품 공급기지 역할을 해 온 일본이 공급에 차질을 보이자 일본산 부품을 받아 쓰는 주요 제조사들의 감산이 불가피한 상황이다. GM은 오는 21일부터 미국 루이지애나주 슈리브포트 공장 가동을 최소 1주일간 멈추기로 결정했다. 전자장치 등 일부 핵심부품을 일본 협력업체에 의존하고 있어서다. 이 공장에선 쉐보레 콜로라도와 GMC 캐니언 등 픽업트럭을 주로 생산해 왔다. GM은 작년 말 출시한 플러그인 하이브리드카 볼트의 변속기 부품 역시 일본 협력사에서 조달하고 있어 추가 조치를 검토 중이다. 마크 레우스 GM 북미법인장은 "일본에서 큰일이 많이 일어났기 때문에 일본 부품에 계속 의존할 수 있을지 파악하기 어렵다."고 말했다. 토요타 태국 공장도 감산 절차에 들어갔다. 중형 세단 캠리와 하이브리드카 프리우스의 변속기 부품이 제대로 조달되지 않고 있어서다. 우선 25일까지 생산량을 줄이기로 했다. 이 공장에서 생산되는 승용차의 경우 현지화 비율이 60% 수준에 불과하다. 토요타 태국법인 관계자는 "감산하는 게 나중에 생산을 아예 중단하는 것보다 낫다."며 "이달 말쯤 생산 정상화를 기대하고 있다."고 전했다. 국내에선 르노삼성에 이어 한국GM이 감산을 적극 검토 중이다.

출처: 한국경제(2011. 3. 18). "日 대지진, '서플라이 체인' 붕괴 가시화" 기사에서 발췌.

미래에 일어날 수 있는 결정되지 않는 상황을 위험(risk)과 불확실성(uncertainty)으로 구분하기도 한다. 위험은 미래에 변동이 일어날 수 있으나 그 변동에 대한 확률분포를 알 수 있는 경우를 일컫는 반면, 불확실성은 발생 확률조차 알 수 없는 경우를 나타낸다. 그러나 두 용어가 혼용되어 사용되는 경우도 많다.

위험(risk)
불확실성(uncertainty)

공급사슬은 본질적으로 역동적인(dynamic) 시스템이며, 수요, 공급상황, 공급사슬의 거래관계와 시장지배력(market power)의 양상도 끊임없이 변화한다. 이러한 변화를 예측(forecasting)만으로 해결하는 것에는 한계가 있다. 더욱이 공급사슬의 지리적 범위가 확대됨에 따라 공급사슬이 직면하게 되는 위험과 불확실성의 수준은 크게 증가한다. 앞의 사례에서처럼 자연재해의 영향뿐 아니라, 환율 변동, 국지전 등 정치경제적 위험요인에도 노출되며, 이들 중 상당 부분은 예측조차 불가능한 불확실성의 범주에 속한다.

강건성(robustness)

공급사슬은 이러한 위험과 불확실성을 고려하여 설계되어야 한다. 위험과 불확실성에 대비한 완충재고(buffer stock)나 여유용량을 확보하거나, 복수의 공급자로부터의 다중 조달(multiple sourcing)을 활용하는 등의 전략이 필요하다. 불확실성의 증가에 따라 이러한 노력을 통해 공급사슬 운영의 **강건성(robustness)**을 확보하는 것이 최근 특히 중요한 과제로 대두되고 있다.

1.3.4 공급사슬의 역동성: 채찍효과

공급사슬의 수요나 공급상황의 불확실성에 대비하기 위해 기업은 재고를 보유한다. 재고를 보유하는 것은 상당한 비용을 야기하는 일이다. 이렇게 비용을 들여서 보유한 재고가 성공적으로 완충작용을 수행한다면 수요의 변동이 완충재고에 의해 흡수되고 공급사슬의 상류로 주문이 전달될 때는 보다 변동 폭이 줄어들고 안정화된 형태로 나타날 것을 기대하게 될 것이다.

채찍효과(bullwhip effect)

그런데 실제의 데이터를 보면 기대와 반대로, 최종 수요의 변동 폭에 비해 공급사슬의 구성원들이 상류에 전달한 주문량의 변동 폭이 더 크게 나타나는 현상이 발견된다. 즉, 많은 비용을 들여서 공급사슬의 구성원마다 보유하고 있는 재고가 공급사슬의 수요의 변동성을 흡수하기는커녕, 오히려 공급사슬의 계층을 올라가면서 수요의 변동 폭이 점점 더 증폭되어 나타나는 현상이 관찰되는데, 이것을 채찍을 휘두를 때의 채찍의 진동이 끝으로 가면서 증가되는 모습에 빗대어 **채찍효과(bullwhip effect)**라고 일컫는다.

채찍효과는 여러 가지 원인으로 발생하며, 공급사슬의 역동성(dynamics)을 입증하는 대표적인 현상이다. 수요의 변동이 증가하는 것은 시스템의 여유용량과 재고의 증가를 야기하며, 시스템의 가동률을 저하시켜 수익에 악영향을 미치므로, 채찍효과로 인해 수요량의 변동이 증가하는 것은 공급사슬의 운영 관점에서 바람직하지 않다. 채찍효과의 원인과 이를 완화하기 위한 대책에 대해서는 제3장에서 자세히 살펴보기로 한다.

1.4 공급사슬관리의 주요 기법

앞의 절에서 공급사슬에서 제기되는 주요 문제들에 대해 설명하였다. 여기서는 이러한 공급사슬의 문제를 해결하고 최적화하기 위해 어떠한 방법들이 적용될 수 있는지를 살펴보도록 한다. 공급사슬의 최적화를 위한 방법에는 크게 공급사슬의 재설계, 조정과 협력강화 및 정보의 공유 등이 있으며, 각각에 대해 설명한다.

1.4.1 공급사슬의 재설계

공급사슬의 최적화를 위해, 공급사슬 자체를 재설계할 수 있다. 공급사슬의 재설계는 관련 공정과 물류 네트워크의 재설계 등을 포함한다. 여기서는 공정의 재설계 방안에 대해 살펴본다.

리스크 풀링(risk pooling)

생산 공정은 일반적으로 공통 제품이나 일반적인 부품을 만드는 것으로 시작하여 나중에 특정부품이나 제품이 만들어지면서 차별화가 이루어지는 순서로 진행된다. 그런데 특화된 각 제품의 수요 변동성에 비해 이들 제품 수요의 합의 변동성은 적게 나타나게 되므로 특화된 제품이 되기 전의 공통부품의 수요 변동성은 특화된 각 제품별 수요 변동성보다 작게 된다. 이러한 특성을 **리스크 풀링(risk pooling)**이라고 한다.

예를 들어 보자. 여러 사람이 초대된 만찬이 있다. 손님들에게 요리를 제공하는 방법으로서, [그림 1-8]의 (a)에서처럼 네 명의 손님을 한 테이블에 앉게 하여 각 테이블마다 요리를 적당량씩 접시에 담아 제공할 수 있을 것이다. 이때에는, 식사가 진행되는 과정에서 어떤 테이블에는 요리가 남는 반면, 어떤 테이블에는 부족한 일이 발생할 수 있다. 다른 방법으로는 [그림 1-8]의 (b)에서와 같이 각 테이블별로 요리를 나누어 공급하는 대신 뷔페식으로 가운데 큰 테이블에 요리를 두고 손님들이 필요한 만큼씩 덜어가도록 할 수도 있다. 그러면 각 손님별 식사량의 변동이 상쇄되어 결과적으로는 각 테이블별로 요리를 나누어 둔 경우보다 전체 소요된 요리의 양은 줄어들면서도 요리가 모자라는 손님이 발생할 가능성은 줄어들 것이다.

이와 같은 원리에 의하여, 특화된 개별 부품에 대한 수요예측과 재고관리는 어

지연 차별화(delayed differentiation)

렵더라도, 제품이 공통화될 수 있다면 이러한 공통 제품에 대한 수요예측은 보다 정확해질 것이며, 재고관리도 보다 효율적으로 이루어질 수 있을 것이라고 생각할 수 있다. 리스크 풀링의 개념에 입각하여, 공통부품에서 각 제품별 특화된 부품으로의 차별화 시점을 가능한 한 연기함으로써 공정 중 부품의 재고보유 필요량을 줄이고자 하는 것이 공급사슬의 중요한 공정 재설계 방안인 지연 차별화(delayed differentiation)이다. 즉, 가능한 한 공통부품의 상태를 오래 유지하고 특정 제품별로의 특화 시점을 최대한 연기함으로써 리스크 풀링의 효과를 최대로 얻고자 하는 것이다. 앞 1.3.1절에서 다룬 HP 데스크젯의 사례에서, 전원부를 모듈화하고 각국 언어별 매뉴얼과 소프트웨어를 현지 유통센터에서 통합 패키지화하도록 함으로

(a) 4인 테이블

(b) 뷔페식

[그림 1-8] 리스크 풀링 효과의 예

써 프린터 본체라는 공통부품상태를 최대한 유지하도록 한 것은 지연 차별화의 좋은 예이다.[4)]

1.4.2 조정과 협력

공급사슬의 최적화를 위해 가장 중요한 개념 중의 하나가 조정(coordination)과 협력(cooperation)이다. 이는 다음에서 설명할 정보의 공유와 더불어 공급사슬의 전체최적화를 달성하기 위한 중요한 수단이 된다. 조정과 협력은 여러 가지 형태로 나타날 수 있으며 여기서는 세 가지의 예를 소개한다.

첫 번째는 **협력적 수요예측 시스템(Collaborative Planning, Forecasting & Replenishment: CPFR)**이다. 다음의 사례를 보자.

협력적 수요예측 시스템 (CPFR)

> 월마트는 세계 최대의 할인유통회사로서 점포가 위치한 해당지역 고객의 통계에 대한 많은 정보를 가지고 있다. 그런데 어느 해 여름 미국의 혹서로 인한 모기의 급격한 증식으로 월마트는 바르는 모기약의 심각한 재고부족을 겪게 되었다. 월마트는 급히 이 모기약의 공급사인 워너램버트(Warner-Lambert)사에 해당 약품의 여분의 재고가 있는지를 문의하였으며 놀랍게도 이 회사는 모기약의 충분한 재고를 보유하고 있었다. 워너램버트사의 여분의 재고로 인하여 심각한 재고부족 현상은 해결할 수 있었으나 월마트는 자사의 수요예측 시스템에 대한 문제점을 느끼게 되었다.
>
> 출처: Lee(2002).

월마트는 고객에 대한 많은 정보를 가지고 있으나 월마트가 취급하는 수많은 제품 각각의 특성에 따른 수요결정요인을 모두 다 파악하고 있을 수는 없었다. 반면, 워너램버트사는 장기 일기예보로부터 그 해의 여름에 혹서가 찾아올 것을 예상하고 있었으며 또한 혹서는 모기의 증식을 가속화시켜 자사의 모기약 수요가 급증할 것임을 예상하고 있었다. 즉, 월마트는 고객정보에 강점을, 워너램버트는 자사의 제품정보에 강점을 가지고 있었던 것이다.

이러한 경험을 바탕으로 월마트는 협력적 수요예측 시스템으로 알려진 새로운 프로그램을 도입하였다. 이것은 어떤 제품에 대해 월마트의 수요예측치와 해당 제품의 공급사의 수요예측치를 공유하여 두 예측치가 현격한 차이를 보이는 경우 양사의 수요예측 담당자들이 서로의 수요예측에 고려한 정보들을 상호 공유함으로써 수요예측을

4) 지연 차별화에 대해서는 제8장에서 자세히 다루게 된다.

공급자 재고관리(VMI)

개선하는 것이다. 이러한 방법으로 월마트의 수요예측의 정확성은 크게 향상되었다.

두 번째 예로서는 **공급자 재고관리**(Vender Managed Inventory: VMI)를 들 수 있다. 어떤 회사의 원자재는 그 원자재 공급사의 입장에서는 완제품에 해당하므로 공급사슬 내에는 기업의 경계의 양쪽에 공급사의 완제품 재고와 고객사의 원자재 재고의 형태로 중복적인 재고가 많이 쌓여 있게 된다. 이러한 문제점의 개선을 위하여 양사 간의 전략적 제휴(strategic alliance)에 기반하여 공급자 재고관리라는 방식이 도입되어 사용되고 있다. 공급자 재고관리는 공급사와 수요사가 각각 원자재와 완제품의 재고를 중복적으로 보유하는 대신, 수요사의 원자재 재고를 공급사가 직접 관리하는 방식이다. 구체적인 구현에는 여러 가지 방식이 있으나, 일반적인 방식은 수요사의 원자재 재고를 공급자의 소유로 두고 공급자가 직접 관리하는 대신, 수요사는 공급자에게 수요정보를 제공하고 양자 간에 서비스 수준에 대한 계약을 체결하는 형태이다. 이 경우 수요사에서 공급자로 재고부담이 이전되어 공급자의 재고부담이 늘어나지만, 공급자 입장에서는 수요사의 불확실한 주문량–채찍효과에 의해 변동성이 증폭된–에 대응하기 위한 재고를 부담하는 것보다는 보다 안정적인 최종 수요정보에 대응하여 선제적으로 재고관리를 수행하는 것이 유리한 측면이 있다. VMI는 재고 감축과 서비스 수준 향상의 성과를 나타내고 있으며, 이에 따라 P&G, 월마트 등의 많은 기업에서 VMI를 도입하여 운영하고 있다(Lee 등, 1997).

세 번째로는 조정을 위한 계약의 설계를 들 수 있다. 앞의 절에서 예제 1.1을 통해 공급사슬 의사결정의 전체최적화의 중요성을 살펴보고, 이를 위한 공급사슬 조정 계약의 필요성을 인식하였다. 공급사슬 의사결정의 전체최적화를 위한 조정 계약의 예로서 다음의 예제 1.2를 살펴보자.

예제 1.2 **공급사슬 조정을 위한 계약의 예**

예제 1.1의 상황을 고려하자. B사는 추가의 수익 창출을 위하여 새로운 계약 방식을 도입하였다. 이것의 내용은, A사가 여름 시즌이 끝난 후 남은 수영복을 개당 2만 원에 아웃렛으로 넘기는 대신, 남은 재고를 전량 B사가 개당 7만 원에 되사주는 것으로서, 이른바 환매정책(buyback policy)이다. 이렇게 인수한 잔존 재고를 B사는 개당 2만 원에 아웃렛으로 처분하게 된다. 이때,

1) A사의 기대 이익을 최대화하기 위한 주문량은 얼마인가?

2) 이때 A사와 B사 각각의 이익과, 공급사슬 총 이익은 얼마가 되는가?

예제 1.2는 **환매정책(buyback policy)**으로 알려진 공급사슬 계약의 한 방식을 보여 주고 있다. A사가 판매하고 남은 재고를 B사가 개당 7만 원으로 환불해준다면 A사의 입장에서는 보다 안심하고 주문량을 늘릴 수 있다. [그림 1-9]는 판매 후 남은 재고에 대해 개당 7만 원씩 환불을 해주는 경우 A사의 이익과 공급사슬 전체의 이익을 보여 주고 있다.[5)]

환매정책(buyback policy)

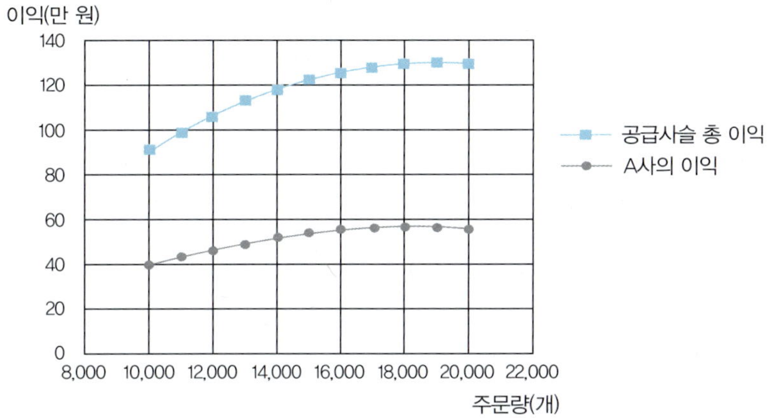

[그림 1-9] 예제 1.2에서 주문량에 따른 A사의 이익과 공급사슬 총 이익의 비교

[그림 1-9]에서 보는 바와 같이, 환매정책이 도입됨에 따라 A사의 입장에서는 1만 8,000개를 주문할 때 최대 기대 이익인 5억 6,000만 원을 얻을 수 있게 되며, 이때 B사의 기대이익은 7억 4,000만 원, 공급사슬 총 이익은 13억 원이 된다. 이를 환매정책 도입 이전과 비교해보자. 공급사슬 총 이익은 환매정책의 도입 이전의 11억 8,000만 원에 비해 13억 원으로 증가하였으며, A사와 B사의 기대 이익 역시 4억 8,000만 원에서 5억 6,000만 원, 7억 원에서 7억 4,000만 원으로 증가한 것을 볼 수 있다. 즉, 환매정책의 도입을 통해 A사와 B사 각각의 이익 증가는 물론, 공급사슬 전체의 이익 증가도 실현할 수 있음을 확인할 수 있다. 이는 적절한 공급사슬 계약의 도입을 통해 공급사슬 참여자들이 서로 이익이 되는 윈-윈(win-win)의 실현 및 공급사슬의 전체최적화 관점에서의 조정을 구현할 수 있음을 시사하는 예이다.

5) 이 경우의 분석방법은 제6장에서 다룬다.

1.4.3 정보의 공유

공급사슬에서의 조정과 협력을 가능하게 하는 원동력은 정보의 공유이다. 공급사슬의 기업 간의 정보를 공유함으로써 해당 기업들은 불확실성을 해소하고 보다 효과적인 생산 및 재고관리를 수행할 수 있게 된다.

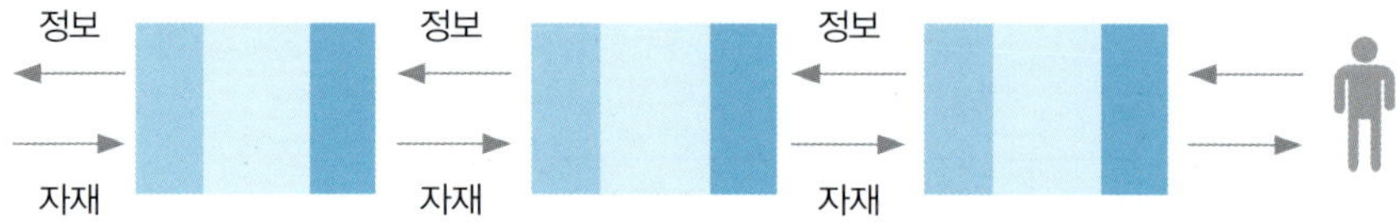

[그림 1-10] 전통적인 수요정보의 흐름

[그림 1-10]은 전통적인 수요정보의 흐름을 나타낸다. 최종 수요가 발생하였을 때, 이 수요 발생정보는 해당 소매점이 배치주문을 도매점에 낼 때까지는 도매점에 전달되지 않는다. 소매점이 여러 개의 수요를 묶어 배치주문을 도매점에 낼 때에서야 비로소 최종 수요의 발생정보는 도매점에 전달되는 것이다. 이 과정에서 최종 수요 발생의 정보가 도매점에 전달될 때까지 상당한 정보의 지연시간이 발생한다. 이러한 현상은 공급사슬의 상위로 전달되는 과정에서 계속 발생하여 결국은 최종 수요의 발생으로부터 공급사슬의 상위로 정보가 전달되는 속도를 크게 저하시키게 되고 이에 따라 공급사슬의 상위에 위치한 기업들이 최종 수요의 변동에 대해 대처할 수 있는 시간을 잃어버리는 결과로 나타난다.

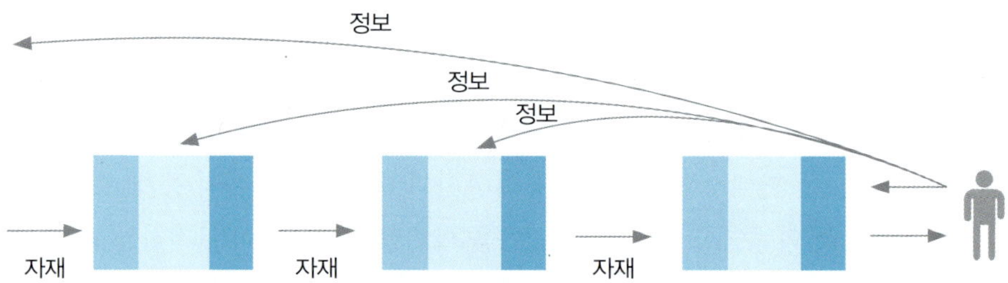

[그림 1-11] 개선된 수요정보의 흐름

정보기술을 통하여 이러한 정보의 지연시간을 제거할 수 있다. 즉, 소매점에 POS(Point-Of-Sales) 단말기를 설치하여, 고객 수요 발생 시 이를 제품 바코드

(barcode)의 스캔을 통해 POS 단말기에 입력하도록 하고 이 정보를 공급사슬의 상위 구성원들이 실시간으로 공유하도록 함으로써 공급사슬 상위의 기업들은 정보의 지연시간 없이 최종 수요정보를 파악할 수 있으며, 이에 따라 보다 앞서서 수요에 대비할 수 있다. 이는 공급사슬 운영의 효율성을 제고하여 전체비용의 감소로 이어질 수 있다. [그림 1-11]은 이와 같이 개선된 형태의 정보 흐름을 나타내고 있다.

요약

기업은 복잡한 거래관계의 네트워크인 공급사슬에 참여하고 있다. 이에 따라 기업의 운영은 직 · 간접적인 거래관계에 있는 다른 기업의 운영에 의해 영향을 받게 되며, 공급사슬 고유의 역동성인 채찍효과로 인해 수요의 변동성도 증폭된다. 이에 따라 공급사슬 전체의 관점에서 운영 활동을 최적화하기 위한 공급사슬관리의 필요성이 제기된다. 공급사슬관리는 기업의 다른 활동과 유기적으로 통합되어야 하고 시스템 관점에서 전체최적화를 추구해야 하며 항상 위험과 불확실성에 노출되어 있어 쉽지 않은 활동이다. 공급사슬관리를 위해서는 공급사슬의 재설계 및 의사결정의 조정과 협력이 필요하며, 이를 위해 지연 차별화, CPFR, VMI, 공급사슬 조정계약의 설계 등 여러 가지 기법이 활용된다. 또한, 공급사슬정보 공유를 통해 채찍효과를 경감하고 정보의 지연시간을 최소화하여 의사결정의 속도를 향상시켜야 한다.

연·습·문·제

1. 공급사슬의 상류와 하류의 개념을 설명하고, 공급사슬에서 자재, 수요정보, 현금 및 정보가 각각 어느 방향으로 흘러가는지를 설명하시오.

2. 공급사슬관리 활동의 수준을 전략적 · 전술적 · 운영적 수준으로 나누어 설명하고, 각각의 수준에서의 대표적 활동의 예를 들어보시오.

3. 공급자－제조업체－물류센터－운송업체로 구성된 공급사슬에서, 각 기업 간의 관계에서 의사결정의 상충관계를 예를 들어 설명하시오.

4. 공급사슬의 위험과 불확실성의 개념을 비교 설명하고, 위험과 불확실성이 발생하는 원인을 3가지 이상 제시하시오.

5. 공급사슬의 의사결정 조정을 통한 전체최적화의 개념을 설명하고, 공급사슬 참여자 간의 계약을 통해 어떻게 전체최적화로 증가된 공급사슬 이익을 공급자와 소매상 모두에게 윈－윈이 되도록 분배할 수 있는지를 설명하시오.

참·고·문·헌

조재길, 장창민, 조주현(2011). "日 대지진, '서플라이 체인' 붕괴 가시화". 한국경제, 2011. 3. 18.

Lee, H. L.(2002). "Challenges and Critical Success Factors in Collaborative Commerce", Entrue C-Commerce World 2002, Entrue Consulting.

Simchi−Levi, D., Kaminsky, P., & Simchi−Levi, E.(2009). Designing and managing the supply chain: Concepts, strategies, and case studies, 3ed. International Edition, McGraw-Hill.

Kopczak, L., & Lee, H. L.(2004). Hewlett-Packard DeskJet Printer Supply Chain (A). Stanford Graduate School of Business.

공급사슬관리

PART II

공급사슬 다이내믹스와 정보의 가치

CASE STUDY

바릴라 사[1] (A)

JITD(Just-in-Time Distribution)

JIT(Just-in-Time)

조르지오 마기알리(Giorgio Maggiali)는 세계 최대 파스타 제조 기업인 바릴라 사(社)의 물류 책임자다. 그는 바릴라의 제조 및 유통 시스템에 영향을 주는 수요 변동이 점점 부담되고 있다는 것을 분명하게 깨닫자 큰 좌절감이 들었다. 1988년 물류 책임자로 임명된 이후, 마기알리는 전임 물류 책임자였던 브란도 비탈리(Brando Vitali)가 제안한 혁신적인 아이디어를 그대로 유지하려 노력해왔다. 비탈리가 제안한 아이디어는 JITD(Just-in-Time Distribution)로, 당시 유행한 JIT(Just-in-Time)의 제조 개념을 모델로 하고 있었다.

비탈리의 제안은 유통업체가 기업에 주문하는 대로 제품을 배송하는 전통적 방식에서 벗어나 바릴라의 물류 부서가 '적절한' 배송물량을 유통업체 대신 결정하는 방식이다. 이 방법은 최종 소비자의 수요를 더욱 효율적으로 충족시키고 바릴라의 제조 및 물류 시스템의 작업 부하가 좀 더 균등하게 분포되도록 하였다.

이러한 비탈리의 제안을 열성적으로 지지했던 마기알리는 지난 2년 동안 JITD의 아이디어를 시행하기 위해 노력했다. 하지만 1990년 초반이 되자 더 이상의 효과를 얻기 어려운 상황이 되었다. 바릴라의 고객들은 원하는 만큼 주문할 수 있는 권리를 포기하지 않으려 했고 심지어 일부 고객들은 바릴라의 배송물량 결정 및 수요예측 향상을 위한 상세 판매 데이터를 제공하는 것조차 꺼렸다. 무엇보다 그를 당혹스럽게 만든 것은 실제 이러한 전략을 실행해야 할 부서인 판매 및 마케팅 부서가 이 전략의 개념 자체를 부정하고 실행 불가능하거나 위험하다고 판단하여 이행을 거부하려는 것이었다.

어쩌면 지금이 이 실행 불가능해 보이는 아이디어를 버려야 할 시점일 수도 있다. 그렇지 않다면 이 아이디어가 받아들여질 수 있는 가능성을 높일 방법은 어떤 것인지 고민해야 할 시점이다.

---

1) 바릴라 사(Barilla S.p.A.)

For 9-694-046 Barilla SPA (A)
Reprinted by permission of Harvard Business School.
This Case was prepared by Janice H. Hammond as the basis for class discussion and do not necessarily illustrate effective or ineffective management.

1. 기업 배경

바릴라는 1875년 비토리오 에마누엘레(Vittorio Emanuele) 시대에 이탈리아의 도시 파르마(Parma)에서 작은 상점을 시작으로 피에트로(Pietro Barilla)가 설립하였다. 피에트로는 상점 옆의 작은 '연구실'에서 상점에서 판매할 파스타, 빵과 같은 제품을 만들었다. 피에트로의 아들인 리카르도(Ricardo Barilla)는 상당히 오랜 기간 동안 상점을 운영하였고, 1940년 손자 대인 피에트로(Pietro Barilla Jr.)와 지아니(Gianni Barilla)에게 기업을 물려주었다.

그 후 작은 상점에서 시작한 바릴라는 이탈리아 전역에 제분소, 파스타 공장, 베이커리 공장 등을 수직 통합한 큰 기업으로 성장하게 되었다. 1960년대 피에트로와 지아니는 혁신적인 마케팅 프로그램을 통해 높은 품질 수준의 제품을 공급함으로써 2,000여 개가 넘는 이탈리아 파스타 제조업체와의 경쟁에서 자사 제품의 차별성을 구축하였다.

바릴라는 강한 인상의 브랜드 네임과 파스타의 이미지를 만들었으며, 포장하지 않던 방식을 개선했는데, 쉽게 눈에 띄는 색의 밀봉 골판지 상자로 포장해서 파스타를 판매하였다. 대규모 광고에도 투자함으로써 기존 이탈리아 파스타 산업의 마케팅 관행에서 벗어난 혁신을 일으켰다. 1960년대 바릴라의 매출성장은 두 자릿수의 높은 성장을 보였다. 1968년에는 이러한 높은 매출성장에 대응하기 위해 파르마에서 5km가량 떨어진 지방도시 페드리나노(Pedrignano)에 125만m^2 규모의 최신식 공장을 건설하기 시작하였다.

세계에서 가장 크고 기술이 발달한 대규모 파스타 공장에 투입되는 비용때문에 바릴라는 대규모 부채를 지게 되었다. 결국, 1971년 바릴라는 미국의 다국적 기업인 W. R. 그레이스(W. R. Grace)에 매각되었다. 그레이스는 바릴라에 추가 자본 투자와 전문적 관리기법을 도입하였으며, 물리노 비앙코(Mulino Bianco)[2)]라는 새로운 베이커리 제품 라인을 출시하였다.

이후 1970년대 전반에 걸쳐 이탈리아에 경제 위기가 발생하면서 새로운 법률이 제정되어 파스타의 소비자 가격이 제한되고 직원들의 인건비는 상승하였다. 수익 창출에 어려움을 겪은 그레이스는 바릴라를 다시 매각하기 위해 애썼다. 결국, 1979년에 인수에 필요한 자금을 확보한 피에트로 바릴라에게 바릴라를 다시 매각하였다.

2) White Mill, 하얀 식사라는 뜻

시장 상황이 회복됨과 더불어 그레이스로 인수되었을 때 받은 투자 자본과 조직의 변화는 피에트로 바릴라가 성공적으로 복귀해 사업에 착수하는 데 도움이 되었다. 1980년대에는 평균적으로 연간 21%가량의 매출성장률을 기록하였다(〈표 1〉). 이러한 성장은 이탈리아와 기타 유럽지역으로 기존 사업을 확장하고 관련 사업을 인수하면서 가능해졌다.

〈표 1〉 바릴라 매출액(1960~1991)

연도	바릴라 매출액(10억 리라)	이탈리아 도매 물가지수
1960	15	10.8
…	…	…
1970	47	41.5
…	…	…
1980	344	57.5
1981	456	67.6
1982	609	76.9
1983	728	84.4
1984	1,034	93.2
1985	1,204	100.0
1986	1,381	99.0
1987	1,634	102.0
1988	1,775	106.5
1989	2,068	121.7
1990	2,390	128.0

※ 1,198리라 ≒미화 1달러(1990년 기준)

※ 1990년도 수치는 추정치임

출처: 기업 내부 자료 및 IMF 국제 재정 통계 연감[3]

1990년에 바릴라는 이탈리아에서 판매되는 파스타의 35%, 유럽에서 판매되는 파스타의 22%를 제조하는 세계에서 가장 큰 파스타 제조업체가 되었다. 이탈리아 내 파스타 시장은 3가지 브랜드가 주축을 이루고 있었다. 전통적인 바릴라 브랜드

3) Company Documents and International Financial Statistics Yearbook, International Monetary Fund.

가 시장의 32%를 차지하고 있었고 나머지 3%는 보이엘로(Voiello) 브랜드[4]와 브레이번티(Braibanti) 브랜드[5]가 차지하고 있었다. 바릴라 파스타는 이탈리아 북부와 남부가 판매량의 절반씩을 차지하고 있었지만, 남부지역의 시장이 북부지역보다 컸기 때문에 남부지역의 시장 점유율이 북부지역보다 적었다. 그밖에 바릴라는 이탈리아 베이커리 제품 시장에서 29%의 점유율을 가지고 있었다.

1990년 바릴라는 7개 부문의 부서로 구성되어 있었다. 3개의 파스타 부문(바릴라, 보이엘로, 브레이번티), 베이커리 제품 부문(유통기한이 긴 베이커리 제품 제조), 케이터링 부문(바 및 패스트리 상점에 공급되는 케이크와 냉동 크루아상), 국제사업부로 이루어져 있었다(기업 조직 구조는 [그림 1]과 [그림 2] 참조). 참고로 바릴라의 본사는 페드리나노 공장에 인접한 곳에 위치해 있었다.

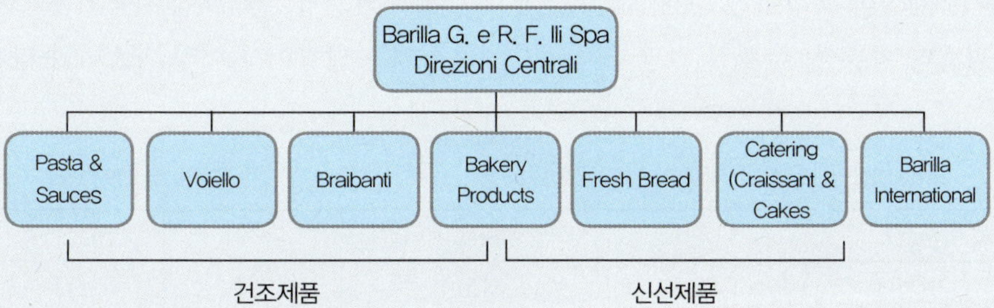

[그림 1] 바릴라 그룹 구조

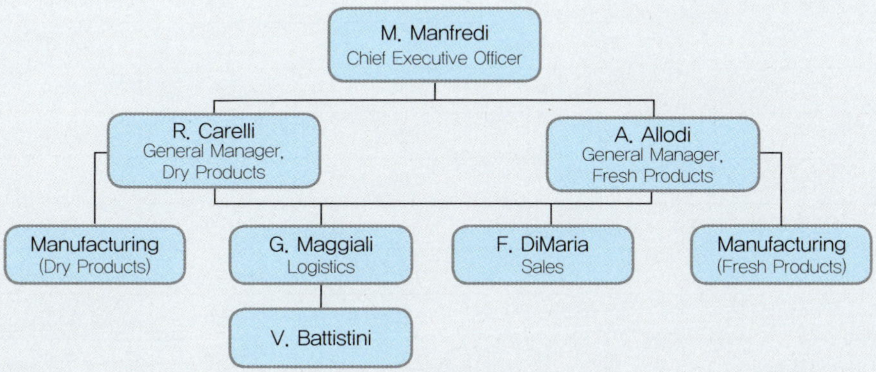

[그림 2] 바릴라 조직도(1990)

4) 세몰리나 파스타 시장의 고가 부문 경쟁 상품인 전통 나폴리 파스타

5) 달걀과 세몰리나로 만드는 고품질 전통 파르메산 파스타

2. 산업 배경

파스타의 기원은 잘 알려져 있지 않다. 일부는 파스타가 중국에서 유래되었으며 13세기경 마르코 폴로(Marco Polo)가 이탈리아에 처음 가져왔을 것이라 주장하고 있다.[6] 다른 사람들은 로마 근처에서 발견된 3세기 무덤에 파스타 롤러와 커터가 그려져 있다는 사실에 근거하여 파스타의 기원이 이탈리아에 있다고 주장하고 있다. 바릴라의 경우 "파스타의 기원에 상관없이 아주 먼 옛날부터 이탈리아 사람들은 파스타를 매우 좋아했다."라는 문구를 마케팅에 활용하였다.

1990년도를 기준으로 봤을 때 이탈리아의 1인당 파스타 평균 소비량은 연간 약 18kg 정도이며, 이는 다른 서유럽지역의 소비량을 크게 웃도는 수치이다(〈표 2〉). 전체 파스타 소비량은 1년 내내 비교적 일정하게 유지된다. 몇몇 파스타 종류의 소비량은 계절적 특성이 있는데, 예를 들어 여름에는 파스타 샐러드에 사용되는 스페셜 파스타 종류가, 부활절 기간에 사용되는 음식에는 달걀이 들어간 파스타와 라자

〈표 2〉 파스타와 베이커리 제품의 인당 소비량 (단위: kg, 1990년도 기준)

국가	빵	아침식사용 시리얼	파스타	비스킷
벨기에	85.5	1.0	1.7	5.2
덴마크	29.9	3.7	1.6	5.5
프랑스	68.8	0.6	5.9	6.5
독일(서독)	61.3	0.7	5.2	3.1
그리스	70.0	–	6.2	8.0
아일랜드	58.4	7.7	–	17.9
이탈리아	130.9	0.2	17.8	5.9
네덜란드	60.5	1.0	1.4	2.8
포르투갈	70.0	–	5.7	4.6
스페인	87.3	0.3	2.8	5.2
영국	43.6	7.0	3.6	13.0
평균	**70.3**	**2.5**	**5.2**	**7.1**

출처: European Marketing Data and Statistics 1992, Euromonitor Plc 1992, p. 323.

6) 마르코 폴로가 중국에서 들여온 국수가 이탈리아의 파스타가 되었다는 주장은 1929년 미국의 미네소타에서 발간된 잡지 〈마카로니 저널(Macaroni Journal)〉에서 처음 나온 것으로 추정된다. 이 주장에 대해서는 많은 이견이 존재한다.

냐가 매우 인기가 있다.

1980년대 후반, 이탈리아 전체 파스타 시장의 성장률은 1% 미만으로 비교적 저조한 상태였다. 1990년에 이탈리아 파스타 시장규모는 약 3조 5,000억 리라로 추정되었는데, 세몰리나 파스타와 생 파스타만이 이탈리아 파스타 시장에서 성장하는 영역이었다. 이와는 대조적으로 수출 시장은 기록적인 성장률을 보여 주었다. 1990년대 초에는 다른 유럽지역으로 파스타 수출량이 매년 20~25% 정도 증가할 것으로 예상되었다.

3. 공장 네트워크

바릴라는 제분소, 파스타 공장, 베이커리 제조 공장, 파네토네(크리스마스 케이크)와 크루아상과 같은 전문제품을 생산하는 공장 등을 포함하여 이탈리아 전역에 생산 네트워크를 운영하고 있었다(〈표 3〉). 또한 신제품과 제품 생산 프로세스 개발 및 테스트하기 위해 페드리나노에서 최신식 R&D 시설과 시험 생산 공장을 운영하고 있었다.

〈표 3〉 바릴라 공장위치와 생산제품(1989년 기준)

지도 색인	공장위치	제품
1	브레반티(Braibanti)	파스타
2	칼리아리(Cagliari)	파스타
3	포자(Foggia)	파스타
4	마테라(Matera)	파스타
5	페드리나노(Pedrignano)	파스타, 면, 비스킷
6	비알레 바릴라(Viale Barilla)	토르텔리니, 면, 생 파스타
7	카세르타(Caserta)	파스타, 러스크, 브레드 스틱
8	그리신 본(Grissin Bon)	브레드 스틱
9	루비아노(Rubbiano)	러스크, 브레드 스틱
10	밀라노(Milano)	파네토네, 케이크, 크루아상
11	포메치아(Pomezia)	크루아상
12	만토바(Mantova)	비스킷, 케이크
13	멜피(Melfi)	스낵

지도 색인	공장위치	제품
14	아스콜리(Ascoli)	스낵, 조각 빵
15	로돌피(Rodolfi)	소스
16	알타무라(Altamura)	밀가루
17	카스텔플라니오(Castelplanio)	밀가루
18	페라라(Ferrara)	밀가루
19	마테라(Matera)	밀가루
20	테르몰리(Termoli)	밀가루
21	밀라노(Milano)	신선한 빵
22	밀라노(Milano)	신선한 빵
23	알토파치오(Altopascio)	신선한 빵
24	파도바(Padova)	신선한 빵
25	토리노(Torino)	신선한 빵

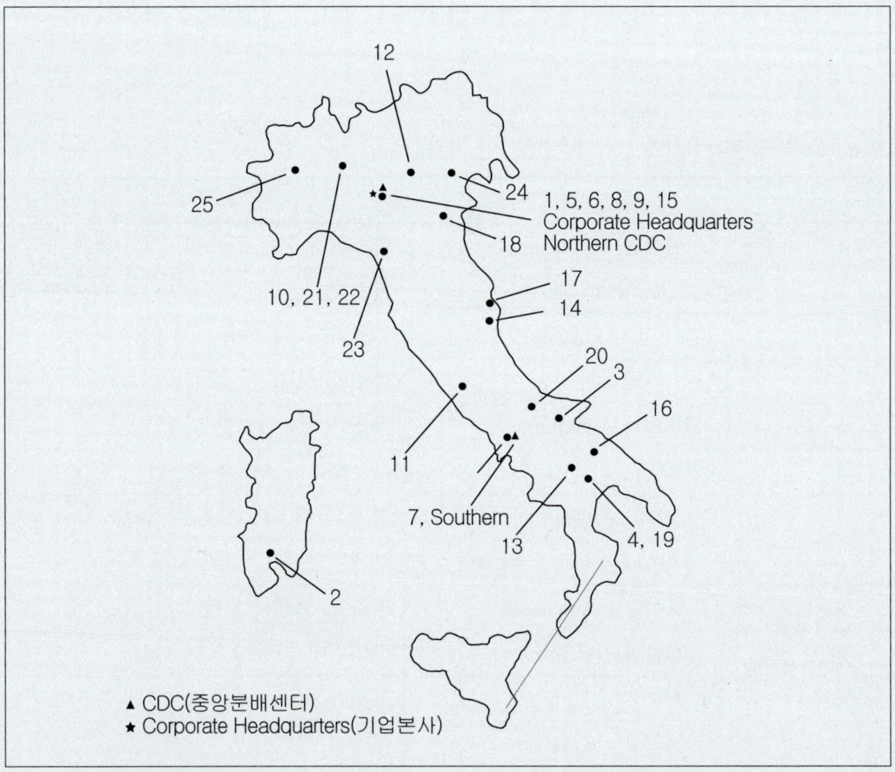

3.1 파스타 제조

파스타 제조 공정은 종이 제조 공정과 유사하다([그림 3]). 먼저 바릴라 생산 시설에서는 밀가루와 물을 섞어(일부 제품에는 달걀이나 시금치 등을 추가한다) 밀가루 반죽을 만든다. 그리고 순차적으로 정밀하게 작동하는 2개의 롤러를 통해 가늘고 긴 시트 형태로 반죽을 뽑아낸다. 적당한 두께로 밀어진 시트 반죽을 청동으로 만든 압출용 다이스형판 스크린에 밀어 넣는다. 이러한 다이스형판을 통해 파스타의 독특한 형태를 만들 수 있다. 압출기를 통과한 파스타는 지정된 길이로 절단된다. 절단된 조각들은 맞춤 못에 걸어두게 되며(또는 쟁반에 올려놓음), 공장 안에 구불구불하게 이어진 긴 터널의 가마를 천천히 통과하게 된다. 가마 속의 온도와 습도는 파스타 조각의 크기와 모양에 따라 세밀하게 조절되며 또 양질의 제품을 생산하기 위해 엄격하게 통제된다. 전환비용을 낮추고 제품의 품질을 높이기 위해 파스타의 모양에 따라 가마 속의 온도와 습도 변동 폭을 최소화할 수 있도록 생산 순서를 설계한 것이다. 이후 4시간 정도의 건조과정을 거쳐 파스타의 무게를 측정하고 포장한다.

바릴라에서는 원재료가 120m의 완전 자동 생산 라인을 거쳐 파스타의 포장 작

[그림 3] 바릴라의 제조시설

업이 완료된다. 바릴라의 공장 중 가장 크고 기술이 발달한 페드리나노 공장에서는 11개의 생산라인을 통해 하루에 총 9,000퀸틀(45만kg)의 파스타를 생산한다. 바릴라의 직원들은 이러한 거대한 시설 내에서 이동하기 위해 자전거를 사용하고 있을 정도이다.

바릴라의 파스타 공장은 생산되는 파스타의 종류에 따라 구별된다. 가장 큰 차이점은 파스타의 성분으로, 예를 들어 파스타를 만들 때 달걀 및 시금치의 포함 여부와 건조 파스타와 생 파스타와 같이 판매 제품 상태 등에 따라 구분된다. 바릴라에서 달걀이 포함되지 않은 모든 파스타는, 그라노 듀로(grano duro)[7]를 빻은 가루로 만들어지며, 전통 파스타 제품의 경우에는 고품질 밀가루를 사용한다. 예를 들어, 세몰리나의 경우 듀럼 밀을 잘게 빻은 가루이다. 바릴라는 달걀이 들어간 파스타 및 베이커리 제품과 같이 좀 더 맛이 좋은 제품에는 전분과 같은 그라노 테네로(grano tenero)[8]를 사용하였다. 이와 같이 바릴라의 제품은 사용하는 두 가지 밀의 종류에 따라 다르게 생산된다.

비록 동일한 파스타 제품군이라 해도 파스타의 크기와 모양에 따라 생산 공장이 지정된다. 마카로니나 푸실리와 같은 '길이가 짧은' 파스타 제품과 스파게티나 카펠리니와 같은 '길이가 긴' 파스타 제품은 필요한 장비의 크기가 다르기 때문에 서로 다른 시설에서 생산된다.

3.2 유통 채널

바릴라는 자사의 제품을 '건조'와 '신선' 제품으로 구분하였으며 각각 전체 매출에서 75%, 25%를 차지하고 있다.

- 건조 제품은 건조 파스타와 쿠키, 비스킷, 밀가루, 브레드 스틱, 버터를 바르지 않고 구운 빵과 같이 유통기한이 긴 베이커리 제품을 포함하고 있다. 건조 제품은 18~24개월의 '긴' 유통기한(예를 들어, 파스타 및 버터를 바르지 않고 구운 빵)을 가지거나, 10~12주의 '중간' 정도의 유통기한(예를 들어, 쿠키)을 가지고 있다. 바릴라의 건조 제품은 약 800여 개의 서로 다른 SKU(Stock Keeping Unit)[9]로 포장되어 제공되고 있다. 파스타는 200여 개의 서로 다른 모양과 크기로 만들어지며, 470여 개 이상의 SKU로 포장되어 판매되고 있다([그림 4]).

7) 고단백의 '단단한' 듀럼 밀을 말한다.
8) 부드러운 밀을 말한다.
9) SKU는 재고관리코드를 말한다.

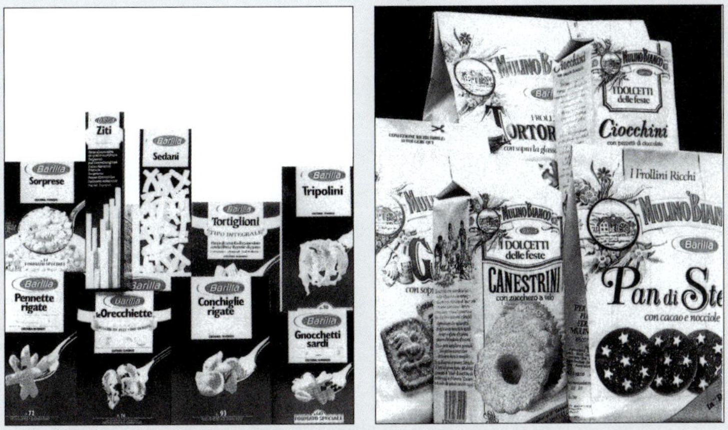

[그림 4] 바릴라 제품 샘플(바릴라 브랜드와 물리노 비앙코 브랜드)

가장 인기가 많은 파스타 제품은 다양한 포장 옵션이 적용되는데, 예를 들어 바릴라의 #5 스파게티는 항상 이탈리아 북부지역을 중심으로 한 5kg, 2kg, 1kg 패키지와 이탈리아 남부지역을 중심으로 한 1kg 패키지, 0.5kg의 '북부지역 중심' 패키지, 0.5kg의 '남부지역 중심' 패키지, 무료 파스타 소스나 디스플레이 팔레트가 포함된 특별 판매 패키지를 제공하고 있다.

- 신선 제품은 21일의 유통기한을 가지는 신선 파스타 제품과 1일의 유통기한을 가지는 신선 빵이 여기에 해당한다.

바릴라의 대부분 제품은 만들어진 공장에서 두 개의 중앙물류센터(Central Distribution Centrer: CDC)인 페드리나노 북부지역 중앙물류센터나 나폴리 변두리에 있는 남부지역 중앙물류센터 중 한 곳으로 운송된다([그림 5]). 신선 제품들은 유통 시스템에 의해 신속하게 운반된다. 신선 제품의 경우 보통 3일 정도 중앙물류센터에 보관된 후 운반되며, 건조 제품의 경우에는 보통 한 달 정도 중앙물류센터에 보관된 후 운반된다. 일부 신선 제품들은 중앙물류센터를 거치지 않고 운반되기도 한다.

바릴라는 제품의 부패 가능성과 유통 서비스에 대한 요구사항의 차이 때문에 건조 제품과 신선 제품별로 다른 유통 시스템을 운영한다. 독립 에이전트들은 신선 제품을 두 개의 중앙물류센터에서 구입하여 이탈리아 전역에 위치한 70개의 지역 창고에 제품을 배송한다. 그리고 창고에서는 약 3일 정도 신선 제품을 보관한다.

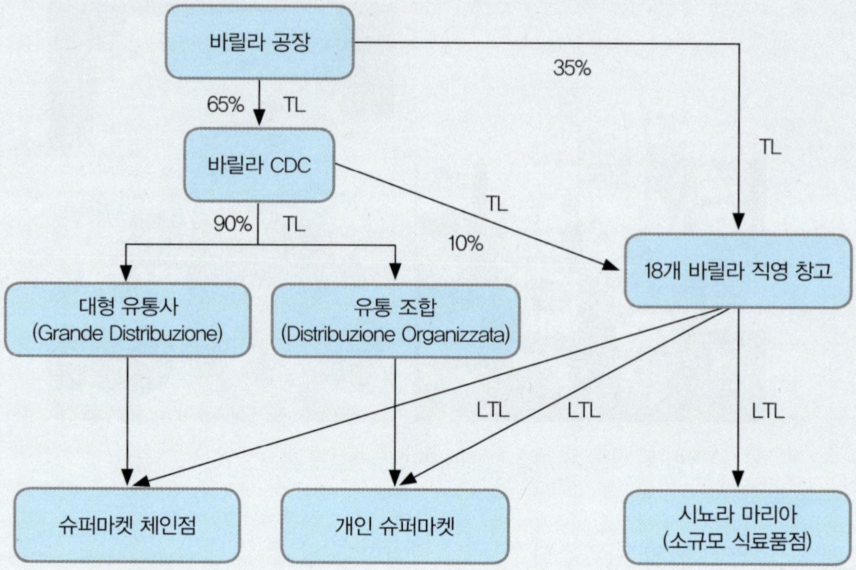

TL(Truck Load): 만차 운송
LTL(Less-Than-truck Load): 부분 적재 운송
선적 비율은 제품 중량에 기반함

[그림 5] 바릴라의 건조 제품 유통형태

바릴라의 건조 제품 중 약 2/3 정도는 슈퍼마켓 운송용으로 배정된다. 바릴라 중앙물류센터에 이러한 제품들이 먼저 운송된 후에 유통업체가 제품을 구매할 수 있으며, 유통업체는 제품을 다시 슈퍼마켓으로 운송한다. 브란도 비탈리가 제안한 JITD에서는 유통업체들을 통해 운송과 판매가 되는 건조 제품에만 초점이 맞추어져 있다. 나머지 건조 제품들은 바릴라가 자체 운영하는 18개 '소규모 창고'를 거쳐 소매 상점으로 운송된다.

바릴라의 제품들은 소규모 독립형 상점, 슈퍼마켓 체인점, 독립형 슈퍼마켓 등 세 가지 유형의 소매 판매처로 구분되어 운송된다. 바릴라에 따르면, 자사의 제품을 공급받는 소매 판매처가 이탈리아에서만 약 10만 개 정도 되는 것으로 추정된다.

3.3 소규모 독립형 상점

소규모 상점은 다른 서유럽 국가와 비교하여 이탈리아에서 특히 더 많이 유행하였다(〈표 4〉, 〈표 5〉). 1980년대 후반이 되면서 이탈리아 정부는 대형 슈퍼마켓 수를 제한하는 대신 소규모 상점('시뇨라 마리아'로 불리는 이탈리아 상점)을 지원하였다. 하지만 1990년대 초반에는 이러한 정부의 규제가 완화되어 슈퍼마켓의 수가 다시 증가하기 시작하였다.

〈표 4〉 서유럽지역 소매 시장규모(1988)

국가	인구 (단위: 백만)	소매 매출액 (단위: 백만 ECU[10])	인당 소매 매출액 (단위: ECU)	상점 수 (단위: 천)	밀도 (상점당 천 명)
오스트리아	7.61	23.6	3.1	39.1	195
벨기에	9.88	34.8	3.5	113.7	87
덴마크	5.13	17.7	3.5	41.7	123
프랑스	55.75	207.6	3.7	418.2	133
독일(서독)	61.14	233.0	3.8	415.0	147
그리스	9.98	17.6	1.8	171.5	58
아일랜드	3.54	7.1	2.0	31.5	112
이탈리아	57.40	182.3	3.2	871.3	66
룩셈부르크	0.37	1.4	3.8	3.7	101
네덜란드	14.72	39.3	2.7	156.2	94
노르웨이	4.21	15.2	3.6	39.1	108
포르투갈	10.23	18.8	1.8	97.5	105
스페인	38.91	81.9	2.1	540.0	72
스웨덴	8.41	34.4	4.1	63.4	133
스위스	6.56	32.1	4.9	54.4	121
영국	57.07	156.9	2.8	343.4	166
평균	**21.90**	**69.0**	**3.1**	**212.5**	**113.8**

출처: Adapted from Panorama of EC Industries 1991–1992, Current Situation and Outlook for 180 Sectors of Manufacturing and Service Industries in the European Community, ISBN #92-826-3103-6, p. 12.

〈표 5〉 유형별 식품 판매처 수

국가	연도	전체	과일 & 채소	유제품	육류	어류	빵	과자	음료	담배
벨기에	1987	14,209	2,359	2,367	8,165	1,431	2,198	1,190	1,686	664
덴마크	1987	6,497	1,319		1,622	474	457	504		1,992
프랑스	1989	57,021	17,033	4,880	49,138	7,717		21,370	5,383	4,887
독일(서독)	1985	59,592							7,895	10,469
그리스	1978	37,734	5,193	2,097	11,558	1,227	815	3,125	1,590	
아일랜드	1988	6,575	501		1,954	149	506	2,882	1,405	
이탈리아	1986	197,709	43,545		66,542	9,965	56,685			
네덜란드	1989	8,349	6,154	4,637	6,109	1,837	5,491	1,557		
영국	1986	41,815	16,805	9,700	20,721	3,158	7,553			

출처: Adapted from European Marketing Data and Statistics 1992, Euromonitor Plc, p. 286.

건조 제품 중 약 35%(이탈리아 북부 30%, 남부 40%) 정도는 바릴라가 자체 소유한 지역 창고를 통해 소규모 독립운영 상점으로 운송되며, 상점 수준에 따라 보통 2주 이상 제품이 보관된다. 소규모 상점의 주인은 바릴라의 구매 및 유통부서 직원들과 일한 경험이 있는 중개업자를 통해 제품을 구입한다.

3.4 슈퍼마켓

SKU

나머지 건조 제품들은 외부 유통업체들을 통해 슈퍼마켓에 운송되는데, 이 중 70%는 슈퍼마켓 체인점이며, 30%는 독립운영 슈퍼마켓이다. 슈퍼마켓은 일반적으로 10~12일 정도 건조 제품을 상점 내에서 보관하며, 평균 4,800개의 건조 제품 SKU를 가지고 있다. 바릴라는 다양한 패키지 형태의 파스타 제품을 대량으로 제공하지만, 대부분의 소매점은 1개에서 최대 2개의 패키지 옵션 제품만을 취급하고 있다.

슈퍼마켓 체인점으로 운송되는 건조 제품들은 '대형 유통사(Grande Distribuzione: GD)'에 의해 분배되며, 독립형 슈퍼마켓에 운송되는 건조 제품들은 '유통 조합(Distribuzione Organizzata: DO)에 의해 분배된다. 하나의 유통 조합은 다수의 독립형 슈퍼마켓에 대하여 중앙 집중화된 구매 조직으로서의 활동을 한다. 대부분의 유통 조합은 지역에 따라 운영체제를 갖추고 있으며, 소매점들은 보통 하나의 유통 조합으로부터 제품을 공급받는다.

지역별 소매점의 요구 조건 차이 때문에 일반적으로 유통업체는 800여 개의 바릴라 건조 제품 SKU 중 150여 개를 유통시킨다. 대부분의 유통업체는 200여 개 정도의 서로 다른 공급업자들로부터 제품을 공급받는데, 이 중에서 바릴라는 공급량 측면에서 가장 큰 비중을 차지한다. 유통업체들은 일반적으로 총 7,000~1만여 개의 SKU를 취급하고 있지만, 유통업체에 따라 다양한 전략을 사용하고 있다. 예를 들어, 바릴라에서 가장 큰 유통 조합 중 하나인 코르테제(Cortese)는 전체적으로 5,000여 개의 SKU만을 취급하고 있으며, 바릴라의 건조 제품 중에서는 단지 100여 개만을 취급하고 있다. 대형 유통사와 유통 조합은 모두 바릴라 CDC로부터 제품을 구입한 후 자사가 보유한 창고에 보관하며, 슈퍼마켓에서의 주문이 들어오면 창고에서 해당 슈퍼마켓으로 운송하고 있다. 바릴라의 건조 제품은 유통업체의 창고에서 일반적으로 2주 정도 보관된 이후 공급되고 있다.

대부분의 슈퍼마켓은 유통업체에게 매일 주문을 하는데, 상점의 관리자는 상점의 통로를 오가면서 보충이 필요한 제품들의 수량을 메모한다(좀 더 수준이 높은 소매점에서는 상점 선반에서 체크한 필요 주문수량을 휴대용 컴퓨터를 사용하여 기록한다). 일반적으로 주문수량이 유통센터에 접수된 이후 24~48시간 이내에 상점으로 배송된다.

4. 판매 및 마케팅

바릴라는 이탈리아 내에서 강력한 브랜드 이미지를 가지고 있으며, 바릴라의 마케팅과 판매 전략은 광고와 프로모션의 조합을 기반으로 한다.

4.1 광고

바릴라 브랜드는 광고에 집중하고 있는데, 최상의 품질과 수준 높은 파스타 제품 브랜드로 자리매김하기 위하여 일반적인 '면(noodles)' 상품과는 차별화된 광고 문구를 사용하고 있다. 한 광고 캠페인에서는 '바릴라: 프리미엄 이탈리아 파스타의 위대한 컬렉션'이라는 문구를 사용하였다. '컬렉션'을 강조하기 위해 검은색 배경에 조리되기 전 각각의 파스타 모양이 보석처럼 보이도록 함으로써 고급스럽고 세련된 감각을 떠올릴 수 있도록 하였다([그림 6]). 다른 파스타 제조업체와는 달리, 바릴라는 이탈리아의 전통적인 이미지보다는 주요 도시에 맞는 현대적이고 세련된 이미지를 활용하였다.

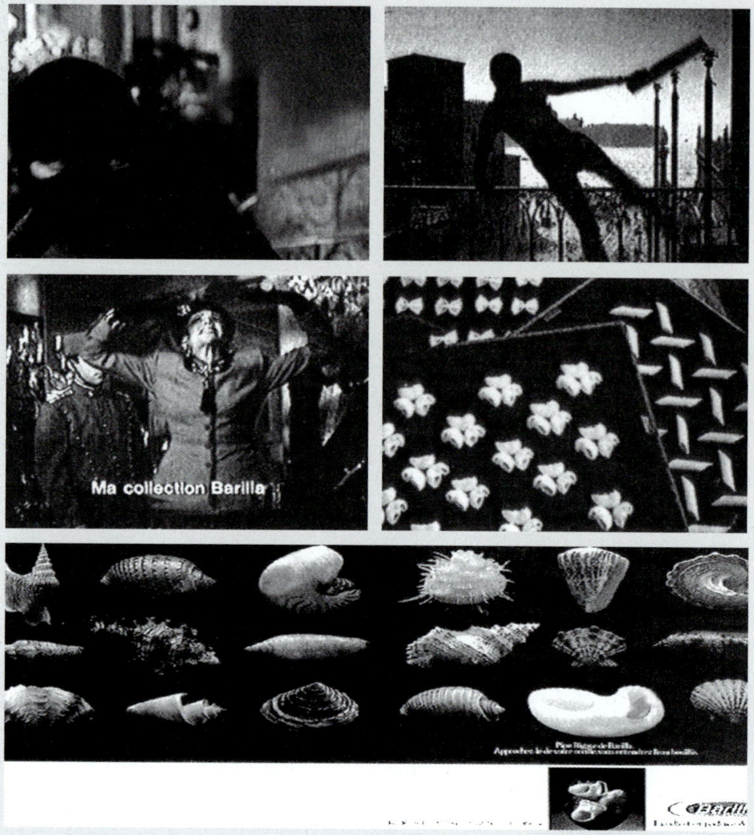

[그림 6] 바릴라의 광고 샘플

광고는 유명한 운동선수나 연예인 협찬을 통해 이루어지는데, 독일에서는 유명 테니스 선수인 슈테피 그라프(Steffi Graf), 스칸디나비아 지역에서도 역시 테니스 선수인 스테판 에드베리(Stefan Edberg)와의 계약을 통해 바릴라 제품을 홍보하였으며, 배우 폴 뉴먼(Paul Newman)과 같은 유명 인사도 바릴라 제품 광고에 출연하였다. 또한, 바릴라 광고는 '바릴라가 있는 곳에, 가정이 있다'와 같은 메시지를 활용하여 이탈리아 가정에서 가족들 간의 유대감을 발전시키고 강화하는 데 중점을 두었다.

4.2 판촉활동

바릴라의 판매 전략은 식료품 유통 네트워크에 제품을 진출시키기 위한 거래 프로모션이 주를 이룬다. 바릴라의 판매원은 판촉 기본전략에 대하여 다음과 같이 설명하고 있다.

> 우리는 매우 오래된 방식의 유통 시스템을 통해 판매하고 있습니다. 구매자는 거래 프로모션을 기대하고 있으며, 자신의 고객에게 이와 관련된 정보를 제공하고 있습니다. 만약 어떤 상점에서 바릴라 파스타를 할인된 가격으로 구매하였다면, 다른 상점에서도 그 즉시 이 사실을 알게 될 것입니다.
>
> 먼저 이탈리아에서 파스타가 얼마나 중요한지 이해해야 합니다. 모든 사람들이 파스타 가격을 알고 있기 때문에 한 상점에서 파스타를 할인 판매하게 되면, 소비자들이 할인된 가격을 즉시 알 수 있습니다.

바릴라는 보통 4~5주 간격으로 1년을 10개 또는 12개의 '캔버스' 기간으로 나누어, 각 캔버스에 해당하는 프로모션 프로그램을 구분하여 운영하고 있다. 캔버스 기간에 상관없이 바릴라의 유통업체는 필요한 수량만큼 구입할 수 있다. 바릴라의 판매 담당자 인센티브는 각 캔버스 기간에 설정된 판매 목표 달성에 따라 결정된다. 제품 카테고리별 수익 구조에 따라 각 캔버스 기간에 할인율이 결정되며, 일반적인 프로모션 할인율은 세몰리나 파스타 1.4%, 달걀이 포함된 파스타 4%, 비스킷 4%, 소스 8%, 브레드 스틱 10%이다.

이와 함께 수량에 따른 할인도 제공하고 있는데, 예를 들어 만차 수송(Full Truck Load: FTL) 주문량에 대해서 유통업체에게 운송비용과 주문량 대비 2~3%의 인센티브를 제공하고 있다. 또한 바이어가 달걀이 포함된 파스타를 최소 트럭 3대분을 구입한다면, 판매 담당자는 바이어에게 1,000리라(4%)의 할인을 제공해 줄 수 있다.

만차 수송(Full Truck Load: FTL)

4.3 영업사원

유통 조합을 담당하는 바릴라의 영업사원들은 근무시간의 약 90%를 상점 수준의 소매점에서 보낸다. 영업사원들은 소비자들이 상점에 비치된 바릴라 제품을 구매하는 것을 도와주며 상점 내 프로모션 준비, 경쟁사 가격, 재고, 신제품 소개 등 경쟁을 위한 정보를 기록하거나 상점 관리자와 함께 바릴라 제품과 주문 전략에 대해 상의하기도 한다. 또한 영업사원들은 정기적으로 일주일에 한 번 반나절 정도 유통업체의 바이어를 만나 유통업체의 주간 주문계획 수립에 도움을 주거나 프로모션 및 할인에 대해 설명하며 최근 배송된 제품에서 반송이나 취소와 관련된 문제를 해결하기도 한다.

각각의 담당자들은 유통업체의 주문량을 휴대용 컴퓨터를 통해 입력한다. 담당자는 신제품 및 가격에 대한 상담이나 전 주의 운송 관련 문제들에 대한 상담, 서로 다른 할인율 및 거래 구조와 관련된 분쟁을 해결하기 위해 중앙물류센터에서 주중 몇 시간을 보낸다.

반면, 대형 유통사의 경우에는 매우 적은 판매 인력만이 담당하고 있는데, 창고에 거의 방문하지 않고 대부분 팩스를 활용하여 주문을 처리한다.

5. 유통과정

5.1 유통업자의 주문 절차

대형 유통사 및 유통 조합의 경우와 마찬가지로 대부분의 유통업자들은 한 주에 한 번 자신들의 재고 수준을 확인하고 주문서를 발송한다. 제품은 주문 후 8~14일 사이(평균 리드타임은 10일 정도)에 배송된다. 예를 들어, 매주 화요일에 주문하는 유통업체는 되돌아오는 다음 수요일에서 그 다음 주 화요일 사이에 제품을 받을 수 있다([그림 7]).

유통업체의 판매 규모는 다양한데, 소규모 유통업체의 경우에는 한 주에 트럭 한 대 분량만을 주문하는 반면, 대규모 유통업체는 한 주에 트럭 다섯 대 분량만큼을 주문하기도 한다.

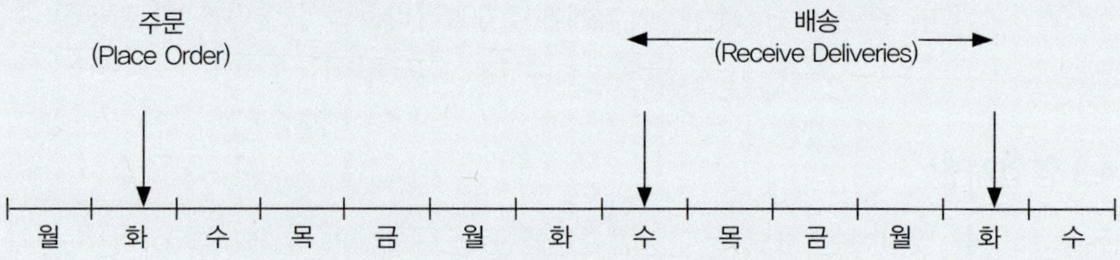

[그림 7] 주문시점에 따른 배송 가능 시기

대부분의 유통업체는 단순 주기적 재고관리 시스템(simple periodic-review inventory system)을 사용하고 있다. 예를 들어, 유통업체가 매주 화요일에 바릴라 제품의 재고 수준을 확인한다면, 이 유통업체는 제품의 재고 수준이 특정 재주문점 이하로 떨어졌을 때 주문을 넣게 되는 것이다. 거의 모든 유통업체들은 컴퓨터 지원 주문 시스템을 보유하고 있지만, 주문수량을 결정하기 위한 정교한 예측 시스템이나 분석 도구를 보유한 업체는 찾기 어렵다.

5.2 JITD 프로그램의 추진

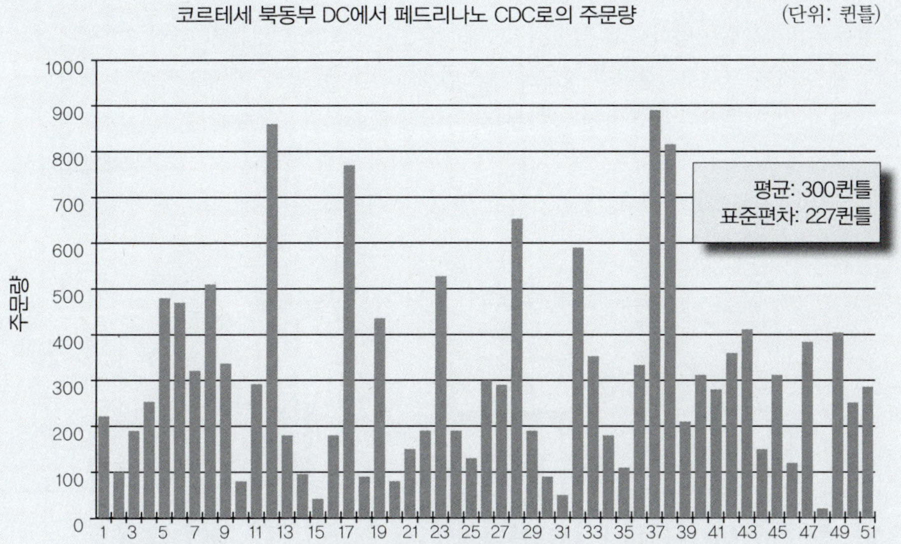

[그림 8] 코르테제 북동부 물류센터에서 페드리나노 중앙물류센터로의 바릴라 건조 제품 주간 수요 (1989년)

1980년대에 들어서 바릴라 제품에 대한 수요 변동성이 크게 증가하였다. 바릴라의 건조 제품에 대한 주문은 매주 급격하게 변했다([그림 8]). 이러한 급격한 수요의 변화는 바릴라의 제조 및 물류 운영을 어렵게 만들었다. 예를 들어, 터널식 가마에서 만들어지는 제품은 공정 순서와 온도 및 습도가 중요해 제품 생산의 순서가 엄격하게 지켜져야 하는데, 이로 인해 예상치 못한 수요 변동에 대응하기 어려워 품절이 빈번하게 발생하였다. 반면에 유통업체의 요구를 충족시킬 만큼 충분한 재고를 가지고 있는 제품은 주간 수요의 변화가 광범위하고 예상이 어려워 제품 가격이 상승할 수밖에 없었다.

몇몇 생산 · 물류 담당자는 유통업체나 도매업자에게 수요 변동에 대비하기 위해 그들의 현재 재고 수준에 대해 지속적으로 확인하고 추가 재고를 보유할 것을 요구했으나 도매업자를 위한 유통업체의 서비스 수준에서는 이를 받아들일 수 없는 상황이었다([그림 9]). 일부 다른 사람들은 이미 유통업체와 소매점에서 너무 많은 재고를 보유하고 있다고 생각하고 있었으며 이에 대해 바릴라의 물류 담당자는 1980년대 후반의 인터뷰에서 소매점의 재고와 관련된 문제에 대해 다음과 같이 이

야기하였다.

우리의 고객은 변화하고 있습니다. 왜 고객이 변화하고 있는지 아십니까? 제가 보기에 고객은, 상점과 창고에 제조업체가 원하는 만큼 대규모 재고를 보관하기 위한 공간이 충분하지 않다는 것을 알고 있습니다. 소매 판매점의 선반 위 공간을 생각해 보십시오. 그 공간을 쉽게 늘리지 못할 것입니다. 그러나 제조업체들은 신제품을 계속해서 출시하고 있고, 소매점의 선반 맨 앞쪽에 진열하기

코르테세 북동부 DC의 판매량과 재고 부족 현황 (단위: 퀸틀)

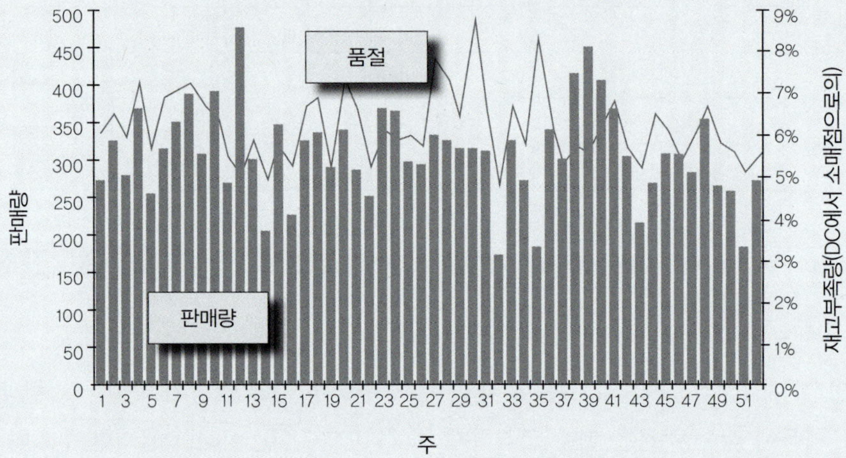

코르테세 DC의 재고 수준 (단위: 퀸틀)

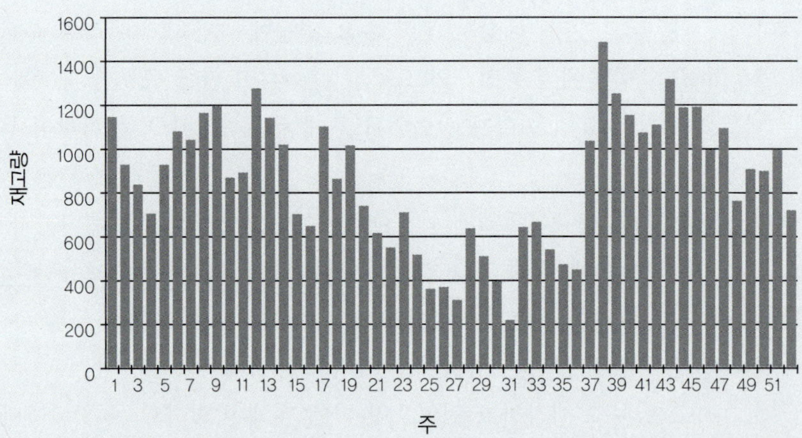

[그림 9] 코르테세 북동부 물류센터(DC)의 재고 부족량과 재고 수준 샘플(1989년)

를 원합니다. 이건 슈퍼마켓 벽이 고무로 만들어졌다고 해도 불가능할 것입니다. 유통업체도 이미 보유 중인 제품의 재고를 늘리는 것과 현재 취급하고 있지 않은 제품 수를 추가로 늘리는 것에 대하여 비슷한 압박을 느낍니다.

1987년, 바릴라의 물류 책임자였던 브란도 비탈리는 주문조달을 위한 다른 방법에 대한 확고한 의지를 보였다. 그 당시에 "제조업체와 소매점은 모두 미미한 판매 수익으로 인해 고통받고 있으며, 서비스 수준의 저하 없이 유통채널에서 비용을 줄일 수 있는 방법을 찾아내야 합니다."라고 지시하였다. 그날그날의 주문을 처리하는 데 급급한 물류 부서의 운영 방식을 넘어 미래를 예측할 수 있는 새로운 방법이 필요하다는 점을 보여 주었다. 1988년 초에 그는 물류부서가 제품을 배송하는 방법에 대한 체계적인 변화를 다음과 같이 설명하였다.

저는 다음과 같이 아주 단순한 방법을 구상하였습니다. 제품을 유통업체의 내부 계획 프로세스에 따라 내보내는 것이 아니라, 유통업체의 모든 배송 데이터를 확인하고 상점에서 필요로 하는 양만큼을 보내는 것입니다. 현재 우리가 운영하는 방식으로는 수요의 변동을 예측하기가 거의 불가능하기 때문에, 유통업체의 수요를 충족시키기 위해 많은 양의 재고를 보유하거나 제조와 유통과정에서 뒤죽박죽되었던 현재의 방법을 중단하려고 합니다. 또한 이러한 방법들을 운영하고 있다 하더라도 유통업체가 소매점을 만족시키기 위해 노력한다고는 생각되지 않습니다. 유통 조합의 작년 품절 현황을 보십시오([그림 9]). 유통업체가 몇 주 분의 재고를 보유하고 있음에도 불구하고 이러한 현상이 발생했습니다.

만약 수량과 운송 일정을 결정할 수 있다면, 우리 자신과 고객의 운영 방식을 개선할 수 있을 것이라 생각합니다. 우리 시설에 대량의 재고를 쌓아두기보다는, 제품을 필요한 만큼만 운송할 수 있다는 것입니다. 만약 유통업체의 잦은 수요 변화에 일일이 대응할 필요가 없었더라면 우리는 유통비용과 재고 수준을 감소시키기 위해 노력할 수 있었을 것이고 궁극적으로는 제조비용을 감소시킬 수 있었을 것입니다.

프로세스에서 주문이란 불변의 투입물이기 때문에, 우리는 이러한 투입물에 대처하기 위해 가장 필요한 능력 중 하나가 유연성이라는 생각을 항상 가지고 있습니다. 그러나 실제로는 최종 고객으로부터의 수요가 입력되기 때문에, 주문을 생성하는 과정을 관리할 수 있어야 한다고 생각합니다.

어떻게 해야 이렇게 할 수 있을까요? 각 유통업체들은 매일매일 각각의 바릴라 SKU에 대한 현재 재고 수준과 전날 소매점에서 창고로 운송된 바릴라 제

판매시점(Point-of-Sale: POS) 데이터

품에 대한 데이터를 제공하게 될 것입니다. 그러면 모든 데이터를 살펴보고 우리가 예측한 정보에 기초하여 조달 계획을 수립할 수 있을 것입니다. 이러한 방법은 소매점의 **판매시점(Point-of-Sale: POS) 데이터**를 활용하는 것과 유사하며, 우리는 단지 소매점으로부터 한걸음 떨어져 있는 정보에 대응할 뿐입니다. 이상적인 것은 소매점의 실제 판매량 데이터를 사용하는 것이지만, 현재 유통채널 구조에서는 어려운 일이며, 이탈리아 대부분의 식료품점들 또한 바코드 스캐너와 컴퓨터망 같은 장비를 보유하고 있지 않습니다.

물론 이러한 방식은 생각보다 단순하지 않습니다. 우리가 받은 데이터를 보다 효율적으로 사용하기 위하여, 우리가 자체 보유한 예측 시스템의 개선이 필요합니다. 또한 새로운 데이터를 받아 예측 시스템을 변경한 후에 전송하는 것을 결정하는 데 사용할 수 있는 의사결정 규칙들의 개발이 필요합니다.

비탈리가 제안한 'JITD'는 회사 내부에서 심각한 저항에 부딪히게 되었다. 특히, 판매 및 마케팅 부서는 이러한 계획에 강한 반대의 목소리를 냈다. 다수의 판매담당자들은 이러한 프로그램이 도입된다면, 자신들의 권한이 축소될 것이라고 생각했고 대부분의 판매 부서 구성원들 또한 이러한 방식에 여러 가지 문제점들이 있다고 지적하였다. 바릴라의 판매 및 마케팅 직원들의 의견은 다음과 같다.

"이러한 프로그램이 도입된다면 판매량이 감소할 것이다."

"빠르게 변화하는 판매 패턴이나 판촉활동의 증가에 따른 수요 변화에 대응하기 위한 배송과정을 조정하지 못한다는 위험을 감수해야만 한다."

"유통 조직의 많은 부서가 이와 같은 복잡한 관계를 처리할 준비가 아직 되어 있지 않다고 생각한다."

"만약 재고 수준이 감소되어 유통업체의 창고에서 그만큼의 공간이 비워진다면, 경쟁업체에게 유통업체의 선반공간을 더 많이 내어주는 위험이 도래될 것이다. 유통업체들은 구입한 물건을 팔아야만 하기 때문에, 경쟁업체의 제품을 더 많이 판매하려고 할 것이다."

"만약 우리의 공급 프로세스에서 중단이 발생한다면, 고객들에게 우리의 제품을 제공하지 못할 위험이 증가할 것이다. 만약 우리에게 파업이나 다른 문제가 발생한다면 어떻게 해야 할 것인가?"

"JITD에 의한 거래 프로모션은 실행될 수 없을 것이다. 만약 어떠한 종류의 인센티브를 제공하지 않는다면, 소매점이 어떻게 바릴라의 제품을 판매하도록 할 수 있을까?"

"비용이 절감될 것이라는 것조차도 명확하지 않다. 우리는 제조 유연성이 부족하기 때문에 생산일정을 변경할 수 없다. 따라서 만약 유통 조합이 재고를 줄인다면 바릴라에서는 이러한 제품에 대한 재고를 늘려야 할 것이다."

비탈리는 판매 부서의 우려에 대하여 다음과 같이 반박하였다.

우선 JITD는 판매에 위협이 되기보다는, 판매 도구로서 인식되어야 합니다. 고객에게 추가적인 비용 없이 부가 서비스를 제공하는 것입니다. 이 프로그램은 바릴라의 거래 투명성을 향상시킬 것이며, 유통업자들이 우리에게 더욱더 의존하게 만들어 줄 것입니다. 또한 이 프로그램을 통해 바릴라와 유통업체와의 관계를 악화시키는 것이 아니라 향상시킬 수 있을 것입니다. 그리고 무엇보다 유통업체 창고의 공급정보는 계획 수립 시 개선을 위한 객관적인 데이터를 제공해 줄 것입니다.

바릴라의 신선 제품 그룹의 자재관리 책임자인 마기알리는, 1988년 비탈리가 새로운 사업부의 책임자로 승진되면서 물류 책임자로 임명되었다. 마기알리는 실행을 중시하는 관리자로 알려져 있었는데, 임명되자마자 JITD 프로그램을 개발 및 실행하기 위해 대학을 갓 졸업한 빈센초 바티스티니(Vincenzo Battistini)를 채용하였다.

마기알리는 JITD 프로그램을 실행하면서 겪은 자신의 좌절감에 대하여 회상하였다.

1988년, 우리는 방법론에 대한 기초적인 아이디어를 개발하였으며, 몇몇 유통업체들과 계약을 맺기 위해 설득하고자 노력했습니다. 유통업체들은 이러한 것들에 대하여 전혀 관심이 없었습니다. 한 대형 유통사의 관리자의 반응은 우리가 경험했던 것들을 매우 잘 보여 주고 있었습니다. 그 사람은 우리와의 대화를 중단하며, "나의 업무는 재고를 관리하는 것입니다. 따라서 내가 관리하고 있는 창고와 관련된 정보를 보여줄 필요는 없는 것 같습니다. 만약 내 업무와 관련된 서비스 수준을 향상시킬 방법이 있다면 그것은 바로 당신들이 내가 요청한 주문을 빨리 처리해주는 것뿐입니다."라고 말을 했습니다. 그는 우리가 좀 더 자세한 자료 없이 급하게 변화하는 주문에 대응할 수 없다는 것을 이해하지 못하고 있었습니다. 다른 유통업체에서는 바릴라와의 관계가 너무 가까워지는 것에 대하여 우려를 표출하였습니다. "단지 바릴라가 비용을 절감하기 위해, 우리 창고에 물건을 채워 넣을 수 있는 권한을 바릴라에게 넘겨주게 되는 셈입니다." 또 다른 유통업체는 '어떻게 나의 재고를 나보다 당신들이 더 잘 관리할 수 있다고 생각하시는 겁니까?'라고 되물었습니다.

우리는 마침내 JITD 제안에 대해 깊이 있게 토론할 몇몇 유통업체를 설득할 수 있었습니다. 첫 번째 토론은 상당히 오랫동안 거래 관계를 유지해 온 대형 유통사 마르코니(Marconi)와 이루어졌습니다. 먼저 바티스티니와 나는 마르코니의 물류부서를 방문하였고, 우리의 계획을 설명하였습니다. 우리는 마르코니의 재고를 감소시키고 상점에 대한 공급률을 향상시킬 수 있는, 좋은 서비스가 제공될 계획이라는 것을 명확하게 전달하였습니다. 물류부서는 이러한 서비스에 대하여 긍정적인 반응을 보였으며, 프로그램의 시험 운영에 관심을 가졌습니다. 하지만 마르코니의 바이어들에게 이러한 소식이 전해지자마자 모든 것이 수포로 돌아갔습니다. 먼저 바이어들은 자신들의 우려에 대하여 표명하기 시작하였고, 바릴라의 판매 담당자와 대화를 한 후에는 이러한 계획에 반대하는 바릴라의 판매 부서와 같은 이야기를 반복하였습니다. 최종적으로 마르코니는 우리가 원하는 데이터를 제공했지만, 마르코니의 조달수량과 시기를 결정하는 것에 대해서는 이전과 동일한 방식을 유지했습니다. 이러한 것은 명확하게 우리가 원하던 관계 유형이 아니었기 때문에 다른 유통업체와도 이야기를 해보았지만, 더 나은 반응을 보여 주지는 않았습니다.

우리는 현재 JITD를 재편성하고 어디에서 실시할지에 대하여 결정할 필요가 있습니다. 이러한 유형의 프로그램이 우리의 사업 환경에서 실행 가능하겠습니까? 만일 실행 가능하다면, 어떤 고객을 대상으로 해야 하겠습니까? 그리고 우리가 어떻게 해야 그들이 이러한 프로그램에 참가할 수 있겠습니까?

도는 늘 함이 없으나 이루지 못함이 없다(道常無爲而無不爲, 도상무위이무불위).

– 노자(老子)

다른 사람과 잘 어울려 연주하는 것이 중요해요—너무 현란하지 않게, 그냥 적절한 시간을 지켜서 멋진 비트를 내는 거죠. 멋있게 스네어드럼, 킥드럼, 하이햇. 손과 발이 잘 조율되게만 하세요.

– 채드 스미스(Chad Smith), 록 밴드 Red Hot Chili Peppers의 드럼 연주자

2 CHAPTER

공급사슬에서 재고의 역할과 의미

학습 목표

- 공급사슬에서 재고의 역할을 이해하고 재고를 보유하는 목적을 이해한다.
- 재고 관련 비용을 최소화하기 위한 적절한 재고량 및 주문 기준점을 결정하는 재고관리 모형의 종류를 학습한다.
- 확정적인 고객의 수요하에서 총 재고 비용의 평균을 최소화하기 위한 경제적 주문량의 도출과정을 이해한다.
- 고객의 수요가 불확실하고 제품의 인도 기간이 발생할 때 적절한 주문 기준점을 결정하는 방법을 학습한다.

사례

'아마존 시대'에도 멀쩡...매출 134조 낸 美 코스트코

131년 역사를 자랑하는 미국의 백화점 체인 시어즈는 올해 42개의 시어즈 매장과 108개의 K마트 매장 등 총 150개 지점을 폐쇄할 예정이다. 또 다른 백화점 기업인 JC페니도 올해 안에 미 전역 138개 매장의 문을 닫고, 온라인 플랫폼 강화에 나선다. 세계 최대 유통기업 월마트는 지난해 미국 내 154개, 해외 115개 등 총 269개 점포의 문을 닫았다.

이 같은 변화의 중심에는 온라인 유통 공룡 아마존이 있다. 아마존은 유통업과 첨단 정보통신기술(ICT) 융합을 통해 미국인의 소비 방식에 일대 혁신을 불러왔다. 컴퓨터와 스마트폰으로 원하는 물건을 저렴한 가격에 신속히 사들일 수 있게 된 소비자들은 싫을 이유가 없다. 하지만 미국에서 흔히 '브릭앤드모르타르(brick and mortar · 벽돌과 회반죽)'로 불리는 오프라인 유통매장에는 아마존이 '공공의 적'이 된 지 오래다.

그런데 아마존의 급성장에도 안정적인 성장세를 이어가고 있는 대형 오프라인 유통업체가 있다. 월마트와 아마존에 이은 미국 3위 유통업체 코스트코가 그 주인공이다.

◆ 유통업 위기 속 코스트코는 매출 증가

코스트코의 지난 6~8월 동일점포 매출 증가율은 지난해 같은 기간 대비 각각 6%, 6.2%, 7.3%에 달했다. 지난해 말 715개였던 전 세계 매장 수도 8개월 만에(9월 1일 기준) 741개로 26개가 늘었다. 8월 한 달 동안 캐나다와 캐나다를 제외한 글로벌 시장 매출이 각각 8%, 6% 증가하는 등 국내와 해외에서 모두 잘나가는 것도 고무적이다.

이에 따라 상당수의 글로벌 투자전문가들이 아마존과 맞서 경쟁할 수 있는 가장 유력한 소매업체로 코스트코를 지목하고 있다.

코스트코는 짐 시네갈과 제프리 브로트먼이 1983년 미국 워싱턴

주 시애틀에서 설립했다. 1993년 코스트코와 프라이스클럽이 합병되면서 '프라이스 코스트코'로 불리다가 1997년부터 지금의 상호를 사용하고 있다. 본사는 시애틀 남동부 이사콰에 있다.

코스트코는 흔히 '회원제 창고형 할인마트'로 불리는 대표적인 '브릭앤드모르타르(brick-and-mortar)' 유통업체다. 그런 코스트코가 온라인 쇼핑의 황금기에도 높은 품질과 낮은 가격을 앞세워 뛰어난 경쟁력을 유지할 수 있는 비결은 뭘까…(중략)…

◆ 품목 수 줄여 가격 경쟁력 추가 확보

코스트코는 통상 4000개 안팎의 품목을 판매한다. 10만개가 넘는 상품을 진열하는 월마트나 7만개의 상품을 파는 카르푸와는 다양성에서 비교가 되지 않는다. 예를 들어 일반 대형마트엔 브랜드와 무게가 다른 수십 종의 설탕이 있지만, 코스트코엔 5kg짜리 황설탕과 백설탕 각각 한 종류가 있을 뿐이다. 이렇게 상품의 개수를 제한하면 소비자 선택의 폭은 줄어들 수밖에 없지만, 품목별 판매량은 늘어난다. 코스트코는 이런 방식으로 재고를 빠르게 소진해 가격 인하를 유도해왔다. 품목 수가 적으니 상품 진열 및 관리 비용도 적게 든다. 또 빈 자리가 생기면 공급업체 간 경쟁도 치열해지기 때문에 자연스럽게 가격 인하로 이어지는 경우가 많다.

하지만 어떤 경우에도 저급한 상품은 취급하지 않는다는 게 코스트코의 핵심 전략 중 하나다. 품목별로 가장 품질 좋고, 값이 싸며, 큰 사이즈 하나만 제공하는 것이다. 비슷한 제품 4~5개를 고객이 고르다가 결국 안 사는 것보다, 확실한 제품 하나가 잘 팔리는 게 낫다는 믿음 때문이다.

이런 방식으로 코스트코는 1년에 13차례 재고를 소진한다. 월마트 등 경쟁 기업은 연간 9차례 재고가 소진된다. 재고 없이 끊임없이 팔아치우는 것도 코스트코의 핵심 경쟁력이다.

[이코노미조선] 2017.9.21. 기사

2.1 공급사슬에서 재고의 의미

2.1.1 재고의 정의 및 중요성

재고(inventory)

공급사슬 내의 기업들은 원자재를 공급하거나 가공하여 완제품으로 만드는 과정에 참여한다. 이들 기업은 최종 고객 또는 다음 단계의 공정에 필요한 물량을 필요한 시간에 공급하면서 자신의 이익을 최대화하기 위해 노력한다. 이러한 목표로 기업이 미래의 사용 목적을 위해 창고나 생산 현장 또는 판매대 등에 보유하고 있는 재화를 재고(inventory)라고 부른다.

재고의 보유 및 관리비는 기업의 전체 운영 비용에서 큰 비중을 차지한다. 예를 들어, 현대차의 재고자산규모는 2024년 3분기 기준으로 약 18조 8,003억 원이었으며, 기아차는 11조 8,201억 원으로 양사의 재고자산을 합치면 무려 30조 원을 넘었다(머니투데이, 2024.11.19.). 또한, 미국 기업 전체가 보유한 재고규모는 2024년 11월 기준 2.59조 달러(약 3,756조 원)에 달하는 것으로 보고되었다(US Census Bureau, 2025). 하이저와 렌더(Heizer & Render, 2011)에 의하면 재고의 구매 및 관리에 투입되는 비용이 기업에 투입된 자본의 약 50%에 이를 수 있다고 한다.

이런 막대한 비용이 수반되는 재고를 적정 수준으로 관리하고 재고보유 및 관리비를 줄이려는 노력이 지속적으로 기울여져 왔다. 하지만 적절한 재고 수준을 결정하는 것은 쉬운 일이 아니다. 기업이 재고를 보유하는 목적은 다양하며, 각 목적에 맞는 적절한 재고량은 다를 수 있다. 또한 기업마다 생산 환경 및 고객의 수요 패턴이 다르기 때문에 적절한 재고량이 어느 정도인가를 일률적으로 판단하기는 어렵다.

재고 회전율(inventory turnover)

재고가 어느 정도로 관리되고 있는지를 알기 위해서는 재고의 규모를 판단하기 위한 지표가 필요하다. 동일한 재고량을 보유하고 있더라도 기업의 매출규모에 따라 재고량은 적정한 수준일수도 있고 상대적으로 과다한 수준일 수도 있다. 따라서, 일반적으로 기업의 재고 수준을 파악하는 지표로 재고 회전율(inventory turnover)을 많이 사용한다. 재고회전율은 연간 총 매출 원가를 평균 재고가액으로 나눈 수치이다(수식 1).

$$\text{재고회전율} = \frac{\text{연간 총 매출 원가}}{\text{평균 재고가액}} \qquad \text{수식 1}$$

재고회전율은 일 년에 몇 번 정도 재고가 새로 보충되는지를 나타낸다. 재고회전율이 높을수록 기업은 재고를 보다 빈번하게 보충하므로 비교적 적은 수량의 재고를 보유한다고 말할 수 있다. 예를 들어, 재고회전율이 6이라면 1년에 평균 6번 재고를 보충한다는 의미이다.

재고회전율의 역수는 재고보유기간이라 부르는데, 이는 기업이 보유한 재고량이 모두 소진되는 데 걸리는 평균적으로 소요되는 시간을 나타낸다. 앞의 예와 같이 재고회전율이 6인 경우, 재고보유기간은 1/6년, 즉 2개월이며 이는 보충된 재고가 소진될 때까지 평균 2개월이 걸림을 의미한다. 실제로, 미국 자동차기업들의 평균 재고보유기간은 2018년 4월 1일 기준으로 69일로 보고되었으며 (Automotive News, 2018)로 이는 재고회전율로 환산하면 약 5.3회에 해당한다(365/69=5.29).

산업별 생산 및 고객의 소비 환경의 차이로 인해 산업의 유형에 따라 재고회전율에도 많은 차이가 있다. 〈표 2-1〉에서 볼 수 있듯이, 전기부품산업은 제품을 비교적 오래 보유할 수 있고 소비 주기도 긴 편이기 때문에 재고회전율이 비교적 낮은 반면, 제과산업은 제품을 장기간 보관하기 어렵고 소비 주기도 짧기 때문에 재고회전율이 상대적으로 높은 편이다. 따라서 단순히 재고회전율의 절대적인 크기를 기준으로 적절한 재고보유 여부를 일률적으로 판단하기는 어렵다. 본 장에서는 고객의 소비 환경의 차이에 따라 적절한 재고 수준을 결정하고, 재고 보유 및 관리 비용을 최소화하고자 하는 방법들을 학습한다.

〈표 2-1〉 산업별 재고회전율 분포

산업	중앙값
전기부품	4.9
컴퓨터	7.0
오디오 및 비디오	3.9
화학산업	6.4
제과산업	23.0
출판업	2.8

출처: Simchi-Levi 등(2007).

2.1.2 재고의 종류

공급사슬에서 재고는 다양한 형태로 존재한다. 공급사슬의 첫 단계에서는 가공되지 않은 원자재들이 재고로 존재하며, 공급사슬의 최종 단계에서는 완성된 제품들이 최종 고객에게 판매되기 전 재고로 존재한다. 재고는 생산 단계에 따라 크게 다음과 같은 세 가지로 구분할 수 있다.

(1) 원자재

원자재(raw material)는 가공되지 않은 생산 활동의 기본 재료이다. 예를 들어, 스마트폰을 제조하기 위해서는 터치패널, 배터리, PCB 기판, IC 칩, 케이스 등 다양한 원자재가 필요하다. 이처럼 생산에 필요한 원자재들은 원활한 생산을 위해 생산 공장의 창고에 재고로 보관된다. 이들 원자재는 일반적으로 완제품에 비하여 단위당 가격이 저렴하다. 또한 원자재는 다양한 종류의 최종 생산품에 사용될 수 있으므로 활용 자유도가 높은 편이다.

원자재(raw material)

(2) 재공품

재공품(Work-In-Process: WIP)은 생산 활동의 과정에서 아직 완제품의 형태를 갖추지 않은 중간 제품을 의미한다. 생산 활동 각 단계별로 재공품은 다양한 형태를 가진다. 예를 들어, 스마트폰의 제조 중에는 PCB 기판에 칩이 결합된 형태의 재공품이 존재한다. 또한, 스마트폰의 액정 및 터치모듈 등이 결합된 재공품도 있다. 이렇게 공정 중에 존재하는 다양한 중간 조립품들이 모두 재공품에 속한다. 재공품은 재고에서 상당한 부분을 차지하며, 공정에 소요되는 시간이 길어질수록 재공품의 보유량도 늘어나게 된다. 재공품의 단위당 가격은 원재료보다 높은 반면 활용 자유도는 원재료보다 낮다.

재공품(Work-In-Process: WIP)

(3) 완제품

완제품(final product)은 최종적으로 모든 부품이 조립되어 소비자에게 전달되는 완성된 형태의 제품을 의미한다. 예를 들어, 생산 및 포장이 완료된 스마트폰이 완제품 재고가 된다. 완제품 재고는 출고되기 전에 제조업체의 창고에 보관되어 있거나, 중간 유통업체의 창고 또는 소매점의 진열대에 재고 형태로 보관된다. 완제품은 일반적으로 원자재 및 재공품이 더 가공된 형태이기 때문에 원자재나 재공품에 비해 단가가 가장 비싸다. 또한 완제품은 최종 고객 수요에 따라 그 형태가 세분된 상태이기 때문에 오직 해당 제품의 수요만 만족시킬 수 있으며, 재고로서의 활용

완제품(final product)

자유도는 가장 떨어진다고 할 수 있다.

재고의 종류별 비용 및 활용 자유도의 관계를 [그림 2-1]에 요약하였다.

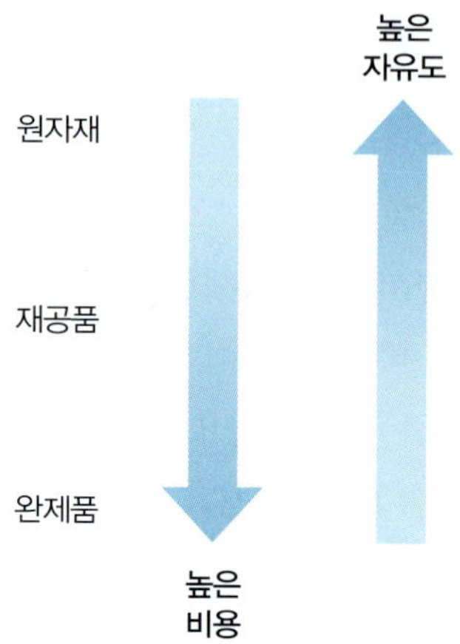

[그림 2-1] 재고의 종류 및 특성

2.1.3 재고 보유의 비용

재고유지비용(inventory holding cost)

앞에서 기업에는 다양한 형태로 재고가 존재하고 있으며, 그 양도 상당하다는 것을 살펴보았다. 이러한 재고를 보유하기 위해서는 비용이 발생하며, 이를 **재고유지비용(inventory holding cost)**이라고 한다. 재고유지비용은 보통 재고로 보관하는 제품의 가치에 비례한다. 일반적인 기업에서의 재고유지비용은 연간 제품 원가의 15~35% 수준으로 나타나며, 소매환경에서는 연간 40%를 넘어서는 경우도 많다. 예를 들어, 재고유지비용이 제품 가치의 40%라면, 이는 만약 10,000원짜리 제품을 1년간 보유하기 위해 4,000원의 비용이 발생한다는 의미가 된다. 재고량 자체가 기업에서 상당규모임을 감안하면, 재고의 보유로 발생하는 비용은 기업의 수익성에 큰 영향을 미치는 규모임을 알 수 있다. 그럼 구체적으로 재고의 보유는 어떤 종류의 비용을 발생시키는지 알아보자.

(1) 자본비용

자본비용(cost of capital)

자본비용(cost of capital)은 자본이 재고에 묶여있음으로 인해 발생하는 기회비용(opportunity cost)이다. 재고에 투입되어 있는 금액만큼, 해당 금액을 운용하였더라면 얻을 수 있는 수익을 희생하고 있는 것이 된다. 만약 부채 등으로 자본을 조달하고 있다면 재고에 투입된 금액으로 인해 이자비용을 그만큼 더 감당하고 있을 것이다.

(2) 보관 및 취급 비용

재고는 물리적인 공간을 차지한다. 우선 제품을 보관해야 하는 창고가 필요하다. 보관 장소는 생산 장소에 가까워야 하므로 아무데나 지을 수 없으며, 보관해야 하는 양이 증가하면 증가할수록 필요한 장소도 늘어나게 된다. 단순히 재고 자체가 차지하는 면적 이외에도, 재고를 반입하고 반출하기 위한 통로와 재고를 적재하기 위한 선반 등 많은 부가적 공간이 소요된다. 해당 공간을 재고의 보관에 사용하지 않을 수 있다면 임대료의 절감 혹은 공간의 활용을 통한 부가적 수익창출이 가능하였을 것이며, 이는 도시에 위치한 소매환경일수록 더욱 큰 비용으로 나타나게 될 것이다. 창고를 짓고 부지를 확보하는 비용뿐 아니라 창고에 제품을 보관하는 인건비 및 시스템의 운영비용도 무시할 수 없다. 고가의 제품은 창고의 보안 및 상품의 상태 유지를 위해도 더 많은 비용이 들어가게 마련이다.

(3) 세금, 보험료, 및 가치상실

재고는 자산으로 산정되므로, 재고자산의 규모에 따라 세금 및 보험료의 부담도 함께 증가하게 될 것이다. 또한, 재고는 시간이 지남에 따라 여러 가지 이유로 가치가 상실된다.

먼저, 진부화(obsolescence)로 인한 가치상실을 고려해 보자. 제품에 따라 진부화는 매우 빠르게 나타날 수 있는데, 예를 들어 신제품 스마트폰을 6개월정도 재고로 보유하고 있다고 생각해보면, 많은 경우에 출시 초기에 비해 시장가격의 하락으로 인해 가치가 상당히 상실되어 있을 것이다.

제품의 유효수명이 짧은 소멸성 제품(perishable item)의 경우에도 재고가치의 상실은 빠르게 일어난다. 유통기한이 존재하는 신선식품의 경우에는 며칠정도만 재고로 보유하여도 가치의 상당부분이 상실될 수 있다.

패션의류나 신문 · 잡지책과 같이 특정 기간에만 수요가 존재하는 제품도 많다. 이러한 제품들은 재고로 보유한 제품들이 판매 시즌 동안 판매되지 않은 경우, 제품의 가치가 급격히 감소할 수 있다. 일례로, 겨울 등산복의 경우 그 해의 유행하는 디자인 및 색상을 따라 생산했는데, 가을–겨울의 등산 시즌이 끝나게 되면 다음해 새로운 유행이 시작될 경우 그 가치가 급격히 감소하게 된다. 이처럼 시간에 따른 제품의 가치 감소도 기업이 재고를 보유하는 데 부담을 주게 되며, 이러한 가치 감소분도 재고유지비용을 발생시키는 주요 요인이 된다.

또한, 재고는 물리적으로 파손되거나, 도난, 분실 등으로 인해 유실될 수 있다. 대형 소매환경의 경우 이러한 파손, 도난, 분실 등으로 인한 재고상실규모가 매출의 약 2% 정도에 달하는 경우도 흔히 볼 수 있다.

2.1.4 재고의 보유 이유

앞에서 기업이 보유한 재고의 양이 상당하며, 재고를 보유하는 것에는 상당한 비용이 수반된다는 것을 살펴보았다. 그렇다면 이렇게 예상되는 비용을 부담하면서 기업이 재고를 보유하는 이유가 무엇일까? 기업은 아래의 다양한 목적들 때문에 재고를 보유한다.

(1) 수량할인

수량할인(quantity discount)

재고를 보유하는 이유 중 하나로 **수량할인**(quantity discount)을 들 수 있다. 즉, 대량으로 제품을 구매할 경우 구매 가격이 할인되는 이점을 이용하기 위해, 기업은 당장 필요한 수량 이상을 주문하는 전략을 취한다. 이때 당장 필요한 양 이상의 제품들은 필요한 시점까지 재고로 보관된다. 예를 들어, 코스트코(Costco)와 같은 창고형 할인점을 생각해보자. 이들 매장에 들어가면 마치 창고를 연상시키는 진열장들이 등장한다. [그림 2-2]는 제품의 판매대가 아니라 마치 제품을 보관하는 창고가 연상되는 할인 매장의 진열 형태를 보여 준다. 이러한 할인 매장에서는 판매하는 상품의 진열 단위가 매우 커서 세제의 경우 3~4L의 대용량을 흔히 볼 수 있다. 또한 많은 경우 기본 구매 단위는 한 개의 제품이 아니라 2~3개 또는 10~12개의 한 박스 단위를 묶어서 패키지 형태로 판매한다. 하지만 이렇게 패키지로 제품을 판매할 때 개당 판매 가격은 하나씩 구매할 때보다 훨씬 저렴하다. 고객 입장에서는 당장 필요한 개수의 물건을 사는 대신, 조금 더 많은 수량의 물건을 구매하고 이를 각 가정의 창고에 재고로서 보유하게 된다. 기업 입장에서도 많은 수량을 한꺼번에 판매함으로 인해서 개당 이윤을 조금 낮추어도 전체적으로는 더 많은 이윤을 취할 수 있거나 매출을 늘릴 수 있기 때문에 수량할인을 선호한다.

[그림 2-2] 창고형 할인 매장의 진열장

기업이 제품을 조달할 때도 원자재를 더욱 많은 단위로 구매하게 되면 가격 협상력이 높아져 할인을 받기가 더 쉬워진다. 예를 들어, 애플 사(社)의 경우 자사의 제품이 가지고 있는 엄청난 수량의 고객 수요를 무기로 원자재 및 부품 공급사들과 협상하여 상당한 할인을 받는 것으로 알려져 있다. 애플의 아이폰에 들어가는 디스플레이의 경우 LG나 삼성디스플레이와 같은 공급 업체와 1년에 수십~수백만 장의 단위로 주문을 하면서 파격적인 수량 할인을 받는다고 한다([그림 2-3] 기사 참조). 이처럼, 당장 필요한 수량이 아니어서 일정 기간 제품을 보관하더라도, 수량 할인을 통한 비용의 절감을 이루기 위해 기업은 재고를 보유한다. 그러나 모든 기업에게 이러한 전략이 바람직한 것은 아니다. 애플의 아이폰과 같이 고객의 수요가 많고 인기가 높은 품목의 경우 수요가 크기 때문에 생산 현장에 이처럼 많은 수량의 부품을 구매하여 보관하여도 크게 부담이 되지는 않는다. 하지만 고객의 수요가 적은 기업은 애플 사와 같이 대량구매를 했다가는 필요한 생산량에 비해 너무 많은 재고를 보유하여 많은 미판매 제품을 초래하고, 결국 큰 손실을 가져올 위험이 있어 신중한 판단이 필요하다.

ChosunBiz [Weekly BIZ] 공장 없는 애플이 글로벌 부품시장 지배하는 비법은…

대량 구매계약 맺고 현금 선지급 협력업체 밀착 관리 공급망 통제

2010년 6월 애플의 아이폰4가 출시될 무렵 대만 HTC 같은 경쟁사들은 디스플레이를 비롯한 스마트폰용 핵심부품을 제때 못 구해 발을 동동 굴렀다. 애플이 관련 부품을 싹쓸이해 간 탓이었다. 애플은 지난해 3월 아이패드2의 내부 케이스를 만들 때도 엄청난 양의 고급 부품을 한꺼번에 사들였다. 이로 인해 다른 업체들은 최소 6주에서 6개월까지 관련 부품이 나오는 것을 기다려야만 했다.

-중략-

수많은 부품기업에 대한 밀착관리도 세계적 수준이다. 애플은 구매 과정에서 '대량구매'를 통해 매우 저렴한 가격으로 주요 부품들을 확보한다. 예를 들어 부품 공급업자에 대량의 구매계약을 맺고, 현금으로 선(先)지급한다. 대신 부품가격은 시가의 50% 안팎 수준으로 하는 식이다.

[그림 2-3] 애플의 대량구매전략

출처: 조선 비즈 (2012).

(2) 주문비용의 절감

재고를 보유하는 목적으로 제품의 고정적 주문비용 절감을 들 수 있다. 여기서 주문비용이란 주문을 할 때마다 항상 발생하는 종류의 비용을 뜻한다. 대체로 주문비용은 주문 수량에 관계없이 고정적으로 발생하는 경향이 있어 고정적 주문비용이라 부른다. 예를 들어, 집 근처의 마트에 가서 치약을 구매하는 경우를 생각해보자. 치약 한 개를 구매해서 약 2주를 사용할 수 있다고 한다면 필요할 때마다 1개의 치약을 구매할 경우 한 달에 두 번 마트를 방문하면 된다. 하지만 집 바로 앞에 치약을 파는 매장이 있다고 하더라도 한 달에 두 번을 치약만을 위해서 집을 나서는 것은 여간 귀찮고 불편한 일이 아니다. 더구나 도시가 아니라 차를 이용해 한참 이동하여 장을 보러 나가는 경우에 이런 구매 방식은 유류비와 많은 시간을 소요하게 한다. 이처럼 마트를 방문할 때 발생하는 유류비나 운송비와 같이 제품을 구매할 때는 보통 고정적으로 지출하게 되는 주문비용이 있다.

가동준비비용(setup cost)

이와 비슷한 개념으로 제품의 생산 현장에서는 가동준비비용(setup cost)이 존재한다. 특정 제품의 생산을 위해서는 생산 설비를 설정하여 가동하는 데 시간과 노력 및 관련 자재가 필요하며, 이때 들어가는 투입자재 및 인건비 등의 비용은 생산하려는 제품이 많든 적든 비슷하게 소요된다. 따라서 제품을 필요할 때마다 소량으로 생산하는 것은 이러한 고정적 주문비용 또는 가동준비비용을 매번 부담하게 되므로 많은 비용이 소모된다.

제품의 고정적 주문비용을 절감하기 위해서는 필요할 때마다 제품을 구매하는 대신, 제품을 바로 사용하지 않고 보관하더라도 당장 필요한 수량보다 많은 수량을 구매해야 한다. 평소의 구매 습관을 생각해 보면 치약류는 보통 2~3개를 구매하여 매번 장을 볼 때마다 치약에 신경을 쓰지 않고자 했던 경험이 있을 것이다. 치약 구매를 위해 마트를 다녀오는 데 소요되는 유류비 등의 고정비용이 2,000원이라고 하자. 5,000원짜리 치약을 1개 구매했을 경우에는 전체 구매비용이 7,000원(=5,000+2,000)이고 이 값이 곧 단위당 구매 비용이 되지만, 2개를 구매할 경우 전체 비용은 1만 2,000원이 되고, 단위당 구매 비용은 6,000원(=5,000+2,000/2)으로 절감된다. 식재료 등을 구매하기 위해 마트를 방문할 때 매일매일 필요한 것을 사기보다는 보통 일주일 정도 필요한 식재료를 구매하고 냉장고에 보관하게 되는 것도 같은 이유 때문이다. 기업 활동에서도 이 같은 전략은 그대로 사용된다. 선박이나 항공편을 통해 들여와야 하는 원유나 철광석 등의 원자재의 경우, 기본적으로 소요되는 운송비가 높기 때문에 기업에서는 대량으로 구매하고 남는 제품은 재고로서 창고에 보관하는 것이 구매비용을 낮추게 된다.

(3) 수요와 공급의 불확실성 대비

재고는 우선 수요의 변동성에서 오는 수요의 불확실성에 대비하기 위해 보유한다. 만약 기업이 고객의 수요를 정확히 안다면, 판매될 제품의 수량만큼만 필요한 양을 정확히 주문할 수 있기 때문에 재고를 보유할 필요는 없다.

하지만 현실에서는 고객의 수요를 정확히 알기는 매우 어렵다. 예를 들어, 지하철에서 신문을 파는 가판대는 그날 아침에 몇 명의 손님이 신문을 구매할지 알 수가 없다. 삼성전자는 다음 분기에 애플이나 HP 등이 얼마나 메모리 반도체를 주문할 것인지 알지 못하는 상황에서 생산 규모 및 생산량을 계획해야 한다. 비록 회사들이 예측 주문량을 알려주는 경우가 있으나, 실제 주문량과는 차이를 보이게 된다.

이같이 고객의 수요를 정확히 모르는 상황에서 제품을 충분히 준비하지 못한다면 기업은 판매 기회를 잃어버릴 수 있다. 이런 위험을 가장 잘 대비하는 수단은 충분한 양의 제품을 재고로 확보하는 것이다.

2002년 월드컵에서 한국이 역사상 처음으로 16강, 8강에 이어 4강까지 진출하였다. 이에 한국팀을 응원하는 사람이 더욱 늘어나게 되고, 응원에 필요한 도구와 함께 붉은 악마를 상징하는 빨간 티셔츠의 수요가 며칠 사이에 폭발적으로 증가했다. 월드컵 시작 전 한국이 16강을 넘어 8강에 진출하기를 바라는 사람들은 많았지만,

4강까지 오르리라고 예측한 사람들은 거의 없었기에 붉은악마 티셔츠에 대한 수요 예측 또한 기존에 예상하던 수량을 크게 초과했다. 따라서 4강전이 치러지기 며칠 전부터 빨간색 대한민국 응원 티셔츠는 모든 매장에서 바로 품절이 되었고, 많은 사람들이 티셔츠를 구하지 못하는 상황이 발생하였다. 하지만 월드컵 기간 중 겨우 일주일도 안 되는 기간 안에 빨간 티셔츠를 다시 만드는 것은 거의 불가능한 일이어서, 많은 티셔츠 매장들은 판매 기회를 놓치고 말았다([그림 2-4] 기사 참조).

물론, 긴급하고 폭발적인 수요에 대비하는 수단으로 다른 생산 공장을 수배하여 긴급 생산을 의뢰할 수도 있으나, 고객의 불확실한 수요에 대비하기 위한 대표적인 수단은 적절한 재고 확보다. 폭발적이고도 순간적인 수요의 증가는 다른 생산 시설의 수배를 통한 대체 생산으로 대비하기가 사실상 어려운 특성이 있다. 따라서 과거의 데이터 및 논리적 근거에 의해 수요를 예측하면서도, 불확실한 수요에 대비할 수 있는 수단으로서 재고의 보유는 여전히 가장 널리 쓰이는 방법이다.

재고는 또한 생산과정에서 발생하는 불확실성에 대응할 수 있는 수단이기도 하다. 생산과정의 불확실성이란 제품의 생산스케줄에 차질을 줄 수 있는 요소들로,

전국 '비 더 레즈' 紅水…

월드컵 경기장과 길거리 응원전이 온통 '붉은 물결' 일색을 이루는 등 '붉은 악마' 티셔츠가 폭발적인 인기를 끌면서 유통업체마다 없어서 못파는 '귀하신 상품'이 됐다.

인천지역 관련업계에 따르면 한국이 폴란드로부터 첫승을 일궈내면서 붉은색 월드컵 공식 티셔츠 중 붉은 악마 응원 티셔츠 '비 더 레즈(Be the Reds)' 판매가 급증, 매장에 진열하자마자 동이 나는 사태가 되풀이되고 있다고 밝혔다. 더욱이 수요폭발로 물량이 달려 판매대행업체에서 발주를 거절, 유통업체마다 공급라인을 풀가동하는 등 옷 구하기에 총력전을 펼치고 있다.

홈플러스 간석점의 경우 지난 4일 한국팀 첫 경기가 열린 이후 붉은 악마 티셔츠가 불티나게 팔려나가 조기 품절사태를 빚었다. 이는 월드컵 대회 초반까지도 그다지 주목을 끌지 못하면서 수백벌 단체주문 구입이 가능했던 때와 비교해볼 때 상당히 대조적인 현상이다.

더욱이 제조업체가 천이 달려 생산을 중단했다고 알려지면서 구입에 어려움, 입고날짜 자체가 불확실하다는 것이 홈플러스측의 설명이다. 이에 따라 월드컵 공식 티셔츠 중 또다른 붉은색 티셔츠 '고 고 코리아(Go Go Korea)'를 대체상품으로 내놓고 판매에 나서고 있다.

마그넷 연수점에서도 지난주부터 매장에 내놓자마자 붉은 악마 티셔츠가 순식간에 팔려나가고 있다. 그러나 마찬가지로 상품 입고날짜가 미정, 고객들의 구입문의가 쇄도하고 있으나 확실한 답변을 주지 못하고 있는 상태다.

신세계 인천점의 경우 한국전 첫승 직후 붉은 악마 티셔츠 특판행사를 기획했으나 발주업체가 상품확보에 난색을 표명함에 따라 계획을 취소했다.

희망백화점에서도 지난주 붉은 악마 티셔츠를 증정품으로 주는 고객사은 행사를 기획하면서 상품을 구하지 못해 '160명 한정'으로 축소했다. 특히 14일 인천전을 앞두고 판매가 크게 늘어날 것으로 예상, 전체 바이어들에게 주문을 해놓고 있으나 수급이 불확실한 상태다.

[그림 2-4] 급작스런 고객수요 증가: 2002년 월드컵 응원 티셔츠의 예

출처: 인천일보(2002. 6. 12).

설비의 고장, 자연재해로 인한 파손, 노동쟁의로 인한 가동준비 등을 포함한다. 예를 들어, 미국 및 전 세계 백신 시장에서 주요 생산자 중 하나인 젠자임(Genzyme)사는 2009년 미국 메사추세츠 주의 알스톤(Allston) 공장에 있는 주요 백신 생산라인이 바이러스에 감염되었음을 알게 되었다. 이로 인해 회사의 주요 백신들 중 세러자임(Cerezyme) 및 개브라자임(Gabrazyme)은 오직 알스톤 공장에서만 생산이 가능해 공급에 막대한 피해를 입고 말았다. 다행히도 젠자임사는 평소에 이런 위험에 대비하기 위해 약 2~3개월의 재고를 유지하고 있어 피해를 줄일 수 있었다(Kouvelious 등, 2011). 공정이 복잡해지면서 이처럼 생산과정상의 문제가 발생할 수 있는 가능성이 커지게 되었으며, 일단 문제가 발생한 뒤에 이를 해결하는 데는 상당한 시간이 소모된다.

생산 공정에서 발생하는 문제뿐 아니라 자연재해도 생산과정의 지연을 가져오는 큰 위험요인이다. 2008년 태국에 발생한 홍수나 2011년 일본에 발생한 지진은 전 세계의 제조사에 생산 지연을 불러왔다([그림 2-5] 기사 참조). 또한, 최근에는 신종 코로나 바이러스와 같이 전 세계적인 전염병으로 인해 생산 및 물류 종사인력이 업무를 하지 못하여 각종 제품의 공급이 중단되는 현상도 겪었다. 특히, 미국에서는 2022년 코로나로 인한 물류난이 계속되면서 주요 상점마다 생필품 재고가 모두 소진되어 진열장이 비어 있는 광경을 관찰할 수 있었다(조선일보, 2022.1.13.). 이러한 생산 또는 물류의 지연에 대비하기 위하여도 기업은 일정량의 재고를 보유할 필요가 있다.

> **한국경제**
>
> **사설: 부품공급 사슬 글로벌 소싱으로 바꿔가야**
>
> 일본 지진 발생 1주일이 지나면서 그 여파가 글로벌 서플라이체인(공급 사슬)에 본격적 영향을 주고 있다. 미국의 GM은 일본으로부터의 자동차 부품 공급 차질로 오는 월요일부터 루이지애나 조립공장 가동을 중단한다고 발표했다. 노키아, 소니, 에릭슨 등의 휴대폰은 물론 애플의 아이폰4와 아이패드2 역시 유사한 문제에 봉착할 수 있다는 분석이 제기되는 상황이다.
>
> 국내 업체들도 다를 게 없다. 삼성전자 LG전자 등 스마트폰 및 태블릿PC 업체들은 인쇄회로기판(PBC)에 칩을 연결하는 BT수지를 일본에 주로 의존하고 있는데 일본 공장가동 중단으로 부품조달에 차질을 빚고 있다. 중소기업들 역시 정도의 차이는 있지만 애로를 겪기는 마찬가지다. 실제 일본으로부터의 수입액은 지진이 발생한 지난 11일까지 하루 평균 3억 300만 달러였으나 15일에는 1억 9,400만 달러로 크게 줄었다.

[그림 2-5] 자연재해에 의한 생산 지연의 예

출처: 한국경제(2011. 3. 18).

(4) 예정된 가격 변동에 대비

재고는 예상되는 미래의 가격 변화에 대응하기 위해 보유할 수 있다. 예를 들어, 정부에서 담뱃값 인상을 공시한 경우를 생각해보자. 모든 흡연자들은 담뱃값이 오르기 전에 가능한 많은 수량의 담배를 확보하고 싶어한다. 따라서 담뱃값이 오른다는 발표 직후에는 항상 담배가 품귀 현상을 빚을 정도로 많은 사람들이 가능한 많은 담배를 미리 구매하여 보유하려고 한다. 이는 예정된 가격 상승에 대비하고자 담배 재고를 보유하고자 하는 것이다.

기업의 생산 환경에서도 비슷한 현상이 발생한다. 일례로, 천연가스의 경우 여름철보다는 난방의 목적으로 겨울에 훨씬 많이 사용되는 편이나 천연가스 생산의 특성상 공급은 사계절 거의 일정하게 이루어질 수밖에 없다. 따라서 가스 가격은 항상 겨울에 많이 오르고 여름에는 떨어지는 것을 반복한다. 만약 기업이 겨울의 가스 사용에 대비하여 여름에 일정량의 가스를 재고로 보관하게 된다면([그림 2-6]) 싼 가격에 가스를 확보하여 사용할 수 있다.

[그림 2-6] 예정된 가격변동에 대비하는 재고(천연가스 저장시설)

(5) 생산 및 운송과정

주문인도기간(lead time)

재고는 제품의 생산과정 공정 중에 발생할 수 있다. 하나의 제품이 생산되기 위해서는 여러 위치의 공장에서 다양한 과정을 거치게 된다. 제조 공정상의 각 설비들 사이에는 가공을 기다리는 중간재들이 재고의 형태로 보관된다. 제조 공정의 주문인도기간(lead time)이 증가할수록 이러한 재고는 증가하는 경향을 보인다. 또한 생산해야 하는 제품의 단위 시간당 수요가 증가할수록 각 공정마다 발생하는 재고의 양은 증가한다.

재고는 생산지와 소비지의 불일치로 인한 운송 중 발생하기도 한다. 생산환경이 다국적화되면서 이제는 국가를 넘어서 생산 및 소비가 일어나고 있다. 예를 들어, 아이폰의 경우 미국 및 전 세계 시장에서 필요한 제품이 전량 중국에서 제조되는 것으로 알려져 있다. 따라서 중국 시장에서 제조된 제품이 미국 시장으로 운송되는 과정에서 많은 수의 제품이 운송 중인 트럭, 선박 등에 분포된다. 이처럼 재고는 생산 및 소비지의 불일치 때문에 발생하는 운송과정에서 발생할 수 있다.

부피 및 무게가 큰 자동차의 경우, 한국에서 제조된 차량이 미국 시장으로 수출되기 위해서는 [그림 2-7]과 같은 컨테이너선을 통해 운송되어야 한다. 이때 컨테이너선이 한국의 항구에서 미국의 항구로 도착하는 시간 동안 컨테이너 안에는 자동차의 재고가 발생한다고 볼 수 있다. 컨테이너의 도착 시간은 2주 이상이 소요되는 것이 보통으로, 이 기간 동안 컨테이너선에는 수송과정 중의 제품이 발생한다. 따라서 운송과정이 길수록, 그리고 운송량이 많아질수록 운송 중 보유하는 재고는 늘어난다.

[그림 2-7] 컨테이너에 수송 중인 재고의 예

2.1.5 보유 목적에 따른 재고의 분류

앞에서 설명한 재고의 보유 이유는 재고를 구분하는 방법을 제시한다. 이러한 재고의 보유 목적별로 필요한 재고를 분류하면 다음과 같다.

(1) 주기재고

주기재고(cycle stock)

주기재고(cycle stock)는 수량 할인이나 가동준비비용의 절감 등의 이유로 당장 필요한 수량보다 많은 양을 주문하거나 생산하여 실제 필요한 시점까지 보유하기 위해 발생하는 재고를 의미한다. 주기재고는 주문한 제품이 도착하면 늘어났다가 고객의 수요에 따라 계속 감소한다. 이후 제품의 주문이 다시 이루어지면 재고는 다시 증가한다. 이처럼 주기재고는 제품의 주문 주기별로 감소하다가 증가하게 된다. 정기적으로 주문을 하여 창고에 물품을 보관하고 사용하는 경우 주기재고를 보유한다고 할 수 있다.

(2) 안전재고

안전재고(safety stock)

안전재고(safety stock)는 수요나 공급의 불확실성에 대비하고자 보유하는 재고를 말한다. 안전재고는 고객의 수요가 불확실하거나 공급량에 불확실성이 존재할 때 보유하게 되며, 불확실성이 증가하면 안전재고의 양도 증가한다. 이 점은 주기재고와의 중요한 차이점인데, 주기재고는 규모의 경제를 위해 대량 주문하여 발생하는 재고이므로 미래 수요의 불확실성과 관계없이 발생한다는 점에서 안전재고와 다른 점이라고 할 수 있다.

(3) 예상재고

예상재고(anticipatory inventory)

예상재고(anticipatory inventory)는 예상된 미래의 가격 변화나 수요 변화에 대비하기 위하여 보유하는 재고를 의미한다. 예상재고는 따라서 가격의 상승이나 하락 또는 수요의 상승이나 하락이 예상될 때 보유하게 된다. 예를 들어, 철강회사에서 철광석 가격의 주기적인 오름에 대비하고자 비수기에 미리 많은 양의 철광석을 주문하여 재고로 확보하고 있다면, 이는 예상재고라고 할 수 있다.

(4) 계절재고

계절재고(seasonal inventory)

계절의 변화는 기업의 운영에 큰 영향을 미친다. 계절재고(seasonal inventory)는 계절적 요인에 의한 가격이나 수요의 변화에 대비하여 보유하는 재고를 의미한다. 계절재고는 예상재고와 비슷하지만, 특히 계절 변동에 따라 주기적으로 반복되는 수요나 가격의 변동에 대비하기 위해 보유한다는 점에서 예상재고와 차이가 있으며, 계절 변동이 비즈니스에 미치는 영향이 크기 때문에 별도로 구분하여 다루고 있다. 예를 들어, 초여름에 에어컨 수요가 집중되므로, 가전회사는 그 전년도 가을부터 겨울에 이르기까지 다음 해 팔릴 에어컨을 미리 생산하여 재고로 보유하게 되며, 이때 보유된 재고를 계절재고라고 할 수 있다. 또한 난방용 가스는 주로 겨울철에 집중적으로 소요되기 마련이므로 가스 생산회사는 여름에 생산된 가스를 겨울의 판매 시즌까지 계절재고로 보유한다.

(5) 파이프라인재고

공급사슬의 각 공정상에는 많은 제품들이 생산설비들 사이에서 가공을 기다리며 재고로서 존재하고 있다. 또한, 공급자와 제조업체, 소매업체, 최종고객은 지리적으로 서로 떨어져 있는 위치에 있는 것이 대부분이며, 이들 사이를 원자재나 제품이 이동하는 데는 시간이 소요된다. 이렇게 생산 공정에 위치하거나 운송상 보유하고 있는 재고를 **파이프라인재고(in-transit inventory, pipeline inventory)**라고 한다. 따라서 생산 공정의 수가 증가하거나 긴 거리를 운송하는 경우 파이프라인재고는 증가한다.

파이프라인재고
(in-transit inventory, pipeline inventory)

2.1.6 재고관리비용의 구성요소

앞에서 우리는 재고를 보유하는 비용이 공급사슬 전체 비용에서 차지하는 비중이 매우 높음을 살펴보았다. 그렇다면 재고를 보유하는 데 어떤 부분에서 비용이 발생하는가? 일반적으로 재고비용은 다음과 같은 요소로 구성된다.

(1) 구매비용

구매비용은 재고의 주문에 소모되는 비용을 의미하며, 주문한 제품을 확보하는 데 필요한 비용이다. 만약 제품 단위당 고정된 단가를 통해 주문이 이루어지면 제품의 구매 비용은 최적 재고량의 결정에 크게 중요하지 않을 수 있다. 하지만 수량에 따라 가격을 할인해 주는 경우나 파트너십 등의 이유로 가격이 할인되는 조건이 있는 경우에는 구매비용이 재고량에 따라 변화하여 최적 재고량의 결정에 영향을 미칠 수 있다.

(2) 주문비용

주문비용이란 재고를 주문하면서 수량에 관계없이 운송이나 판매관리 등의 목적으로 고정적으로 발생하는 비용을 의미한다. 또는 제품의 생산을 위하여 수량에 관계없이 기본적으로 소요되는 물자나 시설의 사용료 등이 포함될 수도 있다. 주문비용은 주문량에 관계없이 부과되는 비용이기 때문에, 주문량이 적은 경우 상대적으로 단위당 주문비용이 클 수 있다. 그렇다면 한 번에 보다 많은 수량을 주문하는 것이 주문비용의 절감 차원에서 유리하다.

(3) 재고유지비용

재고유지비용(inventory holding cost)

재고를 보유하는 데에는 다양한 비용이 수반된다. 재고를 보유함으로 인해 발생하는 비용을 **재고유지비용(inventory holding cost)**이라고 하며, 자본비용, 보관 및 취급비용, 세금, 보험료 및 가치상실비용 등이 포함된다. 여기에 대해서는 앞서 2.1.3절에서 자세히 살펴본 바 있다.

(4) 재고고갈비용

재고고갈비용(stockout cost)

기업이 보유하고 있는 재고로 고객의 수요를 항상 만족시켜 줄 수 있는 것은 아니다. 고객의 수요가 보유한 재고를 초과하여 바로 제품을 전달할 수 없는 경우도 존재하게 된다. 이렇게, 재고의 부족으로 인해 발생한 판매 기회의 손실, 긴급한 재고 보충 또는 고객의 대기주문 관리에 따라 발생하는 비용을 **재고고갈비용(stockout cost)**이라 부른다. 재고고갈비용은 재고고갈로 인하여 판매 기회를 잃는 데서 나오는 손실에 대한 기회비용도 포함한다. [그림 2-4]의 기사에서 보듯이 재고의 부족으로 인한 판매기회의 손실은 기대 이익 감소로도 해석할 수 있다.

재고고갈비용은 보통 제품의 마진에 비례하여 증가하는 경향을 보인다. 예를 들어, 고가의 명품이나 보석류와 같이 재고의 가용성이 매출이익과 고객의 충성도에 미치는 영향이 큰 제품의 경우 재고의 고갈에 관련된 비용이 큰 편이다. 재고고갈비용은 특히 불확실한 고객의 수요를 고려하는 경우에 중요한 재고 관련 비용이다.

지금까지 정리한 재고관리비용의 종류는 〈표 2-2〉와 같다.

재고가 그 역할과 필요성이 있는 것은 사실이나, 과대한 재고를 보유하는 것은 높은 비용의 지출을 초래하게 되어 기업의 경쟁력을 약화시키게 된다. 따라서 공급사슬에서 적절한 양의 재고를 결정하는 것은 중요한 문제이다.

〈표 2-2〉 재고관리비용의 종류

종류	내용
구매비용	제품의 구매에 소요되는 비용. 제품의 단가
주문비용	제품 주문 수량에 관계없이 주문 처리를 위해 지출되는 비용
재고보유 비용	• 창고에 제품을 보관하는 데 소요되는 제 비용 • 제품 보관에 소요되는 비용을 조달하기 위한 이자비용 • 제품의 보관으로 인해 구제품이 되면서 발생하는 가치 감소분 • 창고를 사용하면서 다른 제품의 보관을 못하게 만드는 기회비용
재고고갈 비용	• 제품의 재고 부족으로 판매하지 못할 때 발생하는 기회비용 • 고객 수요를 만족시키지 못하여 발생하는 충성도 감소, 고객 이탈로 인한 비용 • 정해진 공급 계약을 달성하지 못하여 발생하는 계약 불이행 비용

2.1.7 재고관리 모형의 종류

재고비용을 줄이기 위해서는 우선 적절한 양의 재고는 어떻게 정해지는가에 대한 이해가 필요하다. 극단적인 예로 재고를 전혀 유지하지 않을 때 어떤 일이 발생하는지 생각해보자. 재고가 존재하지 않는다면 보관에 필요한 창고도, 관리 인원도 필요하지 않으므로 재고 비용은 0이 되어 비용이 최소화된다고 생각할 수 있다. 일례로, 1980년대 일본의 토요타(Toyota) 자동차는 재고에 들어가는 비용을 최소화하기 위한 린(Lean) 생산 방식 등을 적용하여 큰 성공을 거두었다. 하지만 재고를 줄이는 것이 항상 기업의 전체 생산비용을 최소화하는 것은 아니다. 기업 활동에서 일어나는 많은 불확실성 및 위험에 대비하는 수단으로서 재고가 꼭 필요한 역할을 하기 때문이다. 따라서 기업에서 전체 생산 비용을 최소화하면서도 기업의 영속성에 필요한 적정한 양의 재고를 결정하는 것이 중요한 문제이다.

따라서 고객의 수요를 만족시키면서도 평균 구매 및 재고유지비용을 최소화할 수 있는 주문량을 결정하기 위한 재고관리모형에 대한 연구가 이루어져 왔다. 다양한 상황을 고려한 모형이 개발되어 있으며 여러 가지 구분 방법이 가능하지만, 여기서는 재고관리모형이 대상으로 하고 있는 고객 수요의 특성을 기준으로 구분해 보도록 한다.

고객 수요의 특성은 시간에 따라 수요의 수준 자체가 달라지는 수준변동의 양상과 미래 수요의 불확실성에 의한 확률적 변동양상에 따라 구분하여 살펴볼 수 있다. 먼저, 수요의 수준변동에 따라서는 안정적 수요(stable demand), 일회성 수요

안정적 수요(stable demand),
일회성 수요(temporary demand)

시간에 따라 변동하는 수요 (time-varying demand)

(temporary demand) 및 **시간에 따라 변동하는 수요(time-varying demand)**로 구분해 볼 수 있다. 쌀, 휘발유 등 꾸준한 수준의 수요가 계속 유지되는 경우가 안정적 수요에 해당한다. 반대로, 수영복, 스키복 등 특정시즌에 집중적으로 수요가 발생하고 금방 수요가 사라지는 경우는 일회성 수요 모형이 적합하다. 시간에 따라 변동하는 수요는 공장에서의 생산계획처럼 미래의 일정 기간에 대해 단위기간별로 다른 수요가 계획되는 경우를 대상으로 한다.

확정적 수요(deterministic demand)

확률적 수요(probabilistic demand)

다음으로, 수요의 확률변동의 양상에 따라, 대상이 되는 수요가 고정된 값으로 확정적으로 주어지는 **확정적 수요(deterministic demand)**와, 확률적으로 예측할 수밖에 없는 경우를 다루는 **확률적 수요(probabilistic demand)**로 구분된다. 주문을 받은 후에 생산을 시작하거나 정해진 생산계획에 따라 생산하는 경우 등 특수한 상황을 제외하면 완벽하게 확정적인 수요는 현실에서 존재하기 어렵겠지만, 수요가 매우 안정적이어서 확률적 변동을 거의 고려할 필요가 없는 경우에는 확정적 수요모형을 적용하는 것으로 충분한 경우가 있다. 반대로, 많은 현실적인 상황에서처럼 미래의 수요가 불확실하여 확률적으로 고려해야 하는 경우에는 확률적 수요모형을 적용하는 것이 적합하다.

이렇게 수요의 특성을 구분하면 각 경우에 대해 몇 가지 대표적인 모형을 살펴볼 수 있다. 가장 기본적이며 고전적인 모형으로서 안정적, 확정적 수요를 대상으로 하는 경제적 주문량(Economic Order Quantity: EOQ) 모형이 있다. 경제적 주문량 모형은 일정한 값의 수요가 계속 발생하므로, 고정 주문량을 고정 기간마다 주문하고 소진하는 것이 반복된다. 수요가 안정적이지만 확률적 불확실성이 있다면 재고량에 따라 적절한 보충주문시점을 결정하거나 적절한 보충주문량을 결정해야 하는데, 보충주문의 시점을 결정하는 방식에 따라 재고량이 특정한 값이 되면 고정량을 주문하는 재주문점(reorder point) 모형과, 정기적으로 재고량을 실사하여 부족분을 보충주문하는 주기 재주문(periodic reorder) 모형이 있다.

한편, 일회성 수요모형으로서는 특정 시즌에 집중적으로 발생하고 수요기간이 끝나면 소멸되는 상황을 고려한 고전적인 모형인 신문판매원(newsvendor) 모형이 대표적이다. 신문판매원 모형은 단일 기간에 대해 확률적 수요예측에 기반한 최적 주문량을 계산해준다.[1)]

이외에도, 시간에 따라 변동하는 수요가 미래의 기간별로 확정적으로 계획되어

1) 만약 단일 기간에 대해 확정적 수요가 주어진다면 아무 문제없이 그 값을 주문하면 될 것이기 때문에 그런 상황에 대한 모형은 존재하지 않는다.

있을 때 적용하는 **와그너-위틴(Wagner-Whitin)** 모형이나 미래의 기간별 수요의 확률적 변동도 고려하는 다중 기간 신문판매원(multi-period newsvendor) 모형 등이 있으며, 이외에도 다양한 상황에 대한 모형이 존재한다.

와그너-위틴(Wagner-Whitin)

이어지는 절에서는 안정적 수요에 대한 대표적 재고관리모형으로서 경제적 주문량 모형과 재주문점 모형을 살펴볼 것이다. 또 다른 일회성 수요에 대한 대표적 모형인 신문판매원 모형은 5장에서 살펴보게 될 것이다.[2)]

2.2 경제적 주문량 모형

2.2.1 경제적 주문량 모형의 이해

경제적 주문량(Economic Order Quantity: EOQ) 모형은 주문비용 및 재고유지비용이 존재할 때 비용을 최소화하는 주문량을 결정하는 모형이다. 경제적 주문량 모형은 해리스(Ford Harris)에 의해 제안된 모형으로(Harris, 1913) 재고관리 모형 중에서 가장 기본적이고 중요한 모형 중 하나이다. 경제적 주문량 모형은 주문량에 상관없이 발생하는 고정적인 주문비용과 재고의 보관량에 비례하여 발생하는 재고유지비를 고려하여 총 재고비용을 최소화하는 주문량을 찾는 모형이다.

경제적 주문량(Economic Order Quantity: EOQ)

만약, 고정적인 주문비용이 존재하지 않는다면 경제적 주문량을 고민할 필요가 없다. 예를 들어, 1주일에 1개의 세제가 세탁에 필요하다고 가정해 보자. 운송비가 무료라면 매주 1개씩을 주문하면 되고, 이렇게 하면 세재를 보관해 둘 필요성도 사라지게 되므로 재고유지비용 또한 고려할 필요가 없다.

하지만 주문을 할 때마다 고정적인 운송비가 부과된다면 1주일에 1개씩 주문을 할 때마다 운송비용을 부담해야 한다. 만약, 2주일마다 2개를 주문한다면 1개를 바로 사용하고 1개를 집의 창고에 보관하여 운송비를 절약할 수 있다. 예를 들어, 한 번 주문할 때의 운송비가 3,000원이라면 2주일동안 1주일마다 1개씩 두 번을 주문하면 총 6,000원(3,000원×2)의 운송비가 들지만, 2주일분을 한꺼번에 주문하면 2주일간 운송비는 총 3,000원만 부담하게 되므로 운송비가 절반으로 줄어든다.

집의 창고가 넉넉하다면 한 번에 보다 많은 수량을 구매할수록 운송비를 더욱 절

2) 이외에 좀 더 복잡하고 일반적인 상황에 대한 재고관리모형에 대해 관심이 있다면 Zipkin(2000), Snyder and Shen(2011) 등의 서적을 참고할 수 있다.

감할 수 있을 것이다. 하지만 창고는 한정되어 있기 때문에 너무 많은 세제를 주문하게 되면 다른 중요한 물건들을 보관할 수 없게 되는 등 재고보유에 따른 비용이 발생한다. 즉, 한 번에 주문하는 양에 따라 재고유지비용과 주문비용 간에는 상충관계(trade-off)가 성립한다. 주문량이 늘어날수록 제품 1단위당 운송비는 절감되지만, 재고를 더 많이, 더 오래 보유하고 있게 되므로 제품 단위당 재고유지비는 증가하게 된다. 주문 수량에 따른 주문비(운송비)와 재고유지비의 상충관계를 그림으로 표현하면 [그림 2-8]과 같다.

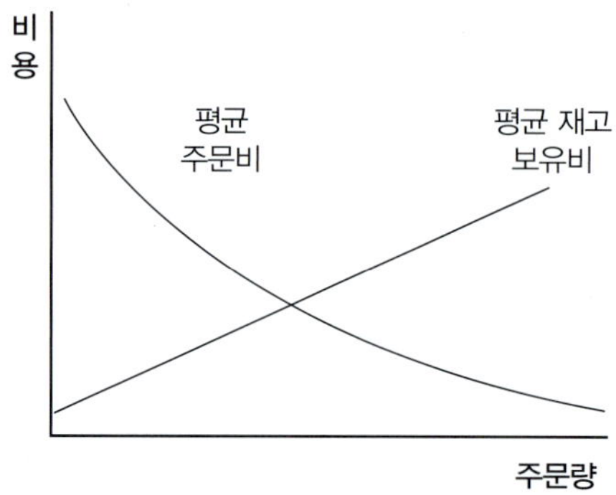

[그림 2-8] 주문량에 따른 평균주문비 및 평균재고유지비의 변화

2.2.2 경제적 주문량 모형의 가정

경제적 주문량 모형은 다음과 같은 가정을 기반으로 하고 있다. 우선 경제적 주문량 모형에서 고객의 수요는 확정적이며 단위 시간당 일정한 양의 수요(D)가 발생하는 것으로 가정한다. 따라서 T기간 동안 발생한 고객의 수요는 $T \cdot D$와 같이 표현할 수 있다. 둘째로 경제적 주문량 모형에서는 주문량에 상관없이 항상 고정적으로 지출되는 주문비용(K)을 가정하고 있다. 이러한 고정적 주문비용은 장비의 가동준비나 운송에 필요한 비용 등이 해당된다. 셋째로 재고유지비용은 단위 시간동안 보유 수량 단위당 h의 비용이 발생한다고 가정한다. 예를 들어 단위 시간을 1년으로 정한다면, 1단위의 제품을 1년 동안 보관하는데 드는 재고보유비용이 h로 정의되므로, 이 제품 한 단위를 2년 동안 재고로 보관한다면 $2 \cdot h$의 재고유지비용이 발생하게 될 것이다. 넷째로 경제적 주문량 모형에서는 주문한 제품은 즉시 도착하는 것으로 가정하여 생산 및 운송에 걸리는 시간은 무시한다. 마지막으로 고객의 수요는 항상 발생 즉시 만족되는 것으로 가정하며, 따라서 이월주문(backorder)은 허용

하지 않는다. 다음 장에서는 이러한 가정들을 따를 때 평균재고 비용을 최소화하는 주문량을 도출해본다.

2.2.3 경제적 주문량 모형의 최적 주문량의 도출

경제적 주문량 모형에서는 주문량이 증가함에 따라 단위당 주문비용은 감소하고 단위당 재고유지비는 증가하므로 주문비용과 재고유지비를 합친 총 비용을 최소화되는 주문량이 적절한 주문량이 된다. 이 최적 주문량을 경제적 주문량이라고 부른다. 경제적 주문량 모형은 고정적 주문비용이 존재하는 경우에는 필요한 양보다 많이 주문을 하는 것이 단위당 주문비용과 운송비를 모두 고려하여 총 비용을 최소화할 수 있음을 보여준다. [그림 2-9]에서 보듯이, 총 비용을 최소화하는 주문량이 존재하게 되며, 이는 단위당 주문비용과 단위당 재고유지비가 같은 점, 즉 두 선이 만나는 점에서 결정됨을 알 수 있다.

경제적 주문량 모형의 최적 주문량을 결정한 뒤에는 실제로 언제 주문을 해야 하는가를 결정해야 한다. 주문을 한 후 제품이 도착한 순간부터 창고에 보관하는 제품에 어떤 변화가 있는지 추적을 해보자. 주문을 한 제품이 도착하게 되면 창고에 제품이 쌓이면서 재고가 증가하게 된다. 주문이 이루어진 후에는 제품이 하나씩 소비되면서 다음 주문이 이루어질 때까지 꾸준히 제품의 수가 감소하게 된다. 제품의 주문량이 이미 결정되어 있으므로 새로운 주문은 어떤 시점, 즉 창고에 물건이 얼마나 남은 시점에 이루어져야 하는가 생각해보자.

적절한 주문 시점을 쉽게 결정하기 위해 주문을 하는 즉시 제품이 도착한다고 가정을 해보자. 이 경우 제품의 주문은 창고가 비는 즉시 이루어져야 한다. 만약 창고에 제품이 남아 있는 대로 주문을 한다면 창고에 있는 제품을 다 쓰기도 전에 새로운 제품이 도착하므로 창고를 쓸데없이 채우는 셈이다. 만약 제품의 수가 감소하게 되다가 이윽고 제품이 하나도 남지 않게 된 후에도 주문이 이루어지지 않으면 더 이상 제품의 소비가 불가능해진다. 따라서 제품이 창고에 하나도 없을 때는 즉시 주문이 이루어져야 한다. 따라서 창고가 비는 순간에 주문한 제품이 들어올 때 재고가 최소가 되면서도 수요를 모두 만족시켜 제품의 재고유지비를 최소화할 수 있다.

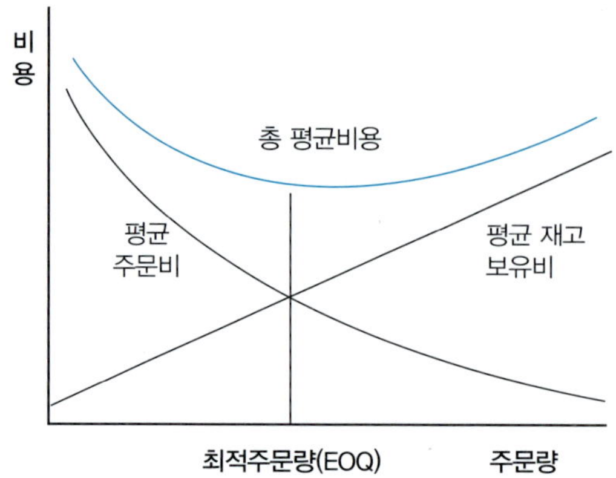

[그림 2-9] 총 평균 재고비용과 경제적 주문량

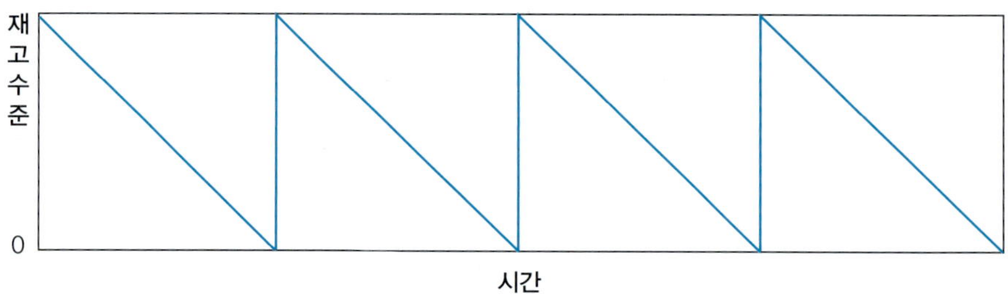

[그림 2-10] 경제적 주문량 모형에서 주문 시 시간에 따른 재고의 변화

경제적 주문량 모형에서는 제품의 소비가 시간에 따라 항상 일정하다고 가정하므로, 창고가 비는 순간마다 일정한 경제적 주문량을 주문하게 된다면 항상 같은 양의 제품이 창고의 재고가 모두 소진될 때마다 도착하게 된다. 따라서 시간에 따라 창고에 남아 있는 제품, 즉 재고를 추적하면 [그림 2-10]과 같이 나타난다. 그림에서 볼 수 있듯이, 항상 주문한 제품이 도착한 시점(그래프에서 창고에 보관된 제품 수가 급격히 증가한 시점)에서부터 제품이 다 소비되어 남아 있는 제품이 0이 되는 시점까지 재고의 변화가 반복됨을 관찰할 수 있다. 이처럼 하나의 주문 시점부터 다음 주문 시점까지의 시간을 주문 주기로 정의하며, 경제적 주문량을 소비할 때까지 걸리는 주기가 최적 주문주기가 된다.

경제적 주문 모형에서 평균 주문비용은 다음과 같이 계산할 수 있다. 우선 단위 시간을 연으로 정하고, 연평균 수요를 D, 고정적 주문비용을 K, 그리고 단위당 재고유지비용을 h라고 하고, 창고에 제품이 모두 소진될 때마다 Q씩을 주문하는 경우 연평균 재고비용함수를 $TC(Q)$로 정의하자. 연평균 수요가 D라면, 주문량 Q가 소모될 때까지 걸리는 시간은 $T=Q/D$(년)이다.

연평균 재고비용은 연평균 고정주문비와 연평균 재고유지비로 나누어 생각할 수 있다. 고정 주문비는 한번 주문할 때마다 소요되므로, 연평균 고정주문비는 연평균 주문횟수에 고정주문비를 곱하여 계산된다. 주문량이 소진될 때 까지 걸리는 시간이 T이므로, 연평균 주문횟수는 $1/T$이며, 따라서 연평균 고정주문주문비는 K/T ($=KD/Q$)로 계산된다. 연평균 재고유지비는 연평균 재고 수준에 단위당 재고유지비를 곱하여 계산된다. 창고에 보관하는 제품의 수를 살펴보면 항상 주문 시 Q에서 재주문 직전까지 0으로 감소하다가 재주문시 다시 Q로 늘어난다. 따라서 평균 재고수준은 $Q/2$이며, 이때 연평균 재고유지비는 $(Q/2) \cdot h$가 된다.

정리하면 주문량이 Q일 때 연평균 재고비용함수는 아래 수식 2와 같다.

$$TC(Q) = \frac{KD}{Q} + \frac{Qh}{2} \qquad \text{수식 2}$$

경제적 주문량은 수식 2의 연평균 재고비용함수 $TC(Q)$를 최소화하는 값이 된다. [그림 2-9]에서 보듯이 $TC(Q)$는 볼록(convex)함수이므로, 이 함수를 Q에 대해 미분하면 최적 주문량을 구할 수 있다. 즉,

$$\frac{dTC(Q)}{dQ} = -\frac{KD}{Q^2} + \frac{h}{2} \qquad \text{수식 3}$$

이며, 수식 3을 0으로 만드는 주문량 Q값이 $TC(Q)$를 최소로 만든다. 따라서

$$EOQ = \sqrt{\frac{2 \cdot K \cdot D}{h}} \qquad \text{수식 4}$$

임을 알 수 있다.

한편, 경제적 주문량을 선택했을 때의 연간 평균재고비용은 수식 5와 같이 간단하게 계산될 수 있다.

$$TC(EOQ) = \sqrt{2 \cdot K \cdot D \cdot h} = h \cdot EOQ \qquad \text{수식 5}$$

예제 2.1 가방을 수입하는 A사의 경우 연평균 1만 개의 가방을 판매하고 있다. 가방 한 개당 수입 원가는 5만 원이다. 가방의 보관과정에서는 비용이 발생하고 시간이 지남에 따라 구형 모델이 되어 가치가 감소한다. 이로 인해 연간 재고유지비용은 원가의 40%로 추정되고 있다. 또한 1회 주문할 때마다 운송 및 통관 등으로 인해 400만 원의 고정비용이 발생한다. 따라서 D=10,000, K=4,000,000, 그리고 h=40%×50,000=20,000으로 정리된다.

위에서 도출된 수식 4에 따라 경제적 주문량을 계산하면 다음과 같이 2,000개가 된다.

$$EOQ = \sqrt{\frac{2 \cdot K \cdot D}{h}} = \sqrt{\frac{2 \times 4,000,000 \times 10,000}{20,000}} = 2,000$$

2.2.4 경제적 주문량의 민감도

경제적 주문량은 연평균 수요(D), 고정주문비(K), 그리고 재고유지비(h)들을 알면 쉽게 계산할 수 있다. 하지만 현실에서 이러한 값들이 항상 정확히 산정될 수 있는 것은 아니다. 필요한 비용 데이터가 부족하거나 충분하지 않을 수 있어 상당부분 추정에 의존해야 하는 경우가 많다. 만약 경제적 주문량을 계산하는 데 필요한 값들이 정확하지 않다면 그 값들로부터 계산된 경제적 주문량은 실제의 경제적 주문량과 차이가 날 수밖에 없을 것이다. 그렇다면 경제적 주문량이 정확한 값과 차이가 날 때, 재고관리의 총 비용이 크게 증가하게 되지는 않을까?

〈표 2-3〉은 경제적 주문량이 최적의 값에서 멀어짐에 따른 총 비용의 변화를 %로 계산한 것이다. 표에서 관찰할 수 있듯이 경제적 주문량의 변화에 따른 총 비용 변화는 상대적으로 작음을 알 수 있다. 즉, 경제적 주문량에서 약 20% 벗어난 주문량(〈표 2-3〉의 주문량/경제적 주문량 비율이 1.2일 때)을 선택하더라도 총 비용의 변화는 약 1.6% 정도밖에 되지 않는 것으로 나타나고 있다. 따라서 경제적 주문량을 결정하는 각종 변수들의 값이 비교적 정확하지 않은 상황에서도 이 값들로부터 계산된 경제적 주문량은 총 비용을 최소 수준에 상당히 가깝게 유지할 수 있음을 알 수 있다. 있다. 또한, 이 결과는 경제적주문량을 가장 가까운 정수값으로 근사하거나, 공급자가 10개나 100개 등의 단위로만 주문량을 요청하여 경제적 주문량을 수정하는 경우에도 재고관리의 총 비용은 크게 변하지 않을 수 있음을 의미한다.

〈표 2-3〉 경제적 주문량 대비 주문량별 총 재고비용의 변화

주문량/EOQ비율	0.5	0.8	0.9	1.0	1.1	1.2	1.5	2
총 비용 변화(%)	25%	2.5%	0.5%	0	0.4%	1.6%	8.9%	2.5%

2.3 재주문점 모형

앞에서 다룬 기본적인 경제적 주문량 모형에서는 주문한 제품이 도착할 때까지의 시간을 고려하지 않고, 주문 즉시 도착하는 것을 가정하였다. 이는 비현실적인 가정이다. 현실적으로는 제품을 주문하면 일정 시간이 경과한 이후에 제품이 배송되어 올 것이다. 제품 주문 후 인도까지 소요되는 시간을 주문인도기간(lead time)이라고 한다.

주문인도기간(lead time)

주문인도기간이 있다는 것은 어려운 문제를 제기한다. 주문한 양이 배송되어 올 때까지의 수요를 고려하여 그 정도의 양을 남겨놓은 상태에서 주문해야 할 텐데, 주문인도기간동안 몇 개의 수요가 발생할 것인지를 주문하는 시점에 정확히 예측하기가 쉽지 않다는 것이 문제이다.

제품이 소진되고 다시 주문하는 것을 반복하는 상황을 고려하므로, 반복적으로 이루어지는 주문을 재주문(reorder)이라 하고, 재주문 시점에 남아있게 되는 적정한 제품의 개수를 재주문점(reorder point)이라 한다. 이번 절에서는 주문인도기간 동안의 수요의 불확실성을 감안하여 최적의 재주문점을 결정하는 재주문점 모형에 대해 살펴본다.

재주문(reorder)

2.3.1 재주문점 모형의 가정

재주문점 모형에서는 주문량을 고정해두고 적정한 재주문 시점을 판단하는 방법을 제시한다. 재고량을 연속적으로 조사하고 있다가, 재고량이 일정한 값(재주문점)에 도달하면 정해진 양을 주문한다.

주문한 재고량은 일정 시간의 주문인도기간이 흐른 후에 배송되어 올 것이므로, 그 동안 발생하는 고객수요를 충분히 감당할 수 있을 만큼의 재고량을 남겨두고 주문해야 한다. 주문인도기간은 고정되어 있다고 가정한다.

또한, 현실적으로 주문인도기간동안 몇 개의 수요가 발생할지는 주문 시점에 정확히 알기 어려울 것이므로, 주문인도기간동안의 불확실한 수요를 일반적으로 확률분포로 나타낸다. 여러 가지 확률분포를 사용할 수 있지만, 가장 대표적으로 정규분포(normal distribution)가 널리 사용된다. 여기서도 주문인도기간의 수요가 정규분포를 따른다고 가정하자.

2.3.2 재고수준과 재고상태

재주문점 모형에서의 재주문 규칙은 쉽게 생각하면 재고량을 지켜보고 있다가 '재고량이 재주문점 이하이면 재주문을 수행한다'로 표현할 수 있을 것이다. 예를 들어, 재주문점이 30개라면, 재주문 규칙은 '재고량이 30개 이하이면 주문한다'가 될 것이다.

재고량이 31개인 시점을 생각해보자. 제품이 하나 더 판매된다면, 재고량은 30개가 되어 재주문점에 도달하게 된다. 일회주문량이 100개라면 이 때 100개를 주문하게 되는데, 재주문 후 주문한 제품이 배송되어 올 때까지는 일정 시간의 주문인도기간이 소요되므로 주문인도기간 이전까지는 재고량이 증가할 수 없다. 여기서 제품이 하나 더 판매된다면, 재고량은 29개가 될 것인데, '재고량이 재주문점 이하이면 재주문을 수행한다'는 표현을 그대로 따른다면 재고량이 29개가 되는 이 시점에도 또 재주문을 수행해야 하는가? 이것은 중복 주문의 문제를 야기할 것이다.

이러한 중복 주문을 피하기 위해 재주문규칙을 '재고량이 재주문점과 같아지는 점에서만 재주문한다'로 바꾼다면, 재고량이 31개였다가 동시에 2개의 제품이 판매된다면 재고량이 갑자기 29개로 감소하게 되어 재주문점과 같아지지 않게 되어 재주문을 수행하지 않게 될 것이므로, 이것 역시 문제를 본질적으로 해결할 수 없다.

재고수준(inventory level)
재고상태(inventory position)

이러한 재주문 규칙의 모호성을 방지하기 위해서는 재주문을 수행하였었다는 사실을 기억하기 위한 체계적인 장치가 필요하다. 이를 위해 **재고수준(inventory level)**과 **재고상태(inventory position)**를 구분하여 고려하는 방법이 사용된다.

현존재고(on-hand inventory)
이월주문(backorder)

재고수준은 물리적인 재고량이다. 창고에(혹은 매장에) 남아있는 실제 제품의 개수라고 할 수 있을 것이다. 창고에 남아있는 실제 제품의 개수를 '**현존재고(on-hand inventory)**'라고 하며, 현존재고가 양의 값이라면 재고수준은 현존재고와 같은 값이 된다. 앞서의 예를 이어서 생각하면, 재고량이 30개가 되어 재주문 100개를 수행한 이후에도 재고수준은 여전히 30개이다. 주문인도기간 이전에 제품이 판매됨에 따라 재고수준은 29개, 28개...로 점점 감소할 것이며, 경우에 따라 주문인도기간 이전에 제품이 매진되면 현존재고는 고갈되고, 재고수준은 0이 될 것이다. 매진 이후에도 주문을 받아 이후에 제품이 보충될 때 배송해주기로 하는 예약주문을 받는 경우도 있다. 이러한 품절 이후의 예약주문을 '**이월주문(backorder)**'이라고 하며, 이월주문이 존재하면 재고수준은 음의 값으로 나타낼 수 있다. 즉, 재고수준은 다음의 식으로 정의된다.

$$재고수준 = 현존재고 - 이월주문 \quad \text{수식 6}$$

여기서, 현존재고가 양의 값이면 이월주문이 0이고, 현존재고가 0일 때에만 이월주문은 양의 값이 될 수 있다. 재고수준에는 재주문을 수행했었다는 기록을 남겨두는 장치가 없다.

주문중 재고(in-transit inventory

한편, 재고상태는 주문하였으나 아직 배송되어오지 않은 양을 반영한 논리적 재고량이다. 주문하였으나 아직 배송완료되지 않은 양을 '**주문중 재고(in-transit inventory**'라고 한다. 재고상태는 재고수준에 주문중 재고를 더한 값으로 정의된다.

$$재고상태 = 재고수준 + 주문중\ 재고 = 현존재고 - 이월주문 + 주문중\ 재고 \quad \text{수식 7}$$

재고상태는 주문중 재고가 0인 동안은 재고수준과 동일한 값이며, 주문중 재고가 있는 경우에는 재고수준보다 높은 값이 된다. 달리 말하면, 재고상태와 재고수준이 불일치하는 동안은 주문중이지만 아직 배송되어 오지 않은 재고량이 존재한다는 의미가 되고, 주문인도기간이 지나 배송이 완료되면 재고수준이 증가하여 재고상태와 동일한 값이 된다.

그러면, 재주문 규칙을 물리적인 재고수준이 아닌, 논리적인 재고상태에 의거하는 것으로 수정하여 '재고상태가 재주문점 이하이면 재주문을 수행한다'로 표현함으로써 앞에서 제기한 중복주문 등의 문제를 간단히 해결할 수 있다. 앞의 예를 이어서 살펴보자. 재주문점을 30이라고 가정하였다. 주문중 재고가 없는 보통의 상황에서는 재고상태와 재고수준은 동일한 값이므로, 주문중 재고가 없다면 재고량이 31개인 상황은 재고수준도 31, 재고상태도 31일 것이다. 한 개의 제품이 더 판매되어 재고상태가 30이 된다면 재주문 규칙에 따라 재주문을 수행하게 된다. 재주문이 100개라면 재주문을 수행한 직후에는 재고수준은 여전히 30개이지만 재고상태는 130개로 나타나게 된다. 다음 수요가 발생한 이후에는 재고상태가 129개로 나타나게 될 것이고, 재주문 규칙에 따르면 재고상태가 재주문점보다 크므로 중복으로 주문하는 경우는 방지될 것이다. 또한, 재고상태가 31개였다가 두 개가 동시에 판매되는 경우에는 재고상태가 29개가 될 것이고, 재주문 규칙에 따라 재고상태가 재주문점 이하이므로 정상적으로 재주문을 수행하고 재고상태는 129개로 증가하게 될 것이다.

요약하면, 재주문점은 물리적 재고수준이 아닌 논리적 재고상태를 기준으로 정의되어야 하며, 재고상태는 물리적 재고수준에 더하여 눈에 보이지는 않지만 주문 중인 재고를 합산한 값으로 정의된다. 재주문 직후에는 재고상태가 재고수준보다 높은 값이 되었다가, 주문인도기간이 끝나고 배송이 완료되는 순간 재고상태와 재고수준은 다시 같은 값이 된다.

2.3.3 서비스 수준과 안전재고

재주문점 모형에서는 주문인도기간 동안 수요의 불확실성을 고려한다. 주문인도기간의 수요가 정규분포를 따른다고 가정하였으므로, 이론적으로 주문인도기간동안의 수요를 100% 만족시키기 위해서는 재주문점이 무한대가 되어야 한다. 현실적으로 생각해도 재주문점이 충분히 높다면 주문인도기간동안의 고객 수요를 거의 전부 수용할 수 있겠지만, 과다한 재고유지비용을 부담하게 될 것이다.

서비스 수준(service level)

따라서, 재주문점 모형에서는 주문인도기간동안의 수요를 모두 만족시키겠다는 목표 대신, 주문인도기간 동안 고객의 수요를 모두 만족시켜 줄 수 있는 확률을 목표로 두고 이를 위한 최적의 재주문점을 도출하는 방법을 사용한다. 주문인도기간 동안 고객 수요를 모두 만족시킬 확률을 '서비스 수준(service level)'이라고 한다. 서비스 수준은 확률로 정의되므로, % 또는 0과 1 사이의 값으로 나타낼 수 있다. 예를 들어, 서비스 수준이 90%라는 뜻은 재주문 시점에 보유하고 있는 재고로 주문인도기간동안의 고객 수요를 모두 만족시킬 확률이 90%이며, 보유한 재고로 부족해서 주문인도기간동안 품절이 발생할 확률이 10%임을 의미한다. 따라서 서비스 수준이 높을수록 재고 부족으로 고객에게 제품을 판매하지 못할 가능성이 줄어든다. 하지만 서비스 수준이 높아질수록 재고가 부족할 확률은 감소하는 반면, 고객의 수요를 모두 만족시키고도 재고가 남을 확률은 증가하게 된다. 따라서 서비스 수준이 올라갈수록 재고유지비용은 증가하게 되며, 과도한 재고유지비용이 발생하지 않도록 적절한 서비스 수준을 설정할 필요가 있다. [그림 2-11]은 재주문점 모형에서의 재고 수준 변화를 보여 준다.

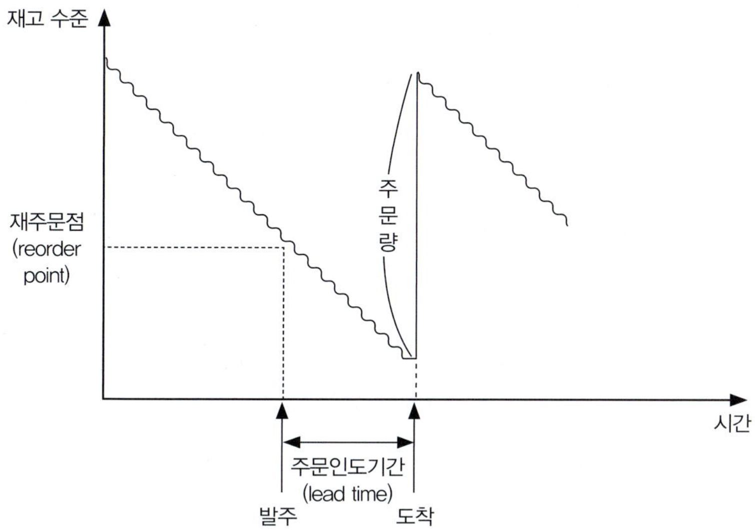

[그림 2-11] 재주문점 모형에서의 재고 변화

앞서 언급한 바와 같이 재주문점에서부터 제품이 도착할 때까지는 주문인도기간이 소요된다. 고객 수요를 단위시간당 평균 μ, 표준편차 σ의 정규분포를 따른다고 가정하자. 주문인도기간을 기호 L로 나타내기로 하고 수요기간 사이의 고객수요는 서로 독립적이라고 가정하면, 주문인도기간동안의 고객 수요는 평균 $\mu \cdot L$, 표준편차 $\sigma \cdot \sqrt{L}$인 정규분포를 따르게 된다.

주문인도기간 동안 발생하는 고객의 수요에 대응하기 위해서는 어느 정도의 재고를 남겨놓은 상태에서 이루어져야 하므로, 재주문점은 보통 양의 값이 되고, 주문인도기간이 끝났을 때 약간의 재고가 남아있게 되는 경우가 많다. 목표 서비스수준을 α로 나타내기로 하자. 그러면, 재주문 시점에 남아있는 재고량이 주문인도기간동안의 고객 수요를 충족시킬 확률이 α가 되면 해당 재고량이 적정 재주문점이 된다. 재주문점을 R로, 주문인도기간동안의 고객수요를 X로 나타내기로 하면,

$$P(X \le R) = \alpha \quad \text{수식 8}$$

이 되게 하는 R이 적정 재주문점이 된다. 앞서 가정한 바와 같이, 고객 수요가 단위시간당 평균 μ, 표준편차 σ의 정규분포를 따르고 기간에 독립적이라면 주문인

도기간동안의 고객 수요는 평균 $\mu \cdot L$, 표준편차 $\sigma \cdot \sqrt{L}$ 인 정규분포를 따르게 되므로,

$$Z = \frac{X - \mu \cdot L}{\sigma \cdot \sqrt{L}}$$ 수식 9

의 식에 따라 변환하면 Z는 표준정규분포를 따르게 되고,

$$P(Z \le z_\alpha) = \alpha$$ 수식 10

가 되는 z_α 의 값이 있다고 하면,

$$R = \mu \cdot L + z_\alpha \cdot \sigma \cdot \sqrt{L}$$ 수식 11

로 구해질 수 있다.

여기서 목표 서비스수준 α 에 대해 수식 10을 만족하는 z_α 의 값은 표준정규분포표를 이용하거나, 엑셀(excel)의 함수를 이용하여 NORM.S.INV(α)로 쉽게 구할 수 있다. 〈표 2-4〉는 몇 가지 서비스수준 α 에 대응한 z_α 의 값을 보여주고 있다.

〈표 2-4〉 경제적 주문량 변화에 따른 총 비용의 변화

목표 서비스수준	80%	90%	95%	97%	99%	99.9%
z_α	0.842	1.282	1.645	1.881	2.326	3.090

여기서, 재주문점이 수식 11에 따라 정해지면 재주문 시점에는 재고량을 $\mu \cdot L + z_\alpha \cdot \sigma \cdot \sqrt{L}$ 만큼 보유하고 있는 상태이고, 주문인도기간 동안 고객 수요는 평균 $\mu \cdot L$ 만큼 발생하므로 주문인도기간이 끝난 후 재고보충이 일어나기 직전에는 평균적으로 $z_\alpha \cdot \sigma \cdot \sqrt{L}$ 만큼의 재고가 남아있게 된다. 이만큼의 재고는 고객 수요의 불확실성에 대비하기 위해 추가로 보유하게 되는 재고로서, '안전재고(safety stock)'라고 부른다. 즉, 서비스 수준이 α 이고 고객 수요가 단위시간당 평균 μ, 표

준편차 σ의 정규분포를 따르고 기간에 독립적이며 주문인도기간이 L이라면 안전재고는 다음의 수식 12과 같이 나타난다.

$$안전재고 = z_\alpha \cdot \sigma \cdot \sqrt{L} \qquad \text{수식 12}$$

또한, 수식 12를 수식 11에 대입하면 재주문점은 다음과 같이 다시 나타낼 수 있다.

$$R = \mu \cdot L + 안전재고 \qquad \text{수식 13}$$

예를 들어, 고객의 일일 수요가 평균이 100이고 표준편차가 30인 정규분포를 따르는 경우를 고려해보자. 제품은 주문 후 도착할 때까지 3일이 소요된다고 가정한다. 재주문점 모형을 적용하여 L=3으로, 서비스 수준 95%일 때의 $z_{0.95}$=1.645를 적용하면 수식 11에 따라 재주문점은

$$R = \mu \cdot L + z_\alpha \cdot \sigma \cdot \sqrt{L} = 100 \times 3 + 1.645 \times 30 \times \sqrt{3} = 385.48 \qquad \text{수식 14}$$

이 된다. 그러면, 적정 재주문점은 약 386개가 된다.[3] 또한, 이 때의 안전재고는 수식 12에 따라

$$안전재고 = z_\alpha \cdot \sigma \cdot \sqrt{L} = 1.645 \times 30 \times \sqrt{3} = 85.48 \qquad \text{수식 15}$$

로 나타나게 된다.

여기서, 서비스수준과 안전재고의 관계에 대해 생각해볼 필요가 있다. 수식 12에서 나타난 바와 같이, 안전재고는 z_α 계수에 비례하여 증가한다. 그런데, z_α는 목표 서비스수준 α가 높아짐에 따라 큰 폭으로 증가하는 특성이 있다. [그림 2-12]는 서비스수준 α와 안전재고 계수 z_α 사이의 관계를 나타내고 있다.

3) 목표 서비스수준보다 낮아지는 것을 방지하기 위해 재주문점은 소수점 이하에서 올림을 취하는 것이 바람직하다.

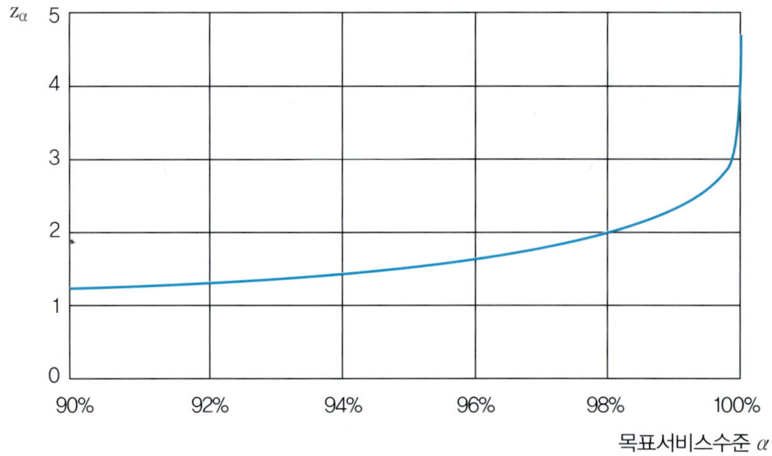

[그림 2-12] 서비스수준과 안전재고의 관계

안전재고의 양은 안전재고 계수 z_α에 비례하므로, 목표 서비스수준이 증가함에 따라 안전재고는 크게 증가하게 된다. 따라서, 서비스수준 목표를 유지하기 위해 안전재고에만 의존하는 것은 비용적 측면에서 바람직하지 않은 경우가 많으므로, 5장과 8장에 설명되는 제품통합이나 위치통합, 7장 및 8장에서 제시되는 지연차별화 전략 등의 다양한 방안을 같이 고려할 수 있다.

2.3.4 재주문 정책과 재고유지비

재주문점을 R이라고 하고, 일회주문량을 Q로 나타내면 재주문정책은 '재고상태가 R 이하이면 Q만큼 재주문한다'로 요약하여 나타낼 수 있다. 이러한 재주문 정책을 (R, Q) 정책이라고 한다. 일반적으로 2.3.3항의 방법으로 재주문점을 계산하고 일회주문량은 경제적 주문량을 적용하여 재주문정책을 수립할 수 있다.

앞의 수식 13에서 나타난 것처럼, 재주문점 R은 주문인도기간동안의 평균수요량 μL과 안전재고량 $z_\alpha \sigma \sqrt{L}$의 합으로 구성되고, 주문인도기간이 끝나고 재고보충시점이 되면 R의 재고량 중에서 평균적으로 μL만큼은 소진되고 안전재고는 남아있게 된다. 일회주문량이 Q이고 만약 수요가 확정적이라면 $\sigma=0$가 되어 안전재고가 0이 되므로, 재주문점은 $R=\mu \cdot L$로 단순화된다. 이는 항상 재고보충시점에는 소진되는 양이므로, 재고량은 경제적 주문량 모형에서와 같이 0과 Q 사이를 움직이고 평균재고량은 $Q/2$가 될 것이다.

$$\text{수요가 확정적일 때의 평균재고} = Q/2 \qquad \text{수식 16}$$

그러나, 수요가 불확실성을 가지면 σ는 양의 값이 되고, 이에 따라 안전재고도 양의 값으로 나타난다. 또한, 평균적으로 안전재고만큼은 소진되지 않고 남아있게 되므로, 평균재고는 안전재고만큼 상승하게 된다. 즉,

$$\text{수요의 불확실성이 있을 때의 평균재고} = Q/2 + \text{안전재고} \qquad \text{수식 17}$$

와 같이 나타나게 된다. 안전재고는 그 양만큼의 재고량 증가와, 이에 따른 재고유지비 상승으로 이어짐을 알 수 있다. 다음의 예제를 살펴보자.

예제 2.2 **S마트의 재고관리**

S마트는 고객에게 판매되는 세제 제품에 대한 재주문 정책을 수립하고자 한다. 이 제품은 연간 평균 10,000개가 판매되며, 연간 수요의 표준편차는 2,000개로 알려져 있다. 제품의 수요는 일년 내내 일정한 수준으로 유지된다. 제품의 단위당 연간 재고유지비는 5,000원이며, 한번 주문할 때마다 운송비 및 처리비용 등으로 약 100만원의 고정 주문비용이 발생한다. 주문하면 약 2주정도의 주문인도기간이 경과한 후에 입고된다. S마트는 이 제품에 대한 서비스수준을 95%로 유지하는 것을 목표로 하고 있다.

(1) 이 제품에 대한 최적 재주문정책을 수립하라.
(2) 이 제품의 연간 평균 재고유지비를 계산하라.

〈풀이〉

제품의 수요는 연 단위, 주문인도기간은 주 단위로 나타나 있으므로, 먼저 시간 단위를 통일해야 한다. 연 단위나 주 단위의 어느 쪽이든 관계없으나, 편의상 연 단위로 통일하기로 한다. 그러면, 제품의 연간수요는 평균 $\mu = 10,000$, 표준편차 $\sigma = 2,000$인 정규분포를 따르고, 1년은 52주이므로 주문인도기간 $L = (2/52)$년$= 0.0385$년이 된다. 연간 재고유지비용 $h = 5,000$ 이고, 일회 고정 주문비용 $K = 1,000,000$ 이다.

(1) 최적 재주문정책

경제적 주문량 $Q = \sqrt{\dfrac{2 \cdot K \cdot \mu}{h}} = \sqrt{\dfrac{2 \times 1,000,000 \times 10,000}{5,000}} = 2,000$

이고,

재주문점 $R = \mu \cdot L + z_\alpha \cdot \sigma \cdot \sqrt{L}$
$= 10,000 \times 0.0385 + 1.645 \times 2,000 \times \sqrt{0.0385} = 1030.545 \fallingdotseq 1,031$

이 된다. 즉, 재주문점 R=1,031, 일회주문량 Q=2,000인 재주문정책을 사용하는 것이 최적이다.

(2) 연간 평균 재고유지비

R=1,031, Q=2,000인 재주문정책을 사용하면, 수식 17에 따라 연 평균재고는

$$\text{평균재고} = Q/2 + \text{안전재고} = Q/2 + z_{\alpha} \cdot \sigma \cdot \sqrt{L}$$
$$= 2,000/2 + 1.645 \times 2,000 \times \sqrt{0.0385} = 1,645.545 \fallingdotseq 1,646$$

이 된다. 단위당 연간 재고유지비가 5,000원이므로 연간 평균 재고유지비는

$$\text{연간 재고유지비} = 1,646 \times 5,000 = 8,230,000\text{ 원}$$

이 된다.

목표 서비스수준이 주어지는 대신 단위당 재고유지비용과 단위당 재고고갈비용을 고려하여 연간비용을 최소화하는 재주문점과 일회주문량을 결정할 수도 있다. 이 때는 일회주문량과 재주문점이 모두 총 비용에 영향을 미치게 되어 일회주문량은 경제적 주문량과 약간 달라질 수 있고 재주문점도 총 비용을 최소화하는 값으로 계산되어야 하며, 계산이 복잡하여 본 교재의 범위를 넘어선다. 이러한 확률적 재주문점 모형의 정확한 계산을 위한 방법론에 관하여서는 다른 교재, 예를 들어 《생산운영관리》의 13장 5절 또는 Snyder & Shen(2011)의 4.3.2절의 (2)를 참고한다.

요약

- 재고란 기업이 미래의 목적을 위해 보유하고 있는 각종 재화를 의미한다.
- 공급사슬에서 재고를 보유하는 목적은 크게 규모의 경제, 수요와 공급의 불확실성 대비, 예정된 수요나 가격변동 대비, 그리고 생산 공정 또는 운송 중의 필요 등으로 나눌 수 있다.
- 재고관리는 기업의 다양한 상황하에서 자신의 목적에 맞게 최적의 재고 수준을 결정할 수 있게 해준다.
- 경제적 주문량은 고객의 수요가 일정할 때, 고정된 주문비용과 일정한 비율로 발생하는 재고유지비 사이에서 최적의 주문량을 결정하는 모형이다.
- 확률적 재주문점 모형은 고객의 수요가 불확실하고 제품의 주문 후 인도까지 걸리는 시간이 일정할 때 최적의 주문량을 결정할 수 있게 해준다.

연·습·문·제

1. 기업이 재고를 보유하는 목적은 여러 가지가 있다. 만약 고객의 수요가 확정적으로 정해진다면 수요에 대한 불확실성은 존재하지 않게 된다. 또한 생산 환경에서도 불확실성이 존재하지 않는다면 공급에 대한 불확실성도 고려하지 않을 수 있다. 이러한 경우에도 우리는 왜 재고를 보유해야 하는가? 가능한 이유들을 기술하여 보시오.

2. J패션은 올 시즌 주력 상품인 등산복 세트의 주문량을 결정하고자 한다. 등산복 세트는 올해 시즌 동안 연평균 약 10만 벌이 판매될 것으로 예상하고 있으며, 이 매장은 등산복 세트를 세트당 5만 원에 공급받고 있다. 등산복 세트의 공급 금액에 더하여, 이 매장은 등산복 세트를 주문하기 위해서는 한 번에 100만 원의 고정 주문비를 지불하여야 한다. 등산복은 주문 후 바로 도착한다고 가정하자. 이 매장에서는 제품의 재고유지비로 세트당 1년에 공급가의 50% (2만 5천 원)이 발생할 것으로 예상하고 있다. 이때 아래의 비용 및 의사결정을 도출하시오.

   1) 이 매장의 최적 주문량은 몇 개인가?
   2) 이때 최적 주문 빈도를 한 번의 주문과 다음 주문 사이의 시간으로 계산하여 답하시오.
   3) 이때 이 매장이 매년 지불하는 평균 재고비용은 얼마인가? 평균 재고비용은 평균 고정주문비와 평균 재고유지비를 모두 포함한 금액이다.
   4) 현재 이 회사는 경제적 주문량보다 약 20% 더 큰 주문량을 택하고 있는 것으로 조사되었다. 이때 이 회사는 경제적 주문량을 선택할 때보다 몇 %나 더 평균 재고비용을 지출하고 있는 셈인지 계산하시오.

3. 앞의 2번 문제에서 J패션 매장은 등산복 제조업체로부터 다음과 같은 할인 계약이 적용된다는 통보를 받았다. 이때 J패션의 주문 시기와 주문량은 어떻게 변해야 하는지 계산하시오.

주문량	금액
3,000 이하	50,000
3,000 초과 3,500 이하	48,000
3,500 초과 4,000 이하	45,000
4,000 초과	42,000

4. 앞의 2번 문제에서 J패션 매장은 등산복을 주문한 뒤 3개월의 시간이 필요한 것으로 파악하고 있다. 또한 고객의 수요는 확정적으로 정해지지 않고, 확률분포를 따르며 평균 100,000이고 표준편차가 5,000인 정규분포를 따른다. J패션은 서비스 수준을 95%로 유지하고자 한다. 이때 J패션의 재주문점은?

참·고·문·헌

한국경제(2011). "[사설]부품 공급 사슬 글로벌 소싱으로 바꿔가야". 한국경제 2011. 3. 18.

조선비즈(2012). "공장 없는 애플이 글로벌 부품시장 지배하는 비법은…". 조선비즈 2012. 3. 24.

Harris, F. W.(1913). What quantity to make at once, Factory, The Magazine of Management, Vol. 10(2), 135-136, 152.

Heizer, J., & Render, B.(2011). Principles of Operations Management. Pearson.

Kouvelis, P., Dong, L., Noyabatli, O., & Li, R.(2011). Handbook of integrated risk management in global supply chains. Wiley.

Snyder, L.V., & Shen J. Z. M.(2011). Fundamentals of supply chain theory, Wiley.

Zipkin, P.(2000). Foundations of Inventory Management, McGraw-Hill.

Simchi-Levi, D., Kaminsky, P., & Simchi-Levi, E.(2007). Designing & Managing the Supply Chain: Concepts, Strategies & Case Studies, 3rd Ed., McGraw-Hill, New York.

머니투데이(2024). ""이번엔 정말 피크아웃" 현대차 · 기아, 재고자산 30조 돌파". 머니투데이 2024.11.19.

인천일보 (2002). "전국 '비 더 레즈' 紅水…". 인천일보 2002.6.12.

조선일보 (2022). "물류난 · 인력 부족에 텅빈 미 워싱턴 DC 대형마트". 조선일보 2022.1.13

US Census Bureau(2025). "Manufacturing and Trade Inventories and Sales-November 2024".https://www.census.gov/mtis/current/index.html

Automotive News(2018). "Inventories stay high, but days-supply levels drop". Automotive News 2018.4.16

우리는 재고가 사람들보다 더 빠르게 돌아가게 하고 싶습니다.

– 제임스 시네갈(James Sinegal), 코스트코 창업자

낭비 중에서 가장 위험한 종류는 우리가 인식하지 못하는 낭비이다.

– 신고 시게오(新鄕重夫), 도요타 생산 시스템(TPS)을 고안한 학자

3

CHAPTER

채찍효과와 정보의 가치

학습 목표

- 채찍효과의 개념과 주요 원인을 이해한다.
- 채찍효과의 완화를 위한 방안을 이해한다.
- 공급사슬상에서 공유된 실시간 정보의 가치를 이해한다.

3.1 서론

3.2 채찍효과의 개념

3.3 채찍효과의 원인

3.4 채찍효과를 완화하기 위한 방법

3.5 정보의 가치

사례

'공급과잉' 메모리 반도체업체 힘든 시기… "회복시기 미지수"

코로나19 팬데믹(대유행) 당시 자동차에서 게임 콘솔까지 모든 제품에 영향을 미쳤던 반도체 부족 현상이 공급과잉으로 바뀌면서 글로벌 반도체업체들이 타격을 받고 있다고 CNBC 방송이 27일(현지시간) 보도했다.

이에 따르면 팬데믹 당시 자가 격리됐던 소비자들이 PC와 스마트폰과 같은 제품에 열광하는 가운데 공급망 혼란으로 반도체 생산에 차질이 빚어졌다. 이에 따라 한국의 삼성전자[005930]와 SK하이닉스[000660], 미국의 마이크론 등이 제조한 메모리 반도체의 수요뿐 아니라 전자기기의 전력 관리 등에 쓰이는 구형 반도체 수요까지 늘어났다.

이에 따라 게임 콘솔과 심지어 세탁기 부품에 이르는 각종 반도체에 대한 공급부족이 지난해 상반기까지 이어졌다. 심지어 자동차에 들어가는 반도체 부족으로 주요 자동차 제조업체들의 생산량이 감소하기도 했다.

이후 일부 부문에서는 수요와 공급이 균형을 되찾고 있지만, 랩톱과 데이터센터 서버에 들어가는 낸드플래시와 D램 반도체는 공급과잉으로 국면이 전환됐다. 이는 공급 부족으로 고통 받았던 기업들이 반도체 재고를 쌓기 시작한 가운데 팬데믹 당시 이미 많은 사람이 스마트폰과 노트북 구매를 한 데다 경기 둔화로 인해 수요가 많이 감소한 데 따른 것이다.

베인앤드컴퍼니의 피터 핸버리 통신 · 미디어 · 기술 부문 파트너는 "최종시장(PC 등 제조업체)이 새 주문 대신 재고 소진에 집중해 반도체 부족 당시 급증했던 수요가 갑자기 말라버리면서 공급망 뒤편의 반도체 제조업체에서 강력한 '채찍효과(bullwhip)'가 발생했다."고 설명했다.

'채찍효과'는 채찍의 경우 손잡이 부분에 작은 힘이 가해져도 끝부분에서는 큰 파동이 생기는 것처럼 공급망에 있어서 소비자 수요의 작은 변동이 제조업체에 전달될 때는 확대돼 기업에서 볼 때 수요의 변동이 매우 불확실하게 보이는 현상을 말한다.

이로 인해 삼성전자는 2분기 영업이익이 지난해 동기 대비 95% 급감했고 SK하이닉스는 적자 전환됐다. 세계 최대 파운드리(반도체 위탁생산) 기업인 TSMC는 순이익이 23.3% 감소하는 등 4년 만에 처음으로 분기 순이익이 줄었다.

하지만 모든 반도체 부문에서 공급과잉 상태가 빚어지는 것은 아니다. 자동차 부문의 수요는 여전히 강세를 보이고 있다는 것이다.

세계 메모리 반도체 업계는 최근 공급을 축소해 가격을 높이기 위해 감산에 돌입한 상태다.

삼성전자 등 메모리 반도체 제조업체들은 하반기 글로벌 수요가 회복될 것으로 예상했으나 TSMC는 지난 주 스마트폰 제조업체 등 고객들의 "지속적인 재고조정"을 예상한다고 말했다. 궁극적으로 이 같은 기업의 회복은 가전제품과 같은 최종 제품의 수요에 달려있지만, 이 역시 불확실한 거시경제 회복과 연계돼 있다고 CNBC는 전했다.

[연합뉴스] 2023.7.28. 기사 발췌

3.1 서론

공급사슬에서는 단일 기업의 운영을 고려할 때와는 전혀 다른 현상과 문제들이 제기된다. 공급사슬에 고유한 현상의 하나로서 채찍효과(bullwhip effect)가 있다. 채찍효과는 **공급사슬의 역동성(dynamics)**을 보여 주는 대표적인 현상으로서, 공급사슬이 어떻게 운영되어야 하는가에 대해서 중요한 시사점을 제공한다.

공급사슬의 역동성 (dynamics)

기업의 운영은 다양한 불확실성(uncertainty)에 노출되어 있다. 대표적인 불확실성의 예로는 수요의 불확실성과 원자재 납기의 불확실성 등을 들 수 있다. 이러한 불확실성에 대처하고 외부 환경요소의 변동성에 대한 완충장치를 제공하기 위한 중요한 수단 중 하나는 재고를 보유하는 것이다.

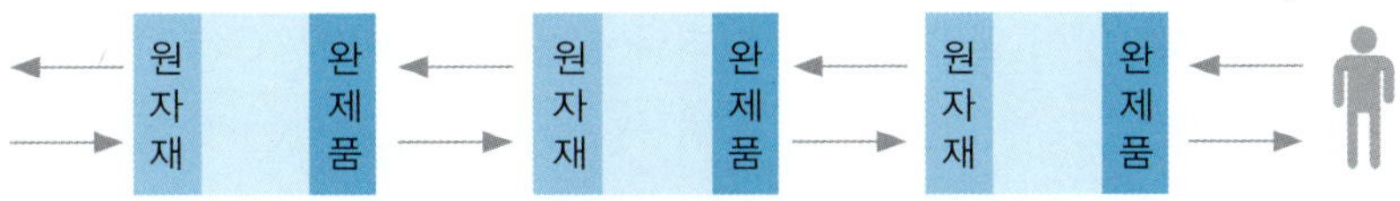

[그림 3–1] 공급사슬에서 완충장치로서의 재고

앞의 장에서 살펴본 바와 같이, 완충장치로서의 작용은 재고의 기본적 존재 이유 중 하나이다. 이러한 이유로 수요와 납기 등의 불확실성에 대비하기 위하여 각 기업은 [그림 3–1]에서처럼 완제품과 원자재의 재고를 보유하고 있게 된다. 해당기업에 대한 공급사 역시 자체적인 원자재와 완제품의 재고를 보유할 것이다. 한 기업의 원자재는 해당기업에 대한 공급사의 완제품이므로 동일한 제품에 대한 재고가 고객사와 공급사의 양측에 쌓여 있게 된다. 이와 같이 중복적으로 재고가 유지됨으로 인하여 공급사슬 전반에 걸쳐서는 많은 비용이 야기된다.

그러면 이렇게 높은 비용을 지불해가면서 보유된 공급사슬의 재고는 불확실성에 대한 완충장치로서의 기능을 성공적으로 수행하는가? 단순히 생각하면 공급사슬의 각 주체가 보유하고 있는 재고의 완충작용으로 인하여 최종 수요의 변동성은 재고에 흡수되고 공급사슬의 상위로 갈수록 변동성은 약화될 것으로 생각할 수 있을 것이다. 즉, 최종수요가 큰 변동을 보이더라도 기업이 발주하는 원자재 주문의 변동 폭은 다소 줄어들 수 있을 것으로 생각된다. 그러나 현실은 이와 정반대의 경향을 나타낸다.

도입 사례에서는 코로나19 팬데믹으로 디지털 제품의 수요가 급증했다가 이후 수요가 정체함에 따라, 이에 활용되는 반도체의 수요가 폭증했다가 이후 수요가 말라버리면서 반도체 공급 과잉으로 관련 기업의 수익성이 악화되고 있는 전형적인 채찍효과 현상을 보여주고 있다. 이번 장에서는 채찍효과의 의미와 원인을 살펴보고, 채찍효과에 대한 공급사슬의 대응방안을 알아보도록 한다. 또한 채찍효과에 대한 대응에 있어서 공급사슬에서의 정보 공유가 중요한 역할을 수행함을 설명한다.

3.2 채찍효과의 개념

P&G는 유통점포에 유아용 기저귀 제품인 팸퍼스(Pampers)를 공급하는 과정에서 재미있는 사실을 발견하였다. 유아용 기저귀와 같은 생필품의 수요는 비교적 안정적인 형태를 보이는 것이 일반적이다. 그러나 유통점포들이 P&G에 주문하는 기저귀의 주문량은 최종수요에 비해 훨씬 큰 변동폭을 나타내고 있는 것이 확인되었다. HP의 경우에도 판매점(reseller)에서 판매되는 데스크젯(Deskjet) 프린터의 최종수요 변동 폭에 비해 판매점이 HP의 프린터사업부에 주문하는 프린터 수량의 변동폭이 훨씬 크게 나타났으며, 다시 HP의 프린터사업부가 IC사업부에 주문하는 프린터 제조용 IC 칩 주문량의 변동 폭은 더욱 크게 나타나는 현상이 관찰되었다(Lee 등, 1997).

채찍효과(bullwhip effect)

이 사례는, 기저귀의 소매점이나 프린터의 판매점이 불확실성에 대비하기 위한 재고를 보유하고 있음에도 불구하고, 최종수요의 변동이 재고에 의해 흡수되기는커녕 오히려 공급사슬의 상류로 가면서 증폭되어 전달되는 현상을 보여 주고 있다. 이와 같이, 공급사슬의 상류로 올라갈수록 수요의 변동 폭이 증폭되어 나타나는 현상을 **채찍효과(bullwhip effect)**라고 한다. 이는 채찍을 휘두르는 손목의 움직임은 작은 반면 채찍의 끝으로 가면서 큰 폭으로 움직이게 되는 것에 비유하여 붙여진 이름이다.

채찍효과는 공급사슬 내에 존재하는 재고의 완충작용의 실패를 보여 준다. [그림 3-2]는 채찍효과에 의한 수요 변동 폭 증가를 나타내고 있다. 그림에서 최종소매점에서의 수요 변동 폭에 비해 소매점이 도매점에 대해 주문하는 양의 변동 폭이 더 크게 나타나고 있는 채찍효과가 존재하고 있음을 확인할 수 있다.

바릴라 사(Barilla SpA)의 사례에서 보듯이, 채찍효과는 공급사슬 상류에서의 수요 변동폭 증가를 야기하며, 이에 따라 심각한 과잉재고와 재고고갈이 동시에 발생하는 문제가 나타난다. 이는 재고비용의 증가와 고객서비스 수준 저하에 따른 매출 감소를 일으켜 결국 기업의 이익에 악영향을 미친다.

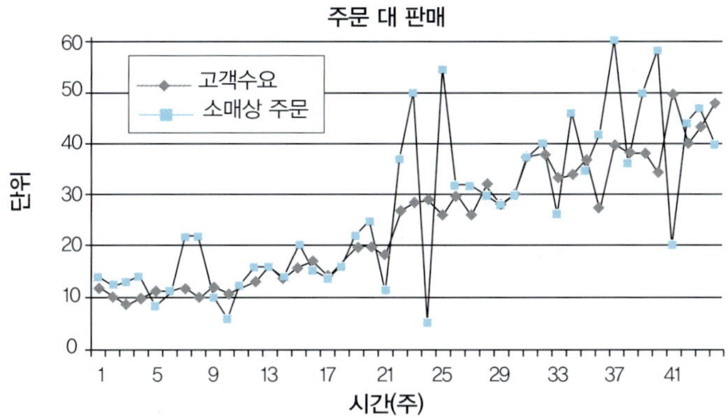

[그림 3-2] 채찍효과에 의한 수요 변동 폭의 증가

출처: Lee 등(1997).

3.3 채찍효과의 원인

채찍효과는 왜 나타나는가? 이에 대해서는 크게 두 가지의 관점이 있다. Sterman(1989)은 채찍효과는 공급사슬 내의 의사결정자들의 비합리적인 행동이나 재고와 수요변동에 대한 이해 부족으로부터 비롯되었다고 보는 관점을 제시하였다. 따라서 Sterman은 공급사슬의 의사결정자들에 대한 교육을 통해서 채찍효과를 제거할 수 있을 것이라고 주장하였다. 그러나 보다 이후에 이루어진 Lee 등(1997)의 연구에서는 수학적 모형을 활용하여 공급사슬 내의 의사결정자들이 합리적인 의사결정을 수행하는 경우에도 채찍효과는 여전히 나타나게 됨을 입증하였다. 따라서 채찍효과는 의사결정자의 비합리성이나 이해 부족으로 인한 것이 아니라 공급사슬의 기반 구조(infrastructure)의 특성, 특히 공급사슬의 정보처리(information processing)과정의 문제에서 기인하는 것으로 파악하였다.

Lee 등(1997)은 채찍효과의 원인을 크게 다음과 같은 네 가지로 구분하여 제시하였다.

3.3.1 수요정보처리과정의 정보 왜곡

수요정보처리의 왜곡

첫째는 **수요정보의 처리과정에서의 왜곡**현상이다. 일반적으로 관리자는 차기의 수요를 예측하여 해당하는 양을 주문하고자 할 것이다. 그런데 수요예측기법의 특성상 금번 기에 수요가 줄었다면 차기의 수요예측치는 하향조정하게 될 것이며, 반대로 금번 기에 수요가 늘었다면 차기의 수요예측치는 상향조정하게 될 것이다. 주문량은 수요예측치에 의거하여 결정되므로, 주문량은 최종 수요에 비해 과장된 형태로 공급자에게 전달된다. 따라서 공급자가 관측하는 수요의 변동성은 최종 수요의 변동성에 비해 증폭되어 나타나게 된다. 상위 공급자로 계층을 거듭할수록 최종 고객의 수요정보의 왜곡은 심화되며 수요의 변동성 역시 점진적으로 증폭되어 나타나게 된다.

3.3.2 배급 게임

배급게임(rationing game)

둘째는 **배급게임(rationing game)**으로 알려진 현상이다. 일반적으로 공급물량이 부족하면 주문량에 비례하여 공급물량을 할당하게 되는 경우가 많다. 이러한 할당정책을 예상하여, 공급물량 부족이 예상되는 제품을 주문하려는 공급사슬의 관리자들은 수요가 증가하는 것을 관찰하면 향후 공급물량 부족에 대비하여 필요한 것보다 주문량을 늘리게 된다. 즉, 가수요가 발생하게 된다. 이에 따라 공급자에 전달되는 수요량은 과장되어 증폭되며, 공급사슬의 상류로 갈수록 수요량 변동의 증폭을 가중시키게 된다.

3.3.3 일괄주문의 영향

일괄(batch)주문

세 번째는 **일괄(batch)주문**에 의한 효과이다. 한 번 주문할 때마다 운송비용 등 주문처리에 따른 비용이 발생하므로 고객수요가 발생할 때마다 주문하는 것은 비경제적이다. 따라서 주문처리비용의 절감을 위하여 소매점은 몇 개의 고객수요를 묶어서 한 번에 많은 양을 주문하는 일괄주문의 형태를 선택하게 될 것이다. 어떤 공급자가 여러 개의 소매점에 제품을 공급하고 있다고 해보자. 만약 소매점들의 주문이 서로 완전히 독립적으로 임의의 시점에 발생한다면 어떤 날에는 소매점으로부터의 주문이 전혀 없는가 하면 어떤 날에는 여러 개의 소매점으로부터 주문이 겹치는 일이 불가피하게 일어난다. 설상가상으로 소매점들의 주문 시점이 양의 상관관계를 가진다면, 다시 말해 한 소매점이 주문하는 시점에 다른 소매점도 주문하려는 경향을 보인다면, 공급자가 관찰하는 소매점의 주문량이 몰리게 되는 현상은 더 심화될 것이다. 불행히도 현실상황에서는 소매점 간의 주문 시점이 양의 상관관계를 가지게 되는 경우가 많은데, 이는 매주 매월 또는 매분기의 시작점 등 소매점들이 주문 시점을 결정하는 데 있어서 달력의 특정 일자 등의 공통적인 외부환경을 기준으로 하는 경우가 많기 때문이다. 따라서 이러한 일괄주문의 집중으로 인하여 공급자가 관찰하는 수요의 변동성은 최종수요에 비해 더욱 크게 나타나게 된다.

3.3.4 가격변동의 영향

네 번째는 가격변동에 의한 것이다. 공급자는 원가변동이나 판촉 등의 이유로 가격을 올리거나 내리는 경우가 있다. 소매상은 가격이 낮을 때 제품을 축적하고, 가격이 높을 때는 주문하지 않으려는 경향을 보이게 되며, 심지어 가격하락을 기대하고 계속 주문을 연기하다 가격 하락 시 일시에 주문이 폭주하게 되는 경우도 있는데, 이는 백화점의 바겐세일 등에서 흔히 관찰할 수 있다. 이러한 이유로 가격의 변동은 수요 변동 폭의 증폭을 야기하게 된다.

가격변동

3.4 채찍효과를 완화하기 위한 방법

채찍효과를 줄일 수 있다면 공급사슬 상류에서의 수요 변동성을 감소시켜 공급사슬의 운영성과를 개선할 수 있다. 본 절에서는 Lee 등(1997)의 연구를 중심으로 채찍효과의 완화를 위한 주요 방법을 살펴본다.

3.4.1 실시간 수요정보의 공유와 주문 의사결정의 통합

앞의 절에서 채찍효과를 일으키는 첫 번째 요인으로 제시된 것은 수요정보처리과정에서의 정보 왜곡이다. 이러한 정보 왜곡이 공급사슬 상류로 가면서 누적되는 가장 큰 원인은 공급사슬 각 계층의 의사결정이 바로 아래의 계층에서 올라오는 주문정보를 바탕으로 개별적으로 이루어지기 때문이다. 즉, 최종 수요는 비교적 안정적일지라도, 각 계층별로 수요를 예측하고 보유재고를 고려하여 주문량을 결정함에 따라 상류로 갈수록 주문량의 변동성이 증가하게 될 수 있다.

실시간 수요정보의 공유

이러한 수요정보처리의 왜곡 현상을 근본적으로 개선하는 방법으로서 최종 수요정보를 공급사슬의 전체 계층에서 공유하고, 공급사슬 각 계층의 의사결정자들이

POS(Point Of Sales)

바로 아래 계층의 주문수요가 아니라 공유된 최종 수요정보를 바탕으로 의사결정을 수행하는 방안을 고려할 수 있다. 바릴라 사의 사례에서 본 것처럼 중간 유통업체에서의 주문 수요는 크게 변동하더라도 실제 최종 수요는 비교적 안정적인 경우가 많다. 공급사슬의 어느 계층에서든 결국 주문 혹은 생산해야 하는 양은 최종 수요량과 동일할 수밖에 없으므로 최종 수요에 비해 많거나 적게 주문하거나 생산하는 것은 궁극적으로는 과잉재고 또는 재고고갈을 일으키는 원인이 된다. 따라서 공급사슬의 모든 계층에서 확보해야 하는 재고량은 최종 수요와 일치해야 하며, 이에 따라 최종 수요정보를 공급사슬 전체 계층에 공유하고, 모든 공급사슬 구성원들이 최종 수요량에 맞추어 생산한다면 과잉재고와 재고고갈을 완화할 수 있게 된다.

최종 수요정보는 정보기술(IT)을 활용하여 실시간으로 획득할 수 있다. 실시간 최종 수요정보의 수집과 공유를 위한 정보기술의 전형적인 예는 현재 소매점 등에서 널리 쓰이고 있는 POS(Point Of Sales) 단말기로부터 수집된 정보이다. POS 단말기는 판매된 제품의 품목, 수량과 시점을 실시간으로 기록하므로, 실시간 최종 수요정보의 수집 및 공유를 위한 좋은 원천이 될 수 있다. 그러나 최종 수요정보가 공유된다고 해도 공급사슬의 각 구성원이 개별적으로 주문량을 정하는 체계에서는 실제로 각자의 고객사로부터의 주문량을 무시하고 최종 수요정보만을 바탕으로 주문 또는 생산을 수행할 수는 없다. 따라서 채찍효과의 완화를 위해서는 최종수요정보의 공유와 더불어 공급사슬 전체에서 수요예측 및 제품공급량, 공급시점 등을 통합적으로 결정하는 전담자를 두는 것이 필요하다.

JITD(Just In Time Distribution)

공급자 재고관리(Vendor Managed Inventory: VMI)

이의 해결을 위해 바릴라 사의 사례에서 JITD(Just In Time Distribution)로 언급된 **공급자 재고관리**(Vendor Managed Inventory: VMI)를 활용할 수 있다. VMI에서는 제품의 생산 및 재고에 관한 의사결정을 고객이 아니라 공급자가 수행하도록 한다. 즉, 공급자가 직접 제품의 공급 시점과 공급량을 결정하여 고객에게 납품하게 된다. 바릴라사의 사례에서 VMI의 도입에 따른 극적인 재고량 절감과 서비스 수준 개선효과를 확인할 수 있다. 이 외에도 많은 기업에서 VMI를 적용하고 있는데, 예로서 P&G는 자사의 팸퍼스(Pampers) 기저귀 제품에 대해 접착스티커를 공급하는 3M에서부터 최종 소매점인 월마트(Walmart)에 이르기까지 전체 공급사슬에서 VMI를 수행하고 있으며, 델(Dell) 컴퓨터의 경우에도 공급자들에 대해 VMI를 시행하고 있다. VMI에 대해서는 제9장에서 다시 자세히 다루게 된다.

3.4.2 공급량 부족 시의 할당정책 개선

채찍효과의 원인 중 한 가지로 제시된 배급 게임의 문제는 기본적으로 주문량 비례 할당정책, 즉 공급량이 부족해질 때 주문량에 비례하여 제품을 할당하는 방식의 정책에 기인한다. 이에 따라 공급량 부족이 예상되면 최대한 제품 수량을 확보하기 위해 실제 필요한 양보다 더 많이 주문하는 가수요가 발생하여 채찍효과를 가중시키게 된다. 이러한 문제를 해결하기 위해 공급량 부족 시 주문량에 비례하여 제품을 할당하는 대신, 각 소매상의 이전 기의 시장점유율을 기준으로 하여 제품을 할당하는 정책을 고려할 수 있다. 예로서 HP와 텍사스 인스트루먼트(Texas Instrument) 등에서는 공급 부족이 발생하는 제품에 대해 이와 같은 정책을 활용하고 있다.

주문량 비례 할당정책

3.4.3 주문처리비용 및 고정운송비용의 절감

채찍효과의 한 원인으로 지목되는 일괄주문의 영향을 감소시키는 직접적인 방법은 일회 주문량을 줄이는 것이다. 문제는, 주문 시마다 어느 정도의 고정비용이 발생하기 때문에, 경제를 위해 불가피하게 한 번에 상당한 양을 주문할 수밖에 없다는 점이다. 이는 앞 장의 경제적 주문량 모형에서 설명된 바와 같다. 따라서 일회 주문량을 감소시키기 위해서는, 경제적 주문량의 모형이 직접적으로 시사하는 바와 같이, 고정주문비용을 줄여야만 한다. 고정주문비용은 한 번의 주문처리를 위해 소요되는 고정적 비용, 한 번의 운송을 위해 고정적으로 발생하는 비용 등으로 구성된다.

주문처리에 소요되는 비용은, 주문처리를 자동화함으로써 절감할 수 있다. 재고상황을 파악하여 필요한 제품 또는 자재에 대한 주문내역을 작성 및 확인하고, 이를 공급자에게 발송하여 공급자가 다시 확인하고 선적에 이르는 주문처리과정은 수요자와 공급자 사이의 자동화된 주문처리시스템의 구현을 통해 상당부분 절감할 수 있다. 이른바 EDI(Electronic Data Interchange, 전자문서교환)를 활용한 자동발주 시스템을 통하여 주문처리과정을 자동화함으로써 일회 주문처리에 관련된 비용을 절감할 수 있고, 이는 보다 소량의 빈번한 주문을 효율적으로 처리할 수 있게 하여 일회 주문량을 절감하는데 기여하게 된다.

EDI(Electronic Data Interchange, 전자문서교환)
자동발주 시스템

고정적 운송비용은 선적 화물의 양에 관계없이 한 대의 차량을 배차하여 운송해야만 하는 TL(Truck Load, 만차 수송) 환경에서 전형적으로 발생한다. 동일한 시점

TL(Truck Load, 만차 수송)

LTL(Less-than-a-Truck Load, 부분 적재 수송)

제3자물류(3rd Party Logistics: 3PL)

에 동일한 경로로 운송해야 하는 화물이 함께 존재하지 않는다면 이러한 FTL(Full Truck Load) 방식의 운송이 불가피하므로, 한 번 운송에 따른 고정적 비용을 감당하기 위해서는 상당량이 한 번에 운송될 수 있도록 해야 하기 때문에 이는 일회 주문량을 상승시키는 원인으로 작용한다. 따라서 소량의 빈번한 운송을 효율적으로 처리할 수 있도록 하기 위해서는 혼적(mixed truckLoad)을 통한 LTL(Less-than-a-Truck Load, 부분 적재 수송)을 활성화해야만 한다. 이를 위해서는 복수의 제품과 경로를 동시에 고려한 정교한 운송 및 배차 계획이 요구된다. 만약 단일 기업만으로 LTL 운송을 위한 충분한 다양성과 물량이 확보되지 않는다면 제3자물류(3rd Party Logistics: 3PL)를 통해 운송 유연성을 확보하는 것도 대안이 될 수 있다.

3.4.4 주문 집중 시 납기일 분산

납기일 분산

주문이 집중되더라도 납기일은 분산하여 납품하는 형태의 운영을 고려할 수 있다. 이는 하류 계층에서 발생한 채찍효과에 의한 변동성을 그대로 상류 계층으로 전달하는 대신, 납기일 분산을 통해 상류 계층에 전달하는 주문량의 변동성을 직접적으로 줄여 주는 효과를 낳는다. 예로서 P&G의 경우에는 소매점에서 주문한 양에 대해 비어 있는 시간대(time slot)를 배정하여 분할 배송하는 형태의 운영을 통해 이를 구현하고 있다.

3.4.5 상시저가전략

상시저가전략(Every Day Low Price: EDLP)

가격 변동정책에 의한 채찍효과의 가중을 근원적으로 방지하기 위한 방법으로서 충분히 저렴한 가격을 한 번 설정하고 이 가격을 계속 유지하는 상시저가전략(Every Day Low Price: EDLP)을 수행하는 경우도 있다. 대형 소매점으로부터의 가격 할인 요청 등에 저항하여 충분히 저렴한 수준의 일정한 공급가격을 유지할 수 있다면 공급가격 변동에 따른 수요 변동을 원천적으로 차단할 수 있다. 이는 가격정책을 통한 판촉의 유연성을 잃는 대신, 수요량의 안정화를 통해 공급사슬에 걸리는 부하를 줄임으로써 운영 측면에서의 효율성을 확보하는 효과를 얻을 수 있다.

3.5 정보의 가치

앞의 절에서 채찍효과의 원인과 이의 완화를 위한 방안에 대하여 살펴보았다. 채찍효과의 완화를 위한 주요 방안 중 가장 일차적으로는 실시간 수요정보의 공유가 제시된 바 있다. 본 절에서는 실시간에 공유된 정보를 어떻게 공급사슬 운영의 의사결정에 활용할 것인지를 살펴보고, 또한 이러한 정보의 활용이 어느 정도의 가치를 가지는지를 알아본다.

3.5.1 자체재고와 정보의 공백시간

실시간 수요 정보를 다루는 방법을 이해하기 위해, 우선 **자체재고(installation stock)**와 계층재고(echelon stock)의 개념을 이해할 필요가 있다.

자체재고(installation stock)

자체재고(installation stock)는 일반적으로 일컫는 재고이다. 공급사슬상에서 설비가 각자 보유하고 있는 자체재고량을 말한다. 예를 들어, [그림 3-3]에서는 도매상에 75개, 소매상 A, B, C에 각각 15, 23, 13개의 자체재고가 보유되어 있는 상황을 도식화하였다.

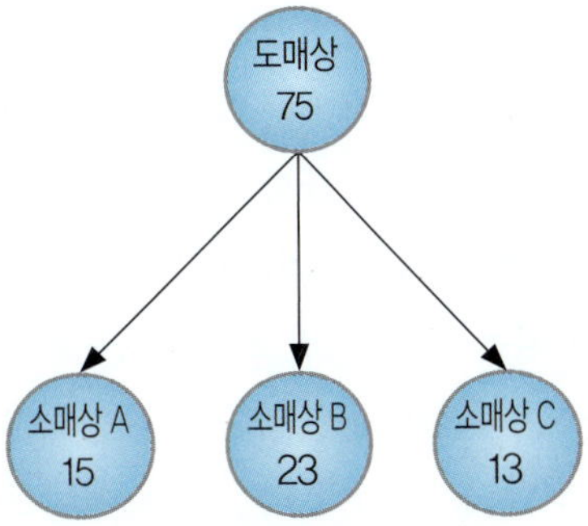

[그림 3-3] 자체재고의 예

소매상에서 도매상에 한 번에 주문하는 일회 주문량이 50개라고 가정해 보자. 또한 소매상 A, B, C의 재주문점을 각각 5개, 11개, 8개, 도매상의 재주문점을 50개라고 가정해 보자. **재주문점(reorder point)** 또는 보다 구체적으로 자체 재주문점(installation reorder point)은 자체재고량이 해당 값에 다다르면 재주문을 수행하도록 하는 기준이 되는 재고량을 말한다. 2장에서 살펴본 재주문점이 바로 이것을 말한다. [그림 3-4]에 도매상과 각 소매상의 재고량 및 재주문점을 나타내었다.

재주문점(creorder point)

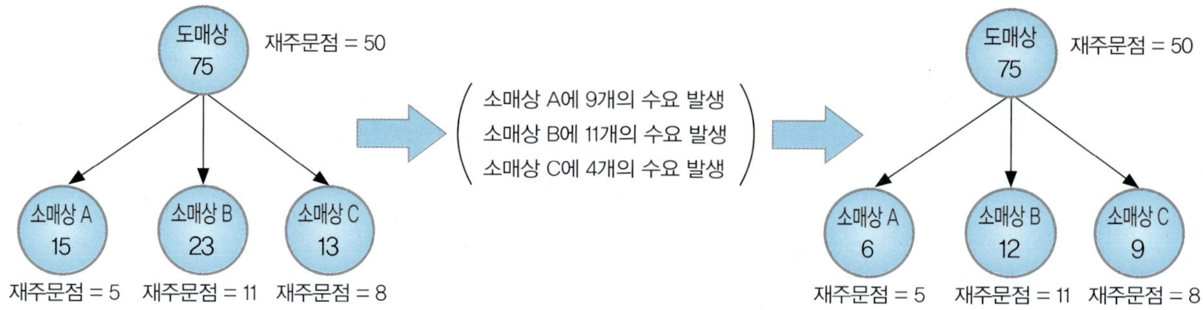

[그림 3-4] 자체재고에 따른 정보의 공백시간의 예

소매상 A에 수요가 발생하면 소매상 A의 재고량은 14개로 줄어들지만, 아직 재주문점에 도달하기 이전이므로 도매상에 대해서는 아무런 영향이 없다. 소매상 B, C에 순차적으로 수요가 발생해도 마찬가지이다. 극단적으로 소매상 A에 9개, 소매상 B에 11개, 소매상 C에 4개, 총 24개의 수요가 발생한 이후의 상황은 [그림 3-4]와 같이 될 것이다.

정보의 공백시간

소매상 전체에 총 24개의 최종수요가 발생했음에도 불구하고 도매상에는 어떠한 명시적 형태의 정보도 영향을 미치지 않았다. 이 다음에 소매상 A에 추가로 1개의 수요가 더 발생한 다음에야 도매상에는 50개의 주문이 전달될 것이다. 이와 같이 수요정보가 발생하고 이 정보가 공급사슬 상류 단계의 의사결정에 반영될 때까지 걸리는 지연시간을 정보의 공백시간이라고 하며, 이러한 정보의 공백시간은 공급사슬의 대응성을 떨어뜨리는 주요 원인으로 작용하게 된다.

위의 예에서, 정보의 공백시간이 공급사슬의 대응성을 어떻게 떨어뜨리고 있는지는 자명하다. [그림 3-4]의 상황 바로 다음에 소매상 A, B, C에 거의 동시에 연속적으로 하나씩의 수요가 발생한다고 가정해 보자. 그러면 소매상 A, B, C는 모두 연이어 재주문점에 도달하게 되며 각각 일회 주문량에 해당하는 50개씩의 주문을 발생시킬 것이다. 도매상은, 소매상 A에 50개를 공급하고 나서 재고 보충을 위해 재주문을 수행하겠지만, 미처 주문한 양이 도달하기 전에 도매상의 남은 재고 25개를 소매상 B에 공급하면서 재고 고갈이 발생하여 25개만큼의 공급 부족을 야기하게 될 것이고, 소매상 C에 대해서는 주문 전량의 공급 부족을 일으키는 상황을 맞이하게 될 것이다. 소매상 A, B, C에 24개의 수요가 발생하고 있던 동안 도매상이 아무런 사전 대응을 수행하지 못했기 때문이다.

위의 예에서와 같이 자체재고를 기준으로 하여 재주문을 수행하는 정책을 **자체재고정책(installation stock policy)**이라고 한다. [그림 3-4]의 문제는 자체재고정책이 실시간 최종 수요정보를 전혀 의사결정에 반영하지 못하는 것에서 기인한다. 자체재고정책을 수행하는 환경에서는, 각 단계는 바로 아래 계층의 단계에서 올라오는 주문량을 수요량으로 간주하게 되어 채찍효과를 가중시키는 원인으로 작용하게 된다.

자체재고정책(installation stock policy)

3.5.2 계층재고와 실시간 정보의 활용

계층재고(echelon stock)는 설비 자체에서 보유한 자체재고에 해당 설비의 하류에 있는 모든 설비의 재고량을 더한 값으로 정의된다. 예를 들어, 앞의 절에서 [그림 3-4]의 왼쪽에 나타난 도매상과 소매상의 자체재고량을 고려하자. 이를 계층재고로 환산하면 [그림 3-5]의 오른쪽에 나타낸 바와 같이 소매상의 경우에는 차이가 없지만 도매상의 계층재고량은 도매상의 자체재고량과 하류에 있는 모든 소매상의 재고량의 합으로 계산되므로 75+15+23+13=126개가 된다.

계층재고(echelon stock)

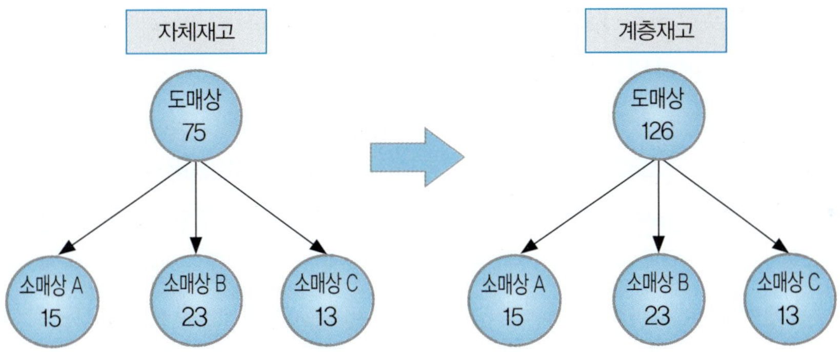

[그림 3-5] 계층재고의 예

더 많은 계층으로 구성된 공급사슬에 있어서도 계층재고는 유사한 방법으로 정의된다. 예를 들어, [그림 3-6]에서 3번 설비의 계층재고는 3, 6, 7, 11, 12, 13번 설비의 자체재고의 합으로 계산된다. 1번 설비의 계층재고는 모든 설비의 자체재고량의 합계가 될 것이다.

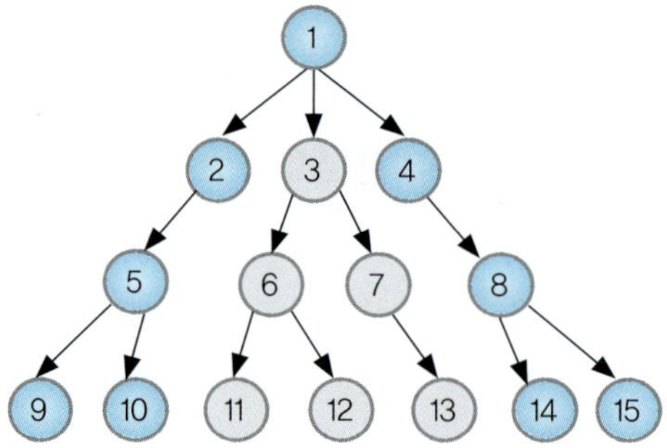

[그림 3-6] 일반적 다계층 공급사슬에서의 계층재고 계산

계층재고정책
(echelon stock policy)
계층재주문점
(echelon reorder point)

계층재고를 기준으로 재주문 의사결정을 수행하는 정책을 **계층재고정책(echelon stock policy)**이라고 한다. 계층재고정책을 수행하는 환경에서는 계층재고의 값이 일정 재주문점, 즉 **계층재주문점(echelon reorder point)**에 도달하면 재주문이 발생한다. 여기서, [그림 3-5]와 동일한 상황에서 계층재고정책을 사용한다고 가정해 보자. 소매상 1, 2, 3의 계층재고와 자체재고는 동일하므로, 계층재주문점은 전과 동일하다. 한편, 도매상의 계층재고량은 126개가 됨을 앞에서 살펴보았고, 도매상의 계층재주문점은 110개라고 가정하자. 편의상 [그림 3-7]에 계층재고량과 계층재주문점을 나타내였다.

여기서, 소매상 1에 하나의 수요가 발생하면 소매상 1의 재고량은 14개로 감소한다. 이와 동시에, 도매상의 계층재고도 하나 감소하여 125개가 된다. 정보의 공백시간 없이 실시간 수요정보가 도매상의 계층재고에 반영되는 것이다. 앞의 예에서와 마찬가지로 소매상 1, 2, 3에 총 24개의 수요가 발생하는 상황을 생각해보자. 소매상들에게 수요가 발생함에 따라 계층재고는 실시간으로 함께 감소하였을 것이

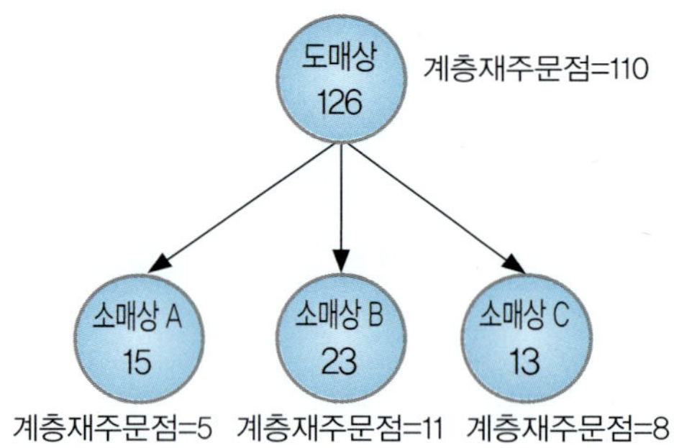

[그림 3-7] 계층재고정책의 예

므로, 소매상 1, 2, 3에 16개의 수요가 발생했을 시점에 곧 재주문에 돌입해야 될 것이다. 도매상의 계층재고는 110개로서 계층 재주문점에 다다르게 되어 재주문이 수행되었을 것이다.

이와 같이 계층재고정책은 정보의 공백시간을 최소화하고 실시간 수요 정보를 의사결정에 반영할 수 있게 한다. 재미있는 것은, 이러한 계층재고의 개념은 실시간 정보 공유의 개념이 있기 훨씬 전인 1960년대에 이미 제시되었다는 점이다(Clark & Scarf, 1960). 사실 계층재고는 처음에는 실시간 정보의 반영을 위한 도구가 아니라 자체재고를 직접 다루기 복잡한 공급사슬상에서의 성능 분석을 위한 근사적 계산 도구로서 제시된 것이며, 근래에 와서 실시간 정보의 반영이 중요해지면서 이를 가능하게 하는 방안으로서 재조명받게 된 것이라고 할 수 있다.

3.5.3 실시간 정보를 활용한 재주문 시점 결정의 효과

주문리스크정책 (order risk policy)

자체재고와 계층재고를 비교하여 실시간 정보 공유가 공급사슬 성능에 어떤 영향을 미치는지에 대한 연구는 많이 이루어져 왔다. 그중 하나로서, Seo 등(2002)은 실시간 공유 정보를 최대한으로 사용하여 재주문 시점을 결정하는 주문리스크정책(order risk policy)을 제시하고, 자체재고정책과 계층재고정책 및 주문리스크정책을 사용한 공급사슬의 성능을 비교하였다. 여러 경우에 대한 실험을 통해 도매상의 운영비용을 비교한 결과에서, Seo 등(2002)은 [그림 3-8]에서 나타난 바와 같이 주문리스크정책을 사용함에 따라 도매상에서의 운영비용이 자체재고정책에 비해서 약 56%포인트, 계층재고정책에 비해서도 약 33%포인트 정도 절감될 수 있음을 보여 주었다.

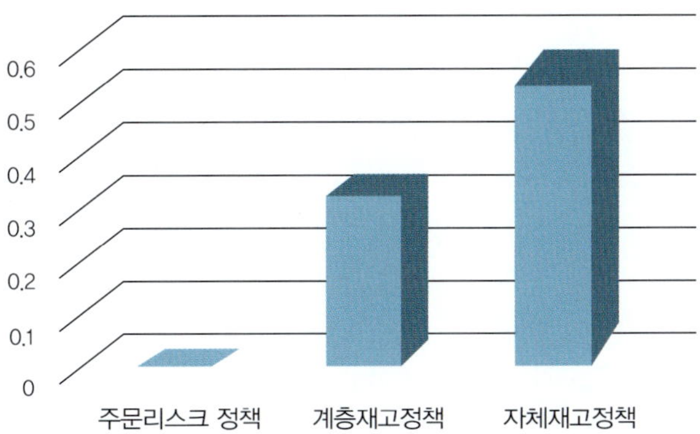

[그림 3-8] 재주문정책 간 운영비용 비교

[그림 3-8]에 나타난 결과에서, 실시간 공유 정보를 전혀 활용하지 않는 자체재고정책에 비해, 최종 수요정보를 실시간으로 활용하는 계층재고정책이 약 23%포인트, 상대적 비율로는 약 40% 정도의 운영비용 절감효과를 가져다준다는 점을 확인할 수 있다. 즉, 실시간 공유 정보의 활용에 따른 가치는 상당한 수준임을 알 수 있다. 더욱 흥미로운 사실은, 동일한 실시간 재고 정보를 가지고도 정보의 최대한의 활용으로 추가의 33%포인트의 비용 절감이 가능하다는 점이다. 이 결과는, 정보의 공유가 물론 중요하지만, 공유된 정보를 어떻게 의사결정에 활용하는가 하는 것이 사실상 더욱 중요하다는 점을 시사하고 있다.

요약

채찍효과는 공급사슬 하류의 수요 변동이 상류로 갈수록 증폭되어 나타나는 현상으로, 공급사슬의 역동성을 보여주는 대표적인 현상이다. 채찍효과의 원인을 공급사슬 의사결정자들의 비합리적인 행동으로 보는 견해도 있지만, 의사결정자가 합리적인 상황에서도 수요정보처리과정의 정보 왜곡, 배급 게임, 일괄 주문, 가격 변동 등의 영향으로 인해 채찍효과가 발생할 수 있으며, 채찍효과의 완화를 위한 다양한 방법이 존재한다. 특히, 정보의 공백시간이 발생하는 자체재고 대신, 계층재고를 활용함으로써 채찍효과를 완화하고 공급사슬 성능을 향상시킬 수 있다.

연·습·문·제

1. 채찍효과의 개념을 공급사슬의 상류와 하류에서의 수요량과 주문량의 변동 폭에 연관지어 설명하시오.

2. 채찍효과의 원인과, 각 원인별로 채찍효과를 완화하기 위한 대책을 설명하시오.

3. 자체재고와 계층재고의 개념을 비교하여 설명하시오.

4. 다음의 그림에서, 도매상은 소매상 A, B, C에 제품을 공급하고 있다. 그림에 나타난 값은 각자의 자체재고량이다. 이때 다음 물음에 답하시오.

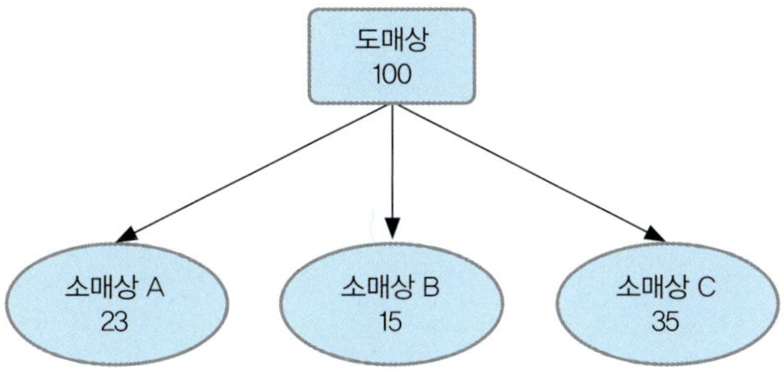

1) 현 상태에서 도매상의 자체재고와 계층재고는 각각 얼마인가?
2) 소매상 A에 3개의 수요가 발생한 후에 도매상과 소매상 A의 자체재고와 계층재고는 각각 얼마인가?
3) 위 2)번의 수요 발생 이후에 소매상 A가 10개의 제품을 도매상에 주문하여 해당 재고량이 도매상에서 소매상으로 배송되었다면, 도매상과 소매상 A의 자체재고와 계층재고는 각각 얼마인가?

5. 정보의 공백시간의 개념을 설명하고, 계층재고가 정보의 공백시간을 줄일 수 있는 이유를 자체재고와 비교하여 설명하시오.

참·고·문·헌

Clark, A. J., & Scarf, H.(1960). Optimal policies for a multi-echelon inventory problem. *Management Science, 6*(4), 475－490.

Lee, H. L., Padmanabhan, V., & Whang, S.(1997). Information Distortion in a Supply Chain: The Bullwhip Effect. *Management Science, 43*(4), 546－558.

Seo, Y., Jung, S., & Hahm, J.(2002). Optimal reorder decision utilizing centralized stock information in a two-echelon distribution system. *Computers & Operations Research, 29*(2), 171－193.

Sterman, J. D.(1989). Modeling managerial behavior: Misperceptions of feedback in a dynamic decision making experiment. *Management science, 35*(3), 321－339.

4

CHAPTER

공급사슬과 IT

학습 목표

- 공급사슬에서 정보 및 IT의 중요성을 이해할 수 있다.
- 공급사슬 IT 시스템 구성 및 기능을 이해할 수 있다.
- IT기술의 발전이 공급사슬관리에 미치는 영향을 이해할 수 있다.

사례

신기술 도입으로 달라지는 '공급망의 미래'

급속한 기술 발전의 시대에 공급망 관리도 변화를 맞고 있다. 인공지능(AI)부터 사물 인터넷(IoT)까지 공급망을 최적화하고 혁신하는 데 사용할 수 있는 도구는 풍부하다.

혁신의 한가운데서 공급망 관리의 미래는 어떻게 바뀔 수 있을까? 기술 서비스 및 솔루션 제공업체인 인테크 크리에이티브 서비스(INTECH Creative Services)가 공급망 환경의 변화 현황과 구현 전략에 대해 제시했다.

인테크는 현재 공급망의 특징을 복잡성, 비효율성, 실시간 가시성 부족이라고 설명했다. 기존 모델은 오늘날 글로벌 시장의 역동적인 요구에 적응하는 데 어려움을 겪고 있으며, 이로 인해 지연, 비용 증가, 성능 저하가 발생하고 있다.

글로벌 공급망에는 수많은 이해관계자, 복잡한 네트워크와 수많은 변수가 포함된다. 제조업체에서 유통업체, 소매업체로의 상품 이동을 조정하려면 높은 수준의 동기화가 필요하다. 그러나 많은 공급망 프로세스는 여전히 수동 입력과 오래된 기술에 의존하고 있어 지연과 오류가 발생하고 있다.

공급망 관리의 근본적인 과제 중 하나는 엔드투엔드 가시성이 부족하다는 점이다. 정보 사일로와 데이터에 대한 단편적인 접근 방식은 사각지대를 만들어 이해관계자가 제품의 이동경로를 실시간으로 추적하기 어렵게 한다. 이러한 가시성 부족은 의사결정을 방해할 뿐만 아니라 비효율성과 취약성이 발생할 여지도 있다.

미래 기술의 수용

공급망 관리의 현재 상태와 구상된 미래 사이의 격차를 해소하기 위해 최첨단 기술을 활용해야 한다. 공급망의 미래를 형성하는 기본 요소가 되는 몇 가지 핵심 기술이 있다.

① 인공지능(AI)과 기계학습(ML)

AI과 ML은 예측 분석, 수요 예측 및 자율적인 의사결정을 도입해 공급망 운영에 혁명을 일으킬 수 있는 잠재력을 가지고 있다. AI는 과거 데이터를 분석하고 패턴을 식별함으로써 재고 관리를 최적화하고 수요 계획을 강화하며, 물류를 효율화해 궁극적으로 비용을 절감하고 효율성을 향상시킬 수 있다.

② 사물인터넷(IoT)

IoT를 사용하면 연결된 공급망 생태계를 구축할 수 있다. 스마트 센서와 장치를 공급망 전체에 내장해 상품의 위치, 상태에 대한 실시간 데이터를 파악할 수 있다. 이러한 수준의 가시성은 추적성을 높이고 손실 위험을 줄이며, 예상치 못한 사건에 대응해 사전 의사결정을 지원한다.

③ 블록체인 기술

블록체인은 공급망에 투명성, 보안, 추적성을 도입한다. 불변의 거래 원장을 생성함으로써 공급망의 모든 단계가 문서화되고 검증 가능하도록 보장한다. 이는 사기 위험을 줄일 뿐만 아니라 이해관계자 간의 신뢰를 향상시킨다.

④ 로봇공학과 자동화

로봇공학과 자동화를 공급망 프로세스에 통합하면 효율성과 정확성이 크게 향상될 수 있다. 자동화된 창고부터 라스트 마일 배송을 위한 자율 차량에 이르기까지 로봇공학은 수작업을 최소화하고 프로세스를 가속화하며 오류 가능성을 줄인다.

미래 공급망 구현 전략

이러한 기술을 성공적으로 구현하고 미래의 공급망으로 원활하게 전환하려면 전략적인 접근이 필요하다.

① 인재 및 교육에 대한 투자

첨단 기술의 성공적인 도입은 숙련된 인력에서 시작된다. 조직은 직원들의 기술을 향상하고 혁신 문화를 조성하기 위해 교육 프로그램에 투자해야 한다. 이는 인력이 새로운 기술을 다룰 수 있는 능력을 갖추도록 보장할 뿐만 아니라 지속적인 개선을 장려한다.

② 협업 및 통합

파편화된 공급망으로는 새로운 기술의 이점을 완전히 활용할 수 없다. 제조업체, 유통업체, 물류 제공업체를 포함한 이해관계자 간의 협력이 중요하다. 시스템과 데이터 공유 플랫폼을 통합하면 원활한 의사소통과 조정이 가능해 더욱 신속하고 민첩한 공급망이 가능해진다.

③ 데이터 보안과 개인정보 보호

공급망이 더욱 연결됨에 따라 데이터 보안과 개인정보 보호의 중요성은 아무리 강조해도 지나치지 않다. 강력한 사이버 보안 조치를 구현하고 데이터 보호 규정을 준수하는 것이 가장 중요하다. 이해관계자 간의 신뢰를 구축하려면 공급망 전반에 걸쳐 민감한 정보를 보호하겠다는 약속이 필요하다.

④ 파일럿 프로그램과 반복적 구현

일시에 전면적인 개편을 시도하는 대신 파일럿 프로그램을 구현해 위험을 완화할 수 있다. 새로운 기술을 소규모로 테스트하면 널리 도입하기 전에 과제를 파악하고 전략을 개선할 수 있다. 반복적인 구현으로 조직은 초기 경험을 통해 학습하고 공급망 프로세스를 지속적으로 최적화할 수 있다.

공동의 노력

공급망의 미래를 형성하는 것은 어느 한 기업만의 책임이 아니다. 정부, 업계 리더, 기술 제공업체와 학계가 참여하는 공동 노력이 중요하다. 새로운 기술을 수용할 수 있도록 규제 프레임워크가 발전해야 하며, 광범위한 채택을 장려하기 위해 혁신에 대한 인센티브가 필요하다.

정부 지원과 규제

정부는 미래형 공급망 기술 채택에 도움이 되는 환경을 조성하는 데 중추적인 역할을 한다. 여기에는 AI, IoT, 블록체인과 관련된 문제와 위험을 해결하는 규제 프레임워크를 제공하는 것이 포함된다. 기술 업그레이드에 투자하는 기업에 대한 세금 감면과 같은 인센티브는 전환을 더욱 가속화할 수 있다.

산업 표준과 모범 사례

업계 전반의 표준과 모범 사례를 확립하는 것은 응집력 있고 상호 운용 가능한 공급망 생태계를 만드는 데 필수적이다. 업계 관계자 간의 협업은 기술의 원활한 통합을 촉진하고 데이터 공유와 보안에 대한 지침의 개발로 이어질 수 있다.

공급망의 미래는 효율성 향상, 비용 절감, 지속 가능성을 강화할 수 있다. 그러나 이러한 미래를 실현하려면 기존 과제를 극복하고 혁신적인 기술을 수용하기 위한 공동의 노력이 필요하다. 인재에 투자하고, 협업을 촉진하며, 보안 문제를 해결하고, 반복적인 접근 방식을 채택함으로써 조직은 이론상 미래 지향적일 뿐만 아니라 실질적인 미래를 제공하는 공급망의 길을 열 수 있다.

앞으로 나아갈 길은 협업, 혁신, 지속적인 개선의 길이다. 이것이 미래 공급망의 잠재력을 최대한 활용할 수 있는 열쇠다.

출처: https://www.gttkorea.com/news/articleView.html?idxno=9316

4.1 공급사슬에서의 정보의 가치와 IT의 역할

일반적으로 정보는 경영의사결정에 있어 중요한 역할을 담당한다. 경영을 수행하는 데 있어 필요한 데이터 혹은 정보가 없다면, 고객이 무엇을 원하는지, 재고가 얼마나 있는지 혹은 얼마나 필요한지, 언제 자재를 주문하고 생산을 해야 하는지 등 공급사슬 운영과 관련된 어떠한 의사결정도 내릴 수 없을 것이다. 또한, 정보가 없다면 공급사슬 성능을 정량적으로 평가하는 것 또한 어려워, 결국 경영자는 공급사슬의 성능을 개선하기 위한 어떠한 의사결정도 내리지 못할 것이다. 즉, 공급사슬에 있어 정보 및 정보기술이란 의사결정자들로 하여금 공급사슬의 성능을 향상시키기 위해 효과적인 의사결정을 내릴 수 있도록 도와주고, 더 나아가 공급사슬 가시성 및 공급사슬 참여자간의 협업적 의사결정을 가능하게 하는 중요한 요소이다.

1980년대 이전에는 조직 내 혹은 공급사슬상 참여자 간의 정보 전달 및 교환은 주로 종이 기반의 물리적 서류를 통해 이루어졌으며, 이러한 종이 기반의 거래 및 정보교환은 일반적으로 정보전달 측면에서 느리고, 신뢰성이 낮으며 전달과정에서 오류가 발생할 가능성이 많다. 따라서 이러한 방식에 기반하여 경영을 수행하게 되면 효율성 저하로 인해 비용 상승의 원인이 된다. 또한, 이 시기에는 정보의 가치에 대한 공급사슬 참여자들의 이해가 부족하여 정보의 중요성에 대해 간과하는 경우가 많았다. 그러나 공급사슬관리 프로젝트를 착수한 많은 회사들이 이를 통해 점차 정보의 중요성과 이러한 정보의 수집 및 공유를 가능하게 하는 정보기술의 중요성에 대해서 인식하게 되었고, 이에 대한 투자가 원활히 이루어지고 있다. 더 나아가, 공급사슬 가시성 및 협업적 의사결정을 통한 공급사슬 성능 향상이 중요해짐에 따라서, 정보시스템과 공급사슬상에서 활용되는 정보기술들은 공급사슬상의 참여자들을 일원화된 하나의 가상 시스템으로 통합하는 데 근간이 되고 있다. 이러한 통합시스템은 공급사슬 프로세스의 눈과 귀가 되어 효율적인 의사결정을 위한 각종 정보들을 수집하고 분석하는 데 활용된다.

4.1.1 정보의 특징

이와 같이 급변하는 경쟁 환경하에서 정보는 공급사슬 성공의 열쇠를 쥐고 있다고 해도 과언이 아닌데, 그렇다면 일차적으로 효율적인 의사결정을 지원하기 위한 정보는 과연 어떠한 특징을 지녀야 할지 생각해 보아야 할 것이다(Chopra & Meindl, 2013).

정보의 정확성

첫째, 정보는 정확해야 한다. 예를 들어, 많은 경우 실재고와 전산상의 재고정보 간에 차이가 존재하게 되는데, 이때 경영자의 재고 관련 의사결정은 실재고가 아닌 전산상의 재고정보에 근거하여 이루어지며 이는 결국 올바르지 못한 의사결정으로 이어지게 된다. 따라서 공급사슬의 상태에 대한 정확한 정보가 부재한 경우, 경영자는 올바른 의사결정을 내리기가 어려워진다.

정보의 접근성

둘째, 정보는 필요한 시점에 접근이 가능해야 한다. 즉, 아무리 좋은 정보라 할지라도 적시에 활용할 수 없다면 무용지물이다. 따라서 올바른 의사결정에 활용되기 위해서는 접근이 용이한 최신 정보가 의사결정자에게 제공되어야 한다.

정보의 유용성

셋째, 정보는 유용해야 한다. 즉, 의미 없는 대량의 데이터보다는 의사결정에 활용될 수 있도록 정보가 의사결정에 관련되어 있으며 유용해야 하고, 이는 곧 계획 없이 무작정 데이터를 수집하는 것이 아닌 어떠한 정보가 유용할지를 취사선택하는 과정이 필요함을 의미한다.

정보의 공유

마지막으로, 정보는 공급사슬 참여자 간에 공유되어야 한다. 공급사슬은 공급사슬 참여자 간의 네트워크로 이루어져 있기에 효과적인 공급사슬 의사결정을 위해서는 각 참여자 간의 의사결정들이 일관성이 있어야 하며, 이는 공통된 정보를 공유하는 것이 전제되어야 한다.

4.1.2 공급사슬 IT의 목표

효율적인 공급사슬관리를 위해서는, 빠르고 정확한 의사결정을 내리고 공급사슬상의 정보흐름을 가능하게 할 수 있는 정보기술의 도움이 필수적이라 하겠다. 그렇다면 앞서 언급한 정보의 특징에 부합하며 정보의 효용을 극대화하기 위해, 과연 공급사슬 IT가 추구해야 할 목표는 무엇일까?(Simchi-Levi 등, 2007)

정보 가시성

먼저 공급사슬상에서 각 제품별로 생산부터 배송, 구매에 이르는 제품의 물리적인 흐름을 그대로 반영하는(예를 들어, 제품 배송에 지연이 발생하였을 때, 이러한 상황을 즉각적으로 반영) 정보를 수집하고, 관련자들이 이러한 정보의 접근을 용이하게 해주는 정보 가시성을 제공해야 할 것이다.

단일접점

또한, 정보의 접근 측면에서 보면, 대개 각 정보의 운영주체별로 시스템이 분리되어 운영되고 있다. 시스템 간의 정보전달 및 교환이 원활히 이루어지지 않는다면 시스템 간의 정보 불일치가 발생하고 각 운영주체별 일관성 있는 의사결정을 기대하기 힘들어질 것이다. 만약 단일접점으로 모든 정보의 접근이 가능해진다면 가장 이상적인 상황이라 할 수 있겠다.

의사결정지원

세 번째 목표는 공급사슬 전반에 걸쳐 수집된 데이터는 공급사슬 내 여러 단계에서 의사결정을 위해 필요하게 되는데, IT 시스템은 의사결정자들이 이러한 데이터를 기반으로 의사결정을 내릴 수 있도록 효과적인 의사결정지원을 제공해야 한다. 예를 들어, 제품의 생산, 조립, 저장, 유통 등에 이르기까지 공급사슬 운영의 효율성 향상을 위한 다양한 의사결정 문제들(주문이행관리, 재고관리, 생산 계획, 창고위치 결정, 배송계획 등)을 지원하기 위해, 이에 필요한 유용한 정보를 IT 시스템을 통해 제공하는 것이 중요하다.

공급사슬 참여자 간의 정보공유

마지막으로 앞서 언급한 바와 같이 공급사슬 참여자 간의 정보공유가 성공적인 공급사슬관리를 위해 중요한데, 공급사슬 IT는 공급사슬상의 다른 참여자들과의 협력을 위한 정보 및 참여자 간의 시스템 통합을 지원해야 한다.

공급사슬관리의 성공 여부는 공급사슬상의 물적 흐름, 자금 흐름과 더불어 정보의 흐름을 어떻게 효율적으로 관리하는 가에 달려 있으며, 특히 정보는 공급사슬 계획 및 수행, 그리고 주요 기능의 평가를 위해 반드시 필요한 요소이다. 다음은 이러한 공급사슬상의 정보 흐름을 효율적으로 관리하기 위한 공급사슬 IT에 대해 보다 자세히 알아보도록 하자.

4.2 공급사슬 IT의 구분

공급사슬 정보기술에 대한 다양한 구분방법이 존재하며, 크게 거래적 (transactional) IT와 분석적(analytical) IT로 구분할 수 있다. **거래적 IT**는 공급사슬상의 원천 데이터(raw data)의 수집, 처리, 교환 등의 역할을 담당하며, 이러한 데이터는 기업 내부(예를 들면, 회계 시스템, 생산 시스템 등)에서 생성되거나 기업 외부(예를 들면, 고객 주문정보, 운송 요율 등)로부터 전달된다. 추가적으로 이러한 데이터의 해석 및 요약을 통한 보고를 수행한다. 반면, **분석적 IT**는 기술적 혹은 규범적 모형들을 활용하여 공급사슬 내 다양한 계획, 통제 관련 의사결정 문제들을 해결하고 평가를 수행한다. 여기서 **기술적 모형(descriptive model)**이란 공급사슬의 행동, 비용, 제약조건, 요구사항 등이 앞으로 어떻게 변화할 것인지를 예측하는 모형으로 수요예측 모형을 그 예로 들 수 있으며, **규범적 모형(normative model)**은 공급사슬의 현황 및 예측 데이터를 토대로 최적의 의사결정을 지원하기 위한 모형으로, 예를 들면 다양한 최적화 모형들이 있다. 거래형 IT와 분석형 IT 간의 자세한 비교는 〈표 4-1〉과 같다.

거래적 IT
분석적 IT
기술적 모형(descriptive model)
규범적 모형(normative model)

〈표 4-1〉 거래형 IT와 분석형 IT

구분	거래형 IT	분석형 IT
목적	의사소통	예측 및 의사결정
대상기간	과거 및 현재	미래
데이터베이스 속성	현상 데이터 혹은 약간 가공된 데이터	목적과 판단을 위해 상당히 가공된 데이터
조회에 대한 응답시간	실시간	실시간 및 배치
비즈니스 프로세스 재설계에 대한 시사점	비효율적인 인적 노력을 대체하거나 제거	중복된 관리 의사결정을 조정

이상과 같은 분류를 좀 더 세분화하면 공급사슬 정보시스템의 기능을 다음과 같은 4단계 계층구조로 나타낼 수 있다(Bowersox 등, 2013).

- **거래시스템(transaction system)**: 거래시스템은 공급사슬상에서 발생하는 다양한 개별 활동들을 시작하고 기록하는 공급사슬 정보시스템의 핵심요소라 할

거래시스템(transaction system)

수 있다. 이는 공식화된 규칙 및 절차, 표준화된 의사소통, 일 단위의 운영적 요소에 초점 등으로 특징지워질 수 있다. 이 계층의 특성상, 구조화된 프로세스에 기반한 처리 및 대규모 거래로부터 생성되는 데이터 처리 등의 조합으로 인해 정보시스템의 효율성 향상이 중요한 고려사항이 된다. 일반적인 거래와 관련된 기능으로는 주문입력, 재고할당, 주문선택, 출하, 가격책정, 청구 및 고객 질의 등이 있다. 예를 들어, 고객 주문입력은 제품에 대한 고객 구매요청 정보를 정보시스템에 기록하는 것을 의미한다. 이러한 주문입력 거래 이후, 고객 구매요청에 따른 재고할당 거래가 시작되며, 이후 창고에서 주문 목록에 따른 오더 피킹을 요청하게 된다. 오더 피킹 이후 출하, 대금 청구와 같은 거래들이 이루어지게 되는데, 이러한 일련의 정보시스템 거래들을 통해서 고객 주문수행 사이클이 완료되며, 정보시스템을 통해 주문상태에 대한 (실시간) 정보를 회사 및 고객에게 제공하게 된다.

경영통제(management control)

- **경영통제(management control)**: 경영통제 기능은 주로 성능측정 및 보고에 중점을 두고 있다. 공급사슬의 수행능력 및 자원 활용도와 관련된 피드백을 제공하기 위해 성능측정이 필요하다. 일반적인 성능평가 척도로는 비용, 고객 서비스, 생산성, 품질, 자산관리 척도 등을 포함한다(예를 들면, 단위 무게당 운송비 혹은 창고비, 재고회전율, 고객주문 충족률, 근로 단위시간당 처리건수, 고객 서비스 인식도 등). 여기서 비용과 같이 잘 정의된 척도들도 있는 반면, 고객 서비스 및 품질과 같이 그렇지 않은 경우도 있다. 특히, 고객 서비스와 같은 경우 기업 관점에서 내부적으로 혹은 고객 관점에서 외부적으로 성능측정이 가능하지만, 내부적 측정은 비교적 추적이 가능한 반면 외부적인 측정은 고객으로부터 관련 정보를 수집해야 하는 관계로 성능측정을 위한 정보를 취득하기가 상대적으로 어렵다. 이와 같이 과거 시스템 성능평가를 보고하는 기능 이외에도 경영통제 시스템은 운영상의 예외사항들을 파악해야 한다. 예외사항 정보들은 잠재적인 고객 관련 문제 혹은 운영상의 문제점들을 파악하는 데 유용하다. 예를 들면, 재고 관련 계획과 수요예측정보 등에 기초하여 미래 재고 품절상황에 적극적으로 대처할 수 있다. 예외사항 정보에 관한 보고에 있어서 잠재적인 운송, 창고 혹은 인력과 관련한 제약요소들 또한 식별해야 한다.

의사결정 분석

- **의사결정 분석**: 의사결정 분석기능은 공급사슬 성능 향상을 위해 의사결정자들이 전략 및 전술들을 파악하고 평가하고 비교하는 데 도움이 되는 의사결정

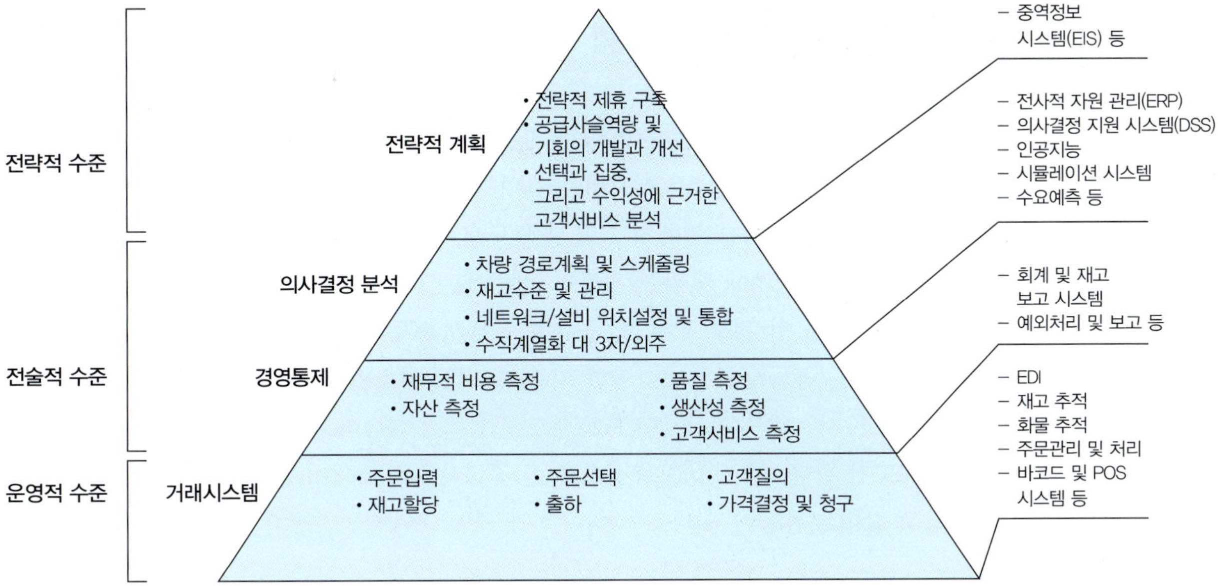

[그림 4-1] 공급사슬 정보시스템 기능

출처: Bowersox 등(2013).

지원 응용 프로그램 및 도구들에 중점을 두고 있다. 의사결정 분석기능으로, 예를 들어 공급사슬 설계, 재고관리, 자원할당, 운송경로 설정, 고객 세그먼트별 수익성 분석 등이 있다. 의사결정 분석을 위한 공급사슬 정보 시스템에는 데이터베이스 유지, 모형화 및 분석, 보고 기능까지 포함되어야 한다.

- **전략적 계획**: 전략적 계획 분석은 마지막 단계로서 거래 데이터들을 기반으로 공급사슬 전략 구축 및 평가를 지원하기 위한 정보를 구성하고 종합하는 데 그 목적이 있다. 전략적 계획의 예로는 전략적 협력관계 구축 여부 및 범위, 공급사슬능력 개발방향, 고객관계관리와 관련된 기회 등이 있다.

전략적 계획

[그림 4-1]은 앞서 설명한 공급사슬 정보시스템에서 각 계층별 기능 및 관련 정보들을 나타내고 있다. 그림에서 피라미드 형태가 의미하는 바는, 경영통제, 의사결정 분석, 그리고 전략적 계획 계층이 제대로 기능을 수행하기 위해서는 가장 하위계층인 거래시스템이 근간이 되어야 함을 나타내고 있다.

4.3 공급사슬 IT 시스템 구성

경쟁력 있는 공급사슬관리 시스템을 위해서는 공급사슬상의 참여자인 공급업체, 제조업체, 도 · 소매상 그리고 소비자 간의 효율적인 의사소통과 개별 참여자의 효율성, 그리고 공급사슬 전체의 효율성을 도모하는 것이 필요하다. 특히, 공급사슬 대 공급사슬의 경쟁에 우위를 점하기 위해서는, 기업 내부뿐만 아니라 기업 간의 IT를 기반으로 한 정보 교류 및 공유를 통해서 공급사슬의 경쟁력을 확보하는 것이 중요하다. 공급사슬에서 다양한 기준으로 IT 시스템 분류가 가능하지만, 본 절에서는 IT 시스템을 공급사슬 프로세스 관점에서 분류하고, 각각의 시스템에 대해 살펴보고자 한다. 한 기업을 중심으로 한 공급사슬 프로세스 관점에서 IT 시스템은 다음과 같이 분류할 수 있다.

공급자 관계관리 IT 시스템
기업 내 공급사슬관리 IT 시스템
고객 관계관리 IT 시스템

- **공급자 관계관리 IT 시스템**: 기업과 기업의 상류에 위치한 공급자들 간의 상호작용 및 관련 의사결정을 지원하기 위한 IT 시스템
- **기업 내 공급사슬관리 IT 시스템**: 공급사슬 관점에서 수요와 공급 간의 균형을 맞추기 위한 기업 내 다양한 프로세스 및 의사결정 지원을 목적으로 하는 IT 시스템
- **고객 관계관리 IT 시스템**: 기업과 기업의 하류에 위치한 고객들 간에 일어나는 상호작용 프로세스 및 일련의 의사결정과정을 지원하기 위한 IT 시스템

다음은 이상에서 언급한 IT 시스템에 대해 각각 살펴보기로 하자.

4.3.1 공급자 관계관리와 IT

공급자 관계관리(Supplier Relationship Management: SRM)

공급자 관계관리(Supplier Relationship Management: SRM)는 전체 공급사슬관리 중 공급처 확보부터 조달에 이르는 프로세스를 자동화하며 공급사슬 상류에 위치한 외부 공급사들과의 전략적인 관계 운영을 통해 기업의 경쟁력을 향상시키며 궁극적으로 전체 공급사슬의 성과를 향상시키는 활동으로 정의할 수 있다. 공급사슬 내 참여자들 간의 상호 협력 및 조정을 수행하지 못하게 되면 갈수록 다양해지는 고객의 요구에 대응하기 어려워지며 공급사슬상의 각 기업들의 경쟁력이 저하된다. 이에 공급자 관계관리는 기업의 수익창출을 위해 공급사들을 어떻게 관리해야 하는가를 제시해주는 솔루션이라 볼 수 있다.

공급자 관계관리가 출현하게 된 배경으로는 기업 내부의 전략적 요구를 들 수 있다. 기업 내부의 비용절감과 효율화에 한계가 있는 상황에서 제품수명주기의 단축은 협업 체계의 중요성의 증대로 이어졌다. 이에 프로세스 혁신 및 비용절감을 위한 공급사와의 정보 공유 필요성이 대두되었다. 또한, 선진기업들은 공급사 관계 강화 및 전자 조달(e-Procurement)을 통한 비용절감 효과로 경쟁력을 강화하고 있다.

주요 공급자 관계관리 프로세스는 다음과 같다.

- 공급자관리 실태 파악, 성과측정 방안 개발 및 개선 방안 도출: 공급사 평가에 앞서, 먼저 기본적으로 각 공급사별 지출을 분석하여 의미 있는 정보를 파악하는 것이 중요하다. 공급사 평가는 리드타임, 품질, 가격, 신뢰도 등의 기준을 바탕으로 평가가 이루어지며, 이를 통해 공급사 성능을 개선하는 데 도움을 줄 뿐만 아니라, 공급자 관계관리의 주요한 기능인 공급사 선정에 유용한 정보로 활용된다.
- 공급처 확보(소싱) 및 조달, 구매 지원: 공급사 선정, 거래관리 및 공급사평가는 공급자 관계관리의 주요 기능들이다. 공급사평가를 통해 공급사 선정에 활용하며, 다수의 공급사와의 복잡한 거래 분석 및 관리를 지원하는 거래관리 또한 소싱에서는 중요한 기능이다.
- 공급사와의 협력 지원: 제품 설계 단계부터, 수요예측, 생산 계획 그리고 재고수준관리 등과 같은 이슈에 관해 공급사와 협력을 통한 공급사슬 차원의 성능 향상을 지원한다.

4.3.2 기업 내 공급사슬관리와 IT

기업 내 공급사슬관리(supply-demand management)는 수요를 충족시키기 위한 다양한 생산, 물류 등의 운영 계획 및 실행과 관련한 다양한 기업 내 프로세스들을 포함하고 있다. 이를 지원하기 위해 크게 전사적 자원관리(ERP) 시스템, 공급사슬 계획(SCP) 시스템 그리고 공급사슬 실행(SCE) 시스템 등이 상호 연동한다. 다음은 각 시스템에 대해 간략히 살펴보기로 한다.

기업 내 공급사슬관리(supply-demand management)

(1) 전사적 자원관리 시스템

전사적 자원관리(Enterprise Resource Planning: ERP) 시스템은 기업의 모든 자원(전사적 자원)을 효율적으로 관리하여 기업의 가치를 극대화시켜 주는 통합 업무 시스템이다. 가트너(Gartner)는 ERP를 '제조업무 시스템을 중심으로 재무회계 및 판

전사적 자원관리(Enterprise Resource Planning: ERP)

매/물류 시스템에서의 기능상의 통합을 실현하는 것으로 전체 외부 공급자 등과 기업 간의 제휴를 포함한 이른바 가상기업을 지향한 시스템'으로 정의하고 있다. 즉, 기업의 모든 활동에 소요되는 인적 · 물적자원을 효율적으로 관리하는 역할을 지원하는 시스템으로 볼 수 있다.

ERP의 역할은 ① 기업 내의 생산, 물류, 재무 회계, 영업, 재고 등 기간업무 프로세스들의 통합 및 연계관리, ② 정보들을 공유하여 새로운 정보생성 및 빠른 의사결정 지원 등이 있다. 뿐만 아니라 다음에 살펴볼 공급사슬 계획(SCP) 및 공급사슬 실행(SCE) 시스템을 위해 필요한 기준정보를 제공한다.

ERP 시스템의 주요 기능들은 다음과 같다.

- 영업관리: 영업관리는 기업의 영업 및 마케팅 활동을 지원하기 위한 기능으로 주문관리, 견적관리, 고객관리, 출하관리 등이 있다.
- 계획관리: 계획관리는 수요와 공급을 계획하는 데 필요한 기능으로 수요예측에 기반한 수요 계획수립, 수요 계획에 따라 생산 계획을 작성하는 모듈 등을 포함한다. 또한, 계획된 물량을 생산하기 위한 자재소요 계획(Material Requirement Planning: MRP)과 현재의 시설능력으로 적기에 생산이 가능한지 여부를 결정하는 생산용량소요 계획(Capacity Requirement Planning: CRP) 등도 포함한다.
- 제조 실행: 제조 실행은 계획된 적량의 물건을 적시에 생산할 수 있도록 작업지시 기능, 생산통제 및 실정관리 기능 등이 포함되어 있다.
- 인적자원관리: 기업 조직 및 구성원과 관련된 업무를 관장하며, 조직관리, 근태관리, 급여관리, 퇴직관리 등을 포함한다.
- 회계 및 재무관리: 기업의 현금 및 자산에 대한 관리 및 통제 기능을 수행하며, 기업의 자금 입출금에 대한 총괄적 집행관리, 결산 처리, 기업 내 고정자산관리 및 감가상각처리, 현금에 대한 관리 등을 수행하는 기능을 포함한다.

(2) 공급사슬 계획 시스템

공급사슬 계획(Supply Chain Planning: SCP)

공급사슬 계획(Supply Chain Planning: SCP) 시스템은 공급사슬 관점에서 수요와 공급의 균형을 맞추기 위한 계획을 수립하는 역할을 담당한다. 즉, 각 부서별 계획, 판매 계획, 생산 계획, 구매 계획, 재고 계획, 수 · 배송 계획 등 간의 일관성을 확보하고 전체 공급사슬 관점에서 실행 가능하고, 최적화된 계획을 수립 · 공

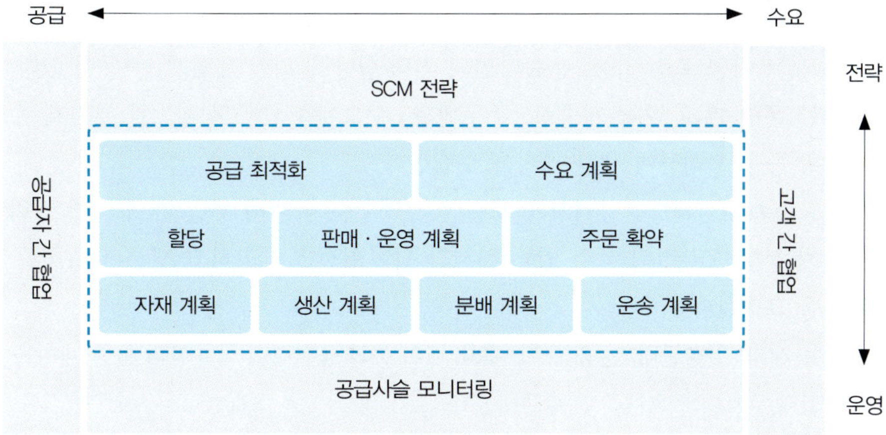

[그림 4-2] 공급사슬 계획(SCP)의 범위

출처: 대한상공회의소(2005).

유하는 것을 목적으로 하는 시스템이다. 현재 대부분의 SCM 솔루션들이 SCP에 초점을 맞추고 있다. 예를 들면 'SAP AG'의 'APO: Advanced Planning and Optimization', 'Oracle'의 'Oracle Advanced Supply Chain Planning' 등이 그 예라 할 수 있다. SCP의 주요 기능은 다음과 같다.

- 수요계획: 수요계획은 시장 동향과 고객 기호를 정확히 파악하여 수요 예측 정보를 취합하고 통합하여 계획을 수립하는 것으로서, 주요 기능으로는 수요예측, 할인판매 및 프로모션 계획, 가상(what-if) 시뮬레이션, 데이터 관리 등이 있다.
- 공급네트워크 계획: 공급네트워크 계획(Supply Network Planning: SNP)은 수요예측정보를 근거로 인적 · 물적 자원제약을 고려한 최적의 공급 계획을 생성한다. 즉, 공급사슬의 모든 제약(생산용량, 자재 등)을 동시에 고려하여 글로벌 생산용량 계획, 제품 믹스(생산 가능한 제품들 중 어떤 제품을 얼마나 생산할 것인가), 장기 주요 자재 계획, 공급사슬 전체의 생산, 공급 및 유통 계획을 수립함으로써, 무리한 자원동원 없는 적재, 적량, 적시 공급을 목표로 한다. 주요 기능으로는 수요 계획에 근거한 전체 공급사슬 내 생산, 운송, 보관용량 할당, 수익성을 고려한 제품 믹스 결정, 다양한 제약요건을 동시에 고려한 설비 생산용량, 주문우선순위, 자재 등의 계획 수립 등이 있다. 예를 들어, SAP사

의 APO 경우, 공급망 계획 전략 기능, 수요와 공급 사이의 단기간 변동에 따른 재고 이동 조정 기능, 운송방법의 최적 활용을 위한 계획 기능 등이 있다.

- 생산 운영 계획 및 스케줄링: 주문현황, 수요예측, 재고상황, 원/부자재 수급상황 등을 고려하여 생산 계획을 수립한다.
- 수요충족(납기약속): 납기약속 모듈은 고객주문에 대해 제품별, 고객별 전략에 의해 정확하고 신뢰할 수 있는 실시간 납기회신을 제공하고 생산 실행계획 수립을 요청한다.
- 유통 계획: 일정관리, 운송 계획, 수요 계획 등과 통합하여 물류상의 운영 계획을 수립한다.
- 운송 계획: 최소비용으로 적시 적소에 제품 또는 서비스를 고객에게 효과적으로 배송될 수 있도록 운송 계획을 수립한다.

(3) 공급사슬 실행 시스템

공급사슬 실행(Supply Chain Execution: SCE)

공급사슬 실행(Supply Chain Execution: SCE) 시스템은 주문처리나 물류관리 등의 공급사슬관리를 실행하기 위한 시스템으로 SCP를 통해 수립된 모든 계획을 실제로 실행하고 재 계획을 위해 실행결과를 다시 SCP 시스템으로 피드백을 주는 기능을 수행한다. SCE 시스템은 주문관리 시스템, 창고관리 시스템, 운송관리 시스템, 재고관리 시스템, 생산실행 시스템 등으로 구성되어 있다.

4.3.3 고객 관계관리와 IT

고객 관계관리(Customer Relationship Management: CRM) 시스템

고객 관계관리(Customer Relationship Management: CRM) **시스템**은 기업이 체계적으로 공급사슬 하류에 위치한 고객(사)들과의 관계를 관리할 수 있도록 지원하는 시스템이다. 이러한 시스템을 통해 기업은 새로운 고객을 파악하고 이들을 확보하며, 보다 개인화되고 맞춤식 제품 및 서비스를 지원하는 등 다양한 방식으로의 활용이 가능하다. 다양한 채널을 통해 고객 및 시장과 관련한 자료를 수집하여 이를 데이터베이스 등에 저장하고, 체계적으로 정리된 정보를 활용하여, 고객에게 영향을 미치는 분야의 제반 프로세스를 효과적으로 자동화하며 관련 채널을 통합하여 고객요구를 충족시키고 업무효율성을 증대시켜 기업의 경영성과를 향상시키는 데 그 목적이 있다. 고객 관계관리의 주요 기능은 다음과 같다.

- 마케팅: 마케팅의 주요 기능으로는 마케팅/캠페인 계획, 타겟 대상 고객 선정, 캠페인 실행 및 이력관리, 캠페인 효과 분석, 이상의 결과를 활용한 영업 계획

수립 및 고객정보관리/분석(고객 세분화, 이탈고객 분석, 고객가치 분석 등), 새로운 기회와 잠재성을 평가하고 새로운 전략을 수립하는 마케팅 분석 등이 있다.

- 판매 및 영업활동: 판매 및 영업활동은 실제로 고객을 대상으로 영업하고 판매에 이르는 전 과정을 관리하는 것으로, 판매기회를 추가/수정/삭제하며, 판매기회를 추진하는 영업담당자 및 해당상품을 연계하는 기능, 상품과 서비스의 견적 시 사용될 상품정보(구성 아이템, 할인사항)와 청구, 배송정보를 관리하는 기능 등을 포함한다.
- 고객 서비스: 고객과의 접점으로, 고객이 웹, 이메일, 전화 등을 통해 요청한 서비스를 관리하는 기능, 제품 결함 혹은 피드백 등과 같은 사후판매와 관련한 다양한 문제들의 해결을 위한 지원, 고객 주문 편의 도모, 주문상태 정보 제공 기능 등을 포함한다.

4.4 공급사슬 IT 트렌드

본 절에서는 차세대 IT 기술들을 살펴보고 이들이 과연 공급사슬관리에 어떠한 영향을 미치는지에 관해 살펴보고자 한다.

4.4.1 RFID 및 사물 인터넷

RFID(Radio Frequency IDentification, 전파식별)는 제품에 붙이는 RFID 태그(tag)에 상품에 대한 식별자 정보를 담고, RFID 리더(reader)로 하여금 이 정보를 읽고, 인터넷이나 이동통신망 등과 연계하여 정보 시스템과 통합하여 사용하는 활동, 또는 자동식별 기술을 의미한다. RFID의 구성요소는 크게 태그, 안테나, 리더 그리고 태그로부터 읽어 들인 데이터를 처리할 수 있는 데이터 처리 시스템으로 구성된다. 태그는 상품에 부착되며 데이터가 입력되는 IC칩과 안테나로 구성되고, 리더와의 교신을 통해 데이터를 무선으로 리더에 전송한다. 태그는 배터리 내장 유무에 따라 능동형과 수동형으로 구분한다. 안테나는 무선주파수를 발사하며 태그로부터 전송된 데이터를 수신하여 리더로 전달하는 기능을 수행하는데, 다양한 형태와 크기로 제작이 가능하며 태그의 크기를 결정하는 중요한 요소가 된다. 리더는 주파수 발신을 제어하고 태그로부터 수신된 데이터를 해독하는 기능을 한다. 용도

RFID(Radio Frequency IDentification, 전파식별)

에 따라서 고정형, 이동형, 휴대용으로 구분된다. 호스트 컴퓨터는 한 개 또는 다수의 태그로부터 읽어 들인 데이터를 처리하게 되는데, 이처럼 분산되어 있는 다수의 리더 시스템을 관리한다.

RFID 기술은 여러 개의 물품 정보를 동시에 자동적으로 판독할 수 있기 때문에, 기존 개별정보를 하나씩 읽어 정보를 인식하는 바코드 기술이 가진 한계를 해결할 수 있는 기술로 각광을 받아왔다. 〈표 4-2〉에서는 RFID 시스템과 바코드 시스템과의 특징을 비교하였다.

〈표 4-2〉 바코드와 RFID 비교

구분	RFID	바코드
데이터 전송	전자기적	광학적
상품식별	개별상품식별	상품군 식별
정보전달	실시간(동적)	배치방식(정적)
비용	칩 가격(0.5~1달러)	거의 없음
표준화	국제표준 제정 진행	국제표준 있음
읽기/쓰기	읽기/쓰기 가능	1회 입력(인쇄)
정보량	많은 정보입력 가능	거의 없음
인식거리	0~100m	0~50cm
인식속도	0.01~0.1초	4초

출처: KOTRA 통상전략팀(2005), 물류의 혁명 RFID 도입 현황과 대응 방안.

사물인터넷(Internet of Thing: IoT)

실제로 스페인 SPA 브랜드인 자라(Zara)는 RFID 기술을 적용하여 재고관리 혁신을 이루어냈다(Bjork, 2014). 플라스틱 도난방지 태그 안에 RFID 칩을 설치하여 빠르고 정확한 재고관리가 가능해져, 기존 바코드 시스템을 이용하여 6달에 한 번씩 시행했던 재고확인 작업을 RFID 시스템 도입 이후 6주에 한 번씩 하게 되었다. 또한, 도난방지 태그 수거 시 RFID 칩도 자동적으로 수거되어 재사용이 가능해졌으며, 이러한 RFID 기술 도입은 다양한 운영 프로세스 혁신을 가지고 왔다.

RFID 개념이 확장되어 최근 들어 사물인터넷(Internet of Thing: IoT)에 대한 관심이 증가하고 있는데, 민경식(2013)에 따르면 IoT를 "인간과 사물, 서비스 세 가지 분산된 환경요소에 대해 인간의 명시적 개입 없이 상호 협력적으로 센싱, 네트워킹, 정보 처리 등 지능적 관계를 형성하는 사물 공간 연결망"으로 정의하고 있다. 즉, 사람과 사람 간의 통신을 넘어, 각종 사물에 센서와 통신 기능을 내장하여 인터넷을 통해 이들을 연결하는 기술로, 이를 통해 사람과 사물, 혹은 사물과 사물 간의 통신을 이끌어 내는 기술을 의미한다. IoT의 주요기술로는 센싱기술, 유무선 통신 및 네트워크 인프라 기술, 인간-사물 서비스의 특정 기능을 수행하는 응용 서비스와의 연동을 지원하는 IoT 서비스 인터페이스 기술 등이 있다. 사물이 인터넷 및 타 기기와 연결이 가능해짐으로써 정보수집, 수집된 정보의 전달, 정보의 축적, 정보의 융합 등이 용이해질 수 있으며, 더 나아가 자동 모니터링, 자동 프로세싱 및 제어 등 기기의 능동성 향상을 도모할 수 있다.

RFID와 IoT가 공급사슬관리에 활용됨으로써 얻을 수 있는 이점은 여러 가지가 있으나, 그중 하나는 공급사슬 가시성(supply chain visibility) 및 투명성(transparency)을 향상 시킨다는 점을 들 수 있다. 즉, 제품이 공급사슬상의 어느 위치에 있으며 공급사슬의 특정 단계에 도달하는 데 얼마만큼의 시간이 소요되는지 등의 정보를 제공할 수 있다. 또한, 이들의 활용은 공급사슬상의 데이터 수집을 용이하게 하며, 공급사슬 내의 정보의 정확성 및 신뢰성을 높이고, 이에 따라 적시에 정확도 높은 정보 제공이 이루어지게 되어 이를 통한 공급사슬관리 효율성 및 통합을 증진시킬 수 있다.

4.4.2 빅데이터

빅데이터(Big Data)는 미래지향적인 선두 연구주제 중의 한 분야로, 가트너는 2012년〈2013년 10가지 전략적 기술 트랜드(Top 10 Strategy Technology Trends For 2013)〉라는 제목의 보고서에서 '빅데이터(Big Data)'를 포함시켰으며,[1] 이는 과학기술, 경영 및 공공분야 등에서 혁신을 가져올 것으로 보고 있는 기술 분야이다. 빅데이터는 '3V' 또는 '4V'의 구조로 주로 정의를 내리고 있다. 더그 레이니(Doug Laney)[2]는 빅데이터의 정의를 위한 속성으로 '**볼륨(Volume, 크기)**', '**벨로시티(Velocity, 속도)**' 그리고 '**버라이어티(Variety, 다양성)**'로 설정하였다. 즉, '볼륨'은 데이터의 크기를 의미하고, '벨로시티'는 데이터의 입출력에 대한 속도를 의미하며, '버라이어티'는 데이터의 형태 및 데이터 원천(source)의 다양성을 의미하고 있

빅데이터(Big Data)
볼륨(Volume, 크기)
벨로시티(Velocity, 속도)
버라이어티(Variety, 다양성)
밸류(Value, 가치)
베리어빌러티(Variability, 가변성)
버추얼(Virtual, 가상)

1) http://www.forbes.com/sites/ericsavitz/2012/10/23/gartner-top-10-strategic-technology-trends-for-2013/

2) http://blogs.gartner.com/doug-laney/files/2012/01/ad949-3D-Data-Management-Controlling-Data-Volume-Velocity-and-Variety.pdf

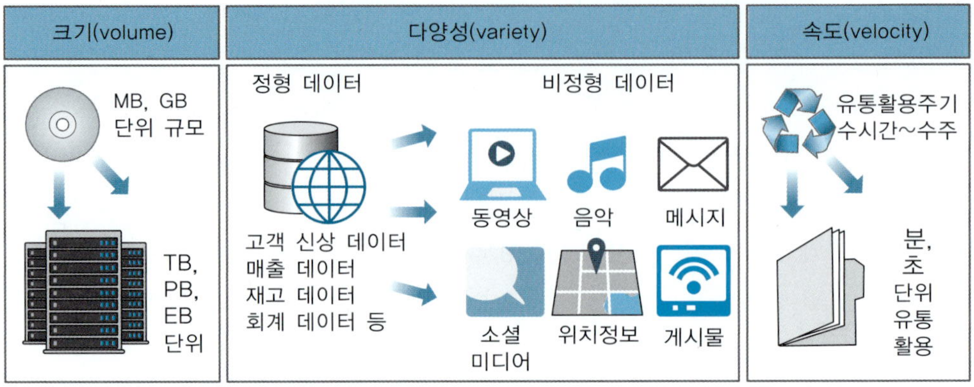

[그림 4-3] 빅데이터의 속성: 3V

출처: 채승병 외(2012), 빅데이터: 산업 지각변동의 진원, SERI CEO Information.

다. 이러한 3가지 요소 외에 추가적으로 사용하는 'V'는 다양한 형태로 활용 가능한데, 예를 들어 '**밸류(Value, 가치)**', '**베리어빌러티(Variability, 가변성)**' 그리고 '**버추얼(Virtual, 가상)**' 등과 같이 정의할 수 있다. 따라서 빅데이터는 전통적인 방법으로는 처리가 불가능할 정도의 다양성과 규모를 갖는 데이터의 집합을 의미한다. 즉, 빅데이터란 기존 데이터베이스를 통해 데이터를 수집, 저장, 관리, 분석할 수 있는 한계를 넘어서는 대량의 정형 혹은 비정형 데이터를 의미하며, 부가적으로 이러한 대용량 데이터로부터 가치를 추출하고 결과를 분석하는 기술을 의미한다.

다음은 이러한 빅데이터가 물류 및 공급사슬 관리에 미치는 영향에 대해 간단히 살펴보도록 하자. 빅데이터는 공급사슬 운영 환경에서 풍부한 데이터 분석을 통한 결과의 정확성 향상, 보다 명확한 결과 및 통찰력을 제공함으로써 기업의 현재 상황에 최적화된 정보를 제공한다는 점에서 그 유용성이 있다고 볼 수 있다. DHL에서 2013년도 발간한 보고서 〈물류분야 빅데이터〉 (Jeske 등, 2013)에 따르면, '인력, 운송 등 운영효율성', '고객경험(예측)' 및 '신규 비즈니스 모델 개발' 등 3가지 측면에서 빅데이터가 어떻게 적용될 수 있는지에 대한 예시와 함께 활용방안에 대해 언급하고 있다. 먼저 빅데이터 활용을 통해 물류 네트워크 최적화를 도모할 수 있게 된다. 예를 들어, 보고서에 따르면 미국 UPS(United Parcel Service)는 빅데이터 분석을 활용한 배송경로 최적화를 통해 배송시간 감축 및 관련 비용절감과 같은 효과를 얻었다고 한다. 두 번째로 고객선호도나 고객행동 예측 데이터 등을 활용하여 한 차원 높은 차별화된 고객 서비스를 제공할 수 있으며 이를 통해 고객을 이해하는 직관력을 높이는 데 빅데이터 분석이 활용될 수 있다. 마지막으로, 빅데이터 분석을 통해 신규 비즈니스 모델을 창출하는 데 실마리를 찾을 수 있다. 예를 들어, DHL 관계자는 보고서에서 "기상 조건과 독감 발생, 그리고 온라인 구매량 사이의 상관관계 분석을 통해 고객의 행동을 예측하면 물류시장에서 새로운 비즈니스 모델을 찾는 단서가 될 것"이라고 언급하고 있다. 즉, 궂은 날씨로 인해 온라인 구매량이 증가하고 이는 물류기업 물량 증가로 이어지게 되는데, 빅데이터 분석을 통해 이러한 사실을 발견하게 되면 기업들은 해당 프로세스를 개선하여 보다 나은 고객 서비스를 제공할 수도 있고, 더 나아가 새로운 비즈니스 창구를 개발해 시장에서 경쟁우위를 선점할 수도 있다.

또한, 빅데이터 분석을 통해 확보한 다양한 지식을 공급사슬상의 파트너들과 공유함으로써 협업 체계를 보다 향상시키고 네트워크를 통해 부가가치를 창출할 수 있다. 빅데이터의 활용은, 공급자 네트워크에서의 강력한 도구가 될 수 있으며, 빠른 속도로 최적화 도구, 수요예측, 공급자들 간의 협업 및 위험 분석에 활용이 가능하다.

4.4.3 머신러닝과 인공지능

머신러닝은 인공지능의 한 분야로, 컴퓨터가 스스로 데이터를 학습하고 패턴을 찾아내어 미래를 예측하거나 의사결정을 내릴 수 있도록 하는 기술이다. 머신러닝은 대량의 빅데이터를 분석하여 데이터 속에 숨겨진 규칙이나 패턴을 파악하고, 이를 바탕으로 새로운 데이터에 대한 예측이나 판단을 수행한다. 머신러닝 알고리즘은 지도 학습, 비지도 학습, 강화 학습 등 다양한 방식으로 분류되며, 각 방식에 따라 데이터를 학습하고 예측하는 방법이 상이하다.

머신러닝은 공급망 관리의 다양한 영역에서 활용될 수 있다. 예를 들어, 수요 예

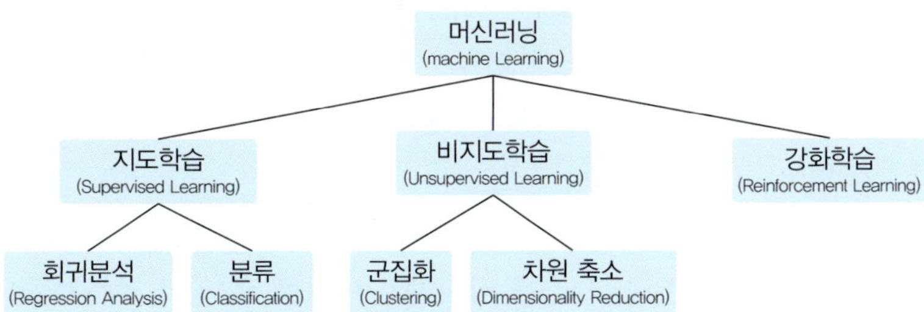

[그림 4-4] 머신러닝 알고리즘 유형

측, 재고 관리, 공급망 위험 관리, 물류 최적화 등에서 머신러닝 기술을 활용할 수 있다. 머신러닝은 과거 데이터와 현재 상황을 분석하여 미래 수요를 예측하고, 이를 바탕으로 적절한 재고 수준을 유지하고 공급망 위험을 예측하여 사전에 대비할 수 있도록 도와주며, 또한 물류 경로를 최적화하거나 운송 수단을 효율적으로 배분하는 데에도 활용될 수 있다. 이와 같이 머신러닝은 공급망 관리의 효율성을 향상시키고 비용을 절감하는 데 기여할 수 있다. 또한 머신러닝을 통해 수요 예측 정확도를 높이고 재고 회전율을 개선하며, 공급망 위험을 줄일 수 있다.

그러나 머신러닝 기술을 도입하고 활용하는 데에는 몇 가지 과제가 있다. 예를 들어, 충분한 양의 데이터를 확보해야 하고, 적절한 머신러닝 모델을 선택해야 하며, 모델의 성능을 지속적으로 개선해야 한다. 또한, 머신러닝 기술에 대한 이해와 숙련된 전문가가 필요하다.

인공지능 분야에서 ChatGPT를 비롯한 자연어 처리 모델을 비롯한 생성형 AI 기술의 급속한 발전과 더불어 이를 공급망 관리에 활용하고자 하는 니즈가 증가하고 있다. 생성형 AI는 텍스트, 이미지, 오디오 등 다양한 형태의 콘텐츠를 생성할 수 있는 인공지능 기술이다. 특히, LLM(Large Language Model)은 대량의 텍스트 데이터를 학습하여 인간과 유사한 수준의 자연어 처리 능력을 갖춘 모델로, 생성형 AI의 한 종류이다. 이러한 LLM은 공급망 관리에서 다음과 같은 분야에 응용될 수 있다.

- 수요 예측: LLM은 과거 판매 데이터, 소셜 미디어 데이터, 날씨 데이터 등 다양한 데이터를 분석하여 미래 수요를 예측할 수 있다. 특히, 텍스트 데이터 분석을 통해 수요 변동에 영향을 미치는 요인을 파악하고, 이를 수요 예측에 반영할 수 있다.
- 고객 서비스: LLM은 고객 문의에 자동으로 응답하거나 고객 불만을 분석하여 고객 만족도를 높일 수 있다. 또한, 챗봇을 통해 24시간 고객 상담 서비스를 제공할 수 있다.
- 공급망 문서 자동화: LLM은 계약서, 송장, 운송장 등 다양한 공급망 관련 문서를 자동으로 생성하거나 처리할 수 있다. 이는 문서 작성 시간을 단축하고 오류를 줄이는 데 도움이 된다.
- 위험 관리: LLM은 뉴스 기사, 소셜 미디어 데이터 등을 분석하여 공급망에 영향을 미칠 수 있는 위험 요소를 감지하고 예측할 수 있다. 예를 들어, 자연

재해, 정치적 불안정, 공급업체 파산 등의 위험을 사전에 감지하여 대응할 수 있도록 도와준다.

이와 같이 머신러닝과 생성형 AI는 공급망 관리의 효율성을 향상시키고 비용을 절감하는 데 기여할 수 있는 강력한 기술이다. 특히 LLM과 같은 최신 머신러닝 기술은 공급망 관리의 다양한 영역에서 혁신적인 변화를 가져올 수 있을 것으로 기대된다.

4.4.4 3D 프린팅

3D 프린팅

3D 프린팅이란 컴퓨터 내에서 작업된 3차원 솔리드 캐드(CAD) 모델링 데이터를 기초로 한층씩 적층하여 원하는 형상을 손으로 직접 만질 수 있는 물리적 형상으로 빠르게 제작하는 기술을 말하며, 통상 적층가공(Additive Manufacturing: AM)이라 일컫는다. 3D 프린터의 유형은 사용하는 조형 재료의 형태(액체 기반 방식, 분말 기반 방식, 고체 기반 방식) 혹은 프린터 방식(레이저 소결적층 방식, 수지 압출 적층 방식, 박막 적층 방식, 잉크젯 적층 방식 등)에 따라 구분한다. 생산하고자 하는 형상을 레이저와 파우더 재료를 활용하여 신속하게 조형하는 기술을 의미하는 쾌속조형(Rapid Prototyping: RP)에서 유래되었으며, 입체형상의 재료를 공구, 기계를 이용하여 자르거나 깎는 방식의 전통적 제조기술인 절삭가공(Subtractive Manufacturing: SM)과는 반대되는 개념으로 볼 수 있다. 3D 프린팅은 1984년 최초로 개발된 이후 2000년대까지 단순히 제품 모형 및 시제품 제작 등에 일부 활용되어 왔으나, 최근 기술진보 및 경제성 확보 등으로 이의 활용 범위가 확대되어 최근 들어서는 광범위한 영향력을 가지게 되었다. 이러한 3D 프린팅의 장점으로는 다품종 소량 생산이 가능하며, 시제품 제작비용 및 시간을 절감할 수 있고, 제작 시 공정의 간소화에 따른 인건비 절감효과를 기대할 수 있다는 점 등을 들 수 있다(김준철, 2014).

3D 프린팅이 기존 제조업과 공급사슬에 미치는 영향을 간단히 요약하면 다음과 같다. 앞서 설명한 바와 같이 3D 프린팅은 다품종 소량생산 및 개인 맞춤형 제작이 용이한 산업으로, [그림 4-4]에서와 같이 전통적인 제조방식과는 다른 형태의 방식임을 알 수 있다. 특히, 3D 프린팅을 통한 제조방식은 완성품에 대한 재고를 미리 확보해 둘 필요 없이 맞춤형 주문생산이 가능하게 되어, 기존 밀기(push) 방식의 제조 및 생산 산업체계를 끌기(pull) 방식의 선주문, 후생산 방식으로 변화시킴

	투자	생산	판매	재무관리
전통 제조업의 한계	**금형비** 비용 및 디자인 자유도 측면에서 제품개발 단계의 가장 큰 걸림돌 수천만 원에서 수억 원에 이르는 금형 제작 비용 및 수개월의 제작 기간 금형으로 구현 가능하고 경제적 디자인으로 타협 필요	**재고관리비** 부품과 완전제품의 적정재고 운영필수 재고유지 및 주문비용, 이에 따른 기회비용 **부품수급** 다수의 부품을 제작, 수급하여 조립하므로 SCM 비용이 높고 복잡	**최소주문** 비용 타산이 맞지 않는 소량주문고객 판매 불가능 **고객만족도** 맞춤형 제품의 높은 가격 제조 공정의 한계로 최적의 디자인 구현이 불가능	**투자의사 결정** 높은 초기 투자비용에 따른 의사결정 어려움 및 투자비 회수관리 **재고자산의 회수 불확실성** 현금 유동성에 악영향 중소기업의 경우, 흑자도산의 원인이 되기도 함
3D 프린팅이 바꾸는 제조업	금형 투자의 고정비용을 낮춰 소량 생산 가능 금형의 디자인 한계를 없앰	주문제작으로 재고 수준 낮춤 비품을 통합하여 조립 비용 절감 SCM 단순화	최소 주문 수량 감소 Mass customization 향상된 성능과 디자인	투자 실패 리스크 감소 회수 불확실 자산의 감소로 경영 리스크 감소

[그림 4-5] 전통 제조업과 3D 프린팅을 통한 제조업 비교

출처: KT경제경영연구소(2012), ICT와 3D 프린팅에 의한 제3차 산업혁명.

으로써 기존 제조업의 확장을 유도할 수 있으며, 더 나아가 공급사슬 구조의 단순화로 이어질 수 있다. 또한, 금형투자에 대한 고정비용을 낮추고 시장 반응을 확인하기 위한 소량 생산을 가능하게 하여 경영 관련 리스크를 감소시킬 수 있다. 다만, 일반제품 생산과 관련하여 아직까지는 상대적으로 긴 제조시간과 고비용 등의 한계점이 존재하여 기존 대량 생산 체계를 완전히 대체하기에는 상당한 시간이 필요할 것으로 예상된다.

요약

- 급변하는 경쟁 환경에서 정보는 효율적인 공급사슬 관련 의사결정 지원을 위해 필수 불가결한 요소이며, 공급사슬상에서 이러한 정보의 흐름을 원활하게 하기 위해서는 IT의 도움이 필수적이다.
- 공급사슬 IT는 크게 거래형 IT와 분석형 IT로 구분할 수 있으며, 공급사슬 프

로세스 관점에서 IT 시스템은 공급자 관계관리, 기업 내 공급사슬관리, 고객 관계관리 IT 시스템들로 분류할 수 있다. 기업 내 공급사슬관리 IT 시스템에는 전사적 자원관리 시스템, 공급사슬계획 시스템, 공급사슬실행 시스템 등이 있다.

- RFID를 비롯한 사물인터넷, 빅데이터, 3D 프린팅 등과 같은 차세대 정보기술들은 기존 공급사슬 운영 방식을 크게 변화시킬 것이며, 이에 공급사슬 참여자들은 자신들의 프로세스를 디지털 비즈니스 세상에 적합하도록 기술의 적극적인 도입과 이를 바탕으로 지속적인 프로세스 개선을 해야 할 것이다.

연·습·문·제

1. 효율적인 공급사슬 의사결정을 지원하기 위해 정보는 어떠한 특성들을 지녀야 하는지를 설명하시오.

2. 정보의 효용을 극대화하기 위해 공급사슬 IT가 추구해야 할 목표를 기술하시오.

3. 4.4절에서 다룬 IT 기술 이외에 차세대 IT 기술들에 대해 조사하고 이들이 공급사슬에 미치는 영향에 대해 논의하시오.

참·고·문·헌

김준철(2014). 3D 프린팅산업과 기업의 대응 전략. *Deloitte Anjin Review,* 24-37.

대한상공회의소(2005). SCM 공급사슬관리 구축을 위한 도입가이드(입문서). 대한상공회의소.

민경식(2013). 사물 인터넷(Internet of Things). 인터넷 & 시큐리티 이슈, 32–35, 한국인터넷진흥원.

Bowersox, D. J., Closs, D. J., Cooper, M. B., & Bowersox, J. C.(2013). *Supply chain logistics management(4th edition)*. McGraw-Hill.

Bjork, C.(2014). Zara Builds Its Business Around RFID, Wall Street Journal. Retrieved May 30, 2016, from http://www.wsj.com/articles/at-zara-fast-fashion-meets-smarter-inventory-1410884519

Chopra, S., & Meindl, P.(2013). *Supply chain management: Strategy, planning and operations (5th Edition)*. New Jersey: Prentice Hall.

Jeske, M., Gruner, M., & Wei, F.(2013). *Big data in logistics*. DHL. Retrieved January 31, 2016, from http://www.dhl.com/content/dam/downloads/g0/about_us/innovation/CSI_Studie_BIG_DATA.pdf

Simchi-Levi, D., Kaminsky, P., & Simchi-Levi, E.(2007). *Designing & managing the supply chain : Concepts, strategies & case studies (3rd Edition)*. New York: McGraw-Hill.

공급사슬관리

PART III 공급사슬의 통합계획과 조정

CASE STUDY

스포트 오버마이어 사

1. 콜로라도, 아스펜

월리 오버마이어(Wally Obermeyer)는 콜로라도(Colorado)주 아스펜(Aspen)에 있는 스포트 오버마이어 사(Sport Obermeyer, Ltd)의 빌딩 입구에서 사무실의 열쇠와 수요예측 자료를 한쪽에 균형을 잡아 잘 챙기고 한쪽으로는 산악자전거를 끌고 들어갔다. 1992년, 맑은 하늘의 11월 아침이었다. 월리는 상쾌한 공기와 아름다운 풍광을 다시 한 번 감상한 후 빌딩 입구의 문을 닫았다.

월리는 스키용 의류를 생산하는 스포트 오버마이어 사에서 가장 중요한 일인 내년도 생산량을 각 품목별로 결정하는 일을 시작하기 위해 이날 아침 일찍 도착하였다. 이 일은 각종 분석 자료와 경험, 직관 그리고 때로는 정도에서 벗어난 추측 등을 종합적으로 요구한다. 이날 아침 회사는 1993~94 시즌에 대한 정보가 불충분한 채로 시장이 회사의 제품 라인에 어떻게 대응할지에 대해 고려하여 생산량을 결정해야 한다. 사실, 소비자들이 회사의 1992~93 라인에 어떻게 반응하였는가에 대한 자료조차도 아직은 불충분하게 확보된 상황이었다. 시장 정보를 더 얻기 위해 기다려야 하지만 월리는 더 이상 생산이 지체되면 소매상으로의 제품 배송이 지연되어 소비자들에게 신제품의 노출이 줄어들 것임을 알고 있었다.

오버마이어의 새로운 라인은 늘 그렇듯 매력적인 디자인을 가지고 있었지만, 막상 시즌의 최종적인 성공은 회사가 서로 다른 스타일과 색상에 대해 얼마나 정확히 예측하고 대응하느냐에 의해 좌우된다. 1992~94 라인에 대한 소매상들의 피드백은 내년 3월에 열리는 라스베이거스(Las Vegas)의 무역 전시가 열린 후에야 들을 수 있을 것이다. 하지만 그때는 이미 회사의 모든 제품에 대한 생산이 완료된 후가 된다. 월리는 곰곰이 생각해 보았다.

For 9-695-022 Sport Obermeyer Ltd.

Reprinted by permission of Harvard Business School.

This Case was prepared by Janice H. Hammond and Ananth Raman as the basis for class discussion and do not necessarily illustrate effective or ineffective management

우리 제품의 운명이 늘 라스베이거스의 쇼에서 결정되는 것이 적절한 걸까? 다른 모든 의류산업 업체와 마찬가지로 우리도 매년 수요에 대한 게임을 하는 셈인데…. 매년 우리는 실제 시장의 반응이 예상과 다를 수 있음을 알면서도 스키복 판매 시즌 전인 가을에 이미 생산을 끝내 왔지. 게임에 밝은 도박사는 돈을 걸기 전에 각 경우에 대해 잘 계산을 해 볼텐데, 이와 비슷하게 패션업계의 수요예측 게임에서도 우리는 우리가 생산하는 각 파카의 판매량에 대해 정확히 알아야만 이 게임에서 성공할 수 있을꺼야….

부정확한 수요예측에서 오는 문제는 오버마이어 사에서 항상 중대한 고민거리였다. 최근에는 제품의 다양성이 커지고 경쟁이 치열해지면서 상품에 대한 수요를 정확히 예측하는 것이 계속 더 어려워지고 있다. 이는 회사에 손해를 불러일으키는 두 가지 경우로 나타나는데, 첫째는 시즌이 끝난 후에 회사가 여전히 많은 양의 옷을 팔지 못하고 가지고 있는 것이다. 판매량이 저조한 상품들은 매우 크게 할인을 해서야 판매를 할 수 있는데, 이는 많은 경우 생산 원가에도 미치지 못하는 수준이다. 둘째는 회사의 상품이 너무 인기가 있어서 모두 팔려버리는 것이다. 이것이 바람직한 상황이긴 하지만, 한편으로는 어떤 제품이 베스트셀러가 될 것인가를 제대로 예상하여 충분한 수량을 생산하지 못해 벌어지는 일이며, 결국 회사의 매출이 더 늘어날 수 있는 기회를 놓치게 됨을 의미한다.

월리는 책상에 앉아 전날 그가 하루 종일 주관한 '구매확약' 회의 결과를 생각해 보았다. 올해 월리는 회사의 회의 방식에 변화를 주어 여섯 명의 핵심 매니저가 논의하여 각 생산량을 결정하던 회의 방식에서 각 제품의 수요량에 대한 예측을 각 매니저들이 적어내는 방식으로 변경하였다. 이제 월리는 회의 참석자들이 각자 예측한 수요량을 바탕으로 최종 생산량을 결정하여야 한다. 그런데 월리는 각 매니저들이 적어 놓은 수요예측량들이 큰 차이를 보이는 것을 보고 깜짝 놀랐다. 어떻게 그는 이렇게 차이가 나는 예측정보들을 가지고 내년의 적절한 생산량을 결정할 수 있을 것인가?

생산량이 정해지면 월리는 이 물량을 회사의 중국 및 홍콩 공장에 어떻게 배분해야 하는가도 결정해야 한다. 작년에 회사는 약 1/3의 파카를 중국 선전(Shenzhuen)에 있는 개별 협력업체들을 통해서 만들었다. 올해 회사는 약 절반의 물량을 중국 선전의 협력업체들과 광둥성의 로 마을(Lo Villiage)에 있는 새로운 공장에서 생산할 예정이다. 중국의 노동자 임금은 굉장히 낮지만, 월리는 제품의 품질과 신뢰성에 대한 우려를 가지고 있기도 하다. 그는 또한 홍콩에 비해 중국의 업체들이 더 많은 최소 생산량을 요구함을 알고 있다. 또한 중국의 업체들은 미국 정부에 의해 생산량 쿼터(quota)의 제한을 받고 있기도 하다. 월리는 이러한 상황하에서 최적의 생산 계획을 세워야만 한다.

2. 홍콩 추엔완(Tseun Wan), 신지구(New territories)

오버스포트(Obersport) 사의 매니저인 레이몬드 체(Raymond Tse)는 본사인 스포트 오버마이어 사의 1992~94 시즌 주문량을 초조하게 기다리고 있었다. 주문량이 도착하게 되면 그는 이것을 재빠르게 각 부품별 소요량으로 환산을 한 후 관련 업체들에게 주문을 해야 한다. 이 과정에서 지연이 생긴다면 업체들과의 관계에 문제

[그림 1] 생산시설 분포도(홍콩 및 광저우)

가 생기거나 초과근무가 필요할 수도 있다. 또한 이 때문에 최종적으로 본사에 납품이 지연될 가능성도 있다.

오버스포트 사는 1985년 클라우스 오버마이어(Klaus Obermeyer)와 레이몬드 체가 동아시아지역의 제품 생산을 위해 만든 조인트 벤처회사이다([그림 1]). 오버스포트는 스포트 오버마이어의 생산에서 섬유 및 각 부분품을 조달하는 역할을 하고 있다. 조달된 섬유 제품들은 레이몬드가 가지고 있는 알파인(Alpine) 공장 또는 홍콩, 마카오, 중국에 위치한 개별 협력업체들에서 생산이 이루어진다. 레이몬드는 알파인 사(Alpine Ltd)를 소유하고 있으며 이 회사는 홍콩 및 중국에서 스키의류 공장을 소유하고 있다. 스포트 오버마이어 사로부터의 주문은 알파인 사의 전체 생산 용량의 약 80%를 차지하고 있다.

3. 중국 광둥성, 로 마을

레이몬드 체와 그의 사촌 체시춘(Tse, Shiu Chuen)은 최근에 지어진 공장단지를 기쁨과 자랑스러움이 가득한 눈으로 보고 있었다. 로 마을의 논을 대치하여 지은 이 공장은 앞으로 300명 이상을 위한 일자리와 집, 문화시설을 공급할 것이다. 이 공장은 중국에 이루어진 알파인의 첫 직접 투자 작품이다.

시춘은 로 마을에 대대로 평생 살아온 체씨 일가의 주민이다. 이 마을의 지주였던 레이몬드의 부모님은 레이몬드가 태어나기 전에 홍콩으로 이주를 했다가 제2차 세계대전 중 홍콩이 일본의 식민지가 되면서 어린 레이몬드와 함께 마을에 몇 년을 머무르게 되었다. 1991년 레이몬드는 로 마을을 40년 만에 다시 방문하였다. 마을 사람들은 레이몬드를 기쁘게 환영했다. 그들은 레이몬드를 다시 만나서 기뻤을 뿐만 아니라, 레이몬드가 가지고 있는 부의 일부를 마을에 들여 올 수 있기를 기대하고 있었다. 마을사람들과 논의한 결과 레이몬드는 공장을 짓기로 하였고 지금까지 공장에 약 1만 달러를 투자한 상태였다.

시춘은 알파인의 홍콩 매니저로 일하면서 첫해 공장의 운영을 위해 200명을 고용하였다. 노동자들은 지역 및 주변 지역에서 온 사람들이었으며 대부분 이미 도착하여 공장에서 교육훈련을 받고 있었다. 시춘은 알파인의 고객들이 공장에 배분할 주문을 소화하기 적절하도록 계획을 세우기를 바라고 있다. 하지만 노동자의 기술 수준, 수요, 그리고 생산량이 예측하기 어렵기 때문에 적절한 계획을 세우는 것은 쉬운 일이 아니었다.

4. 스포트 오버마이어 사

스포트 오버마이어 사는 1947년에 독일에서 미국으로 이주한 클라우스 오버마이어에 의해 설립되었다. 클라우스는 미국의 콜로라도 아스펜으로 이주한 후 이곳의 스키학교에서 스키를 가르치기 시작했다. 훈련된 기술자로서 클라우스는 다양한 스키의류와 장비를 디자인하였다. 그는 1950년대에 기존의 다운재킷에 새롭게 거위 깃털을 채운 스키용 조끼를 만들고 1980년대 초반에는 불편한 런어웨이형의 고정끈(run-away-strap) 대신 미끄러지지 않는 스키 브레이크를 대중화시켰다. 스키브레이크는 스키를 타는 사람들이 슬로프에서 미끄러지지 않게 잡아준다. 몇 년 후 스포트 오버마이어 사는 미국의 스키의류 시장에서 주목받는 경쟁력 있는 회사로 성장하였다. 1992년의 매출은 3,280만 달러에 이른다. 회사는 아동용 스키의류 시장의 45%와 성인용 스키의류 시장의 11% 점유율을 가지게 되었다. 콜롬비아 스포츠웨어(Columbia Sportswear)는 저렴한 가격으로 품목별 대량생산을 하는 경쟁자로 지난 3년간 매출액이 급격히 신장되었다. 1992년에 콜롬비아는 성인 스키의류 시장의 23%를 점유하기에 이르렀다.

[그림 2] 오버마이어 생산 제품들

오버마이어는 파카, 베스트, 스키 수트, 쉘, 바지, 스웨터, 터틀넥, 그리고 액세서리에 이르는 광범위한 품목을 생산하고 있다([그림 2]). 파카는 이들 중 가장 디자인적으로 중요한 품목으로, 다른 품목들의 디자인은 파카 디자인이 결정되면 그 스타일과 색상에 맞춰서 디자인된다.

오버마이어의 제품들은 성인 남성, 성인여성, 소년, 소녀 그리고 아동으로 이루어진 다섯 개의 서로 다른 성별로 구분된다. 오버마이어 사는 각 성별에 따른 시장을 가격, 스키어 타입 그리고 시장이 얼마나 패션을 선도하는가에 따라 세분하고 있다. 일례로 오버마이어 사는 성인남성 고객을 프레드(Fred), 렉스(Rex), 베이지(Biege), 클라우시(Klausie)의 네 종류로 세분하고 있다. 프레드는 가장 보수적인 종류의 고객을 의미하며, 이 고객들은 가장 기본적인 스타일과 색상을 사는 경향이 있다. 또한 이들은 여러 시즌 동안 같은 스타일을 계속 고수한다. 렉스 타입 고객은 부유하고 이미지에 신경을 많이 쓰는 고객으로 첨단기술을 선호하여 가장 기술적으로 진보된 섬유, 기능 그리고 스키 장비를 사는 경향이 있다. 또한 베이지 유형의 고객들은 등산을 광적으로 좋아하는 스키어들로서 기술적인 기능 수치를 다른 어떤 것보다 중요하게 생각하며 기능에 상관없는 디자인적 요소에는 무관심하다. 클라우시 고객들은 주목받는 스타일의 스키어들로 가장 최신의 스타일 및 네온 핑크(neon pink)나 라임그린(lime green)과 같은 새로운 색상을 선호한다.

하나의 성별 안에서도 각 스타일들은 다양한 색상 및 크기로 생산된다. [그림 3]은 오버마이어 사의 성인여성 파카가 얼마나 다양하게 시간에 따라 변해왔는지를 오버마이어 사의 16년간 총 재고관리코드(Stock-Keeping Unit: SKU)와 평균 스타일 종류 수, 스타일별 색상 수 그리고 스타일-색상 조합별 크기에 따라 보여 준다.

재고관리코드(Stock-Keeping Unit: SKU)

오버마이어는 가격 대비 훌륭한 가치를 지닌 제품을 생산하여 경쟁력을 유지해왔다. 여기서 제품의 가치는 기능과 스타일을 모두 의미하며 스키의류 시장에서 중상위권 수준의 고객들을 타깃으로 하고 있다. 스키의류를 스키를 탈 때뿐만 아니라 일상생활에서도 입을 수 있게 하려는 경쟁사들과는 달리 오버마이어 사는 85% 이상 대부분의 제품을 스키 전용으로 판매하고 있다. 따라서 스키활동을 전문적으로 하는 의류의 특성상 보온성, 내수성, 팔다리 움직임 등의 기능성을 매우 중요한 조건으로 고려하였다.

매니저들은 제품 전략을 효과적으로 구축하기 위하여 제품을 빨리 소매상에 선보여 제품의 노출 기간을 늘리고 스타일별로 어울리는 제품의 세트들이 빠지지 않고 각 소매상에 전달될 수 있도록 하는 물류와 관련된 활동들이 중요하다고 믿고 있다.

5. 경영진의 접근법

클라우스 오버마이어는 회사의 설립부터 지금까지 계속 활발하게 회사의 경영에 관여하여 왔다. 클라우스는 회사가 긴장 없는 상태로 경영되어야 한다고 믿고 있다.

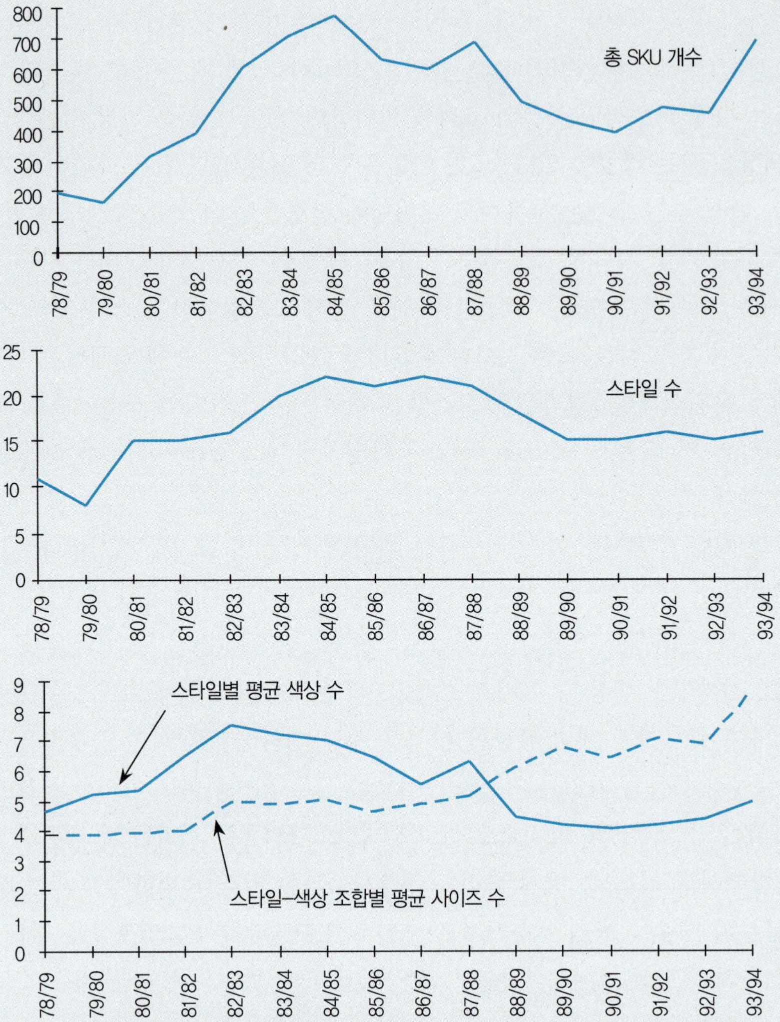

주: 스타일은, 예를 들어 스타더스트 파카(Stardust parka) 등을 의미한다.
스타일–색상 조합은, 예를 들어 빨간 스타더스트 파카 등을 의미한다.
SKU는, 예를 들어 사이즈 8, 페타이트, 빨간 스타더스트 파카 등을 의미한다.

[그림 3] 오버마이어 여성 파카 종류의 변화

클라우스는 일과 가정생활의 조화를 이루는 경영 스타일을 개인 철학으로 가지고 있다. 클라우스는 그간의 관찰을 토대로 다음과 같은 경영 철학을 가지게 되었다.

> 우리는 시장의 힘을 반대하기보다는 조화를 이루며 살아왔다. 이러한 방식은 갈등을 해소시켜준다. 만약 당신이 이러한 힘에 반대한다면 갈등이 오히려 증

가할 것이다. 중요한 것은 돈이나 직업 또는 시장점유율이 아니라 주변 환경과 평화롭게 지낼 수 있는 것이다.

이러한 경영 철학에 맞추어 클라우스는 스키의류 산업이 기본적으로 불확실한 시장 상황에서 편안함을 느끼는 사람들에게 맞다고 믿고 있다. 클라우스의 경영 스타일은 사람들에게 신뢰를 강조하고 고객들에게 가치를 제공하는 것을 강조한다. 그는 사업의 다양한 부분이 예술에 가깝다고 생각한다. 많은 의사결정과정이 판단력과 직관력에 의해 좌우되기 때문이다. 레이몬드 채와의 조인트 벤처에서 클라우스는 레이몬드에 대한 신뢰를 바탕으로 레이몬드에게 생산 및 투자에 대한 결정을 맡겨왔다.

클라우스가 회사의 심장과 같은 역할을 하였지만 다른 가족들도 회사의 성장에 큰 기여를 했다. 클라우스의 아내인 노움(Nome)은 성공한 디자이너로 회사의 신제품 디자인에 활발하게 관여해 왔다. 클라우스의 판단에 의하면 노움은 패션에 대한 감각이 있다. 클라우스는 다양한 디자인 중 상대적으로 인기 있는 것을 골라내는 데 있어 노움의 판단에 크게 의존하고 있다.

최근 클라우스의 아들 월리는 회사의 내부 운영에 깊이 관여하고 있다. 고등학교 졸업 후 1980년 대학 입학 전까지 6년간 월리는 아스펜 산에서 스키 패트롤과 회사의 파트타임 일자리를 병행하여 왔다. 1986년 하버드 경영대학원을 졸업한 후 월리는 처음에는 콜로라도에 있는 수력발전소에서 일해 왔다. 1989년에 발전소가 세워지면서 매일같이 출근하지 않아도 되는 상황이 되자 월리는 스포트 오버마이어에 부사장으로 입사하여 본격적으로 일하기 시작했다.

늘 그렇듯 회사의 창업자와 MBA 학위를 가진 아들은 경영에 있어서 다른 접근 방식을 가지고 있다. 월리는 분석적인 기법과 데이터 수집에 크게 의존하고 있는 반면 클라우스는 직관 및 산업 현장에서 쌓은 그의 경험에 의존하고 있다.

6. 주문주기(order cycle)

스포트 오버마이어는 제품을 스키장이나 도시 외곽에 위치한 스키 전문 소매점을 통하여 판매한다. 오버마이어 사는 노드스트롬(Nordstorm)을 비롯한 대형 백화점과 REI와 같은 홈쇼핑 전단지 회사에도 제품을 공급하고 있다. 미국에서 대부분의 스키의류 매출은 9월에서 1월 사이의 기간에 일어나며, 특히 12월과 1월에 가장 많은 매출이 일어난다. 대부분의 소매점은 이러한 매출 시즌이 시작되기 전에 모든 물건의 공급이 완료되길 바라며 스포트 오버마이어 사도 이에 맞춰 9월 초까지 각 제품 세트를 공급하려고 하고 있다. 오버마이어의 제품의 실제 매출이 이루어지기 전에는 보통 약 2년간의 계획 및 생산 기간이 필요하다(〈표 1〉).

〈표 1〉 계획 및 생산사이클(오버마이어 1993~94라인)

월	디자인 활동	주문수령 및 생산 계획	원자재관리	생산	소매 측 활동
92년 2월	디자인작업 시작				
92년 3월	라스베이거스 쇼 1992-93 라인 디자인				
92년 5월	디자인 컨셉 수립 완료				
92년 7월	오버스포트 사에 스케치 전달		그레이지 원단(greige fabric) 주문		
92년 8월				프로토타입 생산	
92년 9월	디자인 완료			프로토타입 생산	
92년 10월				샘플 생산	
92년 11월		오버스포트 사에 첫 번째 제품 주문전달	첫 번째 주문 수령 • 원단 및 구성품의 요구수량 계산 • 구성품 주문 • 프린트 및 염색 주문	샘플 생산	
92년 12월				샘플생산	
93년 1월			음력 설연휴	음력 설연휴	
93년 2월				제품 전체 생산	
93년 3월		1993~94 라인 대상의 라스베이거스 쇼 준비(소매상 일차 주문의 80% 수령) 오버스포트에 두 번째 생산주문	두 번째 주문 수령 • 원단 및 구성품의 요구수량 계산 • 구성품 주문 • 프린트 및 염색 주문	샘플 생산 시즌 제품 전체 생산	
93년 4월		소매상의 추가 주문 수령		제품 전체 생산	
93년 5월		소매상의 추가 주문 수령		제품 전체 생산	
93년 6월		소매상의 추가 주문 수령		제품 전체 생산 완제품 선적	
93년 7월				제품 전체 생산 완제품 선적	
93년 8월				제품 전체 생산 완제품 항공 운송	93~94라인 소매상에 전달

월	디자인 활동	주문수령 및 생산 계획	원자재관리	생산	소매 측 활동
93년 9월					소매상 판매 시즌
93년 10월					소매상 판매 시즌
93년 11월					소매상 판매 시즌
93년 12월		소매상 보충 주문 수령			소매상 판매 피크 시즌
94년 1월		소매상 보충 주문 수령			소매상 판매 피크 시즌
94년 2월		소매상 보충 주문 수령			소매상 판매 시즌
94년 3월					소매상 판매 시즌
94년 4월					소매상 판매 시즌
94년 5월					소매상 판매 시즌

디자인 프로세스

1993~94 시즌을 위한 제품 디자인은 1992년 2월에 오버마이어 사의 디자인팀과 매니저들이 독일 뮌헨에서 열린 아웃도어 의류 전시회에 참석하여 유럽의 제품들을 관찰하면서 시작되었다. "유럽은 미국보다 패션에 더 치중하는 경향이 있다. 따라서 유럽 제품을 보면 몇 년 후 미국 제품의 방향을 알 수 있다."고 클라우스는 말한다. 또한 매년 라스베이거스에서는 스키장비 및 의류에 대한 전시가 열린다. 1992년 3월의 라스베이거스 전시에서는 1993~94년 시즌의 디자인에 대한 여러 아이디어를 얻을 수 있었다. 디자인 컨셉은 1992년 5월까지는 이루어져야 하고 디자인 스케치는 적어도 7월까지 시험 생산을 위해 자회사인 오버스포트에 보내져야 한다. 이러한 시험 생산품은 내부적으로 경영자들이 의사결정을 하는 데만 쓰이기 때문에 주로 작년 시즌에 남는 섬유를 이용해서 만들어진다. 오버마이어는 이러한 시험 생산품을 보고 제품을 개선하여 최종 제품의 디자인을 1992년 9월까지 결정한다.

샘플 생산

디자인이 확정되면 오버스포트는 바로 각 스타일마다 소량의 샘플을 생산하여 소매상 및 판매원들에게 보여 준다. 시험 생산품과는 달리 샘플은 그해의 생산품에 사용될 원재료와 공정을 거쳐서 만들어진다. 염색 및 프린팅 협력업체들은 샘플을 만들기 위해 기꺼이 이러한 소량 생산을 해준다. 회사의 판매 대표들은 보통 3월에 열리는 라스베이거스 전시회 기간 동안 소매상에게 제품을 보여 주고 그해 봄의 나머지 기간 동안 각 소매지역에 분배하여 보여 준다.

원재료 조달 및 생산

자재명세서(Bill of Material: BOM)

샘플 생산과 동시에 오버스포트는 오버마이어 사의 자재명세서(Bill of Material: BOM)에 기반을 두어 초기 주문(보통 오버마이어 사의 연간 주문의 절반 정도에 해당)에 해당하는 섬유와 각 부분품의 요구사항을 결정한다. 일부 부품의 염색 및 프린트 공정에는 약 90일까지 소요될 수 있기 때문에 이러한 주문은 재빠르게 이루어져서 계획된 시간을 맞출 수 있다. 염색되고 프린트된 섬유 조각들을 자르고 기우는 작업은 1993년 2월에 시작될 것이다.

소매상의 주문과정

대부분의 소매상은 라스베이거스의 전시회에서 주문을 한다. 오버마이어는 보통 라스베이거스의 전시회가 끝나는 주까지 1년치 주문량의 약 80% 정도를 받게 된다. 이러한 자료를 바탕으로 오버마이어 사는 전체 예상수요에 대한 보다 정확한 예측 자료를 얻을 수 있다([그림 4]). 수요에 대한 예측을 끝낸 후에 오버마이어 사는 두 번째이자 마지막 생산량을 결정한다. 보충 주문이 아닌 소매상들의 나머지 일반 주문은 4월이나 5월에 받는다. 아래에 나와 있듯이 소매상들은 판매 피크 시즌 동안 인기 있는 상품들에 대하여 보충 주문을 한다.

오버마이어 창고로의 제품 운송

6월과 7월 동안 생산된 제품들은 홍콩에 있는 오버스포트의 창고로부터 미국 시애틀로 배로 운송되며, 거기서 덴버에 있는 오버마이어 사의 유통센터로 트럭에 의해 운송된다(총 운송 기간은 약 6주가 소요된다). 8월 중 생산된 제품들은 대부분 소매상들에게 시간에 맞춰 전달되기 위하여 항공편으로 바로 덴버로 운송이 된다. 또한 중국에서 생산된 제품들 중에서 일부는 미국에서의 쿼터 제한 때문에 항공편으로 운송되어야 하는 경우도 있다. 이는 미국정부가 중국에서 미국으로 수입되는 제품의 양을 제한하기 때문이다. 이러한 쿼터는 제품 카테고리별로 정해져 있기 때문에 때로는 타사의 제품이 쿼터를 다 소진하기 전에 먼저 항공편으로 빨리 제품을 운송하는 것이 필요할 수 있다.

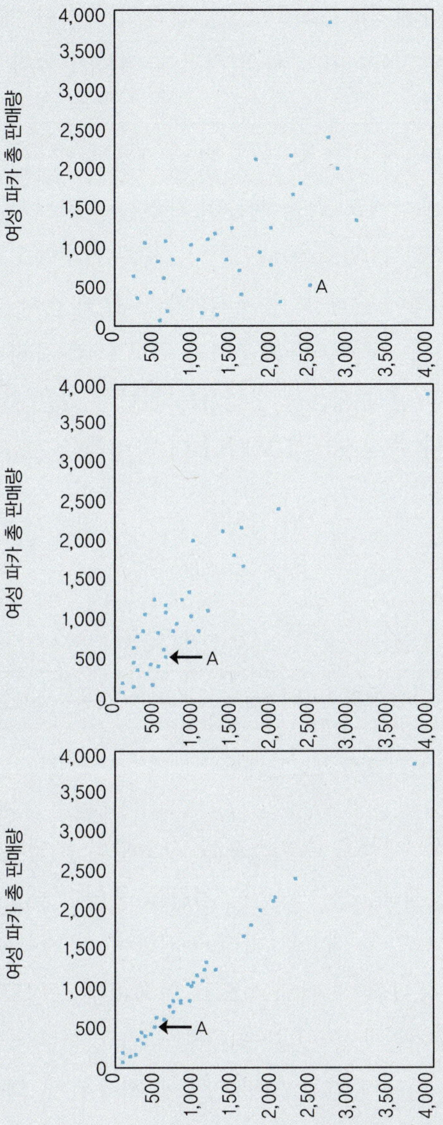

초기 수요예측

각 점들은 특정 파카(스타일–색상 조합) 초기 수요예측과 실제 판매량의 관계를 의미함. 예를 들어, 파카 A는 초기 수요예측이 2,500이었으며, 실제 판매량은 510이었음

업데이트된 수요예측. 최초 20% 판매치를 관측한 후

20%의 수요를 관측한 후의 예측치는 앞의 파카 A의 경우 575로 변경

업데이트된 수요예측. 최초 80% 판매치를 관측한 후

80%의 수요를 관측한 후의 예측치는 앞의 파카 A의 경우 500으로 변경

[그림 4] 늘어난 정보에 의한 수요 예측 향상사례

소매상으로의 제품 배송: 보충 주문

8월 말이 다가오면 오버마이어 사는 UPS와 같은 운송사를 통해 작은 포장단위의 제품들을 소매상으로 운송한다. 소매상의 매출은 9, 10, 11월까지 완만하게 증가하다가 12월 및 1월에 급격한 증가를 보인다. 따라서 12월과 1월이 되어가면서 자

신이 주문한 수량보다 많은 수요를 관찰하게 되는 소매상들은 급격히 모자란 제품에 대한 보충주문을 한다. 이러한 주문은 오버마이어 사의 창고에 제품이 남아 있는 경우에 충족이 가능하다.

2월이 되면 오버마이어 사는 소매상들에게 이렇게 남아 있는 제품을 할인가에 구매할 수 있도록 제안한다. 비슷하게 소매상들도 최종 제품의 가격을 내려서 시즌이 끝나기 전에 가지고 있는 제품을 모두 팔 수 있도록 노력한다. 시즌 이후에도 판매가 되지 않고 남아 있는 제품들은 다음 해에 손해 보는 가격에라도 팔게 된다. 오버마이어는 시즌이 끝나고 판매가 되지 않는 제품들을 처분하기 위해 여러 가지 방법을 사용한다. 이러한 방법들은 남미에 다량의 제품을 생산가보다 아주 낮은 가격에 넘기는 것을 비롯하여 물건의 운송비나 출장자들의 호텔비 대신 제품을 지급하는 대물 지급 방식 등을 포함하고 있다.

7. 공급사슬

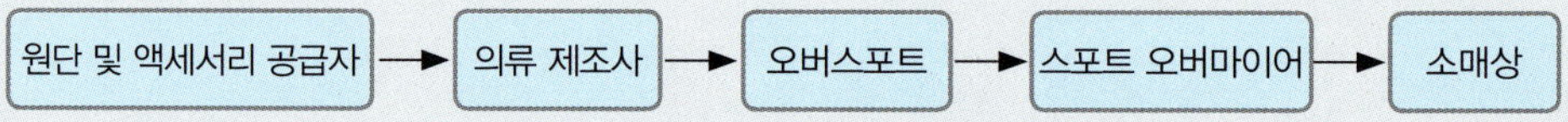

[그림 5] 오버마이어 사의 의류 제조 단계

오버마이어 사는 대부분의 아웃도어 의류 제품을 오버스포트 사로부터 조달하고 있다. 최근 월리는 오버스포트 사와 함께 제품 생산 및 인도 기간을 줄이고 대응할 수 있도록 중간 단계의 그레이지(greige) 원단을 재고로 미리 구매하여 비축하도록 한 적이 있다. 오버마이어는 이러한 중간품이 후에 어떤 식으로 염색이나 프린트가 될 것인지 결정한다. 오버마이어 사는 구매한 모든 원단을 이후의 필요 여부에 관계없이 보유해야만 한다. 다양한 종류의 원단이 겉감 또는 안감에 사용된다. 매년 약 10종류의 겉감 원단이 필요하다. 오버스포트는 겉감 원단을 미국, 일본, 한국, 독일, 오스트리아, 타이완, 스위스에 있는 협력업체로부터 조달받고 있다. 안감 원단은 한국과 타이완에서 주로 조달받는다(〈표 2〉는 인도 기간, 종류, 그리고 조달받는 제품들에 관한 여러 관련 정보를 보여 준다).

각각의 그레이지 원단은 나중에 필요시 염색이나 프린트가 된다. 각각의 겉감 원단은 대부분 8에서 12가지의 색상이나 프린트가 만들어진다. 판매 시즌이 시작하기 전에 오버스포트는 협력업체들과 각 원단에 대하여 요구되는 색상별로 작은 양의 시험 생산을 한다. 이러한 준비는 랩딥(lab-dip)이라고 불리며, 약 2주가 소요된다. 하지만 이 제품의 질이 오버마이어 사의 경영진과 디자이너들에게 만족스럽지 않을 경우에는 랩딥 작업이 한번 더 반복되는 경우도 있다. 또한 오버스포트는 협력업체들과 프린트 패턴에 대하여 비슷한 시험 작업을 수행하며, 이는 스크린

〈표 2〉 오버마이어 파카 제품의 부품별 공급처 목록

구성품	품종	원산지	제품 생산 시간	최소주문량	파카별 사용량	파카 총 원산비비용 중 평균 구성 %
Greige Shell Fabric	10	Japan, USA, Switzerland, Germany, Austria, Korea, Taiwan	45~90 days	5,000 ~10,000 yards	2 .2~2.5 yards per adult parka 1.5~2 yards per child's parka	30%
Finishing of Shell Fabric	8~12 color-prints per fabric	Finishing takes place in country of origin (see above)	Dyeing or Printing: 45~60 days	Dyeing: 1,000 yards Printing: 3,000 yards per design, at least 1,000 yards per color in any design	2.25~2.5 yards per adult parka 1.5~2 yards per child's parka	13%
Finished Lining Fabric	6	Nylon: Korea, Taiwan Fleece: Korea, Taiwan, USA	45~60 days	600~1,000 yards	2~2.25 yards per adult parka 1.25~1.75 yards per child's parka	13%
Insulation	3~4 different weights used (from 80~240 grams/meter)	Hong Kong, Korea, Taiwan, China	2~3 weeks	50~100 yards	2 yards per adult parka 1.2~1.5 yards per child's parka	16%
Zippers	400 standard tape colors 4 teeth gauges 4~5 teeth colors 2~3 teeth materials 5~6 slider types	Hong Kong, Japan	Standard (from Hong Kong): 60 days Custom (from Japan): 90+ days	500 yards (standard colors) 1000 yards (custom colors)	~1 yard	12%
Thread	80 colors	Hong Kong	30 days	5,000 yards	2,000~3,000 yards	2%
Logo Patches, Drawcords, Hang Tags, etc.	various	Mostly from Hong Kong	15~30 days	various	various	10%
Snaps (undyed)	10	Germany, Italy, Hong Kong	1~2 months	1,000 pieces	5~10 pieces	3%
Dyeing of Snaps	50 colors	Hong Kong	15~30 days	1000 pieces per color	5~10 pieces	1%
						100%

(screen) 작업이라고 불린다. 이 작업은 약 6주가 소요된다.

그 이외 대다수의 작업들은 오버마이어 사로부터 정확한 주문량이 알려진 후 진행이 된다. 오버마이어 사로부터 생산량에 대한 정보가 내려오자마자 오버스포트 사는 협력업체들에게 원단에 대한 염색이나 프린트를 하도록 요청한다. 일례로, 성인 파카의 경우 약 2~2.3m의 1.5m 폭의 겉감 원단이 사용된다. 원단의 사용은 아동용 파카의 경우 이보다 약간 더 적다. 염색을 하는 협력업체는 최소900m(1,000야드) 이상의 주문만 받으며 약 45~60일의 기간을 필요로 한다.

오버마이어 사의 제품은 단열처리가 된 소재를 사용하며 겉감 및 안감 원단 이외에 여러 구성품들을 사용한다. 예를 들어, 각각의 파카는 약 2m의 단열 소재를 필

〈표 3〉 파카 조립 공정 샘플(로코코 Rococo 여성파카)

	홍콩달러/조각	작업
1	$0.05	Make belt loop (×1). (Subcomponent completed by outside subcontractor)
2	$0.20	Sew front shoulder seam with invisible stitching. Quilt all over: lining (×5), front placket (×1), and collar (×2). (Subcomponent completed by outside subcontractor)
3	$0.50	Invisible-stitch front bellow facing (×2).
4	$0.50	Double top-stitch front bellow facing (×2).
5	$0.70	Zig-zag stitch front bellow seam (×2).
6	$2.40	Set double-jetted zipped pocket (×2) and insert D-ring (×1).
7	$0.25	Five-stitch overlock pocket bag (×2).
8	$1.00	Invisible-stitch bottom bellow facing, sew front shoulder pleat (×2), insert front body facing.
9	$0.40	1/4" double stitch the front and back shoulder seam (×4).
10	$0.30	Single top stitch (the middle of double top-stitching) the front and back shoulder seam (×4).
11	$4.50	Turn over the body and attach collar, sew zipper; invisible-stitch bottom and sleeve opening, leave a small opening at the bottom of left front zipper.
12	$1.00	1/4" double stitch the front zipper seam from bottom to collar top.
13	$0.50	Invisible stitch the back bellow seam (×2).
14	$0.50	1/4" double stitch the back bellow seam.
15	$0.70	Zig-zag stitch back bellow seam (×2).

	홍콩달러/조각	작업
16	$1.00	Join under facing of back bellow seam with invisible stitching (×2). Join front and back shoulder seam with invisible stitching (×4).
17	$0.50	Close side seam with invisible stitching, match seam ends (×6).
18	$0.25	Three-stitch overlock the side seam.
19	$1.00	Sew sleeve opening, bottom hem with invisible stitching.
20	$0.80	Invisible stitch front placket seam, then 1/4" double top-stitch the placket seam.
21	$1.10	Invisible stitch the sleeve seam (×4); invisible stitch sleeve panel seam, sew pleats at sleeve panel seam (×2).
22	$0.90	1/4" double top-stitch raglan sleeve seam and sleeve panel seam (×6).
23	$0.70	Single lockstitch raglan sleeve seam and sleeve panel seam, double stitch the center of sleeve panel seam (×6).
24	$0.70	Invisible stitch the armhole seam (×2), match the notch of armhole seam (×2).
25	$0.50	Double stitch armhole seam (×2).
26	$0.40	Single lockstitch raglan sleeve seam and sleeve panel seam, double stitch the center of sleeve panel seam (×6)
27	$0.60	Single lockstitch to close bottom hem facing (×1), insert the drawstring to bottom hem.
28	$0.60	Invisible stitch sleeve opening, insert/sew elastic to sleeve opening (×2).
29	$1.00	Sew collar facing (×1), invisible stitch the collar top, close bottom of collar, insert belt loop, change thread.
30	$0.25	1/4" double needle stitch at middle part of placket (×1).
31	$0.35	Zig-zag stitch at the center of double needle stitch at placket (×1).
32	$0.80	Running stitch to close the end of filled placket (×1).
33	$0.20	Sew main label, and insert the label at side seam, and then sew size label.
34	$0.80	Sew the inside pocket: pocket with zipper at left, pocket with velcro at right.
35	$0.20	Set front facing with 1/16" edge stitching (× 2).
36	$1.70	3 stitch overlock lining pocket bag (× 2).
37	$1.60	Sew triangular stitching at ends of zipper facing, invisible stitch at zipper facing seam, turn out and 1/16" edge-stitching (×1).
38	$1.30	Sew 13 top stitching at the lining body.
39	$1.40	Five stitch overlock the lining body.
40	$0.80	Set shoulder pad (×2).

주: 로코코 파카의 평균 노동비의 총합은 78홍콩 달러임. 파카 제조에 여러 번씩 필요한 작업들이 있어 1~40까지 작업별

요로 한다. 오리털과 같이 중국이나 한국에서 공급되는 단열재를 제외한 다른 종류의 단열재는 듀퐁사로부터 구매되며 홍콩, 대만, 한국 그리고 중국에 있는 듀퐁의 라이센스 사들은 제품을 2주 안에 공급할 수 있다. 매년 초 오버스포트는 듀퐁에게 단열재 각 타입별로 연간 예상 주문량을 알려준다.

오버스포트는 또한 디링(D-ring), 버클, 스냅, 버튼, 지퍼, 끈, 라벨, 태그 등 다양한 구성품들을 충분히 확보할 수 있도록 해야 한다. 버클, 디링, 끈, 버튼은 홍콩의 국내 시장에서 공급되며 15일에서 30일 정도가 소요된다. 스냅들은 독일의 회사에서 구매되며 이들의 공급 소요시간이 길기 때문에 오버스포트는 스냅들을 재고로 보관하고 필요시마다 국내 시장에서 염색을 하여 사용한다. 라벨과 태그는 공급 소요시간이 짧고 상대적으로 가격이 저렴하기 때문에 오버스포트는 일반적으로 필요보다 좀 더 많은 수량을 재고로 보유하고 있다.

〈표 4〉 홍콩 및 중국의 생산 환경 비교

Topic	Hong Kong	China
시간당 임금	HK$30	RMB 0.91
환율	HK$7.8 = US$1	RMB (Renminbi) 5.7 = US$1
근무시간	8시간/일, 6일/주 → 총 48시간/주. 최대 오버타임=200시간/연	9시간/일, 6.5일/주 → 총 58.5시간/주. 피크생산기간 중 13시간/일, 6.5일/주
주당(논피크) 근로자별 생산량	19파카	12파카
파카별 실제 노동시간	2.35시간	3.6시간
파카별 지불된 노동시간	2.53시간/파카	4.88시간/파카
각 의류별 근로자 노동비	HK$75.6	RMB4.45
라인 구성	10~12명/라인	40명/라인
훈련	다공정 적응훈련	한 공정에만 맞는 훈련
최소주문량	스타일별 600개	스타일별 1,200개
불량률	1~2%	10% 이내
문제점	임금. 노동력 수급(낮은 실업률 , 2% 이내. 젊은 노동자의 사무직 선호)	노동력수준(품질수준 및 청결수준 우려. 교육훈련 필요)

대부분의 지퍼는 일본의 큰 회사인 YKK로부터 구매된다. 오버스포트는 매년 다양한 종류의 지퍼를 제품에 사용한다. 지퍼들은 길이, 테이프 컬러, 슬라이더 모양, 그리고 지퍼 날의 게이지, 색상, 소재 등에 따라 다양한 형태가 존재한다. 약 60% 정도의 오버스포트 지퍼들은 YKK의 홍콩 공장에서 확보되며, 이에는 약 60일이 소요된다. 나머지는 독특한 형태의 지퍼들로 일본 본사에서 생산되며 최소 90일 또는 그 이상이 소요된다. YKK는 일반적인 색상의 지퍼에 대해 최소 450m의 주문을 하도록 요청하고 있으며, 특수한 색상의 경우 최소 900m를 요청하고 있다.

모든 중간 생산품은 오버스포트 사로 모여서 최종적으로 가공될 공장으로 배송된다. 오버마이어 사의 제품들은 홍콩 및 중국의 몇 개의 공장에서 생산된다.

절단 및 재봉 작업

일반적으로 오버마이어 사의 제품들은 많은 절단 및 재봉작업을 거친다(〈표 3〉은 로코코(Rococo) 파카를 제조하기 위한 재봉작업의 순서를 보여 준다). 작업자들에 대한 작업의 분배는 각 공장별로 작업자의 기술 및 훈련이 상이하기 때문에 모두 다르다. 홍콩의 작업자는 중국의 작업자보다 약 50% 더 빨리 작업한다. 홍콩의 작업자는 기술적으로 더 숙련되었을 뿐만 아니라 중국 작업자에 비해 더욱 다양한 작업을 수행할 수 있다. 따라서 홍콩의 파카 생산라인은 10명의 작업자만 필요한 데 반해 중국에서는 40명이 필요하다. 중국의 생산 라인이 훨씬 길어지기 때문에 홍콩 재봉사들의 실제 시간당 작업 수행치는 중국 작업자의 약 두 배에 달한다(〈표 4〉는 홍콩 및 중국의 작업을 비교한 것이다. 홍콩에서 생산되는 로코코 파카의 가격 구조는 [그림 5]의 A에 나타나 있으며 중국 생산 시 가격 구조는 [그림 5]의 B에 나타나 있다. 오버마이어 사는 로코코 파카를 소매상에게 $112.50의 도매가로 판매하며, 소매상은 이것을 최종 소비자에게 $225에 판매한다).

작업자들은 중국 및 홍콩에서 작업한 분량에 따라 임금을 받는다. 작업당 임금율은 각 지역의 임금률을 고려하여 정해진다. 중국의 임금은 홍콩보다 훨씬 낮아서 황동지역의 재봉공장에 있는 재봉사는 시간당 $0.16을 받는 반면 홍콩의 알파인 공장 작업자는 시간당 $3.84를 받는다.

홍콩의 작업자는 또한 중국의 작업자보다 생산속도를 더 빨리 증가시킬 수 있다. 이러한 능력 차이와 더 짧은 생산 라인 때문에 홍콩 공장은 중국에 비해 더 작은 양의 주문도 효율적으로 처리할 수 있다. 파카의 경우 중국의 최소 주문량은 1,200단위인 데 반해 홍콩은 600단위밖에 되지 않는다.

A 홍콩 생산비용

오버마이어 측 비용		
오버스포트 지불 생산비	$49.90	
오버스포트의 수수료(7%)	$3.49	
운송비(해운 운송)	$1.40	
관세, 보험료 및 기타 비용	$5.29	
총계		$60.08
오버스포트 측 비용		
원재료	$30.00	
노동력	$10.00	
홍콩 쿼터, 오버스포트 이윤, 간접비 등	$9.90	
총계		$49.90

(단위: 미국 달러)

B 중국 생산비용

오버마이어 측 비용		
오버스포트 지불 생산비	$42.64	
오버스포트의 수수료(7%)	$2.98	
운송비(해운 운송)	$1.40	
관세, 보험료 및 기타 비용	$4.90	
총계		$51.92
오버스포트 측 비용		
원재료	$30.00	
노동력	$0.78	
중국 내 운송 및 중국 간접비	$2.00	
중국 쿼터, 오버스포트 이윤, 간접비 등	$9.90	
총계		$42.68

(단위: 미국 달러)

[그림 6] 로코코 파카(홍콩 제조)의 생산비용

오버마이어 사는 1년에 약 20만 개의 파카를 매년 생산한다. 회사는 한 달에 약 3만 단위의 재단 및 재봉능력을 지니고 있다. 이것은 스포트 오버마이어 사의 모든 공장의 가용 용량을 다 합친 수치이다.

오버스포트 사는 모든 협력업체 공장의 생산 및 품질을 관리하는 책임을 지고 있다. 오버스포트 사의 작업자는 제품이 미국으로 운송되기 전에 무작위로 협력업체의 생산품을 골라서 검사를 수행한다.

8. 생산 계획

월리는 1994~94년 시즌의 첫 번째 반 년의 예상 수요를 위한 적절한 양의 생산 확약에 우선 신경을 쓰고 있다. 그는 오버마이어 사가 각 파카를 판매하여 세전으로 도매가의 약 24%를 이익으로 벌고 있다고 예상했으며, 시즌 후까지 팔리지 않아 떨이로 팔리는 제품은 도매가의 약 8%에 해당하는 손해를 본다고 예상하였다. 따라서 로코코와 같은 파카 스타일에서 도매가는 주로 $112.50이므로, 한 제품이 팔릴 때마다 오버마이어의 대략 도매가($112.50)의 24%인 $27가 된다. 그리고 판매 후 남은 제품 하나당 도매가의 약 8%인 $9의 손해를 입는다.

샘플 생산

생산량을 결정하는 데 필요한 직관을 얻기 위해 그는 보다 작은 규모의 문제를 먼저 조사하기로 했다. 그는 오버마이어 사에서 10개 여성 파카 종류의 샘플에 대한 구매위원회의 예상치를 살펴보았다(《표 5》). 이러한 10개 스타일이 오버마이어 사 전체 수요의 약 10%를 차지하기 때문에 월리는 이 관계를 고려하여 그가 7달의 생산기간 동안 자르고 재봉하는 데 3,000유닛(실제 가동 가능량의 10%)을 사용한다고 가정한다. 이러한 가정하에 월리는 첫 번째 페이스의 생산에서 1만 유닛을 사도록 확약해야 한다고 생각한다. 나머지 1만 유닛의 공급은 라스베이거스 쇼가 열린 후까지 연기된다.

5

CHAPTER

수요의 불확실성과 공급량 결정

학습 목표

- 공급사슬에서 수요의 불확실성을 이해하고, 이에 대응하는 주문정책을 도출하는 신문판매원 모형을 학습한다.
- 수요의 불확실성에 대응하는 위치통합 및 제품통합 전략을 학습한다.

사례

영하권 추위 속 패딩 판매 '불티'…패션업계 '쓴웃음'

이달 들어 날씨가 급격하게 추워지면서 패딩 등을 포함한 아웃도어 매출이 급증한 것으로 나타났다. 초겨울 이상고온과 소비 침체로 동절기 의류 판매가 부진했던 유통업계는 반기는 분위기지만, 패션 기업들은 쓴웃음을 삼켰다.

유통업계에 따르면 2024년 12월 1일부터 15일까지 아웃도어 브랜드 매출이 전년 동기 대비 30%가량 성장했다. 신세계백화점과 현대백화점도 각각 30% 웃도는 신장률을 기록했다.

올해 들어 이상고온 현상이 이어지면서 겨울 외투를 준비할 시기인 10월과 11월 아웃도어 브랜드 수요는 크지 않았다. 백화점 3사의 아웃도어 매출은 1~2% 증가하는 데 그쳤다. 기상청의 올해 가을 기후분석 결과를 보면 올해 가을철 평균 기온은 16.8도로 평년(14.1도)보다 약 3도 높았다. 12월부터는 기온이 급격하게 영하권으로 떨어지자 뒤늦게 아우터 등 겨울 옷 구매에 나서는 소비자들이 늘어난 것으로 보인다.

백화점별 10~12월 아웃도어 브랜드 매출 신장률(단위: %, 자료: 각 사)

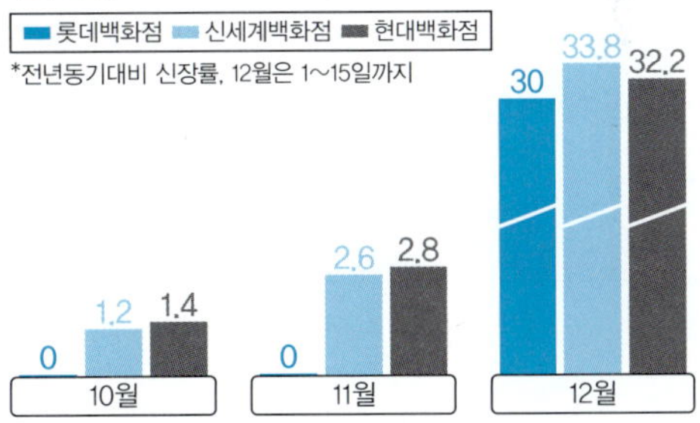

바짝 추워진 날씨 덕분에 유통업계는 연말부터 내년 초까지 겨울철 의류 매출이 더 늘어날 것으로 기대하고 있다. 백화점 관계자는 "올해 날씨가 따뜻해지면서 두꺼운 아우터의 매출 성장세가 크

게 둔화했다."며 "남은 기간 아웃도어 매출이 성장해 지난해와 비슷한 수준의 겨울 매출을 기록할 것으로 보인다."고 설명했다.

패션 업계도 향후 아웃도어 매출이 더 늘어날 것으로 보고 있다.

문제는 수익성이다. 겨울 시즌은 단가가 높은 제품이 대부분인 만큼 매출과 이익이 모두 늘어나는 성수기다. 특히 동절기 제품 주력 판매 시기인 9월부터 11월까지는 각 브랜드가 출시한 신제품이 많이 팔린다. 하지만 연말부터 시즌오프가 시작된다. 시즌오프는 계절에 맞춰 내놓은 신제품을 철수하기 전 할인 판매하는 것이다. 마진율이 떨어질 수밖에 없다.

이 때문에 패션업계는 올 겨울에도 부진한 실적을 기록할 것으로 봤다. 당초 '상저하고'의 흐름으로 업황이 연말로 갈수록 개선될 것으로 전망했지만, 소비 침체 장기화와 늦게 찾아온 추위가 복병이었다. 패션업계 관계자는 "이익이 줄어도 매출을 놓칠 수는 없다."며 "물량을 소화해 (현금) 순환이 이뤄져야 하기 때문에 할인해서라도 판매에 나서는 것"이라고 설명했다.

내년에도 패션 시장은 불황이 계속될 것이라는 전망이 많다. 소비심리가 아직 회복되지 않은 데다 환율이 크게 뛰면서 원자재 값 인상에 따른 제품 가격 상승으로 소비의 발목을 잡을 수 있어서다.

일부 회사들은 재고를 줄이기 위해 내년 물량을 조정하거나 브랜드 할인을 계획하는 것으로 파악됐다. 패딩 속 재료인 구스의 경우 1년 전에 물량을 미리 확보해야 한다. 일부 브랜드의 경우 판매량이 저조할 경우에 대비해 물량 조정에 나서기도 했다. 패션업계 관계자는 "재고 소진을 위해 내년 4~6월 주요 유통채널에서 공격적으로 역시즌 행사를 진행하려는 브랜드들도 있다."며 "헤비 아우터에 집중하던 과거와 달리 짧은 패딩, 얇은 패딩을 출시하며 간절기에 입을 수 있는 옷을 출시하는 것이 트렌드가 될 것"이라고 내다봤다.

[아시아경제, 2024.12.19.]

5.1 수요의 불확실성과 신문판매원 모형

5.1.1 수요의 불확실성과 공급사슬관리

과거에 비해 공급사슬은 전례 없는 짧은 제품 수명주기 및 급변하는 고객 수요의 불확실성을 맞고 있다. 특히, 신기술이 하루가 다르게 등장하고 있는 정보통신 관련 제품 시장에서 이러한 경향이 두드러진다. 예를 들어, 2007년 애플의 아이폰 발표로 시작된 스마트폰 시장은 불과 10년도 되기 전에 월 2억 대의 판매를 달성하였다. 이는 약 40년 전에부터 선보인 PC 시장이 최근에서야 달성한 월 판매 수치이다. 2022년부터 스마트폰 시장은 연 12억만 대 규모로 더욱 크게 성장하였으나 전체 시장 규모는 더 이상 크게 증가하지 않고 있다. 하지만 [그림 5-1]에서 보듯이 2023년부터 출시되고 있는 생성형 AI 스마트폰은 초창기 스마트폰 시장처럼 급격히 성장하여 출시 5년 정도 뒤인 2028년이면 전체 스마트폰 시장의 70%를 차지할 것으로 예상하고 있다(IDC, 2024).

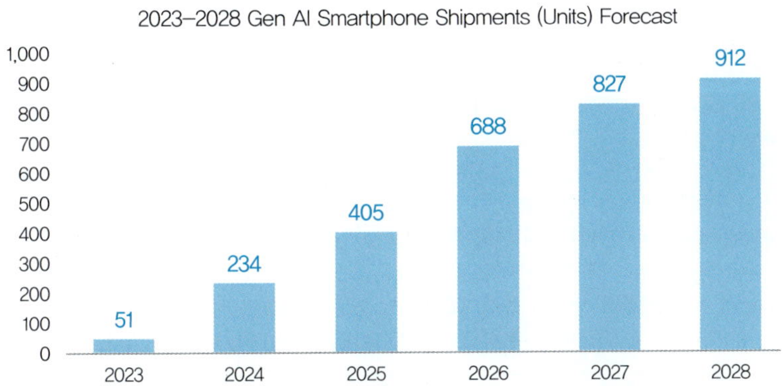

Smartphone Segments	CAGR 2023~2028
Gen AI Smartphone Segment	78.4%
Total Smartphone Market	2.3%

[그림 5-1] 생성형 AI 스마트폰 출하대수 추이 예측

출처: IDC

이같은 급변하는 고객의 수요는 공급사슬 관리자의 중요성을 더욱 증가시키고 있다. 일례로 2021년 겨울은 코로나로 인하여 눈썰매장과 스키장 등 겨울스포츠 시설의 영업이 어려운 상태였는데, 1월 초 눈이 많이 오면서 겨울 스포츠 시설 대

신 집 주변에서 쉽게 눈과 함께 즐길 수 있는 눈썰매나 눈뭉치를 만드는 집게의 수요가 적게는 3배에서 많게는 10배까지 갑자기 폭증하게 되었다. 그러나 쌓인 눈이 녹기 전에 눈썰매나 눈집게류를 새로 생산하는 것은 불가능한 일이었기 때문에 시장에 적절한 양의 제품을 공급할 수 없었고, 시장에서 판매기회를 충분히 얻지 못하였다([그림 5-2] 기사 참조). 이렇듯 시장에서 고객의 불확실한 수요에 대응하여 적절한 생산 계획 및 재고 보유정책을 결정하는 것이 기업의 경쟁력에 더욱 큰 영향을 미칠 수 있다.

"눈썰매 파실 분 구해요"… 대형마트 · 온라인몰서 품절 사태

"썰매 파실 분 구해요. 아이들하고 타고 싶은데 대형마트에서는 품절이래요."

6일 밤부터 전국 곳곳에 눈이 내리자 온라인 육아 카페에는 눈썰매를 구하는 글이 쇄도했다. 여러 대형마트를 돌았지만, 결국 썰매를 사지 못해 튜브나 쌀 포대로 대체했다는 이들도 있었다.

7일 대형마트 업계에 따르면 지난해 12월 21일부터 이달 6일까지 롯데마트의 눈썰매 매출은 전년 동기 대비 524% 급증했다.

신종 코로나바이러스 감염증(코로나19) 확산에 따른 방역 강화 조치로 눈썰매장과 스키장 등 겨울스포츠 시설이 문을 닫거나 영업 제한을 받자 눈이 내릴 때 집 근처 경사로에서 아이들과 썰매를 타려는 소비자가 몰린 것이다.

롯데마트 관계자는 "눈 소식이 잦아지면서 지난 주 썰매 수요가 급증해 물량 대부분이 소진됐다."며, "추가 물량은 다음 주 입고될 것"이라고 말했다.

이마트 역시 눈썰매 호황을 맞았다. 이마트 관계자는 "새해 들어서는 6일 만에 작년 한 해 판매량의 3.6배인 2천188개가 팔렸다."고 말했다.

이베이코리아가 운영하는 쇼핑몰 G마켓에서도 지난해 12월 24일부터 이달 6일까지 눈썰매 판매량이 전년 동기 대비 54% 뛰었다.

최근 사회관계망서비스(SNS)에서 인기를 끌고 있는 '오리 메이커(오리 모양의 눈 뭉치를 만드는 집게)'를 비롯한 스노우볼 메이커 판매량은 1,890% 급증했다.

이날 쿠팡의 여러 눈썰매 상품이 품절 또는 일시 품절 상태였다. 주문 가능한 상품의 배송 예정일은 오는 12~14일로 밀렸으며, 일부 상품은 다음 달까지 기다려야 받을 수 있다.

[그림 5-2] 눈썰매 품절 사태 기사

출처: 연합뉴스(2021. 1. 7.)

5.1.2 신문판매원 모형 개요

신문판매원 모형 (newsvendor model)

공급사슬에서 불확실한 고객의 수요에 대응하는 재고정책은 가장 주요한 문제 중 하나이다. 이 중에서 가장 오래된 모형으로 **신문판매원 모형**(newsvendor model)을 들 수 있다. 신문판매원 모형은 신문 가판대에서 그날그날 준비해야 하는 신문의 양을 결정하는 문제에서 시작되었다. 신문은 매일 매일 발행이 되며, 발행일이 지난 신문은 그 가치가 현격히 떨어져 판매가 거의 불가능하다. 하지만 매일 매일 신문가판대에 들러 신문을 구매하는 고객의 수는 정해져 있지가 않아, 정확히 고객의 수요를 맞추는 것은 불가능하다. 이런 상황에서 최선의 의사결정, 즉 기대 이익을 최대로 할 수 있는 주문량은 무엇이며 어떻게 계산해야 하는가에 대해 신문판매원 모형은 간단하면서도 분명한 답을 제시해준다. 신문판매원 모형을 좀 더 자세히 이해하기 위해 신문판매원이 직면하고 있는 비용 및 이익 구조에 대해 좀 더 자세히 알아본다.

(1) 신문판매원 모형의 분석

신문판매원 모형의 분석을 위해 먼저 **과대보유비용(overage cost)**과 **과소보유비용(underage cost)**을 공부해보자. 과대보유비용이란 제품을 주문하여 판매자가 구비하였으나 판매 시즌 중 판매가 되지 못하여 발생하는 제반 비용을 제품별로 나타낸 값이다. 과대보유비용은 판매 예측을 지나치게 낙관하거나, 고객의 수요가 예측에 비해 지나치게 적어 주문량이 실제 제품의 수요보다 많은 경우에 발생한다. 예를 들어, 등산복과 같은 품목은 판매 시즌이 지난 후 할인율이 무척 높아서 제품의 생산가 이하로 판매가가 떨어지는 경우도 많다. 만약, 제품의 할인 판매가가 생산가보다 높다면 과대보유비용은 음의 값을 가진다. 과대보유비용(C_o)은 생산단가(c)에서 할인 판매가, 즉 미판매 시의 **처분가(salvage cost; s)**를 뺀 값으로 정의된다. 즉,

과대보유비용(overage cost)
과소보유비용(underage cost)
처분가(salvage cost; s)

$$C_o = \text{생산단가} - \text{처분가치} = c - s \qquad \text{수식 1}$$

와 같이 계산한다.

과소보유비용은 판매 시즌동안 제품이 품절되어 수요를 충족하지 못하였을 경우 수요를 충족하지 못한 제품 단위당 발생하는 기회비용이다. 이는 제품의 판매예측을 지나치게 비관하거나, 고객의 수요가 예측에 비해 지나치게 많아 주문량이 실제 제품의 수요보다 적은 경우에 발생하게 된다. 이 경우 고객이 구매를 원하는데도 제품의 품절로 인해 기업은 판매 기회를 놓치게 되며, 구매를 할 수 없게 된 고객은 경쟁 제품을 구매하거나 구매를 포기하게 된다. 이처럼 판매 기회의 손실을 제품별 금액으로 계산한 것이 과소보유비용이다. 과소보유비용은 고객이 원하는 경우 판매하여 얻을 수 있었던 수익에서 생산비용을 뺀 값으로 정의되며, 이는 제품 단위당 판매 마진과 동일한 값이 된다. 과소보유비용의 계산을 수식으로 표시하면 수식

2와 같다.

$$C_u = \text{판매가} - \text{생산단가} = p - c \qquad \text{수식 2}$$

(2) 신문판매원 최적 주문량의 결정

이제 신문판매원모형에서의 최적 주문량을 결정하는 문제를 생각해보자. 우선, 판매자가 현재 Q라는 물량을 주문한다고 가정해보자. 이 주문량이 과연 판매자의 비용을 최소화하는지를 알기 위해서는 현 주문량 Q보다 한 단위 더 추가 주문하는 경우 전체 구매비용이 증가하는지 감소하는지를 조사해야 한다. 이때 전체 구매비용은 추가로 주문한 제품의 판매 여부에 따라 달라진다. 만약 추가 주문 제품의 판매가 이루어지면 (판매가−생산단가)만큼의 이윤을 얻게 되며, 판매가 이루어지지 않으면 (생산단가−미판매처분가) 만큼의 손해가 발생한다. 결국 제품을 추가로 주문해야 하는가의 문제는 제품의 판매 성공 가능성 (확률) 및 판매 성공 및 실패 시의 이윤과 손해를 비교해하여 판단한다.

분포함수(distribution function)

판매자가 제품의 수요가 어떤 확률분포(probability distribution)를 따르는지 안다면 추가로 주문한 제품이 판매가 될 확률(가능성)은 정확히 계산이 가능하다. 이를 위하여 고객의 수요가 D이고, 주문량이 Q일 때, 수요의 분포함수(distribution function)를 $F(Q)$로 정의한다.

분포함수 $F(Q)$는 고객의 불확실한 수요 D가 주문량 Q보다 작거나 같을 확률로 정의된다. 달리 말하면 고객의 수요 D가 주문량 Q 이하여서 Q개 초과로 주문한 제품이 판매가 되지 않을 확률에 해당한다. 또한, $1-F(Q)$는 고객의 수요 D가 주문량보다 많아 Q개째 추가로 주문한 제품이 판매될 확률이 된다. 따라서, 판매자가 Q개째에서 추가로 한 개의 제품을 주문했을 미판매로 인한 기대 손실은 과대보유비용과 확률분포함수를 이용하여 계산하면 $C_o \cdot F(Q)$와 같다. 또한, 추가 주문한 제품이 판매되어 발생하는 기대 이익을 과소보유비용과 확률분포함수를 이용해 계산하면 $C_u \cdot [1-F(Q)]$과 같다.

판매자의 기대 이익이 늘어나기 위해서는 추가 주문이 가져오는 기대 이익이 기대 손실보다 커야만 한다. 현재 Q를 주문한 상태에서의 추가 주문에 대한 기대 이익이 기대 손실보다 크다면, 현재 주문량은 최적이 아니며, 추가 주문을 검토해야 한다. 최소로 추가 가능한 추가 주문을 한 후에는 위의 판매 기대이익과 미판매 기대손실을 새로운 주문량에 대해 다시 계산하여 다음 단위의 추가 주문이 필요한지 검토한다.

고객의 수요가 한없이 많을 수는 없으므로, 일반적으로 주문량이 늘어나면 판매가 되지 않을 확률이 증가하게 된다. 따라서 Q번째 제품이 판매될 확률인 $1-F(Q)$는 현 주문량 Q가 증가하면 계속 값이 커진다. 따라서 판매가 되지 않을 확률인 $F(Q)$는 현 주문량 Q가 증가할수록 값이 커진다. 이에 따라 미판매 기대 손실은 Q가 증가하면서 점차 증가함을 예상할 수 있다. 반면, Q가 증가하면서 판매가 될 확률은 점점 줄어들게 되며, 이에 따라 판매 기대 이익도 점차 줄어든다. 주문량 Q대비 판매 기대 이익 및 미판매 기대 손실의 변화는 [그림 5-3]과 같다.

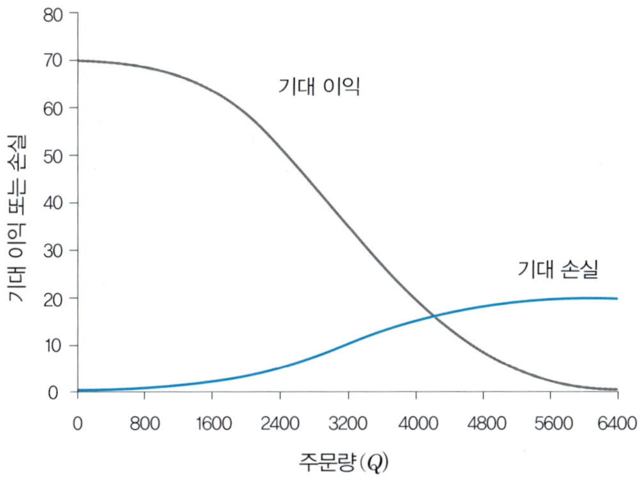

[그림 5-3] 주문량 Q에 따른 기대 수익 및 기대 손실의 변화

따라서 판매자의 이익은 기대 이익이 점차 감소하고, 기대 손실이 점차 증가하여 두 값이 같아지는 지점의 주문량에서 최대가 된다. 이 주문량을 Q^*라 표현하면 Q^*는 다음을 만족한다.

$$C_o \cdot F(Q^*) = C_u \cdot [1 - F(Q^*)] \qquad \text{수식 3}$$

수식 3을 다시 쓰면 신문판매원 모형의 최적 주문량 Q^*가 만족해야 하는 식을 유도할 수 있으며, 이는 다음과 같다.

$$F(Q^*) = \frac{C_u}{C_o + C_u}$$ 수식 4

또는, 달리 표현하면

$$Q^* = F^{-1}\left(\frac{C_u}{C_o + C_u}\right)$$ 수식 5

임계율(critical ratio)

과 같이 나타낼 수도 있다. 수식 4에서 분포함수의 뜻에 따라 해석을 하면 고객의 수요가 주문량 Q^*보다 작거나 같을 확률은 정확히 $C_u/(C_o+C_u)$를 만족해야 함을 알 수 있다. 이 목표값 $C_u/(C_o+C_u)$를 **임계율(critical ratio)**이라고 부르며, 보통 기호로는 α를 사용하여 표현한다.

수요의 분포함수 $F(Q)$는 고객의 수요가 어떤 확률분포를 가지느냐에 따라 그 형태가 결정되며, 이에 따라 Q^*도 계산될 수 있다. 만약 수요가 평균 μ, 표준편차 α인 정규분포를 따른다면 수식 4을 만족하는 Q^*를 찾는 방법에는 몇 가지가 있다. 첫 번째로, 표준정규분포표를 이용하는 방법이 있다. 표준정규분포표에서 누적확률이 임계율 $C_u/(C_o+C_u)$과 같아지는 z을 찾아서 이 값을 z_α라고 하자. 그러면 최적주문량은

$$Q^* = \mu + z_\alpha \cdot \sigma$$ 수식 6

로 계산된다. 두 번째는 엑셀(excel)의 함수를 이용하는 방법이다. 엑셀에는 정규분포 테이블이 내장되어 있으며, 임의의 확률값에 대하여 표준정규분포 값을 쉽게 찾을 수 있다. 표준정규분포의 누적확률이 임계율과 같아지는 z값은 엑셀 함수로는

$$z_\alpha = \text{NORM.S.INV}(C_u/(C_o + C_u))$$ 수식 7

로 쉽게 계산되며, 마찬가지로 최적주문량은 수식 6를 활용하여 계산할 수 있다. 다음의 예제 5.1에서 이 과정을 보여주고 있다.

예제 5.1 J패션의 등산복 공급사슬

J패션은 국내 굴지의 패션 기업으로 아웃도어 시장에는 매년 새로운 디자인의 등산복을 판매하고 있다. J패션은 등산복의 생산을 말레이시아에 있는 협력사 T모직에 의뢰하고 있으며, 등산복은 주문 후 제품의 배송까지 총 3개월이 소요된다.

J패션이 내년 봄 시장(4~6월)에 등산복을 적시에 출시하기 위해서는 등산복의 주문이 적어도 내년 1월까지는 이루어져야 한다. 패션 산업의 특성상 봄 시장이 끝나고 팔리지 않은 등산복은 아웃렛 시장으로 60% 할인된 가격인 8만원에 처분한다. 현재 J패션의 등산복 소비자가는 20만 원이며, T모직에 지불하는 등산복의 생산비로 개당 10만 원을 지출한다.

현재 J패션은 내년 봄에 약 1만 벌의 등산복을 판매할 것으로 예상하고 있으나, 패션 산업의 특성상 다음 시즌의 유행 및 소비자의 기호를 정확히 예측하는 것은 쉬운 일이 아니다. J패션이 그동안 다양한 종류의 옷들에 대하여 여러 해의 기간 동안 판매치를 분석한 결과 다음 시즌의 판매수량은 평균 9,900, 표준편차 3,700인 정규분포를 따를 것으로 예상하고 있다.

만약, J패션이 다음 시즌의 판매수량보다 너무 많은 수량을 주문하게 된다면, 많은 수의 등산복이 아웃렛에 팔리게 되고, T모직에 지불한 생산비 10만 원에도 미치지 못하는 8만 원에 제품을 판매하게 되어 손해를 보게 된다. 또한 J패션이 판매치보다 너무 적은 수량만을 주문하게 된다면, 판매할 수 있는 기회를 상실하게 되어 결과적으로는 원하는 수준의 이익을 거둘 수 없을지도 모른다. J패션의 등산복 담당자는 이제 다음 주로 다가온 주문 마감일을 앞두고 고민에 빠져 있다.

(1) J패션이 기대 이익을 최대화 할 수 있는 등산복 주문량을 얼마인가?

J패션의 판매가 p=20만원, 생산단가 c=10만원, 미판매처분가 s=8만원이므로, 수식 1과 수식 2에 따라 과대재고비용 C_o 와 과소재고비용 C_u 는 다음과 같이 나타난다.

$$C_o = c - s = 10\text{만원} - 8\text{만원} = 2\text{만원}$$
$$C_u = p - c = 20\text{만원} - 10\text{만원} = 10\text{만원}$$

그러면, 임계율은

$$C_u/(C_o + C_u) = 10\text{만원}/(2\text{만원} + 10\text{만원}) = 0.8333$$

이 되고, 수식 4에 따라 최적 주문량 Q^* 는 $F(Q^*) = 0.8333$, 즉 임계율이 0.8333을 만족하는 주문량이 되어야 한다. 우선 표 5-1의 표준정규분포표를 이용하여 확률값 0.8333을 만족하는 점을 찾아보면 z=0.97일 때의 확률값이 0.8340으로 0.8333에 가장 가까움을 알 수 있다. 이렇게 얻어진 $z_\alpha = 0.97$ 을 이용하여 평균 9900, 표준편차 3700인 정규분포에 해당하는 주문량을 계산하면 수식 6을 이용하여 다음과 같이

$$Q^* = \mu + z_\alpha \cdot \sigma = 9,900 + 0.97 \times 3,700 = 13,489$$

임을 알 수 있다.

또한 정규분포표를 이용하지 않고도 수식 7을 이용하여 엑셀로 해당하는 값을 쉽게 찾을 수 있다. 엑셀의 NORM.S.INV 함수를 활용해보자. 여기서 함수에 넣는 값은 임계율이다. 즉,

엑셀명령어 : NORM.S.INV(0.8333)

위의 명령어를 엑셀에서 입력하면 $z_\alpha=0.967$ 이라는 값을 얻을 수 있다. 이는 표준정규분포표를 통해 구한 값 $z_\alpha=0.97$ 에 가까우면서도 더욱 정확한 값이다. z_α 값을 계산한 후에는 마찬가지로 수식 6를 이용하여 최적 주문량 Q^* 를 다음과 같이 구할 수 있다.

$$Q^*=\mu+z_\alpha\cdot\sigma=9,900+0.967\times3,700=13,477.9 \fallingdotseq 13,478$$

표준정규분포표를 이용하여 계산한 최적주문량 13,489와 엑셀을 통해 계산한 최적주문량 13,478은 z_α 의 값에 대한 소수점 자리수에 의해 약간의 차이가 발생한다. 대부분의 경우 표준정규분포표를 통한 근사값으로 충분하나, 정확한 계산이 필요하다면 엑셀 등의 컴퓨터 프로그램을 활용하는 편이 유리하다.

〈표 5-1〉 표준정규분포표

z	0	0.01	0.02	0.03	0.04	0.05	0.06	0.07	0.08	0.09
0	0.5000	0.5040	0.5080	0.5120	0.5160	0.5199	0.5239	0.5279	0.5319	0.5359
0.1	0.5398	0.5438	0.5478	0.5517	0.5557	0.5596	0.5636	0.5675	0.5714	0.5753
0.2	0.5793	0.5832	0.5871	0.5910	0.5948	0.5987	0.6026	0.6064	0.6103	0.6141
0.3	0.6179	0.6217	0.6255	0.6293	0.6331	0.6368	0.6406	0.6443	0.6480	0.6517
0.4	0.6554	0.6591	0.6628	0.6664	0.6700	0.6736	0.6772	0.6808	0.6844	0.6879
0.5	0.6915	0.6950	0.6985	0.7019	0.7054	0.7088	0.7123	0.7157	0.7190	0.7224
0.6	0.7257	0.7291	0.7324	0.7357	0.7389	0.7422	0.7454	0.7486	0.7517	0.7549
0.7	0.7580	0.7611	0.7642	0.7673	0.7704	0.7734	0.7764	0.7794	0.7823	0.7852
0.8	0.7881	0.7910	0.7939	0.7967	0.7995	0.8023	0.8051	0.8078	0.8106	0.8133
0.9	0.8159	0.8186	0.8212	0.8238	0.8264	0.8289	0.8315	0.8340	0.8365	0.8389

(3) 신문판매원모형의 재고비용과 기대이익

재고비용은 불확실한 수요로 인해 수요와 공급(주문량)의 불일치가 발생함에 따라 기업이 부담하게 되는 비용이다. 신문판매원모형에서 재고비용은 과대보유비용과 과소보유비용의 합으로 정의된다.

과대보유비용은 주문량이 고객의 수요보다 많을 때 발생한다. 즉, 주문량을 Q, 고객의 수요를 D로 나타내면 과대보유량(초과보유량)은 $Q\geq D$ 일 때 주문량과 수

요량의 차이 $Q-D$만큼이 되고, $Q-D$가 양수일 때 해당량에 대해서 과대보유비용이 발생한다. 반대로 과소보유비용은 주문량이 고객의 수요보다 적을 때 발생하며, 이는 $Q<D$ 인 경우이고, 과소보유량(부족량)은 $D-Q$가 된다. 마찬가지로, $D-Q$가 양수일 때만 해당량에 대해 과소보유비용이 발생한다.

과대보유량의 각 단위당 과대보유비용 C_o가 발생하고, 과소보유량의 각 단위당 과소보유비용 C_u가 발생하므로, 기대재고비용은 단위당 과대보유비용에 과대보유량의 기댓값을 곱한 값과 단위당 과소보유비용에 과소보유량의 기댓값을 곱한 값의 합으로 계산될 수 있다. 즉, 신문판매원모형에서 주문량이 Q일 때의 기대재고비용함수 $TC(Q)$는 다음과 같이 도출된다.

$$\begin{aligned} TC(Q) &= C_o \cdot (\text{과대보유량의 기댓값}) + C_u \cdot (\text{과소보유량의 기댓값}) \\ &= C_o \cdot \mathrm{E}[\max(Q-D,0)] + C_u \cdot \mathrm{E}[\max(D-Q,0)] \end{aligned} \quad \text{수식 8}$$

수식 8은 임의의 고객수요분포에 대해, 임의의 주문량에 대해 성립하는 계산식이다. 특수한 경우로서, 고객의 수요가 평균이 μ이고 표준편차가 σ인 정규분포를 따르는 경우, 주문량이 신문판매원모형의 최적재고량 Q^*일 때의 기대재고비용은 다음과 같이 간단하게 표현됨이 알려져 있다(Snyder & Shen, 2011).

$$TC(Q^*) = (C_o + C_u) \cdot \phi(z_\alpha) \cdot \sigma \quad \text{수식 9}$$

여기서 $\phi(x)$는 표준정규분포의 **확률밀도함수(probability density function)**를 의미하며 엑셀함수로는 NORM.S.DIST(x, FALSE)로 계산하거나, 〈표 5-2〉의 표준정규분포 확률밀도함수표에서 x에 해당하는 값을 직접 찾아서 구할 수 있다. z_α는 표준정규분포표에서 누적확률값 α에 해당하는 z값을 의미하고, 엑셀함수 NORM.S.INV(α)로 계산할 수 있다. 여기서 α는 신문판매원 모형의 임계율 $C_u/(C_o+C_u)$이다. 즉, $\phi(z_\alpha)$는 엑셀함수 NORM.S.DIST(NORM.S.INV($C_u/(C_o+C_u)$) , FALSE)로 계산된다. 이에 따라, 엑셀함수를 활용하면 최적재고량 Q^*일 때의 기대재고비용을 다음과 같이 계산할 수 있다.

확률밀도함수(probability density function)

$$TC(Q^*) = (C_o + C_u) \times \text{ NORM.S.DIST(NORM.S.INV}$$
$$(C_u/(C_o + C_u)),\ \text{FALSE} \ ) \times \sigma \qquad \text{수식 10}$$

그러면, 신문판매원모형의 기대이익은 정확한 수요를 알 수 있었다면 얻을 수 있었던 최대이익에서 재고비용을 뺀 값으로 계산된다. 만약 수요를 정확히 알 수 있다면 그 수요만큼을 주문하면 과대재고비용이나 과소재고비용이 없이 판매이익만을 얻을 수 있을 것이다. 단위당 판매이익은 판매가에서 생산단가를 뺀 $(p-c)$, 즉 C_u 이고(수식 2 참조), 수요의 기댓값은 μ 이므로, 수요를 미리 알 때의 이상적인 최대기대이익은

$$\text{수요를 미리 알 때의 이상적인 최대기대이익} = (p-c) \cdot \mu = C_u \cdot \mu \qquad \text{수식 11}$$

이 될 것이다. 그러나 현실적으로는 수요의 불확실성이 존재하여 수식 8만큼의 재고비용이 발생하므로, 이 비용만큼 이익이 감소하게 될 것이다. 즉, 수요의 불확실성으로 인한 기대재고비용을 감안하면 신문판매원모형의 기대이익은 다음과 같이 계산된다.

$$\begin{aligned} \text{기대이익} &= \text{수요를 미리 알 때의 최대기대이익} - \text{기대재고비용} \\ &= C_u \cdot \mu - TC(Q) \\ &= C_u \mu - \{C_o \cdot E[\max(Q-D,0)] + C_u \cdot E[\max(D-Q,0)]\} \end{aligned} \qquad \text{수식 12}$$

만약 수요가 정규분포를 따르고 주문량을 최적주문량 Q^* 로 하였다면 보다 단순한 수식 9가 적용될 수 있으므로, 기대이익은 다음과 같이 계산될 수 있다.

$$\begin{aligned} \text{기대이익} &= C_u \cdot \mu - TC(Q) \\ &= C_u \cdot \mu - (C_o + C_u) \cdot \phi(z_\alpha) \cdot \sigma \end{aligned} \qquad \text{수식 13}$$

다음의 예제 5.2에서는 J패션의 기대이익의 계산과정을 보여주고 있다.

예제 5.2 J패션의 등산복 판매 기대이익

J패션의 등산복 담당자는 신문판매원 모형을 적용하여 최적 주문량을 계산하였다. 담당자는 엑셀을 활용하였으며, 이에 따라 최적주문량을 13,478로 계산하였다. 이제 이만큼의 양을 T모직에 주문하였을 때, 얼마만큼의 이익을 얻을 수 있을지 추정해보려고 한다. 또한 수요예측의 불확실성 때문에 발생하는 비용이 얼마인지 알아보고자 한다.

〈풀이〉

수요가 정규분포를 따르고 신문판매원모형의 최적주문량을 적용하는 경우의 기대이익을 계산하는 것이므로, 기대재고비용과 기대이익을 각각 수식 9와 수식 13을 적용하여 계산할 수 있다.

먼저 기대재고비용을 계산한다. 수식 9로 계산해도 되고, 엑셀을 이용하여 수식 10으로 계산할 수도 있다.

수식 9를 적용해보자. 임계율 $\alpha = C_u/(C_o + C_u) = 0.8333$ 이고, 누적확률이 0.8333이 되는 z값을 표준정규분포표에서 찾으면 $z_\alpha = 0.97$ 임을 예제 5.1에서 이미 계산한 바 있다. 0.97에 해당하는 표준정규분포 확률밀도함수값을 〈표 5-2〉에서 찾아보면 0.2492이다. 따라서, 수식 9에 의해서

$$TC(Q^*) = (C_o + C_u) \cdot \phi(z_\alpha) \cdot \sigma = (2\text{만원} + 10\text{만원}) \times 0.2492 \times 3,700 = 11,064\text{만원}$$

이 된다. 만약 수식 10의 엑셀식을 사용하면

$$\begin{aligned} TC(Q^*) &= (C_o + C_u) \times \text{NORM.S.INV(NORM.S.DIST}(C_u/(C_o + C_u), \text{FALSE})) \times \sigma \\ &= (20000 + 100000) \times \text{NORM.S.DIST(NORM.S.INV(} 100000/(20000 + 100000)) \\ &\quad , FALSE\ ) \times 3700 \\ &= 11,093\text{만원} \end{aligned}$$

으로 나타난다. 엑셀을 사용한 경우 소수점 이하의 값을 보다 많이 사용하게 되어, 표를 통해 찾은 것보다는 좀 더 정확한 값을 얻을 수 있다.

그러면, 기대이익은 수식 13을 통해 쉽게 계산할 수 있다. 엑셀을 통해 계산한 기대재고비용 11,093만원을 활용해보자. 기대재고비용 11,093만원을 수식 13에 적용하면,

$$\begin{aligned} \text{기대이익} &= C_u \cdot \mu - TC(Q^*) \\ &= 10\text{만원} * 9900 - 11,093\text{만원} \\ &= 87,907\text{만원} \end{aligned}$$

이 된다. 즉, J패션은 최적주문량 13,478개를 주문함으로써 약 8.8억원의 이익을 기대할 수 있다.

〈표 5-2〉 표준정규분포 확률밀도함수표

z	0.00	0.01	0.02	0.03	0.04	0.05	0.06	0.07	0.08	0.09
0.0	0.3989	0.3989	0.3989	0.3988	0.3986	0.3984	0.3982	0.3980	0.3977	0.3973
0.1	0.3970	0.3965	0.3961	0.3956	0.3951	0.3945	0.3939	0.3932	0.3925	0.3918
0.2	0.3910	0.3902	0.3894	0.3885	0.3876	0.3867	0.3857	0.3847	0.3836	0.3825
0.3	0.3814	0.3802	0.3790	0.3778	0.3765	0.3752	0.3739	0.3725	0.3712	0.3697
0.4	0.3683	0.3668	0.3653	0.3637	0.3621	0.3605	0.3589	0.3572	0.3555	0.3538
0.5	0.3521	0.3503	0.3485	0.3467	0.3448	0.3429	0.3410	0.3391	0.3372	0.3352
0.6	0.3332	0.3312	0.3292	0.3271	0.3251	0.3230	0.3209	0.3187	0.3166	0.3144
0.7	0.3123	0.3101	0.3079	0.3056	0.3034	0.3011	0.2989	0.2966	0.2943	0.2920
0.8	0.2897	0.2874	0.2850	0.2827	0.2803	0.2780	0.2756	0.2732	0.2709	0.2685
0.9	0.2661	0.2637	0.2613	0.2589	0.2565	0.2541	0.2516	0.2492	0.2468	0.2444

5.2 위치 통합 및 제품통합 전략

위치통합(location pooling)

지금까지 우리는 수요의 불확실성에 대비하여 최적의 주문량을 결정하는 신문판매원 모형에 대해 학습하였다. 하지만 공급사슬에서 수요의 불확실성은 신문판매원 모형이 가정하는 것보다 훨씬 복잡한 양상을 보인다. 실제 기업은 최종 고객에게 제품을 공급하기 위해 여러 지점으로 세분되어 있으며, 이들은 각각 신문판매원과 같이 행동하게 된다. 또한, 하나의 기업은 여러 가지 제품을 동시에 취급하곤 한다. 예를 들어, 신문은 여러 회사의 것들이 있으며, 그 어떤 신문가판대도 단일 종류의 신문을 판매하지는 않는다. 본 절에서는 이러한 다지역, 다품종으로 이루어진 공급사슬에서 수요의 불확실성에 대비하는 전략으로 위치통합(location pooling)과 제품통합(product pooling)전략에 대해 학습한다.

5.2.1 공급사슬의 위치통합(location pooling) 전략

다음 사례에서 D 사는 두 개의 물류창고를 하나로 통합하여 두 지점에서 각각 고객의 수요를 관리하는 대신 하나의 통합창고에서 두 지점의 수요를 동시에 관리하는 방안을 고려하고 있다. 공급사슬에서는 소비자의 수요의 크기와 위치에 따라 많은 소매상 또는 지점이 존재하는 경우가 대부분이라 D 사의 경우와 같이 두 개 이상의 지점을 두는 것은 일반적으로 자주 관찰할 수 있다. 이와 같이 많은 지점을 두는 경우 각 지점으로부터 고객의 최종 수요지까지의 거리를 단축시킬 수 있어 고객이 용이하게 지점으로 접근할 수 있고, 그만큼 구매를 쉽게 유도할 수 있게 된다.

하지만 여러 지점을 두는 것이 항상 장점만 있는 것은 아니다. 예를 들어, 의류는 다양한 디자인 및 사이즈가 존재하므로 여러 지점에서는 고객의 수요에 대비하여 다양한 디자인의 의류를 다양한 색깔 및 사이즈에 대하여 재고를 보유하고 있게 된다. 그러나 이러한 경우에도 같은 디자인의 옷에 특정 사이즈가 품절되는 경우를 자주 관찰할 수 있다. 이처럼 여러 지점을 두는 것이 고객이 쉽게 접근할 수 있게 하는 장점이 있지만, 각 지점이 다양한 종류의 디자인과 사이즈의 의류 재고를 보유하는 것은 많은 부담이 될 수 있다. 만약 여러 개의 지점을 통합하여 하나의 큰 지점을 관리하게 된다면 고객으로부터의 접근성은 떨어지더라도 많은 양과 종류의 의류를 보유하여 고객이 찾는 제품이 품절될 가능성을 줄일 수도 있다. 본 장에서는 두 전략의 장단점을 재고관리비용의 측면에서 비교하여 본다.

예제 5.3 D 제지의 창고 통합관리

D 제지는 수도권에 A4용지를 공급하는 중견 업체이다. 이 업체는 수도권 및 경기도로 원활히 용지를 공급하기 위해 경기도 북부에 한 개, 남부에 한 개의 물류센터를 가지고 있다. D 제지로부터 용지를 받아서 거래하는 업체는 모두 1,000여 개이며, 각 업체들은 경기 북부 또는 남부 중 하나의 물류센터에 할당되어 그 센터에서만 제품을 공급받고 있다. 경기 북부 및 남부 물류센터는 경기도 남부에 있는 제지공장에서 직접 제품을 공급받고 있으며, 물류센터에서 용지를 주문하였을 때, 용지의 생산 및 입고까지는 약 1주일 정도가 걸리는 것으로 알려져 있다. 제지업종은 무척 경쟁이 치열하여, D 제지와 거래하는 거의 대부분의 업체는 다른 제지사와도 거래를 하고 있으며, 만약 D 제지의 물류센터에서 원하는 물량이 충족이 되지 않을 때는 D 제지의 용지를 공급받기 위해 기다리지 않고, 바로 경쟁 제지사의 물류센터에 연락하여 원하는 주문량을 공급받는 편이다. 현재 각 물류센터는 각각 고객의 주문량에 대해 97% 정도의 서비스 수준을 달성하는 것을 목표로 재고를 관리하고 있다.

D 제지는 과거의 물류센터별 수요 데이터를 분석하여, 고객의 수요는 정규분포를 따를 것으로 생각하고 있다. 경기 북부 센터의 경우, 평균 35, 표준편차 10을 따르는 정규분포가 고객의 수요를 가장 잘 설명하는 것으로 나타났고, 경기 남부 센터의 경우 평균 37, 표준편차 11의 정규분포를 따르는 것으로 파악되었다. 두 센터의 수요는 서로 독립적인 것으로 나타났다. 또한 한 컨테이너의 용지를 보관하는 데는 연간 2,800원의 보유비용이 소요되고, 공장으로부터 주문을 할 때마다 운송비로 약 46만 원이 소요된다. 현재 회사는 고객 주문의 97%는 최소한 만족시킬 수 있는 양의 재고 수준을 유지하고자 하고 있다.

D 제지는 물류센터의 관리비용을 절감하기 위하여 경기 북부 센터를 폐지하고, 경기 남부의 창고를 확장하여 하나의 통합물류센터를 만드는 것을 고민하고 있다. 통합물류센터를 통해 재고 절감의 효과를 기대하고 있다. 하지만 하나의 통합센터를 만들게 되면 전체적으로 운송 거리가 증가하여 종이박스당 평균 운송비는 1만 500원에서 1만 1,200원으로 오를 것으로 예상하고 있다. 또한, 통합센터를 만들기 위해서는 경기 남부 물류센터를 확장해야 하여 이 공사비를 포함하고도 통합센터를 유지해야 하는지 궁금하다. D 제지는 과연 하나의 통합 물류센터를 만드는 것이 고객의 서비스 수준을 향상시킬 수 있는지, 그리고 같은 서비스 수준을 유지하기 위한 재고비용을 감소시킬 수 있는지, 또 이들 비용이 경기 남부 물류센터의 확장비용을 상쇄할 수 있는 투자인지도 조사를 하고자 한다.

(1) 위치통합 시스템의 재고비용

위치통합 전략의 분석은 다양한 모형을 통해 가능하다. 본 절에서는 우선 확률적 재주문점 모형을 예를 들어 위치통합 전략의 장단점을 계산해 본다. 즉, 본 장에서는 재주문점 모형의 예를 들어 위치통합이 적용되지 않은 분산 시스템의 재고보유비용을 구하고, 이를 위치통합이 적용된 재고보유 및 추가 운송비용과 비교하여 본다. 각 지점은 확률적 재주문점 모형을 사용하여 재고를 관리한다고 가정하여 보자. 제2장에서 우리는 확률적 재주문점 모형에서의 재주문점 및 최적 주문량을 계산하는 방법을 관찰하였다. 이때 정확한 최적 주문량의 계산은 무척 복잡하기 때문에 본 장에서는 논의를 쉽게 하기 위하여 각 지점은 먼저 평균적인 수요에 대하여 경제적 주문량(EOQ)을 계산하여 이를 주문량으로 사용한다고 가정한다. 또한 재주문은 주문한 제품의 양이 정해진 서비스 수준을 지킬 수 있는 안전재고량에 도달하였을 때 이루어진다고 가정한다. 마지막으로 고객의 수요는 정규분포를 따르고 있다고 가정한다.

이상과 같은 확률적 재주문점 모형을 위에서 관찰한 D 제지의 예제에 적용시켜보자. 위치 통합을 적용하지 않고 두 개의 물류센터를 관리하는 경우 재고비용을 계산하여 보자. 편의상 시간단위는 주로, 금액단위는 만원으로 하자. 두 센터에 공통적으로 주문인도기간 $L=1$, 주당 단위당 재고유지비 $h=0.28$, 일회주문비 $K=46$이다. 두 센터의 수요가 정규분포를 따르므로, 서비스 수준 $\alpha=97\%$일 때 $z_\alpha \approx 1.9$ 임을 이용한다 (엑셀에서 NORM.S.INV(0.97)=1.9로 계산 가능).

먼저, 경기 북부 센터의 수요는 평균 $\mu_1=35$, 표준편차 $\sigma_1=10$인 정규분포를 따르므로,

$$R_1 = \mu_1 \cdot L + z_\alpha \cdot \sigma_1 \cdot \sqrt{L} = 35 \times 1 + 1.9 \times 10 \times 1 = 54 \qquad \text{수식 14}$$

이다. 또한 경기 북부 센터의 경제적 주문량은

$$Q_1 = \sqrt{\frac{2 \cdot K \cdot \mu_1}{h}} = \sqrt{\frac{2 \cdot 46 \cdot 35}{0.28}} = 107 \qquad \text{수식 15}$$

임을 알 수 있다. 이때 두 물류센터의 평균 재고는 각 센터의 경제적 주문량의 1/2와 재주문시점의 안전재고의 합으로 계산된다 (2.3.4항 참고). 따라서 경기 북부의 평균 재고는 107/2+19=72.5개이다. 또한 주간 평균 운송비는 주간 평균수요 35에 대하여 단위당 1만 500원의 수송비를 곱하면 36.8만원이다.

경기 남부 물류센터의 주문 시점 및 주문량도 동일한 방법으로 다음의 수식 16, 17과 같이 계산될 수 있다. 경기 남부 센터의 수요는 평균 $\mu_1 = 37$, 표준편차 $\sigma_1 = 11$ 인 정규분포를 따르므로,

$$R_2 = \mu_2 \cdot L + z_\alpha \cdot \sigma_2 \cdot \sqrt{L} = 37 \times 1 + 1.9 \times 11 \times 1 = 58 \qquad \text{수식 16}$$

$$Q_2 = \sqrt{\frac{2 \cdot K \cdot \mu_2}{h}} = \sqrt{\frac{2 \cdot 46 \cdot 37}{0.28}} = 110 \qquad \text{수식 17}$$

이 되어, 경기 남부의 평균 재고는 110/2+21=76.0개로 계산된다. 따라서 두 지점의 평균 재고의 합은 72.5+76=148.5이다. 또한 경기 남부의 주간 평균 운송비는 주간 평균수요 37에 대하여 1만 500원의 운송비를 곱하면 38.9 만원이므로, 두 지점의 운송비의 합은 36.8+38.9=75.7만원이다.

이제 경기 남부 통합센터 하나만을 유지할 때의 비용을 고려해보자. 통합된 하나의 물류센터(첨자 0으로 표현)를 유지한다면 통합 센터의 평균수요는 각 센터의 평균수요의 합으로 나타나,

$$\mu_0 = \mu_1 + \mu_2 = 35 + 37 = 72 \qquad \text{수식 18}$$

가 된다. 또한, 통합 센터의 수요의 표준편차는 두 센터 수요가 독립이므로,

$$\sigma_0 = \sqrt{\sigma_1^2 + \sigma_2^2} = \sqrt{10^2 + 11^2} = 14.9 \qquad \text{수식 19}$$

이 된다. 즉, 통합 센터의 고객 수요는 평균 $\mu_0=72$, 표준편차 $\sigma_0=14.9$인 정규 분포를 따른다. 이에 따라,

$$R_0=\mu_0 \cdot L+z_\alpha \cdot \sigma_0 \cdot \sqrt{L}=72\times1+1.9\times14.9\times1=100 \qquad \text{수식 20}$$

이며, 경제적 주문량은

$$Q_0=\sqrt{\frac{2\cdot K\cdot \mu_0}{h}}=\sqrt{\frac{2\times46\times72}{0.28}}=154 \qquad \text{수식 21}$$

과 같이 계산된다. 이때 평균재고는 154/2+28=105이며, 주간 평균 운송비용은 통합센터의 주간 평균 수요 72에 대하여 단위당 운송비 1만 1200원을 곱하면 80.6만원이다.

이제 두 센터를 유지하는 경우와 통합 센터를 유지하는 경우의 재고 및 운송비를 비교해보자. 경기북부와 남부의 평균재고 합은 148.5인데 반해, 통합센터의 평균재고는 105에 불과하다. 따라서 평균재고의 차 43.5(=148.5−105)에 주당 단위당 재고보유비 2,800원을 곱하면 통합 센터에서 재고 보유비가 매주 12.2만원 절감됨을 알 수 있다. 주간 평균 운송비는 경기북부와 남부의 합이 75.7 만원인데 반해 통합센터는 80.6만원이므로 통합시스템의 운송비가 4.9만원 더 소요된다. 재고보유비와 운송비를 모두 고려하면 매주 7.3만원(12.2−4.9)의 비용이 통합시스템을 운영할 때 절감될 수 있다. 아래 표에 위의 계산 결과를 요약하였다.

〈표 5-3〉 D 제지의 통합센터 건축 계획의 비용 계산결과

	경제적 주문량	안전 재고	재주문점	평균 재고	평균 재고보유비 (만원)	평균 운송비 (만원)	주당 총 평균비용 (만원)
경기 북부	107	19	54	72.5	20.3	36.8	117.3 (개별센터 운영)
경기 남부	110	21	58	76.0	21.3	38.9	
통합 센터	154	28	100	105	29.4	80.6	110.0 (통합센터 운영)

이때 비용 절감액은 두 센터의 평균재고의 합보다 통합 센터 하나의 평균재고가 적어지면서 발생한다. 이 사례에서는 통합센터의 평균 재고(105)는 두 센터를 유지할 때의 평균재고 148.5에 비해 29% 감소되었고, 이에 따라 총비용도 결과적으로 7.3만원 감소하게 되었다.

현재 절감비용은 단위 기간 동안에 평균적으로 이루어지는 금액임을 주목하자. 즉, 비용절감은 한번 발생하는 것이 아니라, 시간이 흐름에 따라 지속적으로 발생한다. 따라서 통합센터가 오래 유지되면 될수록 비용절감이 커지게 되고, 통합에 필요한 공사비를 상쇄할 가능성이 커진다. D 제지의 관리자는 따라서 어느 정도 기간 동안 통합 센터를 운영할 것인지, 그리고 한 번에 절감되는 비용에 비하여 공사비가 얼마인지를 계산하여 공사비가 상쇄되는 데 필요한 기간보다 운영 기간이 길 것인지를 비교하면 원하는 답을 얻을 수 있다.

(2) 위치통합의 효과

통합(pooling)의 장점은 [그림 5-4]를 보면 쉽게 이해할 수 있다. 왼쪽의 시스템은 기존의 2개 물류센터를, 오른쪽의 시스템은 1개의 통합물류센터를 의미한다. 2개의 물류 센터를 관리하는 경우 각각 현재 100개 및 200개의 재고를 가지고 있다고 가정해 보자. 이때 100개의 재고를 가지고 있는 물류센터에 80개의 주문이 들어왔다면 주문된 제품을 배송한 후 물류센터에는 20개의 재고가 남게 되며, 해당 개수만큼의 재고보유비가 발생하게 된다. 또한, 200개의 재고를 가지고 있는 물류센터에 210개의 주문이 발생한다면 이번에는 10개의 재고 부족이 나타나게 되고, 10개만큼의 판매 기회를 잃어버리게 된다.

오른쪽과 같이 통합물류센터에 총 300개의 재고를 보관하고 있는 경우에는 기존 센터 20개의 재고와 10개의 부족분을 서로 상쇄하여, 전체 재고를 10으로 유지하여 재고보유비를 절감하면서도 부족분이 발생하지 않는 이점이 생긴다. 이같이 통합센

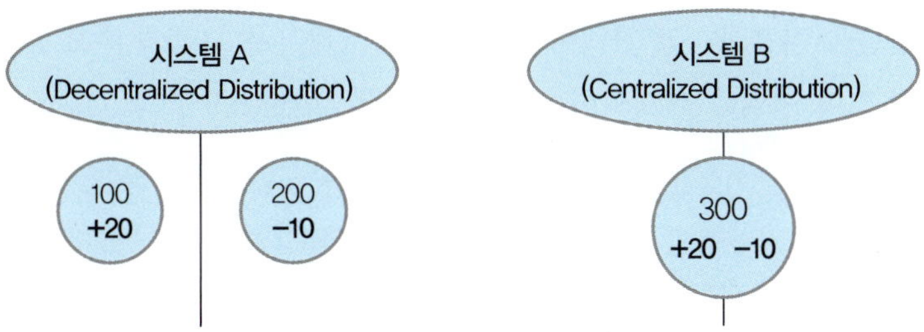

[그림 5-4] 통합의 효과

터는 한 센터의 남는 재고와 다른 센터의 부족분을 상쇄할 수 있다는 장점이 있어, 같은 재고 수준으로도 더 높은 서비스 수준 및 더 적은 재고비용을 지출할 수 있다.

통합은 수요의 변동성을 줄여주는 대신, 운송비를 늘리는 경향이 있다. 앞의 D 제지 예에서 보듯이 경기 남부 통합센터 하나를 유지하게 되면, 경기 남 · 북부 두 개의 물류센터를 유지할 때보다 평균적으로 더 긴 운송 거리를 가지게 된다. 이는 평균적으로 더 많은 운송시간이 걸림을 의미하기도 한다. 따라서 비록 물류센터에 보관하는 평균재고는 줄일 수 있다고 하더라도 실제 고객에게 전달하는 시간 및 비용은 통합센터 쪽이 더 불리하다.

통합센터는 기존의 두 센터 각각보다는 훨씬 큰 규모를 지녀야 하므로 이때의 공사비용 및 각종 관리비가 절감되는지도 따져 보아야 한다. 예를 들어, 센터 통합에 따른 초기투자비용과 규모 증가에 따른 관리복잡성 증대로 인한 비용이 소요되는 한편으로 통합 센터에서는 관리 조직의 통합, 장소의 통합 등으로 인해 규모의 경제에 따른 비용 절감 효과를 기대할 수도 있기 때문에 보다 면밀히 비용을 따지고 검토하는 것이 필요하다.

5.2.2 공급사슬의 제품 통합 전략

제품통합(product pooling)

앞에서 살펴본 위치통합이 여러 지역에 대한 수요의 통합을 다룬 반면 **제품통합(product pooling)**은 다품종 제품의 각 수요에 대한 불확실성을 통합하여 위험을 줄이는 전략이다. 앞 절의 위치통합 전략은 확률적 재주문점 모형의 예를 들었으므로 본 절의 제품통합 전략에서는 신문판매원 모형을 예로 들어보자.[1)]

제품통합을 이해하기 위해 신문판매원으로 구성된 두 제품의 유통망을 생각해보자. 논의를 쉽게 하기 위해 두 제품의 고객 수요분포는 동일하다고 가정하자. 또한 두 제품 수요는 서로 연관이 되어 있으며, 이를 두 수요의 상관계수 ρ로 나타낸다.

[그림 5-5]는 공급자가 두 제품을 따로 생산하여 관리하는 모형이다. 공급자가 생산하는 제품 1과 제품 2의 소매상이 각각 존재하며, 이들이 신문판매원 모형을 통해 주문량을 결정한다고 가정하자. 이때 각 소매상은 고객의 수요 D_1과 D_2를 맞아 자신의 기대 이익을 최대화하는 주문량을 결정한다.

1) 수요의 형태에 따라 위치통합전략도 신문판매원 모형으로, 제품통합전략도 확률적 재주문점 모형으로 분석할 수 있다.

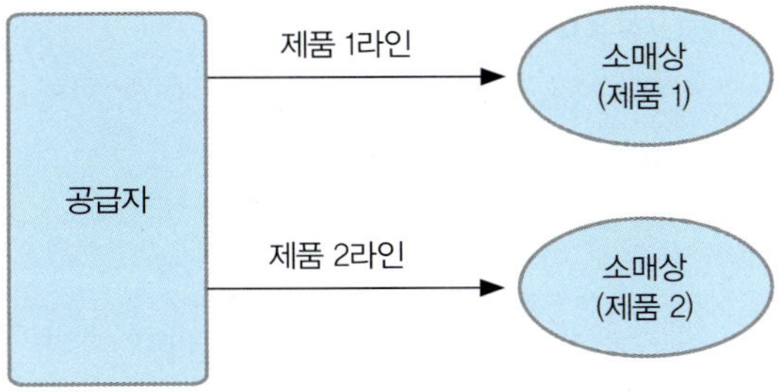

[그림 5-5] 제품별 개별 재고관리의 예

두 제품 모두 서비스 수준을 α로 유지하고 싶다고 가정하자. 이때 고객의 수요가 모두 정규분포를 따르는 경우 소매상 $i(i=1, 2)$의 수요는 평균 μ_i, 표준편차 σ_i인 정규분포를 따른다. 이때, 소매상 i가 Q_i 만큼의 주문을 한 경우 신문판매원 모형에서 소매상 i의 기대 비용 $TC_i(Q_i)$는 이전에 설명한 수식 8을 적용하면, 과소보유비용 C_0와 과소보유비용 C_u를 이용하여 다음 수식 22와 같이 계산된다.

$$TC_i(Q_i) = C_o \cdot E[\max(Q_i - D_i, 0)] + C_u \cdot E[\max(D_i - Q_i, 0)], \ \ i=1,2 \quad \text{수식 22}$$

앞에서 5.1.2의 수식 9에서 살펴본 바와 같이, 고객의 수요가 정규분포를 따르는 경우 서비스 수준을 α로 유지하는 최적주문량 Q_i^*가 적용된 기대비용은 수식 23과 같이 간단히 정리될 수 있음을 았다.

$$TC_i(Q_i^*) = (C_o + C_u) \cdot \phi(z_\alpha) \cdot \sigma_i, \ \ i=1,2 \quad \text{수식 23}$$

여기서 $\phi(t)$는 표준정규분포의 확률밀도함수(probability density function)를 의미하며, α는 신문판매원 모형의 임계율이다. 이를 통해 고객의 수요가 정규분포를 따르는 경우 신문판매원 모형의 최적주문량을 주문할 때의 기대재고비용은 고객수요의 평균이 아니라 단지 표준편차에 의해서만 영향을 받음을 알 수 있다.

이러한 경우 신문판매원을 따르는 두 소매상이 각자 최적주문량으로 주문하는 경우의 두 소매상 기대재고비용의 합을 TC_D라 하자. 이때, TC_D의 값, 즉 기대재고비용의 합은 수식 24와 같이 계산된다.

$$TC_D = TC_1(Q_1) + TC_2(Q_2)$$
$$= (C_o + C_u)\cdot\phi(z_\alpha)\cdot\sigma_1 + (C_o + C_u)\cdot\phi(z_\alpha)\cdot\sigma_2 \qquad \text{수식 24}$$
$$= (C_o + C_u)\cdot\phi(z_\alpha)\sum_{i=1}^{2}\sigma_i$$

이제 공급자가 두 제품을 통합하여 하나의 범용(universal) 제품으로 재설계를 했다고 가정하자. 이 제품은 제품 1의 고객 및 제품 2의 고객을 동시에 만족시켜 줄 수 있다. 이러한 경우 공급자는 통합제품 U만 관리하면 두 소매상에게 제품을 동시에 공급할 수 있다. [그림 5-6]은 범용 제품 설계를 통해 제품통합을 한 경우의 제품관리 개념도이다.

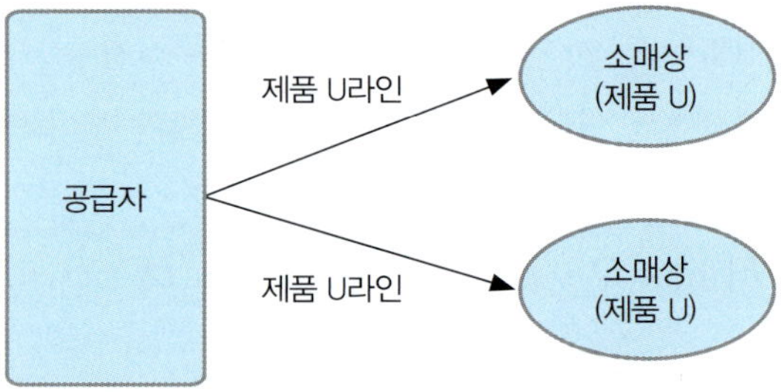

[그림 5-6] 제품통합의 예

제품이 통합되기 전에는 제품 1의 남는 재고를 제품 2에 바로 사용할 수 없었지만, [그림 5-6]에서 보는바와 같이 이제는 통합 제품을 관리하기 때문에 한 소매상에서 남는 제품을 다른 소매상에 바로 공급할 수 있게 된다. 이것은 수식으로도 확인할 수 있다. 두 제품을 통합 설계하여 한 제품으로 관리할 때 고객의 수요는 $D_1 + D_2$의 분포를 따르게 된다. 두 수요가 정규분포를 따르며, 두 수요 사이의 상관계수가 ρ_{12} 라고 하자. 이때 통합 제품의 고객수요를 평균 μ_C, 표준편차 σ_C 로 나타내기로 하면, 수식 25와 같이 통합 제품에 대한 고객수요의 평균과과 표준편차를 계산할 수 있다.

$$\mu_C = \mu_1 + \mu_2 = \sum_{i=1}^{2}\mu_i \qquad \text{수식 25}$$
$$\sigma_C = \sqrt{\sigma_1^2 + \sigma_2^2 + 2\cdot\sigma_1\cdot\sigma_2\cdot\rho_{12}} = \sqrt{\sum_{i=1}^{2}\cdot\sigma_i^2 + 2\cdot\sigma_1\cdot\sigma_2\cdot\rho_{12}}$$

통합시스템의 총 기대재고비용을 TC_C로 나타내기로 하자. 통합제품에 대하여도 신문판매원 모형을 적용하여 최적의 주문량 Q_C^*를 결정할 수 있을 것이다. 통합제품의 고객수요도 정규분포를 따르므로, 만약 통합제품에 대해 최적주문량 Q_C^*만큼을 생산하면 수식 9를 적용하여 통합제품의 재고비용 TC_C를 다음과 같이 계산할 수 있다.

$$\begin{aligned} TC_C(Q_C^*) &= (C_0 + C_u)\cdot\phi(z_\alpha)\cdot\sigma_C \\ &= (C_0 + C_u)\cdot\phi(z_\alpha)\cdot\sqrt{\sum_{i=1}^{2}\sigma_i^2 + 2\cdot\sigma_1\cdot\sigma_2\cdot\rho_{12}} \end{aligned} \qquad \text{수식 26}$$

수식 24와 26을 비교해보면 개별제품과 통합제품의 재고비용을 비교할 수 있다. 수식 24과 26의 앞부분 $(C_o + C_u)\phi(z_\alpha)$는 공통이고, 여기에 곱해지는 값을 각각 제곱하여 비교하면

$$\left(\sum_{i=1}^{2}\sigma_i\right)^2 \geq \sum_{i=1}^{2}\sigma_i^2 + 2\cdot\sigma_1\cdot\sigma_2\cdot\rho_{12} \qquad \text{수식 27}$$

임을 쉽게 알 수 있다.[2] 따라서, 제품을 통합하여 재고를 관리할 때의 총 기대비용이 항상 제품마다 개별적으로 재고를 관리할 때의 총 기대재고보유비용보다 작음을 알 수 있다.

$$TC_C \leq TC_D \qquad \text{수식 28}$$

가 된다. 예제를 통해 살펴보자.

예제 5.4 **제품통합효과의 예**

A사는 두 가지 종류의 특화된 제품과 한 가지 범용 제품을 판매하는 경우의 평균 재고비용을 비교하고자 한다. 모든 제품은 판매가 10,000원, 공급가 3,000원, 그리고 미판매 시 잔존가치는 0원이다. 두 종류의 특화된 제품 판매 시 각 제품당 고객의 수요는 평균 1,000, 표준편차 300인 정규분포를 각각 따르며, 두 제품 수요는 서로 독립이다 (상관계수 $\rho=0$). 범용 제품의 수요는 두 특

2) 여기서는 두 개의 제품에 대해 비교하였지만, 임의의 N개의 제품에 대해서도 동일한 비교가 성립한다.

화 제품별 수요의 합이 될 것으로 예측하고 있다.

(1) 두 종류의 특화 제품 출시시 주문량의 합은? 그리고 범용제품 출시시 주문량은?

각 제품별 과소보유비용(C_u)은 7,000 (=10,000−3,000), 과대보유비용(C_o)은 3,000 (=3,000−0)으로 계산된다. 따라서 임계율

$$\alpha = \frac{C_u}{C_o + C_u} = \frac{7,000}{3,000+7,000} = 0.7$$

그리고 $z_\alpha = 0.5244$ 로 계산된다 (엑셀에서는 NORM.S.INV(0.7)을 이용해 계산).

따라서 제품별 최적 주문량은

$$Q_1^* = Q_2^* = \mu + \sigma \cdot z_\alpha = 1,000 + 300 \times 0.5244 = 1157.3$$

가 된다.

한편 범용 제품에 대해 분석해보자. 두 수요의 합은 정규분포를 따르며, 평균은 2,000(=1,000+1,000)이고 표준편차는 424.3 ($= \sqrt{300^2 + 300^2}$)이다. 통합제품에 대해서도 C_o, C_u가 동일하여 $\alpha = 0.7$, $z_\alpha = 0.5244$가 적용되므로, 범용 제품의 최적주문량은

$$Q_c^* = 2,000 + 424.3 \times 0.5244 = 2,222.5$$

이다. 계산 결과에서 나타난 바와 같이, 범용 제품의 주문량(2,222.5)은 특화 제품 주문량 합 (2314.6= 1157.3×2)에 비해 4% 작다.

(2) 특화 제품과 범용 제품 출시 별 기대 재고비용을 비교하면?

신문판매원모형에서 수요가 정규분포일 때 최적 기대 재고비용에 관한 식을 활용한다.

우선 개별 제품 판매 시 기대 재고비용은 아래와 같다.

$$\begin{aligned} TC_D &= (C_o + C_u)\phi(z_\alpha) \cdot \sum_{i=1}^{2} \sigma_i \\ &= 10,000 \times 0.3477 \times (300 + 300) = 2,086,200 \end{aligned}$$

또한, 범용 제품 판매 시 기대 재고비용은

$$\begin{aligned} TC_D &= [(C_o + C_u)\phi(z_\alpha)] \cdot \sqrt{\sigma_1^2 + \sigma_2^2 + 2\sigma_1\sigma_2\rho} \\ &= 10,000 \times 0.3477 \times \sqrt{300^2 + 300^2} = 1,475,166 \end{aligned}$$

으로 계산된다. 따라서 통합제품 판매 시 개별 제품 판매보다 29.3%의 재고비용 절감을 이룰 수 있다.

(3) 특화 제품과 범용 제품 출시 별 기대 이익을 비교하면?

기대이익은 수식 12에서와 같이 이상적 최대기대이익인 $C_u\mu$ 에서 기대재고비용을 뺀 값으로 계산된다. 먼저 특화제품 1, 2 각각에 대한 기대이익을 Π_1, Π_2 로 나타내면

$$\Pi_1 = C_u \cdot \mu_1 - TC_1$$
$$\Pi_2 = C_u \cdot \mu_2 - TC_2$$

와 같으므로, 특화제품 판매에 따른 총 기대이익 Π_D 는 다음과 같이 계산된다.

$$\begin{aligned}\Pi_D &= \Pi_1 + \Pi_2 \\ &= (C_u \cdot \mu_1 - TC_1) + (C_u \cdot \mu_2 - TC_2) \\ &= C_u \cdot (\mu_1 + \mu_2) - TC_D \\ &= 7,000 \times (1,000 + 1,000) - 2,086,200 \\ &= 11.913.800\end{aligned}$$

한편, 범용제품에 대한 기대이익을 Π_C 라 하면,

$$\begin{aligned}\Pi_C &= C_u \cdot \mu_C - TC_D \\ &= 7,000 \times 2,000 - 1,475,166 \\ &= 12,524,834\end{aligned}$$

로 계산된다. 둘을 비교하면, 범용제품을 통해 특화제품의 총이익에 비해 5.1%의 이익을 추가로 기대할 수 있다.

요약

- 공급사슬에서 고객 수요의 예측에는 불확실성이 존재할 수 있다.
- 고객 수요의 불확실성하에서 과대보유비용 및 과소보유비용의 균형 주문점을 구하는 모형을 신문판매원 모형이라 한다.
- 여러 지점이나 여러 제품에 분산된 고객의 수요를 하나로 통합하는 수요통합 전략을 통해 재고관리비용을 절감할 수 있다.

연·습·문·제

1. J패션은 올해 등산복 판매 시즌에 대비하기 위해 등산복 생산량을 결정해야 한다. J패션은 올해 등산복의 수요가 균일분포(uniform distribution)로 [50만,100만]개를 따르며, 과대보유비용은 개당 10만 원, 과소보유비용은 개당 15만 원이라고 할 때, 신문판매원 모형을 이용한 최적 주문량은?

2. 신문판매원 모형은 고객 수요의 불확실성에 대비하는 적절한 재고보유량을 계산할 수 있도록 해주지만, 그 가정이 모두 현실적인 것은 아니다. 신문판매원 모형을 다양한 현실 사례에 맞게 확장한다면 어떤 것을 할 수 있을지 생각해보시오.

3. 여러 장소에 분산된 지역 상점을 하나로 모아서 관리할 때, 재고관리 관점에서 비용을 절감할 수 있다. 두 지점으로 이루어진 지역 상점의 통합을 고려해 보자. 각 지점당 고객의 수요가 정규분포를 따르며 첫 번째 지점의 수요는 평균 100과 표준편차 10, 두 번째 지점의 수요는 평균 120과 표준편차 8로 알려져 있다. 두 수요의 상관계수가 0.5라고 가정하자. 과대보유비용은 개당 10, 과소보유비용은 개당 15이며 각 지점이 신문판매원 모형을 사용한다면 이때 두 지점을 통합하는 경우 절감할 수 있는 평균 재고비용은 얼마인가?

참·고·문·헌

연합뉴스 (2021). "눈썰매 파실 분 구해요"…대형마트 · 온라인몰서 품절 사태. 연합뉴스. 2021.1.7.

Cachon, G. & Terwiesch, C.(2013). Matching Supply with Demand, McGraw-Hill, New York.

IDC (2024), The rise of gen AI smartphones. https://blogs.idc.com/2024/07/05/the-rise-of-gen-ai-smartphones/

Simchi-Levi, D., Kaminsky, P., & Simchi-Levi, E.(2007). Designing & Managing the Supply Chain: Concepts, Strategies & Case Studies, 3rd Ed., McGraw-Hill, New York.

Snyder, L. V., & Shen, Z. M.(2011). Fundamentals of supply chain theory, Wiley.

6

CHAPTER

공급사슬 의사결정의 조정과 계약

학습 목표

- 공급사슬의 계약형태가 각 지점의 의사결정에 미치는 영향을 학습한다.
- 다계층 공급사슬에서 전체 이익을 최대화하기 위한 계약의 형태를 학습한다.

사례

"제2의 롤스로이스 성과 공유 사례 만든다"…대 · 중소기업 상생 협력 제도 마련

당정, '대 · 중소기업이 함께하는 협력이익공유제 도입'

영국의 '롤스로이스'는 에어버스용 엔진 개발을 위해 협력사들과 1조 원 규모의 연구 · 개발(R&D) 자금을 조성했다. 롤스로이스는 협력사별로 투자비용에 비례해 납품단가를 반영하고, 30년간 판매수입을 배분하는 방식으로 계약을 체결했다. 이후 롤스로이스와 협력사들은 세계 최정상급 엔진개발에 성공했고, 롤스로이스는 세계 엔진 시장점유율 2위 기업으로 성장했다.

인도의 '인피니트 컴퓨터 솔루션'은 '후지쓰'와 위험수익 공유계약을 체결했다. 인피니트 사는 소프트웨어(SW) 개발 가격의 60%만 받고, 40%는 후지쓰사의 판매수입과 연동해 보상받기로 했다.

정부가 기존 성과공유제를 보완한 새로운 이익공유모델을 도입한다. 기존 제조업 중심의 성과공유제가 중소기업에 돌아가는 실질적인 혜택이 제한적인 데다, 유통과 정보기술(IT), 플랫폼 서비스 등 새로운 산업에 적용되기 어렵기 때문이다.

정부와 여당은 6일 당정협의를 개최하고, 이같은 내용이 담긴 '대 · 중소기업이 함께 하는 협력이익공유제 도입계획'을 논의했다.

협력이익공유제는 대 · 중소기업 간, 중소기업 상호 간 또는 위 · 수탁기업 간 공동 노력을 통해 달성한 협력 이익을 재무적 성과와 연계해 사전에 약정한 바에 따라 공유하는 계약 모델을 말한다. 기업이 자율적으로 이 제도를 도입하면, 정부는 세제 혜택 등 인센티브를 지원하는 방식이다.

이날 당정은 협력이익공유제를 확산하기 위한 인센티브 지원 근거를 마련키로 했다. 지난 2016년부터 조배숙 의원과 김경수 의원, 심상정 의원, 정재호 의원이 발의한 '상생협력법'을 묶어 협력이익공유제의 대안을 마련하고, 입법을 위해 긴밀히 협력기로 했다.

법안이 통과되면 정부는 협력이익공유제를 도입한 기업에 △손금인정 10%, 법인세 세액공제 10%, 투자 · 상생협력촉진세제 가중치 등 '세제 3종 패키지' △수 · 위탁 정기 실태조사 면제 △동반성장평가 · 공정거래협약 평가 우대 등의 인센티브를 지원한다.

아울러 정부는 글로벌 혁신기업들과 국내 기업들이 이미 운영하고 있는 사례를 분석해 3가지 도입유형을 마련, 기업의 경영상황과 업종, 비즈니스모델 등에 따라 자율적으로 선택 · 활용할 수 있게 했다. 기업들은 롤스로이스 사례처럼 협력사업형이나 인피니트 컴퓨터 솔루션 사례처럼 마진보상형, 인센티브형 등 세 가지 유형을 선택할 수 있다.

〈협력사업형 – R&D 프로젝트형 예시〉

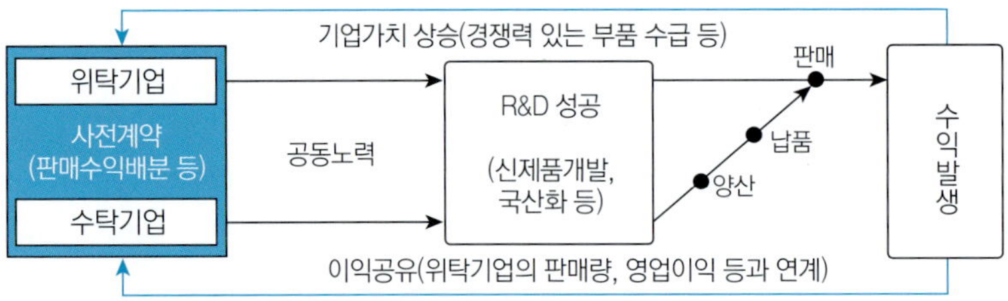

사 례	**롤스로이스 (영국)** : 에어버스용 엔진을 개발하는 대규모 R&D(10억$) 자금 조성을 위해, 협력사의 투자비용에 비례하여 납품단가 반영 이외에 30년간 판매 수입을 배분하는 계약 체결 → 공동노력으로 세계 최정상급 엔진개발에 성공 → 롤스로이스는 업계 시장점유율 세계 2위로 성장

〈마진보상형 – 플랫폼 비즈니스 예시〉

사 례	**인피니트 컴퓨터 솔루션사(인도)** : 후지쓰사와 위험수익 공유계약을 체결하여 SW 개발 가격의 60%만 보장받고 40%는 후지쓰사의 판매수입과 연동하여 보상 수령 **A사** : 매출액 향상을 위해 공동으로 노력한 협력사 중 목표한 매출액을 초과 달성한(전년 대비 40% 신장) 매장에 대해 2~5% 수수료 인하

[자료=중소벤처기업부]

이상훈 중소벤처기업부 소상공인정책실장은 "협력이익공유제는 △시장경제 원칙에 부합 △도입기업에 대한 지원 중심 △대 · 중소기업 모두 혁신을 유도하는 3대 원칙에 따라 제도를 설계했다"며 "대 · 중소기업 · 농어업협력재단 내 성과공유확산추진본부를 '협력성과확산추진본부'로 확대 개편한다. 이 제도를 운영하는 기업들은 협력이익공유에 대한 확인 · 검증 절차를 거쳐 인센티브를 제공받을 수 있을 것"이라고 설명했다.

한편, 중소기업계는 이날 정부가 발표한 협력이익공유제에 대한 환영 입장을 발표했다.

중소기업중앙회는 "협력이익공유제가 대 · 중소기업 간 양극화를 해소하고, 중소기업들의 혁신노력을 자극해 우리 경제의 글로벌 경쟁력을 한 단계 높이는 디딤돌이 될 것"이라고 기대했다.

이어 "협력이익공유제는 대기업이 협력중소기업의 납품단가 정보를 별도로 요구하지 않고, 공동의 노력으로 달성한 재무적 성과를 공유함으로써 대 · 중소기업 간 영업이익 격차를 줄일 수 있을 것"이라면서도 "시장경제의 틀 안에서 논의될 수 있도록 대기업의 참여 강요보다는 기업 사정에 맞게 자율적인 도입과 우수 대기업에 대한 인센티브를 강화하는 방향으로 확산돼야 한다"고 주장했다.

출처: 2018.11.6. 아주경제

6.1 공급사슬 의사결정의 전체최적화

공급사슬은 여러 가지 역할을 하는 기업들이 복잡하게 얽혀 있는 네트워크로 볼 수 있다. 일반적으로 공급사슬 안에는 제품의 원재료를 공급하는 공급자, 원재료를 제품화하는 생산자, 제품을 고객에게 분배하는 유통업자, 그리고 최종 고객 등이 서로 연결되어 있다.

제1장에서 우리는 오렌지주스의 공급사슬을 살펴보았다. 오렌지주스의 공급사슬은 오렌지를 공급하는 농장, 오렌지의 등급 검사기관 등이 원재료의 공급자로 공급사슬에 참여하고 있으며, 오렌지를 가공하여 농축하는 공장이 또한 공급자 역할을 하고 있다. 오렌지주스 완제품은 이후 도매상 및 소매상 등의 유통 업자를 거쳐 최종 소비자에게 전달된다.

공급사슬 안에는 여러 기업들이 복잡하게 연관되어 있어 한 기업에서 사건이 발생하면 직 · 간접적으로 거래관계를 맺고 있는 다른 기업에도 영향을 미치게 되어,

네트워크에 참여하고 있는 기업들의 운영은 서로 영향을 주고받는 관계에 있게 된다. 따라서 기업은 자사의 운영뿐 아니라 자사와 직 · 간접적으로 영향을 맺고 있는 다른 기업의 운영과의 연관관계를 고려하지 않을 수 없다. 이는 또한 한 기업의 이익이 공급사슬 안에서 영향을 맺고 있는 다른 기업들의 이익과도 밀접하게 연관되고, 영향을 주고받고 있음을 의미한다. 따라서 기업의 운영을 단일 기업 단위가 아닌, 공급사슬 네트워크에 대해 고려할 필요가 있다.

공급사슬 네트워크에서는 시스템 관점의 전체최적화가 필요하다. 전체최적(global optimum)은 부분최적(local optimum)과 대비되는 개념이다. 각각의 개념에 대해 다음의 예제를 통해 살펴보자.

예제 6.1 **공급사슬에서의 부분최적과 전체최적의 비교**

제5장에서 우리는 J패션의 등산복 주문 사례를 공부했다. J패션은 등산 시즌에 등산복을 판매하며, 시즌동안 판매할 등산복을 시즌이 시작되기 전에 T모직에 주문하여 제작하고 있다. T모직은 주문량만큼 등산복을 생산하여 납품하고 있다. J패션은 시즌 동안 개당 12만 원에 판매하며, 시즌이 종료된 이후에는 개당 2만 원의 가격으로 잔존재고량을 처분해야 한다. J패션은 T모직으로부터 개당 8만 원에 등산복을 공급받으며, T모직은 개당 3만 원의 원가로 등산복을 제조한다. 본 예제에서는 여름 시즌 동안의 등산복 수요가 최소 1만 개에서 최대 2만 개 사이의 균일분포(uniform distribution)를 따르는 것으로 가정한다. 이때 우리는

(1) J패션이 이익을 최대화하기 위해서는 몇 개의 등산복을 주문해야 하는가? 이때의 J패션과 T모직 각각의 이익은 얼마이며, J패션과 T모직의 합한 공급사슬 총 이익은 얼마인가?
(2) 만약 공급사슬 총 이익을 최대화하려면 J패션은 T모직에 몇 개의 등산복을 주문해야 하는가? 이때 J패션과 T모직의 각각의 이익은 얼마가 되는가?

두 가지를 각각 구해본다. 참고로, 고객의 수요가 균일분포 최소 l 최대 u를 따를 때, 아래 결과를 얻을 수 있다.

– 신문판매원모형의 임계율(서비스수준)이 α 일 때 최적주문량

$$F^{-1}(\alpha)=l+\alpha(u-l)$$

– 주문량이 Q인 경우 판매 수량의 기댓값

$$E[\min(D,Q)]=\int_l^Q \frac{x}{u-l}dx+\int_Q^u \frac{Q}{u-l}dx=\frac{1}{u-l}\left(Qu-\frac{Q^2}{2}-\frac{l^2}{2}\right)$$

– 주문량이 Q인 경우 잔존재고량의 기댓값(판매 시즌 종료 후 처분 대상)

$$E[\max(Q-D,0)]=\int_l^Q \frac{Q-x}{u-l}dx=\frac{(Q-l)^2}{2(u-l)}$$

우선 (1)번의 질문부터 생각해보자. J패션의 문제는 일반적인 신문판매원 문제(newsvendor problem)이다. 시즌 중의 정상판매가를 $p=120{,}000$, 시즌 이후의 잔존가를 $s=20{,}000$, 구입가 $c=80{,}000$이고 수요는 균일분포[1만, 2만]이 된다. 따라서

$$C_u = p - c = 40,000$$
$$C_o = c - s = 60,000$$

가 되고,

신문판매원 문제에서의 최적 주문량 결정 방식에 따라 J패션에 최대 이익을 가져다주는 주문량 Q는

$$\begin{aligned} Q_j &= F^{-1}\left(\frac{C_u}{C_o + C_u}\right) = F^{-1}\left(\frac{p-c}{p-s}\right) \\ &= F^{-1}\left(\frac{40,000}{100,000}\right) \\ &= F^{-1}(0.4) \\ &= 10,000 + 0.4 \times (20,000 - 10,000) \\ &= 14,000 \end{aligned}$$

이 된다. 따라서 J패션은 자신이 최대이익을 얻을 수 있는 $Q_J = 14,000$ 개를 주문할 것이다. 이때 J패션의 기대이익 Π_J 는

$$\begin{aligned} \Pi_J(Q_J) &= p \cdot E[\min(D, Q_J)] + s \cdot E[\max(Q_J - D, 0)] - c \cdot Q_J \\ &= 480,000,000 \end{aligned}$$

이다. 또한 T모직의 T모직의 등산복 제조원가를 v라고 하면, T모직의 기대 이익 Π_T 는

$$\begin{aligned} \Pi_T(Q_J) &= Q_J \cdot (c - v) \\ &= 700,000,000 \end{aligned}$$

이다. 따라서 J패션이 Q_J 를 주문할 때 공급사슬 총 이익은 다음과 같다.

$$\Pi_S(Q_J) = \Pi_J(Q_J) + \Pi_T(Q_J) = 1,180,000,000$$

한편, (2)의 질문에 따라 공급사슬 총 이익이 최대화되는 경우를 생각해보자. J패션이 T모직으로 주문하는 양이 Q일 때의 공급사슬 총 이익은

$$\begin{aligned} \Pi_S(Q) &= \Pi_J(Q) + \Pi_T(Q) \\ &= p \cdot E[\min(D, Q)] + s \cdot E[\max(Q - D, 0)] - v \cdot Q \end{aligned}$$

으로 마치 공급사슬 전체는 생산단가가 c가 아니라 v인 판매자라고 생각할 수 있다. 따라서 생산단가를 v로 하는 신문판매원 모형을 적용하여 공급사슬 총 이익을 최대로 하는 주문량을 계산하면

$$Q_S = F^{-1}\left(\frac{p-v}{p-s}\right) = F^{-1}\left(\frac{120,000-30,000}{120,000-20,000}\right)$$
$$= F^{-1}(0.9) = 19,000$$

으로 나타나, J패션이 1만 9,000개를 T모직에 주문할 때 공급사슬 총 이익은 최대화되며, 이때의 공급사슬 총 이익은

$$\Pi_S(Q_S) = 1,305,000,000$$

이다. 이때 J패션과 T모직 각각의 이익은 각각

$$\Pi_J(Q_S) = 355,000,000$$
$$\Pi_T(Q_S) = 950,000,000$$

으로 계산된다.

예제 6.1은 공급사슬에서의 부분최적과 전체최적의 차이를 잘 나타내고 있다. 예제 6.1의 첫 번째 경우에서 J패션은 자사의 이익을 최대화하기 위한 의사결정을 수행한다. 이에 따라 주문량은 14,000개로 결정되고, J패션은 4억 8천만 원의 기대 이익을 얻게 된다. J패션이 14,000개를 주문함에 따라 공급사인 T모직은 약 7억 원의 이익을 얻게 된다.

공급사슬 전체의 관점을 취하지 않는다면, 위와 같은 의사결정에는 아무 문제가 없어 보인다. J패션과 T모직이 공급사슬 관점에서의 의사결정을 요구받지 않는다면 이와 같이 운영되는 것이 당연하다. 그러나 공급사슬 전체의 이익을 고려하게 되면, 실제로는 J패션과 T모직은 추가적인 이익을 창출할 수 있는 기회를 놓치고 있다.

예제 6.1의 첫 번째 경우에서 공급사슬 전체는 11억 8천만 원의 이익을 창출하고 있다. 이제, 예제 6.1의 두 번째 경우를 보자. 두 번째 경우에는 J패션이 T모직에게 19,000개를 주문하게 되면 공급사슬 전체에서는 13억 500만 원의 기대이익을 얻을 수 있다. 공급사슬 전체의 이익만을 고려한다면 예제 6.1의 두 번째 경우에서처럼 J패션이 T모직에게 19,000개의 등산복을 주문하는 것이 더욱 이익이 됨을 알 수 있다.

그러나 각 사의 이익을 고려하면 문제는 간단하지 않다. 예제 6.1의 첫 번째 경우에 비해, 두 번째 경우에서는 J패션의 기대이익은 4억 8천만 원에서 3억 5,500만 원으로 오히려 감소하고 있다. J패션은 자사의 이익 감소를 감수하면서까지 공

급사슬 이익 최대화를 추구하게 될까? 아마 그렇지 않을 것이다.

예제 6.1의 첫 번째 경우에서와 같이, 자사 혹은 공급사슬의 특정 부분에서만의 최적화를 고려한 의사결정을 **부분최적화**(local optimization)라고 하며, 이때 얻어진 의사결정의 결과를 **부분최적**(local optimum)이라고 한다. 한편, 예제 6.1의 두 번째 경우에서와 같이 공급사슬 전체의 최적화를 고려한 의사결정을 **전체최적화**(global optimization)라고 하며, 이 의사결정의 결과를 **전체최적**(global optimum)이라고 한다.

부분최적화(local optimization)
부분최적(local optimum)
전체최적화(global optimization)
전체최적(global optimum)

이러한 경우는 공급사슬의 운영에서 매우 일반적으로 발생한다. 공급사슬은 여러 기업이 참여하여 상호작용하는 복잡한 네트워크이다. 공급사슬에 참여한 기업들은 서로 거래관계로 연관되어 있으나, 사실상 독립적인 의사결정주체로서 각자가 추구하는 목표는 상이한, 이른바 동상이몽(同床異夢)의 양상을 나타내는 경우가 흔하다. 예를 들면, 공급자-제조업체-유통업체-운송업체로 구성된 공급사슬에서, 공급자는 제조업체에게 안정적인 대량 구매를 요구하고 싶을 것이다. 반면, 제조업체는 재고 감축을 위해 필요할 때 필요한 만큼 공급받을 수 있는 유연성을 요구하는 한편 가능하면 대량 생산을 선호할 것이다. 유통업체의 입장에서는 재고의 부담을 줄이기 위해 제조업체에게 소량 생산을 요구할 것이며, 수송업체는 소량 운송이 자주 발생하면 수송비용이 증가하므로 한 번에 많은 양을 일괄적으로 운송하기를 원할 것이다. 이와 같이 공급사슬에 참여한 의사결정주체 간의 목표는 서로 상충되며, 한 부분에서의 성과를 높이기 위해서는 다른 부분에서의 성과가 낮아지는 상충관계(trade-off)가 항상 존재한다. 그러면 어떻게 해야 하는가?

다시 예제 6.1로 돌아가서, J패션에게 주문량의 의사결정이 맡겨진다면 J패션은 당연히 자사의 이익을 최대화하는 부분최적화를 수행하게 될 것이고, J패션이 주문량을 더 늘리거나 줄이면 자사의 이익이 감소하게 되므로 특별한 조치를 취하지 않는 한 공급사슬은 부분최적에서 벗어나지 못한다. 그러나 공급사슬 대 공급사슬의 경쟁이 격화되면서 공급사슬 전체의 이익을 더 높이는 방법을 취하지 않으면 공급사슬 전체의 생존이 위태로워지는 것이 현실이다. 이를 감안하면, J패션과 T모직의 공급사슬에서 전체최적의 의사결정인 19,000개의 주문량이 이루어질 수 있도록 하고, J패션과 T모직이 이렇게 하여 추가로 창출된 공급사슬 이익을 적절히 분배하여 가져갈 수 있도록 하는 방법이 필요하다. 이를 **공급사슬의 조정**(coordination)이라고 하며, 이를 달성하기 위해 공급사슬의 조정이 이루어지도록 **공급사슬 참여자 간의 계약**(contract)을 적절히 설계하는 것이 중요한 과제로 요구

공급사슬의 조정(coordination)
공급사슬계약(contract)

된다. 본 장에서는 공급사슬의 조정을 이룰 수 있는 여러 계약들의 형태를 먼저 살펴보고, 각 계약들이 공급사슬의 의사결정에 어떤 영향을 주는지 부분최적화와 전체최적화와의 관점에서 시스템적으로 접근한다.

6.2 공급사슬계약의 종류

앞의 예제 6.1에서 J패션은 불확실한 고객의 수요의 분포를 예측하고 있으나, 정확한 고객의 수요를 미리 알지 못하고 있었다. J패션이 만약 주문을 너무 많이 하여 고객의 수요가 주문량에 미치지 못한다면, 남는 등산복은 아웃렛에 할인된 가격으로 판매되어야 하며, 이때 할인 판매 가격이 2만 원으로 주문 가격인 12만 원 대비 10만 원의 손실이 발생한다. 또한 J패션이 주문을 너무 적게 하여 고객의 수요를 맞추지 못한다면 고객들은 J패션의 등산복 대신 다른 회사의 등산복을 구매할 것이며, J패션은 한 벌당 소비자가인 12만 원에서 주문가격 8만원을 제한 4만 원의 이익을 얻을 기회를 놓치게 된다. 앞의 예제에서 우리는 이러한 상황에서 J패션의 기대 이익을 최대화하는 주문량을 신문판매원 모형을 통해 도출하였다. 본 절에서는 J패션이 등산복을 주문하면서 맺을 수 있는 다양한 형태의 계약과 계약 형태가 J패션의 주문량 의사결정에 미치는 영향을 알아본다.

6.2.1 도매가 계약

도매가 계약(wholesale contract)

J패션은 현재 등산복 주문량에 따라 정해진 금액을 등산복 공급자에게 지급하고 있다. 이처럼 정해진 단가를 주문량만큼 지불하는 방식은 가장 널리 사용되는 방식으로 도매가 계약(wholesale contract)이라고 불린다. 일단 공급자로부터 J패션으로 등산복이 전달되면 등산복의 소유는 J패션으로 이전된다. 즉, 공급자 T모직은 J패션에 등산복을 판매한 후 고객의 수요와 상관없이 상품 인도 개수에 따라 구매가를 지불받는다.

도매가 계약은 그 구조가 매우 단순하고 적용이 쉽다. 즉, 공급자와 판매자는 등산복을 전달할 때 부담하는 단가와 수량을 결정하면 판매자로부터 공급자에게로 도매가와 주문량을 곱한 금액이 지불된다.

하지만 도매가 계약하에서 J패션은 고객의 수요 불확실성에서 오는 위험을 모두 부담해야 하는 어려움이 있는 반면, T모직은 고객의 수요에 상관없이 정해진 주문량에 대한 구매가를 J패션으로부터 받는다. 따라서 J패션은 자신의 주문량을 결정할 때 이러한 위험성에 따른 기대 이익과 손실을 계산하여 최적 주문량을 결정하게 된다. 우리는 예제 6.1에서 J패션의 이러한 위험감수가 공급사슬의 부분최적화를 이룸을 관찰한 바 있다.

6.2.2 환매계약

앞에서 배운 도매가계약에 비하여 **환매계약(buyback contract)**은 판매자에서 공급자에게로 전달되는 비용이 고객의 수요에 따라 변하는 구조를 보인다. 즉, 환매계약에서는 우선 판매 단가를 정해 판매자와 공급자 사이에 제품을 전달받기로 약속을 한 후에, 만약 판매자에게 고객의 수요가 주문량보다 적어 남는 제품이 발생할 경우 b의 환매가로 공급자가 판매자로부터 제품을 환매한다. 따라서 환매 계약하에서 J패션은 등산복이 남았을 경우 아웃렛에 할인된 가격으로 판매해 손실을 보기만 하는 것이 아니라, 남은 제품들은 공급자가 b의 환매가로 되사가므로 그만큼 손실을 만회할 수 있다. 따라서 환매계약을 통해 J패션은 고객 수요의 불확실성이 주는 위험을 T모직과 일정 정도 분산 및 공유할 수 있게 된다.

환매계약(buyback contract)

환매계약은 마치 판매자에게 제품이 남았을 때 공급자가 보조를 해주는 형태처럼 보이기도 한다. 이 같은 관점에서 생각해 보면 환매계약은 판매자에게만 유리한 계약이라고 생각할 수 있다. 하지만 환매계약에서 공급자로부터 판매자로 전달되는 제품의 단가는 도매가계약에서의 단가와는 다를 수 있다. 공급자는 비록 나중에 남는 제품에 대해 b라는 환매가로 되사게 되므로 도매가계약보다 불리하다고 생각할 수 있지만, 그만큼 단가를 더 높게 정하여 이 같은 손실을 만회할 수도 있다. 사실 공급자는 도매가 계약에서 제품 단가를 조금 높게 정하더라도 일정 수준의 환매로 판매자에게 남는 수량에 대해 보상을 해준다. 이를 통해 판매자로 하여금 더 많은 수량의 제품을 구매하여 보다 공격적으로 고객의 수요에 대응하도록 유도함으로써 환매 계약하에서 더 큰 이익을 볼 수도 있다.

환매계약에서 중요한 것은 공급자가 판매자가 판매 시즌 후 판매하고 남은 제품의 양을 정확히 확인할 수 있는가이다. 판매 시즌 후 남은 제품의 수량은 공급자가 판매자에게 보상금을 지급하는 중요한 기준이 되므로 판매자와 공급자는 서로 간에 남은 제품의 수량의 정보에 대해 신뢰 관계가 구축되어야 한다. 아니면 공급자는 판매자가 남은 제품의 수량을 부풀려 과도한 보조금을 받고자 하는지 의심할 수 있으며, 수량에 대한 신뢰가 확보되지 않는다면 환매계약은 유지되기 어렵다. 하지만 이는 판매자 입장에서는 자신이 주문한 양 중에서 정확히 몇 개를 팔 수 있었는가를 공급자에게 알려줘야 하기 때문에 자신의 이익 규모가 외부로 그대로 알려질 위험성이 있다. 따라서 판매자 입장에서도 공급자가 판매자로부터 알아낸 판매 수량(또는 주문 후 남은 제품의 수량)을 다른 곳에 알리지 않고, 또한 공급자가 자신의 이익을 위해 이용하지 않는다는 확신이 있지 않다면 환매계약은 유지되기 어렵다. 이 같은 공급사슬 안에서 정보의 공유 및 소통은 제3장의 내용을 참고하도록 한다.

6.2.3 매출공유계약

매출공유계약(revenue sharing contract)

매출공유계약(revenue sharing contract)은 판매자 매출의 일정 부분을 공급자와 공유하는 형태의 계약이다. 즉, 판매자는 제품을 공급자로부터 일정 단가로 구매한 이후에도, 고객에게 제품을 판매한 총 매출의 일정 비율을 공급자에게 지급한다. 따라서 매출공유계약에서는 공급자로부터 인도받는 제품의 단가 이외에 매출 중 공급자에게 지급될 비율도 같이 결정하게 된다.

매출공유계약도 한눈에 보면 마치 제품의 판매를 통한 매출의 일부를 공급자에게 보조해 주는 형태로 보이기도 한다. 이 같은 관점에서 생각해 보면 매출공유계약은 공급자에게만 유리한 계약이라고 생각할 수 있다. 하지만 매출공유계약에서도 공급자로부터 판매자에게 전달되는 제품의 단가는 도매가 계약과는 다를 수 있으므로, 실제로 공급자만이 유리한 제도인지는 판단하기 어렵다. 판매자는 매출의 일부를 공급자에게 지급하므로 이익이 감소할 수도 있지만, 공급자가 이를 기대하고 제품의 단가를 낮춘다면 오히려 더 많은 수의 제품을 주문하여 판매 기회 및 기대 이익을 증가시킬 수도 있다.

요즘은 IPTV 등에서 영화, 드라마, 예능 프로그램 등 많은 유료 콘텐츠를 쉽게 구매할 수 있다. 이러한 유료 콘텐츠는 보통 IPTV 회사에서 방송국으로부터 콘텐츠를 구매하여, 고객에게 재판매함으로써 수익을 얻는다. 하지만 방송국으로부터 구매하는 콘텐츠의 가격은 보통 일정 수의 고객이 IPTV로부터 콘텐츠를 구매하지 않는 한 IPTV 회사는 수익을 얻기 힘들다. 이때 IPTV 회사들이 여러 유료 콘텐츠를 구매할 여력을 주기 위해서 방송국은 매출공유계약을 제안할 수 있다. 즉, 매출공유계약을 통해 제품의 도매 단가를 낮추도록 유도하는 대신 제품이 판매될 때마다 일부씩 이익을 회수함으로써 IPTV도 적은 금액을 투자하여 콘텐츠를 전시하고 판매할 수 있도록 하며, 방송국도 많은 종류의 콘텐츠를 IPTV사가 구매하고 판매할 수 있도록 하여 더 많은 판매를 유도할 수도 있다.

6.2.4 수량유연계약

수량유연계약(quantity flexibility contract)에서 공급자는 판매자에게 단위당 도매가를 받지만 판매자가 팔고 남은 제품수량 가운데 일부에 대하여 도매가 그대로 환불을 해준다. 따라서 수량유연계약하에서 판매자는 고객의 수요가 주문량보다 작아 남는 제품 일부에 대해 제품단가 전체를 보상받는 계약 형태이다. 이는 판매자가 판매하고 남은 제품의 일부에 대해서 제품 자체를 회수하고, 구매 비용을 그대로 보전해 주는 것과 같은 효과를 가진다. 단, 수량유연계약은 판매 후 남는 제품 전체가 아니라 일정한 비율을 정하여 일부에 대해서만 구매가로 보상을 해주는 특색이 있다. 수량유연계약도 판매자에게 공급자가 남는 제품에 대한 손실을 일부 보상해 주는 효과가 있기 때문에 판매자가 보다 공격적으로 고객의 수요에 대응하여 주문하도록 유도한다. 이를 통해 판매자와 공급자 모두의 이익이 늘어날 수도 있다.

수량유연계약(quantity flexibility contract)

앞에서 우리는 판매 후 남는 제품에 대해 그 가치의 일부를 공급자가 보상해 주는 환매계약을 학습한 바 있다. 환매계약이 판매 후 남은 제품 전체에 대해 그 가치의 일부를 공급자가 보상해 주는 방식이라면 수량유연계약은 판매 후 남은 제품의 일부(일정 비율)에 대해 그 구매가를 보상해주는 방식으로 두 계약은 유사하면서도 약간은 다른 형태를 띠고 있다.

6.2.5 수량할인계약

수량할인계약(quantity discount contract)이란 구매수량에 따라 구매가를 할인해 주는 계약이다. 수량할인은 우리 주위에 흔히 볼 수 있으며, 다양한 형태로 존재한다. 예를 들어, 제품 두 개를 구매하였을 때 하나의 가격으로 할인을 해주는 1+1 할인의 형태는 2개를 구매 시 50%를 할인해 주는 계약으로 볼 수 있다. 수량할인계약은 따라서 구매 수량에 따라 구매가를 어떤 방식으로 할인하는가에 따라 여러 가지 형태로 관찰된다. 수량할인계약에서의 제품 단가는 주문량 Q에 따라 바뀐다. 주문량 Q일 때의 제품 단가를 나타내는 함수를 $c(Q)$라 하자. 만약 1,000개까지는 개당 1,000원을 받고, 1,001개 이상부터는 개당 900원으로 10% 할인을 하게 된다면 $c(Q)$는 수식 1과 같이 기술할 수 있다.

수량할인계약(quantity discount contract)

$$\text{수량할인단가: } c(Q) = \begin{cases} 1{,}000, & \text{for } Q < 1{,}000 \\ 900, & \text{for } Q \geq 1{,}000 \end{cases}$$

수식 1

6.2.6 리베이트계약

리베이트계약(sales rebate contract)

리베이트계약(sales rebate contract)은 판매자로 하여금 판매를 촉진시키기 위해 공급자가 판매된 상품의 수량에 대하여 보상하는 계약이다. 구체적으로 보면 리베이트계약에서는 판매가 종료된 상품수량이 미리 정해진 수량을 초과할 때 공급자로부터 판매자에게로 리베이트가 지급된다. 예를 들어, 판매량이 1,000개가 넘어가는 순간부터 공급자는 제품 1개당 100원의 리베이트를 지급할 수 있다. 수량할인계약에서는 판매자의 주문량이 특정 기준을 만족했을 경우 도매가의 할인을 적용하는 것과는 다르게, 리베이트계약에서는 제품의 주문량에 관계없이 판매된 수량을 기준으로 리베이트가 지급된다. 따라서 리베이트계약 하에서의 도매가는 판매자가 주문한 제품이 소비자에게 최종 판매 여부에 따라 달라진다.

6.3. 공급사슬계약과 조정

본 절에서는 앞에서 다룬 다양한 공급사슬의 계약 형태에 따라 공급사슬 구성원들인 공급자 및 판매자들의 의사결정을 분석하고, 공급사슬 전체 및 각 구성원의 기대 이익을 개선하기 위한 방법들을 찾아본다. 또한 논의를 간단히 하기 위해 한 명의 판매자와 한 명의 공급자로 구성된 간단한 공급사슬을 고려하고, 이 공급사슬에서 각종 계약방법을 적용하여 구성원들의 의사결정 및 공급사슬 전체 이익을 개선하는 방법을 알아본다.

6.3.1. 조정계약(coordinating contract)의 정의 및 역할

조정계약(coordinating contract)

공급사슬의 구성원인 공급자와 판매자들은 저마다 각자의 이익을 최대화하기 위해 여러 가지 의사결정을 수행한다. 주문량을 결정하고, 제품의 가격을 결정하는 행위들 또한 이렇게 각 구성원들의 입장에서 자신의 이익을 극대화하기 위해 정해진다. 하지만 이러한 개개 구성원들의 노력이 반드시 공급사슬 전체의 이익을 극대화하는 것은 아니다. 많은 경우 공급사슬 전체의 이익은 구성원 개개인들이 각자의 이익을 최대화하려고 할 때 최대화되지 않는다. 공급사슬의 조정(coordination)이란 공급사슬에서 개별 구성원들이 개별 이익을 최적화하려는 행동이 공급사슬 전체의 이익 또한 동시에 최적화할 때 사용된다. 예를 들어, 하나의 공급자와 판매자로 이루어진 공급 사슬을 생각해보자. 판매자는 공급자로부터 제품의 주문량을 결정하고 공급자는 판매자에게 공급할 제품의 도매가를 결정한다. 이때 조정이란 판매자의 주문량 및 공급자의 도매가 결정이 각자의 이익을 최대화하기 위해 이루어지는데, 동시에 공급사슬 전체의 이익, 즉 판매자의 이익과 공급자 이익의 합이 동시에 최대화됨을 의미한다.

그럼 공급사슬 전체의 이익이 최대화된다는 것은 왜 중요할까. 공급사슬 전체의 이익이 최대화되었다는 것은 공급사슬 전체가 함께 이룰 수 있는 최대의 이익이 성취됨을 의미한다. 따라서 공급사슬 전체로서는 적어도 더 이상 이익이 증가할 수 없을 때까지 증가한 상태로, 이 상태에서는 공급사슬 구성원들 모두의 이익이 동시에 더 이상 증가하는 것은 불가능하다. 조정이 된 공급 사슬은 더 이상 이익의 개선이 이루어질 수 없는 최적의 상태라고 할 수 있다. 중요한 것은 이러한 전체의 이익 최적화라는 결과가 개별 이익의 최적화라는 목표를 통해서 이루어진다는 점이다. 사실 많은 경우 이렇게 개인들의 개별 이익 최적화가 전체의 이익을 최적화하지 않는 것으로 알려져 있다. 앞에서 우리는 공급사슬에서의 부분최적화가 전체최적화를 이룰 수 있는 의사결정과는 다름을 관찰하였다. 이를 다시 도매가 계약의 의사결정 문제로 보면서 왜 부분최적화가 전체최적화를 이룰 수 없는지 관찰해보자.

6.3.2. 도매가계약의 한계

도매가계약은 그 단순함 때문에 공급사슬에서 가장 널리 쓰이는 계약의 형태이다. 도매가계약에서는 제품단가 c를 정하면 판매자의 주문량에 따라 일률적인 도매 단가로 그대로 적용된다. 도매가계약에서 판매자 및 공급자의 이익을 생각해보자. 예제 6.1에서 J패션의 공급사슬에서 T모직이 생산을 위해 드는 비용은 3만 원이었다. 이 3만 원의 생산 단가를 v로 표시하면, T모직의 이익은 J패션이 주문하는 수량 Q와 T모직이 부과하는 제품단가 c에 의해 정해지며 수식 2와 같다.

$$\text{T모직의 이익: } c \cdot Q - v \cdot Q = (c - v) \cdot Q \qquad \text{수식 2}$$

판매자인 J패션의 이익은 공급자인 T모직에 지불하는 생산비와 J패션이 실제 판매한 수량에 의해 정해진다. 하지만 고객의 수요를 정확히 알지 못하는 상황에서 J패션의 이익은 정확히 알 수 없으며, 기대 이익만 구할 수 있다. J패션의 기대 이익을 구하기 전에 J패션의 기대 매출을 계산해보자. 고객의 수요량을 D로 나타내보자. 등산복의 판매는 고객의 수요 D와 J패션이 주문한 수량 Q보다 클 수 없다. 따라서 둘 중에서 작은 수가 J패션이 달성할 수 있는 기대 매출(Expected Sales)이 되며 수식으로는 다음과 같이 $S(Q)$로 표현된다.

$$S(Q) = E[\min\{D, Q\}] \qquad \text{수식 3}$$

J패션이 주문한 수량 중 고객의 수요를 초과한 분량이 J패션의 시즌 후 잔존재고량이 된다. 이는 다음과 같이 기대잔존재고(Expected Leftover Inventory)로 불리며, $I(Q)$로 표현한다.

$$I(Q) = E[\max\{Q - D, 0\}] \qquad \text{수식 4}$$

J패션의 기대 이익은 기대매출액에서 구매비를 빼고, 여기에 기대잔존재고량에 대한 처분금액을 더한 값이 될 것이다. 기대매출액은 기대 매출수량에 정상 판매가 Q를 곱한 값으로, 구매비는 T모직에 지불해야 하는 생산비로 각각 계산되며, 기대잔존재고량에 대해서는 시즌후 개당 처분금액인 s를 회수할 수 있다. 따라서,

$$\text{J패션의 이익: } p \cdot S(Q) + s \cdot I(Q) - c \cdot Q \qquad \text{수식 5}$$

공급사슬 전체의 이익(total supply chain profit)은 판매자 이익과 공급자 이익의 합으로 표현되며 다음과 같다.

$$\text{공급사슬 전체이익 } = p \cdot S(Q) + s \cdot I(Q) - v \cdot Q \qquad \text{수식 6}$$

위 식을 관찰해보면 판매자 이익과 공급사슬 전체 이익이 매우 비슷하게 표현이 된다. 공급사슬 전체 이익은 마치 판매자 이익에서 공급자에게 지급하는 도매가 c가 공급자의 생산비 v로 대치된 식이다.

여기서 전체 이익이 최대화가 되었다고 생각해 보자. 전체 이익을 최대화시키는 주문량을 과연 판매자도 자신의 이익을 최대화하기 위해 선택할 수 있을까? 판매자가 공급자에게 지급해야 하는 금액은 $c \cdot Q$이므로 전체 이익에 표시된 $v \cdot Q$와는 다르다. 따라서 위 수식들을 관찰해보면 $c \cdot Q$와 $v \cdot Q$가 같지 않는 한 판매자의

최적 주문량이 전체 이익을 최적화하지 않을 것으로 예상할 수 있다. 사실 $c-v$는 공급자가 판매자에게 도매가로 제품을 판매할 때의 단위 이익이므로 $c \cdot Q$와 $v \cdot Q$가 같아서 c와 v가 같다는 뜻은 공급자가 판매자에게 전혀 이익을 취하지 않는다는 뜻이 된다. 하지만 자신의 이익을 최대화하고자 하는 공급자는 절대 판매자에게 제품을 생산가에 넘길 수 없다. 따라서 우리는 도매가계약 하에서의 c로는 공급사슬 전체의 이익을 최대화하는 것이 어려움을 알 수 있다.

도매가계약 하에서 공급사슬 전체의 이익은 공급자가 이익을 전혀 취하지 않아야만 최대화될 수 있다. 따라서 도매가계약은 공급자가 자신의 이익을 모두 희생하여 0으로 만들지 않는 이상 공급사슬의 조정을 이룰 수가 없음을 알 수 있다. 현실에서 자신의 이익을 무조건 희생하는 공급자는 존재할 수 없으므로 이는 사실상 도매가계약이 공급사슬의 조정을 이루는 것이 현실상 불가능하다는 의미이다.

이상과 같은 도매가 계약의 문제 때문에 조정을 이룰 수 있는 다른 계약 형태에 대한 많은 연구가 이루어져 왔다. 다음 장에서는 환매계약, 매출공유계약 등의 여러 계약에서 어떻게 조정이 이루어지는지 알아본다.

6.3.3 공급사슬의 조정

공급사슬의 최적화를 위해 가장 중요한 개념 중의 하나가 조정과 협력(coordination and cooperation)이다. 이는 다음에서 설명할 정보의 공유와 더불어 공급사슬의 전체최적화를 달성하기 위한 중요한 수단이 된다. 조정과 협력은 여러 가지 형태로 나타날 수 있으며 여기서는 계약을 통한 의사결정의 조정을 주로 학습한다.

앞의 절에서 예제 6.1을 통해 공급사슬 의사결정의 전체최적화의 중요성을 살펴보고, 이를 위한 공급사슬 조정 계약의 필요성을 인식하였다. 공급사슬 의사결정의 전체최적화를 위한 조정계약의 예로서 다음의 예제 6.2를 살펴보자.

예제 6.2 **공급사슬 조정을 위한 계약**

예제 6.1에 이어 J패션의 등산복 생산업체인 T모직은 J패션이 원하는 디자인과 소재의 등산복을 생산하기 위한 준비를 하고 있다. 예제 6.1과 같이 T모직은 J패션이 새로 출시할 등산복을 생산하기 위한 원단 등의 재료비와 공임 등으로 3만 원이 필요할 것으로 예상하고 있다. T모직은 J패션의 등산복 판매가 원활히 이루어져 자신들도 많은 이익을 얻을 수 있기를 바라고 있다. 따라서 T모직은 등산복 한 벌당 8만 원의 고정 금액을 받는 계약에 비하여 자신들의 이익을 더욱 증가시킬 수 있는 다른 종류의 계약은 없는지 고민 중이다. 두 그룹은 서로 간에 오랜 거래 경험을 바탕으로 신뢰관계가 잘 형성되어 있으며, 두 그룹의 관계는 비교적 수평적인 편이다. 따라서 어떤 계약이든지 한 그룹의 이익이 감소하고 다른 쪽의 이익이 일방적으로 증가한다면 두 그룹 모두로부터 지지를 받을 수 없다. 이에 두 그룹은 서로 간의 이익을 동시에 증대시킬 수 있는 방법을 고민하고 있다.

이에 T모직은 추가 수익 창출을 위하여 새로운 계약 방식을 도입하였다. 새로운 계약하에서 J패션은 여름 시즌이 끝난 후 남은 등산복을 개당 2만 원에 아웃렛으로 넘기는 대신, 남은 재고를 전량 T모직이 개당 7만 원에 되사주는 환매계약을 실행하기로 협의하였다. 이렇게 인수한 잔존 재고를 T모직은 개당 2만 원에 다시 아웃렛으로 처분하게 된다. 이때

(1) J패션의 기대 이익을 최대화하기 위한 주문량은 얼마인가?
(2) 이때 J패션과 T모직 각각의 이익과, 공급사슬 총 이익은 얼마가 되는가?

우선 예제 6.2의 (1)을 분석해 보면 J패션의 입장에서 정상판매가 $p=120{,}000$원, 구매가 $c=80{,}000$원, 그리고 잔존가 70,000원인 신문판매원 문제가 된다. 이는 J패션의 미판매 잔존재고량을 T모직이 7만 원에 환매해주기 때문이다. 따라서 잔존재고량에 대한 단위당 환매가를 b로 나타내면, 신문판매원모형의 최적 주문량 결정 방식에 따라 J패션에 최대 이익을 가져다주는 주문량 Q_J^b 는

$$Q_J^b = F^{-1}\left(\frac{p-c}{p-b}\right) = F^{-1}(0.8) = 18,000 \qquad \text{수식 7}$$

이 되어, J패션은 18,000개를 주문하는 것이 최적이다.

이제 (2)에서 제기된 각 기업 및 공급사슬 전체의 이익을 계산해보자. 환매계약하에서 J패션과 T모직 각각의 기대 이익을 Π_J^b, Π_T^b 라고 하자. 예제 6.1의 결과를 이용하여 J패션은 정상매출액과 환매금액을 더하고, 여기에서 구매비를 뺀 것이 이익이므로

$$\begin{aligned}\Pi_J^b(Q_J^b) &= p\cdot E[\min(D, Q_J^b)] + b\cdot E[\max(Q_J^b - D, 0)] - v\cdot Q_J^b \\ &= 560,000,000\end{aligned} \qquad \text{수식 8}$$

이 된다.

한편, T모직은 환매가만큼의 수익 감소와 회수해온 잔존량의 처분에 따른 수익 증가분을 고려해야 한다. J패션으로부터 시즌 종료 후 넘어오게 되는 반품량의 기댓값은 $E[\max(Q_J^b - D, 0)]$ 이므로,

$$\begin{aligned}\Pi_T^b(Q_J^b) &= Q_J^b\cdot(c-v) - (b-s)\cdot E[\max(Q_J^b - D, 0)] \\ &= 740,000,000\end{aligned} \qquad \text{수식 9}$$

이 된다. 따라서 이때의 공급사슬 총 이익은

$$\begin{aligned}\Pi_S^b(Q_J^b) &= \Pi_J^b(Q_J^b) + \Pi_T^b(Q_J^b) \\ &= 1,300,000,000\end{aligned} \qquad \text{수식 10}$$

으로 계산된다.

환매계약의 도입을 통해, J패션의 주문량은 도매가계약의 14,000에서 18,000개로 올라가게 되며, 이때 J패션과 T모직의 기대 이익은 각각 5억 6천만 원, 7억 4천만 원이 되고 공급사슬 총 이익은 13억 원이 된다. 이를 환매계약 도입 이전과 비교해보자. 공급사슬 총 기대이익은 환매계약의 도입 이전의 11억 8천만 원에 비해 13억 원으로 증가하였으며, J패션의 기대 이익 역시 4억 8천만 원에서 5억 6천만 원으로 증가한 것을 볼 수 있다. 즉, 환매계약의 도입을 통해 J패션의 기대 이익 증가는 물론, 공급사슬 전체의 기대 이익도 증가했음을 확인할 수 있다. 또한 T모직의 기대이익도 환매계약을 통해 7억에서 7억 4천만 원으로 증가하였다. 이는 적절한 공급사슬계약의 도입을 통해 공급사슬 참여자들이 서로 이익이 되는 윈-윈(win-win)의 실현 및 공급사슬의 전체최적화 관점에서의 조정을 구현할 수 있음을 시사하는 예이다.

본 예제에서는 환매가 b=70,000원 인 환매계약을 다루었다. 공급사슬의 전체최적화를 위해서는 예제 6.1에서와 같이 J패션이 전체최적주문량 19,000을 주문해야 한다. 환매계약에서는 환매가 b를 적절히 결정하면 J패션이 전체 최적주문량을 주문하도록 할 수 있음이 밝혀져 있다. 즉, 환매계약을 통해 공급사슬 계약의 조정이 가능하다(연습문제 2 참조).

본 절에서는 환매계약만 분석하였으나, 매출공유계약에서도 계약의 조정이 가능함이 알려져 있다. 예를 들어, 판매자가 공급자에게 나누어 주는 매출액 비율과 제품단가를 적절히 조정하면 항상 전체 공급사슬의 이익을 최적화할 수 있으며, 또한 환매계약과 비슷하게 임의의 비율로 최적화된 전체 공급사슬의 이익을 분배할 수 있음이 밝혀져있다(Cachon & Lariviere, 2000).

6.3.4 공급사슬 조정을 위한 전제조건 및 문제점들

환매계약 및 매출공유계약 모두 판매자로 하여금 자신의 이익을 최대화하는 주문량보다 좀 더 많이 주문할 수 있도록 유도하여 공급사슬 전체의 이익을 최대화할 수 있는 주문량에 이를 수 있도록 한다. 환매계약은 판매자가 주문량을 늘려 고객의 수요보다 많이 주문하여 제품이 남았을 때 공급자가 보상을 하도록 하면서 판매자가 주문량을 늘릴 수 있도록 유도한다. 반면, 매출공유계약에서는 판매자가 자신의 매출액의 일부를 공급자와 공유하면서 공급자가 더욱 싼 도매가로 판매자에게 제품을 전달하도록 유도하여 궁극적으로 판매자의 주문량 증가를 돕는 방식을 사용한다. 카숑(Cachon, 2000)에 의하면 두 계약은 판매자와 공급자가 공급사슬 전체 이익을 최적화하는 주문량 및 원하는 이익분배 수준을 달성하게 할 수 있음이 밝혀져 있으며, 이 때문에 두 계약을 동일한 계약으로 보기도 한다.

하지만 공급사슬의 각 계약은 관리해야 하는 정보의 종류와 양이 다르기 때문에 각 계약별로 관리의 용이성이 모두 다르다고 할 수 있다. 도매가계약은 가장 단순한 계약의 한 종류로 관리도 가장 용이한 편이다. 이에 반해 수량할인계약은 다양한 할인 조건을 모두 숙지하여 구매가를 계산해야 하므로 도매가계약에 비하면 훨씬 계약 관리가 복잡한 편이다. 여기에 더하여 환매계약이나 매출공유계약은 공급자가 판매자의 판매 정보까지 모두 알아야만 계약의 체결 및 이행이 가능하다. 따라서 공급사슬의 조정 관점에서 환매계약이나 매출공유계약이 유리한 것은 사실이나, 실제로 두 계약을 사용하기 위해서는 계약의 관리 측면이나 정보의 공유를 위한 정보기술의 투자, 그리고 정보의 신뢰 문제 등을 같이 고려하여야 한다. 또한 판매자에서 공급자로, 또는 공급자에서 판매자로 정보가 공개되어야 하는 계약의 경우에는 정보를 공유하는 대가나 보상이 적절히 이루어지지 않으면 지속적인 계약의 유지가 어렵다. 따라서 공급사슬의 계약 선택 및 유지는 정보의 효과 및 가치를 다각적으로 고려하여 이루어져야 한다.

6.4 공급사슬계약의 유연성

전통적으로 공급사슬에서는 장기계약의 형태가 많이 관찰되고 있다. 장기계약은 오랜 기간 동안 주문을 보장함으로써 공급자는 제품의 생산에 규모의 경제를 달성할 수 있게 한다.

하지만 최근에는 짧아지고 있는 제품 수명주기와 급변하는 생산 및 수요의 변화에 따라 시장상황에 따라 공급량을 유연하게 바꿀 수 있는 유연성의 중요성이 계약에서 차지하는 비중이 더욱 커지고 있다. 즉, 전통적으로 중요시되고 있던 공급자와의 장기간의 관계보다는 필요에 따라 공급자 또는 공급물량의 수정이 신속하게 이루어질 수 있는가에 대한 관심이 증대되고 있는 것이다. 본 절에서는 공급사슬계약에서 장기계약과 유연계약의 장 · 단점을 비교하고, 최근의 계약 형태에 일어나는 변화들을 학습한다.

6.4.1 장기계약

장기계약이란 선물계약(forward contract) 또는 고정확약(fixed commitment)계약이라고도 불린다. 장기계약은 기본적으로 미래 어떤 시점에 고정된 물량을 주문하기로 구매자가 공급자에게 약속을 하는 형태로 이루어진다. 이때 공급자와 구매자는 서로 공급가와 공급물량에 대한 사항을 협의하여 장기계약을 체결하게 된다. 장기계약

장기계약은 구매자가 정해진 시간에 정해진 물량의 주문을 약속하므로, 공급자는 기술개발이나 신규 설비 투자와 같은 행위를 통해 생산 가격을 낮추기 위한 대응을 안정적으로 수행할 수 있다. 즉, 이와 같은 장기 계약은 공급자가 규모의 경제를 실현하기 쉬운 환경을 조성해주게 된다. 이렇게 낮춰진 생산가를 기대하며 공급자는 장기계약을 체결한 구매자에게 장기계약을 체결하지 않은 경우보다 저렴하게 제품을 공급할 수 있게 된다.

장기계약은 공급자에게는 생산 비용의 절감을 가능하게 할 수 있고, 구매자 또한 구매가격을 절감할 수 있다. 예를 들어 전기나 반도체 칩, 원유, 곡식 등의 원자재 등은 수요가 꾸준히 발생하는 특성이 있기 때문에 장기 공급 계약을 체결하기 알맞은 상품들이다.

하지만 장기계약은 구매자에게 미래 급변하는 수요에 대응할 수 있는 중요한 수단 중 하나인 공급물량 조정을 불가능하게 한다. 이는 구매자가 장기계약 하에서 정해진 주문량을 공급자로부터 무조건 주문해야 하기 때문이다. 예를 들어, 장기계약 하에서 등산용품 판매상인 J패션은 다음 해 봄까지 공급자인 T모직으로부터 100만장의 옷을 주문하여 공급받기로 협약하였다고 하자. 실제 이듬해 봄의 시장 상황이 좋지 않아 100만 장의 옷을 판매할 수 없을 상황이 온다고 하더라도 J패션은 T모직으로부터 정해진 물량을 정해진 가격에 공급받아야 하므로 막대한 손해를 입을 수 있다.

따라서 장기계약은 공급가를 낮출 수 있다는 장점이 있지만, 유연하지 못한 주문량 때문에 시장상황의 불확실성에 대응하기 힘든 단점을 가지고 있다.

6.4.2 유연계약

장기계약에서 구매자는 일단 공급자에게 공급량에 대한 계약을 체결하고 나면 시장상황에 따라 공급량을 변경할 수 없었다. 유연계약은 이러한 단점을 보완하여 우선 구매자가 공급자에게 일정량의 금액을 지불하는 대신 공급자에게 정해진 공급량을 공급받을 수 있는 권한을 부여받는 계약이다. 즉, 유연계약 하에서 구매자 유연계약

는 계약된 공급량을 반드시 공급받을 필요가 없으며, 시장상황이 좋지 않으면 공급 계약을 취소할 권한이 있다. 대신, 유연계약 하에서 구매자는 이러한 권한을 확보하기 위해 공급자에게 일정 금액을 지불하며, 이후 공급자에게 주문을 하지 않더라도 기 지급된 금액을 환불받을 수는 없다. 이렇게 미리 지불된 금액을 프리미엄(premium) 또는 유보가(reservation price)라고 부른다.

공급자 측면에서 유연계약은 구매자가 미리 일정 금액을 지불하고 주문량을 확보하기 때문에 이를 대비하여 생산 계획을 세울 수 있으나, 장기계약과는 달리 구매자가 주문을 반드시 한다는 보장이 없기 때문에 생산 시설이나 기술에 대한 투자가 장기계약보다는 더 보수적으로 계획하게 된다. 따라서 유연계약의 공급가는 장기계약의 공급자보다 좀 더 높아지는 경향을 보인다. 하지만 유연계약은 구매자에게 시장 수요의 불확실성에 대응하여 주문량을 변경할 수 있도록 해주기 때문에 공급가가 더 높더라도 선호될 수 있다.

유연계약을 앞의 J패션 사례에 대입하여 보자. J패션은 100만 장의 의류를 반드시 구매하기로 주문하는 대신 100만 장의 10%에 해당하는 가격을 먼저 지불한 후, 다음 해의 시장상황에 따라 100만 장 이내에서 주문량을 변경할 수 있다. J패션은 해당 금액을 지불하고 장기계약보다 약간 높은 공급가에 제품을 공급받는다고 하더라도, 시장 상황에 따라 100만 장 안에서 유연하게 공급량을 정할 수 있어 차후 발생할 손실을 줄일 수 있다. 이러한 유연계약에서 유보가격은 계약 당사자들과의 합의에 따라 정해지게 된다.

6.4.3 시장가계약

시장가계약

시장가계약은 공급량의 결정 측면에서 가장 유연한 형태의 계약이다. 시장가계약에서 구매자는 공급자와 공급량에 대한 어떠한 사전 계약도 체결하지 않는다. 대신 구매자는 공급자들이 모인 시장에서 필요한 때마다 필요한 수량을 여러 공급자들을 통해 조달받는다. 일반적으로 시장가계약은 공급자에게 어떤 사전 구매 약속을 하지 않기 때문에 장기계약이나 유연계약에 비해 가장 가격이 높은 경향을 보인다.

만약 복수의 공급자들이 구매자와 계약을 하기 위해 경쟁을 하게 된다면 공급가를 많이 낮출 수도 있다. 따라서 시장가는 공급자 주도보다는 구매자가 주도하고, 다수의 공급자가 경쟁하는 경우 주로 사용될 수 있다. 또한 시장가계약은 구매자의 구매량을 시장에서 조달하기 용이한 경우에 주로 사용된다. 정보기술의 발달로 실제로 기업 간(B2B)의 구매 거래 시장이 잘 조성되고 있기 때문에 시장가계약은 이

전보다 활발히 이루어지고 있다.

앞의 J패션의 예에 시장가계약을 대입하면, 이제 J패션은 T모직이라는 특정 공급자에게 의존하는 것이 아니라, 등산복을 공급할 수 있는 복수의 공급자들이 참여하는 시장(open market)에서 필요한 시기에 필요한 수량만큼 등산복을 공급받는 형태이다.

이러한 시장가계약은 높은 가격에도 불구하고 높은 유연성 때문에 구매자가 고객의 불확실한 수요에서 오는 위험을 공급자에게 이전시킬 수 있다는 장점 때문에 꾸준히 사용되어 왔다. 또한 시장가계약은 수요의 불확실성뿐만 아니라 공급자의 생산 차질에서 빚어지는 생산의 불확실성을 해소하는 데도 많이 사용된다. 즉, 장기계약이나 유연계약을 체결한 공급자가 생산 시설의 고장이나 자연재해 등으로 공급량을 충분히 공급하지 못할 때 필요한 수량을 급히 마련하는 데도 시장가계약이 사용될 수 있다.

6.4.4 계약의 포트폴리오

계약의 포트폴리오

앞에서 우리는 계약의 유연성 측면에서 장기계약, 유연계약, 시장가계약을 살펴보았다. 실제 구매자는 원재료의 구매 등에서 다량의 상품을 구매해야 하는 경우, 이러한 계약들을 조합하여 자신의 입장에 가장 적절한 계약을 구성하고자 한다. 즉, 구매해야 하는 상품들 중 일부는 낮은 구매가로 조달하기 위해 장기계약을 체결하고, 일부는 구매량의 조절을 위해 유연계약을, 그리고 수요나 공급의 예상치 못한 급격한 변화에 대비하기 위해 일부는 시장가계약을 체결하는 것을 고려할 수 있다. 이때 각 계약별 비율은 구매자의 상황 및 성향에 따라 정해진다. 즉, 고객의 수요나 생산의 위험에 민감한 구매자는 시장가계약의 비율을 높게 가져가고, 구매가격에 보다 민감한 구매자는 장기계약의 비율을 높게 가져가도록 전체 계약의 포트폴리오를 구성할 수 있다.

HP의 경우 메모리칩을 구매할 때 포트폴리오 계약을 사용한다고 알려져 있다(Billington, 2002). 기업의 위험 특성에 맞게 HP는 우선 장기계약으로 약 50%의 제품을 구매하여 가격인하효과를 일정 부분 누리면서 35% 정도는 유연계약을 적용하여 시장상황에 맞게 제품의 구매수량을 조절할 수 있도록 한다. 또한 나머지 15%는 시장가계약을 적용하여 급변하는 생산이나 수요의 변화에 대비한다. 이처럼 포트폴리오 계약을 사용하면 기업의 위험 회피 성향 및 민감도에 맞는 다양한 조합의 계약이 가능하다. 하지만 여러 형태의 계약을 맺는 것은 계약의 체결에 들어가는 비용 및 시간이 증가할 뿐만 아니라 계약의 관리에도 인력 및 비용이 소모된다. 따라서 포트폴리오 계약은 구매량이 많고 구매에 들어가는 비용이 충분히 커서 여러 계약 형태를 맺는 것이 가격이나 전략적으로 유리할 때 고려하는 것이 좋다.

요약

- 공급사슬의 개별 기업들은 생산 및 소비과정에서 다양한 형태의 계약을 체결하고 있다.
- 공급사슬의 계약은 그 조건에 따라 도매계약, 환매계약, 매출공유계약, 수량유연계약, 수량할인계약 등으로 나눌 수 있다.
- 공급사슬에서 개별 기업의 이익을 최적화하는 의사결정이 공급사슬 전체의 이익을 동시에 최적화하는 계약을 조정계약이라고 부르며, 환매계약, 매출공유계약 등이 조정계약으로 알려져 있다.
- 공급사슬의 계약은 계약의 기간 및 유연성 정도에 따라 장기계약, 유연계약, 시장가계약 등으로 나눌 수 있다.

연·습·문·제

1. 공급사슬에서 어떤 계약이 조정계약으로 불리기 위한 조건은 무엇인가? 이때 도매계약이 조정계약이 될 수 있는가?

2. 앞의 예제 6.2에서 공급사슬 전체 이익의 합이 최대화되는 환매가가 존재하는가? J패션이 공급사슬 전체의 이익이 최대가 되는 주문을 하게 만드는 환매가와 제품단가를 계산하시오.

3. 공급사슬에서 장기적인 주문 보장을 통한 공급가의 절감과 수요가 발생할 때마다 유연하게 공급량을 결정하는 장점들을 적절히 조합하여 기업의 위험에 대한 특성에 따라 다수의 계약을 동시에 체결할 수 있다. 이때 사용 가능한 계약들의 종류를 열거하고, 그 장 · 단점을 논하시오.

참·고·문·헌

Billington, C.(2002). HP cuts risk with portfolio approuch, Purchasing, 13(3), 43-45.

Cachon, G. P.(2003). "Supply chain coordination with contracts" in Handbooks in Operations Research and Management Science: Supply Chain Management, S. Steve and T. de Kok (Ed), North-Holland.

Cachon, G. P. & Lariviere, M.(2000). Supply chain coordination with revenue shring: strengths and limitations. Management Science, 51(1), 30-44.

Simchi-Levi, D., Kaminsky, P., & Simchi-Levi, E.(2007). Designing & Managing the Supply Chain : Concepts, Strategies & Case Studies, 3rd Ed., McGraw-Hill, New York.

공급사슬관리

PART IV 공급사슬 전략과 구현

HP 데스크젯 프린터 공급사슬 (A)

브렌트 카르티에(Brent Cartier)는 HP(Hewlett Packard; 휴렛팩커드)의 밴쿠버(Vancouver) 사업부 자재부서의 특수 프로젝트 관리자이다. 브렌트는 앞으로 해야 할 일들을 적어 보았다. 월요일에 있을 데스크젯 프린터 제품 라인의 전 세계 재고 수준에 대한 미팅을 준비하느라 긴 한 주를 보냈는데, 주말 역시 그럴 것 같았다. 비록 바빴지만, 언제나처럼 그는 10여 km 정도 자전거를 타면서 스트레스를 풀었다.

데스크젯 프린터는 1988년에 출시되었으며, HP의 가장 성공적인 제품 중 하나가 되었다[그림 1]. 판매량은 꾸준히 증가했고, 1990년에 매출은 60만 대(4억 달러) 이상의 수준에 달하였다. 하지만 판매량의 증가만큼이나 재고도 증가했다. HP의 유통센터는 이미 데스크젯 프린터 팔레트로 가득 찼으며, 설상가상으로 유럽 지사에서는 수요에 부족하지 않게 충분한 재고를 유지하기 위하여 재고 수준을 더 높일 필요가 있다고 주장하는 상황이었다.

HEWLETT PACKARD

The HP 2276A, HP 2277A
DeskJet and DeskJet PLUS Printers

Technical Data

특장점
도트 매트릭스 프린트 방식을 대체하는 탁월한 방식
– 레이저 프린터 수준의 출력
– 저소음
– 매력적인 디자인
– 편리한 사용

데스크젯(DeskJet)
– 1988년 데이텍(Datek) 올해의 프린터 수상
데스크젯 플러스(DeskJet PLUS)
– 기존의 데스크젯보다 2~5배 빠른 속도
– 가로 방향 인쇄 기능 내장
– 더 큰 글자크기 지원(최대 30포인트까지)
– 다양한 내장 글꼴
– 개선된 출력 품질
– 데스크젯 하드웨어 및 소프트웨어와의 호환성

[그림 1] 데스크젯 프린터 데이터 시트

유럽과, 아시아-태평양 그리고 북미의 생산, 자재, 유통 부서 대표자들은 매 분기마다 만나서 이 문제를—그들끼리는 이 문제를 소위 'I-워드

GS3A: Hewlett−Packard Company: DeskJet Printer Supply Chain (A)
by Hau Lee

(I-word)'라고 일컫고 있다—토의하였지만, 부서 간의 상충된 이해관계로 인해 합의를 이끌어 내지는 못하였다. 각 부서들은 이 문제에 대하여 서로 다른 관점에서 접근하고 있었다. 생산부서는 "자재관리의 문제일 뿐이다"라고 하면서 이 문제에 관여하지 않으려고 하는 한편, 제품 모델과 옵션의 수가 계속 급증해 온 것이 문제라고 강조하였다. 유통부서는 밴쿠버 사업부가 적합한 상품을 적정한 양만큼 제공하지 못하기 때문에 재고를 창고에 저장하고 축적할 수밖에 없었다고 항변했다. 유럽의 유통 조직은 심지어 그들이 밴쿠버 사업부에 대여하고 있는 초과 창고공간에 대한 비용을 기존처럼 납품하는 제품에 할당하는 대신 밴쿠버 사업부에 직접 청구하겠다고 하기까지 했다. 마침내, 브렌트의 상사이자 밴쿠버 사업부 자재부서 관리자인 데이빗 아카디아(David Arkadia)는 회의에서 경영층의 입장을 전달했다. "이렇게 낮은 생산성 수준의 자산을 가지고는 비즈니스를 지속할 수 없다는 것이 회사에서 내려온 입장입니다. 더 적은 재고로 고객 요구를 충족시키는 방법 말고는 없습니다."

브렌트는 2가지 주요 이슈가 있다고 보았다. 첫 번째는 재고를 최소화하면서도 재고 가용성에 대한 고객의 니즈를 충족시킬 수 있는 재고량을 찾아내는 것이다. 보다 까다로운 두 번째 이슈는, 각 부서별로 적정 재고 수준을 보유하고 있는 상태에서, 다양한 부서들의 합의를 어떻게 이끌어 낼 수 있을 것인가 하는 문제였다. 이를 위해서는 일관성 있는 재고 목표를 설정하고 이것을 실행하기 위한 방법을 개발할 뿐 아니라 모든 부서가 이러한 방법을 사용하는 데 동의해야만 하는데, 이것은 쉬운 일이 아니었다. 하지만 상황은 유럽에서 특히 시급했다. 브렌트는 전날에 팩스로 받았던 그림이 아직도 머릿속을 떠나지 않았다. 이 그림은 유럽 유통센터(Distribution Center: DC)에서 몇몇 제품의 가용성 수준이 하락하는 것을 보여 주는 그림이었다. 지난 몇 달간 수많은 데스크젯이 유럽으로 운송되었다는 사실을 분명히 알고 있는데도 말이다. 그의 음성 사서함은 영업부서들로부터 온 분노의 메시지로 가득 찼지만, 한편으로 유럽 DC에서는 밴쿠버 사업부에서 보낸 제품을 수용할 공간이 부족하다고 말하고 있는 실정이었다.

브렌트는 자전거를 세워두고 회사 샤워장으로 향했다. 그는 아침마다 샤워를 하면서 계획을 검토하고, 다른 시나리오들을 고려하는 시간을 갖는다. 아마도 해결책이 나타날 것이다.

1. 배경

HP는 캘리포니아 팔로알토(Palo Alto)에서 1939년 윌리엄 휴렛(William Hewlett)과 데이빗 패커드(David Packard)에 의해 설립되었다. HP는 설립 이후 50년 이상 꾸준히 성장했는데, 전자식 테스트 및 측정 장비를 기반으로 하여 현재 주력 판매 상품인 컴퓨터와 주변기기 제품으로 다양화해 나갔다. 1990년 HP는 전 세계 50개 이상의 지사를 두었으며, 132억 달러의 수익과 7억 3,900만 달러의 순이익을 거두었다.

HP는 일부는 제품그룹에 따라, 일부는 기능에 따라 조직화되어 있다. 주변기기 그룹은 HP의 6개 제품그룹 중 2번째로 규모가 큰 부문으로, 1990년에는 41억 달러의 수익을 거두었다. 그룹의 각 부서들은 특정 제품군에 대한 전략적 사업 단위로 활동하였으며, 그룹에서 취급하는 제품들로는 프린터, 플로터, 자기디스크, 테이프드라이브, 단말기와 통신망 제품 등이 포함되어 있었다.

주변기기 그룹은 자사의 많은 제품에 대한 기술표준을 수립하였으며, 잉크젯 프린터와 용지 이동식 플로터(moving-paper plotter)에 사용되는 교체식 인쇄 헤드 등의 혁신을 이루어가고 있었다. 이러한 혁신이 제품의 성공에 이바지하는 것과 더불어, 주변기기 그룹은 가장 성공적 제품인 레이저젯 프린터와 같이 시장잠재력을 파악하여 유리하게 개척해 나갈 수 있는 능력을 인정받고 있었다.

2. 소매 프린터 시장

소규모 작업그룹용 및 개인용 프린터의 전 세계 판매량은 1990년 약 1,700만 대 정도로, 100억 달러 규모에 달하였다. 이 시장은 개인용 컴퓨터 판매량과 유사한 추세를 보이고 있었는데, 미국과 서유럽지역에서는 성숙기 시장의 모습을 보이고 있었으나 동유럽과 아시아-태평양지역에서는 여전히 성장기에 있었다.

소규모 작업그룹 및 개인용 프린터는 대부분이 대리점을 통해서 판매되고 있었다. 이러한 대리점 유통채널은 빠른 속도로 변화하고 있었으며, 특히 미국에서 급변하고 있었다. 전통적으로 프린터는 컴퓨터 판매상을 통해 판매되어 왔지만, 개인용 컴퓨터가 범용제품이 되면서 K마트(K-Mart)와 프라이스 클럽(Price Club)과 같은 대형 슈퍼마켓 및 양판점을 통한 판매가 늘어났다.

소매 프린터 시장은 기술에 따라 충격식/도트매트릭스(40%), 잉크젯(20%), 레이저(40%)의 3가지로 세분되었다. 먼저, 도트매트릭스는 가장 오래된 기술로서, 다른 두 유형에 비해 소음이 있고 출력의 품질이 낮게 인식되어 있었다. 양식(multi-part form)이나 넓은 폭의 인쇄(wide carriage printing)를 제외한 모든 분야에서 잉크젯이나 레이저 프린터로 대체되면서, 도트매트릭스 프린터의 시장 점유율은 향후 몇 년 안에 10% 정도로 떨어질 것으로 예상되었다. 1989년 이전에는 대부분의 고객들이 잉크젯 기술에 대하여 모르고 있었다. 하지만 고객들은 잉크젯 프린터가 더 저렴한 가격에 레이저 프린터 수준의 출력 품질을 제공한다는 것을 알게 되면서 판매가 급증했다. 흑백 프린터 시장에서 궁극적으로는 어느 기술이 저가 프린터 시장 부문을 지배할 것인지는 아직 두고 보아야 할 문제였는데, 이는 두 기술의 발전 속도와 관련 비용에 의해 달려 있을 것으로 보고 있었다.

HP와 캐논(canon)은 1980년대 초반에 각각 자사의 연구소에서 잉크젯 기술을 개발하였는데, 기술적 돌파구는 잉크 배합(ink formulation)과 교체식 인쇄 헤드[1]였다. HP는 1980년대 후반에 교체식 헤드를 사용한 싱크젯 프린터(ThinkJet printer) 모델을 처음 출시하였으며, 캐논은 1990년에야 이러한 제품을 출시할 수 있었다.

HP는 미국의 잉크젯 시장을, 캐논은 일본의 잉크젯 시장을 주도하고 있었는데, 유럽 경쟁사로는 엡손(Epson), 마니스만-탈리(Manisman-Tally), 지멘스(Siemens'), 올리베티(Olivetti) 등이 있었다. 이 중 오직 올리베티만 1991년에 교체형 헤드를 가진 프린터를 출시해냈으며 또한 일부 도트매트릭스 프린터 회사들도 잉크젯 프린터 제품을 제공하기 시작하였다.

잉크젯 프린터는 순식간에 범용 제품이 되었다. 잉크젯 프린터들의 속도와 인쇄 품질이 비슷해짐에 따라, 최종 소비자들은 비용, 신뢰성 및 품질, 재고 가용성 등 일반적인 비즈니스 측면의 기준들을 고려하게 되었고, 이에 따라 제품 충성도는 계속해서 감소하였다.

3. 밴쿠버 사업부와 무재고에 대한 노력

1990년, 밴쿠버 사업부의 사명 기술서(mission statement)에는 다음과 같이 쓰여 있었다. "우리의 사명은 사무실과 가정에서 문서로 커뮤니케이션하는 개인 업무용 컴퓨터 사용자들에게 저렴하면서도 최고급 품질의 프린터로 인정받는 세계적 선도자

1) 잉크젯 프린터의 잉크 카트리지를 말한다. (역자 주)

가 되는 것이다."

미국 워싱턴 주(Washington state)의 밴쿠버 시에 위치한 밴쿠버 사업부는 1979년에 설립되었다. HP는 비교적 새롭고, 빠르게 성장하고 있는 개인용 컴퓨터 시장에 개인용 프린터 제공 기회가 있을 것으로 보았다. HP는 4개 사업부(콜로라도 주의 포트 콜린스(Fort Collins), 아이다호 주의 보이시(Boise), 캘리포니아 주의 서니베일(Sunnyvale), 오레곤 주의 코발리스(Corvallis))의 프린터 활동을 밴쿠버 사업부로 통합하였다. 새로운 사업부는 HP의 주변기기 그룹에 속하였고, 잉크젯 프린터의 설계 및 제조에 특화되어 있었다.

밴쿠버 사업부 초창기 멤버로서 생산관리자인 밥 푸코(Bob Foucoult)는 다음과 같이 회상하였다. "밴쿠버 사업부에 투입된 경영진은 HP 전체에서 선발되어 파벌도 관행도 없었다. 아마 이것이 우리가 새로운 아이디어에 그렇게 개방적이었던 이유일 것이다."

제조부서는 프린터 시장에서의 성공을 위해서는 신속한 대량 생산 프로세스가 필요함을 일찍이 인식하였다. 1979년 당시 밴쿠버 사업부는 8~12주의 사이클 타임과 3.5개월분의 재고량을 가지고 있었으며, 이 상태로는 미래가 암담했다. 그들은 대량 생산 프로세스에 관한 지식을 HP 내에서 찾으려고 했으나 아무런 성과가 없었다. 장비회사인 HP는 배치 프로세스(batch process)를 통해 고도로 고객화(customized)된 제품들을 소규모로 생산했던 경험만을 가지고 있었다.

1981년 중반의 어느 날, 2명의 밴쿠버 사업부 관리자는 비행기에서 우연히 2명의 대학교수 옆에 앉게 되는 일이 있었는데, 네브라스카 대학교(Nebraska University)의 리처드 쉔버거(Richard Schoenberger) 교수와 인디애나 대학교(Indiana University)의 로버트 홀(Robert Hall) 교수였다. 쉔버거 교수는 일본에서 사용되고 있었던 제조 프로세스인 칸반(Kanban, 간판)과 관련하여 〈생산성 기계의 운행(Driving the Productivity Machine)〉이라는 논문의 초안을 작성하고 있었다. 밴쿠버 사업부의 관리자는 이러한 '새로운' 제조 개념의 가능성을 인식하였고, 로버트 홀 교수는 미국 내에서 아이디어를 시험해 볼 수 있는 기회라고 인식하였기 때문에, 함께 일하기로 결정하였다.

밴쿠버 사업부가 공장을 무재고 생산 방식으로 전환하고 1년이 채 안 되어 재고 수준은 3.5개월에서 0.9개월 수준으로 감소하였고 사이클 타임도 극적으로 감소하였다. 밴쿠버 사업부의 공장은 칸반 프로세스의 전시장이 되었다. 1982~1985년 동안 2,000명이 넘는 HP 내외부의 경영진이 몰려와서 프로세스를 견학하였다. 밴쿠버 사업부는 방문자들에게 인쇄회로기판 원자재를 보여 주고 사인을 하게 한 다음, 그 회로기판을 사용해서 표준 공정으로 완성된 프린터를 불과 한 시간 반 후에 보여 줌으로써 깊은 인상을 심어주었다.

그러나 밥 푸코가 "우리는 근사하게 차려입었지만, 아무도 우리에게 함께 춤추자고 하지 않았다."라고 말한 것처럼, 핵심요소 하나가 빠져 있었다. 밴쿠버 사업부는 아직까지 진보된 생산라인을 최대한 활용한 대량 생산 제품을 성공적으로 출시하지 못하고 있었다. 밴쿠버 사업부는 HP의 최신 잉크젯 기술을 기반으로 한 제품을 출시하였지만, 모든 신기술이 그렇듯이 문제를 발견하고 해결하는 경험의 축적이 필요하였다. 초기 모델들은 해상도가 낮았고 인쇄를 위해 전용 용지가 필요하였기 때문에, 시장에서의 성공은 제한적으로 나타나고 있었다.

1988년에 들어와서 상황이 변하기 시작하였다. 밴쿠버 사업부는 선명하고 깨끗한 해상도를 나타내면서 표준용지를 사용하는 데스크젯 프린터의 새로운 모델을 출시하였고, 이 신모델은 대성공이었다. 제조 프로세스는 이미 준비되어 있었고 충분한 경험을 축적하였으므로, '스위치만 올리면' 되는 상황이었다. HP의 잉크젯 기술에 대한 지식과 구현능력은 연속 제조 프로세스와 결합되어, HP에게 잉크젯 프린터 시장 선도자가 되기 위해 필요한 경쟁우위를 제공해 주었다.

4. 데스크젯 공급사슬

데스크젯 제품의 공급사슬 네트워크는 공급업자, 제조사, 유통센터(DC), 딜러, 고객으로 구성되어 있다([그림 2]). 제조는 HP의 밴쿠버 사업부에서 담당하고 있는데, 제조 프로세스는 (1) PCAT(Printed Circuit Assembly and Test, 인쇄회로 조립 및 테스트)과, (2) FAT(Final Assembly and Test, 최종 조립 및 테스트)의 2가지 핵심 단계가 있다. PCAT는 주문형 반도체(Application Specific Integrated Circuits: ASIC), ROM(Read-Only-Memory), 그리고 프린터 논리회로와 인쇄 헤드 제어회로를 만들기 위한 인쇄회로기판 원자재(raw printed circuit board)와 같은 전자부품들을 조립하고 테스트하는 것 등으로 이루어진다. FAT는 모터, 케이블, 키패드, '스킨(skin)'이라고 불리는 플라스틱 본체, 기어 및 PCAT에서 조립한 인쇄회로 등의 하위부품들을 조립 및 최종 테스트하여 프린터로 만드는 과정이다. PCAT와 FAT에 필요한 부품들은 다른 HP 사업부와 전 세계 외부 공

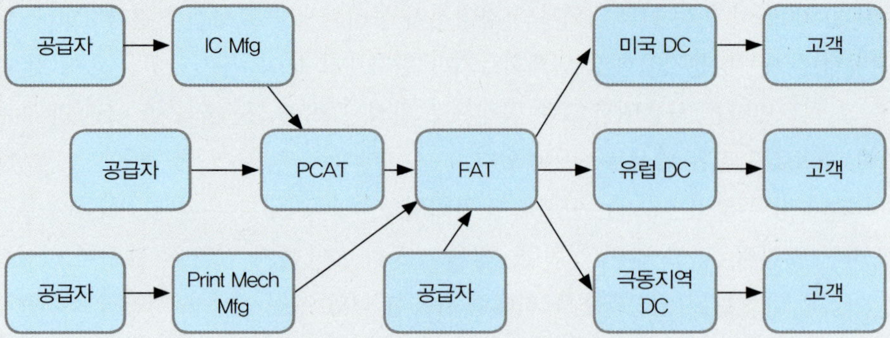

주: IC Mfg: Integrated Circuit Manufacturing, 집적회로제조
PCAT: Printed Circuit Board Assembly and Test, 인쇄회로기판 조립 및 시험
FAT: Final Assembly and Test, 최종 조립 및 시험
Print Mech Mfg: Print Mechanism Manufacturing, 인쇄 구동부 제조

[그림 2] 밴쿠버 공급사슬

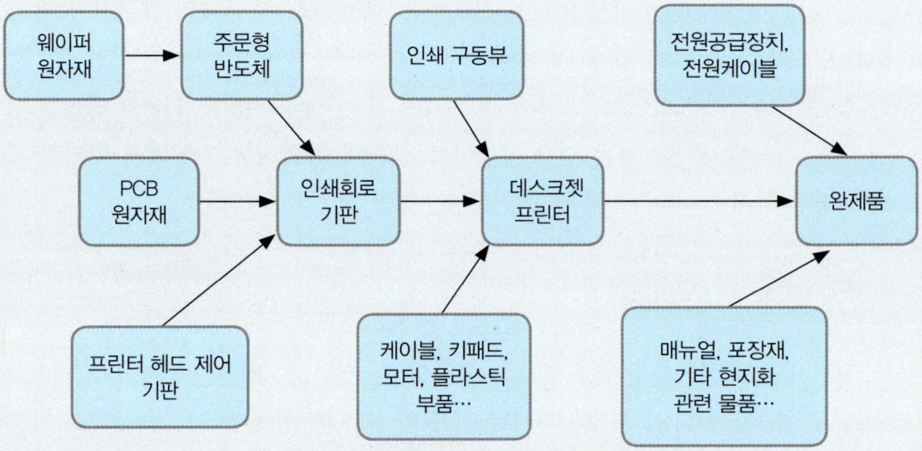

[그림 3] 데스크젯 프린터의 자재명세서

급업자로부터 공급받고 있었다. 유럽에서 데스크젯을 판매하기 위해서는 '현지화(localization)'라고 하는 프로세스에 따라, 현지 국가에서 요구하는 언어와 전원장치에 맞추어 고객화(customizing)할 필요가 있었다. 특히, 데스크젯을 다른 국가에 현지화하기 위해서는 해당 국가의 전압(110볼트 또는 220볼트)과 전원코드 플러그 형태에 맞추어 전원장치 모듈이 조립되어야 했으며, 해당 국가의 언어로 쓰여진 매뉴얼이 프린터와 함께 포장되어야 했다. 프린터의 설계상 전원장치 모듈은 FAT

단계에서 이루어지도록 되어 있어서, 프린터의 현지화는 이미 공장에서 이루어지는 셈이었다. 즉, 공장에서 출하된 제품은 서로 다른 여러 국가로 보내질 예정인 프린터 최종 완제품들이었다. 이 프린터들은 북미, 유럽, 아시아-태평양지역의 3개 DC(Distribution Center, 유통센터)로 보낼 수 있도록 3개의 그룹으로 분류되었다. [그림 3]은 자재명세서(Bill of Material, BOM)를 상세하게 보여 주고 있다.

출고된 제품들은 해상 운송을 통해 3개의 DC로 배송되었다. 밴쿠버 사업부에서는 생산에 필요한 수준의 부품 및 원자재 재고 이외에는 PCAT와 FAT 단계 사이에 완충재고(buffer inventory)를 많이 보유하지는 않고 있었다. 경영진은 공장에 완제품 재고를 두지 않는 것을 선호하였는데, 이는 앞의 절에서 설명한 1985년부터 시작된 전통이다. DC에 도착한 제품들은 유통업자와 대리점 및 소매점으로 배송되었다. 유럽에서는 HP의 각 국 지사로 먼저 제품이 배송되며, 각 국 지사는 각 국가별 지사장에 의해 관리되었다.

PCAT와 FAT 단계를 거치는 공장의 총 사이클 타임은 약 1주일 정도였다. 밴쿠버에서 캘리포니아 산호세(San Jose)에 위치한 미국 DC까지의 운송시간은 약 하루 정도 소요되었던 반면, 유럽과 아시아 지역으로 프린터를 배송하는 데는 약 4~5주 정도가 소요되었다. 이러한 긴 배송시간은 해상 운송 및 통관항(port of entry)에서의 통관 및 세금 납부에 소요되는 시간에서 기인하고 있었다.

프린터 산업은 경쟁이 치열한 분야이다. HP 컴퓨터 제품의 대리점들은 가능한 한 적은 재고를 보유하고자 하였지만, 최종 사용자인 소비자들에게 높은 수준의 제품가용성을 유지하는 것은 매우 중요한 문제였다. 결과적으로 대리점들을 위해 DC는 높은 수준의 제품가용성을 제공해야 했기 때문에, 제조업체인 HP에게는 부담감이 증가할 수밖에 없었다. 이에 대응하여, 경영진은 판매자들에게 매우 높은 제품가용성을 제공하기 위하여 재고생산방식(make-to-stock mode)으로 DC를 운영하기로 결정하였다. 3개의 DC에서는 예측한 판매량과 일부 안전재고 수준을 합하여 목표 재고 수준을 산출 및 설정하였다.

앞서 언급한 바와 같이, 밴쿠버 사업부는 그들의 공장이 거의 '무재고' 공장인 것에 대하여 자부심을 가지고 있었다. 따라서 데스크젯 프린터의 유통부서와는 반대로 제조부서는 끌기 방식(pull mode)으로 운영되고 있었다. 생산 계획은 DC의 목표 재고 수준을 적시에 JIT(Just-in-time) 방식으로 조달해 줄 수 있도록 수립되었다. 원자재의 가용성을 확보하기 위해 공장에서는 입고되는 자재에 대한 안전재고를 설정하였다.

공급사슬에 영향을 미치는 불확실성의 원인은 (1) 도입 원자재의 납품(납기 지연, 부품 오류 등), (2) 내부 프로세스(프로세스 수율과 기계의 고장), (3) 수요의 3가지 요인이 있었다. 앞의 두 가지 불확실성 요인은 제조 리드타임의 지연과 이에 따른 DC로의 재고보충 지연을 야기했으며, 수요의 불확실성은 DC에서의 재고누적 또는 재고고갈을 초래하였다. 유럽과 아시아지역 DC에서는, 프린터가 밴쿠버 사업부에서 해상 운송으로 배송되는 과정에서 리드타임이 길어졌으며, 이로 인해 다양한 버전의 제품의 수요 변동에 대응하는 DC의 능력은 제한적이게 되었다. 고객에게 높은 제품가용성을 보장하기 위해, 유럽과 아시아 DC는 높은 수준의 안전재고를 유지해야만 했다. 북미지역 DC의 상황은 좀 더 단순했는데, 수요의 대부분이 미국 버전 제품에 대한 수요였기 때문에 현지화 버전별 수요 변동의 문제가 거의 없었기 때문이다.

5. 유통 프로세스

HP에서, 보통 DC에서 출하하는 제품은 다양한 주변기기와 컴퓨터 제품 등 수백 가지에 달하지만, 그중 소수의 제품이 출하량의 대부분을 차지하고 있었다. 데스크젯 프린터는 이러한 대량 출하 제품 중 하나였다.

각 지역 DC의 운영관리자는 전 세계를 총괄하는 유통관리자에게 보고하고 있었으며, 이 유통관리자는 HP의 마케팅 부사장과 주변기기 그룹 관리자에게 직접 보고하고 있었다(주변기기는 유통센터를 통해 벌크로 출하되었다). 각 운영관리자에게는 재무, MIS, 품질, 마케팅, 물류, 유통 서비스의 6가지 직무의 관리자가 속해 있었다. 앞의 3가지 직무는 제조부서의 해당 기능에 대응한다. 마케팅의 경우 고객과의 상호작용을 담당하고 있었으며, 물류 직무는 물품 인수에서 출하까지의 '물리적인 프로세스'를, 유통 서비스는 계획과 조달을 각각 담당하고 있었다.

일반적인 DC에 대한 주요 성과측정방법에는 LIFR(Line Item Fill Rate, 품목별 충족률)과 OFR(Order Fill Rate, 주문 충족률)이 있다. LIFR은 제품 품목별로 출고를 시도한 총 수요량 대비 충족된 수량으로 계산된다(HP가 품목별 자재를 출고하려고 할 때마다, 이는 수요량으로 간주된다). OFR도 유사한 척도이지만, 충족 완료된 주문에 기반하여 계산되며, 하나의 주문에 다수의 품목을 포함하고 있다. 부차적인 성과측정방법으로는 총 선적비용 기준으로 1달러당 재고 수준과 유통비용을 측정하는 척도가 있다. 유통비용의 2가지 주요 요소는 출하운임과 급여이다. 운임은 제품 라인별 선적 물량에 비례하여 각 제품 라인에 부과되었다. 운임을 제외한 비용은 특정 제품라인을 지원하는 데 소요되는 '노력의 비율(percentage of effort)'을 DC에서 추정하여, 해당 비율을 적용하여 각 제품라인에 할당하였다. 이러한 시스템은 다소 비공식적이어서, 예산 수립과정에서는 제품라인별 적정 할당률을 결정하기 위해 DC와 주요 제품라인 간에 심각한 협상이 열리곤 했다.

DC는 전통적으로 단순하고 직선적이며, 표준화된 프로세스를 가지기를 원하고 있었다. 프로세스는 4가지의 단계로 구성된다.

- 다양한 공급자로부터 (완성된) 제품을 인수 및 저장
- 고객 주문 충족에 필요한 다양한 제품을 집출
- 완료된 주문내역을 수축포장하고 라벨 부착
- 적절한 운송업체를 통한 주문 배송

데스크젯 프린터는 이러한 표준 프로세스에 적합하다. 반면, 개인용 컴퓨터와 모니터 등의 제품들은 '통합(integration)'과 같은 특별한 프로세스가 필요했는데, 여기에는 대상 국가에 적합한 키보드와 매뉴얼을 추가하는 절차가 포함되어 있었다. 이러한 추가적인 프로세스에는 많은 인력이 요구되지는 않았지만, 표준 프로세스에 맞추기 어려웠으며 자재의 흐름을 혼란스럽게 만들었다. 더욱이 DC의 자재관리 시스템은 유통(개별 모델과 세부사양의 '최종제품'을 통과시켜 보냄)을 지원하도록 만들어져 있었지만, 제조(부품을 최종 제품으로 조립함)는 지원하지 않았다. 또한 DC에는 MRP(Material Resource Planning, 자재 소요 계획)나 BOM(Bill of Materials, 자재명세서) 전개 시스템도 없었으며, 부품 조달에 숙련된 인원도 없었다.

유통부서에서는 조립 프로세스를 지원하는 것에 관련하여 상당한 불만이 있었다. 전반적으로 최고 경영자는 DC의 창고로서의 역할과 '그들이 가장 잘 하는 것인 유통'을 계속해야 할 필요가 있다는 것을 강조했다. 미국 DC 자재관리자인 톰 빌(Tom Beal)은 이에 대하여 다음과 같은 전반적인 우려를 표현하였다. "우리의 핵심역량이 무엇인지와 어떠한 부가가치를 창출할 것인지를 결정해야 합니다. 우리가 창고업무를 할지 통합업무를 할지를 결정하고, 이 업무를 지원하는 전략을 채택해야 합니다. 만약 생산 프로세스를 채택하기로 한다면, 이를 지원하기 위한 프로세스를 도입해야 합니다."

6. 재고 및 서비스 위기

데스크젯 공급사슬에서 재고를 절감하고 높은 수준의 서비스를 동시에 제공하는 것은 밴쿠버 사업부의 경영진에게 큰 도전이었다. 밴쿠버 제조그룹은 원자재 도입의 변동성 감소, 프로세스 수율 개선, 공장 가동 중단시간의 감소 등을 위해 공급자 관리에 많은 노력을 기울였다. 목표 달성을 위한 진척상황은 감탄스러웠으나 예측 정확도의 향상은 여전히 난제로 남아 있었다.

유럽에서 수요의 불균형은 특히 걱정스러운 일이었다. 어떤 국가 모델에는 재고 고갈이 발생하는 한편으로 다른 국가 모델의 재고는 쌓여가는 경우가 매우 흔하게 일어났다. 과거 DC의 목표 재고 수준은 경험적 판단에 따라 결정된 안전재고에 기반하고 있었다. 다양한 제품 모델에 대해 재고의 적정 균형을 맞추는 것은 점점 더 어려워지고 있어서, 안전재고 결정 방식을 개선해야 할 것처럼 보였다.

데이빗 아카디아는 HP의 젊은 재고 전문가 빌리 코링턴(Billy Corrington) 박사에게 수요 불확실성과 조달 리드타임에 대응할 수 있는 안전재고 시스템을 과학적으로 만드는 것에 대한 도움을 요청하였다. 빌리는 밴쿠버 사업부에서 산업공학자인 로라 록(Laura Rock), 계획 관리자인 짐 베일리(Jim Bailey), 구매 관리자인 호세 페르난데즈(Jose Fernandez)로 팀을 구성하여 안전재고 관리 시스템을 개발하였다. 그들은 3개의 DC에서 다양한 모델 및 옵션에 대한 적정 안전재고 수준을 계산하는 방법을 제시하고자 하였다. 적절한 데이터를 수집하는 것은 어려웠으며 많은 시간이 소요되었다. 이제 충분히 좋은 수요 데이터 샘플을 가지고 있다고 생각되어, 안전재고 기법을 개발하려고 하고 있었다(〈표 1〉). 브렌트는 이러한 새로운 방법론이 재고 및 서비스 문제를 해결해줄 수 있을 것이라 기대하고 있었다. 이러한 재고와 서비스의 문제가 적절한 안전재고 기법의 부재 때문이었다고 경영층에 보고할 수 있다면 근사할 것이고, 빌리의 전문지식은 그들의 구세주가 될 터였다.

계속 제기되는 이슈는 안전재고 분석에 사용되는 재고유지비용에 대한 것이었는데, 회사 내에서는 12%(HP의 부채비용과 일부 창고비용의 합)에서 60%(신제품 개발 프로젝트에서 예상되는 ROI 기반) 정도로 추정하고 있었다. 또 다른 이슈는 사용되고 있는 품목별 충족률 목표에 대한 것으로서, 회사에서는 98%를 목표로 하고 있었으며, 이는 마케팅 부서에 의해 '제안된' 수치였다.

유럽 DC에서의 상황이 악화되고 있다는 팩스와 전화가 쇄도하면서, 한편으로 브렌트에게는 동료들로부터 보다 공격적인 다른 제안들이 들어오기 시작했다. 밴쿠버 사업부가 유럽에 현지 공장을 설립하자는 얘기가 표면으로 떠올랐다. 유럽 물량이 새로운 공장 설립을 정당화할만큼 충분한가? 공장은 어디에 위치해야 하는가? 브렌트는 유럽 판매 및 마케팅 담당자들이 이 아이디어를 좋아할 것이라는 것을 알고 있었다. 그는 또한 유럽 공장을 두고 재고와 서비스 문제를 유럽 내에서 알아서 하도록 한다는 아이디어가 마음에 들었다. 아마도 이 아이디어는 그의 최근 수면 부족을 말끔히 날려줄 수 있을 것도 같았다.

〈표 1〉 지역 및 옵션 형태에 따른 월별 수요 데이터

유럽

옵션	11월	12월	1월	2월	3월	4월	5월	6월	7월	8월	9월	10월
A	80	0	60	90	21	48	0	9	20	54	84	42
AA	400	255	408	645	210	87	432	816	430	630	456	273
AB	20,572	20,895	19,252	11,052	19,864	20,316	13,336	10,578	6,096	14,496	23,712	9,792
AQ	4,008	2,196	4,761	1,953	1,008	2,358	1,676	540	2,310	2,046	1,797	2,961
AU	4,564	3,207	7,485	4,908	5,295	90	0	5,004	4,385	5,103	4,302	6,153
AY	248	450	378	306	219	204	248	484	164	363	384	234
총계	29,872	27,003	32,344	18,954	26,617	23,103	15,692	17,431	13,405	22,692	30,735	19,455

아시아 – 태평양

옵션	11월	12월	1월	2월	3월	4월	5월	6월	7월	8월	9월	10월
A	0	66	39	27	1,002	6	0	104	0	72	60	0
AB	216	255	495	111	156	506	336	0	324	420	144	1,016
AG	342	684	519	1,425	586	1,059	1,186	2,409	636	1,761	620	844
AK	30	24	0	18	15	30	15	33	81	18	72	36
AU	333	219	69	141	39	354	3,067	243	645	168	792	312
총계	921	1,248	1,122	1,722	1,798	1,955	3,604	2,789	1,686	2,439	1,688	2,208

북미

옵션	11월	12월	1월	2월	3월	4월	5월	6월	7월	8월	9월	10월
A	20,208	16,188	22,336	36,474	26,528	32,964	36,008	16,604	27,300	19,968	28,444	34,164
AB	4	0	44	0	69	135	330	330	266	185	99	294
AG	73	9	85		0	0	3	0	0	3	3	0
AK	53	19	45	6	63	3	3	0	0	0	0	2
AU	0	0	15	0	6	0	0	6	0	4	1	0
총계	20,338	16,216	22,525	36,480	26,666	33,102	36,344	16,940	27,566	20,160	28,547	34,460

보다 많은 재고를 보유하는 것에 대하여 확실한 옹호 입장을 보이는 그룹도 있었는데, 그들에 따르면 단순한 논리였다.

> 실제 수익에서 재고 비용은 손익계산서(P&L Statements)에 포함되지 않지만, 판매 손실은 수익에서 손실 처리가 됩니다. 재고와 서비스의 상충관계에 대해 우리에게 말하지 마세요. 이상입니다.

운송부분 감독관인 케이 존슨(Kay Johnson)은 유럽에 프린터를 운송할 때 항공운송을 사용하는 것을 예전부터 제안해 왔었다.

> 리드타임 단축은 제품수요구성(product mix)의 예기치 않은 변화에 대한 빠른 반응시간을 제공합니다. 즉, 낮은 수준의 재고와 높은 수준의 제품 가용성을 가능하게 한다고 볼 수 있습니다. 항공운송의 가격은 비싸지만, 그럴만한 가치가 있다고 말씀드릴 수 있습니다.

브렌트는 스탠퍼드 대학에서 온 여름 인턴과 함께 점심시간에 가졌던 대화를 회상하였다. 열정적이었던 그 학생은 브렌트에게, 자신은 항상 '문제의 핵심(root of the problem)'에 다가가기 위해 노력한다고 말하였다. 그 인턴에 따르면, 자신은 문제의 핵심에 다가가는 것을 대학의 교수에게서 배웠으며, 수많은 품질의 대가들도 그렇게 가르치고 있다고 했다.

> 문제의 핵심은 당신들의 예측 시스템이 끔찍할 정도로 엉망이라는 겁니다. 쉬운 길은 없어요. 이 시스템을 고치는 데 투자해야만 합니다. 수요 불확실성 규모를 줄이는 방법을 찾아야만 한다구요.

브렌트는 열정적으로 자청하여 자문해 주고 있는 그 학생의 이야기를 들으면서 점차 식욕이 사라졌던 그날의 점심시간을 기억한다.

7. 다음에는 어떤 일이 생길까?

브렌트는 하루의 일정을 검토하고 있었다. 오전 11시에 새로운 안전재고 모델을 사용하여 계산된 권장 재고 수준을 검토하기 위하여 빌리, 로라, 짐, 호세를 만나기로 계획되어 있었다. 그는 모델이 권장하는 변화의 수준이 어느 정도일지 다소 걱정되었다. 만약 작은 변화를 요구한다면, 경영진은 모델이 유용하지 않다고 생각할 것이다. 반대로 큰 변화를 요구한다면, 경영진은 모델을 받아들이려 하지 않을 것이다.

점심식사 후에는 자재 관리자 및 제조 관리자를 만나 결과와 개략적인 내용을 검토할 것이다. 오후 2시에는 미국 DC의 자재 관리자와 통화할 예정이다. 그날 밤에는 싱가포르에, 토요일 아침에는 독일에 도착할 수 있을 것이다. 그는 모두에게서 동의를 얻어낼 수 있기를 희망한다.

한편으로는 고려해야 하는 다른 접근방법은 없는지 궁금하기도 했다. 어떤 방법이든지 간에 쉽지 않을 것 같았다.

7 CHAPTER

공급사슬 전략과 프로세스 유형

학습 목표

- 공급사슬 전략과 프로세스의 개념을 이해한다.
- 공급사슬 전략과 프로세스의 주요 문제를 이해한다.
- 공급사슬 전략과 프로세스 수립을 위한 기법을 이해한다.

사례

세계 곳곳에 미니공장…현대차 생산전략 '다품종 유연생산'으로 [현대차 글로벌 누적생산 1억 대]

연산 30만 대 규모 종합 공장서 탈피
싱가포르 HMGICS가 테스트 베드
전기차 시대 대응 위한 전략
3만 대 규모로 시작…증설도 가능

글로벌 누적생산 1억 대를 넘어선 현대자동차의 생산전략이 크게 바뀔 전망이다.

4일 현대차그룹에 따르면 생산전략이 현재의 소품종 대량생산에서 중장기적으로 '다품종 소량생산(현대차는 유연 생산이라고 호칭)'으로 전환된다.

완성차 제조사는 소품종을 대량으로 만들 때 이익이 커진다. 부품을 대량주문하면 생산원가를 낮출 수 있고 공장 가동 효율도 높아진다. 하나의 라인에서 여러 차를 만들 때보다 한 가지 차를 반복해서 빠르게 생산하는 게 유리하다. 조립 품질을 끌어올릴 수 있고 시간당 생산량인 'UPH(Unit Per Hour)'도 늘어난다. 한때 연산 800만 대를 외치며 양적 성장을 추진했던 현대차의 전략이었다.

그러나 정몽구 명예회장의 '품질경영'에서 정의선 회장이 주도하는 '질적 성장' 시대로 변화하면서 생산전략도 점진적으로 개선됐다. 맹목적으로 많이 만들기보다 좋은 차를 더 잘 만들기 위한 새 전략을 세웠다.

무엇보다 전기자동차 시대가 본격화하면서 생산 시스템도 전환기를 맞았다는 평가다. 글로벌 곳곳에 세운 현대차 공장(기아 포함)은 모두 1997년 준공한 아산공장이 모태다. 아산공장 설계도를 가지고 미국과 브라질, 아시아, 유럽 곳곳에 공장을 세웠다.

대량생산에 유리하지만, 시장 변화에 대응하기 어렵다는 게 단점이다. 미개척 시장을 겨냥해 수천억 원에 달하는 대량생산 공장을 구축하는 것도 여전히 부담이 크다.

현대차 글로벌 생산능력 ※2024년 상반기 기준

국가	생산능력(대)	가동률(%)	국가	생산능력(대)	가동률(%)
한국(울산)	140만	107.5%	미국	30만	100.3%
한국(아산)	30만		체코	35만	103.1%
한국(전주)	10만5000		러시아	30만	-
인도	75만	102.1%	브라질	15만	87.7%
튀르키예	10만	105.2%			

※출처 : 금융감독원

이에 현대차는 미니공장 프로젝트를 추진 중이다. 대표적인 사례가 싱가포르 주롱 단지에 들어선 '현대차그룹 글로벌 혁신센터(HMGICS)'다.

총넓이 9만 ㎡로 축구장 6개 크기에 지상 7층 규모인 이곳은 자동차 주문부터 시승, 인도 및 서비스까지 실증하는 개방형 혁신기지다.

건물 옥상에 고속 주행이 가능한 총 길이 620m의 고객 시승용 시험 주행 트랙을 마련한다. 이밖에 도심 항공 모빌리티(UAM) 이착륙장과 친환경 에너지 생산을 위한 태양광 패널 등도 구축한다.

무엇보다 연산 3만 대를 생산할 수 있는 조립공장도 갖췄다. 생산량에서 아산공장의 10분의 1 수준인 미니공장인 셈이다.

전기차 시대를 맞아 하나의 전용 플랫폼을 바탕으로 다양한 차종을 생산할 수 있는 만큼 다품종 유연 생산 체제를 구축할 수 있다.

현대차그룹 관계자는 "싱가포르 혁신센터가 성공하면 글로벌 주요 거점으로 이 생산체제를 확대할 수 있을 것"이라며, "필요할 경우 3만 대씩 증설도 가능하다. 대규모 투자와 동반되는 리스크가 상대적으로 줄어드는 것도 특징"이라고 설명했다.

[이투데이] 2024.7.4. 기사, https://www.etoday.co.kr/news/view/2376852

7.1 서론

기업의 전략은 조직의 장기적인 방향과 지향점을 제시한다. 제품개발, 마케팅, 공급사슬 등 기업의 각 부문의 활동은 기업의 전략적 방향을 실현할 수 있도록 설계되어야 한다. 따라서 공급사슬의 전략은 기업 전체의 전략적 방향 및 내부적 경쟁 역량과 공급사슬이 다루는 제품 수요의 특성을 고려하여 수립되어야 한다. 도입사례에서 나타난 현대차의 미니공장 프로젝트는 전기차로의 전환과 이에 따른 다품종 소량생산을 고려한 공급사슬 전략 변화의 예를 보여준다.

공급사슬 전략은 프로세스로 구체화된다. 공급사슬 전략은 구현되는 프로세스의 유형에 따라 크게 밀기(push), 끌기(pull) 및 밀기–끌기(push–pull)로 구분된다. 각 전략 유형은 나름대로의 특징과 장 · 단점을 가지고 있으며, 이러한 공급사슬 전략 유형은 제품 및 수요의 특성과 밀접하게 연관되어 있다.

본 장에서는 공급사슬의 전략이 기업 전체의 전략 및 기업의 경쟁 전략과 어떻게 연관되는지를 살펴보고, 공급사슬 전략의 유형과 각 유형별 특징을 알아본다.

7.2 공급사슬 전략의 수립

공급사슬 전략은 기업의 전략적 방향성을 실현하고 고객 주도의 기업이 구축될 수 있도록 수립되어야 한다. 고객 위주의 공급사슬 전략을 수립하기 위한 과정은 [그림 7–1]과 같이 기업 전략(corporate strategy)에서 시작하여 이를 토대로 시장 분

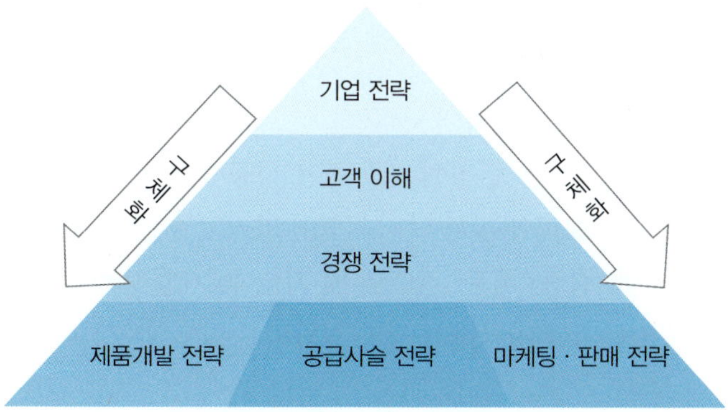

[그림 7–1] 공급사슬 전략의 수립과정

석 등의 방법을 통해 고객을 이해하고, 경쟁자에 대비한 자사의 역량을 평가한 후 기업의 핵심역량을 개발해 나가는 과정을 통해 수행된다.

7.2.1 기업 전략의 수립

기업 전략(corporate strategy)

기업 전략은 장기적인 조직의 방향을 규정하고, 조직의 성공을 평가할 수 있도록 기준이 되는 목표이다. 예를 들어, 이마트나 롯데마트와 같은 대형 할인마트의 목표는 좋은 품질의 다양한 제품을 고객에게 저렴한 가격으로 제공하는 것이다. 이러한 대형 할인마트의 전략을 성공적으로 수행하기 위해서는 제품들이 저렴한 가격에, 고객이 필요로 할 때 제공될 수 있도록 효율적인 운영을 통해 서비스 수준을 유지하는 것이 중요한 성공요인이 될 것이다. 이와 같이 기업의 전략은 기업이 어떤 활동에 주력해야 하는지, 어떤 요인이 중요한 성공의 평가지표인지를 규정한다.

이러한 기업 전략의 수립을 위해서는 다음의 3가지 사항을 고려해야 한다.

(1) 사명기술서(mission statement)

사명기술서(mission statement)

사명기술서는 기업의 기본적인 미션과 비전을 기술한다. 사명기술서에는 우리의 고객이 누구이고 어떤 업종에 종사하고 있는지, 또한 우리의 성공을 측정하는 핵심적인 성과 목표가 성장, 이윤, 시장 점유율 등의 여러 측면들 중 무엇인지가 명확히 나타나 있어야 한다.

(2) 환경조사(environmental scanning)

환경조사(environmental scanning)

기업의 환경은 끊임없이 변화한다. 이렇게 변화하는 환경에서 생존하기 위해서는 기업과 구성원들이 지속적으로 변화하는 환경에 적응할 것이 요구된다. 따라서 시장, 산업, 기술 및 사회경제 전반의 동향을 통해 환경의 잠재적인 기회와 위협을 파악하는 **환경조사**가 필요하며 기업 전략에 반영되어야 한다.

(3) 핵심역량(core competency) 정의

핵심역량(core competency)

기업이 지속적으로 변화하는 환경에 적응하여 성공하기 위해서는 기업이 가지고 있는 역량을 최대한 활용해야 한다. 즉, 기업이 가지고 있는 고유한 자원과 강점을 정의하고, 인력, 설비, 시장, 재무, 시스템 및 기술 등 기업 역량의 여러 측면 중 **핵심 역량**이 어디에 있는지를 파악하여 경영 전략의 수립에 반영하여야 한다.

7.2.2 고객 이해

기업에서 고객 위주의 기업 전략을 성공적으로 수립하려면, 고객의 욕구(needs)를 파악하여 충족시키는 방법에 대한 이해가 필요하다. 고객을 이해하기 위해서는 일반적으로 공통적인 속성을 가진 고객 집단을 파악하여 시장을 세분화(market segmentation)하고, 세분 시장(market segment)에서의 고객의 요구를 파악하는 접근이 필요하다. 시장 세분화를 위한 기준으로서는 흔히 다음과 같은 속성들이 활용된다.

시장세분화(market segmentation)

- 인구 통계적 요인: 연령, 성별, 직업, 거주지역, 소득 수준 등
- 심리적 요인: 즐거움, 심심함, 무서움 등
- 산업적 요인: 특정 기술 이용, 특정 산업 종사 등

"마음껏 긁어도 돼~" 반려동물에 특화된 벽지 · 바닥재 출시

현대L&C가 펫팸족(Pet+Family, 반려동물을 기르는 인구)을 겨냥한 특화 건자재 시장에 발빠르게 대응하고 있다. 건자재 업계에선 아직 니치마켓(niche market, 틈새시장)이지만, 국내 반려동물 시장 규모는 급성장할 것으로 예측된다. 현대L&C는 이 시장의 성장 잠재력이 크다고 판단해 펫 전용 바닥재에 이어 벽지까지 새로 내놓았다.

'펫집사'라면… '펫월'로 도배하자!

현대백화점그룹의 종합 건자재 기업 현대L&C는 펫팸족 가정에 최적화된 벽지 신제품 '펫월(Pet Wall)'을 최근 선보였다. 앞서 지난 4월엔 반려동물 미끄러짐 방지 기능이 있는 전문 바닥재 '더채움'을 출시한 바 있다. 펫월은 프리미엄 소재인 '경질 PVC 시트'를 적용해 항균 기능이 뛰어나다. 오염에 강하고 유지 관리도 쉽다. '안티 스크래치(Anti-Scratch)' 기능의 경질 PVC 시트는 국제공인시험기관인 FITI 시험연구원 인증 내마모성 최고 등급(5등급)을 획득했다. 그만큼 표면 강도가 강해, 벽지 훼손 우려가 큰 펫팸족 가정에 안성맞춤이다. 또한, 주요 제품은 가로 폭(137cm)이 일반 벽지보다 30%가량 긴 '가로형 벽지'로 출시됐다. 반려동물 때문에 쉽게 손상되는 벽지 하단부만 별도 교체가 가능하다. 아울러 상단부와 하단부를 다른 디자인 제품으로 시공할 수도 있다.

벽지에 직접 접촉하는 반려동물들을 위해 안전성도 세심히 살폈다. FITI 시험연구원에서 프탈레이트계 가소제와 중금속 등 유해물질에 대한 안전성 검증을 획득했다. 한국 애견협회와 국가공인시험기관인 KOTITI 시험연구원으로부터 '반려동물 제품 인증(PS 인증, Pet Product Safety Certification)'도 받았다.

[그림 7-2] 시장 세분화의 사례: 반려동물 특화 벽지

출처: 조선일보(2025. 2. 18.)

예를 들어, [그림 7-2]에 나타난 '반려동물 특화 벽지'는 반려동물을 키우는 세대를 대상으로 벽지 등이 반려동물에 의해 상하기 쉬운 점을 고려하여 표면 강도가 높고 교체가 쉽도록 한 벽지, 바닥재 등의 제품을 보여주고 있다. 이는 반려동물을 키우는 세대라는 인구통계적 요인과 벽지가 긁혀서 보기 싫거나 딱딱하고 미끄러운 바닥 때문에 반려동물이 다치는 걱정 등의 심리적 요인을 기준으로 세분 시장을 정의한 예로 볼 수 있다.

욕구평가(needs assessment)

시장 세분화를 통해 세분 시장이 정의되었다면, 세분 시장별로 고객의 요구사항을 규정하는 **욕구평가(needs assessment)**가 필요하다. 예를 들어, 편의점과 대형 할인점을 이용하는 고객의 욕구는 다를 것이다. 편의점 고객의 경우에는 제품을 저렴하게 구입하기 위해서가 아니라 가깝고 편리해서 이용하는 것이므로 원하는 제품을 쉽고 빠르게 찾을 수 있기를 원하며, 구입하고자 하는 물건이 항상 매장에 있기를 기대한다. 반면에 대형 할인점 고객의 경우에는 제품을 저렴하게 구입하는 것을 가장 중요하게 생각하며, 이를 위해 동선이 길어지거나 한 번에 많은 양을 구매하는 것을 기꺼이 감수할 것이다. 또한 편의점을 이용하는 고객은 바쁜 상황이기 때문에 다소 가격이 높더라도 편리한 것을 원하며, 대형 할인점을 이용하는 고객은 다소 시간을 투자하더라도 제품을 저렴하게 구입하기를 원한다. 이와 같이 세분 시장에 따라 제품에 대한 수요의 특성은 변화하며, 주문당 구매량이나 요구되는 서비스 수준, 응답시간의 허용 범위, 적정 가격대 등의 속성이 달라지게 된다.

7.2.3 경쟁 전략 결정

우선경쟁역량(competitive priority)

경쟁 전략의 결정은 공급사슬이 기업 내·외부 고객을 만족시키기 위해 갖추어야 할 경쟁역량의 우선순위, 즉 **우선경쟁역량(competitive priority)**을 결정하는 것이다. 경쟁역량은 크게 원가, 품질, 시간, 유연성의 4가지 차원(dimension)으로 구분할 수 있으며, 어떤 경쟁역량의 차원에 우선순위를 두는가에 따라 기업의 경영 전략은 다르게 나타난다.

원가(cost)

- 원가(cost): 기업이 경쟁자에 비해 저원가로 제품 또는 서비스를 생산할 수 있다면 **원가**를 우선경쟁역량으로 삼을 수 있다. 제품이나 서비스를 저렴한 비용으로 만들어 낼 수 있으면, 원가 경쟁력을 통해 시장에서 더 낮은 가격으로 제품이나 서비스를 판매하여 가격 경쟁력을 얻을 수 있다. 원가경쟁역량을 획득하는 데는 두 가지의 접근방법이 있다. 하나는 투입자원의 비용을 낮추는 것으로서, 제품 및 서비스의 생산에 필요한 자재나 부품을 저렴하게 구매하거나 설

비비용 및 인건비 등을 낮추는 방법이다. 다른 하나는 효율을 높이는 것으로서 생산성을 높여 동일한 투입비용에서도 더 많은 제품이나 서비스를 창출해 내는 능력을 갖는 것이다. 따라서 원가를 우선경쟁역량으로 삼는다면 기업은 낭비를 제거함으로써 투입자원의 비용을 절감하고, 생산수율을 높이며 프로세스와 조직을 효율적으로 운영함으로써 생산성을 높이는 것에 집중해야 한다.

- 품질(quality): 기업이 고품질의 제품이나 서비스를 제공할 수 있는 능력은 핵심적 경쟁역량이 된다. 여기서 경쟁역량의 대상이 되는 '품질'은 다시 **고성능 품질(high-performance design)**과 **적합성 품질(conformance to specifications)**로 구분될 수 있다. 고성능 품질은 설계와 제조의 높은 독창성과 탁월한 성능으로 다른 기업이 따라올 수 없는 성능과 품질을 확보하는 것으로서, 흔히 하이엔드(high-end)급이라고 하는 제품이나 서비스가 이에 해당한다. 제품에서는 고성능 스포츠카나 초고가 오디오 제품, 서비스에서는 7성급 호텔이나 최고급 레스토랑 등이 여기에 해당한다고 할 수 있다. 고성능 품질을 우선경쟁역량으로 한다면 지속적인 연구개발과 최고의 인적자원 확보를 통해 기술적 우위를 점하는 것이 중요한 문제가 될 것이다. 한편, 적합성 품질은 고객에게 약속한 제품사양에 부합하도록 불량 없는 제품이나 서비스를 전달할 수 있는 능력으로서, 일반적인 가전제품이나 패스트푸드(fastfood) 레스토랑 등에서 품질을 말할 때는 적합성 품질을 일컫는 것이라고 볼 수 있다. 적합성 품질의 경쟁력을 확보하기 위해서는 TQM(Total Quality Management)이나 식스시그마(Six-Sigma) 등의 품질혁신활동을 통해 불량을 제거하고 품질과 관련한 고객 만족을 도모하는 것이 핵심적인 과제가 될 것이다.

품질(quality)

고성능 품질(high-performance design)

적합성 품질(conformance to specifications)

- 시간(time): 기업이 경쟁기업에 비해 더 신속하게 또는 적시에 제품이나 서비스를 고객에게 전달할 수 있다면 이것이 경쟁역량이 될 수 있다. 경쟁역량으로서의 **시간**은 다시 **신제품의 개발속도(time to market)**, 주문충족의 속도 및 정시 주문충족의 세 가지로 구분할 수 있다. 신제품의 개발속도는 경쟁기업에 비해 먼저 고객이 원하는 신제품을 시장에 출시할 수 있는 능력으로서, 신제품을 통해 시장을 선점함으로써 경쟁 우위를 확보할 수 있다. 스마트폰 등의 신제품 출시 시기 경쟁에서 이러한 사례를 볼 수 있으며, 때로는 시장 진입 속도를 위해 제품의 완성도를 일부 희생하는 경우도 볼 수 있다. **주문충족의 속도(delivery speed)**는 고객 주문으로부터 제품 및 서비스의 전달 완료시점까지의 소요시간이 경쟁기업에 비해 짧음으로써 얻어질 수 있는 경쟁역량이다. 온라

시간(time)

신제품의 개발속도(time to market)

주문충족의 속도(delivery speed)

정시 주문충족(on-time delivery)

인 쇼핑몰이나 주문형 PC, 패스트푸드 레스토랑 등이 이러한 예에 해당될 수 있다. 마지막으로 **정시 주문충족(on-time delivery)**은 고객이 원하는 시점에 정확히 맞추어 제품이나 서비스를 전달할 수 있는 능력이다. 실제로 많은 경우에 신속한 주문충족보다는 원하는 시점에 맞추어 주문이 충족되는 편이 선호된다. 예를 들면, 조선업이나 플랜트사업처럼 부품이나 모듈이 정해진 납기보다 이르거나 늦게 공급되면 공정에 차질이 발생할 수 있는 경우가 많다. 건설, 항공기 등의 산업도 이에 해당하며, 크로스도킹(cross-docking)[1]의 구현에 있어서도 이러한 정시 주문충족의 역량이 중요하게 대두된다.

유연성(flexibility)

설계유연성(design flexibility)

품목유연성(product variety)

수량유연성(volume flexibility)

- 유연성(flexibility): **유연성**은 요구사항이나 요구량의 변경에 유연하게 대응할 수 있는 능력을 말하며, 이는 다시 **설계유연성(design flexibility)**과 **품목유연성(product variety)** 및 **수량유연성(volume flexibility)**으로 구분된다. 설계유연성은 요구사항의 변경에 맞추어 설계를 유연하게 변경함으로써 고객화된 제품이나 서비스를 제공할 수 있는 능력을 말한다. 높은 고객화가 요구되는 주문형 PC나 SI(System Integration)[2] 형태의 업무 소프트웨어 개발, 헤어숍 등에서 이러한 설계유연성이 요구됨을 볼 수 있다. 품목유연성은 다양한 제품을 효과적으로 처리할 수 있는 능력을 말한다. 품목의 다양성으로 고객들에게 편의성을 제공하는 아마존(Amazon.com)과 같은 온라인 스토어나 대형 마트 등이 가지고 있는 역량이 이에 해당한다. 마지막으로 수량유연성은 수요량의 변동에 유연하게 대처할 수 있는 능력으로서, 철도, 우편, 스키리조트, 워터파크 등 피크타임과 일상적 수요 사이의 변동 폭이 큰 서비스업체에서 이러한 수량유연성의 중요성을 볼 수 있다.

기업이 어떤 경쟁역량의 차원을 우선시하는가 하는 것은 기업의 생산 및 서비스 시스템의 설계와 운영뿐 아니라 마케팅과 재무 계획 등 기업의 모든 활동에 영향을 미치는 중요한 의사결정이다. 그러면 동시에 모든 경쟁역량의 차원을 추구하는 것은 쉽지 않을 것이 분명하다. 따라서 여러 가지 경쟁역량의 차원들 간의 관계를 설명하는 다음과 같은 관점들이 제기되어 있다.

---

1) 크로스도킹에 대해서는 12장에서 설명한다.

2) 정보 시스템 설계로부터 소프트웨어, 하드웨어의 도입 및 설치와 시스템 구현까지의 정보 시스템 개발 전 과정을 일괄계약에 의해 수행하는 방식을 말한다.

상쇄관계(trade-off)이론

- **상쇄관계(trade-off)이론**: 경쟁의 초점을 두는 경쟁역량의 차원 사이에 상쇄관계가 존재한다는 이론으로서, 하나의 경쟁역량을 우선시하면 다른 경쟁역량은 상대적으로 다소 나빠지는 것을 감수해야 한다는 관점이다. 예를 들어, 품질을 우선경쟁역량으로 삼는다면 다소의 원가 상승을 감수해야 하며 이에 따라 원가 경쟁역량은 다소 나빠질 수밖에 없다는 관점이다. 제품의 출시 시기를 앞당기기 위해(시간 경쟁역량) 제품의 완성도(품질 경쟁역량)의 일부 희생을 감수하는 것도 상쇄관계의 예로 볼 수 있다. 상쇄관계이론은 기업의 한정된 자원과 노력을 효과적으로 배분해야 한다는 점을 강조하고 있으나, 결국 시장에서의 성공은 한 가지 경쟁역량만으로 이루어질 수 없음을 고려할 때, 여러 차원에서의 경쟁역량을 동시에 확보해야 하는 상황을 설명하는 데에는 한계점을 가진다.

샌드콘(sand cone)이론

- **샌드콘(sand cone)이론**: 누적(cumulative)이론이라고도 하며, [그림 7-3]과 같이 경쟁역량을 순차적으로 쌓아 올려 결국 궁극적으로는 모든 경쟁역량의 차원을 갖추어야 한다는 관점이다. 실제로, 나카네(Nakane, 1986)는 일본 자동차기업들에 대한 조사연구에서 흥미로운 사실을 보고하였다. 시장에서 성공적으로 경쟁하고 있는 자동차기업들을 살펴보았더니 모든 기업들이 기본적으로 품질과 주문충족의 신뢰성(시간) 차원에서 일정 수준 이상의 역량을 확보하고 있으며, 품질과 신뢰성(시간)역량의 토대 위에서 비용 및 유연성으로 경쟁하고 있음을 발견하였다. 즉, 샌드콘이론은 한 가지 경쟁역량만으로는 시장에서 성공할 수 없음을 감안할 때, 시장에서 생존하기 위한 핵심이 되는 품질경쟁역량과 신뢰성 있는 주문충족(시간 경쟁역량)의 토대 위에 비용의 효율성을 갖추고 최종적으로 유연성을 확보하는 것과 같이, 순차적으로 모든 차원의 경쟁역량을 쌓아 올려야 한다는 점을 설명하고 있다(Nakane, 1986; Ferdows & De Meyer, 1990).

[그림 7-3] 샌드콘 모형

주문자격요소-주문획득요소 이론

주문자격요소(order qualifier)

주문획득요소(order winner)

• **주문자격요소-주문획득요소이론**: 시장과 고객에 따라 고객의 요구는 달라질 수 있으며, 이에 따라 고객 요구에 부합하기 위한 경쟁역량의 차원에 대한 중요성도 다르게 파악되어야 한다는 이론이다. 이 이론에서는 경쟁역량의 차원을 **주문자격요소**(order qualifier)와 **주문획득요소**(order winner)로 구분하여 파악한다. 주문자격요소는 시장에서 생존하고 고객으로부터 공급자로서의 최소 자격요건을 인정받기 위해 반드시 충족되어야 할 경쟁역량을 의미한다. 자동차를 예로 들면, 안전기준에 충족하는 품질을 확보하는 것은 주문자격요소라고 볼 수 있다. 주문획득요소는 주문자격요소를 충족한 기업들 중에서 최종적으로 경쟁업체와 차별화되어 고객에게 선택되기 위해 가져야 할 경쟁역량으로서, 자동차에서는 고성능 설계 또는 고객화를 제공하는 유연성 등이 이에 해당한다고 볼 수 있다.

7.2.4 부문별 전략 수립

기업 차원의 경쟁 전략이 설정되면 기업의 각 부문별 전략이 파생될 수 있다. 기업의 부문별 전략은 상위 수준의 기업 전략에 부합해야 하며, 공급사슬 전략도 예외가 아니다. 경쟁 전략과 공급사슬 전략 사이의 관계는 [그림 7-4]의 기업의 가치사슬로부터 확인할 수 있다.

기업은 여러 부문의 활동을 통해 가치를 창출한다. 기업이 경쟁 전략을 성공

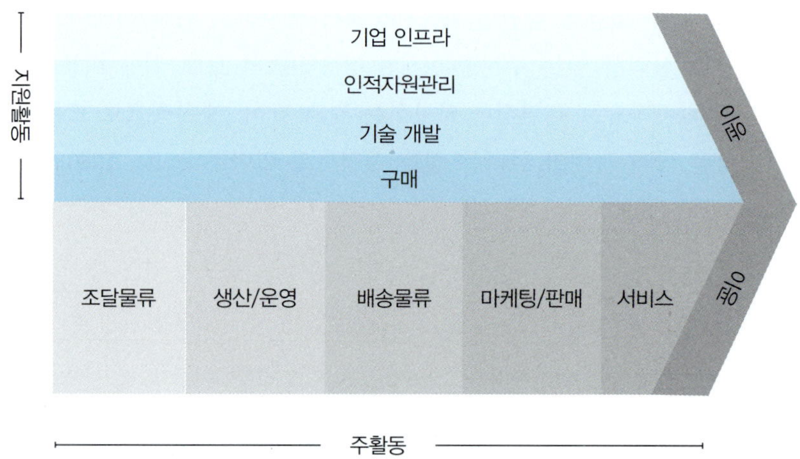

[그림 7-4] 기업의 가치사슬

출처: Porter(2008).

적으로 실행하기 위해서는 가치사슬의 각 활동에서 기업의 경쟁 전략이 구체화되어 실행되어야 한다. 예로서 기술 개발 활동에서는 **제품 개발 전략(product development strategy)**이 구체화되며, 여기서 신제품의 형태와 사양, 성능 등과 더불어 제품의 생산 방식도 결정된다. 제품을 자체 생산할 것인지 외주를 통해 생산할 것인지도 이 단계에서 결정된다. **마케팅과 판매 전략(marketing and sales strategy)**은 제품의 판매 대상이 되는 세분 시장을 결정하며, 해당 세분 시장에서의 제품의 포지셔닝과 가격 및 판매 촉진 방안 등 수요의 효과적 창출을 위한 전략을 결정한다. 한편으로, 구매, 조달물류, 생산/운영, 배송물류 및 서비스는 **공급사슬 전략(supply chain strategy)**의 고려 대상이 된다. 공급사슬 전략은 자재 및 부품의 조달에서부터 생산 및 운영을 거쳐 제품과 서비스가 고객에게 전달될 수 있도록 하는 배송과 사후 서비스에 이르는 일련의 과정이 어떤 방식으로 구현되고 운영되어야 하는지를 결정한다. 공급사슬 전략에 어떤 유형이 있는지, 그리고 기업의 경쟁 전략과 어떻게 부합되어야 하는지를 이어지는 절에서 살펴본다.

제품 개발 전략(product development strategy)

마케팅과 판매 전략(marketing and sales strategy)

공급사슬 전략(supply chain strategy)

7.3 공급사슬 전략의 방향과 프로세스 유형

공급사슬 전략은 어떤 경쟁역량 차원에 중점을 두는가에 따라 크게 효율적 공급사슬(efficient supply chain)과 대응적 공급사슬(responsive supply chain)로 구분할 수 있다. 공급사슬에 있어서 대체로 비용을 줄이기 위해서는 재고 및 여유용량을 절감해야 하며, 이로 인해 수요 또는 고객 요구사항의 변동성에 대한 대응능력의 저하가 발생하는데, 반대로 대응능력을 높이기 위해서는 여유용량과 재고를 늘리게 되어 비용이 증가하는 것이 일반적이다. 만약 기업이 경쟁역량의 차원 중에서 낮은 비용, 즉 원가 차원에 중점을 두고 있다면 공급사슬에서도 비용을 절감하여 낮은 비용으로 제품 및 서비스를 고객에게 제공할 수 있는 능력, 즉 **효율성(efficiency)**을 높이는 것에 중점을 두어야 한다. 효율성을 높여 비용 절감에 중점을 두는 공급사슬을 **효율적 공급사슬(efficient supply chain)**이라고 한다. 반대로 기업이 유연성 또는 시간 경쟁 차원에 중점을 두고 있다면 공급사슬의 **대응성(responsiveness)**을 높이는 것이 중요하며, 대응성에 중점을 둔 공급사슬을 **대응적 공급사슬(responsive supply chain)**이라고 한다.

효율성(efficiency)

효율적 공급사슬(efficient supply chain)

대응성(responsiveness)

대응적 공급사슬(responsive supply chain)

7.3.1 공급사슬 전략의 두 방향: 효율성과 대응성

유연 생산 시스템(Flexible Manufacturing System: FMS)

효율적 공급사슬은 공급사슬의 효율성에 중점을 두는 전략이다. 효율성을 높이기 위해 공급사슬은 비용절감에 중점을 두어 설계된다. 비용절감을 위해서는 중장기 계획에 의거한 운영이 필요하기 때문에 장기계약에 의한 대량 구매, 계획에 입각한 대량 생산 및 운송 계획의 효율화 등을 추구하게 되며, 이 과정에서 재고를 최소화하고 가동률을 높여 생산용량의 낭비를 줄이는 것이 중요한 과제로 대두된다. 공급사슬의 운영이 계획에 의해 수행되고 재고 및 여유용량이 적으므로 계획되지 않은 갑작스러운 수요의 변동이나 공급상황의 변화 등에 대응하는 데는 한계가 있다. 비용 최소화와 규모의 경제를 중시하는 전통적인 대량 생산 시스템이 이에 해당한다.

반면, 대응적 공급사슬은 공급사슬의 대응성에 중점을 둔다. 유연성 및 시간을 위주로 경쟁한다면, 수요의 양이나 고객의 요구사항 또는 시장의 변화에 유연하고 신속하게 대응할 수 있어야 하며, 이를 위해서는 재고 및 여유용량의 확보와 더불어 수요상황을 생산 및 운영 계획에 반영할 수 있도록 단기적 수시 계획 및 소규모 구매 및 생산이 가능하도록 공급사슬이 설계되어야 한다. 산업용 로봇 등의 범용 장비(general purpose machine)를 활용한 **유연 생산 시스템(Flexible Manufacturing System: FMS)**이 이러한 유연성 확보를 위한 공급사슬 설계의 예가 될 수 있다.

공급사슬의 전략 방향성을 효율성에 두는가 대응성에 두는가에 따라 공급사슬의 특성은 여러 가지 측면에서 상이하게 나타난다. 〈표 7-1〉은 효율적 공급사슬과 대

〈표 7-1〉 효율적 공급사슬과 대응적 공급사슬의 비교

구분	효율적 공급사슬	대응적 공급사슬
목표	예측한 수요에 부합하게 제품 및 서비스를 제공하면서 비용을 최소화함	발생하는 수요에 대해 유연하고 빠르게 대응함
생산 및 운영 전략	가동률 최대화	여유용량 확보
재고 전략	공급사슬 전반의 재고를 최소화함	부품 또는 완제품의 여유재고를 유지함
리드타임 전략	비용을 증가시키지 않는 범위에서 리드타임을 줄임	비용 증가를 감수하고 적극적으로 리드타임을 줄임
공급자 선택 전략	비용과 품질	기민성, 유연성과 품질
제품 설계 전략	성능 최대화와 원가절감	모듈화를 통한 제품 다양성 확보

출처: Fisher(1997)에서 발췌.

응적 공급사슬을 여러 측면에서 비교하여 나타내고 있다.

일반적으로 공급사슬의 효율성을 높이는 것은 대응성을 떨어뜨리고, 반대로 공급사슬의 대응성을 높이는 데에는 비용이 발생하여 효율성이 저하되므로, 공급사슬의 효율성과 대응성 사이에는 [그림 7-5]와 같이 반비례 관계가 성립한다.

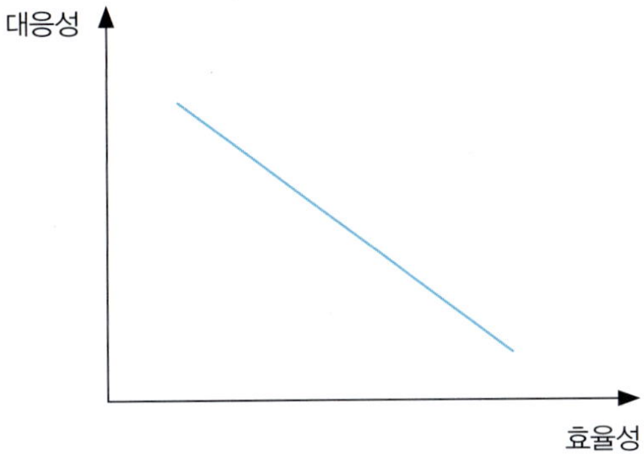

[그림 7-5] 공급사슬의 효율성-대응성의 관계

효율성-대응성 스펙트럼

이에 따라 공급사슬이 효율성과 대응성 중 어느 쪽에 중점을 두고 설계되었는가에 따라 효율적 공급사슬에서 대응적 공급사슬까지의 스펙트럼을 고려할 수 있다. 〈표 7-2〉는 **효율성-대응성 스펙트럼**에 따른 몇 가지 공급사슬의 예를 보여 주고 있다.

〈표 7-2〉 공급사슬의 효율성-대응성 스펙트럼

전략의 방향	구분	제품의 예	설명
효율성 ↑	높은 효율성	정유, 제약	표준화된 단일 품목. 장치 산업과 같이 전용 라인에서 단일 품목을 대량 생산
↕	약간의 효율성	의류, TV	일반적 대량 생산 제품. 세부 품목별 수요예측에 따른 대량 생산
↕	약간의 대응성	자동차	고객이 세부 품목을 선택할 수 있는 가능성이 존재하나 제한적임
↓ 대응성	높은 대응성	주문형 PC	고객이 세부 사양을 선택하면 주문에 맞추어 생산

7.3.2 공급사슬 프로세스의 유형: 밀기, 끌기, 밀기-끌기

공급사슬의 전략적 방향성은 공급사슬 프로세스를 통해 구현된다. 공급사슬 프로세스는 크게 밀기(push), 끌기(pull)와 이 둘을 결합한 밀기-끌기(push-pull)의 세 가지 유형으로 구분된다. 어떤 유형의 프로세스를 구현하는가에 따라 공급사슬의 효율성과 대응성의 정도는 달라진다. 각 프로세스 유형의 의미와 특성을 살펴보면 다음과 같다.

(1) 밀기 시스템

밀기 시스템(push system)

재고생산(Make-To-Stock: MTS)

밀기 시스템(push system)은 계획에 따라 먼저 생산해두고 이후에 고객에게 전달하는 형태의 공급사슬이다. 수요 예측에 기반하여 자재의 조달, 인력 및 자금의 수급, 설비의 가동 등 생산 및 운영의 제반 활동이 계획되며, 계획에 의해 생산된 제품은 고객의 수요가 발생하기 이전에 완료되어 일단 완제품 재고로 보유하였다가 고객 수요가 발생할 때 고객에게 전달된다. 만들어서 일단 재고로 보유하므로 **재고생산(Make-To-Stock: MTS)** 전략이라고도 한다. 소매점에서 구입하여 사용하는 대부분의 생필품과 가전제품 등 일상적인 상품들이 대개 밀기 시스템에 의해 생산된다.

계획에 의해 생산하므로 자재의 대량 구매와 일괄 생산이 가능하여 규모의 경제(economy of scale)를 얻을 수 있고, 대량 생산(mass production)에 적합하다. 따라서 비용의 절감과 공정 중 재고의 최소화가 가능하여 효율적 공급사슬의 형태를 띤다. 그러나 예측한 수요에 비해 실제 수요가 크게 나타나면 품절로 인한 판매기회의 손실과 고객 서비스 수준의 저하가 나타나며, 반대로 예측한 수요에 비해 실제의 수요가 너무 적으면 완제품 재고가 증가하고 심한 경우 수요가 소멸할 때까지 완제품 재고를 판매하지 못하여 진부화된 악성 재고를 초래할 수 있는 등, 수요의 변동에 대해 대응력이 낮다는 문제를 가지고 있다. 또한, 고객 서비스 수준을 적정한 수준으로 유지하기 위해 완제품의 안전재고를 보유하는 것이 일반적인데, 실제로는 재고 보유의 부담에도 불구하고 서비스 수준이 만족스럽지 않게 나타나는 경우가 많으며, 재고 증가와 품절로 주문이 왜곡되어 채찍효과를 일으키는 원인이 되기도 한다.

(2) 끌기 시스템

끌기 시스템(pull system)

주문생산(Make-To-Order: MTO)

끌기 시스템(pull system)은 고객 주문이 일어났을 때 생산을 시작하는 시스템이다. 주문을 받아서 생산을 시작하므로 **주문생산(Make-To-Order: MTO)** 전략이라고도 한다. 고객 주문이 발생하기 전에는 자재와 부품 등의 형태로 재고를 보유하고 있다가 주문이 발생할 때 주문 내역에 맞추어 제품을 생산하여 고객에게 전달한다. 맞춤 양복이나 목공소 등이 끌기 시스템의 예가 될 수 있으며, 음식을 주문하면 조리하여 제공하는 식당, 헤어숍 등 순수 서비스 상품도 끌기 시스템에 의해 제공된다.

고객이 주문 내역을 전달하고 이에 맞추어 생산할 수 있으므로 높은 수준의 고객화(customization)가 가능하다. 또한, 고객의 주문이 발생하기 전까지는 완제품을 생산하지 않고 있으므로 완제품의 재고 수준이 낮게 나타나고 이에 따라 악성 재고의 우려가 적다는 점도 장점이다. 이에 따라, 끌기 시스템은 대응적 공급사슬의 형태를 띠게 된다. 그러나 밀기 시스템이 완제품 재고로부터 고객의 수요를 즉각적으로 충족할 수 있는 것과 달리, 끌기 시스템은 고객 수요의 발생 시점으로부터 주문 충족에 이르기까지 생산과정에 소요되는 시간, 즉 리드타임이 존재하므로 고객이 허용할 수 있는 수준의 리드타임 이내에 생산 완료가 가능해야 한다는 전제조건이 있으며, 이에 따라 끌기 시스템을 적용할 수 있는 비즈니스의 종류는 제한된다. 또한, 주문이 발생할 때 해당 수요량만큼만 생산하므로 일회 생산량이 소량이어서 규모의 경제를 얻기가 어렵다.

(3) 밀기-끌기 시스템

밀기-끌기 시스템(push-pull system)은 밀기 시스템과 끌기 시스템을 결합한 형태의 시스템이다. 다양한 조합으로 결합이 가능한 중간 조립품을 미리 생산하여 준비해 두고 있다가 고객 주문이 발생하면 이들을 고객 요구에 맞게 결합하여 고객의 주문 내역에 부합하는 완제품을 제공한다. 미리 만들어 둔 중간 조립품을 주문이 들어오면 빠르게 조립하여 완제품을 만들게 되므로 **주문 조립(Assemble-To-Order: ATO 또는 Build-To-Order: BTO) 전략**이라고도 한다.

밀기-끌기 시스템(push-pull system)

주문 조립(Assemble-To-Order: ATO 또는 Build-To-Order: BTO) 전략

끌기 시스템과 마찬가지로 고객 주문이 발생할 때 생산이 시작되므로 고객이 허용할 수 있는 범위의 리드타임 이내에 최종 완제품 생산을 위한 조립 작업이 완료될 수 있어야 하며, 이를 위해 중간 조립품들은 다른 부품이나 중간 조립품과 쉽게 결합될 수 있도록 모듈(module)의 형태로 준비되어 있어야 한다. 또한, 고객의 주문 사양은 다양하게 나타날 수 있으므로, 미리 생산해 두는 모듈들은 최대한 여러 가지 세부 사양의 완제품에 공통으로 사용될 수 있도록 공통 모듈의 형태를 갖도록 하는 것이 필요하다.

공통 모듈이 여러 세부 사양의 제품에 사용된다는 점은 공급사슬 운영에 대해 중

리스크 풀링(risk pooling)
총괄 수요(aggregated demand)

요한 이점을 제공한다. 공통 모듈의 수요는 이 모듈이 적용될 수 있는 모든 완제품의 수요를 합한 것이 되므로, 개별 세부 사양 완제품의 수요가 변동이 크더라도 이들의 합인 공통 모듈의 수요는 변동이 적게 나타나는 **리스크 풀링(risk pooling)**의 효과를 얻을 수 있다.[3] 이로 인해 공통 모듈에 대한 **총괄 수요(aggregated demand)**는 비교적 높은 정확도로 예측할 수 있으며, 여러 품목에 사용될 수 있어 공통 모듈은 악성 재고가 될 우려도 적다. 따라서 공통 모듈은 정확도 높은 수요 예측을 바탕으로 생산 계획에 따라 효율적으로 대량 생산할 수 있으며, 수요가 발생하기 전에 계획에 의해 생산하여 재고로 보유하므로 공통 모듈의 생산에는 밀기 시스템이 적용된다. 한편으로, 고객으로부터 실제 수요가 발생하면 공통 모듈 및 관련 부품들을 빠르게 조립하여 완제품을 만들어 내어 고객에게 전달할 수 있으므로 고객화가 가능하며, 이렇게 공통 모듈에서 완제품이 되는 과정은 끌기 시스템에 해당한다. 따라서 밀기-끌기 시스템은 공통 모듈의 생산까지는 밀기 시스템, 공통 모듈에서 최종 완제품이 되는 과정은 끌기 시스템으로 구성되어 있으며, 밀기 부분과 끌기 부분의 경계에 공통 모듈 및 관련 부품들이 재고로 보유되어 있는 형태를 띠게 된다. [그림 7-6]은 이러한 밀기-끌기 시스템의 개념을 그림으로 나타내고 있으며, 〈표 7-3〉은 밀기 부분과 끌기 부분의 특성을 비교하여 나타내고 있다.

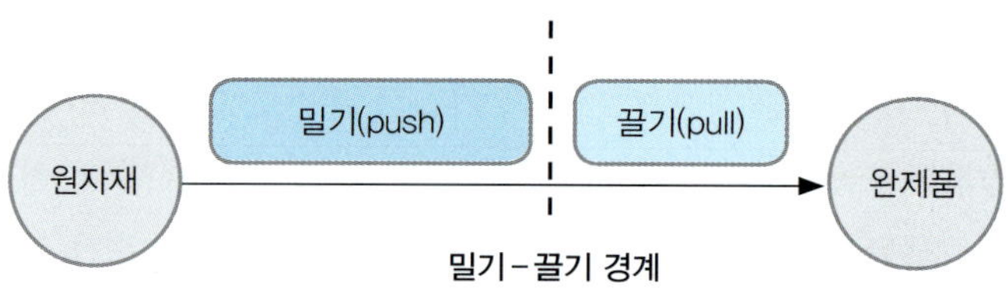

[그림 7-6] 밀기-끌기 시스템

〈표 7-3〉 밀기-끌기 시스템

구분	밀기 부분(push section)	끌기 부분(pull section)
전략 방향성	효율적 공급사슬	대응적 공급사슬
리드타임	긴 리드타임	짧은 리드타임
생산 시작의 근거	수요예측에 의거한 계획	수요 발생
공정의 복잡성	높음	낮음
수요의 불확실성	낮음	높음

3) 리스크 풀링에 대해서는 제8장에서 상세히 설명한다.

밀기-끌기 시스템은 밀기 시스템의 장점인 대량 생산과 끌기 시스템의 장점인 고객화를 결합한 이상적인 형태의 시스템이라고 할 수 있다. 공통 모듈의 생산까지는 제품의 차별화를 지연하는 효과를 낳게 되어 **지연 차별화(delayed differentiation)** 전략의 구현을 위한 토대를 제공하며, 이를 통해 고객화된 제품을 대량 생산하는, 이른바 **대량 고객화(mass customization)**를 가능하게 한다. 지연 차별화와 대량 고객화에 대해서는 제8장에서 다시 설명한다.

지연 차별화(delayed differentiation)

대량 고객화(mass customization)

이와 같이 밀기-끌기 시스템은 많은 장점을 가지고 있어, 최근 다양한 제품과 서비스에 확산되고 있다. 예를 들어, 델(Dell)의 주문형 PC는 주요 부품들이 공통 모듈로 준비되어 있다가 고객 주문에 의해 다양한 세부 사양의 완제품으로 조립되어 제공되는 밀기-끌기 시스템의 성공적인 예이다. 단, 밀기-끌기 시스템의 적용을 위해서는 제품이 공통 모듈의 결합으로 만들어질 수 있어야 하므로, 제품의 기획과 제품 및 공정의 설계 단계에서부터의 고려가 요구된다.

델(Dell)

7.4 공급사슬의 전략 적합성

공급사슬의 **전략 적합성(strategic fit)**이란 공급사슬 전략과 기업의 경쟁 전략 사이의 부합성을 의미한다. 성공적인 기업은 기업 전략에 부합하는 공급사슬 전략을 구현하고 있다. 앞서 예로 든 델(Dell)의 경우에 유연성 경쟁역량과 인터넷 주문에 의해 신속하게 조립하여 배송하는 형태의 공급사슬은 서로 잘 부합하고 있다. 이러한 공급사슬과 경쟁 전략 사이의 전략 적합성을 달성하기 위해서는 수요특성과 공급사슬 특성이 어떻게 부합하여 전략 적합성을 달성할 수 있는지에 대한 이해가 필요하다.

전략 적합성(strategic fit)

7.4.1 내재 수요 불확실성과 전략 적합성

전략 적합성을 달성하기 위해 기업은 먼저 세분 시장의 고객 요구를 파악해야 함을 앞에서 설명한 바 있다. 이렇게 파악된 고객 요구에 따라 공급사슬에 요구되는 불확실성의 정도는 달라지게 된다. 고객 요구를 충족시키는 과정에서 공급사슬에 발생하는 수요의 불확실성 정도를 **내재 수요 불확실성(implied demand uncertainty)**이라고 한다(Chopra & Meindl, 2015). 내재 수요 불확실성은 고객 수요특성이 결과

내재 수요 불확실성(implied demand uncertainty)

적으로 공급사슬에 일으키는 불확실성의 정도로서, 수요 자체의 변동성은 동일하더라도 해당 수요의 고객 요구사항 특성에 내재 수요 불확실성은 달라질 수 있다. 예를 들면, 동일한 정도의 수요 변동성일 경우 서비스 수준을 낮추어도 문제가 없다면 공급사슬에 요구되는 불확실성의 정도는 낮게 나타날 것이다. 〈표 7-4〉는 고객 요구사항의 여러 측면이 어떻게 내재 수요의 불확실성에 영향을 미치는지를 보여 준다.

〈표 7-4〉 고객 요구의 특성이 내재 수요 불확실성에 미치는 영향

고객 요구 특성	내재 수요 불확실성 정도
서비스 수준이 높게 요구됨	증가
짧은 리드타임이 요구됨	증가
제품의 혁신성이 높음	증가
제품의 종류가 많음	증가
제품을 제공하는 채널이 다양함	증가

출처: Chopra & Meindl(2015)에서 발췌.

제품 종류에 따라서도 내재 수요 불확실성은 달라진다. 대체로 기능적 제품이나 생필품들은 불확실성이 낮은 반면, 혁신성이 높은 신제품일수록 불확실성이 높게 나타난다. 〈표 7-5〉는 내재 수요 불확실성의 정도에 대응하는 제품의 종류를 나타내고 있다.

〈표 7-5〉 공급사슬의 내재 수요 불확실성 스펙트럼

내재 수요 불확실성의 정도		제품의 예	설명
낮은 불확실성	매우 낮음	휘발유	일정한 수요가 상시적으로 발생하는 완전 기능적 제품
	낮음	세제, 라면	생필품 등 안정적 수요가 발생하는 제품
	높음	시판 중인 자동차의 개선 모델	현 제품의 일부 변경을 통해 출시되는 신모델
높은 불확실성	매우 높음	새로 개발된 전기차	기존에 시장에 존재하지 않았던 완전 신제품

제품의 종류뿐 아니라, 제품의 수명주기상의 위치도 내재 수요 불확실성에 영향을 미친다. 즉, 완전 신제품과 같이 새롭게 출시된 제품들은 시장이 성장하는 과정에 있어 수요의 예측이 어렵고 변동성이 높아 공급사슬에 미치는 내재 수요 불확실성이 높게 나타나는 반면, 세제나 라면 등과 같이 수명주기상에서 성숙 단계에 접어든 제품들은 이미 시장 수요에 대한 누적된 데이터로 안정적인 수요예측이 가능하고 시장의 불확실성이 상당부분 제거된 상태에 있어 내재 수요 불확실성이 낮게 나타나는 특성을 갖는다.

전략 적합성(strategic fit)의 영역

이와 같이 수요 특성이 다르게 나타나면 수요의 특성에 따라 적합한 공급사슬 전략이 있을 것이라는 생각을 할 수 있다. 내재 수요 불확실성이 높다면 공급사슬은 충분한 재고와 여유용량을 가지고 대응성을 확보할 수 있도록 설계되어야 할 것이며, 내재 수요 불확실성이 낮다면, 즉 수요가 안정적이라면 가동률을 높이고 재고를 절감하여 비용을 최소화함으로써 효율성을 높이는 방향으로 공급사슬이 설계되어야 할 것이다. 따라서 내재 수요 불확실성을 가로축에, 공급사슬의 대응성 수준을 세로축에 배치한다면, 수요 특성에 적합한 공급사슬 전략의 영역, 즉 **전략 적합성(strategic fit)의 영역**은 [그림 7-6과] 같이 그래프의 대각선 영역에 나타나게 된다.

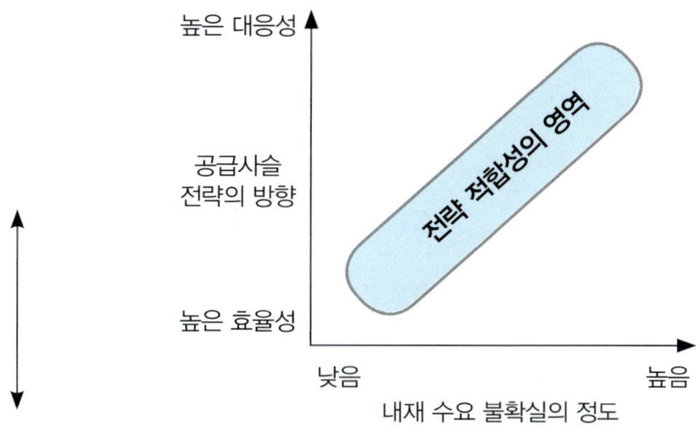

[그림 7-7] 전략 적합성의 영역

출처: Chopra & Meindl(2015).

7.4.2 제품의 수명주기와 전략 적합성

제품의 수명주기(product life cycle)

한편, 제품의 수명주기상에서의 위치도 전략 적합성 달성에 중요한 영향을 미친다. [그림 7-8]은 전형적인 **제품의 수명주기(product life cycle)**를 나타내고 있다. 그림에서 나타난 바와 같이 제품은 시장에서 일반적으로 도입–성장–성숙–쇠퇴의 과정을 거치게 된다. 제품 수명주기 초기에는 다음과 같은 현상들이 공통적으로 발생한다.

- 수요가 매우 불확실하다.
- 제품의 마진이 높으므로, 판매 기회의 손실이 일어나지 않도록 가용성을 높이는 것이 중요하다.
- 시장 점유율의 확대가 중요한 문제가 된다.
- 원가는 상대적으로 덜 중요하다.

반면, 제품이 수명주기 후기에서 쇠퇴기로 들어가면서 수요의 특성과 공급사슬에 대한 요구사항의 성격은 변화하며, 다음과 같은 현상들이 전형적으로 발생한다.

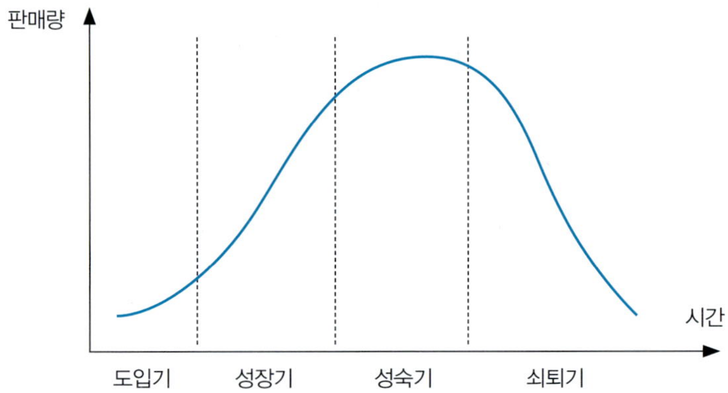

[그림 7–8] 제품 수명주기에 따른 수요특성의 변화

- 수요가 점차 안정화된다.
- 경쟁이 심화되어 고객의 선택에 있어서 가격이 중요한 요소가 된다.
- 제품 마진이 감소한다.
- 따라서 저원가의 중요성이 강조된다.

이에 따라, 공급사슬의 전략도 제품 수명주기에 따라 다르게 나타나야 함을 쉽게 유추할 수 있다. 즉, 전략 적합성의 영역이 수명주기의 초기에는 수요의 불확실성이 높고 공급사슬의 대응성이 중요한 영역에, 수명주기의 후기에는 수요의 불확실성이 낮고 공급사슬의 효율성이 중요한 영역에 위치하게 될 것이다. 이러한 관계를 [그림 7-8]에서 나타내고 있다.

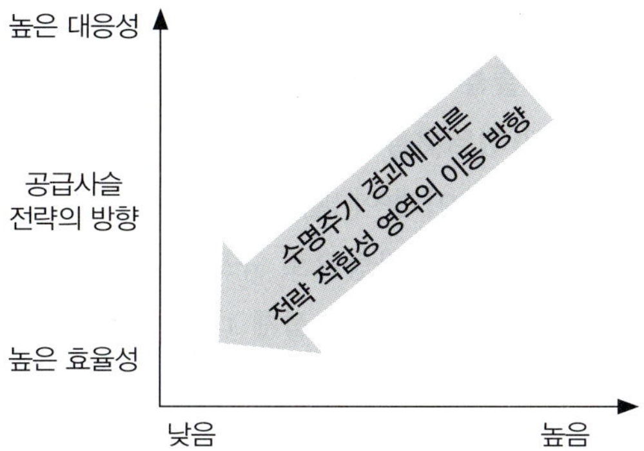

[그림 7-9] 제품 수명주기에 따른 공급사슬 전략의 변화

출처: Chopra & Meindle(2015)에서 발췌.

7.4.3 제품의 물류적 특성과 전략 적합성

제품의 물류적 특성도 전략 적합성에 영향을 미친다(Simchi-Levi & Simchi-Levi, 2002). 여기서 전략 적합성에 영향을 미치는 중요한 물류적 특성은 취급, 저장 및 배송 등 물류활동의 용이성이다. 물류 활동에서 요구되는 비용이 제품 원가에서 차지하는 비중이 낮으면 제품을 개별 단위로 취급하기가 용이하다. 책이나 CD 등 단위비용이 높으면서 물류가 비교적 쉬운 제품이나 PC와 같이 제품 원가가 높아 물류비용의 비중이 상대적으로 낮은 제품이 이에 해당한다. 반면, 가구와 같이 취급, 저장, 배송 등 물류 활동에 소요되는 비용이 제품 원가의 상당부분을 차지하는 제품도 있다. 유통기한이 짧은 식료품 등도 제품 원가 대비 물류비용의 비중이 높은 예가 될 것이다. 제품의 원가 대비 물류비용이 높으면 제품을 개별 취급하기가 곤란하며, 이 경우에는 일괄 대량 배송 등을 통해 물류 관련 활동에서의 규모의 경제 효과를 도모해야 한다. [그림 7-10]은 제품의 수요 불확실성과 제품 원가 대비 물류비의 비중에 따라 사분면을 구분하였을 때 각 영역의 번호와 이에 속하는 제품의 예를 보여 주고 있다.

각 영역별 특성에 따라 적합한 공급사슬 전략은 달라진다. 먼저, 영역 1은 수요

기존에는 이 영역에 주로 밀기 방식의 공급사슬이 적용되어 왔다. 그러나 이로 인해 재고 및 물류 비용이 증가하고 제품 가격에서 높은 부분을 차지하는 문제가 있어 왔다. 가구의 예에서도 제품의 다양성이 높고 장거리 운송에 비용이 많이 들어 글로벌 시장에서 성공한 사례가 드물었음을 볼 수 있다.

영역 2의 공급사슬 문제에 대한 전략적 해법은 밀기–끌기 시스템이다. 최근 국내 시장에도 진출하여 성공적으로 시장에 진입하고 있는 이케아(IKEA)의 경우, 조립형 가구로 비즈니스 모델을 설정하고 밀기 방식으로 공통 부품을 생산해둔 다음 최종 제품은 부품들을 조립하여 만들도록 하는 밀기–끌기 방식의 공급사슬을 통해 글로벌 시장 에서 성공한 바 있다. 전통적인 자동차 산업도 이 영역에 해당하며, 고객 주문 내역을 생산 계획에 실시간 반영하여 주문 내역에 적합한 자동차를 고객에게 전달하는 밀기–끌기 방식을 도입하고자 하는 시도가 있어 왔다. 보다 근본적 변화로서 최근의 3D 프린팅 기술은 자동차 등 전통적으로 이 영역에 속한 산업의 공급사슬 전략을 혁신할 수 있는 강력한 도구가 될 것으로 주목받고 있다.

요약

공급사슬 전략은 기업 전략과 고객의 이해를 바탕으로 경쟁 전략을 구체화하기 위한 것이다. 경쟁 전략은 원가, 품질, 시간, 유연성 중 어떤 경쟁역량에 우선순위를 두는가에 의해 결정되며, 경쟁역량의 차원 사이에 상쇄관계가 있지만 궁극적으로는 순차적으로 모든 차원의 역량을 쌓아올려야 한다. 공급사슬 전략은 효율성과 대응성 중 어디에 중점을 두는가에 따라 달라지며, 밀기, 끌기, 밀기–끌기의 프로세스 유형으로 구분될 수 있다. 제품의 내재 수요 불확실성은 공급사슬 전략 선택에 있어서 중요한 요인이며, 제품의 수명주기 및 물류적 특성도 공급사슬의 전략 적합성에 대한 고려사항이 된다.

연·습·문·제

1. 우선경쟁역량의 각 요소를 설명하시오.

2. 공급사슬 전략에 따른 경쟁역량의 우선순위를 비교하여 설명하시오.

3. 공급사슬 프로세스 유형별로 우위를 가질 수 있는 경쟁역량이 어떤 것이겠는지를 설명하시오.

참·고·문·헌

안병준(2015). "에스원, '실버서퍼'용 폴더 안심폰 나와", 매일경제 MK-news, 2015. 8. 6, http://news.mk.co.kr/newsRead.php?no=756277&year=2015, accessed on 15 Dec 2014.

에스원 블로그. "갤럭시 폴더에 안심을 더하다, 갤럭시 안심 폴더폰을 만나보세요!". http://blof.s1.co.kr/930, accessed on 15 Dec 2014.

Chopra, S., & Meindl, P.(2015). *Supply Chain Management: Strategy. Planning, and Operation*, 6th Ed. Prentice Hall.

Ferdows, K., & De Meyer, A.(1990). Lasting improvements in manufacturing performance: in search of a new theory. *Journal of Operations Management, 9*(2), 168-184.

Fisher, M. L.(1997). What is the right supply chain for your product?. *Harvard Business Review, 75*, 105-117.

Nakane, J.(1986). Manufacturing futures survey in Japan: A comparative survey 1983-1986. *System Science Institute*. Waseda University, Tokyo.

Porter, M. E.(2008). *Competitive advantage: Creating and sustaining superior performance*. Simon and Schuster.

Simchi-Levi, D., & Simchi-Levi, E.(2002). The effect of e-business on supply chain strategy. *Engineering Systems Division, Working Paper Series, MIT. URL:(http://esd. mit. edu/WPS/).*

8 CHAPTER

공급사슬관리를 고려한 제품 설계

학습 목표

- 공급사슬의 문제를 해결하기 위해서는 제품 설계 단계에서부터의 고려가 필요함을 이해한다.
- 공급사슬관리를 고려한 제품 설계의 개념을 이해한다.
- 공급사슬관리를 고려한 제품 설계의 기법을 이해한다.

사례

로봇이 맞춤형 스킨케어 병을 채우고, 혼합하며, 밀봉하여 대량 고객화를 구현한다

화장품 및 건강기능식품 산업은 초개인화(hyper-personalization)와 소량(batch-size-one) 패키징의 최전선에 있다. SmartSKN은 AI 기반 데이터 및 재고 관리 시스템을 활용하여 대량 패키징 맞춤화를 실현하는 흥미로운 사례이다.

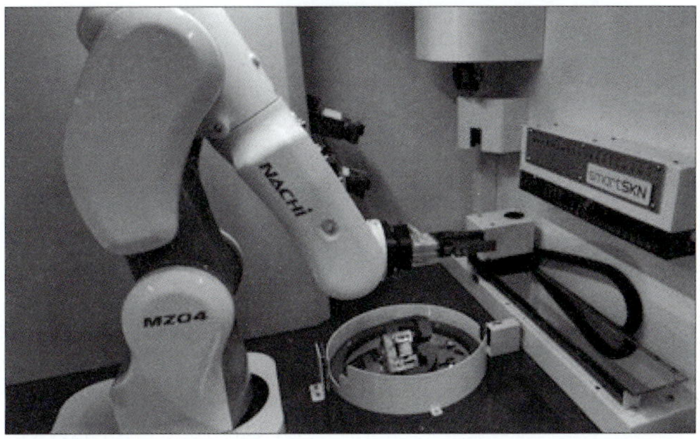

SmartSKN은 현재 비벌리 시설에 이러한 로봇 충전 및 밀봉 시스템을 5대 보유하고 있다.

보스턴 북쪽에 위치한 건강 및 미용 제품 스타트업 SmartSKN은 AI 진단 기술과 로봇 기반 주문형 충전/밀봉 시스템을 활용하여 개인의 고유한 피부 상태에 맞춘 '초개인화(hyper-personalized)' 스킨케어 솔루션을 제공하고 있다. 이 미래지향적인 AI 기반 스킨케어 개념을 상용화하는 과정에서 SmartSKN은 한국 스킨케어 기술의 선구자인 LillyCover와 협력했다. 올해 10월 초, SmartSKN은 매사추세츠 비벌리(Beverly)에 최초의 AI SmartSKN Lab을 개설했다. 이 혁신적이고 인터랙티브한 공간에서는 사용자가 무료 AI 피부 분석 서비스를 예약할 수 있다. 방문객들은 AI 기반 로봇이 실시간으로 개인 맞춤형 스킨케어 솔루

충전 노즐이 맞춤형 스킨케어 크림의 개인화된 성분 조합을 병에 주입하고 혼합하여 하나의 PET 병이 만들어진다.

션을 제작하는 모습을 직접 확인할 수 있다. "우리는 고객들에게 몰입형 경험을 제공하고, 스킨케어 맞춤화의 힘을 직접 체험할 수 있도록 하고 싶었습니다."라고 SmartSKN의 CEO 발 네이쿠(Val Neicu)는 전했다.

현재 비벌리 시설에는 5대의 로봇 충전 및 밀봉 시스템이 배치되어 있으며, 이들은 15mL 및 30mL 크기의 PET 병을 충전하는 역할을 한다. 해당 제품의 가격대는 최소 $75부터 시작한다. 네이쿠는 주문형 생산 방식이 스킨케어 업계에서 일반적으로 행해지는 대량 생산 방식에 비해 훨씬 어려운 도전이라는 점을 인정한다. 그러나 그녀는 워크플로우를 세밀하게 조정하고 AI 기반 재고 관리와 같은 첨단 기술을 활용함으로써 이러한 과제를 해결할 수 있다고 말한다. 또한, 기업이 보다 확고히 자리 잡고 생산 규모를 확장할 수 있는 단계에 도달하면 추가적인 효율성도 확보할 수 있을 것이라고 전망한다.

네이쿠는 맞춤형 충전 방식이 기존의 대량 생산 방식보다 본질적으로 더 지속 가능하다는 점도 강조한다. 현재 대량 생산 시스템은 매년 수십억 개의 패키징 폐기물이 매립지로 유입되는 주요 원인으로 지목되고 있다.

이 새로운 개념의 핵심에는 'LillyCover Muilli AI Dermascope'라고 불리는 기술이 있다. 이 장치는 pH, 주름 지수, 수분 함량 등 피부의 기본적인 상태를 실시간으로 측정하고, 해당 데이터를 SmartSKN 연구소로 전송한다.

SmartSKN 연구소에서는 이 데이터를 바탕으로 4분 이내에 맞춤형 성분조제를 생성한 후, 이를 LillyCover의 볼루메트릭 필러(volumetric filler: 정확한 부피를 기준으로 액체나 크림 등을 충전하는 기계)로 전달한다. 이 필러는 Nachi 사의 협동 로봇과 긴밀하게 통합되어 있으며, 그 작동 순서는 다음과 같다.[1)]

---

1) 원문 링크의 비디오 영상 참고

- 단일 라인의 슈트 인피드(경사형 투입로)에서 빈 PET 용기를 집어 든다.
- 용기를 캡 제거 척(cap-removing chuck: 병의 뚜껑을 단단히 잡아 고정한 후 돌려서 풀어 주는 장치)으로 이동시키고, 캡은 척에 남겨둔다.
- 용기를 셔틀에 배치하면, 셔틀이 이를 특정 노즐 아래로 이동시킨다. 해당 노즐은 AI가 생성한 맞춤형 성분조제에 필요한 액체 성분만 정확히 충전한다.
- 충전된 용기를 셔틀에서 집어 올린 후, 다시 캡 제거 척으로 이동시켜 나사형 캡을 조여 밀봉한다.
- 밀봉된 용기를 작은 챔버(용기를 고정하는 틀)에 넣고, 내용물이 균일하게 혼합될 수 있도록 강하게 흔든다.
- 흔들기 공정이 끝난 용기를 집어 올려 배출 슈트(discharge chute)에 배치한다.

이 단계에서 작업자는 Bixolon사의 열전사 프린터를 사용하여 제품의 개인 맞춤형 데이터를 인쇄한 라벨을 부착한다. 또한, 완성된 병을 접이식 상자에 넣어 포장한다.

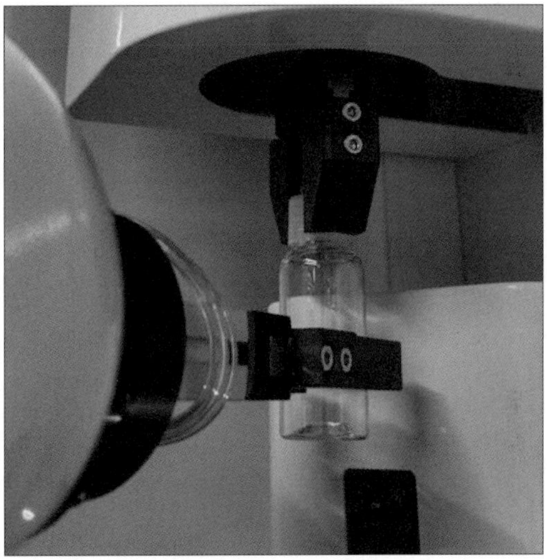

충전 전에 캡이 풀리고, 충전 후에는 밀봉 척(capping chuck) 모듈에서 다시 조여진다.

스마트폰을 활용한 홈케어를 선호하는 고객을 위해, SmartSKN은 Muilli AI Dermascope라는 기기를 $399에 판매하고 있다. 사용자는 이 기기를 이용해 집에서 피부를 분석한 후, 데이터를 SmartSKN 연구소로 전송하면 맞춤형 스킨케어 제품이 집으로 직접 배송된다. 이러한 e-커머스 모델은 고객이 오프라인 매장을 방문해 몰입형 체험을 하며 제품을 구매하는 방식과는 달리, SmartSKN이 향후 사업의 핵심으로 삼으려는 전략이다.

출처: Packing World, Oct 28, 2024.

https://www.packworld.com/rigid/filling-capping-closing/article/22924557/robots-fill-mix-and-cap-personalized-skincare-product-containers-in-batch-size-of-one

8.1 서론

HP 데스크젯의 사례는 우리에게 중요한 시사점을 제공해 주고 있다. 높은 재고와 낮은 서비스 수준 등은 공급사슬의 흔한 문제이다. 그러나 HP 데스크젯의 사례는 이러한 문제들의 해결을 위해 쉽게 떠오르는 수요예측의 개선, 재고관리 방식의 개선, 운송 방식의 개선 등은 실질적인 해결 방안이 되기 어렵다는 점을 보여 주고 있다. 결국 HP의 공급사슬의 문제를 해결하기 위해서는 공급사슬 전략 수준의 개선이 필요하였으며, 이를 위해 제품 자체의 설계가 바뀌어야 했다. 사례에서 본 바와 같이, 공급사슬의 혁신적 개선을 위해서는 제품 또는 서비스의 설계 단계에서부터 공급사슬의 전략과 운영 측면의 고려가 요구되는 경우가 많다. 본 장에서는 제품 설계에서 공급사슬의 측면을 고려한다는 것이 어떤 의미이고 이에 관련해 어떤 기법들이 있는지를 살펴보도록 한다.

8.2 공급사슬의 재고 및 서비스 수준의 문제와 리스크 풀링

HP 데스크젯의 사례에서와 같이, 공급사슬에서는 종종 과다한 재고와 낮은 서비스 수준의 문제가 동시에 발생한다. 재고가 서비스 수준을 높이기 위한 유력한 도구임을 감안할 때, 이는 모순적인 상황으로 여겨진다. 그러나 세부 품목별로 재고 편차가 발생하는 경우 어떤 품목에서는 재고 과다, 다른 품목에서는 품절의 문제가 발생하는 것은 일상적으로 발생하는 일이며, 가깝게는 옷을 사러 갔을 때 찾고자 하는 색상이나 사이즈의 옷만 없고 다른 색상이나 사이즈는 재고가 쌓여 있는 경우를 통해서도 경험할 수 있다.

이러한 문제를 예제를 통해 살펴보도록 하자. 지금 Mac용과 PC용의 두 가지 서로 다른 모니터를 생산하는 업체가 있다고 가정해 보자. 두 모니터는 Mac용인지 PC용인지에 따라 연결 단자와 신호처리 방식이 서로 다르다. 각 품목의 지난 8주간의 수요가 다음과 같이 나타났다.

〈표 8-1〉 Mac용과 PC용 모니터의 과거 수요 데이터

구분	1	2	3	4	5	6	7	8	평균	표준 편차
Mac용	1,078	3,546	781	221	2,415	1,226	223	2,510	1,500	1,200
PC용	1,475	1,195	585	5,718	356	3,607	1,854	1,210	2,000	1,800

이 업체의 생산 공장은 중국에 위치하고 있고, 생산 주문으로부터 제품이 생산 및 배송되어 매장에 도달하기까지 소요되는 리드타임은 4주라고 가정하자. 제품의 재고유지비용은 단위당 주당 5,000원이고, 한번 생산 및 배송이 일어나는 데 따른 고정주문비용은 200만 원이라고 하자. 목표 서비스 수준은 95%이고, 서비스 수준 95%에 해당하는 안전재고계수는 $z_{95\%}=1.645$ 이다.

- 리드타임 = 4주
- 단위시간당 제품 단위당 재고유지비용(h) = 5,000원(단위당 주당)
- 고정주문비용(K) = 2,000,000원
- 목표 서비스 수준 = 95%
- 서비스 수준 95%에 해당하는 안전재고계수($z_{95\%}$) = 1.645

단위시간은 주 단위로 하고, 기호의 편의상 Mac용을 1번, PC용을 2번의 첨자로 나타내도록 하자. 제2장에서 다루었던 경제적 주문량 모형(EOQ)과 재주문점의 계산 방식으로부터 〈표 8-2〉와 같이 경제적 주문량과 안전재고, 재주문점의 값을 얻을 수 있으며, 평균재고량은 주문량의 절반과 안전재고의 합으로 계산되므로, 두 제품의 총 평균재고량도 〈표 8-2〉와 같이 쉽게 계산된다.

〈표 8-2〉 Mac용과 PC용 개별 제품의 재고 분석

구분	Mac용(1번 제품)	PC용(2번 제품)
경제적 주문량(EOQ)	$EOQ_1=\sqrt{\frac{2KD_1}{h}}$ $=\sqrt{\frac{2\times 2,000,000\times 1,500}{5,000}}$ $=1,095$	$EOQ_2=\sqrt{\frac{2KD_2}{h}}$ $=\sqrt{\frac{2\times 2,000,000\times 2,000}{5,000}}$ $=1,265$
안전재고	$\text{안전재고}_1=z_{95\%}\sigma_1\sqrt{L}$ $=1.645\times 1,200\times\sqrt{4}$ $=3,948$	$\text{안전재고}_2=z_{95\%}\sigma_2\sqrt{L}$ $=1.645\times 1,800\times\sqrt{4}$ $=5,922$

재주문점	$R_1 = D_1 L +$ 안전재고$_1$ $= 1{,}500 \times 4 + 3{,}948$ $= 9{,}948$	$R_2 = D_2 L +$ 안전재고$_1$ $= 2{,}000 \times 4 + 5{,}922$ $= 13{,}922$
평균재고	평균재고$_1$ $= \frac{EOQ_1}{2} +$ 안전재고$_1$ $= \frac{1{,}095}{2} + 3{,}948$ $= 4{,}496$	평균재고$_2$ $= \frac{EOQ_2}{2} +$ 안전재고$_2$ $= \frac{1{,}265}{2} + 5{,}922$ $= 6{,}555$
총 재고	두 제품의 평균재고의 합 = 4,496+6,555 = 11,051	

위의 분석에서와 같이, 서비스 수준 95%를 유지하기 위해 요구되는 각 제품의 평균재고량은 각각 4,496단위와 6,555단위로서, 이는 각 제품의 주간 평균수요 1,500과 2,000에 비교해 볼 때 각각 3주 및 3.3주분의 판매량에 해당하는 많은 양이다. 또한, 단위당 주당 재고유지비용이 5,000원임을 고려하면, 두 제품의 재고량이 평균 11,051단위씩 유지되고 있다는 것은 매주 11,051×5,000=5,526만 원을 재고유지비용으로 쓰고 있다는 뜻이 된다.

만약, 두 제품을 통합한다면 어떻게 될까? 예컨대, Mac과 PC용 연결단자와 처리회로를 단일 제품에 통합하여 Mac과 PC 통합 제품을 만들었다고 해 보자. 그러면 통합 제품의 수요는 〈표 8-3〉과 같이 나타날 것이다.

〈표 8-3〉 Mac과 PC 통합 모니터의 수요 데이터

구분	1	2	3	4	5	6	7	8	평균	표준편차
Mac용	1,078	3,546	781	221	2,415	1,226	223	2,510	1,500	1,200
PC용	1,475	1,195	585	5,718	356	3,607	1,854	1,210	2,000	1,800
통합제품	2,553	4,741	1,366	5,939	2,771	4,833	2,077	3,720	3,500	1,573

통합 제품은 편의상 첨자 0번으로 나타내기로 한다. 동일한 95%의 서비스 수준을 목표로 할 때, 앞에서와 동일한 분석을 통해 다음의 값이 도출된다.

〈표 8-4〉 Mac용과 PC용 통합 제품의 재고 분석

구분	Mac과 PC의 통합 제품(0번 제품)의 경우
경제적 주문량(EOQ)	$EOQ_0 = \sqrt{\frac{2KD_0}{h}} = \sqrt{\frac{2 \times 2,000,000 \times 3,500}{5,000}} = 1,673$
안전재고	$안전재고_0 = z_{95\%}\sigma_0\sqrt{L} = 1.645 \times 1,573 \times \sqrt{4} = 5,175$
재주문점	$R_0 = D_0L + 안전재고_0 = 3,500 \times 4 + 5,175 = 19,175$
평균재고	$평균재고_0 = \frac{EOQ_0}{2} + 안전재고_0 = \frac{1,673}{2} + 5,175 = 6,012$
총 재고	6,012

리스크 풀링(risk pooling)

개별 품목이었을 때는 표준편차가 각각 1,200, 1,800으로서 제품의 주간 평균수요의 각각 80%, 90% 수준이었던 반면, 통합 제품의 표준편차는 1,573으로서 주간 평균수요의 45% 수준으로 줄어든다. 이렇게 제품의 통합을 통해 변동의 정도가 줄어들게 되는 효과를 **리스크 풀링(risk pooling)**이라고 한다.

리스크 풀링을 통해 변동 폭이 줄어든 것은 결국 재고의 절감으로 이어진다. 위의 예제에서 통합 제품의 평균재고는 6,012단위로서 1.7주분의 판매량에 해당한다. 앞서 제품이 Mac과 PC의 개별 품목으로 나뉘어 있었을 때 11,051단위의 재고가 유지되고 있었던 것과 비교하면 동일한 서비스 수준을 유지하면서도 약 46%의 큰 폭의 재고 절감이 가능함을 알 수 있다. 또한, 통합 제품의 주간 재고유지비용은 6,012×5,000=3,006만 원으로서, Mac용과 PC용이 개별 제품이었을 때에 비해 매주 2,520만 원의 재고유지비용이 절감될 수 있다. 매주 2,520만 원의 절감은 모니터 대당 2,520/3,500=0.72만 원=7,200원의 추가 이익을 제공하게 되는 셈이며, 이는 모니터가 50만 원에 판매된다고 가정하면 제품 가격의 1.44%에 해당한다. 제조업의 순이익률이 3%를 넘기기 쉽지 않음을 감안할 때 이는 제품을 통합함으로써 얻게 되는 이익의 개선이 상당한 수준일 수 있음을 시사하고 있다.

위의 예제는 개별적으로 서로 다른 품목들이 통합화됨으로써 큰 폭의 재고절감, 또는 동일한 재고 수준이라면 상당한 서비스 수준 개선이 가능함을 보여 주고 있다. 재고의 절감과 서비스 수준의 개선은 공급사슬의 운영에 있어 핵심적 이점이다. 단, 이러한 제품의 통합은 개별적으로 생산 및 유통되고 있던 제품을 통합 제품으로 대체할 수 있음을 전제로 하고 있다. 위의 예에서는 통합 모니터가 Mac과 PC에서 공통적으로 사용될 수 있다는 것을 가정한 바 있다. 이는 제품의 설계 자체

가 공급사슬관리 측면의 개선을 위해 바뀌어야 한다는 것을 의미하며, 경우에 따라 제품 설계의 상당한 수준의 변경 또는 제품 개념 자체의 변화가 요구되기도 한다.

8.3 공급사슬을 고려한 제품 설계: DFSCM

DFSCM(Design For Supply Chain Management)

DFSCM(Design For Supply Chain Management)은 공급사슬관리를 고려한 제품 설계로서, 제품 설계단계에서부터 공급사슬관리의 측면을 고려한 총 비용의 효율을 고려하여 설계하는 방식을 의미한다(Lee, 1993). 공급사슬관리의 측면에서 가장 주요하게 고려되어야 하는 것은 재고비용과 운송비용이다. 이러한 비용을 최소화하여 DFSCM을 수행하기 위해서는 다음과 같이 여러 측면을 고려해야 한다.

- 물류 측면의 고려
- 공정 측면의 고려
- 제품 측면의 고려

8.3.1 물류 측면의 고려

DFSCM 시행을 위해서는 물류 측면에서 핵심 분야라고 볼 수 있는 수송과 저장 기능을 우선적으로 고려해야 한다. 물류 측면에서의 효율성 향상은 제품의 적재과정에서의 공간 효율성 향상과 포장 및 수송의 편의성을 통해 달성될 수 있다. 가구의 경우를 생각해 보자. 가구는 일반적으로 형태가 복잡하여 조밀하게 쌓기가 어렵고 장거리 운송에서 파손되지 않도록 하기 위해서는 포장이 복잡해진다. 이에 따라 수송 및 저장의 효율이 낮으며, 이것이 전통적인 가구 산업의 글로벌화를 어렵게 만들었던 주요 요인 중 하나이다.

따라서 제품을 잘 쌓을 수 있고 저장할 수 있도록 설계함으로써 효율적인 포장과 저장이 가능하게 한다면 수송 및 재고유지비용의 감소가 가능하다. 예를 들어, 컨테이너 박스나 트럭과 같은 수송수단에 제품을 적재할 때, 빈틈없이 쌓을 수 있다면 수송비용은 감소할 것이다. 특히, 가구와 같이 부피가 큰 제품을 제한된 공간에 최대한 많은 양을 적재한다면 수송비용은 보다 더 저렴해질 것이다. 대표적인 예로서, 스웨덴의 세계적 가구 기업인 이케아(IKEA)는 조립형 가구의 개념을 활용하여, 수송되는 제품들은 단순한 형태의 부품이 되게 함으로써 제품이 조밀하게 쌓일 수 있고, 트럭과 같은 수송수단에 가구들을 효율적으로 적재할 수 있도록 설계하고 있다. 이를 통해 보다 저렴한 비용으로 수송이 가능하게 되었고 더불어 글로벌 시장에서 성공할 수 있었다.

또한 **효율적인 포장과 저장**이 가능한 제품 설계는 재고유지비용을 감소시킨다. 예를 들어, 많은 소매상들은 한정된 공간에 최소한의 공간이 소요되고 쉽게 저장할 수 있는 제품을 원할 것이다. 만약 사전에 제품들이 이러한 공간적인 이점을 살릴 수 있는 설계를 고려한다면, 소매상들은 한정된 공간을 최대한 효율적으로 사용할 수 있게 될 것이다.

효율적인 포장과 저장

이러한 물류의 이점은 공급사슬관리에서의 효율 향상과 총비용 감소를 통해 제품의 시장 경쟁력을 향상시키는 중요한 고려사항이다. 이미 설계된 제품에서 저장 및 수송의 효율을 추구하는 것은 한계가 있다. 따라서 물류 측면의 효율이 제품의 설계 단계에서부터 고려되는 것이 필요하다.

8.3.2 공정 측면의 고려

공급사슬관리에는 많은 어려움이 따르는데, 그중 대부분의 문제는 생산 리드타임이 길기 때문에 발생한다. 많은 경우에 생산 프로세스들은 순차적으로 진행되는 생산 단계들로 구성된다. 즉, 원자재에서 시작하여 추가의 부품과 가공을 적용함으로써 순차적으로 완제품을 향해 가는 프로세스가 일반적이며, 이를 직렬형 프로세스라고 한다.

동시적 및 병렬적 프로세스는 이러한 직렬형 프로세스를 병렬형 프로세스로 변경하는 것으로서, 직렬형 프로세스에서 순서상 앞쪽에 있었던 공정이 바로 뒤의 단계와 동시에 수행될 수 있도록 프로세스 설계를 바꾸는 것을 의미한다. 예를 들어, 초기의 개인용 컴퓨터에서는 컴퓨터를 생산하기 위해 메인보드에 CPU 등을 순서대로 납땜해가는 직렬형 생산 프로세스를 가지고 있었다면, 현대의 개인용 컴퓨터는 CPU 소켓이 달린 메인보드와 CPU, 하드디스크 등 컴퓨터 생산에 필요한 부품을 각각 생산하여 조립하는 병렬형 생산 프로세스를 채택하고 있다. 이러한 동시적 및 병렬적 프로세스는 병렬형 프로세스를 채택함에 따른 생산 리드타임의 감소로 인하여 수요예측의 대상 기간을 단축하여 수요예측의 정확성을 높인다. 또한 리드타임의 절감은 안전재고 보유량의 감소를 가능하게 하여, 결국 재고비용의 감소와 이익 개선으로 이어진다.

동시적 및 병렬적 프로세스

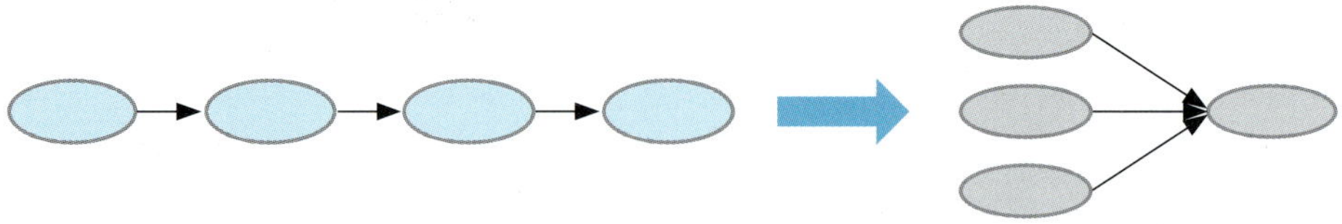

[그림 8-1] 직렬형 프로세스의 병렬형 프로세스로의 변환

모듈화(modularization)

생산 프로세스를 병렬형으로 변경하기 위해서는 제품 설계의 개선이 필요하다. 즉, 공정상의 중간 부품 간의 상호 의존성을 제거해야 하며, 이를 제품 공정의 분리(decoupling)라고 한다. 제품의 공정을 분리하여 병렬적인 프로세스로 바꾸는 대표적인 방법이 제품의 **모듈화(modularization)**이다. 즉, 제품을 여러 개의 독립적으로 취급 가능한 부분품인 모듈(module)로 나누어지도록 설계하고, 서로 다른 모듈들이 쉽게 결합될 수 있도록 모듈 간의 인터페이스를 설계하면, 각각의 모듈은 다른 모듈의 생산 공정과는 독립적으로 분리될 수 있으며, 병렬형 프로세스의 구현이 가능하게 된다.

동시적 및 병렬적 프로세스의 가장 큰 장점은 프로세스 전체의 리드타임이 감소한다는 점이다. 제품에 사용되는 개별 부품에 대한 리드타임이 동일하더라도 각 공정이 병렬적으로 진행된다면 전체 리드타임은 줄어들게 된다. 또한, 부품이 모듈화되어 있기 때문에 관리되는 부품별로 다양한 재고관리방식을 적용할 수 있는 장점도 있다. 이는 불확실성이 높은 제품에 대해 집중적인 재고관리 수행이 가능해진다는 것인데, 예를 들어 공급상황의 변동성 등으로 인해 특정 부품 수급에 대한 불확실성이 발생한다면, 해당 부품에 대해서만 재고 수준을 조정하는 것이 가능해진다.

8.3.3 제품 측면의 고려

고객의 다양한 요구사항을 충족시키기 위해서는 제품이나 서비스가 다양하게 제공되는 것이 필요하지만, 제품(또는 서비스)의 다양성이 높아지는 것은 공급사슬관리의 측면에서는 여러 가지 어려움을 야기한다. 품목이 다양해질수록 개별 제품의 수요 예측은 어려워지며, 이 장의 앞부분에서 살펴본 바와 같이 세부 품목 간의 수요 편차로 인한 재고 과다와 서비스 수준의 문제가 발생할 수 있다.

그렇다면, 공급사슬관리를 고려한 제품 측면의 설계는 어떤 고려가 필요할까? 세부 품목을 통합하여 통합 제품으로 만들면 리스크 풀링의 효과로 재고 절감 및 총 비용 감소가 가능함을 앞에서 살펴본 바 있다. 그러나 제품의 통합으로 인해 고객의 다양한 요구사항의 충족이라는 목적을 잃어서는 안 된다는 문제가 있다. 따라서 제품을 통합하면서도 동시에 제품의 다양성을 유지해야 하는 일견 모순적인 목적이 제기되는데, 이를 해결하기 위한 전략이 **지연 차별화**(delayed differentiation)이다.

지연 차별화(delayed differentiation)

지연 차별화는 공통부품이나 일반적인 표준부품을 먼저 생산하고 제품의 세부 품목을 결정짓는 부품은 공정의 나중에 생산하게 하는 방식의 공급사슬 전략이다. 공통 및 표준부품은 세부 품목 여러 가지에서 사용되므로 수요통합에 따른 리스크 풀링의 효과를 얻을 수 있고, 동시에 공정의 후반부에서 제품의 차별화를 위한 부품을 적용함으로써 제품의 다양성도 유지할 수 있게 된다. 지연 차별화는 공정상에서 부품이나 제품이 차별화되는 시점을 지연시킨다는 의미로서 **지연(postponement) 전략**이라고도 한다.

지연(postponement) 전략

지연 차별화를 구현하기 위한 방법으로서는 여러 가지의 유형이 제시되고 있다(Lee, 1993). 먼저 생산 프로세스 순서를 바꾸는 방법이 있다. **순서 바꾸기**(resequencing)는 제품의 생산 단계 순서를 수정하여 특정 아이템이나 제품의 차별화 시점을 가능한 연기하는 것을 의미한다. 공급사슬에서 프로세스를 개선하기 위해 순서 바꾸기를 활용한 예로서 베네통(Benetton)의 사례가 있다. 울(wool) 스웨터를 생산하는 일반적인 공정은 털실을 염색하고, 염색된 털실을 직조하여 직물을 만들고, 이를 완전한 스웨터로 완성시키는 순서이다. 베네통의 이러한 생산 리드타임은 약 7개월 정도로서, 장기간의 생산리드타임으로 인해 빠르게 변화하는 패션 트렌드를 따라잡기 어려우며 소비자 기호 변화에 대응하기 위한 유연성이 매우 부족하였다. 이러한 문제를 해결하기 위해서, 베네통은 울 스웨터가 완전하게 조립되기 전까지 염색 공정을 연기하는 방법을 채택함으로써, 울 스웨터의 컬러 선택이 보다 많은 정보를 사용할 수 있을 때까지 최대한 연기될 수 있게 하였다. 염색 공정의 연기로 인해 염색되지 않은 스웨터에는 리스크 풀링의 효과가 발생하여, 염색되지 않은 스웨터에 대한 수요예측은 보다 정확해졌다. 비록 변화된 공정으로 인하여 스웨터의 생산비용이 약 10% 증가되었지만, 수요예측의 향상과 재고 감축, 판매 증가를 통해 생산비용의 증가를 상회하는 이익을 실현할 수 있었다(Haskett & Signorelli, 1989).[1]

순서 바꾸기(resequencing)

1) 한편으로는, 이러한 지연 차별화 전략이 베네통 제품의 다양성을 제약하고 최근 자라(Zara), H&M 등의 경쟁자들에 비해 성장이 부진해진 원인을 제공했다는 비판도 제기된다. 이것은 지연 차별화 전략 자체의 문제라기보다는 제품의 시장 포지셔닝과 공급사슬 전략이 잘 부합하지 않았다는 점에 기인한다. 즉, 모든 경우에 항상 좋은 공급사슬 전략은 존재할 수 없으며, 제품의 특성과 공급사슬 전략의 일치성을 확보하는 것이 무엇보다도 중요하다는 점을 염두에 두어야 한다.

공통화(commonality)

다음으로는 공통화(commonality) 방법이 있다. 공통화는 서로 다른 제품의 생산 공정을 최대한 공통의 상태로 유지하여, 공정의 오랜 시간 동안 공통부품상태를 유지하고, 제품이 차별화되는 시점을 최대한 늦춤으로써 리스크 풀링의 효과를 얻는 방법이다. 두 가지의 서로 다른 세부 품목이 존재하는 컬러 프린터의 경우를 사례로 들 수 있다. 리(Lee, 1993)는 하드디스크의 테스트 공정의 예를 들고 있다. 하드디스크 생산시간의 상당부분은 테스트에 소요되는데, PC용과 Mac용의 테스트 장비가 다르기 때문에 한 번 기종이 결정되어 테스트가 시작되면 다른 기종에서의 수요가 더 많이 발생하더라도 해당 하드디스크를 공급할 수는 없었다. 공통화의 개념을 적용하면 이 문제를 다음과 같이 개선할 수 있다.

PC와 Mac용 테스트는 상당부분 공통적인 내용을 포함하고 있다. 이를 활용하여, PC와 Mac의 공통 테스트를 먼저 수행하고, 기종별로 차별화된 테스트를 나중으로 함으로써 공통 테스트가 끝날 때까지는 서로 다른 기종의 수요에 공통적으로 대응할 수 있게 되었다. 공통 테스트 장비에서 각 기종별 테스트 장비로 한 번 더 탈착해야 하는 추가의 시간과 노력이 발생했지만 리스크 풀링의 효과가 이를 상쇄하였다.

모듈화(modularization)

앞의 절에서 살펴본 모듈화(modularization)도 지연 차별화의 효과를 얻을 수 있는 방법이다. 세부 품목이 존재하는 제품을 공통 모듈과 세부 품목의 차이를 만드는 모듈을 분리하도록 설계함으로써 공통 모듈에 대한 리스크 풀링의 효과를 얻을 수 있다. 예로서, OS에 따라 윈도우용과 Mac용으로 별도 생산되고 있었던 프린터를, 프린터 본체 모듈은 OS에 관계없이 공용으로 사용될 수 있도록 설계하고 OS에 따른 차이가 나는 부분을 별도의 추가 모듈로 분리해 내는 방법을 고려할 수 있다. 이렇게 함으로써 소매점에서는 공통 프린터 모듈상태의 재고를 보유하고 있다가 판매 시점에 고객의 사용 OS 환경에 따라 추가 모듈을 함께 제공하는 방식으로 개선한다면, 공통 모듈은 세부 품목 간의 수요 불균형에 관계없이 사용될 수 있게 된다.

표준화(standardization)

마지막으로 제품의 구성품을 표준화(standardization)하는 방법이 있다. 추가비용을 감수하고 여러 세부 품목의 기능을 한 제품에 통합해 넣음으로써 세부 품목 간 차별화를 근본적으로 제거하는 방법이다. 전원 장치를 110V, 220V의 구분에 관계없이 작동하도록 프리볼트 형태로 표준화한다거나, 여러 언어로 제공되어야 하는 제품 매뉴얼을 한 권에 여러 언어가 모두 들어 있는 형태로 표준화하는 방법 등이 이미 널리 사용되고 있다. PC 모니터의 경우에 RGB, DVI, HDMI, Apple Display Port 등 여러 기종의 PC에서 사용되고 있는 연결 단자를 한 제품에 통합하여 표준 제품으로 판매하고 있는 형태가 일반화되어 있는 것도 표준화의 예가 될 수 있다.

8.4 대량 고객화

대량 고객화(Mass Customization)

대량 고객화(Mass Customization)는 조셉 파인 2세(Pine II, 1993)의 저서를 통해 개념이 소개된 이래 현대 경영에서 중요한 개념 중 하나로 인식되고 있다. 대량고객화는 생산의 두 가지 대립적 전략인 대량 생산(mass production)과 고객화(customization)를 결합한 개념이다.

주문 조립 전략(Assemble-To-Order: ATO)

대량 고객화의 목표는 고객화된 제품(또는 서비스)을 대량 생산 체제로 제공할 수 있도록 하는 것이다. 즉, 대량 고객화는 두 가지 생산 패러다임인 대량 생산과 주문 생산 모두의 장점을 취한 방식으로서, 대량 생산의 규모의 경제와 주문 생산의 고객화라는 이점을 동시에 추구한다. 모순적으로 보이는 두 개념은, 앞 장에서 소개된 밀기-끌기 방식의 **주문 조립 전략(Assemble-To-Order: ATO)**의 공정 설계와, 이번 장에서 설명된 모듈화 및 공통화 등 제품 설계에 있어서의 지연 차별화 전략의 구현을 통해 현실적으로 가능하게 되었다.

공정과 제품을 공통 부분과 차별화 부분이 분리되도록 설계함으로써 공통 부분에 대한 수요는 세부 품목의 수요의 합이 되어 리스크 풀링의 효과를 얻게 되며, 이는 공통 부분에 대한 수요 예측의 개선을 통해 과다한 재고 부담 없이 계획에 의한 대량생산을 할 수 있도록 해준다. 한편, 여전히 제품의 고객화는 추가적인 차별화 부분 또는 서로 다른 모듈의 결합을 통해 제공될 수 있으며, 이때 추가되는 차별화를 제공하는 공정을 단순화하고 차별화 부품을 최소화하여 차별화 이후의 리드타임 및 비용을 최소화하면 신속하면서도 저비용으로 고객화를 제공할 수 있다. 나아가 레고 블록처럼 서로 다른 공통적 모듈의 다른 방식의 결합을 통해 제품 차별화가 가능하다면 대량 고객화를 위한 더욱 좋은 방법이 될 수 있다.

이케아(IKEA)의 조립식 가구와 같은 형태가 공통 부품화 및 모듈화를 통한 대량 고객화의 성공적인 예이며, 현대자동차 및 폭스바겐 등 자동차 기업들의 플랫

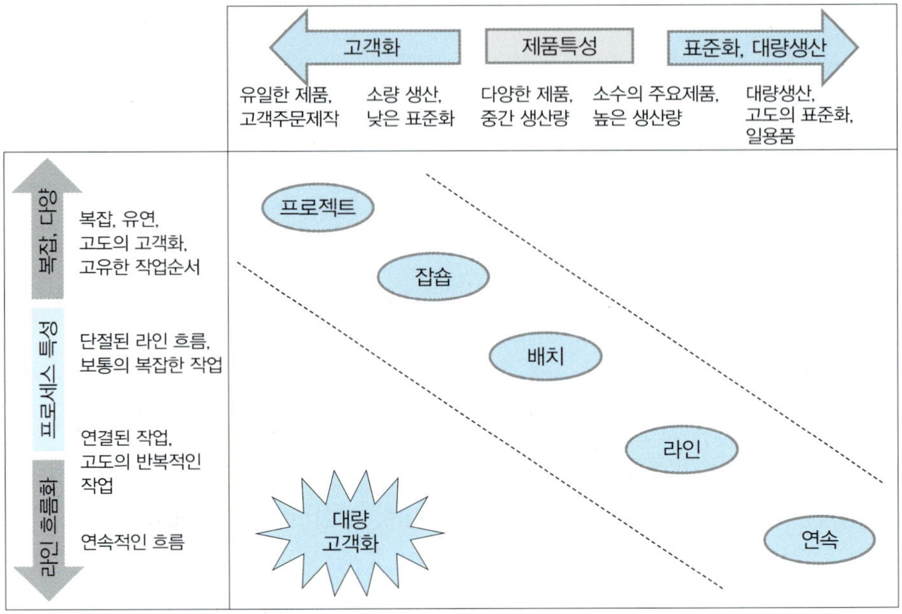

[그림 8-2] 제품-프로세스 매트릭스상에서 대량 고객화의 위치

폼 공용화 및 모듈화도 대량 고객화를 향한 진전으로 볼 수 있다. 서비스 업종의 경우에도 이동통신에서와 같이 기본 요금제 위에 다양한 부가 서비스 요금을 통해 수많은 고객화된 요금 체계가 제공되거나, 햄버거 등의 패스트푸드에서 앱이나 키오스크를 활용하여 고객 맞춤형 햄버거 등을 제공하는 것도 대량 고객화의 사례가 될 수 있다. 비록 모든 제품에 적용될 수 있는 방법은 아니지만, 대량 고객화는 저비용에서 효과적이고 빠르게 고객화된 다양한 제품 또는 서비스를 제공하도록 하는 패러다임으로서, 기업에 새로운 사업 모델을 찾는 데 도움을 줄 수 있으며 이를 통해 비용과 유연성의 경쟁역량을 동시에 확보할 수 있도록 한다.

[그림 8-2]는 제품-프로세스 매트릭스상에서 대량 고객화의 영역을 보여 주고 있다. 그림에서 나타난 바와 같이, 전통적으로 공정의 구현이 매트릭스의 대각선 영역에서 나타나고 있었던 것에 비해, 대량 고객화는 라인 흐름으로 고객화된 제품을 제공하는 새로운 영역을 제시하고 있음을 알 수 있다.

고객의 요구가 다양해지고 저비용과 고객화를 향한 경쟁은 격화되고 있어, 대량 고객화는 앞으로도 계속되는 생산 및 서비스의 트렌드가 될 것이다. 또한 도입사례에서 나타난 바와 같이, 센서, 빅데이터, AI와 로보틱스의 통합은 고객으로부터 수집된 데이터를 고객 맞춤형 제품으로 만들어내는 과정을 자동화함으로써 대량 고객화로의 흐름을 가속화하고 있다.

8.5 HP 데스크젯의 공급사슬 개선 효과 분석

이 장에서 제시된 DFSCM의 개념을 적용함으로써 HP 데스크젯의 문제를 어떻게 접근할 수 있는지를 살펴보자. 사례에서 HP 데스크젯은 유럽 시장에서 국가별로 상이한 언어 및 전원 등의 현지화 필요성으로 세부 품목이 다양하였으며, 미국 공장에서 유럽까지의 리드타임은 4~5주로 길었다. 다양한 세부 품목별 수요의 불균형과 긴 리드타임으로 인해 수요예측은 부정확했고 안전재고는 증가하였으며, 이는 품목에 따라 과잉재고와 재고 고갈이 발생하여 전체적으로 높은 재고 수준과 낮은 고객 서비스 수준이 동시에 발생하는 결과로 이어졌다.

이러한 상황에서 일차적으로 생각할 수 있는 항공운송으로의 전환이나 유럽 현지 공장 설치, 유럽 현지 유통센터의 안전재고 증가, 수요예측방법의 향상 등은 적합한 솔루션이 될 수 없었다. 수요예측방법을 향상시키는 것은 현실적으로 가능하지 않았으며, 운송수단을 항공으로 전환하기에는 데스크젯 프린터의 마진이 충분하지 않았다. 또한 유럽 수요 물량은 현지 공장을 설치할 만큼 충분하지 않았으며, 이미 재고량이 충분히 많은 상태에서 유통센터의 재고 수준을 높이기는 불가능하였다.

HP의 문제는 지연 차별화(delayed differentiation)를 통해 해결될 수 있다. 앞에서 설명한 내용과 같이 언어, 매뉴얼, 전압, 콘센트 형태 등 현지화 관련 부품을 모듈화하여, 본사는 공통의 본체만 공급·운송하게 하였다. 그리고 유럽 각 지역의 유통센터에서는 도착한 공통의 본체에 현지화 관련 부품들을 추가하여 포장하는 방식을 채택함으로써 지연 차별화에 따른 리스크 풀링 효과로 안전재고를 감소시켰다.

통합화된 데스크젯 본체에 대한 리스크 풀링의 효과를 분석해보자. 미국 공장에서 유럽 지사까지의 리드타임은 총 5주가 소요되며, 98%의 서비스 수준을 고려하여 안전재고계수 $z=2.05$를 적용하는 것으로 가정하자. 다소 보수적인 가정으로서 연간 재고유지비는 원가의 30%라고 가정하고 제품원가가 약 400달러라고 하면 연간 재고유지비는 120달러가 된다. 이러한 가정하에서 지연 차별화의 효과를 분석하면 〈표 8-5〉와 같이 연간 약 82만 달러의 재고비용절감을 할 수 있다는 것을 확인할 수 있다.

〈표 8-5〉 HP 데스크젯의 공통화 효과 분석

제품 구분	월간수요		주간수요		안전재고	안전재고 보유 기간 (week)	연간 안전재고 유지비
	평균	표준편차	평균	표준편차			
A	42.3	32.4	9.8	15.6	71.7	7.3	8,598
AA	420.2	203.9	97.7	98.3	450.8	4.6	54,095
AB	15,830.1	5,624.6	3,681.4	2,712.4	12,433.5	3.4	1,492,024
AQ	2,301.2	1,168.5	535.2	563.5	2,583.0	4.8	309,965
AU	4,208.0	2,204.6	978.6	1,063.1	4,873.4	5.0	584,807
AY	306.8	103.1	71.4	49.7	228.0	3.2	27,355
합계	23,108.6		5,374.1		20,640.4	3.8	2,476,844
공통 제품	23,108.6	6,244.0	5,374.1	3,011.1	13,802.7	2.6	1,656,327

재고유지비 절감액 = 2,476,844 − 1,656,327 = 820,518
(재고절감률: 33.1%)
출처: Simchi-Levi 등(2003)에서 발췌.

실제로 HP는 지연 차별화 전략으로 큰 성공을 거두었다. 이후 시판된 데스크젯 프린터에서는 전원부 등 지역별 차이를 만드는 모듈이 본체에서 분리되어 별도의 모듈이 되었으며, 미국 공장에서는 표준화된 공통 본체만 생산하게 되었다. 이를 통해 재고유지비가 절감되었을 뿐 아니라, 미국 공장에서 유럽으로 운송되는 과정 중인 프린터 본체는 완제품이 아닌 반제품 상태이므로, 운송 중 취급비용, 보험비용 등 운송 관련 비용의 감소효과도 얻을 수 있었다. 여기에 더하여 현지화 관련 부품을 현지에서 조달함에 따른 현지 지역 경제에 대한 기여 등도 중요한 이점이 된다.

이와 같은 전략의 실행을 위해 제품의 재설계가 필요함은 이미 살펴본 바와 같다. 덧붙여, 이와 관련한 조직의 업무 범위의 조정도 중요한 해결 과제임을 고려해야 한다. 현지의 유통센터에 도착한 프린터 공통 본체에 지역 현지화 부품을 넣어 포장하는 것은 유통센터에 추가의 업무와 책임을 부과하게 된다. 공급사슬 전략의 실행은 제품이나 공정의 재설계에 그치지 않고 조직의 부서 간 업무 조정 등 전사적 변화를 요구한다는 점을 여기에서 다시 한 번 확인할 수 있다.

요약

HP 데스크젯의 사례는 공급사슬에서 과다한 재고와 낮은 서비스 수준의 문제가 동시에 발생할 수 있음을 보여 주고 있으며, 수요 예측만으로는 이 문제를 해결할 수 없다. HP는 공급사슬관리 측면을 고려하여 제품 설계를 바꾸어 리스크 풀링의 효과를 얻음으로써 이 문제를 해결하였다. 이렇게 공급사슬관리를 고려한 제품 설계를 DFSCM이라고 한다. 물류, 공정, 제품 등 여러 측면에서 고려될 수 있다. DFSCM의 일환으로 제품의 차별화 시점을 최대한 늦추어 리스크 풀리의 효과를 극대화하는 전략을 지연 차별화라고 하며, 차별화 부분을 모듈화하고 밀기-끌기 시스템을 구현함으로써 대량생산 규모의 경제와 고객화를 동시에 획득하는 대량 고객화를 달성할 수 있다.

연·습·문·제

1. 대량 고객화가 제7장에서 나타난 내재수요 불확실성과 공급사슬의 대응성 매트릭스상에서 어디에 나타나게 되겠는지, 왜 그렇게 되는지에 대해 설명하시오.

2. HP 데스크젯의 사례를 DFSCM의 관점에서 볼 때, 물류 측면, 공정 측면, 제품 측면에서의 고려를 구분하여 설명하시오.

3. 10가지의 세부 품목을 가진 제품이 있다. 각 품목별 월간 수요의 평균은 1,000개, 표준편차는 800개로 알려져 있고, 품목 간 수요는 서로 독립이다. 리드타임은 3개월, 1회 주문비용은 500만 원, 연간 재고유지비용은 개당 12만 원일 때, 10개의 품목을 한 가지로 통합하면 연간 얼마의 재고유지비용을 절감할 수 있겠는가? 단, 목표 서비스 수준은 98%로 안전재고계수 $z_{98\%}=2.05$를 적용한다.

참·고·문·헌

Lee, H. L.(1993). Design for supply chain management: concepts and examples. In *Perspectives in operations Management* (pp. 45—65). Springer US.

Pine II, J.(1992). *Mass Customization: The New Frontier in Business Competition*. Boston, Mass.: Harvard Business School. ISBN 0875843727.

Signorelli, S., Heskett, J. L., & Pitilino, C.(1986). *Benetton* (AB). Harvard Business School Case Services.

Simchi-Levi, D., Kaminsky, P., & Simchi-Levi. E.(2009). *Designing and managing the supply chain: concepts, strategies, and case studies*, 3ed. International Edition, McGraw—Hill.

공급사슬관리

PART V 공급사슬 파트너 관계관리

Case study VF 브랜드: 글로벌 공급사슬 전략

Chapter 9 공급자관계관리

Chapter 10 수요관리와 예측

CASE STUDY

VF 브랜드: 글로벌 공급사슬 전략

2009년 8월이었다. VF 브랜드(VF Brands)의 공급사슬 인터내셔널(Supply Chain International)의 사장인 크리스 프레이저(Chris Fraser)는 밀란 교외에 있는 코모 호수 근처에서 차를 타고 출근하고 있었다. 맑은 아침이었다. 반짝거리는 호수는 평온 그 자체였다. 그것은 격변하는 글로벌 의류 산업과는 완전히 대조적이었다. 2008~2009년의 경제위기는 단기간에 큰 규모의 회사에서부터 작은 하청업체에 이르기까지 모든 사업체에 손실을 야기하였다. 그러나 프레이저는 이 위기가 지나면 의류 산업에 장기적인 구조적 변화가 올 것이라고 내다보았다. 그리고 이 변화로 인해 전세계에서 가장 큰 공유 의류회사(publicly owned apparel company)인 VF의 공급사슬을 운영하는 방식에 엄청난 변화가 요구될 것으로 내다보았다. 프레이저는 다음과 같이 말했다. "지난 수십여 년간 의류산업에서 공급사슬 전략은 한 나라에서 다른 나라로 더 값싼 노동력을 찾아가는 것에 집중했습니다. 오늘날에 의류는 전 세계 어디에서든 생산되며, 값싸게 생산을 맡길 수 있는 새로운 곳은 더 이상 없습니다—물론 펭귄이 바느질을 배운다면 모르겠지요. 그래서 우리는 공급사슬을 어떻게 관리하느냐에 따라 줄일 수 있는 비용을 찾아내야 합니다."

얼마 전부터 프레이저는 VF의 기존 공급사슬 전략에 변화가 필요하다는 의견을 지지해왔다. 현재 VF는 회사의 자체 공장과 대형 공급업체들의 네트워크를 통해 의류를 조달한다. VF는 경쟁회사들과 마찬가지로 아웃소싱 전략에서 유연성을 강조했다. 의류 산업에서 대부분의 공급업체들은 어떤 의류를 얼마나 생산할 것인지에 대해서 단기 계약을(일반적으로 몇 달) 맺었다. 이러한 전략은 VF와 같은 의류 판매회사들이 비용을 최소화하고 환율, 관세 등과 같은 원가 인자의 변화에 대처하기 위해 다른 지역에 위치한 공급업자들로 생산을 전환하는 것을 가능하게 했다. 이러한 전략이 공급업체들로 하여금 미래의 계약성사를 위해 비용을 줄이는 노

For 9－610－022 VF Brands: Global Supply Chain Strategy

Reprinted by permission of Harvard Business School.

This Case was prepared by Gary Pisano and Pamela Adams as the basis for class discussion and do not necessarily illustrate effective or ineffective management.

력을 기울이게 한다는 충분한 동기부여가 될 수 있다는 의견도 많았다. 프레이저는 이 전략이 오랫동안 효과가 있었지만, 단점도 있었다고 인정했다. 공급업체들과 의류회사들 간의 조정과 신뢰 부족은 높은 재고와 긴 리드타임이라는 결과로 이어졌다. 프레이저는 뛰어난 자체 생산력을 보유하고 있는 VF와 같은 회사는 이런 전문기술을 공급업체들과 공유하여 프로세스를 개선하고 비용을 줄일 수 있다고 생각했다. 그는 "자체 공장에서 생산되는 제품들은, 몇 주가 아닌 단 며칠 만에 공급사슬을 통해 이동하는 것이 가능합니다. 그렇게 되면 우리는 굉장히 빠르게 시장에 대응할 수 있습니다. 그것이 우리가 자체 공장을 운영하는 가치(이유)입니다. 그러나 자본의 관점에서 보면, 계속해서 자체 공장을 짓는 것은 타당하지 않습니다. 그래서 제가 실현하고자 하는 것은 공급업체들과 긴밀한 협력관계를 구축하는 것입니다. 마치 자체 공장과 같은 긴밀한 관계 말입니다."라고 언급했다.

프레이저는 이러한 방식을, 자체 생산 및 전통적인 공급에 대한 대안이라는 의미로 '제3의 길(Third Way)' 소싱(sourcing) 전략이라 명명하였다. 프레이저는 '제3의 길' 전략을 5년 전에 처음으로 주장했는데, 조직 내 일부 집단의 회의적인 반응에 부딪쳤다. 현재까지 VF는 한정된 수의 '제3의 길' 공급관계를 실시해왔다. 프레이저는 이제 회사에 데이터와 경험이 쌓였으니 지금까지 실시된 전략에 대해 깊이 생각해보고 확대 시행 여부를 결정해야 한다고 생각했다.

1. VF 브랜드와 의류 산업

2008년에 VF는 76억 달러의 매출을 올렸다. 이 회사는 1899년 미국 펜실베이니아에 있었던 Reading Glove and Mitten Company에서 출발했다고 볼 수 있다. 1914년, 이 회사는 여성용 속옷 분야로 사업을 확장하였으며, 1917년에는 베니티 페어(Vanity Fair)로 회사명을 변경하였다. 1969년에 베니티 페어는 리 컴퍼니(Lee Company)를 인수해 청바지 사업에 뛰어들었다. 1983년까지 청바지 매출은 총 매출 10억 달러의 약 75%를 차지했다. 1984년에는 청바지 제품라인을 확장하고 새로운 분야에 진출하기 위해 일련의 기업인수를 추진했다. 블루벨(Blue Bell; 랭글러(Wrangler), 러슬러(Rustler), 저버(Girbaud) 등의 청바지 브랜드 소유), 잔센(Jantzen; 스포츠의류, 배낭 등), 레드캡(RedKap; 직업의류, 유니폼 등)을 인수했다. VF는 오랜 기간 동안 미국에 있는 많은 공장들을 바탕으로, 수직 통합적인 생산 전략을 추구했다.

2004년에 VF는 전략에 있어서 중대한 변화를 시도했다. 새롭게 제시된 '성장 전략(growth plan)'은, VF를 기본 의류(청바지 등) 회사에서 벗어나서 강한 브랜드를 가진 세계적인 라이프스타일 의류회사로의 탈바꿈을 의미하는 것이었다. 프레이저는 "우리는 우리가 생산할 수 있는 물건을 파는 회사였습니다. 새로운 '성장 전략'하에서는, 우리는 마케팅에 집중하고 외부로부터 상품들을 조달 받기로 하였습니다."라고 언급하였다. VF는 랭글러나 리(Lee)와 같은 전통적인 브랜드의 지속적인 성장을 위한 투자를 하는 동시에, 세계적으로 관심을 받는 새로운 브랜드들에 대한 인수를 병행하였다. 이런 브랜드에는 노스페이스(The North Face), 반스(Vans), 노티카(Nautica), 리프(Reef), 키플링(Kipling), 이스트팩(Eastpak), 마제스틱(Majestic), 나파피리(Napapiri), 이글크릭(Eagle Creek), 존 바바토스(John Varvatos), 세븐 포 올 맨카인드(7 For All Mankind), 루시(Lucy) 등을 포함한다. 2000년에는 전통적인 브랜드들이 매출의 90%를 차지하였다. 2008년까지 전통적인 브랜드 매출은 전체의 56%를 차지했고, 라이프스타일 브랜드들이 나머지 44%의 매출을 차지하였다. 회사의 목표는 전통적인 브랜드에서 40%의 매출을, 라이프스타일 브랜드들에서 60%의 매출을 올리는 것이었다.

VF의 성장 전략에는 다른 두 가지 중요한 요소들이 있었다. 하나는 미국 밖에서, 특히 러시아, 인도, 중국과 같은 개발도상국에서, 매출을 확대하는 것이었다. 2001년 해외매출은 전체의 19%에 불과했으나, 2008년까지 이 비율은 30%로 증가하였으며, 해외매출의 추가적인 성장을 목표로 하였다. 성장 전략의 또 다른 요소는 소비자에게 직접판매를 확대하는 것이었다. VF는 역사적으로 다른 회사들과 마찬가지로 개인상점(독립점포)을 통해 제품을 팔아왔다. 그러나 최근의 의류산업 시류에 따라 자체 단일브랜드 상점을 만들고 인터넷 기반 소매를 확대하였다. 2009년까지 700개 이상의 단일브랜드 상점들(대부분 노스페이스, 나파피리, 루시, 존 바바토스, 세븐 포 올 맨카인드이다)을 확충하였으며, 이 소매점들은 브랜드의 공개 행사장 같은 역할을 했는데, 이 덕분에 매출도 상당히 증가했다. VF는 매년 75~100여 개의 소매점을 새로 열어서 2012년까지 전 세계에 1,300여 개의 상점을 여는 것을 목표로 했다. 이러한 해외 시장 확장 전략에 맞추어 새로운 소매점들의 위치를 아시아 시장에 집중했다. 또한, 회사의 유통 전략을 통해 서로 다른 유통채널 간의 균형을 유지하였다: 전문점(16%), 국내 및 해외 소매업자(16%), 백화점(2%), 체인점(7%), 고급백화점(3%), 대량 소매업자(15%), 로열티 수입(13%), 국제 도매업(28%).

VF는 사업 분야를 5개의 큰 '연합'으로 편성했다. 각 연합은 각자 관련된 브랜드들의 전체적인 제품라인, 마케팅, 영업에 대한 책임이 있었다. 이 중 두 개의 연합은 전통적인 사업이었다. 진 웨어(jeanswear)와 이미지 웨어(imagewear)가 그것이다. 리, 랭글러 그리고 러슬러로 이루어진 진 웨어는 2008년 기준 매출이 28억 달러에 이를 정도로 연합 중에서 가장 규모가 컸다. VF의 진 웨어 연합은 자체적으로 전 세계 다른 어떤 회사들보다 더 많은 청바지를 팔았다. 이미지 웨어 연합은 상업적 또는 산업용 유니폼(예를 들어, 페덱스(Federal Express) 유니폼)뿐만 아니라 스포츠 프랜차이즈 유니폼(NBA, NFL, 대학 스포츠)을 판매하였다. 이미지 웨어 연합의 매출은 10억 달러였다. 나머지 세 개의 연합은 라이프스타일 브랜드들과 관련된 것이었다. 아웃도어 및 액션스포츠 (Outdoor and Action Sports) 연합은 이스트팩, 반스, 리프, 노스페이스, 나파피리, 이글크릭 브랜드들로 이루어져 있으며, 2008년에 28억 달러의 매출을 올렸다. 스포츠 웨어(Sportswear) 연합은 노티가, 키플링, 존 바바토스를 포함하고 2008년에 6억 2,500만 달러의 매출을 올렸다. 2007년에 설립된 컨템포러리 브랜드(Contemporary Brands) 연합은 가장 최근에 생긴 연합으로 세븐 포 올 맨카인드와 루시를 포함하고 있으며, 2008년에 3억 5,000만 달러의 매출을 기록했다. 〈표 3〉에 각 연합의 전반적인 재무성과가 나타나 있다.

VF는 인수한 각 회사들의 조직문화와 브랜드 특성을 보존하는데 큰 어려움을 겪었다. 이 전략에서 중요한 부분은 인수된 회사들이 그들의 디자인 그룹을 그대로 유지하고 원래 위치에서 일을 할 수 있도록 해주는 것이었다. 결과적으로, VF의 디자인 부문은 상당히 분산되었다. 예를 들어, 반스(스케이트, 서핑, 스노보딩 의류와 신발 제조)의 디자인 작업들은 원래 조직이 있었던 캘리포니아 남부지역에서 이루어졌다. 나파피리의 디자인은 밀란 근처에서 계속되었다. 노스페이스의 디자인 스튜디오는 미국(샌프란시스코 베이지역)과 이탈리아(트레비소)에 있었다. 프레이저는 "우리는 브랜드의 전통을 가지고 장난하지 않습니다. 원래 그대로의 디자인과 문화를 지키려고 합니다."라고 언급하였다.

의류 산업

의류 산업은 의류, 액세서리, 사치품 등의 디자인, 생산, 마케팅을 아울렀다. 2008년 전 세계의 의류(소매가격 기준) 매출은 약 1조 3,000억 달러에 달했다. 의류 분야에는 양말이나 속옷 같은 기본의류에서부터 평상복(캐주얼 의류), 스포츠의류 그리고 최고급 '오트 쿠튀르(haute couture)' 의류에 이르기까지 굉장히 넓은 범위의 제품과 가격 포인트들을 포함한다. 대부분의 의류회사는 그들의 전통적인 '토대'가 되는 제품군을 가지고 있었다. 예를 들어, VF는 오랜 시간 동안 청바지 회사로 알려져 있었다. 반 휴센(Van Heusen)은 셔츠를 만드는 회사였다. 그러나 시간이 지날수록, 규모가 큰 회사들(VF, 리즈 클레이본(Liz Claiborne), 필립스 반 휴센(Philips-Van Heusen), 사라리(Sara Lee) 등)이 점차 더 많은 제품군을 다루면서 사업영역을 확장하였다. 게다가 나이키(Nike)나 아디다스(Adidas)와 같이 전통적으로 신발 시장에서 경쟁하던 회사들이 의류 사업에 뛰어들었고, 특정 분야(스포츠 의류 등)에서는 주요 회사로 부상했다. 마찬가지로 VF를 포함하여 많은 의류회사들이 신발사업에 뛰어들었다. 의류산업의 엄청난 규모를 고려해봤을 때, 경쟁은 매우 세분화되어 있으며, 가장 규모가 큰 회사들도 시장점유율이 겨우 한 자리 수에 머무르고 있다. 어떤 특정한 분야 내에서는 수십여 개의 브랜드가 있을 정도로 경쟁이 매우 심했다. 청바지 분야가 좋은 예이다. 전 세계에서 청바지를 가장 많이 판매한 회사인 VF의 연 매출 28억 달러는 전체 시장 매출(약 500억 달러 규모) 대비 단지 5%만을 차지할 뿐이었다. 이렇게 치열한 경쟁상황 속에서 이윤을 남기기 위해서는, 브랜드를 구축하기 위한 크고 지속적인 투자가 필수적이었다. 대부분의 메이저 의류회사(VF, 크리스찬 디올(Christian Dior), 나이키, 아디다스, 랄프 로렌(Ralph Lauren), 리즈 클레이본 등)는 매출의 7~12% 정도를 광고에 투자한다.

의류 산업에서 또 다른 주된 추세는 바로 의류 유통에 있어 대형 소매 체인점들의 영향력이 증가하는 것이었다. 예를 들어, 월마트의 경우, 미국에서 가장 규모가 큰 청바지 소매업체가 되었다. 월마트 같은 대형 유통업체들은 판매규모를 앞세워 원재료 및 물류와 관련된 비용 면에서, 그리고 공급계약을 맺는 등의 교섭 진행에 우위를 점할 수 있었다. 게다가 이런 대형 소매회사들은 자체 브랜드 상품을 개발해서 판매했다. 월마트는 자체 브랜드 청바지(Faded Glory)를 만들어 개당 9달러에 판매하였다(랭글러 청바지는 16달러였다). 또한 최근에는 존스 어패럴(Jones Apparel)이 월마트만을 위해 제조하는 청바지 라인 개발에 착수했다. L.e.i.라 불리는 이 청바지 라인은 십대 여성들을 대상으로 한 것이다.

대부분의 의류회사는 일반적으로 디자인과 마케팅에만 집중하였으며, 대부분의 생산이 전 세계의 저비용으로 생산 가능한 나라들로 옮겨갔기 때문에 자체 생산을 아예 하지 않거나 하더라도 아주 적은 부분에 한해서만 시행되었다. 사실 1992년에는 미국에서 판매된 의류의 49%가 미국 내에서 생산되었으나, 1999년까지 이 수치는 12%로 떨어졌다. 대규모의 아웃소싱이 일종의 표준이 된 데에는 많은 이유가 있었다. 의류생산은 일반적으로 노동집약적인 공정으로 규모의 이점이 거의 없었고 생산에 대한 진입장벽도 상대적으로 낮았다. 그 결과, 전 세계적으로 수십만 개의 소규모 의류생산업체들이 산재하게 되었다. 게다가 의류생산에 필요한 기술(직물을 자르고 바느질하는 것 등)은 비교적 일반적인 것들이었다. 이런 특징은 의류회사들이 그들의 디자인의 생산을 매우 경쟁적인 조건으로 맡기는 것을 가능하게 해주었다. 또한, 의류생산은 복잡하면서도 항상 변하는 관세와 쿼터에 의해 제한을 받았다. 일반적으로 상호무역협정에 의해 어느 나라에서 의류가 수입되는지 결정되었다. 직물과 섬유에 대한 세금과 쿼터가 각기 따로따로 협상되었다는 사실은 더욱 문제를 복잡하게 만들고 있었다. 이런 것들은 한 나라의 생산의 경제를 다른 나라와 비교해 크게 다르게 만들었다. 역사적으로 의류회사들은 '쿼터를 따라갔다', 즉 이들은 어떤 나라로부터의 수입쿼터를 아직 다 채우지 않은 나라들에서 저비용 생산업체들을 찾았다. 2005년 세계무역기구 합의 덕에 섬유와 의류에 대한 관세와 쿼터 제한이 줄어들었지만, 아직까지 자유시장과는 거리가 멀었다. 그래서 전 세계 주요 시장에 물건을 판매하는 가장 큰 의류회사들은 관세와 쿼터의 변화에 따라 생산을 옮겨갈 수 있도록 아주 넓은 범위로 세계 곳곳의 공급업체들과 계약을 맺는 것이 유리하고 덜 위험하다고 판단했다.

프레이저는 관세와 쿼터 제한이 지난 20년간 줄어들었지만, 이러한 장애물들로 인해 의류 산업이 매우 세분화되고 때론 비논리적인 공급사슬을 가지고 있다고 언급하고 있다. 예를 들어, 미국에서 판매되는 한 스웨터의 경우 원모(原毛)는 호주에서 생산되었다. 그리고 원모는 중국으로 보내져서 실을 잣는 데 쓰였다. 그리고는 다시 호주로 보내져 직물 조각으로 만들어진 후, 또 다시 중국으로 보내져 스웨터로 완성되었다. 이제 거기서 미국으로 운송되었다. 프레이저는 "이상적으로, 우리는 모든 수직적 과정을 한 나라 혹은 한 지역에서 수행하고자 합니다. 예를 들어, 태국은 배낭을 만들기에 이상적인 곳입니다. 만약 우리가 태국에서 직물과 다른 원재료들을 구할 수 있다면 리드타임을 상당히 줄일 수 있습니다. 우리 상점들이 있는 중국에서 이런 식으로 제품을 만들 수 있다면 우리는 물건들을 포장한 다음 바로 상점으로 보낼 수 있죠. 이렇게만 될 수 있다면, 모든 게 나아집니다."

공급사슬이 세계화되면서 공급업체를 찾고, 공급자들과의 관계를 관리하고, 제품 흐름을 조정하는 일들이 점차적으로 힘들어지고 있다. 1990년대에 미국과 유럽에 기반한 많은 의류회사들은 아시아에서 효율적으로 공급처를 확보하는 기술 및 관계가 부족하다는 것을 깨달았다. 이런 요구를 충족시키기 위해 일부 아시아 생산업체들은 의류회사들에게 완전히 통합된 공급사슬 서비스를 제공하기 위해 그들의 비즈니스 모델들을 전환하였다. 홍콩에 기반한 리앤드펑(Li & Fung)은 이런 공급사슬 서비스 회사의 좋은 예이다. 1906년에 무역회사로 시작한 리앤드펑은 이제는 세계에서 가장 큰 브랜드(의류, 신발 및 기타 소비재 등)의 공급사슬과 공급업체들을 관리한다. 본질적으로, 리앤드펑은 브랜드회사들과 세계 각지에 펴져 있는 공급업체들 사이의 중개 역할을 담당하였다. 리앤드펑은 최근에 다른 공급사슬 중개회사들과 마찬가지로 자체 브랜드와 체인상점들을 통합하기 위한 과정에 착수했다.

지난 10여 년간, 공급사슬 상류 부분에 해당되는 의류 생산은 매우 극적인 변화를 겪었다. 2001년(의류에 대한 쿼터가 사라진 첫해)부터, (중앙아메리카, 미국과 도미니카공화국을 포함한) CAFTA 지역의 직물 생산자들은 중국에서 수입되는 직물들로 인해 시장점유율이 점차 줄어들었다(반면, 미국시장에서 중국 수입직물의 점유율은 2001년 7%에서 2009년 45%로 증가했다). 지난 10년 동안, 미국은 직물 생산능력의 50%를 잃었다. 프레이저는 "싸고 빠르게 직물이 공급되지 않는 곳에서 의류를 생산하기는 점점 힘들어지고 있습니다."라고 회상하였다.

2008~2009년에 세계경제는 1930년대의 대공황 이후로 가장 큰 불황에 빠졌다. 미국, 유럽 및 개발도상국 등에서 발생한 국내총생산(GDP)의 감소와 소비자 수요 급락으로 인한 여파는 의류산업도 피해갈 수는 없었다. 산업 전체의 매출이 10% 감소하였다. VF는 경쟁회사들에 비해 위기를 잘 헤쳐나갔다. (2008년 전반기와 비교하여) 2009년 전반기의 매출은 9% 감소(환율을 고려하면 하락 폭은 훨씬 적었다)하였으며 수익은 같은 기간 동안 30% 감소하였지만, VF의 재무상태는 튼튼했다. 현금유동성을 갖췄고, 부채는 상대적으로 적으며, A-bond로 평가되고, 신용한도 또한 충분했다. 일부 고위 간부들의 고민은 이 금융위기가 장기적으로 공급에 미치는 영향이었다. 많은 의류 공급업체들은 규모가 작았고 매우 적은 마진으로 운영되는 관계로 금융위기에 아주 취약했다. 주문량이 줄어들자 많은 곳이 문을 닫을 수밖에 없었다. 중국에서만 2008~2009년에 6만 곳이 넘는 작은 생산업체들이 문을 닫았다고 보고되었다. 갑작스러운 공급업체들의 폐점은 상당히 큰 악영향을 미치

게 된다. 예를 들어, (1년에 1,500만 개 이상의 청바지를 VF에 공급하던) VF의 한 청바지 공급업체 중 하나는 니카라과에 있는 공장의 문을 닫고 베트남으로 생산시설을 옮겨간다고 채 3개월도 남지 않은 시점에 VF에게 이 사실을 알렸다. 베트남은 VF에게 관세, 쿼터, 물류에 있어서 훨씬 안 좋은 곳이었다. VF는 다른 공급업체를 찾기 위해 동분서주해야만 했다.

2. VF 운영 전략

VF는 자체 생산과 아웃소싱을 병행했는데, 이는 의류 산업에서 상대적으로 독특한 운영 전략이었다. 1980년대부터 많은 의류회사들은 자체 생산시설을 처분하고 특화된 공급업체들로부터 제품을 공급받기 시작했다. 리즈 클레이본, 랄프 로렌, 리바이 스트라우스(Levi Strauss), 사라리 등 많은 VF의 경쟁회사들은 더 이상 자체 생산시설 없이 전적으로 아웃소싱에 의존했다. 이와 완전히 반대로, 베네통(Benetton), 자라(Zara)와 같은 회사들은 의류 생산부터 판매에 이르기까지 전 과정을 완전히 수직 통합했고, 아웃소싱은 제한적이었다.

앞서 언급했듯이, VF는 역사적으로 의류 생산업체였다. 한때는 거의 100개의 공장을 가지고 있었는데, 1990년대 후반에 노스페이스의 인수와 함께 변화하기 시작했다. 노스페이스는 그 이후에 VF가 인수한 많은 브랜드들처럼 자체 생산시설이 없었다. VF가 기존에 가지고 있던 생산시설은 두 가지 이유로 이러한 라이프스타일 브랜드들과 잘 맞지 않았다. 첫째로, VF의 생산시설은 주로 청바지와 데님 제품에 맞춰져 있는 반면, 많은 라이프스타일 브랜드 제품들은 그렇지 않았다. 둘째로, VF의 공장들은 미국 시장에 맞추어 물류비용과 관세를 최소화하기 위해 멕시코와 카리브해 지역에 있었다. 라이프스타일 브랜드들을 늘리고 세계 시장을 진출하려는 전략에 따라 VF는 아시아 지역에서 아웃소싱을 늘릴 필요가 있었다. 이것은 VF의 기존 철학에 있어 큰 변화였다. 새로운 전략에 있어 괴로웠던 일은, 이 새로운 전략에 맞추기 위해 VF의 많은 해외 자체 생산시설들의 문을 닫는 것이었다. 2009년까지 VF는 (남아 있는 40개의 공장에서) 제품의 30%를 생산했고, 나머지를 공급업체들로부터 납품받았다. 물론 제품에 따라 편차가 매우 컸다. 예를 들어, 청바지는 60%를 자체 생산했다. 미국시장을 염두에 둔 이미지 웨어는 반응시간이 굉장히 빨라야 했는데, 이 또한 많은 양을 자체적으로 생산했다. 이와 반대로 라이프스타일 의류와 신발, 배낭 등의 제품은 아웃소싱으로 100% 공급받았다.

VF는 지난 125년간 축적시켜온 자체 생산능력에 여전히 자부심을 가졌고, 이 자체 생산능력이 큰 경쟁 우위를 준다고 믿었다. 최근에 한 컨설팅 회사의 벤치마킹연구에 따르면, VF의 자체 생산 공장은 품질, 효율성, 신뢰성 면에서 세계 최고 수준이었다. VF의 자체 공장에서 의류를 생산하는 데 소요되는 시간은 전체 산업의 평균치보다 훨씬 짧았다. 또한 불량률도 산업 평균치보다 훨씬 낮았다. 생산 리드타임 측면에서 보면 VF의 생산 공장은 '생산 시작부터 배송'까지에 10일이 걸렸는데, 외부 공급업체들은 30~50일이 걸렸다. VF는 또한 그들의 자체 생산시설이 다른 회사들은 따라잡을 수 없는 기술적 · 공학적 능력을 구축했다고 믿었다. 예를 들어, 멕시코와 니카라과의 공장에서는 공정개선을 담당하는 엔지니어를 약 50명가량 고용했다. VF는 신기술을 개발했고, 심지어 청바지를 생산하는 전매시설도 만들었다. VF 아시아의 전무 이사이자 프레이저의 국제 소싱팀의 구성원인 마이크 그린(Mike Green)은 VF에서 26년간 공학, 공장관리, 공급처관리 업무를 담당하였다. 그는 "VF의 공장들이 의류 산업에서 표준을 만들었다는 점에는 의심의 여지가 없습니다."라고 언급하였다.

소싱 업무에서, 신뢰할 수 있고 높은 품질의 공급업체 네트워크를 구축하기 위해서는 셀 수 없는 많은 시간이 필요했다. 후보 공급업체들을 방문해서 생산능력을 철저히 평가해야 했다. 게다가, VF는 작업자 안전과 보호에 대한 국제 기준을 따르는 공급업체와만 협력을 한다는 엄격한 규정을 가지고 있었다. 또한, 공급업체들과 좋은 협력관계를 쌓아가는 데에도 많은 시간이 들었으며, 신뢰할 수 있는 업체인지 여부를 확인하려면 같이 일을 해보는 수밖에 없었다. 2009년까지 VF는 전세계적으로 1,600여 개의 공급업체들, 30개의 물류센터와 계약을 맺었다. 상위 20개의 공급업체가 VF가 연간 아웃소싱으로 제공받는 양의 45%를 담당하였다. 이들을 관리하기 위해, VF는 2000년에 크리스 프레이저를 영입했다. 그는 아시아에 있는 다른 큰 의류회사에서 소싱 업무를 담당했었다. 그가 VF에서 일을 시작했을 때, 전체 매출에서 소싱이 차지하는 비율은 미미했다. 2000년과 2009년 사이에 많은 새로운 라이프스타일 브랜드들을 인수하면서 VF의 소싱볼륨은 아시아에서만 15배가 증가하여 18억 달러에 이르렀다. 소싱에 대한 경험이 생기면서, 경영진은 공급사슬 네트워크가 성장을 위한 중요한 기반을 제공했다는 점을 알게 되었다. 크리스 프레이저가 다음과 같은 예시를 소개하였다. "우리가 나파피리를 인수했을 때 그들은 이미 상당한 브랜드 파워를 가지고 있었습니다. 그러나 그들이 3억 달러의 매출을 올리려면 많은 시간과 돈을 투자했어야 했습니다. VF의 일부가 되면서, 그들은 우리의 공급사슬 네트워크를 활용할 수 있게 되었습니다. 우리는 그들을 우리 시스템에 끼워 넣은 것입니다."

이렇게 큰 의류 공급사슬을 운영하는 데 있어서 가장 어려운 점 중에 하나는 제품라인이 매우 복잡하다는 것이었다. VF는 60만 개가 넘는 SKU를 가지고 있으며, 여기서 SKU는 (사이즈는 포함되지 않은) 오로지 스타일과 컬러에 의해 구분되는 단위이다. 진 웨어가 가지고 있는 SKU만 10만 개이다. 게다가 '전통적인' 제품라인은 매 해마다 변화가 거의 없는 것과 달리, 라이프스타일 브랜드 제품들은 제품수명주기가 매우 짧아서 거의 계속 새로운 디자인을 지속적으로 출시해야만 했다. 평균적으로 매년 VF의 SKU 중 절반 정도는 새로운 제품 디자인이었다.

두 번째 복잡한 요인은 브랜드 연합에 따라 수요와 우선순위가 크게 상이하다는 점이었다. 예를 들어, VF가 리즈 클레이본이나 토미 힐피거(Tommy Hilfiger)와 같은 회사와 경쟁하게 되는 패션 지향 제품들은, 제품 디자인이 가장 중요했다. 그런 제품라인의 디자이너들은 다가오는 시즌에 '대박'이 될만한 제품을 만드는 데만 집중했다. 이런 제품라인에 있어서 비용은 그렇게 중요한 요인이 아니었다. VF의 브랜드상점에서 팔리는 제품들은 보통 이런 부류에 속했다. 다른 제품라인에서는 저비용과 빠른 재고보충이 중요했다. 예를 들어, 미국의 큰 소매업체들은 재고비용을 최소화하기 위해서 VF에 8일 안에 상점 재고를 보충해 달라고 요구했다. 시즌 동안 계속 재고를 보충하는 것으로 잘 알려진 자라와 경쟁하는 제품라인에 대해서는 공급사슬의 대응성(반응성)이 높아야만 했다. 또한 매우 비슷해 보이는 제품들에 관해서도 지역마다 제품에 대한 요구가 상당히 달랐다. 청바지를 생각해보자. 미국에서 청바지는 대체로 패션 아이템이 아니었다(미국인 프레이저는 "미국인들은 '안티패션'의 표현으로 청바지를 입습니다."라고 했다). 좋은 품질의 랭글러 청바지는 소매업체에 따라 16~30달러에 살 수 있었다. 그러나 유럽에서는 청바지가 패션 아이템이었다. 유럽의 청바지는 다양한 치수와 디자인, 핏이 있고 미국에서 팔리는 청바지와는 다른 데님으로 만들어졌다. 또한 유럽에서는 더 작은 소매업체에서 더 비싼 가격에 판매되었다(예를 들어, 랭글러 청바지 하나당 60~80달러에 판매되고 있다).

플로이드 퍼킨스(Floyd Perkins)는 26년차 베테랑으로 구매, 생산, 소싱, 유통 등 모든 분야를 담당하는 공급사슬 파트 부사장이었다. 구매, 생산 및 유통은 미국에서 관리되었고, 국제 소싱은 유럽과 중국, 파키스탄, 인도, 방글라데시 등에 위치한 로컬 오피스들과 함께 아시아(홍콩)에서 담당했다. 퍼킨스의 조직은 모든 연합들을 지원했다. 연합들은 제품라인의 디자인과 수량, 가격 결정, 마진 목표 등을 담당하였고, 공급사슬 조직은 생산량(내부 및 외부)을 계획하고, 재고를 관리하며, 제품이 직물에서부터 상점에 진열된 상품으로 만들어지기까지 필요한 모든 과정을 조정했다.

의류 공급사슬: 디자인부터 상점진열까지

2009년 8월, 보스턴 뉴버리 가의 노스페이스 상점은 손님들로 북적거린다. 여름의 열기가 보스턴에도 가득 차 있었지만, 손님들은 앞으로 다가올 서늘한 날씨를 대비하여 가을 상품을 찾고 있었다. 사람들은 진열된 플리스 조끼, 레인재킷, 티셔츠, 바지, 가방들이 이미 작년 이전부터 기획된 상품이라는 것을 알지 못한다. 사실, 이 상품들은 2008년 6월부터 VF디자이너들이 디자인과 색상들을 다양화시키려는 노력과 함께 기획된 것이다. 앞으로 몇 달간, 디자이너들이 내년을 겨냥하며 전 제품라인을 아우르는 수백 개의 예비 디자인을 만들어 낼 것이다. 이것은 매우 반복적인 작업이다. 제품의 여러 특성들(디자인 콘셉트, 명암 채도, 패턴, 주머니 위치, 깃)이 추가되거나 빠지는 작업이 수도 없이 반복된다. 즉, 디자인 부서와 마케팅 부서는 1년 이상 앞서서 고객들의 요구사항을 잘 파악하여 의사결정을 내려야 한다.

아무리 세밀한 제품의 도안이 있더라도 실제 프로토타입이 제작되기 전까지는 제작을 결정하는 것이 쉽지 않을 때도 있다. 이러한 프로토타입은 내부적으로 회사 경영진들이 디자인을 평가하거나 혹은 미래의 고객들(예를 들어, 대형 소매업체들)에게 소개하기 위한 용도로 활용된다. 속도와 비밀유지로 인해, VF는 자신의 혹은 제휴 개발센터에서 프로토타입을 만들었다. 이러한 과정은 대개 4주에 걸쳐서 진행된다. 더 많은 작업들이 반복되어야 할 때도 있고, 경우에 따라서는 추가 프로토타입이 제작되어야 할 때도 있다. 디자인과 관련하여 이러한 작업들이 진행되는 동안, 마케팅 부서는 각 제품의 가격과 수량, 수익률을 예측한다. 이러한 예측은 공급사슬 전략에 중요한 영향을 끼친다. 2008년 9월쯤에는, 2009년 가을 컬렉션을 위한 모든 결정들이 마무리되어야 한다. 디자인과 관련한 결정들은 VF 내 개별 브랜드 수준, 그리고 연합 수준에서 검토된다.

디자인이 완성되고 주문량이 결정되면, 퍼킨스의 운영이 중요해진다(이 시점 이전에, 디자인의 선택과 수량, 가격에 영향을 줄 수 있는 제품 생산과 공급사슬 이슈 관점에서 내부적으로 운영이 검토된다). 이 운영의 첫 번째 단계는 제품의 소싱 전략을 개발하는 것이다(내 · 외부 공급업체, 공급업체들의 위치 등). 소싱은 최종 의류 조립 단계 뿐만 아니라 공급사슬 내 여러 단계에 걸쳐 이루어져야 한다. 원재료, 섬유, 액세서리에 대한 공급처들이 확인되어야 한다. 공급업체 결정에 몇 개의 기준들이 활용된다. 위치 결정은 경제적 요인(생산비와 운송비)뿐만 아니라 무역 쿼터/관세를 고려해야 한다. 공급업체들은 특정 의류에 대한 전문적인 지식, 기술적인 능력뿐만 아니라 경영능력에 따라 선택된다. 세계 각지에 위치한 소싱 오피스들은 해당 지역의 공급업체를 찾아내고 이들의 조달과정을 관리하는 역할을 담당한다.

9~12월까지, 소싱조직은 공급업체들을 찾아내고 공급업체별로 가격을 파악하여 샘플을 생산하는 데 중점을 두었다. 샘플 생산은 공급업체가 특정 의류를 생산하는 데 필요한 것들(예를 들어, 요구되는 노동시간은 얼마인지 등)을 파악하거나 비용을 예측하는 데 중요하였다. VF는 샘플 생산을 통해 공급업체가 요구 조건에 맞추어 제품을 생산할 수 있는지의 생산능력을 평가한다. 이 단계에서는 디자인 수정을 필요로 하는 기술적인 개선을 논의하곤 한다(예를 들어, 디자이너가 정한 솔기의 각이 대량생산에서는 불가능할 수 있다). 보통은 중요하지 않지만, 각 잠재적 디자인 변경에 대해서는 공급업체, VF 소싱 오피스 그리고 디자이너 간의 논의가 필요하다. 디자이너는 보통 생산을 위해 디자인을 변경하는 것을 좋아하지 않는다. 퍼킨스는 "중요한 것은 우리는 단순히 우리가 만들 수 있는 것을 만들지 않습니다. 만약 디자이너가 청바지가 3개의 다리가 필요하다고 한다면, 우리는 그렇게 만들 것입니다. 그러나 만약 우리에게 건네진 것보다 더 좋은 방법이 있다면, 우리는 수용하고 그 디자인을 개선하기 위해 노력할 것입니다."라고 설명했다. VF 영업 및 마케팅 직원들은 10월, 11월의 판매 기간 동안 샘플들을 도 · 소매업체들에게 소개하기 위해 활용한다.

2009년 1월까지, 2009년 가을 컬렉션에 해당하는 모든 제품들에 대한 계약을 체결하고, 공급업체(혹은 VF)는 원자재 및 직물에 대한 주문을 시작한다. 리드타임이 길기 때문에, 특히 예측의 중요성이 더욱 커진다. 어떤 계절상품(예를 들면, 매출의 90%는 학기 시작 전에 판매되는 학교가방과 같이)의 경우에는, 부정확한 예측은 비용증가로 이어지게 된다. 직물에 따라서 공급 리드타임은 4~12주 사이가 된다. 공급업체들이 필요한 모든 원재료와 직물이 준비가 되면, 의류 생산을 시작할 것이다. 보통 계약에 따라서 목표량이 정해진다. 또한, 거의 모든 공급업체들은 1개 이상의 의류회사를 대상으로 작업을 한다. 공급업체들의 경제성에 영향을 미치는 중요한 요소는 공장의 생산능력을 최대한 사용하는 것으로, 이용률 최적화를 위해 그들은 일반적으로 배치 생산을 스케줄링한다. VF사는 2009년 가을 제품들이 3~9월에 모든 생산이 이루어질 것이라고 기대한다. 이 기간 동안, VF사는 수요예측 정보의 변경에 맞춰서 주문량을 조정할 수 있다. 제품들은 목표 시장에 벌크로 운송하기 위해 분류하고 포장하기 위해 지역 유통센터로 보내진다. 선박을 통해 아시아 유통센터에서 미국의 항구로 운송하는 데 추가적으로 2주간의 리드타임이 소요된다. 항구에서부터, 제품들은 세관 절차를 마치고 미국 내 VF 유통센터로 운송이 이루어진다. 소매업자들은 가을 컬렉션에 해당하는 제품들이 7월 초 중에 지급이 시작되는 것으로 예상하고 있다.

역사적으로, 의류 공급사슬은 유연성이 매우 낮았다. 소매업체들과 도매업체들은 특정 판매 시즌에 앞서 약 8개월 전에 주문을 한다. 그리고 제품은 판매 시즌에 맞추어 도착하게 된다. 이후에는, 소매업체들은 실제 고객의 수요에 맞춰 재고 수준을 조절하는 데 제한적이다. 비록 특정 신발이 엄청난 유행을 탄다 할지라도, 소매업체는 아마도 해당 시즌 중에 제품을 재구매할 수 없을 것이다. 소매업체들은 재고가 바닥날 것이고 추가적인 매출기회를 상실하게 된다. 반대로 말하면, 만약 새 재킷이 실망스러운 판매 결과로 이어질 것이라고 예측된다면, 소매업체는 초과재고문제에 직면하게 될 것이고 할인처분을 해야 할 것이다. 따라서 소매업체들은 초과재고 문제와 품절 문제, 두 가지 모두를 겪게 될 것이다.

지난 10년간, 소매업체와 의류 제작자들은 유연성을 갖기 위해 여러 전략을 시도했었다. 예를 들어, 자라(Zara)는 주단위로 재고 수준을 조절하기 위해 수직통합 생산, 소량 생산과 정보기술을 조합하여 사용해왔다. 인기 품목이 바닥난 자라 매장은 보통 2주 안에 재고보충이 이루어진다. 외주 생산에 전적으로 의존하는 회사들은 판매 시즌 전에 훨씬 앞서 생산량에 대한 위탁을 함으로써 생산 계획을 바꾸기 힘들다. 그러나 이러한 경우에도, 회사들은 나은 정보 교환과 재고관리를 통해 공급사슬의 반응성을 향상시키기 위해 노력해 왔다. VF는 소유하고 있는 멕시코 공장에서 생산되어 미국 시장으로 보내지는 청바지 제품들의 반응성이 매우 높다는 점을 발견하였다. 프레이저는 "멕시코 공장에서 공급되는 청바지 제품은, 월요일에 직물을 절단하고, 목요일까지 바느질과 세탁이 이루어집니다. 금요일이면 포장되어 아마 미국으로 가는 버스에 실릴 것입니다. 그리고 다음 주 월요일까지 이 청바지들은 미국 유통센터에 도착할 것입니다. 그 다음 주 목요일이면, 이 청바지들은 소매점에 진열되어 있을 것입니다"라고 설명하였다.

3. '제3의 길' 공급사슬 전략

2004년에, 프레이저는 VF가 매우 효율적이고, 국제적으로 다각화된 공급사슬을 만들어 냈다고 생각했다. VF가 공급업체와 수립한 소싱관계에는 몇 가지 기본적인 방식이 있었다. 그중 한 가지 방식은 '재단 및 제작(Cut and Make: CM) 계약으로, VF는 (직물, 부품, 재단, 봉재, 세탁, 마무리 등) 공정 단계별로 공급업체와 각기 다른 계약을 맺는 것이다. VF는 재고를 소유하였고, 공급업체들은 각 단계별로 창출한 부가가치에 상응하여 지불받았다. 또한 VF는 한 공급업체로부터 다음 공급업체에게 전달되는 제품의 흐름을 조정하는 역할도 담당하였다. 이러한 방법의 가장 큰 장점은 각 단계별로 발생되는 비용에 절대적인 통제력이 생긴다는 점이었다. CM계약은 대부분 중앙 아메리카와 카리브해의 공급업체들 중 전통적인 브랜드들에 대해 사용되었고, 자체 생산과 함께 관리되었다. 두 번째 방식은 '패키지 소싱(package sourcing)'으로, 한 공급회사가 초기 단계의 원재료부터 완제품, 그리고 배송까지의 전 과정을 부담하는 것이었다. 그때 이 회사는 낱개단위로 지불되고 물류비용을 포함, 하청업체들과 원재료 공급업체들에게 지불해야 하는 의무를 가졌다. 이 경우 VF는 각 과정에 걸친 자재들에 대한 소유권이 없었다. 이러한 '패키지 소싱'은 대부분 아시아나 유럽, 북아프리카지역에서 라이프스타일 브랜드에 많이 적용되었다.

VF 연합은 소싱을 통한 서비스의 품질과 신뢰성에 대해 매우 만족했다. 그와 더불어 VF는 지속적으로 공급업체 기반을 비용이 더 낮은 지역들로 확대해감으로써 비용을 줄여나갔다. 저렴한 소싱비용에 최대한 초점을 맞추며 VF는 회사의 전체 목표 수익률을 10~15% 수준으로 달성했다. 그러나 프레이저와 그린은 그 다음 단계를 고민했다. 프레이저는 VF의 초점이, 보다 저렴한 비용의 공급업체들을 물색하는 것보다는 기존에 가지고 있는 공급업체 기반을 보다 더 잘 관리하는 것으로 바뀌어야 한다고 믿고 있었다. 프레이저는 "공급사슬을 보다 효율적으로 만들 수 있다."라고 하였다.

공급사슬 비효율성의 일부는 공급사슬 조정의 부재로 기인하며, 구체적으로는 의류업체와 이들의 공급업체 간의 신뢰 부족을 들 수 있다. 역사적으로도 의류업체들과 공급업체들은 상호 간의 신뢰가 약했다. 계약들은 항상 단기간 계약들이었다

(한 시즌 정도). 의류업체가 저비용의 목표를 이루기 위해 무리한 가격협상을 진행하고 한 공급업체에서 다른 공급업체로 쉽게 거래를 옮겼다. 그들에겐 정해진 방향이 없었다. 매년, 공급업체들은 의류회사들로부터 거래를 따내야 했으며, (계약에서 정해진) 단기간 이상의 생산량 이상에 대한 그 어떠한 보장도 하지 않았다. 따라서 그들은 위험 감소를 위해, 가능한 한 많은 회사들(경쟁사도 포함)로부터 계약을 수주하였다. 그리고 공급업체들은 생산정보(생산능력, 재고, 비용)들을 의류업체들과 절대로 공유하지 않았으며, 이는 이 정보들이 입찰과정에서 자신들에게 불리하게 작용될 염려 때문이었다.

이러한 상호 간의 신뢰 부족의 한 징후로서 초과재고를 들 수 있다. 퍼킨스는 다음과 같은 예를 들었다. "공장을 소유하게 되면, 신뢰와 약속에 대한 고민을 할 필요가 없어집니다. 따라서 우리는 놀라울 정도로 절감된 재고량을 가지고 운영이 가능해집니다. 우리 공장에서는 3일치의 재공 재고를 가지고 있으며, 반나절 정도 걸리는 양의 작업이 대기 중입니다. 계약에 따르면, 우리의 외부 공급업체들은 종종 우리에게 30일어치의 원자재를 공급해달라고 요구합니다. 왜냐하면, 우리에 대한 신뢰가 없기 때문이죠. 재고가 결국 그들을 안심시키는 것입니다."

그 과정도 매우 오랜 걸린다. 서로 다른 디자인의 특성들(예를 들어, 주머니, 스톤워시)에 대한 사전에 규정된 가격이 없기 때문에, 옷 한 벌 한 벌의 가격을 공급업체들과 처음부터 협상해야 했다. 예를 들어, VF가 바지에 주머니를 추가하고 싶을 때 그 해 잘 나가는 공급업체는 27센트 정도를 달라고 요구할 수 있지만, 그렇지 않은 공급업체는 단지 21센트만을 요구할 수 있다. 프레이저가 "공급업체와의 협상과정에서 많은 처리시간과 속임수 등이 존재합니다."라고 언급하였다.

현재 소싱의 또 다른 문제는 공정개선 부족이었다. 의류 계약자들은 매우 적은 수익률을 가지고 운영하기 때문에, 공정기술에 대한 투자에 인색하였다. 공학적 기술력은 접근하기도 어려웠으며, 계약자들에게 크게 가치 있는 투자는 아니었다. 그들의 일당도 매우 적었기 때문에 일의 효율을 높이는 것은 크게 중요하지 않았다. 문제가 생기면 사원들을 더 많이 채용하거나 초과근무를 할 뿐이었다.

프레이저와 그린은 타사들과 차별화되는 VF의 '비장의 카드'는 기술력이라고 믿어 의심치 않았다. 퍼킨스도 이에 동의했다.

> 보통 노동비가 가장 싼 곳에서 소싱을 하려 하지만, 그건 남들과 차별되는 것이

없습니다. 우리는 자재활용률, 낮은 재고, 낮은 재공재고 및 낮은 품질대비 비용 등과 같은 다른 이점을 찾아야 합니다. 경쟁적 우위는 더 이상 옷 한 점 만드는 시간을 줄이는 데에서 오지 않고 전체 공급사슬을 경영하는 데에서 옵니다. 이 부분이 우리가 공급사슬을 경영할 줄 모르는 다른 회사들을 이길 수 있는 방법입니다.

프레이저는 자체 생산을 늘리는 데 있어 가장 큰 장벽은 고정된 공장과 시설에 대한 투자를 최소화하겠다는 VF의 정책에 있다고 설명하였다. 그가 말하기를 "공장을 더 사고 전문성을 높여야 한다고 주장하는 이도 있겠지만, 좋은 공장을 사는 것이 1,000만~1,500만 달러밖에 안 들더라도 VF의 기업 자금 배치 전략과 어긋날 수 있습니다. 차라리 그 돈을 우리 브랜드와 매장에 투자하는 것이 더 낫습니다."

VF가 공급업체들을 매입하지 않고서도, 회사의 내부 기술을 전문화시키고 공급사슬에 대한 상당한 수준의 제어를 확보하는 방법이 있지 않았을까? 프레이저는 VF가 만약 '탄탄한 기술력'을 가지고 공급사슬을 경영했다면, 내부 제조역량이 부족한 다른 어떤 의류업체들보다도 우월해졌을 것이라고 믿었다. 그에 퍼킨스는 이렇게 대답했다.

우리 회사에는 우리 자체 공장에 종사하는 엔지니어링 기술이 충분히 많습니다. 만약 우리가 멕시코 공장에서 지난 100년간 엔지니어링된 의류 제품의 생산비용을 절감해 온 공학자를 우리 제품 60%가 생산되는 이곳으로 데리고 온다면 상황은 크게 달라질 수 있습니다. 최근에 저를 정말 경악시킨 사례가 있었습니다. 우리가 젊은 기술자 한 명을 멕시코에서 우리 쪽 아시아 공급업체로 파견하였습니다. 그는 돌아와서 말하기를 그들은 멕시코에서 우리가 하는 만큼 효율적으로 컨테이너 적재를 하고 있지 않다고 했습니다. 그래서 우린 그에게 아시아 공급업체들을 위해 컨테이너 활용도를 높이기 위한 가이드라인을 만들어보라고 제안했습니다. 그 결과, 그 해 약 200만 달러의 추가 수익이 있었습니다.

프레이저에게는 공급사슬을 더욱더 효율적으로 경영할 수 있는 전략이 있었다. 그는 이를 '제3의 길' 소싱이라 칭하였는데, 이는 완전통합과 전통적인 아웃소싱 사이의 중간 지점이 될 수 있도록 설계하였다. 아이디어는 VF와 공급업체 사이의 진정한 파트너십을 체결하는 것이었다. 그 세부사항들이 각 공급업체들마다 다를 지라도, 프레이저는 '제3의 길' 소싱 관계의 핵심요소들을 다음과 같이 그려낼 수 있었다.

- VF는 특정한 생산라인(예: 학교 가방)에 있어 공급업체와의 동의하에 (한 시즌이 아닌) 몇 년을 걸쳐 수량예측에 전념해야 한다. 공급업체는 경쟁사를 위해 같은 종류의 제품을 생산하지 않으며, 미래에도 공급해 주지 않는다.
- 공급업체는 생산라인을 VF 제품에 전념하도록 설계해야 하며, 생산 공정을 관리 및 경영하기 위해 건물, 기계, 장비, 시설물, 노동관리, 물류 서비스, 관리 인프라에 투자해야 한다.
- VF와 공급업체는 상호 파트너간의 요구사항을 충족하기 위해 함께 생산 스케줄을 개발한다. 양자간에 주문 예측 정보 및 생산능력 정보는 공유되어야 한다.
- VF와 공급업체는 생산 공정 개선을 위해 같이 힘써야 한다. VF는 별도의 요금 없이 엔지니어링 자원들을 제공하고 이때 개선으로 얻어진 금액의 일부는 VF에게 돌아간다.
- 공급업체는 공장과 시설물들을 소유하고 노동력 관리에 책임이 있다. VF는 필요시 특정한 장비나 용품, 수도, 자본 등에 투자를 한다.
- VF는 공급업체들이 원단, 원재료 구입 시 할인혜택을 받을 수 있도록 구매량을 조절한다. VF는 남은 원단 혹은 원재료를 공급업체로부터 다시 사가도록 동의한다.
- 공급업체는 ROA 필요조건을 만족할 수 있도록 초과된 경비와 수익을 받는다.

프레이저는 자신이 2005년도에 고위경영자들에게 자신의 아이디어를 첫 번째로 발표했던 때를 기억했다. 아이디어에 대한 비판과 우려가 각 방면에서 쏟아졌다. 마케팅 부서는 프레이저의 아이디어가 새로운 전략이 수반하고 있는 유연성 상실에 대해 우려를 표시하였다. 프레이저는 "소싱은 마치 원하는 것 무엇이든 얻을 수 있는 규모가 엄청난 사탕가게와도 같습니다. 마케팅부서는 우리가 현재의 소싱 전략을 버리면 유연성을 잃게 될지도 모른다고 염려하는 것입니다."라고 언급하고 있다. 반대로 생산부서는 실적이 좋음에도 불구하고 내부 공장들의 지속되는 폐쇄에 당혹스러워했다. 그들은 또한 자신들의 엔지니어링 자원들이 소싱 팀에 의해 관리되는 것에 대해 매우 불만족스러워했다.

그러나 내부 생산의 실제 우려는 본사의 전문 특허 지식을 외부 공급업체와 공유해야 한다는 것이었다. 이들은 VF사가 어렵게 얻은 공정 전문기술이 누출되어 갑자기 경쟁사 생산에 사용될 수도 있다는 점을 심각하게 우려하였다. 그러나 프레이저와 그린은 이런 우려를 하지 않았다. 이들은 '제3의 길' 협력업체에게 VF 전용 장비를 이전할 계획이 없었다. 오히려 이 둘은, 비용, 품질, 생산속도 측면에서 공급업체 성능향상을 위해 자사의 생산 관련 여러 기술들을 활용하는 것이 목표였다. 그린은 "우리는 신입 기술자부터 부문 엔지니어에 이르기까지 모두를 어떻게 훈련시킬지에 관한 철학과 훈련 프로그램이 있습니다. 이 철학과 프로그램은 우리가 무엇을, 어떻게 기술자들에게 알려줄 것인지에 대한 것입니다. 그것을 복제하는 것은 전구의 스위치를 껐다 켜거나 제품설명서를 읽는 것처럼 쉬운 일이 아닙니다.

이런 내부 그룹들의 반대에도 불구하고, 프레이저와 그린은 멈추지 않고 계속하였다. 2009년에 그들은 '제3의 길' 방식으로 5개의 협력관계를 만들었다. 그중 하나는 태국에서의 학교가방 생산을 위한 것이었다. 그 외에도 방글라데시에서 청바지를 생산하거나, 모로코에서 청바지 생산, 중국시장을 위한 중국에서의 청바지 생산, 중국에서 외투를 생산하는 것들이 있었다. 이것을 통해 프레이저와 그린이 알게 된 흥미로운 점은 기존의 공급업체와 '제3의 길' 협력관계를 구축하는 것보다 새로운 공급업체를 확신시키고 관계를 구축하는 것이 훨씬 쉬웠다는 것이다.

그들이 기존 VF 최고의 공급업체들 중 일부에게 이러한 개념을 설명할 때, 그들의 반응은 냉담했다. 그린은 "그들에게 이것이 좋은 아이디어다라는 것을 납득시키는 것은 매우 어려웠습니다. 그들은 어떻게 공장 및 프로세스를 운영해야 할지에 대한 자신들만의 방법이 있습니다. 그들은 우리가 그들의 프로세스들을 변경하는 데 관여하는 것에 관심이 없습니다. 우리는 또한 공급업체들이 각 공장의 비용 및 프로세스들에 대한 정보를 공유하도록 설득하는 데 있어서도 어려움을 겪었습니다."라고 회상하였다.

'제3의 길' 협력관계 구축을 위한 또 다른 문제에는 고용 문제가 있었다. 사실 그린은 계획을 더욱 빠르게 실행시키는 것이 어렵다는 것을 알아냈다. 그는 VF사의 공장에서 지구 반대편으로 기꺼이 갈 생각이 있는 숙련된 기술자를 찾거나 해당 지역 기술자를 고용하여 VF 제조부문 내부의 훈련 프로그램에 보내야만 했다. 탐 그린(Tom Green)은 방글라데시 동업관계를 예로 들었다. "우리는 방글라데시 대학 출신의 몇몇 졸업자들을 고용했습니다. 그리고 그들을 10~20년 간의 경험이 있는 2명의 자사 기술자의 멘토링 프로그램에 참여시켰습니다. 이 프로그램은 홍콩에서 멘토들과 함께 일하는 것입니다. 우리의 다음 단계는 이런 훈련과정을 정형화하는 것입니다. 탐과 플로이드는 계속해서 빠르게 행동하라고 말합니다."

비록 제한적이긴 하지만, 현재까지의 경험은 VF경영자들에 '제3의 길' 소싱의 잠재 비용효과를 느끼게 해주었다. 〈표 4〉는 서로 다른 지역에서, 그리고 다른 소싱 방식(내부 생산, 기존의 '패키지 소싱'과 '제3의 길' 동업관계)에 따라서, 표준 '다섯 포켓 청바지'의 리드타임, 재고 및 생산비용에 대해 개괄적으로 보여 준다.

모든 동업관계는, VF와 모로코 파트너와의 경험에서 보듯이, 계획대로 종료되

〈표 1〉 VF 연결손익계산서 (단위: 달러)

주당 금액 이외에는 천 단위		2008	2007	2006
순 매출		7,561,621	7,140,811	6,138,087
로열티 수입		80,979	78,548	77,707
총 수익		7,642,600	7,219,359	6,215,794
원가 및 영업비용				
	매출 원가	4,283,680	4,080,022	3,515,624
	판매비와 관리비	2,419,925	2,173,896	1,874,026
		6,703,605	6,253,918	5,389,650
영업 이익		938,995	965,441	826,144
잡소득(영업 외 수익)				
	이자 수입	6,115	9,310	5,994
	이자 비용	(94,050)	(72,122)	(57,259)
	기타 순 이익(비용)	(3,103)	2,941	2,359
		(91,038)	(59,871)	(48,906)
계속사업 법인세 차감 전 순 이익		847,957	905,570	777,238
법인세		245,209	292,324	242,187
계속사업 순 이익		602,748	613,246	535,051
중단사업		----	(21,625)	(1,535)
순 이익		602,748	591,621	533,516
주당 순 이익	계속사업 손익	5.52	5.55	4.83
	중단사업 손익	----	(0.20)	(0.01)
	순 이익(손실)	5.52	5.36	4.82
희석 주당 순 이익				
	계속사업 손익	5.42	5.41	4.73
	중단사업 손익	----	(0.19)	(0.01)
	순 이익(손실)	5.42	5.22	4.72
보통주 배당		2.33	2.23	1.94

출처: 회사 문서들.

〈표 2〉 연결 재무상태표 (단위: 달러)

천 단위		2008	2007
자산			
유동자산			
	현금 및 현금성자산	381,844	321,863
	매출채권	851,282	970,951
	재고자산	1,151,895	1,138,752
	이연법인세	96,339	104,489
	기타 유동자산	171,650	109,074
총 유동자산		2,653,010	2,645,129
부동산, 공장 및 기계장치		1,557,634	1,529,015
	감가상각 누계액	914,907	877,157
		642,727	651,858
무형자산		1,366,222	1,435,269
영업권		1,313,798	1,278,163
기타자산		458,111	436,266
		6,433,868	6,446,685
부채 및 자본			
유동부채			
	단기 차입금	53,580	131,545
	유동성 장기부채	3,322	3,803
	매입 채무	435,381	509,879
	미지급 채무	519,899	489,160
총 유동채무		1,012,182	1,134,387
장기부채		1,141,546	1,144,810
기타부채		724,248	590,659
충당부채 및 우발부채		----	----
자본(자기자본)			
	보통주	109,848	109,798
	자본잉여금	1,749,464	1,619,320
	기타 포괄 순익 누계액	(276,294)	61,495
	사내 유보금	1,972,874	1,786,216
총 자본		3,555,892	3,576,829
		6,433,868	6,446,685

출처: 회사 문서들.

지 않았다. VF의 용량 확약과 생산을 향상시키기 위한 기술적 도움에도 불구하고 모로코의 청바지 공장은 적자를 벗어날 수 없었다(대부분 타 업체들과의 급격한 비즈니스 악화로 기인함). 2009년 초, 모로코 공장의 경제적 상황은 기업 소유주가 생산 중단을 고려할 정도로 악화되었다. 공급기반을 보호할 명분과 매우 좋은 환율 가격 조건 덕분에 VF는 그 파트너를 사들이기로 결정했고, 이제 VF는 모로코 공장을 소유하게 되었다. VF는 생산을 관리하기 위해서 한 관리자를 멕시코에서 모로코로 보냈다.

퍼킨스는 '제3의 길' 전략의 실제 효과를 아직 보지 못했다고 느꼈다. 그는 "만약 공급사슬의 어려움 중 하나인 시장 진입 속도에 관해서 생각해본다면, 약 2/3의 시간이 제품개발 단계에 쓰입니다. 오직 시간의 1/3만이 생산자부터 매장 선반까지 운송되는 데 걸리는 시간입니다. 저는 우리가 어떻게 첫 단계에서 리드타임을 줄일 수 있을지에 대해 집중해야 한다고 생각합니다."라고 언급하고 있다.

프레이저는 '제3의 길' 전략이 중요한 분기점에 도달했다고 생각했다. VF의 야심찬 국제적인 확장 목표, 특히 아시아는 앞으로 몇 년 동안 상당히 새로운 생산능력이 추가적으로 필요함을 의미한다. 이는 '제3의 길' 소싱을 늘리거나, 내부 생산을 늘리거나, 단순히 전통적인 소싱을 더 많이 하면서 할 수 있다. 프레이저는 이러한 결정이 다가올 미래에 VF의 경쟁능력에 큰 영향을 미칠 것이라고 생각했다.

〈표 3〉 2008 연합별 판매수익

연합	브랜드명	판매수익(백만 달러)
진 웨어	랭글러, 리, 러슬러	2,751
아웃도어 및 액션 스포츠	잔스포츠(JanSport), 이스트팩, 노스페이스, 반스, 리프, 나파피리, 이글크릭	2,751
이미지 웨어	레드 캡(Red Kap), 불와크(Bulwark), 더 포스(The Force), NFL, CSA, 체이스 Authentics(Chase Authentics), 마제스틱, 할리 데이비슨(Harley-Davidson)	994
스포츠 웨어	노티카, 존 바바토스, 키플링	611
컨템포러리 브랜드	세븐 포 올 맨카인드	383
기타		153
총 판매수익		7,643

출처: 회사 문서들.

〈표 4〉 소싱 전략 대안들에 대한 비교 결과: VF 진 웨어 다섯 포켓 청바지
(Comparative Results for Alternative Sourcing Solutions: VF Jeanswear Five Pocket Jeans)

소싱 전략 대안들	VF-소유 및 운영	패키지 소싱	패키지 소싱	패키지 소싱	제3의 길	제3의 길
직물 공급처	멕시코	중국	인도	인도	인도	인도
재단, 봉재, 마무리	멕시코	중국	방글라데시	모로코	방글라데시	모로코
리드타일 일수						
리드타임	17	60	71	75	48	52
완성품 재고	24	83	99	104	68	85
총 일수	41	143	170	179	116	137
단위당 비용 ($)						
야드당 직물비용 (incl. freight)	2.64	2.23	2.25	2.37	2.25	2.37
단위당 직물	3.03	2.72	2.76	2.90	2.76	2.90
재단, 봉재, 마무리 (운송포함)	2.62	1.93	1.90	2.36	1.90	2.36
총 COGS ($)	5.65	4.65	4.66	5.26	4.66	5.26
지역 제조 및 마진	0.38	0.38	0.39	0.50	0.39	0.50
FOB 가격 ($)	6.03	5.03	5.05	5.76	5.05	5.76
VF 간접비	0.14	0.32	0.32	0.34	0.22	0.24
완제품 화물	0.16	0.35	0.35	0.28	0.35	0.28
관세		0.73	0.73		0.73	
원자재 취득원가($)	6.33	6.43	6.45	6.38	6.35	6.28
재고유지비용	0.19	0.52	0.52	0.49	0.43	0.42
가격할인 제공	0.03	0.19	0.19	0.18	0.16	0.14
순 비용($)	6.55	7.14	7.16	7.05	6.94	6.84
단위당 자본 비용($)	0.93				0.12	0.12
총 비용 ($)	7.48	7.14	7.16	7.05	7.06	6.96

출처: 회사 문서들.

9

CHAPTER

공급자관계관리

학습 목표

- 공급사슬 운영의 시작점이라고 할 수 있는 공급자관리의 중요성을 인식할 수 있다.
- 공급자를 관리하기 위한 선별, 평가, 계약 체결 및 협업을 위한 다양한 방안을 이해한다.
- 공급자와의 의사소통을 위한 시스템 도구와 협업 체계를 학습하고 이를 적용할 수 있다.

사례

KT 공급자관계관리 (SRM) 구축 (2005)

KT가 구매전략 개선을 위해 공급자 관계 관리(SRM) 시스템 구축에 들어갔다. 지난해 말부터 추진해 온 구매절차 혁신 시스템 구축의 마무리 조치다.

15일 관련 업계에 따르면 KT는 11월 SRM 시스템 개통을 목표로 IBM에 컨설팅을 의뢰, 관련 사업을 진행 중이다.

이의 일환으로 KT는 지난 12일까지 주요 장비 공급 업체들을 대상으로 과거 납품실적이 있는 각종 장비에 대한 정보와 추가적인 정보제공이 가능한 신규 장비에 대한 자료들을 수집했다.

KT는 우선 올해는 데이터베이스 구축 등 정보수집 및 정리에 시스템을 활용할 예정이며, 내년부터는 장비평가 등의 항목도 추가해 체계화할 방침이다.

공급사 등급제는 물론 파트너제 등 그동안 KT가 추진해 온 구매 전략 프로세스의 근간으로 SRM을 활용한다는 게 KT의 전략이다.

이를 통해 단순 가격이 아니라 최적의 총체적 비용을 줄일 수 있는 방법을 찾아낼 계획이다. 즉, 납기 준수와 서비스, 품질 등 비가격 요소까지 구매 전략에 포함하게 된다.

또 전 세계를 대상으로 가장 경쟁력 있는 공급업체를 선정해 최적의 품질 및 가격 조건을 유지하는 한편 구매자와 공급업체 간 이익을 주고받는 관계 형성에도 크게 기여할 전망이다.

구매자와 공급자가 보유하고 있는 제조 및 생산, 제품(기술)개발 능력을 공유할 경우 설계단계부터 상호 공조할 수 있는 기반이 마련돼 양자의 이익 극대화 효과도 기대된다.

이와 관련 KT 관계자는 “지난 2년간 꾸준히 진행해 온 구매 프로세스 개선 작업에 마침표를 찍는 작업이 SRM 구축”이라며 “구매

절차의 시스템화를 통해 KT와 공급사가 윈윈할 수 있는 방안을 마련하게 될 것"이라고 밝혔다.

출처: 홍기범기자, 전자신문, 2005.8.16., http://www.etnews.com/200508120163

아모레퍼시픽, "파트너사와 협력 통해 지속가능 성장 목표"

[머니투데이방송 MTN 안지혜 기자] 아모레퍼시픽은 기업의 지속가능한 성장을 위해 협력 파트너들과 동반성장에 주력하고 있다고 20일 밝혔다.

아모레퍼시픽은 지난 2015년 12월 동반성장위원회와 '대리점 상생협약'을 체결했다. 이후 '화장품 대리점 동반성장협의회'를 구성해 협약 내용에 관한 이행 여부를 점검하고, 정기적인 회의체를 통해 우수 사례 공유에 앞장서고 있다.

■ 영업 파트너와의 상생 협력

방문판매

지난 1964년 9월에 역사가 시작된 아모레퍼시픽 방문판매 제도는 시대를 뛰어 넘어 고객들의 끊임없는 사랑을 받으며 국내 화장품 산업의 한 축이 됐다. 아모레퍼시픽의 방문판매원인 '아모레 카운셀러'는 전국적으로 약 3만 5천여 명이 활동하고 있으며, 아모레 카운셀러와 관계를 맺고 있는 방문판매 경로의 고객은 250만 명에 이른다. 방문판매 채널을 통해 아모레퍼시픽의 주요 럭셔리 브랜드인 설화수와 헤라를 비롯해 바이탈뷰티와 프리메라,

려 등 총 9개 브랜드의 400여개 제품이 판매되고 있다.

아모레퍼시픽은 또 2013년 9월 '방문판매 동반성장협의회'를 설립한 이후 방문판매 채널 협력 파트너들과의 동반성장을 위해 지속적으로 힘쓰고 있다.

특히 영업의 핵심 가치를 통한 5대 실천 사항을 수립하고 이를 실행하기 위해 관련 제도 개편을 실시하는 등 공정하고 투명한 영업 문화 환경 조성에 앞장서고 있다.

■ 생산지원 파트너와의 상생 협력

아모레퍼시픽은 2013년 고용노동부 주관 '국가 인적 자원 개발 컨소시엄 사업'의 운영 기관으로 선정된 이후 아모레퍼시픽의 제조 생산 지식 및 기술을 협약사에 전수하는 데 주안점을 두고 있다.

4천여 명의 협력사 구성원들에게 유용한 교육과정들을 제공하며 화장품 산업의 전반적인 생산 기술 향상을 도모한 아모레퍼시픽은, 지난해 5월 직업능력심사평가원의 '운영기관 성과평가'에서 '최우수 교육기관' 선정과 함께 A등급 평가를 받기도 했다. 특히, 수원지역에 건립한 컨소시엄 전용교육센터를 통해 협력사 교육의 완성도를 보다 높인 점 등이 긍정적으로 평가받았다.

또 직접 지원 방식으로 200억 원 규모의 상생 펀드를 운영하고 있으며, 금융권과 연계한 혼합 지원 제도 등을 함께 운영함으로써 협력사에 실질적 금리 우대 효과를 제공해 큰 호응을 얻고 있다.

더불어 협력사를 대상으로 품질 개선 및 공정거래, 윤리경영, 환경경영의 강화를 독려하고 있으며, 우수 결과물에 대해서는 공동 특허를 진행함으로써 협력사의 기술력을 보호하는 데 적극적으로 앞장서고 있다.

올해 3월에는 경기도 오산에 위치한 통합생산물류기지 '아모레퍼시픽 뷰티사업장'에서 '2017년 SCM(Supply Chain Management) 협력사 동반성장총회'를 개최했다. 본 총회는 아모레퍼시픽이 SCM 부문의 협력 파트너와 동반성장 실현의 의지를 다지기 위해 8년째 개최하고 있는 행사다. 아모레퍼시픽 SCM 부문 임원 및 원료 · 포장재 · ODM · 생산 · 물류 협력사 71개사 관계자 총 100여 명이 참석한 가운데, 지난해 성과와 2017년 구매 및 동반성장 전략을 공유했다.

이달 6일에는 용인 아모레퍼시픽 인재개발원에서 '제8회 SCM(Supply Chain

Management) 협력사 윈윈(WIN-WIN) 실천 세미나'를 개최하기도 했다. 이는 SCM 협력사와의 긴밀한 소통을 통해 동반성장을 실현하고 장기적으로 건전한 SCM 생태계를 조성하기 위한 세미나로 매년 진행되고 있다.

아모레퍼시픽 SCM 부문 임직원을 비롯해 원료 · 포장재 · ODM · 생산 · 물류 72개 협력사 관계자 총 100여 명이 참석한 이번 세미나는 올해 진행된 동반성장 활동의 성과를 되짚어보고 내년 전략을 공유하는 소통의 장으로 마련됐다. 특히 원료 수급부터 완제품에 이르는 모든 생산물류 과정에서 고객 중심의 품질 혁신을 구현하기 위한 상호간의 전략을 공유했다.

아모레는 이날 행사에서 한 해 동안 진행된 상생 협력 활동과 결과를 협력사와 공유하고 2018년 협력사 지원 전략과 계획을 발표했다. 특히 협력사 동반성장 강화전략으로 △협력사의 질적, 양적 성장을 위한 혁신활동 지원 △지속 가능한 경영환경 조성 및 소통확대 △안정적인 경영 활동을 위해 금융 지원을 주 내용으로 한다.

이동순 아모레퍼시픽 SCM Unit 전무는 "올해도 SCM 협력사의 노고 덕분에 아모레퍼시픽이 고객 중심의 품질 혁신에 앞장설 수 있었다"며, "아모레퍼시픽이 전 세계 고객에게 아름다움을 전할 수 있도록 앞으로도 SCM 협력사와 적극적으로 소통하며 함께 성장할 수 있는 기틀을 만들도록 노력을 다하겠다"고 말했다.

출처: 안지혜, 머니투데이방송, 2017.12.10. http://news.mtn.co.kr/v/2017122011154495329

9.1 공급자관리의 개요

9.1.1 공급자관리의 중요성

공급사슬관리의 시작점은 어디일까? 물론 공급사슬의 관리를 독립적인 관리 모듈로 두부 자르듯이 나눌 수 있는 것은 아니기 때문에, 정확하게 어디라고 이야기를 할 수는 없을 것이다. 그렇지만 공급사슬 운영의 계획을 수립하기 위한 기초 데이터는 시장으로부터의 수요를 파악함으로써 생성되는 반면 실제로 공급사슬에 물리적인 자원이 투입되는 시점은 원자재 혹은 반제품을 외부 업체로부터 구매하는 시점이라고 보는 것이 타당할 것이다(Che & Wang, 2008).

시장으로부터 파악된 수요를 충족시키기 위해 최적의 생산 및 저장, 배송 계획을 수립하고, 다시 이를 위해 필요한 원자재를 구입하는 데까지 일관되고 최적화된 계획을 수립하는 것을 공급사슬을 운영하기 위한 계획을 수립하는 과정이라고 할 수 있다.

계획이 수립되고 나면 실제로 그 계획을 실제로 실행에 옮겨야 하며, 그 시작은 공급자로부터 원자재 혹은 반제품을 구매하는 활동이다. 이 과정에서 가장 중요하게 고려되어야 할 요소가 바로 구매비용, 품질 및 공급자와의 관계라고 할 수 있다.

(1) 비용 관점의 중요성

먼저 공급자 관리의 중요성을 비용 관점에서 살펴보기 위해서 제품의 생산원가 중 외부 공급자로부터 제공받는 제품 및 서비스의 비중을 살펴볼 필요가 있다. 〈표 9-1〉과 [그림 9-1]은 2019~2023년까지 국내 제조업 전체 기업의 제조원가 명세서[1]를 바탕으로 작성된 결과이다.

〈표 9-1〉과 [그림 9-1]에서 알 수 있듯이 제품의 제조원가에서 70% 수준의 높은 비중을 차지하는 항목이 바로 재료비이다. 그 외 외주 가공비가 약 6.5~8% 정도를 차지하고 있다. 우리나라의 제조업이 원자재 자급률이 낮아 가공 무역의 형태를 가진다는 점을 감안하더라도 외부 공급자에 대한 의존도가 상당히 높다는 것을 알 수 있다. 이러한 상황에서는 품질과 기능이 동일한 수준이라고 가정할 때 더 낮은 가격에 원자재를 구매하는 것이 원가 절감과 가격 경쟁력을 높일 수 있는 가장 빠른 방법일 것이다. 2001년 미국 제조업 중심의 조사에 따르면, 제품의 도매 판매원가의 90%, 소매 판매원가의 70%, 제조원가의 60% 정도가 바로 외부 공급자에게 지급하는 구매원가라고 밝혀졌다(Webster, 2008). 제조업뿐만 아니라 메릴린치(Merrill Lynch)와 같은 투자법인의 경우에도 수입 중 약 15%가 구매비용(Tully & Sookdeo, 1995)임을 감안한다면 비용 측면에서 공급자가 가지는 비중은 상당히 높다고 말할 수 있다.

결국 제품의 원가 중 절반 이상이 바로 외부 공급업체에 지불하는 비용이므로 공급자의 선정과 지속적인 관계 관리는 효과적인 공급사슬 운영을 위한 시작점이라고 할 수 있다.

1) 통계청 기업경영성과보고서, 제조원가 명세서 2019~2023, 전수 조사 결과, http://kosis.kr

〈표 9-1〉 제조업체의 제품제조원가 분석 결과

(단위: 십억 원, %)

계정	2019		2020		2021		2022		2023	
재료비	870,965	66.51	827,624	65.27	1,015,026	67.84	1,209,928	69.69	1,200,196	68.20
노무비	113,725	8.68	116,292	9.17	124,854	8.35	133,208	7.67	139,402	7.92
경비	347,167	26.51	349,161	27.54	391,834	26.19	433,241	24.95	456,517	25.94
외주가공비	96,638	7.38	95,286	7.51	105,810	7.07	120,780	6.96	126,476	7.19
운반 · 하역 · 보관 · 포장비	12,306	0.94	12,409	0.98	14,545	0.97	15,672	0.90	15,626	0.89
당기제품 제조원가	1,309,596	100	1,268,054	100	1,496,125	100	1,736,216	100	1,759,799	100

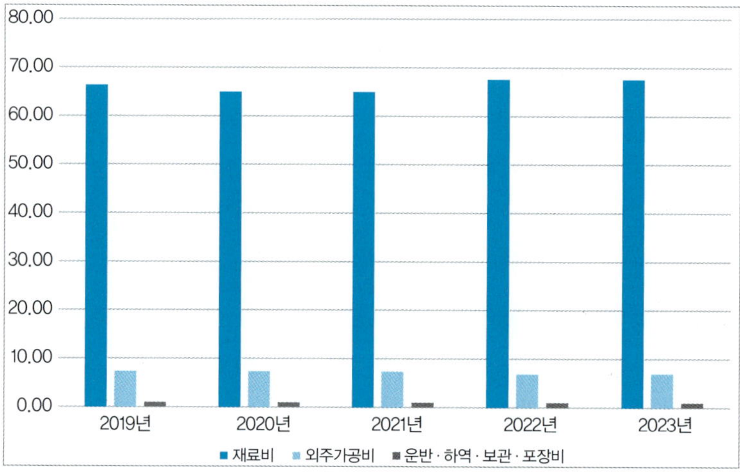

[그림 9-1] 제품제조원가 분석 결과

(2) 품질 관점의 중요성

공급사슬 전체에서 유통되는 제품 중 불량의 비율과 그 원인에 대한 정확한 통계 분석 결과는 아직 발표되지 않았지만, 공급자로부터의 불량 발생원인과 그 파급효과를 기준으로 판단해보면 공급자관리의 중요성을 다시 한 번 확인할 수 있을 것이다. 우선, 일반적으로 공급자로부터 발생하는 품질 측면 문제의 그 원인은 아래 세 가지 중 하나 혹은 그 이상의 요인에 의한 것이라고 말할 수 있다.

• 원자재의 품질 문제
• 구매한 제품의 배송 시점과 인수과정의 문제
• 구매한 서비스의 품질 문제

공급자로부터 제공받는 원자재 혹은 서비스의 품질 문제는 그 자체로도 큰 문제이다. 그 이유는 공급자로부터 발생한 불량이 출고 및 배송과정 중에 확인되지 못하고 구매자에게 납품된 이후에 발견되는 경우 일차적으로 구매자의 생산 계획에 영향을 미칠 수밖에 없기 때문이다. 특히, 적시생산(Just In Time: JIT)과 같이 재고 보유 수준을 최소화하는 최근의 동향을 고려한다면 구매자 입장에서는 불량품 자체에 따른 비용 이상의 피해를 감수해야만 한다. 만약, 공급자로부터 발생한 불량이 납품 시점에 확인되지 못하고 계속해서 생산 및 판매과정을 거쳐 최종 소비자에게 전달되는 경우, 불량품에 의한 비용은 제품을 생산하기 위해 투입되었던 비용보다 훨씬 큰 규모의 피해를 유발한다. 경쟁 시장에서 고객에 의해 발견된 불량품은 제품이 가지는 가치와 함께 기업의 브랜드 가치를 떨어뜨릴 뿐만 아니라 제품의 교체 혹은 수리에 필요한 부대비용을 발생시키기 때문이다.

적시생산(Just In Time: JIT)

(3) 공급자관리 관련 주요 환경 변화

앞서 언급한 바와 같이 공급자관리는 해당 기업의 공급사슬에 필요한 원자재를 투입하는 시작점이라고 할 수 있으며(Che & Wang, 2008), 비용과 품질 측면에서 매우 중요한 역할을 담당한다. 특히, 공급사슬의 범위가 점차 넓어짐에 따라 더 많은 국가의 기업들과 거래할 수 있게 되었고, 더 저렴한 가격에 다양한 원자재와 제품을 확보할 수 있게 되었다. 따라서 기업은 자신에게 필요한 제품이나 원자재 및 서비스를 전 세계 어디에서든 쉽게 확보할 수 있게 되어 핵심적인 제품과 기능에 집중하고, 나머지는 외부에서 조달하는 외주(outsourcing) 전략이 확대되었다. 이러한 현상은 정보통신기술의 급격한 발전을 통해 전자상거래가 가능해진 덕분이라고 할 수 있다. 전자상거래기술의 발전은 기업 간 거래의 처리 속도 및 정확도의 향상과 투명성 확보를 통해 다양한 장점을 제공할 수 있을 뿐만 아니라 외주의 확대를 통한 공급사슬 내 비용 절감의 기회를 제공할 수 있다. 예를 들어, 듀퐁(Dupont)사의 경우 공급자와의 모든 거래를 인터넷 기반의 전자거래를 통해 수행하고 있으며, 이를 통해 매년 4억 달러 정도의 비용 절감 효과를 누리고 있는 것으로 발표되었다(Tully & Sookdeo, 1995).

외주(outsourcing) 전략

9.1.2 공급자관리와 관련된 의사결정요소

직접 생산(insourcing)

본 절에서는 공급자관리와 관련된 다양한 의사결정요소에 대해서 소개한다. 공급자관리와 관련된 핵심적인 문제는 가장 먼저 제품 혹은 서비스의 생산에 필요한 다양한 원자재를 직접 생산(insourcing)할 것인지 아니면 외부의 공급자로부터 구매할 것인지의 고민에서부터 만약 구매한다면 몇 개의 공급자를 선정 및 관리할 것인지, 그리고 해당 공급자와 어떤 관계를 형성할 것인지에 대한 고민으로 연결된다.

(1) 자체 생산과 구매에 대한 의사결정

세계화

공급자관리의 첫 번째 문제는 원자재 혹은 부품을 직접 생산할 것인지(make) 아니면 타 기업으로부터 구매할 것인지(buy)를 결정하는 것이다. 과거에는 핵심 기능을 중심으로 전방 혹은 후방 통합을 통해 자체 생산하는 전략을 선호하였으나, 앞서 언급한 바와 같이 공급사슬 운영과 관련된 정보통신기술의 발전과 시장의 세계화로 인해 최근에는 외부 공급자로부터 구매하는 외주 전략이 주를 이루고 있다. 원자재와 부품을 직접 구매하거나 외부 업체에 위임하는 외주 전략을 도입하는 이유는 발주회사 측과 외주회사 측 입장으로 나누어서 생각해 볼 수 있다.

먼저, 발주회사 측에서 외주의 범위를 확대하게 되면 자체 생산을 위한 초기 투자비용을 절감할 수 있으며, 본인이 가진 핵심 기능에 보다 더 집중할 수 있게 된다. 또한 시장 수요가 급변하는 경우 이에 대응할 수 있는 유연성을 갖출 수 있다. 기술력을 갖춘 공급자를 활용할 수 있기 때문에 새로운 기술을 활용하거나 신제품 등을 개발하는 데 있어 용이하다. 반대로 외주회사 측면에서는 다수의 기업을 고객으로 확보할 수 있으며, 특정 기술이나 제품의 생산에만 집중할 수 있기 때문에 규모의 경제를 실현할 수 있다. 따라서 제품의 생산원가를 낮출 수 있으며 다수의 고객 확보를 통해 수요 변동성으로 인한 위험을 최소화할 수 있다.

용량(capacity)

이러한 외주 전략은 용량(capacity)에 대한 의존과 지식에 대한 의존 두 가지 요인으로부터 출발한다. 용량에 대한 의존은 발주회사가 해당 부품에 대한 지식과 기술을 가지고 있으나 외주회사가 제공할 수 있는 여분의 생산능력을 활용하는 것이 유리한 경우에 해당된다. 두 번째 지식에 대한 의존은 발주회사가 해당 부품에 대한 전문적인 지식, 기술 및 인력을 확보하지 못한 경우로 외주업체에게 부품의 설계 및 생산을 위한 기술 자체를 의존하게 되는 경우이다. 토요타(Toyota)의 경우를 예로 들면, 생산 능력과 관련 지식을 충분히 갖추고 있는 엔진의 경우는 전량 자체적으로 생산하되, 변속기의 경우 70%를 외주업체의 생산량에 의존한다. 반면, 자동차 전자 시스템의 경우 기술과 생산능력 모두 외주업체에 의존하고 있다(Simchi-Levi 등, 2002). 즉, 자동차의 핵심 전략 부품일수록 지식과 생산능력 모두 외부 의존도를 낮추는 경향을 보여 준다. 전략적으로 중요한 부품의 경우 외주가 아닌 자체 생산 전략을 적용하는 데는 외주 생산 체제가 가진 위험성 때문으로 이해할 수 있다(Tully & Sookdeo, 1995).

기업이 시장에서 경쟁우위를 확보하는 주요 수단이 만약 해당 제품의 생산하는 핵심기술이라면 이를 외주업체에게 생산을 맡길 경우 핵심기술과 관련된 정보가 외부에 유출될 가능성이 높아진다. 또한 외주 생산을 통해 발주기업은 시장 변동성에 적극 대응하기 위한 유연성을 높이기 위해 단기 계약을 선호하게 된다. 반대로 외주업체의 경우 규모의 경제 실현을 위해 장기적이고 안정적인 공급계약을 선호하게 된다. 이러한 발주업체와 외주업체 사이의 공급계약을 통해 달성하고자 하는 목표가 다른 데서 발생하는 갈등은 다양한 문제점의 근본원인이 된다.

(2) 공급자 수 결정

독점 공급(sole-sourcing)

자체 생산과 외주 전략의 면밀한 비교를 통해 특정 원자재 및 부품의 생산을 외부 공급업체에게 맡기기로 결정하였다면, 그 다음은 몇 개의 공급자를 대상으로 거래를 진행할 것인지를 결정해야 한다. 만약 부품이나 원자재의 특성에 의해 시장에서 해당 제품을 공급할 수 있는 기업이 유일하다면, 이러한 경우에는 해당 업체와 계약하는 방법 외 다른 대안이 존재할 수 없다. 이렇게 공급자가 시장에서 독점적 지위를 가지고 있는 경우를 **독점 공급(sole-sourcing)**이라고 부른다.

단독공급(single sourcing)
다중공급(multiple sourcing)

독점 공급의 경우를 제외하면 시장에 해당 제품을 공급할 수 있는 기업이 두 개 이상 존재하기 때문에, 그중 몇 개의 기업과 거래를 할 것인지를 결정해야 하는데, 그 대안은 **단독공급(single sourcing)**과 **다중공급(multiple sourcing)** 두 가지로 나눌 수 있다. 이 두 대안은 서로 극명한 장 · 단점을 가지고 있기 때문에 항상 어느 대안이 유리하다고 판단할 수 없다. 각 대안이 가진 장 · 단점을 비교하면 〈표 9-2〉와 같다(Webster, 2008).

〈표 9-2〉 단독공급과 복수공급의 주요 특징

단독공급	다중공급
• 상호 신뢰를 기반으로 한 장기적인 협업관계 유지 • 품질 수준의 변동 감소 • 규모의 경제 실현을 통한 원가절감	• 단독 공급자의 생산능력 부족 문제 해결 • 공급 장애에 따른 위험 분산 • 공급자 간 경쟁을 통한 품질 향상 및 원가절감 • 시장상황에 대한 정보 획득

공급자의 수를 결정하는 문제는 복수의 공급자 선택에서부터 소수의 믿을만한 공급자들을 선택하거나 그중 하나의 공급자만을 선택하는 방법으로 나눌 수 있다. 이론적으로는 품질, 비용, 생산능력 측면에서의 최상은 공급자와 긴밀한 관계를 유지하는 단독공급 방식이 합리적일 것으로 생각할 수 있다. 그러나 이러한 경향을 모든 기업들이 반드시 따라야만 하는 것은 아니다. 단독공급자에 대한 의존도를 높이게 되면 그에 따른 위험 수준도 따라서 높아지기 때문이다. 따라서 해당 기업이 처한 시장상황과 원자재와 부품의 특징, 공급자들의 특징 등을 종합적으로 분석하여 가장 합리적이고 최적화된 대안을 선정할 수 있어야 한다.

(3) 파트너 관계 유형

전략적 파트너 관계

견제적 거래관계(Arm's Length)

기업 활동의 외주 범위가 확대됨에 따라 해당 공급자와 긴밀한 관계를 유지하는 것이 시장에서의 경쟁우위를 확보하기 위한 필수요소로 인식되고 있다. 따라서 선택된 공급자와 어떤 형태의 관계를 유지할 것인지를 전략적으로 판단해야 한다. 공급자와의 관계 유형은 판단 기준에 따라 다양하게 나타나는 것이 일반적이지만, 여기에서는 **전략적 파트너 관계**와 **견제적 거래관계(Arm's Length)**로 구분하여 설명한다(Webster, 2008). 두 전략의 특징을 비교한 결과는 〈표 9-3〉과 같다.

〈표 9-3〉 전략적 파트너 관계와 견제적 거래관계 비교

구분	전략적 파트너 관계	견제적 거래관계
기간	장기 계약	단기 계약
협업	정보 공유를 통한 문제점 발견 및 공동 협업을 통한 개선 용이	협업을 통한 문제 해결의 동인(motivation) 부족
유연성	• 대규모 투자 필요 • 공급의 유연성 부족	높은 유연성을 유지하여 시장 변동에 대응 용이
비용	공급자 선택을 위한 탐색비용과 공급 계획의 조정비용 저렴	• 높은 탐색비용과 계획 조정비용 • 동일한 비용에 대한 서로 반대의 입장을 취할 가능성

일반적으로 소수의 공급자와 전략적 파트너 관계를 형성하기 위해서는 장기적인 계약을 맺는 것이 합리적이지만, 대등한 관계에서는 단기적 관점에서 상호의 필요성에 의해 관계가 형성되었다가 목적이 달성된 이후에는 다시 비(非)계약관계로 돌아간다. 장기적인 파트너 관계를 유지하기 위해서는 대규모 초기 투자비용이 발생하며, 이에 따라 시장 변화에 유연하게 대응할 수 있는 계약관계를 형성하기 어렵다. 반면, 특정 기간 동안의 목적 달성만을 위해 수립된 대등관계의 경우 시장 변화에 적극적으로 대응할 수 있는 유연성을 확보하기가 용이하다. 소수의 공급자와 긴밀한 관계를 유지할 경우 특정 제품을 구매하기 위해 새로운 공급자를 찾는 데 소요되는 비용이 적을 뿐만 아니라 공급 계획을 조정하는 것도 용이하다. 그러나 대등관계에서는 공급자 선별을 위한 탐색비용이 높을 뿐만 아니라 공급 계획 조정을 위한 비용도 크게 발생한다.

9.2 공급사슬에서 구매의 기능

9.2.1 공급사슬관리에서 구매의 역할

기업 운영에 있어 구매는 외부 시장에 대한 접근 경로를 제공하는 기능과 의사소통 채널로 인식된다. 다시 말하면, 기업이 새로운 기술이나 서비스를 해당 기업이 속한 공급사슬로 도입하는 창구로서의 역할을 수행한다고 볼 수 있다. 이러한 관점에서 구매의 주요 목적을 원자재를 최소 비용으로 확보하고 완제품의 품질을 향상시키며 고객만족을 극대화하는 것으로 정의할 수 있다. 이 목적을 달성하기 위해서는 높은 품질 수준의 제품을 낮은 가격에 공급할 수 있는 믿을만한 공급자를 찾아 전략적인 관계를 수립하고, 공급자의 전문성을 활용하여 원자재의 품질 개선뿐만 아니라 신제품 개발 과정에 공급자를 참여시켜 전체 개발 기간을 단축시키는 노력이 필요하다. 동시 공학적 관점에서 구매과정에 공급자를 참여시키는 것은 요구되는 품질의 원자재와 부품을 확보하는 데 매우 중요한 역할을 수행하게 되며, 제품의 설계에서부터 실제 생산까지의 전체 소요시간을 단축시키는 데 효과적이다.

지금까지 살펴본 구매는 공급사슬에 원자재나 부품을 투입하기 위한 기능으로서 그 중요성을 파악한 것이었으나, 실제 구매의 대상은 물리적인 제품이나 원자재

3자 물류(Third-Party Logistics: 3PL)

에 국한되는 것이 아니다. 예를 들어, 3자 물류(Third-Party Logistics: 3PL) 기업을 통해 상품을 구매 고객에게 배송하는 상황에서 기업이 배송 서비스를 외주 구매한 경우를 생각해보자. 이 경우 제품이 가진 품질 수준을 제외하면 서비스의 품질이 제품을 제공받는 최종 소비자에 대한 제품 · 서비스의 품질에 큰 영향을 미친다. 즉, 낮은 배송 품질 수준은 결국 최종 소비자의 서비스 수준을 떨어뜨리게 되고, 제품을 포함한 기업 전체에 대한 만족도를 저하시키는 원인이 된다. 배송 서비스의 수준을 높이고 고객에 대한 대응 수준을 높이기 위한 가장 단순한 방법은 재고 수준을 높이는 것이지만 이 또한 전체 비용이 높아지는 결과를 초래하기 때문에 쉽게 선택할 수 있는 대안이 될 수 없다. 따라서 원자재, 부품 및 서비스를 제공할 수 있는 공급자들 중 우수한 대상을 선정하는 것 자체가 고객 만족에 직접적인 영향을 미치게 된다.

9.2.2 비용절감을 위한 구매 전략

구매의 가장 근본적인 기능이자 달성 목표는 원가절감이라고 할 수 있다. 원가절감을 달성하는 방법은 크게 비용절감과 비용회피로 나눌 수 있다.

(1) 비용절감과 비용회피 전략

비용절감

비용회피

대개의 경우 비용절감을 '이전 시점 구매가격으로부터의 하락분'으로 정의한다. 이 경우 과거 주문 내역에 비해 더 낮은 금액에 구매해야만 목표를 달성했다고 인정받게 된다. 그런데 만약 원자재의 시장 가격이 지속적으로 증가하는 경우 구매부서는 어떤 전략을 써야만 하는 것일까? 단순히 구매 가격을 낮추는 것은 일반적으로 공급자들의 집단적 반발을 일으킬 수밖에 없다. 그렇다면 근본적으로 구매비용을 세부 요소를 파악해서 불필요하거나 줄일 수 있는 항목을 선정하고 이를 기준으로 비용을 절감해나가는 전략이 필요하다. 이렇게 '예정된 지출 값과 실제 지출 값의 차이'를 극대화하는 것을 비용회피라고 부를 수 있다.

비용절감과 비용회피는 어느 한쪽 수단만을 지속적으로 선택해서 사용할 수는 없다. 전체 구매비용을 구성하는 세부 항목을 구분하고, 각각에 대한 비용절감과 회피 전략을 적절하게 적용해야 할 것이다. 비용절감과 회피 전략을 구현하기 위한 방안으로는 다양한 방법들이 있겠지만 본 절에서는 다음과 같이 가장 대표적인 방법을 소개한다(Lambert 등, 1997).

- 경쟁 촉진: 공급자들 사이의 건전한 경쟁을 유도하여 비용절감뿐만 아니라 품

질 향상의 결과를 이끌어 낼 수 있다.

- 공급자 개발: 전략적으로 중요하다고 판단되는 제품이나 원자재를 공급할 수 있는 업체를 새롭게 발굴하거나 기존 공급자에 대한 지속적인 투자와 공동 개발을 통해 신규 공급자를 개발한다.
- 대체재 개발: 만약 특정 제품이나 원자재의 가격이 전체 구매비용에서 차지하는 비중이 과도하게 높거나 특정 공급자만을 통해 구매가 가능한 경우 동일한 기능을 일정 수준 이상의 품질 수준으로 더 낮은 가격에 구매할 수 있는 대체제를 개발하여 비용을 절감할 수 있다.
- 부품의 표준화: 유사한 기능을 수행하거나 사용처가 비슷한 제품의 규격과 설계를 표준화함으로써 규모의 경제를 실현할 수 있다.
- 제품 디자인 초기에 공급자가 참여: 실제 제품을 설계하는 단계에 핵심 부품을 제공하는 공급자가 참여하여 실제 생산과정에서 발생할 수 있는 어려움이나 비용절감 가능요소를 제시할 수 있다.
- 허용 오차의 완화: 제품의 설계 단계에서 각 부품이 가질 수 있는 허용 오차의 범위를 넓혀 생산과정에서 발생하는 여러 비용요소를 제거함으로써 구매원가를 절감할 수 있다.
- 계약 방식의 개선: 특정 부품이나 원자재를 제공하는 공급자와의 논의를 통해 계약 방식 혹은 대금 지불 방식과 조건을 변경하여 공급자로 하여금 규모의 경제를 실현할 수 있도록 함으로써 원가를 절감할 수 있다.

(2) 재설계를 통한 원가절감 전략

모듈 생산 방식
통합 생산 방식

제품의 생산 혹은 구매원가의 절감은 앞서 설명한 공급자와의 관계 개선 전략으로는 한계가 존재한다. 제품 설계의 혁신을 통해 원천적으로 비용이 발생하는 요인을 제거하는 전략이 필요한데, 이를 **모듈 생산 방식**과 **통합 생산 방식**으로 나누어 볼 수 있다(Simchi-Levi 등, 2002). 모듈 생산 방식은 개별 부품을 상호 독립적으로 설계 및 생산하고, 마지막 단계에서 부품들의 조립을 통해 제품을 완성할 수 있도록 개선하는 방식을 의미한다. 이를 위해서는 각 부품들이 표준 인터페이스를 사용하고 있어야 하며, 특정 부품의 설계 변경이 다른 부품에 영향을 주지 않아야만 지속될 수 있는 전략이다. 반대로 통합 생산 방식은 부품을 독립적으로 구성하지 않는 설계 및 생산 방식을 의미한다. 이를 위해서는 하향식 설계 기법이 필요하며, 제품의 성능은 개별 부품 단위가 아닌 최종 단계의 완성품의 성능으로 평가된다. 이

두 가지 전략 및 지식과 생산량의 의존도에 따른 외주 전략의 활용 가능성은 〈표 9-4〉와 같이 설명된다(Simchi-Levi 등, 2002).

〈표 9-4〉 외주 의존도에 따른 생산 방식의 활용 방안

구분	외주 의존도		
	지식 + 생산량 의존	생산량 의존	지식 + 생산량 독립
모듈 생산	위험	기회요인	비용절감 기회요인
통합 생산	극도로 위험	선택적 요인	자체 생산 필요

외주 업체의 지식과 생산량에 대한 의존도가 높을수록 모듈 생산 방식과 통합 생산 방식 모두 위험한 결과를 초래할 수 있다. 그 반대의 경우 즉, 지식과 생산량에 모두 독립적인 경우 모듈 생산 방식은 비용절감의 기회를 확대시킬 수 있지만, 통합 생산 방식의 경우 개별 제품에 특화된 부품을 설계하여 생산하기 때문에 오히려 자체 생산이 더욱 유리할 수도 있다. 반면, 모듈 생산 방식은 표준화된 부품을 개별 공급자들이 대량 생산 체제하에서 공급할 수 있기 때문에 비용절감의 효과가 극대화될 수 있다.

9.2.3 구매 기능의 변화

기업의 전통적인 기능 구분에 있어서 구매는 단순히 생산을 지원하기 위한 서비스 기능으로 분류되는 것이 일반적이었다. 이 경우 기업의 내부 요구에 따라 적절한 물품 혹은 서비스를 적절한 장소, 적절한 시간에 적정 양, 상태(품질) 및 가격에 공급해주는 기능에 초점을 맞추었다. 이러한 관점은 구매가 공급사슬 운영에 있어 공헌할 수 있는 영역을 극히 제한하는 것으로 기업 전체 관점에서의 최적화를 달성하는 데는 도움이 되지 못한다.

GM의 전 구매부서장이었던 호세 이그나시오 로페즈(Jose Ignacio Lopez)의 경우, 1992~1993년 2년 동안 단기적 저가구매를 위하여 공급자들 간 가격경쟁을 적극적으로 강화시켰다. 그러나 그 다음 1994~1995년 2년 동안 공급물량이 충분하지 못한 상황이 되자, 공급자들은 GM에 대한 서비스의 우선순위를 최하위로 낮추었으며, 신개발 부품 등을 다른 고객사에 우선 배정하였다. 이로 인해 GM은 큰 손

실을 입게 되었는데, 이는 구매 기능을 단순히 원가절감을 위한 기능으로 인식했기 때문이라고 할 수 있다(Tully & Sookdeo, 1995). 이러한 문제점을 미연에 방지하기 위해서는 전체 기업과 공급사슬을 시스템적으로 인식하고 분석 및 운영하는 접근법이 필요하다.

원자재 및 부품의 구매를 위해서는 구매자와 공급자 사이의 구매 주문 신청, 문서 대조 검토, 재고 확인 및 독촉 등과 같은 다양한 문서 작업과 정보 교환으로 구성되는 복잡한 프로세스가 필요하다. 그러나 정보통신기술의 발달로 인해 이러한 대부분의 문서 작업은 전자 문서로 대체되었고, 사람이 직접 확인하고 처리해야 하는 일들이 **정보통신기술**(Information Communication Technology: ICT) 시스템을 통해 자동으로 처리됨에 따라 구매부서의 기능은 단순 거래 처리에서 벗어나 더욱 전략적이고 혁신적인 역할을 수행하는 방향으로 요구되었다. 따라서 최근 구매의 기능은 기업의 전략적 목표와 방향을 이해하고, 전체적인 고객 만족을 위한 기업 내부 운영 및 혁신의 역할을 수행하게 되었다. 이는 구매부서의 명칭 변화에서도 쉽게 확인할 수 있는 데, 초기의 '조달'에서 **소싱**(sourcing), **전략적 소싱**(strategic sourcing) 등으로 변화되기도 하였으며, 최근에는 **공급관리**(supply management) 등으로 불리기도 한다(Lambert 등, 1997).

정보통신기술(Information Communication Technology: ICT)

소싱(sourcing)

전략적 소싱(strategic sourcing)

공급관리(supply management)

9.2.4 JIT 환경에서의 구매 기능 변화

최근 공급사슬의 환경 변화를 설명할 때 앞서 설명한 바와 같이 공급사슬의 글로벌화와 정보통신기술의 발전을 주로 활용한다. 그러나 이와 함께 가장 두드러진 현상이라고 한다면 바로 **적시생산**(Just In Time: JIT)이라고 할 수 있다. 적시 생산은 제품의 생산이 이루어지는 시점에 바로 필요한 원자재를 공급하는 것으로 재고 수준을 최소화하는 전략이라고 할 수 있다. 전통적인 생산과 공급 전략에서는 일정 기간 동안 필요한 만큼의 재고를 확보하고 이를 바탕으로 생산하는 방식을 취하고 있었다. 그러나 적시 생산 체제로 전환되면서 더 이상 전통적인 구매 방식을 통해서는 효율성과 효과성을 담보할 수 없게 되었다. 본 절에서는 이러한 적시 생산 체제로의 전환이 구매 방식에 어떠한 변화를 가져왔는지 설명한다. 공급자의 수, 주문 방식, 품질 검사 및 다양한 문제 해결 방식에서의 차이점은 〈표 9-5〉와 같이 정리할 수 있다(Lambert 등, 1997).

적시생산(Just In Time: JIT)

〈표 9-5〉 전통적 생산 방식과 적시 생산 방식에서의 구매 역할 변화

구분	전통적 방식	적시 생산에서의 구매 방식
공급자 수	복수의 공급자, 가격이 핵심요인	단일 공급자, 빈번한 납품
주문 방식	주문내역에 납품일자와 품질을 명시	연간 총량주문, 필요시 배송
납품 시점/ 품질 수준	납품 시점과 품질이 마지막 순간에 변경되는 경우가 자주 발생	납품 시점과 품질이 고정되어 있으며, 수량은 필요시 사전에 정해진 범위 내에서 변동 가능
품질 문제 해결 방안	납품 문제 해결을 위한 많은 전화통화	품질 및 납품 문제가 용납되지 않음. 납품상의 문제가 발생하는 경우가 드묾
품질 검사	품질과 수량의 검사가 수반	초기의 샘플 검사, 이후에는 거의 검사가 이루어지지 않음
대금 지급 방식	주문 건별 지불	월 단위로 송장(invoice)을 모아서 처리

전통적인 생산 및 공급 방식에서는 복수의 공급자를 대상으로 가장 낮은 가격에 제품을 제공할 수 있는 공급자와의 거래를 체결하는 것이 기본적인 방식이었으나 적시 생산 체제로 전환되면서 복수의 공급자는 단일 공급자로 축소되었으며, 일괄 납품 방식에서 생산 일정 및 진척상황에 맞추어 필요한 양만큼을 납품하는 방식으로 바뀌게 되었다. 따라서 주문 내역서에 납품일자와 품질을 항상 명시하던 방식에서 납품되는 제품이 동일한 품질 수준을 유지한다는 가정하에 전체 기간의 필요한 양만큼만 계약하는 방식으로 바뀌었다.

이러한 적시 생산 방식으로 전환된 후에는 납품되는 제품의 품질 문제는 용납될 수 없다. 그 이유는 생산에 꼭 필요한 양만큼 투입되어야 하기 때문에 불량품이 발생할 경우 계획된 생산이 정상적으로 진행될 수 없기 때문이다. 게다가 초기 계약 시점에 샘플 검사를 통해 품질 수준을 확인한 이후에는 더 이상의 품질 검사를 수행할 수 없다. 대금 지급 방식은 전통적인 방식에서는 주문 건별로 지급해야 하지만, 적시 생산 체제에서는 일정 단위 기간의 납품 내역을 종합하여 처리한다.

9.3 공급자 선정 및 관리

9.3.1 공급자 선정 프레임워크

공급자평가와 선정과정

공급사슬 운영에 있어 특별한 가치를 가지지 않거나 시장에서의 경쟁우위를 확보하는 데 있어 상대적 중요도가 낮은 품목에 대해서는 공급자를 선정하는 데 있어 단순 가격 비교만을 통해 그 목적을 충분히 달성할 수 있다. 그러나 반대로 해당 부품이나 원자재의 조달 결과에 따라 시장 경쟁력이 좌우되는 경우에는 단순 가격 비교가 아닌 종합적인 관점에서의 공급자평가와 선정과정이 필요하다. 이때 가장 기초적인 평가 기준으로는 총 가치(total value)가 활용될 수 있다. 다시 말해서, 다수의 공급자 중에서 해당 기업에게 얼마만큼의 가치를 제공할 수 있는지를 기준으로 공급자를 평가하는 방식이 필요하다는 것이다(Lambert 등, 1997).

이때 공급자가 제공하는 제품이나 서비스의 가치는 바로 기업의 수익에 미치는 영향력으로 측정될 수 있다. 수익은 총 매출과 총 비용의 차이로 결정되므로 이 차이를 극대화할 수 있는지 여부를 기준으로 평가하는 것이 합리적이라 할 수 있다. 선택된 공급자로부터 원자재, 부품 혹은 서비스를 구매하는 것이 일반적이므로 공급자의 특성은 주로 총 비용의 세부 항목에 영향을 미치게 된다. 비용 항목은 구매원가, 운송비, 관세 및 각종 세금 등이 총 비용을 구성하는 요소가 될 것이다.

신뢰성
유연성
반응성과 실행력

가장 기본적인 비용 외에도 구매자에 대한 가치를 평가하기 위한 기본적인 요인으로 품질을 들 수 있으며, 주로 공급자의 신뢰성, 유연성, 반응성과 실행력 등을 통해 공급자의 품질을 평가할 수 있다. 그 외에도 납품 소요시간, 제반 관리비용도 포함될 수 있으며, 상호 협력을 통해 현재 비용과 품질 수준을 혁신하기 위한 기회 요인도 평가요인에 포함될 수 있다.

일반적인 공급자 평가 및 선정과정은 [그림 9-2]와 같이 평가 준비 단계, 평가 대상 확보, 검토 및 선정, 관계 설립 및 평가의 과정을 거치게 되며, 이 과정은 다시 예비 단계로 유입되는 순환 구조를 가지게 된다. 공급자에 대한 정량적 평가와 선정과정은 단순히 한 번 시행한 후 종료되는 것이 아니라 지속적인 거래 내역에 대한 평가를 통해 비용과 품질을 개선할 수 있도록 반복 수행되어야 한다(Lambert 등, 1997).

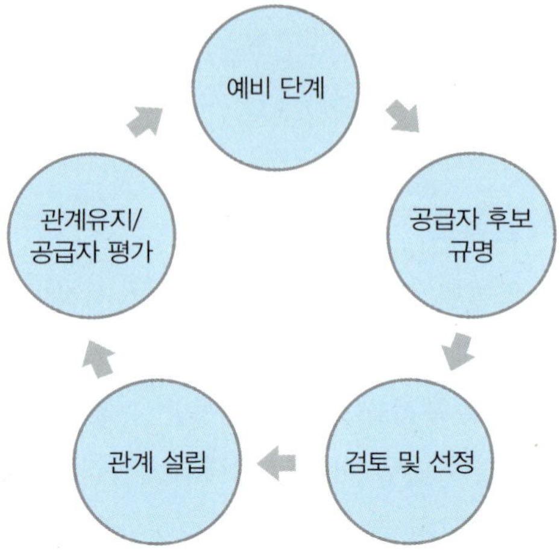

[그림 9-2] 공급자 평가 및 선정 절차

가격은 공급자를 평가 및 선정하기 위한 하나의 요소로 인식되어야 한다. 가격과 품질 수준 모두를 만족시킬 수 있는 공급자를 선정하고, 해당 업체와의 거래를 통해 공급사슬 전체의 가치를 높일 수 있는 방안이 평가 기준에 반영되어야 한다. 그러나 공급자에 대한 평가 때마다 품질 수준을 검사하는 것은 상당한 수준의 비용과 시간을 필요로 한다. 따라서 최근에는 공신력 있는 기관에서의 품질평가 및 인증 결과를 기준 자료로 활용하고 있다. 단순히 품질 인증 결과를 바탕으로 해당 공급자의 품질 수준을 확인하는 것이 아니라 인증 결과와 공급자의 제품 생산 및 품질 검사과정을 면밀하게 분석함으로써 인증 여부를 결정해야 한다. 이 방법은 적시 생산 체제에 적합한 방법이라고 할 수 있다.

9.3.2 전략적 공급자관리

단순소모성자재 (Maintenance, Repair, Operation: MRO)

파레토 분석

평가와 선정과정을 거쳐 원자재, 부품 및 서비스를 제공하고 있는 공급자들에 대해서도 전략적 관리가 필요하다. 예를 들어, **단순소모성자재(Maintenance, Repair, Operation: MRO)**[2] 제품을 납품하는 기업과 핵심 부품을 납품하는 기업에 대해서는 차별화된 관리가 필요한 것은 당연한 일이다. 체계적인 분석을 통해 공급자와의 지속적인 개선을 이루기 위해서는 외부 공급자로부터 납품받는 원자재, 부품 및 서비스에 대한 파레토 분석이 필요하다. **파레토 분석**은 전체의 가치 중 절대 다수를 차지하는 극소수를 선별해내고 이들에 대한 집중적인 관리를 수행하는 전략으로

2) 제품 생산과 관련된 주요 원자재를 제외한 소모성 자재를 의미한다.

재고관리에서는 ABC 분석이라고 알려져 있다. 구매영역에서의 파레토 분석은 다수의 부품 및 서비스들 중에서 핵심이 되는 (A 등급) 항목을 찾아내고, 해당 항목을 납품하는 공급자에 대한 모니터링과 지속적인 개선을 위한 협업 방안을 수행하게 된다.

파레토 분석방법 외에도 [그림 9-3]과 같이 Kraljic이 제시한 분류 기준(Kraljic, 1983)도 존재한다. 이 분류법은 해당 제품이 기업의 전체 이익에 미치는 영향과 공급의 위험의 높고 낮음을 기준으로 활용한다.

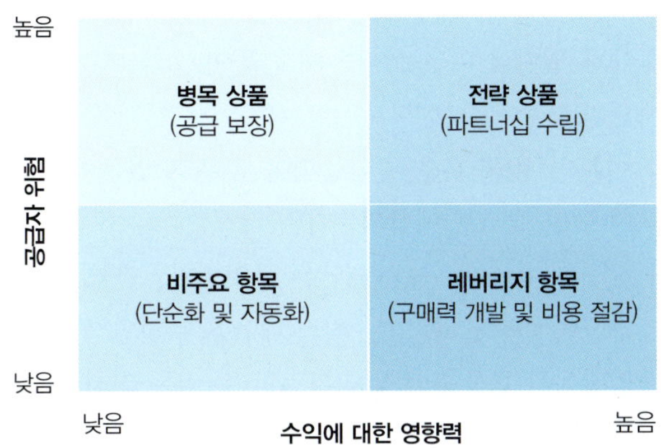

[그림 9-3] Kraljic의 공급 매트릭스

전체적인 항목을 4개의 분면으로 나누면 1사분면에는 공급의 위험이 높고 수익에 미치는 영향도 높은 항목이 포함된다. 이때는 전략적 파트너관계를 통해 안정적인 제품 수급이 기업 경쟁력 확보의 필수요소가 된다. 반대로 수익에 미치는 영향도 낮고, 공급의 위험도 낮은 단순 소모성 자재는 구매 대상과 방법을 단순화 및 자동화하는 전략을 취하는 것이 유리하다. 만약 기업의 수익에 미치는 영향은 높지만 안정적인 확보가 가능한 제품이라면, 해당 제품에 대한 구매력을 높이고 비용을 낮추기 위한 전략을 도입하는 것이 좋다. 반대로 수익에 미치는 영향은 낮지만 공급의 위험이 높은 제품은 사전에 충분한 양을 미리 확보하여 해당 제품의 공급 위험으로부터 발생하는 비용이나 피해를 최소화하는 전략이 필요하다.

9.3.3 효과적인 협상 전략

공급자와의 전략적 파트너 관계를 형성하거나 오히려 반대의 경우로 대등 관계를 형성한다고 하더라도 최종적으로는 공급자와의 협상을 통해 구매비용, 품질 및 납품 조건 등에서 원하는 바를 달성하는 것이 중요하다. 이를 위해 이미 많은 기업에서 공개 혹은 비공개 입찰을 위한 절차와 기준, 더 나아가 자동화된 시스템을 구축하여 활용하고 있다. 그러나 비용과 관련되지 않은 정성적 평가 항목에 대해서는 입찰 방식을 통한 평가에 한계가 존재할 수밖에 없다. 따라서 이미 선정된 혹은 유력한 대상자와의 협상과정에서 이러한 정성적 평가 항목에 대한 측정이 이루어져야 하며, 효과적인 협상을 위해서는 다음과 같은 질문에 정확하게 답을 할 수 있어야만 한다(Lambert 등, 1997).

- 공급자에 대해 얼마나 알고 있나? 예를 들어, 그들이 제시할 수 있는 최저 가격은 얼마인가?
- 공급자가 여분의 용량 혹은 공급능력을 갖추고 있는가? 만약 생산에 문제가 발생했을 때 어떤 결과가 예상되는가?
- 공급자가 선택할 수 있는 최종 대안은 무엇인가? 만약 협상의 마감 시한이 다가온다면 그들이 선택할 수 있는 최적 대안은 무엇인가?
- 발주회사 입장에서 협상을 당장에 완료할 수 있는 최선의 대안은 무엇인가?
- 만약 해당 공급자와 계약을 성사시키지 못한다면 어떤 결과가 예상되는가?
- 현재 공급자 외 다른 공급자가 존재하는가?
- 공급자 입장에서의 최적 대안은 무엇인가?

협상이 완료되었다고 해서 해당 업체와의 계약이 성사된 것은 아니다. 협상과정에서 합의된 사항을 문서로 작성하여 공식화하고, 이를 상호 간에 반드시 확인할 필요가 있다. 협상과정에서 협의된 사항이라고 할지라도 발주처와 공급자가 서로 다르게 이해하는 항목이 존재할 수 있기 때문이다. 이 과정에서 또 다른 협상과정이 추가로 필요할 수도 있으며, 동일한 항목에 대한 재협상이 필요할 수도 있다. 심지어는 성문화 과정에서 협상이 원천 무효화되는 경우까지도 발생할 수 있다.

9.4 효율성 향상을 위한 공급자 관리 및 협업 방안

이번 장에서는 앞서 설명한 공급자와의 관계 정립 및 상호 협력을 통한 공급사슬의 효율성 및 효과성 향상을 위한 방안에 대해 설명한다.

9.4.1 XML 기반 EDI

정보통신기술의 발달로 이제 기업 간 거래에서도 더 이상 물리적 문서를 주도적으로 활용하는 경우는 드물게 되었다. 모든 데이터는 전자문서의 형태로 저장되어 기업들끼리 주고받고 있다. 이때 활용되는 문서의 가장 대표적인 규칙이 XML(eXtensible Markup Language)이다. XML은 웹 브라우저상에서 문서를 표현하기 위한 규칙인 HTML(Hyper-Text Markup Language)이 가진 여러 가지 한계점을 보완하여 개발된 언어라고 할 수 있다. HTML은 단순히 정보를 사용자 화면에 출력하기 위한 약속을 정의한 언어이기 때문에 기업 간 거래에 필요한 정보를 저장하는 데는 한계가 존재할 수밖에 없다. XML 문서는 [그림 9-4]와 같이 HTML 문서와 달리 데이터를 표현하기 위한 약속인 태그(Tag)를 문서를 주고받는 기업들끼리 자체적으로 정의할 수 있고, 그 규칙에 맞춰서 문서를 쉽게 작성하여 주고받을 수 있다. 이러한 방법은 정보를 교환하기 위한 기업들끼리만 해석할 수 있어 정보의 저장과 보호에 유리하다. 따라서 XML은 기업 간 거래를 위한 전자 문서 작성과 교환에 적합한 언어라고 할 수 있다.

XML(eXtensible Markup Language)

HTML(Hyper-Text Markup Language)

```
<td VALIGN=TOP WIDTH="83%"><b>
<font size=-1><a href="/exec/obidos/ASIN/1574442716/qid =
997823743/sr=1-2/ref=sc_b_2/104-6240622-9900712">
3C: A Proven Alternative to MRPII for Optimizing Supply
Chain Performance
</a></font></b><br>
 <font size=-1><font face= "verdana,arial,helvetica">by
Miguel Fernandez-Ranada (Editor), et al</font> (Hardcover
- August 1999)  </font><br><font size=-1>Average
Customer Review:   </font><img SRC="http://g-images.
amazon.com/ images/G/01/detail/stars-4-0.gif" ALT="4.0
out of 5 stars" BORDER =0 height=12 width=64> <br><font
color= "#990000"><font size=-1>In stock</font></font></
td></tr> </table><table BORDER=0 WIDTH="100%" > <tr
VALIGN=TOP><td VALIGN =TOP WIDTH="50%"><span class="
small"> <font face="verdana,arial,helvetica"> <font size=-
1><b>List Price: <span class=listprice></b>$54.95 </font></
font> </span><br><b><font face="verdana,arial,helvetica"
><font size=-1>Our Price:<font color="#990000">$38.46 </
font></font></font></b>
```

```
<?xml version "1.0"?>
<product>
   <!-- root element -->
   <name>book</name>
   <!-- elements -->
   <title>A Proven Alternative to MRPII for Optimizing Supply Chain
Performance</title>
   <author1>
      <last_name>Fernandez-Ranada</last_name>
      <first_name>Miguel</ first_name>
   </author1>
   <author_type>editor</author_type>
   <product_detail>
      <binding>hard back</binding>
      <isbn>1574442716</isbn>
      <pages>304</pages>
      <copyright>August 1999</copyright>
      <dimensions unit="inch">.8×9.29×6.28</dimensions>
      <ship_wgt unit="lb">.72</ship_wgt>
      <description>List price is USD $54.95</description>
      <price currency="usd">38.46</price>
   </product_detail>
   <product_detail>
      <binding>paper back</binding>
       <!-- the rest of the product detail on the paper back version
of the book would be comparable to above -->
   </product_detail>
</product>
```

[그림 9-4] HTML 태그와 XML 문서의 비교

전자문서교환(Electronic Document Interchange: EDI)

이러한 XML 기반 전자문서교환(Electronic Document Interchange: EDI) 시스템은 기업 간 거래에 소요되는 시간과 비용을 혁신적으로 절감시켰을 뿐만 아니라 정확도와 투명성을 더할 수 있게 되었다. 이러한 기능은 공급사슬 내 정보의 흐름을 원활하게 하여 궁극적으로는 공급사슬의 가시성을 높이고 향후 발생할 수 있는 문제를 사전에 파악하여 선제적으로 대응할 수 있는 기능까지 가능하게 되었다.

9.4.2 역경매

공급자의 평가와 선택과정의 근본적인 목표는 구매자가 공급자와의 거래를 통해 이익을 극대화하는 데 있다. 즉, 앞서 9.1.1에서 언급한 바와 같이 구매자의 비용 중 상당 부분이 공급자로부터의 구매원가라고 할 수 있으므로, 판매 단가를 높이지 않는 범위 내에서는 구매원가를 절감하는 것이 가장 빠르고 효과적인 이윤창출방법의 하나라고 볼 수 있다. 물론, 합법적이고 정당한 계약관계를 통해서 이루어지는 거래로 한정했을 때의 이야기이다.

역경매(reverse auction)

어떤 공급자가 구매자에게 큰 가치를 제공할 수 있는지를 평가하기 위한 방법으로는 무수히 많은 방법들이 존재하지만 본 절에서는 역경매(reverse auction)를 중심으로 설명한다. 일반적으로 경매는 하나 혹은 그 이상의 제품에 대해 가장 높은 금액을 제시한 입찰자에게 제품을 구매할 수 있는 최우선권을 제시하는 방법을 의미한다. 그러나 일반적인 공급자와 구매자의 관계에서는 이와 반대로 더 낮은 금액(판매가)을 제시한 공급자가 해당 제품에 대한 거래 체결의 우선권을 가지는 방식으로 진행된다. 이렇게 구매자가 아닌 공급자가 입찰가를 제시하고, 더 낮은 금액을 제시한 공급자가 선택되는 방식을 역경매라고 부른다.

이러한 공급자 간 역경매는 입찰 금액의 공개 여부, 입찰 횟수의 제한 여부에 따라 다양한 방식으로 분류될 수 있다. 그러나 입찰과정과 공급자 선정과정이 투명하게 관리되고, 불필요한 시간 낭비를 제거하기 위해 최근 대부분의 기업에서는 전자입찰 시스템을 운영하고 있으며, 주로 구매부서에서 해당 시스템을 관장하고 있다.

승자의 저주(Winner's Curse)

역경매 방식을 통해 공급자를 선정할 경우 비용 관점뿐만 아니라 관리적 관점에서의 긍정적 효과를 누릴 수 있는 것은 분명하다. 그러나 이 때 주의해야 할 점이 바로 '승자의 저주(Winner's Curse)'이다(Webster, 2008). 승자의 저주는 경매에 참여한 입찰자가 해당 제품의 구매 혹은 판매에 대한 우선권을 획득하기 위해 손해를 보는 가격으로 입찰하는 것을 의미한다. 그 원인은 해당 제품의 가치에 대해 과대평가했을 수도 있고, 해당 제품을 생산하는 데 소요되는 비용을 과소평가했기 때문일 수도 있다. 결과적으로 제품에 대한 판매 혹은 구매권을 획득하였으나, 오히려 그것이 선정된 기업의 입장에서는 손해가 될 수 있다는 것이다.

입찰을 진행하는 입장에서는 이러한 문제는 입찰 기업의 책임이므로 해당 기업의 선택에 맡겨야 한다는 자세를 취할 수는 있으나, 승자의 저주는 낙찰 기업에게만 적용되는 것이 아니다. 만약, A 기업이 B 기업에게 제품을 납품할 수 있는 기회를 얻었으나, 낙찰 가격이 A 기업의 생산원가에 비해 더 낮게 책정되었다고 가정해보자. 그렇다면, A 기업은 일정 수준의 벌금을 부담하더라도 해당 거래를 더 이상 진행하지 않으려고 할 것이다. 결국, 다른 공급자들을 대상으로 제품 구매를 위한 계약을 다시 체결해야 하므로, 그 결과는 단순히 시간의 지연과 인력 낭비의 문제로 그치지 않는다. 계약의 지연은 결국 생산 일정에 영향을 미치기 때문에 구매자인 B 기업에게도 악영향을 미치게 된다. 특히, 해당 제품이 구매기업의 입장에서는 시장 경쟁력을 결정하는 핵심적인 역할을 담당하는 경우 혹은 공급업체 변경이 쉽지 않은 경우에는 문제가 더욱 심각해진다. 만약 A 기업이 전략적으로 해당 제품의 공급 계약을 체결하기 위해 낮은 입찰금액을 제시하고, 일정 시점 이후에 다양한 이유로 납품 가격을 높이고자 한다면, B 기업은 해당 부품의 공급업체 변경을 위한 또 다른 비용을 지출하게 되거나 A 기업이 제시하는 높은 금액으로 제품을 구매할 수밖에 없다.

따라서 이러한 승자의 저주를 피하기 위해서는 공급자는 입찰 가격 설정에 있어 해당 기업의 생산원가에 대해 정확하게 판단할 필요가 있다. 또한 구매자의 입장에서는 현재 낙찰된 공급 가격이 현실적으로 가능한 수준인지 해당 업체가 지속적으로 동일한 가격으로 제품을 제공할 수 있는 능력을 갖추고 있는지를 판단하기 위한 기준을 마련해야만 한다. 다시 말하면, 입찰 금액이 가장 중요한 평가 수단임에는 틀림없지만, 해당 금액이 합리적인 판단을 하도록 설정된 것이며, 구매기업의 사업 연속성 관점에서 큰 영향이 없는지를 판단하기 위해서는 금액 이외에 또 다른 정량적 혹은 정성적 평가 기준을 갖추고 있어야만 한다.

차최저가 입찰 방식(Second Price Auction)

다양한 경매 방식 중 '**차최저가 입찰 방식(Second Price Auction)**'은 이러한 승자의 저주를 방지하기 위해 Vickre가 1961년 제안한 방법이다(Vickrey, 1961). 앞서 설명한 최저가로 입찰한 기업이 해당 금액에 구매 혹은 판매 계약을 체결하는 것이 아니라, 해당 기업이 제시한 금액보다 한 순위 더 높은 금액(즉, 두 번째로 낮은 기억)을 제시한 금액에 계약을 체결하는 방식이다. 이러한 방법을 통해 단순히 거래를 체결하기 위해 과도한 입찰금액을 제시하는 현상을 방지할 수 있다.

9.4.3 공급자 재고관리

앞서 제3장에서 설명한 바 있는 채찍효과(bullwhip effect)의 발생 원인으로는 공급자와 구매자 간 정보의 불균형 혹은 전달되는 정보의 왜곡을 들 수 있으며, 해결 방법은 전체 공급사슬상의 정보를 동기화(synchronization)하는 것이다. 이는 공급사슬에 참여하는 모든 기업들이 동일한 정보를 바탕으로 각자의 역할을 수행하는 이상적인 현상을 의미한다.

공급자재고관리(Vendor Managed Inventory: VMI)

정보의 왜곡과 불균형이 발생하는 현상을 공급자와 구매자 사이의 재고관리영역에 초점을 맞추어 보도록 하자. 구매자는 시장의 수요 변화에 빠르게 대응하기를 원하지만 공급자 측면에서는 필요 이상으로 많은 재고를 갖추고 있어야 대응이 가능하다. 즉, 구매자가 정기적으로 요구하는 주문량 이상의 재고를 갖추고 있어야 대응이 가능하다. 이러한 문제를 해결하기 위해 제안된 방식이 '공급자재고관리(Vendor Managed Inventory: VMI)'이다.

VMI는 구매자가 가진 재고의 보충에 대한 책임을 공급자에게 이전하는 구매 전략이라고 할 수 있다. 따라서 구매자가 보유한 재고의 소유권은 제품이 판매되는 시점에 구매자에게 이양되는 구조를 가지게 된다. 우리 주변에서 흔히 볼 수 있는 편의점의 초창기 재고관리 방식이 완벽하게 일치하지는 않지만 VMI 형식을 가진다고 볼 수 있다. 개별 매장의 모든 상품 판매 이력은 POS를 통해 본사로 전송되고, 이를 기반으로 본사에서는 일정 기간 동안의 판매량을 예측한다. 그 결과를 바탕으로 재고 보충 계획을 수립하는데, 편의점의 주인은 이 과정에 참여하지 않고, 최종 재고 보충량에 대한 판단만 수행한다.

EDI 기반

이러한 구매 전략이 성공적으로 수행되기 위해서는 구매자가 제품의 판매량과 현재 보유 재고 수준에 대한 정보를 신속·정확하게 공급자에게 제공할 수 있어야 한다. 또한 공급자는 구매자의 판매 현황을 지속적으로 모니터링하고 적절한 재고 보충 계획을 수립해야만 한다. 시스템 측면에서는 공급자와 구매자 사이에 EDI 기반 의사소통 체계가 필수 조건이 된다.

VMI 전략은 미래의 제품 판매량에 대한 예측의 책임을 구매자로부터 공급자에게 넘겨주는 것을 의미하는데, 이를 통해 결국 구매자의 판매 예측치와 실제 주문량 간의 차이에서 발생하는 정보의 왜곡 현상을 제거하는 효과를 얻을 수 있게 된다. 또한, 구매자의 입장에서는 재고 보충의 책임이 공급자에게 있기 때문에 재고 부족으로 인해 발생하는 문제로부터 자유로울 수 있다. 전통적인 주문 방식에서 발생하는 고정비용 중 하나인 주문비용도 제거할 수 있다. 그런데 아직까지 근본적으로 해결되지 않은 문제점 하나가 남아 있다. 만약, 재고 보충 계획을 수립하는 공급자가 잘못된 판단을 내린다면 VMI는 전통적인 재고관리 및 주문 방식에 비해 더 큰 비용이 발생하게 된다. 즉, VMI 도입의 효과를 극대화하기 위해서는 공급자가 정확한 데이터에 기반한 판매량 예측과 최적의 재고 보충 계획을 수립할 수 있는 역량을 갖추어야만 한다.

9.4.4 CPFR

앞에서 설명한 VMI는 구매자가 가진 수요예측과 재고 보충의 책임을 공급자에게 이전한 것을 의미하므로 공급자 입장에서의 채찍효과를 회피할 수 있으며, 재고 보충을 위한 생산 및 배송의 계획을 직접 수립할 수 있기 때문에 비용절감효과도 누릴 수 있다. 그러나 재고에 대한 소유권이 판매 시점까지 연장되기 때문에 절대적으로 공급자에게 유리한 전략이라고 할 수 있다. VMI 전략 도입의 효과를 극대화하기 위해서는 제품 판매와 관련된 전체 정보를 공유하는 것이 필수 조건이다. 재고관리 영역에서의 협업 방식인 VMI전략을 수요예측, 공급, 생산계획 및 재고보충 영역으로 협업 기능을 확장한 전략이 바로 CPFR(Collaborative Planning, Forecasting, and Replenishment)이라고 할 수 있다.

CPFR(Collaborative Planning, Forecasting, and Replenishment)

CPFR은 EDI 기반 시스템을 활용하여 공급자와 구매자가 함께 제품의 수요예측과 판매 및 재고 보충 계획까지 수립하는 방법을 의미한다. VICS(Voluntary Inter-industry Commerce Standards)는 성공적인 CPFR을 구현하기 위한 각 단계별 가이드라인을 다음과 같이 제시하였다(Webster, 2008).

VICS(Voluntary Inter-industry Commerce Standards)

- 계획 수립: 협업을 통해 두 기업 간 연계된 사업 계획의 수립을 위한 기초적인 원칙을 수립한다.
- 수요예측: 매출 현황에 대한 지속적인 모니터링과 재고 보충 계획을 수립한다.
- 재고 보충: 재고 보충을 위해 제품을 발주한다.

일반적으로 CPFR은 두 단계 이상으로 연결된 공급사슬에서 활용되는 경우가 많은데, 이는 마치 공급자와 구매자가 서로의 기업 내부 부서인 것과 같이 운영될 수 있도록 정보 공유의 수준을 높이고 동일한 문제에 대해 상호 협력 하에 의사결정을 하게 된다. 〈표 9-6〉은 CPFR을 도입함에 따라 달라지는 변화와 그 변화에 따라 구매자와 공급자 입장에서 얻을 수 있는 이익을 설명하고 있다.

〈표 9-6〉 CPFR 도입에 따른 주요 변화가 구매자와 공급자에게 미치는 영향

구매자의 이익	CPFR 도입에 따른 주요 변화	공급자의 이익
재고 보충 기간 단축	정보의 주기적인 공유	주문 처리 시간 감소
재고 보유에 의한 매출 증가	판매예측, 자재소요, 판촉 계획, 재고 정보 등에 대한 가시성 확대	서비스 수준 및 주문 충족의 향상에 의한 매출 실기 감소
• 재고 수준 감소 • 안전재고 감소	수요와 공급의 변화에 대한 공급사슬의 대응력 향상	• 재고 수준 감소 • 안전재고 감소
가격인하 감소	재고 보유 대신 정보를 보유	진부화된 재고 및 폐기의 감소
공급사슬비용의 감소	프로세스의 단순화와 업무 할당	공급사슬비용의 감소
신제품 출시 및 판촉의 효율성 향상	구매자와 공급자 기능 부문 간 동기화	신제품 출시 및 판촉의 효율성 향상
• 판매 및 주문예측의 정확도 향상 • 판촉 계획 향상	프로세스의 효율성과 효과 평가의 공식화	• 실행 계획 향상 • 판매 · 생산 계획 정확도 향상

CPFR 도입을 통한 원활한 정보 공유와 신속 정확한 의사결정의 효과를 극대화하기 위해서는 자동화된 시스템을 활용해야만 한다. CPFR 시스템은 참여 기업들(구매자와 공급자)이 수요예측 결과, 재고 수준, 사전에 예정된 프로모션, 과거 매출 실적 및 그 외 다양한 관련 정보를 동시에 확인할 수 있는 기능을 갖추어야 한다. 또한 서로의 계획을 서로 수정 보완할 수 있어야 한다.

요약

• 공급사슬 운영에서 실제 원자재 혹은 부품을 공급받기 위한 첫 번째 단계는 공급자를 평가, 선정하고 관계를 유지하는 것이다.

• 최근 개별 기업이 지출하는 비용 중 공급자에게 지급하는 비용이 상당히 높게 나타나고 있으며, 품질 측면에서도 공급자가 가지는 중요도가 높아지고 있다.

• 필요한 원자재나 부품을 직접 생산하는 방식과 외부에서 구매하는 방식은 상반

된 장 · 단점을 가지고 있으며, 기업이 처한 상황과 경쟁 우위를 확보할 수 있는 방향을 고려하여 선택되어야 한다.

- 기업 내에서 전통적인 구매의 역할이 기업 환경이 변화함에 따라 그 기능과 중요도가 달라지고 있으며, 특히 JIT 전략이 보편화되면서 큰 변화를 보이게 되었다.
- 공급자의 평가와 선정을 위해서는 객관적 기준과 함께 전략적으로 공급자와의 관계를 형성하고 유지할 수 있는 체계와 시스템을 갖추고 있어야 한다.
- 공급자 선정에 있어 가장 보편적으로 사용되는 체계는 역경매 방식이지만, 구매자의 재고관리 역할을 공급자에게 이관하는 VMI와 시장의 수요예측 및 생산 판매 계획 수립까지 공급자와 구매자가 함께 협업하는 CPFR 전략과 같은 방법도 개발되었다.

연·습·문·제

1. 공급자를 선정하기에 앞서 몇 개의 공급자와 계약할 것인지를 정해야 한다. 단독 공급자를 유지하는 전략과 복수의 공급자를 유지하는 전략의 장 · 단점을 비용절감과 시장경쟁력 확보를 중심으로 비교하시오.

2. VMI 혹은 CPFR 전략은 채찍효과(bullwhip effect)를 줄이는 데 효과적인가?

3. 공급자는 구매자가 주관하는 입찰 경쟁에서 우위를 확보할 수 있어야만 하는데, 이때 가장 중요한 것은 가격 경쟁력이라고 할 수 있다. 가격 경쟁력도 높임과 동시에 승자의 저주를 피해갈 수 있는 방법은 무엇인가?

4. 특정 기업이 구매해야 하는 부품 혹은 원자재의 중요도가 낮은 MRO 성격의 제품을 공급하는 업체와는 어떤 형태의 관계를 유지하는 것이 비용절감에 효과적인지 크랄직 매트릭스(Kraljic's matrix)를 기준으로 설명하시오.

5. 일반적인 대기업이 그룹사 내 MRO 제품 공급을 전담하는 기업을 설립하여 운영 중에 있다. 4번 문제의 답변을 기준으로 이러한 전략의 장 · 단점을 설명하시오.

참·고·문·헌

Che, Z. H., & Wang, H. S.(2008). Supplier selection and supply quantity allocation of common and non−common parts with multiple criteria under multiple products. *Computers &Industrial Engineering, 55*(1), 110−133.

Kraljic, P.(1983). Purchasing must become supply management. *Harvard Business Review, 61*(5), 109−117.

Lambert, D., Stock, J. R., & Ellram, L. M.(1997). *Fundamental of logistics management*. Boston, US: McGraw−Hill/Irwin.

Simchi−Levi, D., & Kaminsky, P.(2002). *Designing and managing the supply chain: Concepts, strategies and case studies*. Boston, US: McGraw−Hill.

Tully, S., & Sookdeo, R.(1995). Purchasing's new muscle. *Fortune, 131*(3), 75.

Vickrey, W.(1961). Counterspeculation, auctions, and competitive sealed tenders. *The Journal of Finance, 16*(1), 8−37.

Webster, S.(2008). *Principles and tools for supply chain management*. New York, US: McGraw−Hill.

10 CHAPTER

수요관리와 예측

학습 목표

- 공급사슬에서 수요관리의 필요성 및 다른 공급사슬 프로세스 간의 상관관계를 이해할 수 있다.
- 수요관리에서 수요예측의 중요성과 다양한 수요예측 기법을 이해하고 적용할 수 있다.
- 수요예측 오차 측정의 목적을 이해하고 다양한 예측 오차의 평가척도들을 적용할 수 있다.

사례

한미사이언스 온라인팜, 임팩티브AI와 AI 수요 예측 혁신성과 달성

한미사이언스 핵심 계열사인 헬스케어 유통 전문기업 온라인팜은 첨단 인공지능(AI) 전문기업 '임팩티브AI'와 협력해 AI 수요예측 솔루션 '딥플로우 포어캐스트(Deepflow Forecast)'를 성공적으로 도입하고 실질적인 성과를 거뒀다고 2일 밝혔다.

온라인팜은 이번 프로젝트를 통해 현재 약국가에서 판매 중인 한미약품의 일반의약품(OTC) 60여개 전 품목에 대해 AI 수요예측 솔루션을 적용했다. 딥플로우 포어캐스트는 빅데이터와 머신러닝 기술을 활용해 의약품 판매 수요를 정확히 예측하고, 이를 기반으로 재고 관리 및 판매 전략을 최적화하는 혁신 솔루션이다.

이 솔루션은 향후 6개월 뒤까지의 품목별 월간 판매량을 80.1% 정확도로 예측했다. 예측모델 구축에는 600만 건의 다양한 데이터가 활용됐으며, 그중 하나로 향후 6개월 뒤까지 224개 질병에 대한 환자 수 예측 데이터를 적용했다. 이 환자 수 예측 데이터는 96.5%의 높은 정확성을 나타내며, 모델의 신뢰성을 뒷받침하는 핵심 요소로 작용했다.

이번 모델은 머신러닝 기반의 고급 예측 알고리즘을 통해 학습됐으며, 대규모 데이터를 정교하게 분석하고 다양한 변수 간의 복잡한 상관관계가 효과적으로 반영하도록 설계됐다. 이러한 접근 방식은 모델의 예측력을 극대화하고, 실제 데이터와의 높은 일치를 구현하는 데 크게 기여했다.

특히 솔루션에는 예측 결과에 대한 설명 가능성(XAI, Explainable AI)이 구현됐다. 이는 각 의약품 품목의 판매량에 영향을 미치는 주요 변수와 그 기여도를 분석해 예측의 투명성과 신뢰성을 확보할 수 있게 한다. 예를 들어, 특정 계절적 요인이나 과거 판매 추세가 예측에 미치는 영향을 명확히 설명함으로써, 작업자가 결과를 더 잘 이해하고 이를 기반으로 전략적인 결정을 내릴 수 있도록 지원했다.

올해 10월 실제 데이터를 바탕으로 한 시뮬레이션 결과, 딥플로우 포어캐스트를 도입한 이후 재고 관리 효율성이 크게 향상됐다. 재고 부족 및 과잉 문제가 눈에 띄게 줄어들었으며, 이를 통해 월간 재고 비용 절감 효과가 확인됐다. 또한, 판매량 예측과 발주량 산정과 같은 판매관리 업무 소요시간이 대폭 단축돼 업무 효율성이 크게 개선됐다.

온라인팜은 이번 AI 솔루션 도입을 통해 재고 비용 절감과 업무 효율화라는 '두 마리 토끼'를 잡는데 성공했다. 더불어 의약품 품절 문제를 조기 차단하고 불용 재고를 방지하며, 운영비용 절감의 토대를 마련했다.

온라인팜 관계자는 "첨단 AI 기술을 적극 도입해 의약품 공급망의 전반적인 효율성을 대폭 높였으며, 앞으로도 시장 변화와 환경에 민첩하게 대응할 수 있는 최적의 운영 체계를 지속적으로 구축해 나가겠다."고 말했다.

출처: 2024년 12월 03일 08:24 김태일 기자, 팜뉴스

원본보기: https://www.pharmnews.com/news/articleView.html?idxno=255108

고객이 필요로 하는 혹은 고객이 원하는 제품 및 서비스를 적시적소에 제공하는 능력은 공급사슬관리의 성공을 위해 가장 기본적으로 갖추어야 할 요건이라고 할 수 있다. 이는 공급사슬 관점에서 고객의 요구사항을 어떻게 충족시킬 것인지가 가장 중요한 이슈 중에 하나이기 때문이다. 공급사슬은 크게 물리적인 기능과 시장 조정 기능으로 구분될 수 있는데, 물리적인 기능은 원자재를 부가가치 활동을 통해 완제품으로 만들고 이를 고객에게 공급사슬을 통해 배송하는 것을 의미한다. 시장 조정 기능은 공급사슬을 통해 공급되는 제품의 다양성 및 수량이 고객 수요와 가급적 일치할 수 있도록 조정하는 기능을 말한다. 시장 조정 기능에 따르는 비용은 공급과 수요의 차이로 인해 발생하게 되는데, 공급이 수요를 초과하면 공급사슬 전체에 재고비용이 발생하고, 수요가 공급을 초과하면 판매손실이 발생한다. 여기서, 안정적인 수요를 가지고 있는 제품(예를 들면, 일상용품 등)에 대해서는 효율적인 공급사슬을 통해 재고를 줄이고 수송 및 다른 비용의 집중관리를 통해 비용을 줄일 수 있다. 반면, 유행성 제품들과 같은 수요변동이 큰 제품들은 고객 수요의 특성상 판매 손실 혹은 재고 과다로 인한 비용이 발생할 수 있다. 따라서 이러한 경우 리드타임을 단축시키거나 수요 변동에 유연하게 대응할 수 있는 대응적 공급사슬을 구현할 필

수요예측 실패한 車메이커, 반도체 부족으로 생산 차질
플레이스테이션 등 게임 · 가전제품에 반도체 물량 빼앗겨

(뉴욕=연합뉴스) 고일환 특파원 = 반도체 부족으로 공장 가동을 중단하는 자동차 생산업체들이 늘고 있다.

뉴욕타임스(NYT)는 14일(현지시간) 자동차 업체들이 신종 코로나바이러스 감염증(코로나19) 사태 발생 후 수요예측 실패 탓에 생산에 차질을 빚고 있다고 보도했다.

코로나19로 인해 자동차 수요가 감소할 것이라는 판단 아래 핵심부품인 반도체 주문량을 줄인 것이 후폭풍을 일으켰다는 것이다.

NYT에 따르면 반도체를 위탁생산하는 파운드리 업체들은 자동차 업계의 주문량이 줄자 생산라인을 게임이나 PC, 가전제품용 반도체 생산으로 돌렸다.

그러나 소비자들의 자동차 수요는 당초 예측보다 줄지 않았고, 자동차 업체들이 뒤늦게 반도체를 주문했지만 파운드리 업계도 대응이 불가능한 상황이라는 것이다.

컨설팅업체 KPMG의 자동차 업계 담당 대표인 개리 실버그는 "파운드리 업계 입장에서 자동차용 반도체 생산은 더 이상 우선순위가 아니다."라고 말했다.

플레이스테이션용 등 게임용 반도체나 가전용품 반도체를 공급하는 것이 우선순위라는 것이다.

파운드리 업계가 생산 라인을 재조정해 자동차 업계의 주문에 대응하려면 6~9개월이 걸릴 것이라는 게 전문가들의 견해다.

자동차에 사용되는 반도체는 핵심부품이다.

엔진 작동과 연료분사 시스템을 비롯해 전 · 후방 충돌 방지 기능이나 터치스크린까지 자동차 1대에도 100여 개의 반도체가 사용된다.

이 같은 반도체를 구할 수 없게 된 자동차 업체들에는 비상이 걸렸다.

도요타는 중국의 생산라인 가동을 중단했다.

피아트크라이슬러(FCA)는 캐나다 온타리오와 멕시코 공장의 가동을 일시적으로 중단했고, 포드도 켄터키주(州) 공장 가동을 1주일간 멈췄다.

혼다는 영국에서 인기 모델 시빅을 조립하는 공장 가동을 최소 나흘간 멈추겠다고 밝혔다.

자동차 업체들이 생산 차질을 빚는다고 해도 자동차 가격에는 영향을 미치진 않을 전망이다. 그러나 소비자가 자동차 구매 시 대기 시간이 늘어날 수 있다는 게 NYT의 분석이다.

[그림 10-1] 수요예측 실패 도입사례

출처: 연합뉴스(2021. 01. 14.)

요가 있다. 결국, 공급사슬 전략 혹은 공급사슬의 역량이 제품의 특성 혹은 고객의 요구사항과 일치하지 않을 경우 성공적인 공급사슬관리를 기대할 수 없다. 또한 시장을 이해하고 이에 따른 시장수요의 적절한 관리를 통해, 주어진 공급사슬의 역량에 기반하여 고객의 요구를 충족하는 것이 중요하다.

수요관리

수요관리란 앞서 잠시 언급한 바와 같이 고객의 요구사항과 주어진 공급사슬 역량 간의 조화를 이루기 위한 공급사슬관리 프로세스로 정의할 수 있다. 이는 수요예측 뿐만 아니라, 예측 결과를 다른 공급사슬의 역량인 생산, 구매 및 배송능력과 어떻게 동기화를 시킬지도 포함한다. 다시 말해, 가능하면 수요예측의 정확도를 높일 수 있어야 생산 계획을 더욱 합리적으로 수립할 수 있다. 생산계획에 근거하여 구매 계획을 세울 수 있고, 결과적으로 적시배송의 가능성이 높아져 고객만족은 물론 궁극적으로 매출향상으로 이어질 수 있다. 효율적인 수요관리 프로세스를 통해 회사는 예상 가능한 수요에 대해 보다 앞서 대처를 할 수 있으며 예상치 못한 수요에 대한 반응성을 높일 수 있게 된다. 수요관리의 핵심은 결국 수요예측의 정확도를 높이고, 수요의 변동성을 줄이며 운영 유연성을 향상하기 위한 대책을 강구하는 것이라 할 수 있겠다. 수요의 변동성 감소를 통해 일관된 계획 수립 및 비용 감소가 가능해지며, 유연성 향상을 통해 예상치 못한 상황에 빠른 대처가 가능해진다. 상식적으로 고객 수요를 예측하고 제어하는 것은 쉽지 않은 일이다. 이와 같은 이유로, 수요관리의 목적 중 하나는 수요의 변동성 증가를 야기하는 경영관행들을 제거하고, 안정적인 수요 패턴을 구축하기 위한 정책들을 도입하는 것이다. 또 다른 수요관리의 목적으로는 운영 계획상의 문제 발생 시에 대비하여 다양한 비상 계획을 수립하고 수행하는 것이다. 결국 수요관리의 목적은 고객의 수요를 가장 효과적이며 효율적인 방법으로 만족시키는 것이다.

10.1 공급사슬관리 프로세스로서의 수요관리

Supply Chain Management Institute[1]은 공급사슬상의 참여자 내 혹은 참여자들 간에 수행되어야 할 8가지 주요 프로세스들을 정의하였는데, 고객관계관리, 고객 서비스 관리, 수요관리, 주문 이행, 생산 흐름관리, 공급자 관계관리, 제품 개발 및 상용화 그리고 반품관리 프로세스로 정의하였다. Croxton 등(2001)은 이를 바탕으로 각 프로세스를 세부 정의하였는데, 수요관리 프로세스는 [그림 10-2]와 같이 정의하였다. [그림 10-2]에서 수요관리 프로세스는 전략적인 요소와 운영적인 요소를 가지고 있다. 다음은 각 요소별 세부 프로세스에 대해 살펴보도록 한다.

1) 前 The Global Supply Chain Forum, http://scm-institute.org

10.1.1 전략적인 측면에서의 수요관리

수요관리 목적과 전략

수요관리에서는 수요예측과 공급사슬의 역량을 어떻게 동기화할지에 초점을 맞추고 있다. 수요관리에서의 전략적 측면 프로세스는 6단계로 구성되어 있으며, 공급과 수요의 균형을 위한 효율적인 운영 시스템을 설계하는 것에 초점이 맞추어져 있다.

첫 번째 단계는 **수요관리 목적과 전략**을 결정하는 단계이다. 수요관리 프로세스는 고객 수요를 예측하고 어떻게 하면 고객 수요를 공급사슬역량과 동기화할 수 있을지를 결정하는 데 있기에, 먼저 회사의 전략, 고객과 시장 요구사항, 제조능력, 공급사슬 네트워크 등에 대한 광범위한 이해가 필수적이다. 예를 들어, 수요가 어느 정도 안정적인 산업군에 속하는 회사의 경우, 유연성 향상보다는 예측 오차를 줄이는 것이 비용절감 측면에서 더 나은 선택일 것이다.

수요예측 절차

두 번째 단계는 수요관리의 핵심요소인 **수요예측 절차**를 결정하는 단계이다. 세부적으로, 이 단계에서는 수요예측의 단위 및 기간을 결정하고, 예측에 필요한 데이터를 어떻게 확보할 것인지(혹은 데이터 출처는 어디인지), 그리고 어떠한 예측 모형을 적용할 것인지에 대해 결정한다. 여기서 수요예측의 단위는 부서별로 다를

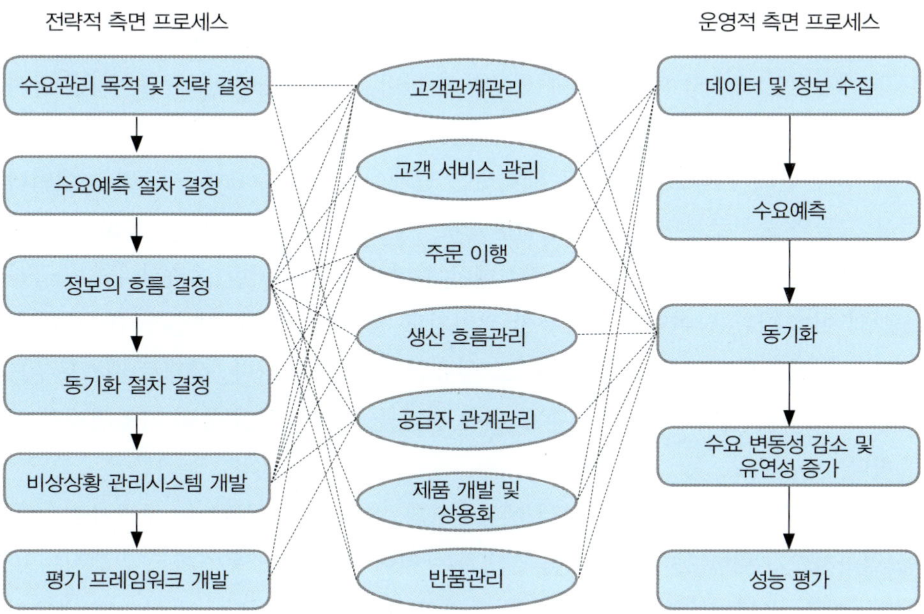

[그림 10-2] 수요관리

출처: Croxton 등(2001), figure 2.

수 있다. 예를 들면 제조 일정 계획인 경우는 SKU 수준의 예측치가 필요한 반면, 수송 계획인 경우 지역별로 제품군 단위 수준의 예측치가 필요하다. 또한 예측치를 결정하기 위한 과거 데이터 및 이의 출처에 대한 결정이 필요하다. 수요예측을 위한 데이터는 과거 수요 데이터, 판매 예측치, 가격할인 계획, 시장 점유율 데이터, 경제상태, 시장 조사(경쟁사 포함) 등을 포함한다. 그리고 수요예측 정확도 측면에서 각 데이터 출처에 대한 평가도 필요하다. 어떠한 종류의 예측이 필요하고 어떠한 데이터들이 가용한지를 결정한 후, 적절한 예측 모형을 결정하고 세부 모형의 적용 방안에 대해 정의해야 한다. 실제로 델파이법과 같은 정성적인 기법부터 시계열 예측분석과 같은 정량적인 기법에 이르기까지 다양한 수요예측 기법이 존재하는데, 제품의 특성별로 가장 적합한 예측기법을 선택하는 것이 중요하다. 제품 특성을 크게 수요량과 수요변동성 기준으로 구분할 때, 과거 데이터 기반의 정량적 기법들은 수요변동성이 낮은 제품군에 적합하며, 반면 수요량 및 수요변동성 모두 높은 제품군의 경우 수요예측 시 고객 및 전문가의 주관적인 의견이 보다 많이 요구되기 때문에 정성적 기법이 적합하다. 마지막으로, 수요량이 낮으며 수요변동성이 높은 제품군의 경우는 SKU 수준의 수요예측 대신 원재료 혹은 부품에 대한 총괄 수요예측에 집중하는 것이 적합하다. 그리고 수요에 대한 특성을 예측기법에 반영하는 것 또한 중요한데, 예를 들면 수요가 계절에 따른 변동을 보인다면 계절적인 요소를 예측기법에 반영해야 한다. 수요예측에 관해서는 이후 다시 자세히 다루도록 한다.

정보의 흐름

세 번째 단계는 정보의 흐름을 계획하는 단계이다. 즉, 수요예측을 위한 데이터들을 그들의 출처로부터 어떻게 전달받을지, 예측 결과를 기업 내부적으로 어떤 부서와 상호교류를 할 것인지 등을 결정해야 한다. 또한, 어떠한 예측결과를 공급사슬상의 어떤 다른 참여자들과 공유할 것인지도 결정해야 한다. 예를 들면, 주요 공급자들과 예측치 결과를 집계된 형태로 공유할 수 있을 것이다. 실제로 패스트푸드 업체 중 하나인 웬디스의 경우, 수요 예측 결과를 상추 재배업자 및 가공업자와 공유한다.

네 번째 단계는 수요예측 결과인 예상수요와 생산, 조달, 물류 등 공급사슬 능력을 일치시키기 위한 동기화 절차를 결정하는 것이다. 여기서 동기화를 위해서는 마케팅, 제조, 조달, 물류 및 재무 부서 등과의 조율이 필요하다. 이 동기화 단계의 결과로서, 예상수요를 충족시키기 위해 생산, 물류, 영업 및 공급자의 필요 수준과 그에 소요되는 비용 간의 균형을 고려한 실행 계획을 수립하게 된다. 이러한 실행 계획은 세부 생산 및 조달 계획의 기초가 된다.

전략적 수요관리 프로세스에서 중요한 단계 중에 하나는, 공급과 수요 간의 균형 유지에 문제가 되는 내부 혹은 외부 사건에 대응하기 위한 비상 계획을 세우는 단계이다. 예를 들면, 생산 시설에서 예상치 못하게 조업 중단이 발생할 경우 혹은 항만 노조 파업으로 인해 원재료 수입이 중단되었을 때 어떻게 대응해야 할지에 대한 비상계획을 수립해야 한다. 특히, 예측 가능한 사건에 대한 대응 절차를 수립함으로써 사건 발생 시 빠른 대처가 가능해진다. 추가적으로, 정보 시스템 오류로 인해 데이터 흐름에 장애가 발생하였을 때에 대한 대응상황도 고려해야 한다.

마지막 단계에서는 프로세스의 성능을 평가하고 관리하기 위한 **수요관리 평가지표 프레임워크**를 개발하고, 성능 향상을 위한 목표를 설정해야 한다.

수요관리 평가지표 프레임워크

10.1.2 운영적인 측면에서의 수요관리

운영 단계에서는 전략적 단계에서 설계된 수요예측 및 동기화를 실제로 수행하게 된다. 각 세부 단계에 대해 간략히 살펴보기로 한다.

첫 번째 단계는 **데이터 및 정보 수집** 단계이다. 전략적 단계에서 구체화된, 수요예측을 위한 데이터를 수집하기 위해 마케팅뿐만 아니라 주문이행 프로세스, 고객서비스 관리 프로세스, 제품 개발 및 상용화 프로세스, 그리고 반품관리 프로세스 등과 원활한 상호작용이 필요하다. 예를 들면, 신제품 출시와 관련된 정보는 제품 개발 및 상용화 프로세스와의 상호작용을 통해 확보할 수 있다.

데이터 및 정보 수집

두 번째 단계에서는, 이전 단계에서 확보한 데이터를 기반으로, 전략적 단계에서 결정한 수요예측 모델에 근거하여 **수요예측을 수행**한다. 이 단계에서는 예측 오류를 찾아내고 분석하여 그 결과를 다시 예측 모델에 반영하는 과정을 통해 예측의 정확도를 지속적으로 개선하는 것이 중요하다. 예를 들어, 예측 오류를 살펴보고 특히 오류가 비정상적으로 클 경우 근본적인 원인이 무엇인지 확인하는 것이 중요하다. 이러한 원인 분석에서는 예상치 못한 수요증가의 출처가 어디인지 추적하고, 이것이 특정 고객, 브랜드, 지역 등으로부터 기인한 것인지를 파악하는 것이 중요하다. 출처가 파악된 후에는 원인이 무엇인지 혹은 이러한 수요변화가 얼마나 지속될 것인지 판단하는 것이 필요하다. 이는 향후의 수요예측을 개선하는 데 중요한 시발점이 된다.

수요예측을 수행

세 번째 단계는 **동기화** 단계이다. 수요예측 결과는 수요와 공급 간의 균형을 위한 주요한 의사결정 근거자료이며, 이러한 수요예측 결과를 바탕으로 주어진 공급

동기화

사슬 역량, 재정 상황 등을 파악하여, 어떻게 수요를 충족시킬 것인가에 대한 계획을 수립해야 한다. 이를 위해 먼저 공급사슬상의 용량제약 조건 및 한계에 대한 이해가 필요하다. 즉, 공급사슬상의 주요 참여자들의 공급능력, 생산능력, 현재 재고 수준 등을 파악하고, 수요예측 결과와 비교하여 현재 공급사슬 시스템상에 어떠한 제약들이 있는지 파악해야 한다. 이후 이러한 시스템상의 병목, 제약 문제들을 어떻게 해결할 것인지 아니면 가용한 자원을 어떻게 할당할 것인지 등에 대해 결정해야 한다. 수요예측 시, 예측된 수요에 대한 신뢰구간 정보 또한 경영진의 의사결정 시 중요한 역할을 한다. 이러한 신뢰구간정보는 기존 수요예측 오류 기록들을 활용하여 얻을 수 있다. 예를 들어, 제조회사가 수요예측치가 100이라고 할 때, 95% 신뢰도는 80개와 120개 사이가 될 것이다. 이는 95% 신뢰도로 수요가 80개와 120개 사이가 된다는 의미이다. 제조회사가 수요예측치 및 신뢰구간정보를 공급자와 공유를 하게 되면 공급자는 이를 공급 계획 혹은 더 나아가서 가용한 생산능력을 협의하는 데 활용할 수 있다. 이러한 정보는 경영진에게도 의미 있게 활용될 수 있는데, 예를 들어 높은 서비스 수준을 유지하고자 한다면 120개를 생산할 것이고, 만약 재고비용 혹은 재고 진부화의 위험부담이 크다면 단지 80개만 생산하고자 할 것이다. 이와 같은 의사결정을 위해 회사의 비용 구조와 전략적 목표들에 대한 보다 나은 이해가 필요하다.

수요 변동성 감소 및 유연성 향상 방안 실행

네 번째 단계는 **수요 변동성 감소 및 유연성 향상 방안 실행** 단계이다. 본 단계에서는 가능한 한 변동성 감소 방안을 모색하고, 불가피한 변동성에 대처하기 위해 유연성 향상과 관련된 의사결정을 내리고 실행한다. 실제로 수요변동성을 야기하는 다양한 사례가 존재하는데, 판매량 기준으로 영업팀을 평가할 경우 매 분기별로 매출을 늘리기 위한 다양한 방법들이 고려되고, 이는 결과적으로 수요를 왜곡하는 결과로 이어지고는 한다. 그 외 제품할인 계획, 긴 리드타임 또한 수용변동성을 높이는 주요 원인 중에 하나이다. 따라서 이러한 경영관행을 줄이기 위해 어떠한 노력을 해야 할 지에 대한 의사결정을 내리고 이를 실천하는 것이 중요하다.

마지막으로 성능평가를 수행하는 단계이다. 본 단계에서는 전략적 단계에서 결정된 성능평가 척도에 근거하여 수요관리 프로세스의 성능을 평가한다.

10.2 수요예측의 중요성과 특징

10.1절에서는 공급사슬상에서의 수요관리 프로세스에 관해 살펴보았으며, 수요관리의 핵심은 결국 **수요예측**의 정확성을 높이는 데 있음을 알 수 있었다. 이에 수요예측에 대해 보다 자세히 살펴보도록 한다.

수요예측

제품이나 서비스에 대한 미래의 고객수요를 추정하는 수요예측은, 기업의 자원의 효율을 극대화하기 위한 아주 기초적인 활동이다. 실제 수요가 예측보다 적은 경우에는 과잉시설투자가 일어나서 불필요한 재고가 쌓여 비용이 발생되고, 실제 수요가 예측보다 많은 경우에는 재고 부족으로 인해 판매하지 못한 수요에 대한 기회비용이 발생하며 고객 만족도 하락과 충성도 하락에 대한 보이지 않는 비용도 발생하게 된다. 그러므로 수요예측은 경영 계획 전반에 있어 매우 중요하다 할 수 있다.

이와 같이 경영 계획에 있어서 중요한 부분 중의 하나인 수요예측은 이의 정확한 예측이 어렵기 때문에, 다음과 같은 수요예측의 특성에 대한 올바른 이해가 선행되어야 한다(Chopra & Meindl, 2013). 첫 번째로 예측치는 항상 예측 오차를 감안해야 한다. 예측치는 평균기대치와 예측오차로 구성되어 있기 때문에 언제나 실제 데이터와 차이가 날 수 있다. 하지만 예측오차를 최소화한다면 예측에 대한 정확성을 매우 높일 수 있을 것이다. 두 번째로 단기예측이 장기예측보다는 정확하다. 예측 기간이 짧을수록 실제 데이터와 예측치 간의 오차는 줄어든다. 그렇기 때문에 오차를 줄이고자 한다면 예측 기간을 짧게 두는 것이 바람직하다. 예측 기간을 줄이기 위한 방안으로, 리드타임을 줄인다든지 혹은 예측주기를 축소하는 등의 방안들이 고려될 수 있다. 세 번째로 개별적 예측보다는 총괄적인 예측이 더 정확하다. 통상적으로 기업은 단일 품목보다는 다양한 품목을 취급하기 때문에 개별 제품단위에서 수요예측을 하는 것은 쉽지 않은 일이며 매우 복잡한 정보를 다룰 수 있어야 하는데, 요즘과 같이 시장의 변화가 빠른 경우 더욱 어렵다. 그러므로 수요예측을 전체적인 제품을 대상으로 진행한다면 좀 더 높은 정확도를 기대할 수 있다. 실제로 총괄적 예측이 개별적 예측 후 통합하는 것에 비해 예측오차의 변동이 적다. 네 번째로 인구통계학적인 요소가 미래의 수요를 결정한다. 싱글족이 늘어난다거나 자녀의 수가 2명 미만의 가구가 증가하는 경우와 같이 특정 소비자 계층에 대한 고려가 많이 필요하다.

10.3 수요예측 모형

수요예측을 시작하기에 앞서 수요예측 모델을 선택하는 과정이 필요하다. 이때 무작정 선택하기보다는 다음과 같은 요소들을 사전에 고려한다면 정확성이 더욱 높은 예측을 보여 주는 수요예측 모델을 선정할 수 있을 것이다.

- 요구되는 예측의 형태
- 예측 대상 기간, 예측 단위 기간, 예측 간격
- 자료의 활용 가능성
- 정확성 요구 정도
- 예측 대상의 변화 형태(수요 패턴)
- 예측 시스템의 개발, 설치, 운영비용
- 예측 시스템의 운영 용이성
- 관리자의 이해 및 협조 정도

수요를 예측하기 위한 방법으로 크게 정성적인 방법과 정량적인 방법으로 구분할 수 있다. 정성적인 방법에는 시장조사법, 위원회 토론, 델파이법, 관리자 판단 등이 있으며 통상 예측자의 주관적인 판단을 기반으로 예측하는 기법이다. 정량적인 방법은 다시 시계열방법과 인과형 방법으로 나뉘는데, 시계열 방법에는 이동평균법, 지수평활법, 회귀분석법이 있고 인과형 방법에는 회귀분석법이 많이 활용된다. 본 절에서는 다양한 수요예측 방법론에 대해 살펴보도록 한다.

10.3.1 주관적 혹은 정성적 수요예측기법

정성적 수요예측기법

주관적 혹은 **정성적 수요예측기법**들은 전문가, 주관적인 판단 및 직관 혹은 시장조사 등을 활용하여, 미래에 대한 정량적인 예측치를 구하는 기법들을 말한다. 여기서 예측치에 기초가 되는 정보는 일반적으로 비정량적이거나 주관적인데, 그 이유는 대개 과거 데이터들이 존재하지 않거나, 혹은 존재하더라도 예측과 무관한 경우가 많기 때문이다. 이와 같이 예측에 있어 주관적인 요소가 많이 개입되어 있기에 예측의 정확도를 평가하거나 기법들을 표준화하기에 많은 어려움이 따른다. 이러한 기법들은 주로 신제품 수요 혹은 새로운 시장 수요, 정책의 변화 혹은 새로운 기술의 파급효과 등을 예측하는 데 활용된다. 하지만 신제품 수요예측과 같은 장기간의 전략적 수요예측이 얼마나 어려운 작업인지를 설명하는 오래된 일화 하나를 소개하고자 한다. 2000년 당시 에릭슨사의 사장이었던 커트 헬스톰(Kurt Hellstorm)은 컴텍스 2000 기조연설에서 휴대폰 시장예측과 관련하여 다음과 같이 언급하였다. "1980년에 애널리스트들은 2000년까지 전 세계적으로 1,000만대의 휴대폰이 사용될 것이라 예측하였다. 하지만 그들의 예측치는 59억 9,000대나 벗어나 있었다." 사포(Saffo, 2007)는 이와 같은 전략적 수요예측에 적용 가능한, 그리고 효과적인 예측을 위한 6가지 법칙을 기술하고 있는데, 그중 두 번째 법칙에서 시장 변화를 기술하는 S자형 곡선에서 해당 수요예측이 어느 단계에 해당하는지 결정하기를 권고하고 있다. S자형 곡선은 증가함수 형태를 지니고 있으며, 이 곡선에서 시장 도입 및 초기 단계는 S자형 곡선의 아래 평평한 부분과 연관되고, 제품 수요의 폭발적인 성장 단계는 S자형 곡선의 수직 부분에 해당하며, S자형 곡선의 위 평평한 부분은 제품의 시장성숙도가 이루어진 시점에 해당된다. 두 번째 법칙에서는 이러한 S자형 곡선상에서 현 상황이 어느 시점에 와 있는 것인지 판단하는 것이 효과적인 전략적 수요예측의 어려운 점이자 예측성공의 단초가 됨을 시사하고 있다.

정성적 예측기법에는 판매망 활용 예측법, 시장 조사법, 패널합의법, 과거 자료 유추법, 그리고 델파이법 등이 있다. 먼저, **판매망 활용 예측법**은 제품이나 서비스를 구입하고 사용하는 고객과의 접점에 있는 일선 판매망 혹은 판매요원의 개별 예측치를 합성하여 예측하는 방식으로, 현장의 고객 반응을 효과적으로 반영할 수 있으며, 예측이 신속, 용이하기 때문에 널리 활용되고 있는 기법이다. 반면, 예측 오류의 누적, 그리고 예측치 달성의 부담감으로 예측치를 보수적으로 설정하려는 문제점이 있다. 판매망 활용 예측법

시장 조사법은 설문지나 인터뷰 등을 통해서 고객들이 가진 기존 제품에 대한 선호도나 새로운 제품 아이디어에 대한 태도 등을 조사하는 방식이다. 이와 같은 방식으로 도출된 예측치는 보통 신제품의 생산규모를 결정하거나 기존 제품의 수요 변화 가능성을 예측할 때 활용된다. 시장 조사법은 데이터를 수집하기 위한 비용과 시간이 많이 소요되며, 만약 설문지와 인터뷰 문항 설계가 적절하지 않을 경우, 고객의 선호도나 태도를 왜곡하여 예측할 수 있는 문제점이 있다. 시장 조사법

패널합의법이란 기업 내의 여러 계층 혹은 여러 부서의 관리자들이 모여 수요의 크기에 대한 토의과정을 거쳐 예측치를 구하는 방식을 일컫는다. 다수의 관리자들이 서로 의견을 교환함으로써 보다 나은 예측치를 구할 가능성이 있으나, 실제적으 패널합의법

로 상위 관리자 의견과 크게 차이가 있거나 상반된 의견을 내기가 어려우며, 무엇보다도 본인의 예측치와 실적이 현격하게 차이가 발생할 경우의 책임 문제 등의 집단 사고 현상 문제에 따른 예측 왜곡이 우려된다.

과거 자료 유추법

과거 자료 유추법은 기존의 판매실적이 없는 신제품의 경우 이와 유사한 기존 제품의 과거 판매실적 변화 패턴을 반영하여 예측치를 구하는 방법이다.

델파이법

마지막으로 **델파이법**은 집단 사고 현상으로 인해 본래 의도했던 집단의 합리적인 예측능력을 활용하지 못하는 패널합의법의 문제점을 방지하기 위한 효과적인 집단예측기법이다. 델파이법은 전문가들이 설문지를 통한 예측치의 반복적인 응답 과정을 통해 체계적으로 합치된 예측치를 도출해 내는 방식이다. 이를 위해, 먼저 수요예측에 참여할 전문가를 선정한 후, 설문지 등을 통하여 참여자들로부터 예측치와 예측의 전제조건 등에 대해 응답을 얻는다. 이후, 참여자들의 예측 결과를 요약한 후, 통계 요약정보를 새로운 설문지와 함께 참여자들에게 보내어 수정된 예측치를 도출하도록 요청하고, 새로운 예측치와 예측 조건 등을 요약, 정리하여 새로 작성된 설문과 함께 참여자들에게 다시 보낸다. 필요하다면, 앞서 언급된 참여자들에게 예측치 수정요청 및 수정을 여러 차례 반복 수행한 후 최종 정리된 예측 결과를 참여자에게 통보한다. 이는 참여자들이 직접 대면하지 않고 서로 알지 못하는 상황에서 예측치를 구하게 되므로, 대면적 예측기법이 가지는 집단 사고 현상으로 인한 불합리성을 제거할 수 있다. 다만, 예측에 소요되는 재정적 · 시간적 자원의 소요가 크다.

〈표 10-1〉 정성적 수요예측기법 비교

예측기법	적용분야	예측기간	소요비용
판매망 활용 예측법	수요예측	단기	저
시장조사법	신제품 개발을 위한 잠재수요예측, 총괄수요예측, 신규 사업계획	중기	고
패널합의법	수요예측, 제품개발, 생산시설	중 · 단기	저
과거 자료 유추법	유사 상황자료 활용 수요예측	중 · 단기	중
델파이법	장기수요예측, 기술진보 예측	중 · 장기	중-고

10.3.2 객관적 혹은 정량적 수요예측기법

정량적 수요예측기법

(1) 시계열 예측기법

시계열 예측기법

시계열 예측기법은 한 변수에 대한 미래의 예측치는 시간의 흐름에 따른 과거 데이터의 변동에 영향을 받는다는 가정에 근거한 예측방법이다. 무엇보다도 그 변수가 보여 주었던 과거 시간에 따른 변화 패턴들이 미래에도 계속 이어진다는 가정에 근거하고 있음을 말한다. 여기서 시간간격은 목적에 따라서 시간, 일, 월, 분기, 연간 등으로 나뉠 수 있다. 따라서, 예측치는 과거 데이터로부터 유추된 시간 흐름에 따른 패턴에 불확실성 요소가 가미된 형태를 기반으로 한 모델을 통해 구하게 된다. 이러한 가정으로 인해 일반적으로 시계열 예측기법은 단/중기간 변수예측치를 구하는 데 사용된다.

시계열 모델 및 예측기법들은 다시 정적 모델과 적응형 모델로 구분한다. 정적 모델은 예측 모델 인자들이 예측 기간 동안 변동이 없는 경우를 의미하며, 이는 예측 기간 동안 과거 데이터로부터 유추된 패턴이 변하지 않는다고 가정한다. 단순 평균기법이 이에 해당된다. 반면, 적응형 모델은 새로운 수요 데이터들이 관측되면 이를 반영하여 예측모델 인자들이 업데이트되며, 이동평균법 및 지수평활법 등이 이에 해당된다. 다음은 각 모델에 대해 살펴보도록 한다.

① 단순 및 가중이동평균법

이동평균법은 수요가 안정적이고 변화가 크지 않을 때 유용한 방법이다. 최근 N 기간의 과거 데이터를 바탕으로 다음 기간의 예측치를 구하는 방법으로 정량적 예

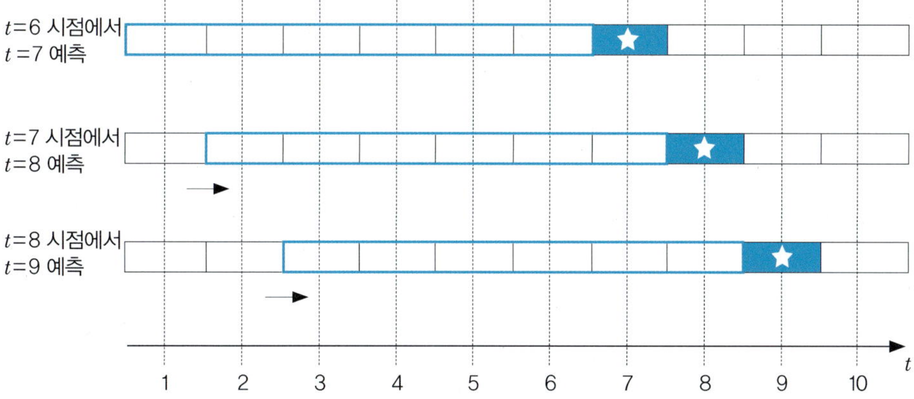

[그림 10-3] 단순 이동평균법 예제(N=6)

측기법 중에서는 가장 간단하다고 볼 수 있겠다. 여기서 '이동'이라는 말은 N으로 정해진 기간이 한 단위씩 이동하며 다음 시기의 예측치를 계산하는 것으로 이해하면 된다[그림 10-3].

단순이동평균법

위에서 언급한 것과 같이 예측 기간 동안 특별한 패턴의 변동이 없는 경우에 유용하다. 우선 가장 단순한 방법인 **단순이동평균법**은 최근 N 기간 동안의 수요 데이터를 합산해 N으로 나누어 미래의 수요를 예측하는 방법이다. 수식으로 나타내면 다음과 같다.

$$F_{t+1} = \frac{D_t + D_{t-1} + D_{t-2} + D_{t-3} + \cdots + D_{t-N+1}}{N} \qquad \text{수식 1}$$

여기서 D_t는 t 기간의 수요 데이터, N은 기간의 수, F_{t+1}은 $t+1$ 기간의 예측치이다.

단순이동평균법의 N은 크기가 작을수록 최근 데이터의 영향력이 커지고 N의 크기가 커질수록 최근 데이터의 영향력이 작아진다. 즉, 시장의 변화가 큰 상황이라면 N의 크기를 작게 하는 것이 좋고, 시장의 변화가 안정적인 상황이라면 N의 크기가 커도 무방하다. 하지만 무턱대고 N 값을 작게 한다면 최근 변화에 너무 민감하게 반응하여 큰 흐름이 반영되지 않는 예측치를 얻을 수도 있기 때문에 N 값의 크기를 적절하게 설정하는 것이 중요하다.

가령, 작년 1월부터 12월까지의 데이터를 가지고 단순이동평균을 구한다면 N은 12가 되며 오는 1월의 단순이동평균을 구할 수 있다. 오는 2월의 수요데이터를 단순이동평균으로 예측한다면 N은 동일하게 12이지만, 작년 2월부터 올해 1월까지 데이터를 사용하게 된다. 즉, 가장 오래된 데이터를 가장 최근의 데이터로 대체하면서 평균이 '이동'하게 된다.

예시 어느 기업의 지난 1년간의 매출이 다음과 같다. 아래의 데이터를 가지고 단순이동평균법을 적용해보자.

기간	매출(만 원)	기간	매출(만 원)
2013/01	3,563	2013/07	3,801
2013/02	3,343	2013/08	3,820
2013/03	3,730	2013/09	3,435

2013/04	3,603	2013/10	3,523
2013/05	3,559	2013/11	3,881
2013/06	3,405	2013/12	6,522

지금이 2013년 6월이라고 가정하고 N을 6으로 설정한 후 7월의 매출을 예측하면 수식 2와 같다.

$$F_7 = \frac{3,405+3,559+3,603+3,730+3,343+3,563}{6} = 3,560 \quad \text{수식 2}$$

2013년 7월 매출은 3,560로 예측되었으나, 실제 매출은 3,801이라고 하자. 이 내용을 가지고 다시 단순이동평균법을 이용하여 2013년 8월의 매출을 예측하면 수식 3과 같다.

$$F_8 = \frac{3,801+3,405+3,559+3,603+3,730+3,343}{6} = 3,573.5 \quad \text{수식 3}$$

단순이동평균법은 데이터의 특성을 무시하고 과거 수치만을 사용하기 때문에 예측의 정확도가 떨어질 가능성이 높다. 예를 들어, 위 예제에서 2013년 12월의 매출이 일반적인 매출이 아니라 재고비용을 줄이기 위해 50% 할인판매를 통한 인위적인 매출 증대의 결과라면 2014년 1월 이후의 예측을 하는 경우에 오차가 커질 가능성이 높다. 이러한 부분의 오차를 줄이기 위해서 가중이동평균법을 사용할 필요가 있다.

가중이동평균법은 단순이동평균법과 대부분 동일하지만, 한 가지 다른 점은 매 기간의 가중치를 다르게 적용한다는 것이다. 이것을 식으로 나타내면 수식 4와 같다.

가중이동평균법

$$F_{t+1} = r_t D_t + r_{t-1} D_{t-1} + r_{t-2} D_{t-2} + \cdots + r_{t-N+1} D_{t-N+1} \quad \text{수식 4}$$

여기서, r_t 는 t 기간 수요 데이터에 대한 가중치로서, $r_t + r_{t-1} + r_{t-2} + \cdots + r_{t-N+1} = 1$ 및 $0 \le r_k \le 1 (k=t-N+1, t-N+2, \cdots, t-1, t)$와 같은 조건을 만족해야 한다.

예시 위 예제 데이터를 사용하여 2014년 1월의 매출을 예측해보자. 만일 단순이동평균법을 이용하여 계산한다고 가정한다면 수식 5와 같다.

$$F_{13} = \frac{6,522+3,881+3,523+3,435+3,820+3,801}{6} = 4,164 \quad \text{수식 5}$$

하지만 12월의 매출은 50% 할인 판매된 결과라고 한다면 가중치를 다른 달에 비해 줄이는 것이 타당하기 때문에, 가중이동평균법으로 계산하면 수식 6과 같다.

$$F_{13} = \frac{2}{11}\times 3,801 \times \frac{2}{11}\times 3,820 + \frac{2}{11}\times 3,435 + \frac{2}{11}\times 3,523 + + \frac{2}{11}\times 3,881 + \frac{1}{11}\times 6,522 = 3,949 \quad \text{수식 6}$$

여기에서 중요한 것은 가중평균이동법의 가중치인 r_t 값을 얼마나 잘 조정하느냐에 따라 예측치의 정확도가 틀려지기 때문에 주의해야 한다. 마지막으로 단순이동평균법을 가중이동평균법의 일부 형태로 볼 수도 있다. 이 경우에는 모든 과거 데이터의 비중이 $1/N$로 동일한 r_t 값을 가진 가중이동평균의 형태로 표시할 수도 있다.

이동평균법은 시계열분석 예측방법 중 가장 간단하고 이해하기 쉬운 방법이지만, 데이터가 어느 정도의 선형 속성을 가지고 있지 않다면 예측능력이 감소하며 N값을 정함에 있어서 최적의 기준이 없어 N값에 의해 예측이 다양하게 나타날 수 있다는 것을 한계점으로 볼 수 있다.

② 단순지수평활법

단순지수평활법

단순지수평활법 역시 예측 기간 동안 특별한 패턴의 변동이 없는 경우에 유용하다. 최근 수요에 비교적 많은 가중치를 부여하여 계산하는 방법으로, 일종의 가중 이동평균법의 변형이라고 할 수 있다. 많은 분량의 과거 데이터를 계속적으로 사용하여 많은 계산이 필요한 이동평균법과는 다르게 2개의 데이터만으로 시계열예측을 하는 방법으로 매우 간단한 방법이다. 다르게 말하면 과거 대표 데이터 하나와 현재 대표 데이터 하나를 가지고 다음의 데이터를 예측한다고 말할 수 있다. 이는 현재부터 과거의 모든 기간의 실적을 바탕으로 계산한다는 의미가 포함되어 있다.

예를 들어, 최근 10일치 데이터로 내일의 수요예측을 할 때 오늘을 제외한 나머지 9일의 수요 데이터에 대한 총 비중을 0.1로 정하고 오늘의 수요 데이터를 0.9의 비중으로 정하여 계산하면 오늘의 데이터 비중을 높인 가중이동평균법의 형태가 된다. 단순지수 평활법은 N기간의 과거 수요 데이터가 필요한 이동평균법과는 다르게 지난번 기간에 계산된 예측치, 이번 기간의 실제 수요, 그리고 평활상수, 이렇게 3개의 값만 가지고 빠르게 계산할 수 있다는 장점이 있다. 평활상수(α)는 0에서 1 사이의 값을 이용하고, 미래의 수요를 예측하는 식은 수식 7과 같다.

$$F_{t+1} = \alpha D_t + (1-\alpha)F_t \qquad \text{수식 7}$$

다음 기간의 수요예측치는 지난번에 구한 수요 예측치에 이번 실제 수요를 일정 비율(α)만큼 반영하여 새로운 예측치를 구한다. 위 식을 다시 정리하면 수식 8과 같이 표현할 수 있다.

$$F_{t+1} = F_t + \alpha(D_t - F_t) \qquad \text{수식 8}$$

이는 최근 예측치(F_t)에 예측오류(즉, 실측치와 예측치 간의 차이, $D_t - F_t$)를 다음 기간 수요예측에 α수준으로 반영하는 것으로 해석이 가능하다. 따라서 α값이 커질수록 최근 수요 데이터의 비중이 커지고 예측치에 큰 영향을 주게 된다. 반면, α값이 작을수록 최근 수요 데이터의 비중은 작아지고 예측치에 적은 영향을 주게 된다. α값은 정해진 값이 없고 상황에 맞는 적절한 값을 찾아 사용하는 것이 바람직하다.

예시 위의 동일한 예시로 단순지수평활법을 살펴보자. 특정 기업의 과거 6개월 간의 매출이 다음과 같다고 하자.

기간	매출(만 원)
2013년 7월	3,801
2013년 8월	3,820
2013년 9월	3,435
2013년 10월	3,523
2013년 11월	3,881
2013년 12월	6,522

2013년 12월 기준 최근 6개월의 데이터를 가지고 2014년 1월의 매출 데이터를 예측해보자. 이때 α값은 0.1로 가정하고 초기 예측데이터 F_{12}는 지난 7, 8, 9, 10, 11월의 평균값을 초기데이터로 설정하기로 하자.

즉, $F_{12} = \frac{3,801+3,820+3,435+3,523+3,881}{5} = 3,692$라고 할 때, 단순지수평활법에 따르면 2014년 1월의 매출 예측치는 $F_{13} = 0.1 \times 6,522 + (1-0.1) \times 3,692 = 3,975$가 된다. 이후부터는 초기값 계산이 필요 없고 지속적으로 F_t가 계산된다. 예를 들어, 다음으로 2014년 1월의 실제 매출이 4,016이라고 가정하고 2014년 2월의 예측치를 지수평활법을 이용해서 계속 구하면 수식 9와 같이 간단하게 계산된다.

$$F_{14} = 0.1 \times 4,016 + (1-0.1) \times 3,975 = 3,979 \quad \text{수식 9}$$

이렇게 지난 기간에 예측한 매출 예측치와 이번 기간의 실제 매출 데이터, 그리고 평활상수 단 3개의 변수로 다음 기간의 매출 데이터를 예측할 수 있다. 수십~수백 개의 데이터를 매번 계산해야 하는 이동평균법에 비해 단 3개의 데이터만으로 예측 데이터를 계산하기 때문에 계산 속도가 빠르며, 수많은 예측 데이터를 매분, 매초 계산해야 하는 상황에서는 지수평활법이 매우 유리하다.

비교적 최근 데이터에 가중치를 높일 수 있는 예측법이지만, 여전히 기존 데이터의 평균에 영향을 많이 받으며 변화 추세를 일정한 시간의 간격을 두고 뒤따라가게 된다. 즉, 약간의 후행적인 성향이 있다고 할 수 있다. 이는 평활상수(α)를 조절하며 극복 가능하지만, 이 값이 어느 정도 이상($\alpha \geq 0.5$) 커져야 한다면 계절적 패턴을 보이고 있다는 의미일 수 있기 때문에 이런 경우에는 단순지수평활법보다는 계절 모형을 이용함으로써 예측정확도를 더욱 높일 수 있을 것이다.

③ 계절성을 고려한 예측법

계절성을 고려한 예측법은 과거 수요데이터가 일정한 기간을 기준으로 규칙적으로 나타나는 경우(예를 들어, 계절적 변동이 있는 수요 데이터)에 사용할 수 있다. 기간은 통상 분기별, 월간, 주간, 일간, 시간별로 구분하여 사용할 수 있다. 예를 들어, 1주일 단위로 패턴이 동일하게 발생하는 지하철 승객의 수요 데이터를 예측한다면, 일 단위 데이터를 가지고 계산하는 것이 아니라 월요일이라면, 예를 들어 지난 월요일, 지지난 월요일, 그 전주의 월요일 데이터만을 가지고 예측치를 계산하는 것은 계절성을 고려한 가장 단순한 예측법이다. 계절성을 고려한 방법에는 승법 계절 모형(multiplicative seasonal model)과 가법 계절 모형(additive seasonal model)이 있다.

승법 계절 모형

승법계절 모형에서는 계절지수를 특정 연도의 특정 분기수요를 그 해의 평균 수요로 나눈 값으로 계산한다. 과거 5년간의 분기별 수요데이터를 활용하여 내년의 분기별 수요 데이터를 예측한다고 가정해보자. 첫 번째로 각 연도별로 연간 총 수요를 4로 나눈 분기별 평균 수요를 구한다. 다음으로 연도별 계절지수를 모두 구한다. 만일에 특정 분기 수요가 130이었고 그 해의 분기 평균 수요가 100이었다면 계절지수는 1.3으로 계산된다. 이렇게 계산된 계절지수들을 동일한 분기들끼리 묶어 평균계절지수를 구한다. 즉, 1, 2, 3, 4, 5년 전의 모든 1분기 계절지수를 더해 5로 나누어 1분기의 평균계절지수를 구한다. 마지막으로 여러 가지 기초적인 기법들로(초보적 기법, 이동평균법, 지수평활법 등) 내년의 분기별 수요를 예측한 다음 각 분기의 평균계절지수를 곱하여 최종적인 분기별 수요예측값을 구한다.

예시 아이스크림을 주로 판매하는 회사의 매출 데이터가 다음과 같다고 가정하자. 대부분의 매출이 여름인 3분기에 몰려 있는 계절적 패턴을 가지고 있다.

구분	2010년	2011년	2012년	2013년
1분기	125	250	320	310
2분기	370	370	430	400
3분기	675	750	830	900
4분기	330	330	420	490
합계	1,500	1,700	2,000	2,100

위 데이터를 활용하여 2014년에 총 2,300의 매출이라고 가정하고 2014년도의 각 분기별 매출을 예측해보자.

구분	2010년	2011년	2012년	2013년	2014년(예측)
1분기	$\frac{125}{375}=0.33$	$\frac{250}{425}=0.59$	$\frac{320}{500}=0.64$	$\frac{310}{525}=0.59$	$\frac{0.33+0.59+0.64+0.59}{4}=0.54$
2분기	$\frac{370}{375}=0.99$	$\frac{370}{425}=0.87$	$\frac{430}{500}=0.86$	$\frac{400}{525}=0.76$	$\frac{0.99+0.87+0.86+0.86}{4}=0.87$
3분기	$\frac{675}{375}=1.80$	$\frac{750}{425}=1.76$	$\frac{830}{500}=1.66$	$\frac{900}{525}=1.71$	$\frac{1.80+1.76+1.66+1.71}{4}=1.73$
4분기	$\frac{330}{375}=0.88$	$\frac{330}{425}=0.78$	$\frac{420}{500}=0.84$	$\frac{490}{525}=0.93$	$\frac{0.88+0.78+0.84+0.93}{4}=0.86$
계절 평균	$\frac{1,500}{4}=375$	$\frac{1,700}{4}=425$	$\frac{2,000}{4}=500$	$\frac{2,100}{4}=525$	$\frac{2,300}{4}=575$

위와 같이 각 연도별 계절평균을 구한 뒤, 각 분기별 데이터를 해당연도의 계절평균으로 나누면 각 기간에 대한 계절지수가 계산된다. 이를 이용하여 분기별로 평균하면 2014년도의 예상 계절지수는 다음과 같다.

1분기: 0.54, 2분기: 0.90, 3분기: 1.73, 4분기: 0.86

2014년도의 매출예상을 2,300으로 가정하였기 때문에 2014년 계절평균값은 575이고, 이 평균값을 앞서 계산한 2014년 분기별 예상계절지수를 곱하면 2014년 매출 예측치가 다음과 같이 계산된다.

구분	2014년
1분기	$0.54 \times 575 = 310.5$
2분기	$0.87 \times 575 = 500.3$
3분기	$1.73 \times 575 = 994.8$
4분기	$0.86 \times 575 = 494.5$
합계	2,300

가법 계절 모형

가법 계절 모형(additive seasonal model)

가법 계절 모형은 계절적 영향이 비율이 아니라 일정한 차이로 나타난다는 가정하에 계절적 예측치를 구하는 방법이다. 앞서 살펴본 예제에서 먼저 각 분기별 평균 수요 데이터를 구한다. 승법 계절 모형에서의 계절성을 지수로 나타낸 것과는 다르게 가법 계절 모형에서는 계절성을 실제 수량으로 나타내며, 이를 계절상수라 부른다. 우선 각 해마다 분기별로 평균과 수요의 차이를 구한다. 이렇게 1, 2, 3, 4분기 평균수요 데이터를 구한 다음 분기별 특징에 따라 임의의 계절 상수를 더하거나 빼주어 내년 분기별 수요 데이터를 예측한다. 예시를 통해 구체적으로 알아보자.

예시 앞서 승법 계절 모형의 예시로 살펴본, 아이스크림을 주로 판매하는 회사의 매출 데이터를 생각해보자. 승법 계절 모형에서는 예상 계절지수를 곱하여 계산한 후 예측 데이터를 구했지만, 가법 계절 모형에서는 예상 계절지수를 구하지 않고 예상 계절상수(변동폭)를 정해서 계산한다.

구분	2010년	2011년	2012년	2013년	2014년
1분기	125−375= −250	250−425= −175	320−500= −180	310−525= −215	$\frac{-250-175-180-215}{4}=-205$
2분기	370−375= −5	370−425= −55	430−500= −70	400−525= −125	$\frac{-5-55-70-125}{4}=63.75$
3분기	675−375= −300	750−425= −325	830−500= −330	900−525= −375	$\frac{300+325+330+375}{4}=332.5$
4분기	330−375= −45	330−425= −95	330−425= −80	490−500= −80	$\frac{-45-95-80-35}{4}=-63.75$
계절 평균	$\frac{1,500}{4}=375$	$\frac{1,700}{4}=425$	$\frac{2,000}{4}=500$	$\frac{2,100}{4}=525$	$\frac{2,300}{4}=575$

즉, 1분기는 분기별 평균 수요의 −205, 2분기는 −64.75, 3분기는 332.5, 5분기는 −63.75라고 임의로 정해놓고 계산하는 것이다. 위의 예시와 같이 2014년 총 예상 매출을 2,300이라고 가정하고 계산하면 다음과 같다.

구분	2014년
1분기(-205)	575−205=370
2분기(-63.75)	575−63.75=511.25
3분기(+332.5)	575+332.5=907.5
4분기(-63.75)	575−63.75=511.25
합계	2,300

가법 계절 모형은 계절별 수량 차이(변동폭)가 있다고 가정하기 때문에 설명이 쉽다. 하지만 계절성 변화를 주는 요인들의 단위가 모두 동일해야만 사용할 수 있다는 점 때문에 사용에 제약이 뒤따른다. 실질적으로 가법 계절 모형을 사용하기에는 어려움이 많기 때문에 가법 계절 모형보다는 승법 계절 모형이 널리 이용된다.

(2) 인과형 예측기법

인과형 예측기법

시계열 예측기법은 수요의 변화가 시간의 함수로 나타낼 수 있음을 가정하고 있다. 반면, 인과형 예측기법은 수요가 어떠한 환경적 요소(예를 들면, 가격 등)와 밀접한 관계를 가지고 있다고 가정할 때 사용할 수 있는 방법으로, 여기서는 대표적인 **인과형 예측기법**인 회귀분석법에 대해 살펴보고자 한다.

회귀분석법

회귀분석법은 변수들 간의 상관관계, 즉 독립변수와 종속변수 간의 상관관계를 분석하여 미래의 데이터를 예측하는 방법이다. 예를 들어, “부모의 키가 큰 경우 자녀의 키도 큰가?”처럼 부모의 키가 자녀의 키에 미치는 영향을 알아보고자 하는 경우에 회귀분석법이 활용될 수 있다. 회귀분석법은 통상적으로 선형회귀법을 일컬으며, 선형회귀법은 독립변수와 종속변수가 일차식 형태로 표현된다. 부모 키와 자녀 키의 상관관계에서는 자녀의 키(Y)가 종속변수가 되고 부모의 키(X)가 독립변수가 된다.

$$Y = aX + b \quad \text{수식 10}$$

과거 데이터들을 2차 평면에 표시한 다음, 이 과거 데이터들을 가장 잘 표현하는 하나의 직선(추세선)을 그으면 이것이 바로 회귀식이 된다. 각각 데이터들과 추세선 사이의 거리에 대한 제곱편차들의 합이 가장 작은 추세선을 계산하여 회귀식을 구하고 이 식을 통해 미래 수요를 예측하게 된다.

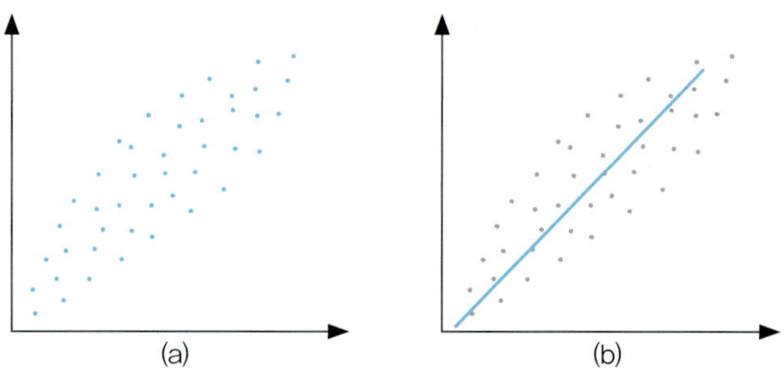

[그림 10-4] 선형회귀분석의 예

[그림 10-4]의 (a)와 같은 데이터가 분포되어 있을 때 이 데이터들을 가장 잘 표현할 수 있는 하나의 직선을 찾아 그리면 [그림 10-4]의 (b)와 같이 나타나게 되고 이를 회귀식이라고 부른다. 위의 경우에는 양(+)의 상관관계가 있는 것을 확인할 수 있지만, 경우에 따라서는 [그림 10-5]와 같이 음(-)의 상관관계가 나타나기도 한다.

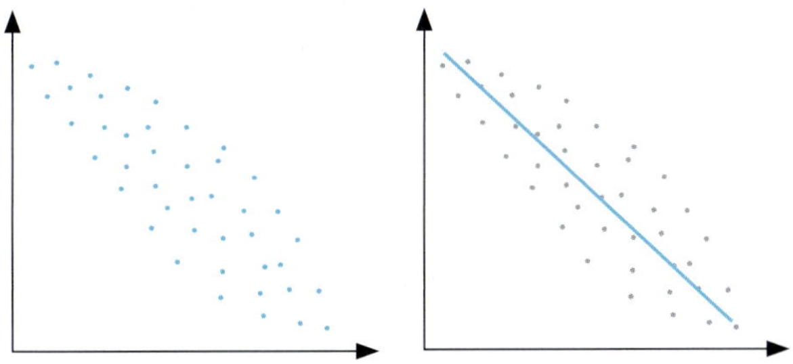

[그림 10-5] 음(-)의 상관관계의 예

상황에 따라서는 [그림 10-6]과 같이 회귀분석식이 도출되었다 하더라도 그 의미가 적거나 없는 식이 되는 경우도 있다. 상관관계가 비교적 높은 [그림 10-6]의 (a)의 경우는 x값이 커질수록 y값의 분산이 커지는 형태를 보이고, (b)의 경우는 x와 y 간의 상관관계 해석이 모호하며, (c)와 같은 경우에는 사실상 상관관계가 없다고 봐도 무방하기 때문에 이런 경우에 도출된 회귀분석식을 해석할 때 주의할 필요가 있다.

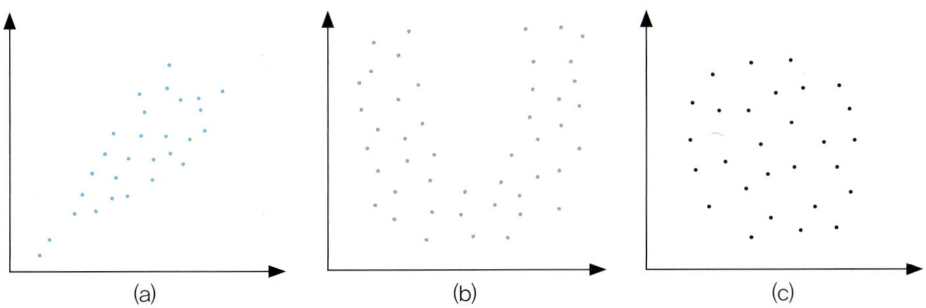

[그림 10-6] 선형회귀분석식 도출이 어려운 예제들

앞의 예제처럼 단순히 종속변수가 하나의 독립변수와의 관계로 설명할 수 없고, 두 개 이상의 다양한 독립변수와의 복잡한 인과관계를 가진 경우가 일반적이다. 예를 들어, 김치냉장고의 수요를 예측하는 경우에 독립변수들로 계절요인, 연중 결혼 횟수, 경쟁사의 가격, 가처분 소득 등 다양한 변수들을 고려할 수 있을 것이다. 이런 경우에는 다중회귀분석을 이용해야 한다. 다중회귀분석이란 "부모의 키와 발 사이즈가 큰 경우 자녀의 키도 큰가?"처럼 독립변수가 2개 이상(앞선 예에서는 부모의 키와 발)인 경우로, 식의 형태는 수식 11과 같다.

$$Y = a_1 X_1 + a_2 X_2 + \cdots + a_n X_n + b \qquad \text{수식 11}$$

단순회귀분석은 독립변수가 1개이기 때문에 이해하기가 비교적 쉬워 많이 쓰이지만, 일반적으로는 두 개 이상의 독립변수에 영향을 받는 경우가 대부분이기 때문에 정확도를 높이기 위해서는 다중회귀분석을 사용하는 것이 바람직하다.

마지막으로, 회귀분석방식은 상관관계를 나타내기는 하지만 인과관계를 나타내지는 못하기 때문에 섣불리 원인과 결과를 판단해서는 해석의 오류 가능성이 높아지기 때문에 주의해야 한다.

(3) 예측기법 간의 비교

본 절에서는 다양한 정량적 수요예측기법 중 이동평균법, 지수평활법 그리고 회귀분석에 관해 간략히 살펴보았다. 이 외에 다양한 예측법이 존재하고 이들 중 어떠한 방법이 정확한 예측을 보장한다고 할 수 없기 때문에, 상황에 적절한 예측기법을 선택하여야 한다. 하지만 통상적으로 데이터의 양이 크기 때문에 다양한 예측기법을 테스트해보고 선택하는 것이 쉽지 않다. 〈표 10-2〉는 앞서 살펴본 예측기법에 대해 적용 분야, 예측 기간, 소요비용을 기준으로 비교정보를 나타내고 있다. 이를 참고하여 적용 분야별로 어떠한 기법을 활용해야 하는지 도움이 될 수 있을 것이다.

〈표 10-2〉 정량적 수요예측기법 비교

예측기법	적용 분야	예측 기간	소요비용
이동평균법	일정 계획, 재고관리, 가격결정	단기	저
지수평활법	일정 계획, 재고관리, 가격결정	단기	저
회귀분석	제품수요, 총괄 생산 계획, 설비투자 계획	중장기	중

10.4 수요예측 모형 평가

10.3절에서는 다양한 정성적 혹은 정량적 수요예측 모형에 대해 살펴보았다. 하지만 이러한 예측기법에는 항상 예측오차가 포함되어 있다. 즉, 다양한 예측기법으로 도출된 결론에 예측오차도 같이 감안되어야 하며, 이러한 오차 정도에 따라 적용된 예측 모형에 대한 평가 또한 가능하다. 이에 본 절에서는 다양한 예측오차 평가 척도에 대해 살펴보도록 하자.

예측오차

예측오차는 일반적으로

$$E_t = D_t - F_t \qquad \text{수식 12}$$

와 같이 정의된다. 여기서 E_t는 예측오차, D_t는 실현된 데이터, F_t는 예측된 데이터를 의미한다. 즉, 예측오차는 실측치에서 예측치를 뺀 것으로 정의한다. 이러한 예측오차는 다양한 수요예측기법들 중 어떠한 예측기법을 선택해야 할지에 대한 기준으로 활용될 수 있다. 다음은 다양한 예측오차들을 활용한 예측기법 평가 척도들에 대해 알아보도록 하자.

10.4.1 예측오차 기반 예측기법 평가 척도들

(1) 누적예측오차

누적예측오차(Cumulative Forecast Error: CFE)

누적예측오차(Cumulative Forecast Error: CFE)는 실제 데이터와 예측 데이터 간의 차이를 누적적으로 합계를 계산한 오차계산법으로 수식 13과 같이 정의된다.

$$CFE_n = \sum_{t=1}^{n} E_t \qquad \text{수식 13}$$

예를 들어, 〈표 10-3〉과 같이 시간별 오차가 주어졌을 경우, 각 시간별 누적예측오차는 해당 시점까지의 예측오차 합으로 나타내어진다.

〈표 10-3〉 누적예측오차법 계산의 예

t	1	2	3	4	5	6	7	8
예측오차(E_t)	30	40	70	40	50	100	30	50
누적예측오차(CFE)	30	70	140	180	230	330	360	410

예측오차는 실제로 +와 −의 값으로 각각 발생하기 때문에 누적예측오차는 전체적으로 +의 오차를 보이는지 −의 오차를 보이는지 방향성을 확인할 수 있다. 하지만 +오차와 −오차의 상쇄되는 효과로 인해 실제 오차보다 작게 평가될 수 있다.

〈표 10-4〉 +와 −를 반복하는 예측오차 사례와 누적예측오차

기간(t)	실제 데이터(D_t)	예측 데이터(F_t)	예측오차(E_t)
1	800	700	+100
2	600	700	-100
3	800	700	+100
4	600	700	-100
5	800	700	+100
6	600	700	-100

〈표 10-4〉와 같은 경우를 살펴보면, 예측치는 700으로 안정적인 예측치를 보였으나, 실제 데이터는 800과 600을 번갈아 보이는 반복 패턴을 보인다. 매 기간별로 오차는 100씩 차이가 났으나, 누적예측오차방법으로 이 예측기법의 성능을 평가한다면 오차가 0으로 평가되는 문제가 발생한다.

(2) 평균오차

평균오차(Mean Error: ME)

평균오차(Mean Error: ME)는 실제 데이터와 예측 데이터 차이의 합을 예측 기간 수(n)로 나누어 판단하는 방법으로 수식 14와 같이 정의한다.

$$ME_n = \frac{\sum_{t=1}^{n} E_t}{n} = \frac{CFE}{n} \qquad \text{수식 14}$$

〈표 10-5〉 평균오차 계산의 예

t	1	2	3	4	5	6	7	8
예측오차(E_t)	100	-80	50	70	30	-70	60	-50
누적예측오차 (CFE)	100	20	70	140	170	100	160	110
평균오차(ME)	100	10	23.33	35	34	16.67	22.86	13.75

〈표 10-5〉는 평균오차에 관한 예를 보여 주고 있다. 이 방법은 매 기간마다 발생하는 평균적인 오차의 크기를 알 수 있다. 하지만 이 또한 누적예측오차와 동일한 오류 가능성이 있기 때문에 주의해야 한다.

(3) 평균절대편차

평균절대편차(Mean Absolute Deviation: MAD)는 예측오차의 절댓값의 평균을 나타내는 방법으로, 이의 정의는 수식 15와 같다.

평균절대편차(Mean Absolute Deviation: MAD)

$$MAD_n = \frac{\sum_{t=1}^{n} |E_t|}{n} \qquad \text{수식 15}$$

절댓값을 이용하면 +오차와 −오차가 다양하게 발생하더라도 오차의 상쇄효과를 예방할 수 있으며([그림 10-7]), 계산방법이 쉽고 이해가 용이하여 예측 오차방법 중 가장 많이 사용된다.

〈표 10-6〉 평균절대편차 계산의 예

t	1	2	3	4	5	6	7	8
예측오차(E_t)	100	-80	50	70	30	-70	60	-50
절대편차($\|E_t\|$)	100	80	50	70	30	70	60	50
평균절대편차(ME)	100	90	76.67	75.00	66.00	66.67	65.71	63.75

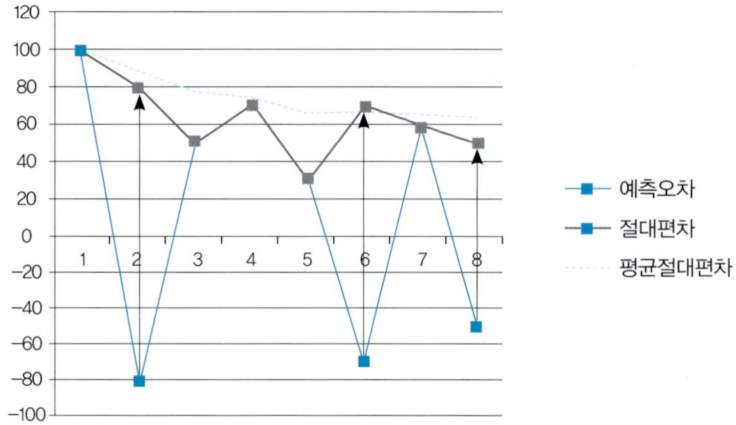

[그림 10-7] 〈표 10-6〉의 평균절대편차 계산의 예

(4) 평균제곱오차

평균제곱오차(Mean Square Error: MSE)

평균제곱오차(Mean Square Error: MSE)는 예측오차를 제곱하여 이를 합한 뒤 평균을 계산한 값으로 수식 16과 같이 정의한다.

$$MSE_n = \frac{\sum_{t=1}^{n} E_t^2}{n}$$ 수식 16

이렇게 평균제곱오차를 이용하면 큰 오차는 크게 반영되고, 작은 오차는 상대적으로 적게 반영되게 된다. 또한, 제곱을 통한 계산 때문에 평균절대편차방법과 같이 +오차와 −오차가 상쇄되는 것도 예방할 수 있게 된다. 특히, 오차들 중 미세한 오차는 무시하고 비교적 눈에 띄는 큰 오차에 가중치를 두고 싶을 때 적합한 방법이다.

〈표 10-7〉 평균제곱오차 계산의 예

t	1	2	3	4	5	6	7	8
예측오차(E_t)	50	−35	5	30	3	−30	40	-5
오차제곱(E_t^2)	2,500	1,225	25	900	9	900	1,600	25
평균제곱오차 (MSE)	2,500	1,862.5	1,250	1,162.5	931.8	926.5	1,022.71	898

(5) 표준오차

표준오차(Standard Error)는 RMSE(Root Mean Square Error)라고도 불리며, 이는 평균제곱오차의 제곱근 값이다.

표준오차(Standard Error)
RMSE(Root Mean Square Error)

$$RMSE_n = \sqrt{\frac{\sum_{t=1}^{n} E_t^2}{n}}$$ 수식 17

평균제곱오차방법으로 예측오차를 평가하게 되면 그 수치가 상당히 크게 계산되기 때문에, 결과적으로 실제 차이보다 더 크게 오차가 나타나게 되어 이로 인한 오류 가능성이 존재한다. 이에, 평균제곱오차에 제곱근을 취함으로써 실제 발생된 오류의 크기를 보정하게 된다.

〈표 10-8〉 표준오차 계산의 예

t	1	2	3	4	5	6	7	8
예측오차(E_t)	50	−35	5	30	3	−30	40	−5
오차제곱(E_t^2)	2,500	1,225	25	900	9	900	1,600	25
평균제곱오차 (MSE)	2,500	1,862.5	1,250	1,162.5	931.8	926.5	1,022.71	898
표준오차($RMSE$)	50	43.16	35.36	34.10	30.53	30.44	31.98	29.97

(6) 평균절대백분율오차

평균절대백분율오차(Mean Absolute Percentage Error: MAPE)란 오차의 절대값과 수요량의 비율을 평균한 값으로, 실제 데이터에서 오차가 어느 정도의 비율로 발생했는지 확인할 수 있는 방법이다.

평균절대백분율오차(Mean Absolute Percentage Error: MAPE)

$$MAPE_n = \frac{\sum_{t=1}^{n} \left| \frac{E_t}{D_t} \right| \times 100}{n}$$ 수식 18

지금까지의 오차계산 결과는 실제 데이터의 오차값들로 계산되지만, 이 값은 관련된 수치에 대한 이해도가 높은 사람들에게는 이해가 쉽지만, 그렇지 않은 사람들에게는 여전히 이해하기 어려운 결과값이다. 그렇기 때문에 평균절대백분오차비율법과 같은 방법으로 몇 % 정도의 오차가 발생했는지를 표시한다면 데이터 자체에 대한 이해도가 낮은 사람도 예측방법에 대한 평가를 쉽게 이해할 수 있다.

〈표 10-9〉 예측오차 기반 예측기법 평가척도

예측기법	설명
누적예측오차(*CFE*)	예측오차의 누적치
평균오차(*ME*)	예측오차의 평균치
평균절대편차(*MAD*)	절대오차의 평균치
평균제곱오차(*MSE*)	제곱된 예측오차의 평균치
표준오차(*RMSE*)	평균제곱오차의 제곱근
평균절대백분율오차(*MAPE*)	절대적인 백분율 오차의 평균치

10.4.2 예측오차의 추적

최근에는 제품의 수명주기가 짧아지고 수요가 더욱 급변하고 있다. 그렇기 때문에 처음에 정확하게 이용되던 예측 모형일지라도, 시간이 지남에 따라서 정확도가 떨어질 수 있다. 이것을 개선하기 위하여 예측오차를 계속 추적해보아야 한다. 예측오차의 추적을 통해 예측오차가 지속적으로 증가하는지 감소하는지를 확인하여, 쓰고 있는 수요예측 모델의 타당성을 지속적으로 확인해야 한다.

추적 신호(Tracking Signal: TS)

일반적으로 예측오차의 추적은 추적 신호(Tracking Signal: TS) 값을 활용하며, 이 값을 계속적으로 추적한다.

$$TS_n = \frac{CFE_n}{MAD_n} = \frac{\sum_{t=1}^{n} E_t}{\frac{\sum_{t=1}^{n}|E_t|}{n}}$$ 수식 19

TS는 0 부근에 있는 것이 정상이며, 이 값이 정해진 일정 범위(관리 상/하한)를 벗어난다면, 현재 사용하고 있는 예측 모델을 점검하여 수정하거나 다른 예측모델로 변경해야 한다.

요약

- 수요관리는 고객 요구사항과 주어진 공급사슬 역량 간의 조화를 이루기 위한 공급사슬관리 프로세스를 의미한다.
- 수요관리의 핵심은 수요예측의 정확도를 높이고, 수요의 변동성을 줄이며, 예상치 못한 수요에 대해 운영 유연성을 향상하기 위한 대책을 강구하는 것이다.
- 수요예측치의 오차는 항상 존재하며, 이를 최소화하는 것이 중요하다. 일반적으로 단기예측이 장기예측보다, 총괄예측이 개별예측보다 일반적으로 정확하다.
- 수요예측에 있어, 크게 주관적 방법과 객관적 방법으로 나눌 수 있다. 예측방법으로는 정성적 방법, 시계열 방법, 인과형 방법, 시뮬레이션 방법 등이 있다.
- 예측오차는 현재 예측방법의 정확성을 확인하기 위한 목적으로 분석하며, 예측오차 평가척도에는 평균절대편차, 평균제곱오차, 평균절대백분율오차 등이 있다.

연·습·문·제

1. 수요예측이 필요한 이유는 무엇인가?

2. 정성적 수요예측을 위해서는 어떠한 기법들을 사용할 수 있는가?

3. 이동평균법 혹은 가중이동평균법에 비하여 단순지수평활법이 가지는 장점은 무엇인가?

4. 다음은 제품의 10주간의 매출액을 정리한 것이다.

주	1	2	3	4	5	6	7	8	9	10
매출액	116	124	96	119	96	102	112	102	92	91

1) N=4주인 단순이동평균법을 이용하여 7주부터 4주간 (즉, 7~10주) 매출액의 예측치를 산정하시오.
2) 평활상수 α=0.1에서 7주 이후 4주간 매출액의 예측치를 산정하시오.
3) 1) 및 2)에서의 *MAD*, *MSE*, *MAPE* 및 *TS*를 평가하시오. 1)과 2)의 두 방법 중 어떠한 방법을 더 선호하는지 이유를 설명하시오.

참·고·문·헌

Chopra, S., & Meindl, P.(2013). *Supply chain management: Strategy, planning and operations* (*5th Edition*). New Jersey: Prentice Hall.

Croxton, K. L., Garcia-Dastugue, S. J., Lambert, D. M., & Rogers, D. S.(2001). The supply chain management processes. *The International Journal of Logistics Management, 12*(2), 13-36.

Saffo, P.(2007). Six rules for effective forecasting. *Harvard Business Review*, 85(7/8), 122-131.

공급사슬관리

PART VI 글로벌 공급사슬 네트워크

CASE STUDY

아마존(Amazon) 공급사슬 네트워크의 진화

아마존은 미국뿐만 아니라 전 세계적으로도 전자상거래 시장의 선두주자로서, 지난 수십 년간 급속히 성장하며 고객에서 빠르고 신뢰할 수 있는 서비스를 제공하기 위해 끊임없이 공급사슬 네트워크를 혁신해 왔다. 아마존의 공급사슬은 단순한 물류 관리 시스템을 넘어, AI와 로봇기술 등을 활용한 자동화 및 기술혁신, 글로벌 확장 및 지역화 전략 등을 통해 지속적으로 진화해왔으며, 본 글에서는 아마존의 공급사슬 네트워크가 어떻게 시작이 되었고, 어떠한 과정을 통해 지속적인 혁신을 이뤄왔으며, 이러한 변화가 고객경험과 시장 경쟁력에 미친 영향을 간략히 살펴보고자 한다.

아마존 공급사슬 네트워크의 시작(1990~2010년대)

1994년 온라인 서점으로 시작한 아마존은 빠르게 성장하면서 전 세계적으로 다양한 제품들을 판매하기 시작하였다. 아마존은 초기에 온라인 서점으로 출발하였으며, 아마존이 고객의 주문을 출판사에 중개하면 배송 등의 물류서비스는 외부업체(Ingram Books)에 의해 수행되는 방식의 공급사슬 시스템을 채택하였다. 이에 따라 공급사슬 시스템은 외부 물류센터에 상품들을 픽업하고 포장하는 작업 등이 전통적 소매업체와 유사한 수동 시스템에 의존하는 형태를 띠고 있었다.

이러한 공급사슬의 구성은 초기단계에서는 아마존의 규모가 상대적으로 작았으므로 이러한 수동 시스템으로도 충분히 고객 수요를 충족할 수 있을 것이라는 판단에서 비롯된 것이었지만, 수요가 급증하는 연말 등에 배송이 지연되거나 상품이 유실되는 등 고객 서비스 수준이 크게 저하되는 문제가 발생하였으며, 물류비용의 부담과 낮은 고객 서비스 수준으로 인해 아마존의 적자는 큰 폭으로 증가하게 되었다. 실제로 1999년 16억 달러 적자, 2000년에는 27억 달러의 적자를 기록하면서 아마존은 존립 자체를 위협받게 되었다. 이제 수동 프로세스로는 대응이 더 이상 불가능하고, 공급사슬 운영의 효율성과 속도에 대한 개선이 절실한 상황이 되었다.

이후 아마존은 물리적 공급사슬 네트워크 운영을 외부 시스템에 의존하는 것의 한계를 깨닫고 자체 물류센터를 보유하는 등의 물류 내재화를 추진하였다. 물류 내

재화로 공급사슬 네트워크가 안정화됨에 따라 아마존은 2000년 첫 흑자 전환을 달성하였으며, 2010년대 초반부터 Kiva Robotics(이후 Amazon Robotics로 명칭 변경) 인수를 계기로 본격적으로 물류혁신의 전환점을 맞이하였다. 이 시기부터 물류센터에서 자동화된 시스템을 활용하여 상품의 분류, 포장, 그리고 배송 준비 작업을 효율화하였다.

이 과정에서 적용된 주요 자동화 기술로는 RFID와 바코드 스캐닝 시스템을 활용한 글로벌 물류 네트워크 구축이 있다. 이를 통해 전 세계 100개 이상의 풀필먼트 센터를 연결하여 재고 회전율을 25% 향상시키고, 상품의 입출고를 자동으로 추적하며 재고 관리의 효율성을 높였다. 또한, 자동 포장 시스템을 도입해 작업 시간을 단축하고 정확성을 향상시켰으며, 로봇을 활용한 물류센터 내 상품 피킹 및 분류 작업 자동화를 통해 운영 효율성을 극대화했다.

실제로 Kiva 로봇(정식 명칭은 Drive Unit)은 창고 내 상품 이동을 자동화하여 기존 인력 대비 3배의 처리 속도를 달성하였으며 '주문 후 48시간 배송' 체계를 가능하게 한 기술혁신이었다. 이러한 자동화 기술의 도입을 통해 작업속도 및 정확성을 개선할 수 있었고 이에 고객에게 보다 빠르게 제품을 제공할 수 있었으며, 인건비 절감 및 오류 발생률도 크게 줄어들었고, 빠르게 증가하는 수요를 효과적으로 대응하는 것이 가능해졌다. 이러한 초기 자동화는 아마존의 공급사슬 네트워크가 지속적으로 혁신하고 성장하는 데 중요한 기반이 되었다.

아마존의 Drive Unit(Kiva 로봇)(사진 출처: 조선일보)

또한 2006년 아마존은 판매자의 재고를 아마존 창고에서 통합관리하는 서비스인 FBA(Fulfillment by Amazon)를 런칭하였다. 판매자들은 아마존 물류 인프라를 임대해 사용함으로써 평균 배송비용을 35% 절감했으며, 이는 아마존이 플랫폼 수수료 외에 새로운 수익원을 창출하는 전략적 토대가 되었다.

아마존 공급사슬 네트워크의 글로벌 확장 및 지역화 전략(2010년대 중반~2020년)

2016년을 기점으로 아마존은 글로벌 확장을 더욱 가속화하면서 175개 이상의 풀필먼트 센터를 통해 185개국에 서비스를 제공하기 시작하였다. 이 과정에서 아마존은 단순히 글로벌 확장만을 한 것이 아니라 지역화 전략을 도입하여 각 지역별 고객에게 맞춤형 서비스를 제공하기 위해 노력하였다.

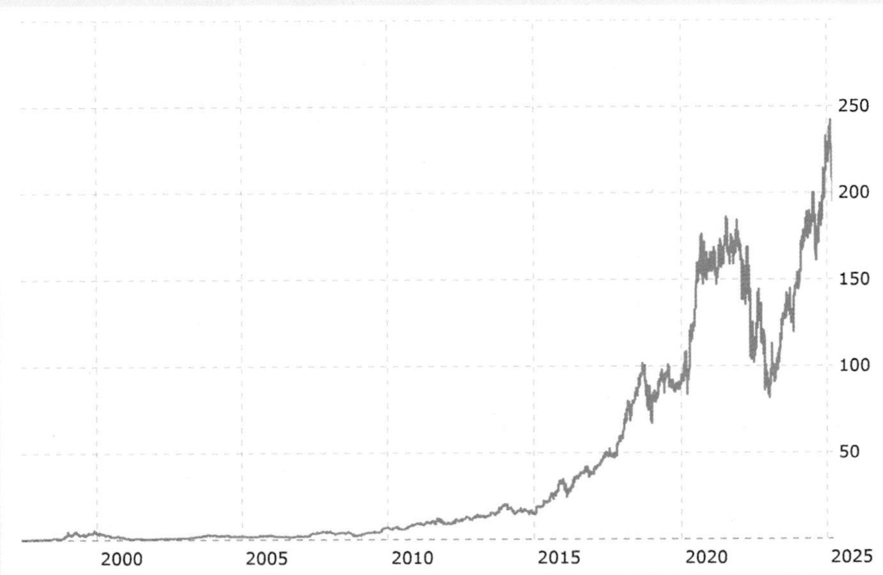

아마존의 주가 차트

예를 들어, 아마존은 미국 내 여러 지역에 다수의 물류센터를 운영하며 고객에게 1~2일 내 배송서비스를 제공하였다. 이를 위해 각 지역은 자체 창고, 트럭, 배송팀 운영을 통한 라스트마일 배송체계 내재화를 꾸준히 추진하며, 외부 택배사의 의존도를 2018년 60%에서 2023년 28%로 감소시켰다. 이처럼 아마존은 라스트마일 배송을 위해 자체적 육상운송 서비스 체계를 이 시기부터 구축하기 시작하였으며,

2016년에는 'Amazon Air'라는 화물항공사도 설립, 20여대의 항공기를 리스하며 항공운송 서비스로의 확장을 이어나갔다. 실제로 이와 같은 투자는 UPS에 대한 의존도를 2019년 29%에서 2025년 7%대로 낮추는 동시에, 미-중 간 배송시간을 21일에서 5일로 단축시켰다.

또한, 일본에서는 전자 및 가전제품에 대한 선호도가 높아 이러한 제품들을 집중적으로 판매하는 등 지역고객 선호도에 맞춘 제품을 고객에게 제공하려는 노력을 기울였다. 이를 통해 배송속도 및 고객 만족도 향상 등의 긍정적 효과를 가져왔다.

AI와 로봇기술의 심층 통합을 통한 아마존 공급사슬 네트워크의 혁신 (2020년대~현재)

아마존은 AI와 로봇기술을 적극적으로 도입하며 공급사슬 운영을 더욱 효율화하고 있다. 두 기술의 통합은 아마존의 공급사슬 네트워크를 보다 유연하고 반응성이 높은 시스템으로 변화시켰다. 우선 아마존은 AI 기술을 활용하여 수요예측, 재고관리, 물류 최적화 등을 수행하였다. 대량의 데이터를 실시간으로 분석하여 수요 변동을 예측하고, 재고 수준을 최적화하며, 배송경로를 동적으로 계획하여 교통상황, 날씨 등의 다양한 요소를 고려해 최적의 경로를 제시하는 등 빠른 배송서비스를 제공하고 있다. 예를 들어, Transformer 아키텍처 기반 수요 예측 모델을 적용하여 계절성, 소비자 행동 변화, 글로벌 경제지표를 실시간 분석해 수요예측 정확도를 94%까지 끌어올렸다고 한다. 또한, 2023년 도입된 IoT TwinMaker는 디지털 트윈 기술로, 물류센터 운영을 시뮬레이션해 장비 가동 중단 시간을 45% 감소시켰다.

또한 아마존은 로봇을 활용하여 물류센터 내 프로세스 자동화를 도모하였으며, AI와의 결합을 통해 작업 효율성을 크게 향상시켰다. 예를 들어, Kiva 로봇은 물류센터에서 상품을 피킹하고 분류하는 작업을 자동화하고 있으며, AI와의 결합을 통해 효율적인 경로 계획과 작업 최적화를 수행하고 있다. 또한, 2022년 Proteus 로봇은 레이저 센서와 컴퓨터 비전을 활용해 창고 내 인간 작업자와 안전하게 상호작용하며, 주문처리 속도를 25% 향상시켰다. 같은 해 공개된 Sparrow 로봇 팔은 1,000만 종류의 상품을 인식해 분류 정확도 99.9%를 달성, 기존 시스템 대비 3배 효율성을 증명했다.

이와 같이 AI와 로봇기술의 통합으로 아마존은 생산성 향상 및 인건비 등의 비용 절감, 정확하고 빠른 배송 서비스 제공을 통한 고객 만족도 향상 등 다양한 긍정적인 효과를 가져왔다.

아마존 공급사슬 네트워크의 지역화 전략을 통한 COVID-19 대응

아마존은 COVID-19 펜데믹 기간 동안 지역화 전략을 통해 아마존 공급사슬 네트워크를 더욱 효율적으로 운영하였다. 즉, 미국 내 물류센터를 8개 지역으로 나누어 운영하며 공급사슬 네트워크를 지역화하고, 각 지역 내에서 자체적으로 운영할 수 있도록 설계하여 76%의 제품이 주문한 지역 내에서 대응이 가능하도록 만들었으며, 이를 통해 더 빠른 배송 서비스를 제공하는 데 기여하였다.

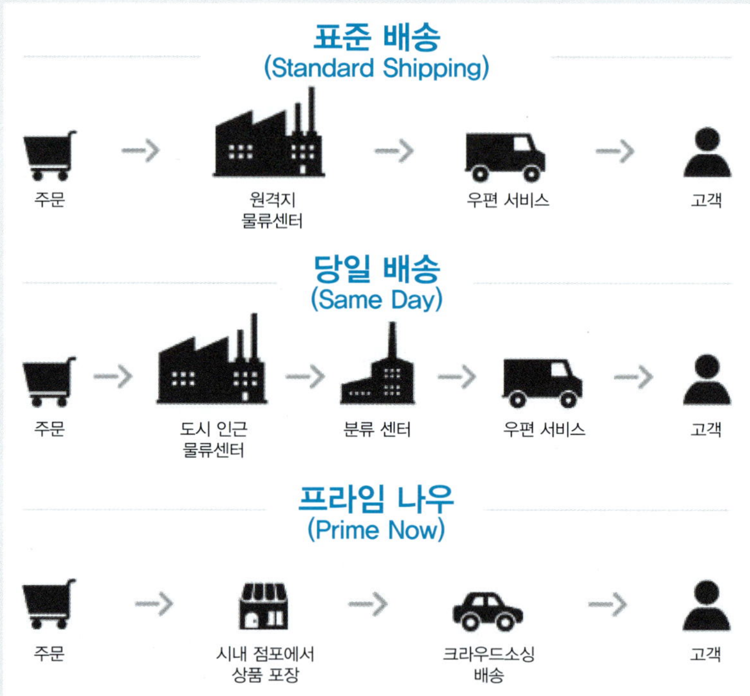

아마존 공급사슬 네트워크의 구조

또한 COVID-19 팬데믹 기간 동안 아마존은 공급사슬 네트워크를 안정적으로 유지하기 위해 해당 기간 동안 175,000명 이상의 추가 인력을 고용하여 급증한 온라인 주문 수요에 효과적으로 대응하였으며, 필수품들의 재고 확보와 배송을 우선시하여 공급사슬 운영의 안정성을 높이는 데 많은 노력을 기울였다.

이러한 지역화 전략과 COVID-19 대응은 아마존이 팬데믹 상황에서도 고객에게 신속하고 신뢰할 수 있는 서비스를 제공하는 데 중요한 역할을 하였다.

아마존의 공급사슬 네트워크는 AI, 자동화, 지속 가능성, 글로벌 시장으로의 확장, 고객 중심 서비스 강화, 그리고 기술혁신을 통해 고객 경험을 더욱 개선하고 경쟁력을 강화할 것이다. 이러한 변화는 아마존이 전 세계적으로 강력한 입지를 유지하는 데 중요한 역할을 할 것이다.

11

CHAPTER

공급사슬 네트워크 설계

학습 목표

- 공급사슬에서 물류 네트워크 구조를 결정하고 그에 따른 성능을 평가하는 척도들을 식별할 수 있다.
- 다양한 공급사슬 유통 전략에 따른 물류 네트워크 유형 간의 장 · 단점을 이해할 수 있다.
- 공급사슬 네트워크 설계에서 시설입지 의사결정 모형들을 이해하고 적용할 수 있다.

사례

시뮬레이션 기반의 물류 네트워크 최적화

◆ **시뮬레이션 기반의 물류 네트워크 최적화** [물류신문=김태현 (CJ대한통운)]

'새로운 물류 거점을 어디에 위치시켜야 하는가?', '현재 운영 중인 물류 거점의 수는 적정한가?' Supply Chain 내 원활한 물적 흐름(Physical Flow)을 위해 물류 거점의 위치를 선정하거나 적정 수를 결정하는 문제는 물류 서비스 레벨과 운영 원가를 좌우하는 매우 중요한 전략적 의사결정 요소이다. 주문의 형태와 빈도, 상품과 물동의 특성, 공급처의 위치, 거래처 납품 조건 등 다양한 제약 요인들을 만족시킬 수 있는 해(解)를 찾아 네트워크 모델을 설계해야 하는 최적화 문제이자 동시에 과거 물동에 대한 대용량 데이터 분석이 필요한 어려운 과정이 수반된다. 복잡하지만 중요한 이 문제를 풀어낼 방법이 없어 대부분의 기업들은 단순한 분석이나 경험에 의존하거나 동종업계 경쟁사의 현황을 참고해서 판단하는 경우가 많다.

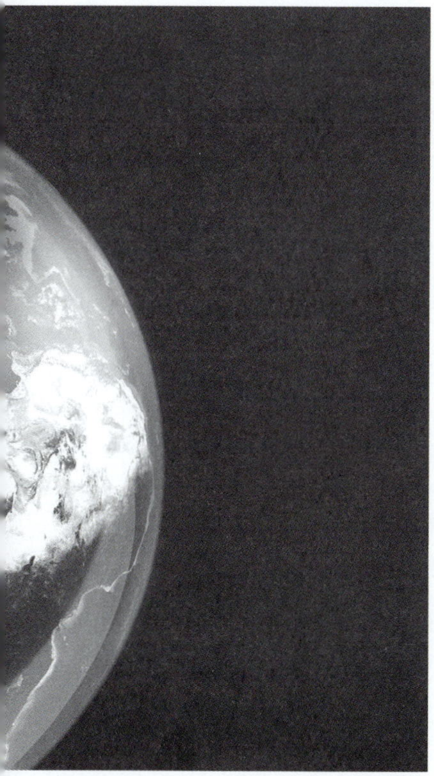

CJ대한통운은 이러한 물류 네트워크 최적화 문제를 다양한 산업군에서 컨설팅을 수행하며 노하우를 축적했다. 산업별 비즈니스 특성에 대한 이해도가 높은 최적화 전문가, 네트워크 설계 방법론, 시뮬레이션 툴을 보유하고 있으며, 이를 기반으로 최적의 솔루션을 찾아 고객에게 실행 가능한 대안을 제시한다. 네트워크 설계 방법론은 1) 현황 분석을 기반으로 2) Scenario Modeling 및 3) Simulation을 수행하고 4) 평가 및 선정을 통해 최적 네트워크 전략을 제시하는 일련의 과정으로 구성되어 있다. (그림 1)

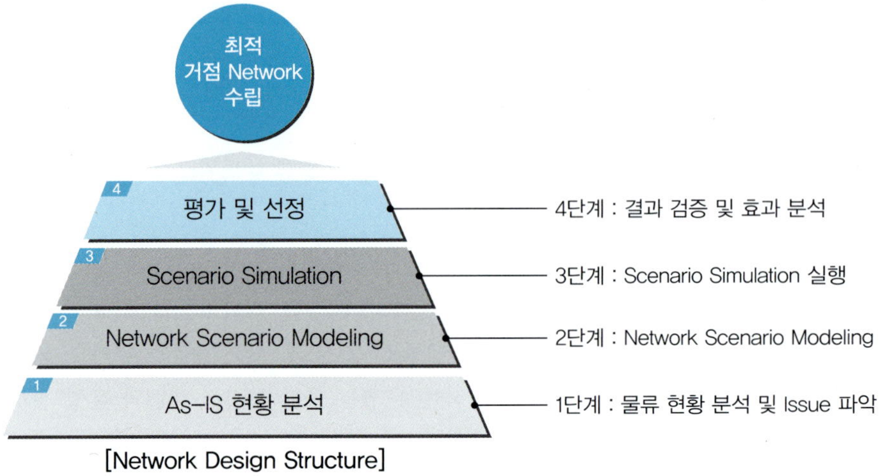

그림 1

기업의 사례 통해 위에 제시한 네트워크 설계 방법론을 활용한 사례를 소개하고자 한다.

물류 네트워크 현황(수도권) 분석

A社의 수도권 물류 네트워크는 공장(1개), 거점(29개), 거래처(1,696개)로 구성되어 있으며, 공장으로부터 상품을 공급받아 1,696개의 거래처로 배송하기 위해 현재 29개의 거점을 운영하고 있다. 내부적으로 거점 통합에 대한 긍정적인 의견이 있었으나 몇 개의 거점을 어디에 배치하는 것이 최적의 네트워크 모델인지 판단 할 수 있는 방법이 없었다. 이 문제를 시뮬레이션 방법론을 통해 최적 결과를 도출하는 것이 컨설팅의 핵심 과제였다(그림 2).

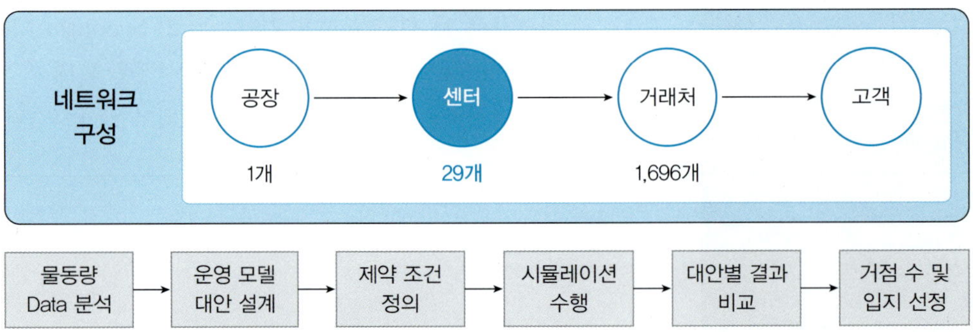

그림 2

네트워크를 구성하는 각 개체들의 특성과 제약조건을 만족하는 최적의 해(필요 거점 수와 위치)를 찾아야 한다. 최우선으로 네트워크 운영 현장의 현황 분석과 물동량 분석을 통해 비즈니스를 이해하는 과정이 반드시 선행되어야 한다. 이를 기반으로 네트워크 운영 모델에 대한 시나리오를 설계하고 현실조건 반영을 위한 제약사항(Constraints)을 정의해야 한다. 마지막으로 시뮬레이션 수행과 각 각의 시나리오에 대한 평가과정을 통해 최종 결과를 도출하게 된다.

물류 운영 현황 및 이슈

1) 공장

- 운영시간 : 23시 생산 시작, 24시 출고 시작
- 상차도크 : 총 9개 Dock에서 동시 상차 가능
- 운송형태 : 29개 거점으로 P2P 방식의 운송

2) 센터(크로스도킹 거점) (그림 3)

- 작업방식 : 재고가 없고 유통가공 작업 수행
- 작업시간 : 입고차량 유통가공에 20분/대 소요
- 운송형태 : 소형 차량 활용한 Multi Drop 방식의 운송(24시~04시 거래처별 도착요구 시간 내 납품)

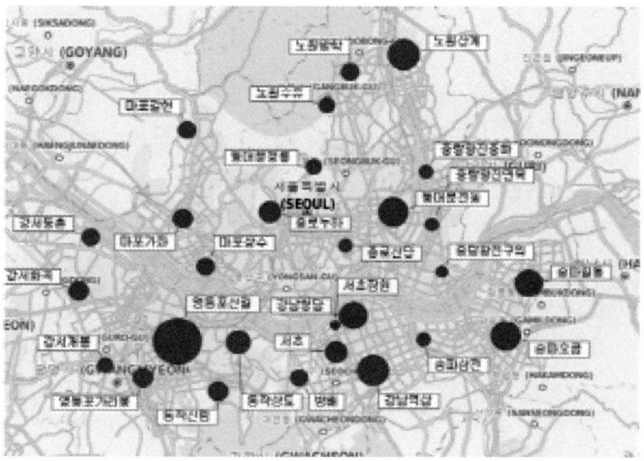

그림 3

3) 핵심 이슈

• 공장의 출고 도크는 9개인데 반해, 제품을 신속하게 공급받아 배송을 해야 할 크로스도킹센터 수는 29개이다. 공장에서 최대 Capacity로 출고를 한다 해도 공급받는 센터 입장에서는 차량 도착 인터벌이 커서 유휴시간(작업대기 시간)이 많이 발생하고 있다.(센터 작업은 차량 당 20분, 차량 도착 인터벌은 1시간 내외) 또한 각 거점별 처리하는 물동량의 편차가 매우 심하여 자원의 효율적인 운영에 어려움이 있고 거래처 납품시간 준수에도 어려움이 발생하고 있는 상황이다.

네트워크 시나리오 모델링 및 최적화 시뮬레이션

1) 시뮬레이션 제약조건 정의

• 공장 : 1개 거점, 출고시간 준수(24시~), 운송차량(최대 1 Ton 한정, 적재량 제한)

• 센터 : 자가 거점 2개는 현재의 위치 및 규모 유지

• 거래처 : 1,696개, 각 거래처 납품 시간 준수(24시~04시)

2) 제약조건을 만족하는 센터 수와 위치 선정 (그림 4)

• 거점 수에 따른 시나리오별 Green Field Simulation을 통해 최적 위치 선정(5개~18개)

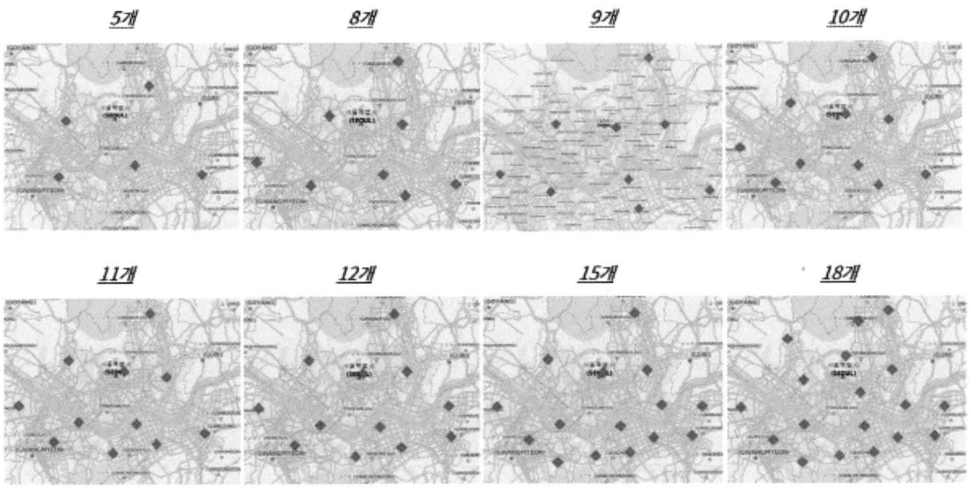

그림 4

시나리오 평가 및 최적 대안 선정

1) 정량적 평가

- 네트워크 최적화 시뮬레이션에 대한 정량적 평가는 수송비, 배송비를 기본으로 거점 비용(임차비, 작업비)을 포함한 총 비용 관점에서의 비교와 거래처 납품시간 등 서비스 관점에서의 비교를 병행해서 진행한다. 이 때 단순히 비용에 대한 결과만을 평가하는 것이 아니라, 시나리오 변경에 따라 비용 발생 요소인 총 이동거리, 적재율, 차량 수 등이 어떻게 변화하는지를 면밀하게 분석해야 정확한 평가를 내릴 수 있다.

2) 정성적 평가

- 정량적 평가만으로 대안을 선정 할 경우 비즈니스 측면의 현실을 제대로 반영하지 못하게 되어 실행가능성이 낮아질 수 있는 위험이 있다. 이러한 위험을 사전에 방지하기 위해서는 비즈니스 측면의 중요 요소를 평가할 수 있는 정성적 지표가 매우 중요하다. 이번 사례에서는 배송서비스 대응력, 인력 확보 용이성, 변화관리 용이성 등을 정성적 평가 항목에 포함하여 비즈니스 실무 측면의 사항들도 고려하였다.

3) 최적 대안 선정 및 기대효과 분석 (그림 5)

- 정량/정성 평가를 통해 9개의 센터가 가장 최적 대안으로 선정되었고, 각 센터별 거래처 납품을 위한 배송권역 또한 시뮬레이션을 통해 확정하였다. 전체 거점 수가 줄어들면서 기존의 작업대기 시간 등 비효율 요소가 통합으로 인해 상쇄되는 Pooling Effect가 나타나는 것을 확인 할 수 있었고, 이를 통해 전체 물류비의 9.6%가 절감되는 것은 물론 거래처 평균 납품 시간 또한 기존 대비 28%가 단축되는 효과가 있을 것으로 결과가 도출되었다.

최적 거점 네트워크

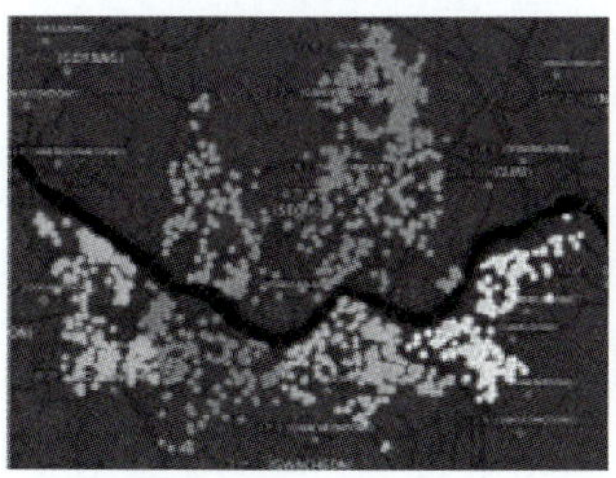

정량적 효과

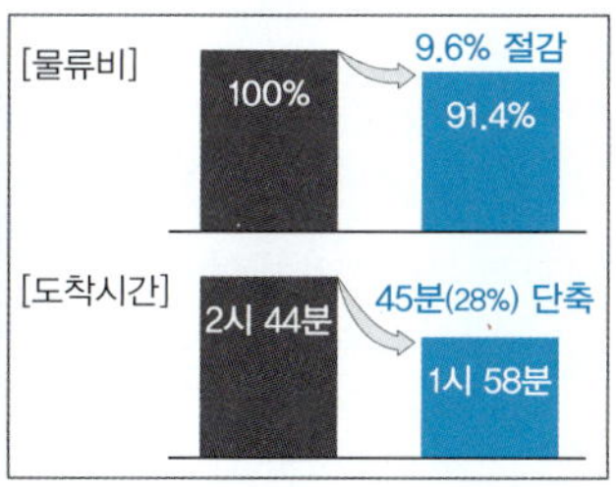

정성적 효과

- ✓ 중장기 거점 전략에 대한 Road-map 구축
- ✓ 거점 인프라 활용한 신규 Biz. 확장 기반 마련
- ✓ 거점 통합으로 인한 운영 및 관리효율 향상

그림 5

물류 네트워크 최적화를 원하는 기업에 대한 조언

우리가 매일 운영하고 있는 Supply Chain은 각 구성요소 간 복잡한 전후관계와 상호 연관성을 가지고 있다. 각각의 특성과 이해관계를 고려한 상황에서 특정 영역의 최적화를 추구하는 것은 다양하고 어려운 제약요인들을 함께 반영해야 하는 매우 어려운 문제임에 틀림없다. 이런 어려움으로 인해 장기적인 계획보다는 특정 지역 또는 특정 기능만을 대응하기 위한 부분적인 최적화로 접근하는 경우도 많다. 그러나 부분적이고 단기적 대응은 시간이 지나 돌아보면 전체 최적화와는 너무나 동떨어진 모습을 하고 있다. 이번 사례도 그 동안 장기적 마스터플랜보다는 임대 계약이 만료되는 거점을 개별 대응했던 것이 현재의 모습으로 나타난 것이라 판단된다. 거점의 수와 위치 선정 문제, 운송 자원과 Route 문제 등이 물류 영역에서의 대표적인 최적화 영역으로 볼 수 있는데, 단기적이고 개별적인 접근보다는 주문, 제품, 공급처/납품처, 차량 등 Inbound/Outbound 운영 특성을 종합적으로 고려함과 동시에 과학적 방법으로 접근하여 사업전략의 중요부분을 차지하는 물류전략 및 정책을 수립하는데 있어 보다 최적의 의사결정을 내릴 수 있어야 하겠다.

출처: 2017년 9월 27일 10:27 물류신문

원본보기: http://www.klnews.co.kr/news/articleView.html?idxno=116070

물류 네트워크

이 장에서는 상품 혹은 서비스가 생산자로부터 최종 소비자에게 이르는 유통경로 체계인 **물류 네트워크**(혹은 유통 네트워크)에 대해 살펴보고자 한다. 물류 네트워크란 제품의 원천인 원자재 공급자로부터, 제조업체, 물류센터 및 도매상, 그리고 소매상에 이르는 유형의 물리적인 요소가 흘러가는 구조를 말한다. 공급사슬상에서 물류 네트워크를 구성하고 설계할 때에는 여러 측면을 고려해야 한다. 일반적으로 물류 네트워크의 설계 및 구성과 관련된 의사결정은 단기간에 쉽게 이루어질 수 없으며, 제조업체, 창고업체 및 소매업체 등 다양한 이해관계자들이 연관되어 있기에 이들 간의 상이한 이해관계를 고려해야 한다. 또한, 물류 시스템의 설계는 상당히 복잡한 문제이며, 관련된 의사결정사항들은 기업의 경영성과에 장기간 영향을 미치게 된다. 이 장에서는 대표적인 물류 네트워크 유형들을 살펴보고, 유통 전략에 부합하는 물류 네트워크를 선택하기 위한 주요 의사결정사항들은 무엇인지 알아본다.

11.1 공급사슬에서 물류 네트워크의 역할 및 중요성

공급사슬에서 물류 네트워크의 역할이 무엇이며 왜 중요한지에 대해 살펴보자. 첫째, 물류 네트워크는 공급사슬상에서 상품 흐름을 가능하게 하는 가장 기본적인 요소라고 할 수 있다. 고객의 다양한 서비스 요구 수준을 충족시키기 위해서는 공급사슬상에서 상품이 원활하게 흐를 수 있도록 하여, 고객의 요구에 신속하게 대응할 수 있는 고객 지향적 물류 네트워크가 뒷받침되어야 한다.

둘째, 물류 네트워크는 기업에서 발생하고 있는 모든 비용요소와 연관되어 있다. 생산, 수 · 배송, 보관 등의 물류 활동들과 연관된 비용이 기업이 창출하는 수익과 비교하여 상당한 비중을 차지하고 있기 때문에, 시장의 요구에 효과적으로 대응하는 것도 중요하지만 동시에 비용 측면에서도 가능한 한 효율적으로 운영될 수 있도록 물류 네트워크가 설계되어야 한다.

마지막으로, 물류네트워크 구조는 실제 공급사슬의 운영 과정에서 발생할 수 있는 수 많은 문제들과 연관되어 있다. 그 예로 공급사슬에서 물류시설들의 위치를 결정하는 문제를 포함한 전략적 의사결정 측면에서부터 이를 기반으로 어떻게 재고를 운영해야 할 지 등과 같은 운영적 문제에 이르기까지 대부분의 유통 및 물류 관련 문제와 연관되어 있다.

11.2 공급사슬 유통 전략 및 물류 네트워크 구조 설계

이 절에서는 먼저 공급사슬 유통 전략에 따른 물류 네트워크 구조를 평가하는 척도들에 대해 알아본 후, 이를 바탕으로 다양한 유형의 공급사슬 물류 네트워크 유형에 대해 살펴보도록 한다. 이를 위해서는 먼저 전반적인 유통 및 물류 시스템 설계에 어떠한 의사결정사항들이 있는지 살펴볼 필요가 있다. 물류 시스템 설계 시 생각해볼 수 있는 대표적인 의사결정사항들은 다음과 같다.

- 물류 네트워크상에 몇 개의 시설(혹은 물류센터)들을 설치, 운영하는 것이 적정한가?
- 각 시설들을 어느 위치에 설치, 운영해야 하는가?
- 각 시설별로 어떻게 시장을 배분할 것이며 얼마만큼의 수요를 감당해야 하는가?

• 각 시설별 규모 및 화물 처리용량은 어느 수준으로 결정하는 것이 적정한가?

물류 시스템 설계의 궁극적인 목표는 고객의 서비스 요구 수준을 만족하면서 계획 대상 기간(planning horizon) 동안의 총 비용을 최소화하는 것에 있다. 여기서 총 비용은 시설비용(임금, 시설 유지 혹은 대여비, 물자 취급비, 세금 및 기타 고정비용 등), 재고비용 및 수송(운송)비용 등을 포함한다. 따라서 우선 공급사슬상에서 시설 수의 증감에 따른 비용 변화와 고객 서비스 요구 수준 변동 간의 적절한 균형점을 찾는 과정을 통해 물류 네트워크상에서의 적정 시설 수를 결정해야 한다.

물류 시스템 및 네트워크 설계 시 고객 서비스 요구 수준과 비용 측면에서 다양한 요소들 간에 상충관계가 존재한다. 그러면 어떠한 상충관계가 존재하는지 간단한 예를 통해 알아보도록 하자. 일반적으로 제조업체에서 물류센터로의 수송은 낮은 비용으로 대량수송이 이루어지는 반면, 물류센터로부터 소비자로의 배송이 이루어질 때는 상대적으로 배송비용 단가가 높고 배송단위가 소량인 경우가 대부분이다. 이러한 상황에서 만약 물류센터의 수가 증가한다면(즉, 평균적으로 물류센터가 고객에 더 가까운 곳에 위치하게 된다면) 다음과 같은 결과를 예상할 수 있다.

• 평균 배송시간이 단축됨으로 인해 고객 서비스 수준이 향상된다.
• 각 물류센터가 담당해야 하는 배송지역이 줄어듦에 따라서 외향수송비용(outbound transportation cost)이 감소한다.
• 반면, 제조업체에서 물류센터로 수송 시 평균 수송물동량이 줄어들고 이에 규모의 경제효과가 감소함에 따라서 내향수송비용(inbound transportation cost)은 증가하게 된다.
• 물류센터 수의 증가로 인해 보다 많은 장소에서 재고를 보유하게 되어(재고가 분산됨에 따라) 리스크 풀링(risk pooling) 효과가 감소된다. 그 결과로 각 물류센터에서 필요로 하는 안전재고 수준이 높아지게 되어 총 재고비용은 상승하게 된다.
• 각 물류센터별 물자 취급과 관련한 규모의 경제효과가 감소됨에 따라서 시설비용은 증가하게 된다.

이번 절에서는 Chopra(2003)의 연구를 중심으로, 먼저 공급사슬에서 물류 네트워크 구조를 평가하기 위한 주요 기준인 고객 서비스 요구 수준과 비용 측면에서 다양한 평가 척도들에 대해 알아보고, 유통 전략에 따른 대표적인 물류 네트워크 유형들 및 이들의 장 · 단점에 대해 살펴보고자 한다.

11.2.1 물류 네트워크 구조의 성능평가 척도들

공급사슬 물류 네트워크의 성능을 평가하기 위한 평가기준 및 세부 평가 척도들에 대해 보다 심도 있게 살펴보자. 앞서 언급한 바와 같이 물류 네트워크는 비용을 최소화하면서 동시에 고객의 서비스 요구 수준을 만족시켜야 하는 목표를 가지고 있기 때문에, 고객 서비스 요구 수준과 비용이라는 두 가지 기준을 가지고 물류 네트워크의 성능평가가 이루어져야 한다. 여기서 고객의 서비스 요구 수준은 기업의 매출에 직·간접적으로 영향을 미치므로, 결국 이 두 가지 기준을 가지고 물류 네트워크의 수익성을 검증하고 성능을 평가하게 된다.

고객 서비스 요구 수준
반응시간
제품의 다양성
제품의 가용성
주문 가시성
사후관리

먼저 기업 매출에 영향을 미치는 고객 서비스 측면에 대해 살펴보도록 하자. Chopra(2003)에 따르면, **고객 서비스 요구 수준**에 영향을 미치는 평가 척도들은 다양하나, 여기서는 반응시간, 제품의 다양성 및 가용성, 고객 경험, 주문 가시성 그리고 반품처리를 포함한 사후관리 등의 평가 척도들에 초점을 맞추고자 한다. **반응시간**이란 고객이 주문한 시점부터 물품이 고객에게 전달되는 데까지 소요된 시간을 말한다. **제품의 다양성**은 물류 네트워크상에서 고객의 요구에 부합하는 다양한 제품군 혹은 조합들을 구비하였는지를 의미하며, **제품의 가용성**은 고객이 주문 시 즉시 해당 고객의 수요를 충족시킬 수 있는지 여부를 말한다. 고객 경험은 주문 및 배송 편의성 등을 말하며, **주문 가시성**은 고객이 주문부터 배송까지에 이르는 배송정보에 쉽게 접근할 수 있는지 여부를 의미한다. 마지막으로 **사후관리**는 고객의 요구를 만족시키지 못하였거나 혹은 불량품이 배송된 경우 이에 대한 반품 용이성 및 물류 네트워크에서의 반품처리능력을 의미한다. 여기서 주의할 사항은 고객의 서비스 요구사항을 만족해야 한다는 의미가 앞서 언급한 모든 요소들을 모두 최대한 충족시켜야 한다는 의미는 아니다. 예를 들어, 오프라인 매장인 교보문고에서 책을 직접 구매하는 소비자는 반응시간을 우선시한다고 볼 수 있는 반면, 예스24를 이용하는 소비자는 반응시간보다는 제품 다양성[1] 및 편의성을 고객 만족도 측면에서 더 우선시한다고 볼 수 있을 것이다.

이와 같이 고객의 서비스 요구 수준은 각 평가척도별로 다르며, 기업이 어떠한 세분화된 시장의 고객들을 대상으로 하는가에 따라 물류 네트워크 설계도 달라지게 된다. 예를 들어, 기업이 주된 대상으로 삼고자 하는 고객들이 반응시간에 대한

1) 일반적으로 오프라인 매장은 공간제약 등으로 인해 매장에 구비할 수 있는 품목 수가 제한적인 반면, 온라인 매장은 상대적으로 더 많은 다양한 품목들에 대한 구비가 가능하다.

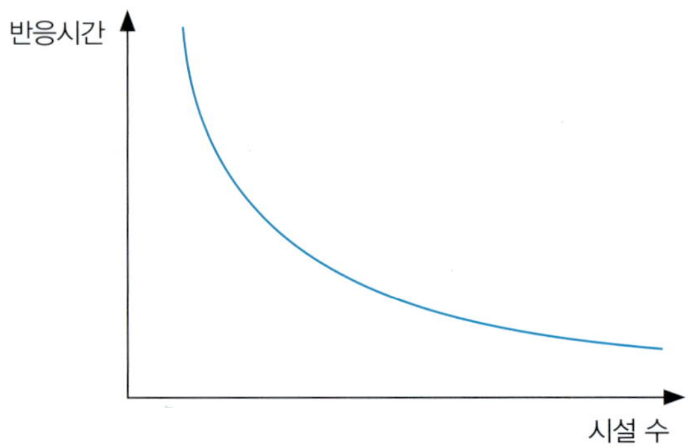

[그림 11-1] 고객의 기대 반응시간과 적정 시설 수와의 관계

출처: Chopra(2003).

우선순위가 낮다면, 적은 수의 시설만으로도 고객 서비스 요구에 대응할 수 있으므로, 기업은 각 시설의 용량확충에 더 집중할 수 있을 것이다. 반면, 반응시간을 중요시하는 고객들을 대상으로 하는 기업 입장에서는 가능한 한 고객에 가까운 곳에 시설들을 입지시킴으로써 반응시간을 단축시키려는 노력을 해야 하기 때문에 기업은 물류 네트워크상에서 많은 수의 시설을 유지해야 할 것이다. 이와 같이 반응시간과 시설 수와의 상관관계는 [그림 11-1]에서 보이는 바와 같이, 고객이 보다 빠른 반응시간을 기대할수록 필요로 하는 시설 수는 증가하게 된다. 이러한 상관관계는 앞서 살펴본 블록버스터와 넷플릭스의 사례에서도 볼 수 있었다.

시설비용
재고비용
수송비용

다음은 비용 측면에 대해 알아보도록 하자. 물류 네트워크 설계 변경에 따라서 시설비용, 재고비용 및 수송비용 등을 포함한 전체 공급사슬비용이 변동한다. **시설비용**의 경우 공급사슬상에서 물류센터와 같은 시설들의 수가 줄어듦에 따라서 시설비는 감소하게 되는데, 기업이 시설의 통합을 통해 규모의 경제효과를 누릴 수 있기 때문이다. 반면, 시설 수가 증가하면 총 재고 수준이 높아지고 이에 따르는 **재고비용**이 증가하게 된다. 예를 들어, 미국의 대표적인 온라인 서점인 아마존(Amazon.com)과 오프라인 서점인 반스앤노블(Barns & Noble)의 경우를 비교해보면, 미국 전역에 수백여 개의 오프라인 서점을 가진 반스앤노블은 1년에 평균적으로 3회의 재고회전율을 보인 반면, 소수의 물류센터만을 운영하는 아마존의 경우는 연간 재고회전율이 약 10회에 달했다. 마지막으로 **수송비용**은 앞서 잠시 언급한 바와 같이 크게 내향(inbound)수송비용과 외향(outbound)수송비용으로 나눌 수

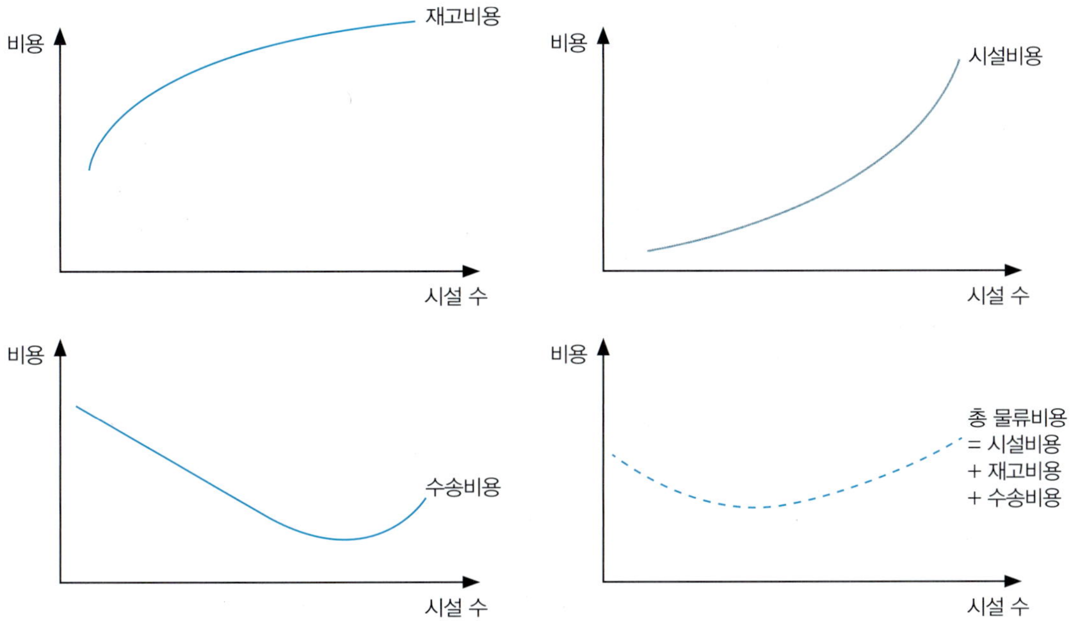

[그림 11-2] 시설 수와 물류비용 간의 관계

출처: Chopra(2003)에서 발췌.

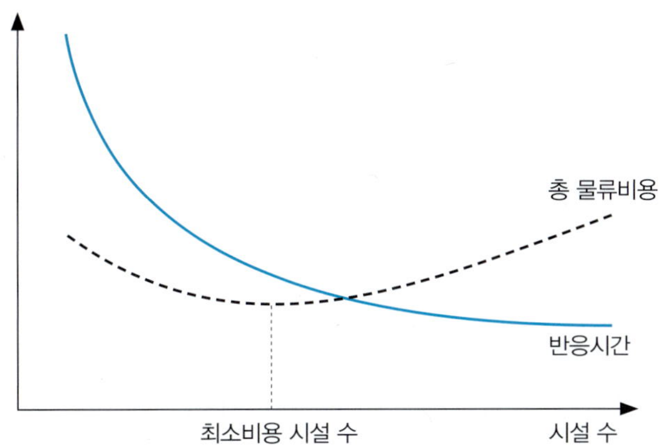

[그림 11-3] 시설 수에 따른 반응시간 및 총 물류비용의 변동

출처: Chopra(2003).

있다. 대개 제조업체에서 물류센터로 수송 시의 주문량의 크기가 물류센터에서 고객으로의 배송물류 시 주문량에 비해 크기 때문에, 일반적으로 외향수송비용 단가

시설비용
재고비용
수송비용

가 내향수송비용 단가에 비해 높다.[2] 시설 수가 증가할수록 시설과 고객 간의 평균 배송거리가 줄어듦에 따라서 외향수송비용은 감소하게 된다. 따라서 [그림 11-2]에서 보는 바와 같이, 제조업체에서 물류센터로의 수송량에 대한 규모의 경제가 존재하는 한, 시설 수가 증가함에 따라서 수송비용(=내향수송비용+외향수송비용)은 줄어들게 된다. 그렇지만, 시설 수가 일정 수준에 가까워지면 물류센터로의 수송량에 대한 규모의 경제 효과가 사라지게 되고, 시설 수의 증가는 수송비용의 증가로 이어지게 된다. **총 물류비용**은 크게 시설비용, 재고비용 및 수송비용의 합이며, [그림 11-2]에서 보는 바와 같이 공급사슬상에서 물류시설의 수가 증가함에 따라, 총 물류비용은 처음에는 감소하다가 점차 증가한다.

이상의 내용을 정리하면 다음과 같다. 기업은 적어도 총 물류비용을 최소화하는 시설 수만큼은 유지하려 할 것이다. 만약 해당 기업이 반응시간을 줄여 고객 서비스 요구 수준을 보다 더 향상시키고자 한다면, 그 이상의 시설 수를 운영할 수도 있다([그림 11-3]). 앞서 살펴본 바와 같이 고객 서비스 요구 수준은 매출과 상관관계가 있으며, 만약 기업 입장에서 추가적인 시설 확충으로 예상되는 추가적인 수익이 총 물류비용 증가분에 비해 크다면 기업은 총비용을 최소화하는 시설 수 이상으로 시설을 추가적으로 확충할 것이다.

본 항에서는 물류 네트워크를 평가할 수 있는 두 가지 기준인 고객 서비스 요구 수준과 총 물류비용에 대해 살펴보았다. 특정 물류 네트워크가 앞서 살펴본 모든 평가 척도에서 우월할 수는 없기 때문에, 기업의 시장 전략에 부합하는 물류 네트워크를 설계하는 것이 매우 중요하다. 다음 항에서는 대표적인 물류 네트워크 유형들을 살펴보고, 본 항에서 살펴본 두 가지 기준에 근거하여 각 물류 네트워크 유형의 장 · 단점에 대해 알아보고자 한다.

11.2.2 공급사슬 물류 네트워크 유형들

본 항에서는 생산자와 최종 소비자(고객) 간 유통을 지원하기 위한 다양한 물류 네트워크 유형들에 대해 살펴보고자 한다. Chopra(2003)는 공급사슬 물류 네트워크를 설계하는 데 있어 다음과 같은 의사결정이 필요하다고 언급하고 있다.

2) 수송해야 할 물동량이 커질수록 운송단가는 낮아지게 되는 규모의 경제원리에 따른다. 제조업체에서 물류센터로의 수송은 유통업체에서 재고보유를 위해 제조업체에 주문하는 것에 해당하므로 수송량이 큰 반면, 물류센터에서 고객으로의 배송은 고객이 주문한 상품을 배송하는 것이므로 배송해야 할 화물의 크기가 대개는 작다.

- 재고보유주체에 관한 의사결정: 고객에게 배송해야 할 상품을 공급사슬의 상류에 위치한 생산자 혹은 제조업체가 보유할 것인지 아니면 공급사슬의 중·하류에 위치한 중간 유통업체 혹은 소매상이 보유할 것인지 여부(공급사슬의 어느 단계에서 보유한 재고를 가지고 고객 주문에 대한 수요를 만족시킬 것인가에 관한 의사결정)
- 상품수령 방식에 관한 의사결정: 상품을 고객에게 배송할 것인지 아니면 고객이 직접 상품을 수령할 것인지 여부

Chopra(2003)는 이러한 두 가지 의사결정사항들을 바탕으로, 다음과 같이 6가지 공급사슬 물류 네트워크 유형으로 분류하였다.

① 생산자 재고보유/생산자 직송
② 생산자 재고보유/생산자 직송(배송병합)
③ 유통(소매)업체 재고보유/소화물 수송업자 배송
④ 유통(소매)업체 재고보유/유통업체 배송(마지막 단계 배송; last-mile delivery)
⑤ 유통(소매)업체 재고보유/소비자 방문수령
⑥ 유통(소매)업체 재고보유/소비자 방문구매

첫 번째 의사결정사항에 따르면, 유형 ①과 ②는 재고 보유 주체가 생산자 혹은 제조업체인 경우이고, 나머지 유형 ③~⑥은 도·소매를 포함한 유통업체가 보유하고 있는 재고를 통해 고객 수요를 충족시키는 경우이다. 두 번째 의사결정사항에 따르면 유형 ①~④는 소비자에게로 상품이 직접 배송되는 경우이고, 유형 ⑤와 ⑥은 소비자가 상품을 수령해가는 경우이다. 다음은 각 물류 네트워크 유형들에 대해 살펴보고, 11.2.1항에서 살펴본 물류 네트워크 평가 척도에 근거하여 유형별 장·단점들을 알아보도록 하자.

(1) 유형 1: 생산자 재고보유/생산자 직송

이 네트워크 유형은 소비자가 소매업체를 통해 주문한 상품을 생산자가 소비자에게로 직접 배송하는 방식이다. 여기서 소매업체는 주문을 접수한 후 생산자에게 그 주문정보를 전달한다. 때로는 델(Dell) 컴퓨터의 경우와 같이 생산자가 소매업체 역할을 동시에 수행하기도 한다. 이와 같은 배송 방식을 **생산자 직접배송(drop-shipping)**이라고도 일컫는데, 많은 온라인 소매상들이 주로 채택하는 방식이기도 하다. [그림 11-4]에서 보는 바와 같이, 주문정보는 고객으로부터 소매업체를 거

생산자 재고보유/생산자 직송

생산자 직접배송(drop-shipping)

쳐 생산자에게 전달되고, 생산자는 택배업체 등을 통해 상품을 소비자에게로 직접 배송한다.

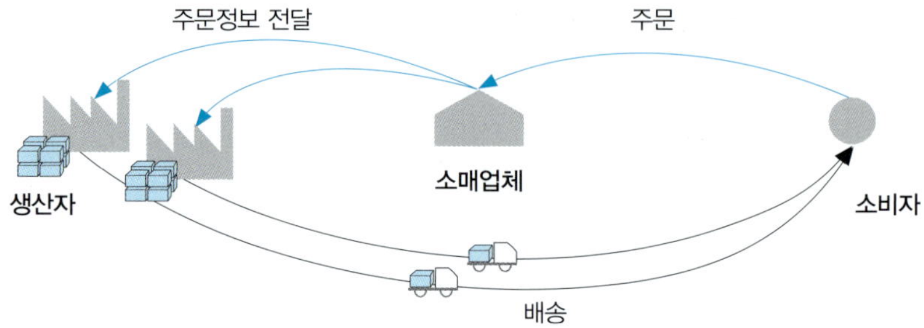

[그림 11-4] 생산자 재고보유/생산자 직송 유형

이러한 생산자 직접배송 방식의 장점은 공급사슬의 상류에 위치한 생산자 단계에서 재고를 통합하여 관리할 수 있다는 것이다. 즉, 생산자가 다수의 소매업체들로부터 전달되는 수요정보를 통합함으로써 낮은 재고 수준을 유지하면서도 높은 수준의 제품 가용성을 유지할 수 있다. 특히, 생산자 수준에서의 재고통합관리는 수요가 불확실하고 상품 가치가 높으며 수요가 적은 특징을 지닌 상품인 경우에는 큰 이점을 가진다. 또한, 생산자는 고객화 지연전략(customization postponement)을 통해 재고 수준을 더 낮출 수 있다. 델의 경우는 완제품 대신 반제품 혹은 부품 단위로 재고를 유지하면서 고객으로부터 주문을 받은 후에 상품을 조립하는 주문제작(Build-to-order) 생산 방식을 통해서 재고 수준을 보다 더 낮출 수 있었다.

본 유형에서는 소매상이 직접 재고를 보유할 필요가 없기 때문에 소비자에게 다양한 상품판매가 가능하고,[3] 따라서 제품의 다양성이 높다. 예를 들어, 미국의 대표적인 산업장비 및 도구들을 판매하는 온라인 업체인 W. W. 그레인저(W. W. Grainger)의 경우, 수백에서 수천 개에 이르는 재고회전율이 낮은 상품들을 온라인 쇼핑몰을 통해 판매하고 있다. 그레인저는 각 상품들에 대한 재고를 직접 보유하고 있지는 않으며 대신 생산자 직접배송을 통해 생산자가 소비자에게 직접 주문한 상품을 배송하게 된다.

반면, 생산자 직접배송 방식은 수송비용이 높으며, 반응시간 또한 긴 단점이 있

3) 유형 1에서의 소매상들은 대부분 온라인 소매상들이며, 특정 상품을 온라인 소매점을 통해 판매를 하고자 할 때 그 상품을 생산하는 생산자와 계약을 하면 해당 상품을 웹사이트에 추가함으로써 판매가 가능하다. 소매상은 주문정보를 생산자에게 전달하고 생산자가 주문에 대한 배송을 처리한다.

다. 주로 택배회사와 같은 소화물 운송을 통해 배송이 이루어지므로 다른 운송수단에 비해 수송비용 단가가 높다. 그리고 생산자가 소비자 주문에 대한 배송을 처리하기 때문에, 생산자와 소비자 간의 평균 배송거리가 길어지게 되고, 이에 비례하여 반응시간 또한 길어지게 된다. 물론 우리나라의 경우 택배의 일일배송이 가능하기에 반응시간 측면에서는 양호한 편이나, 미국의 예를 들면 온라인 쇼핑업체인 e백스(eBags)의 경우, 주문을 처리하는 데 1~5일이 소요되고 배송 또한 추가적으로 3~11일이 소요되어 반응시간이 적게는 4일에서 최대 16일이 소요된다고 한다.

서로 다른 생산자의 상품들이 하나의 주문 내역에 포함되어 있을 경우, 각 생산자별로 상품이 배송되기 때문에 하나의 주문에 두 개 이상의 택배를 받게 되는 부분배송이 발생할 수 있다. 더불어 생산자별 반응시간이 동일하지 않을 수 있기에 고객경험 측면에서 이러한 부분이 다소 부정적인 영향을 미칠 수 있다.

공급사슬 전체로 보면, 생산자 직접배송은 모든 재고가 생산자 수준에서 집중 관리되기 때문에 저장시설에 대한 고정비를 상당 부분 줄일 수 있으며, 생산자로부터 유통업체들로의 재고 이동이 발생하지 않기 때문에 전반적인 시설비용은 감소하게 된다. 다만, 각 생산자가 다수의 소비자들에게 배송을 해야 하는 책임을 지게 되므로, 이를 뒷받침할 만한 주문 처리능력을 갖추지 못한다면 재고유지비의 상승, 배송지연으로 인한 반응시간 증가 등과 같은 부정적인 결과로도 이어질 수 있다.

지금까지 생산자 재고보유/생산자 직송 네트워크 유형에 대해 11.2.1항에서 다룬 물류 네트워크 평가 척도에 따라 각 요소별로 어떠한 영향이 있는지 살펴보았다. 이 네트워크 유형은 제품 다양성이 높으며, 저수요, 고가치 상품을 유통하는 데 적합하다. 다만, 앞서 언급한 바와 같이 고객 서비스 측면에서 소비자가 배송시간 및 부분배송에 민감하거나 부정적이라면 본 네트워크 유형은 적합하지 않다.

(2) 유형 2: 생산자 재고보유/생산자 직송(배송병합)

생산자 재고보유/생산자 직송(배송병합)

생산자 재고보유/생산자 직송(배송병합) 네트워크 유형은 앞서 다룬 유형 1과 크게 다르지 않다. 다만, 부분배송으로 인한 고객 서비스 불만족을 해소하기 위해 다수의 생산자로부터 배송된 제품들을 중간 단계에서 통합하여 소비자는 주문한 상품들을 한 번에 배송받을 수 있다. 예를 들어, 소비자가 델 컴퓨터 구매 시에 삼성 모니터를 같이 주문하였다면, 유형 1의 경우 PC와 모니터가 개별적으로 배송되나, 본 유형에서는 각 생산자로부터 배송되는 PC와 모니터를 중간단계에서 주문내역 병합 후, 한 번에 소비자에게 배송하게 된다. 중간 단계에서 주문내역병합처리를 해야 하기 때문에 시설 및 물자 취급비는 다소 상승하게 된다. 효과적인 중간 단계 주문내역병합을 위해서는 이를 해결할 수 있는 정보 시스템 구축이 필요하다.

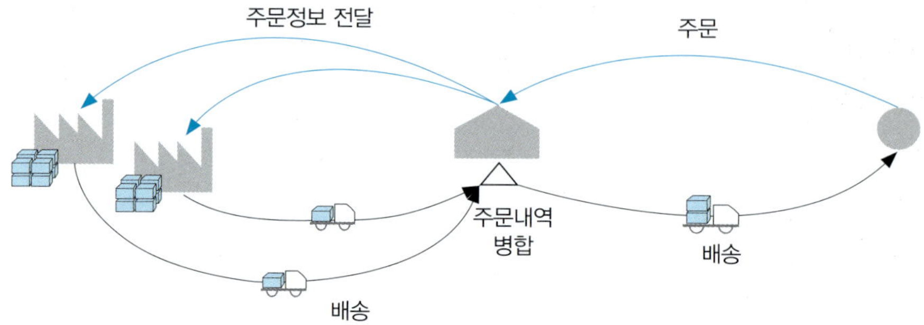

[그림 11-5] 생산자 재고보유/생산자 직송(배송병합) 유형

결론적으로 유형 1과 비교하여 고객경험 측면에서 다소 개선되는 장점은 있으나, 중간 단계에서 주문내역병합에 따르는 추가적인 노력이 필요하다. 본 네트워크 유형은 소매업체가 거래하는 생산자 수가 제한적이며, 수요가 적은 고가치 상품 유통에 적합하다. 소매업체가 거래하는 생산자 수가 많아질수록 중간 단계 주문내역병합은 생산자들 간의 배송을 조율하는 데 어려움이 발생하므로, 한 소매업체가 보통 4~5개 이하의 생산자들과 거래하는 경우 본 네트워크 유형이 효과적이다.

(3) 유형 3: 유통(소매)업체 재고보유/소화물 수송업자 배송

유통(소매)업체 재고보유/소화물 수송업자 배송

유통(소매)업체 재고보유/소화물 수송업자 배송 네트워크 유형은 앞서 살펴본 유형들과 달리, 유통업체 혹은 소매업체가 고객 수요를 충족시키기 위한 재고를 보유하며 택배회사와 같은 소화물 운송업체를 통해 고객에게 상품을 배송하는 방식이다([그림 11-6]). 아마존의 경우 유형 1과 더불어 이 네트워크 유형을 같이 사용하고 있다. 재고회전율이 높은 상품들에 대해서는 직접 재고를 보유·관리하는 반면, 상대적으로 재고회전율이 낮은 상품들은 직접 재고를 보유하지 않는 대신 유형 1과 같은 방식을 활용하여 수요를 만족시킨다.

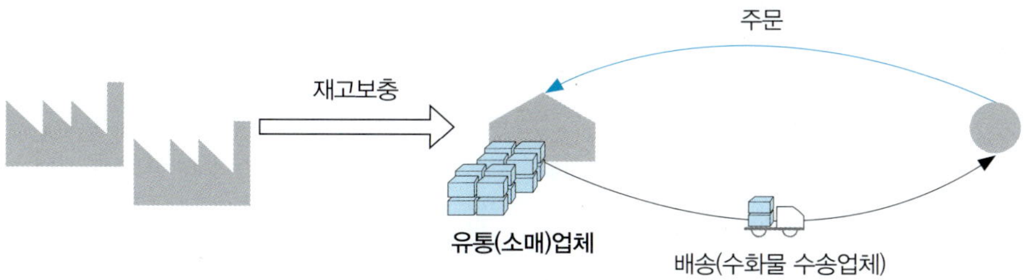

[그림 11-6] 유통(소매)업체 재고보유/소화물 수송업자 배송 유형

공급사슬 상류에 해당하는 생산자 단계에서 재고를 보유하는 유형 1, 2와 비교하여, 유통업체 단계에서 재고를 보유하는 경우에는 재고 분산으로 인한 리스크 풀링 효과 감소로 인해 상대적으로 높은 수준의 재고를 필요로 한다. 반면, 유통업체의 창고 혹은 물류센터는 최종 소비자에 보다 가까운 곳에 위치하기 때문에 앞선 유형들과 비교하여 배송비가 감소하고, 동시에 생산자에서 유통업체 물류센터로의 도입물류에서 만차수송(TL)과 같은 경제적인 운송수단을 활용할 수 있기 때문에 유형 1, 2와 비교하여 수송비는 낮아진다. 재고회전율이 높은 상품일수록 이러한 수송비 절감효과는 크다. 시설비용의 경우 생산자 단계에서 재고관리를 하는 경우에 비해 비교적 높은데, 그 이유는 유통업체 단계에서 재고관리를 하게 되면 필요로 하는 시설 수도 증가하고 재고 분산으로 인해 규모의 경제효과를 어느 정도 잃기 때문이다. 시설비용 측면에서는 재고회전율이 매우 낮은 상품의 경우 이 네트워크 유형은 적합하지 않다고 볼 수 있다.

평균적으로 유통업체 물류센터들과 최종 소비자들 간의 배송거리가 줄어들고 선적 시 물류센터에서 주문을 통합할 수 있기 때문에 반응시간은 유형 1, 2의 경우와 비교하여 빠른 편이다. 예를 들어, 아마존의 경우 주문내역상의 모든 상품들을 물류센터에서 보유하고 있을 경우 하루 이내로 고객 주문처리가 가능하며, 이를 육로로 배송할 경우 일반적으로 3~7일의 배송시간이 소요된다.

결론적으로 유형 3은 재고회전율이 중간 혹은 그 이상인 상품의 유통에 적합하다. 또한, 소비자가 즉각적이지는 않지만 생산자 직접 배송의 경우보다는 빠른 배송을 원할 시에도 적합하다 할 수 있겠다.

(4) 유형 4: 유통(소매)업체 재고보유/유통업체 배송(마지막 단계 배송)

유통(소매)업체 재고보유/유통업체 배송(마지막 단계 배송)

다음은 **유통(소매)업체 재고보유/유통업체 배송(마지막 단계 배송, last-mile delivery)** 네트워크 유형에 대해 살펴보도록 하자. 기본적으로 이 네트워크 유형은 유형 3과 유사하나 소비자 주문에 대한 상품 배송을 소화물 운송업체에게 위탁하는 방식이 아닌 유통업체 혹은 소매업체가 직접 담당한다([그림 11-7]). 유통업체가 배송까지 담당하기 때문에 자체 차량을 운영해야 하며, 물류센터들이 최종 소비자와 더욱 가까운 거리에 입지되어야 한다.[4] 따라서 유형 3과 비교하여 더 많은 수의 창고 혹은 물류센터가 필요하다.

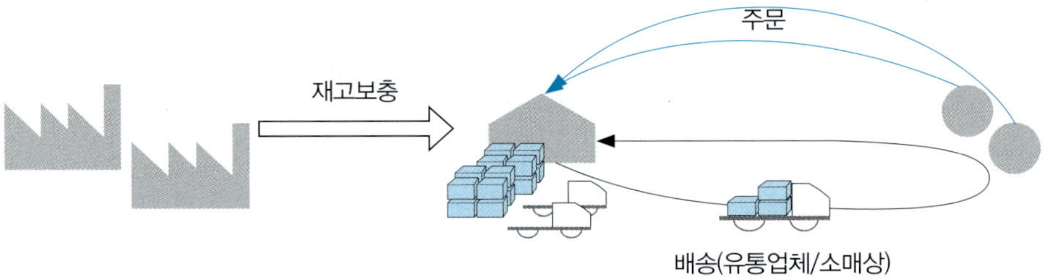

[그림 11-7] 유통(소매)업체 재고보유/유통업체 배송(마지막 단계 배송) 유형

본 네트워크 유형은 앞서 살펴본 다른 네트워크 유형들과 비교하여 비교적 높은 재고 수준이 요구되는데, 이는 공급사슬상에서 낮은 단계에서의 수요통합으로 인해 충분한 규모의 경제효과를 기대하기 어렵기 때문이다. 재고보유 관점에서 본 네트워크 유형은 비교적 빠른 재고회전율을 보이는 상품의 유통에 적합하다.

수송비용은 다른 네트워크 유형들에 비해 높은 편이다. 유형 3에서 소화물 운송업체는 여러 유통업체 혹은 소매업체에 걸쳐 배송 물량들의 통합이 가능하기 때문에 이를 통한 규모의 경제 달성이 용이하다. 반면, 유통업체가 직접 배송까지 하는 경우 이와 같은 규모의 경제효과를 기대하기 어렵다. 다만, 인구밀도가 높은 도시에서는 유통업체 배송이 어느 정도 저렴한 수송방법이 될 수 있다.

유형 3과 비교하여, 일반적으로 반응시간은 빠르며 제품 다양성은 낮은 편이다. 보통 주문 후 24시간 이내에 배송이 이루어지기 때문에 주문 가시성은 중요한 이슈가 아닌 반면, 배송과 관련 예외적인 상황(배송 지연 등)을 처리하기 위한 배송추적

4) 유통업체가 배송까지 담당하므로, 각 창고 혹은 물류센터별 배송반경을 제한하기 위함이다. 아마존 혹은 예스24가 유형 3 네트워크 구조를 가지고 있다면 이마트 온라인 주문에 대한 배송은 유형 4에 해당한다.

체계가 필요하다.

(5) 유형 5: 유통(소매)업체 재고보유/소비자 방문수령

유통(소매)업체 재고보유/소비자 방문수령

유통(소매)업체 재고보유/소비자 방문수령 네트워크 유형은 소비자가 전화 혹은 온라인으로 주문하고 지정된 장소(수령지점)에서 상품을 직접 수령하는 방식이다. 주문한 상품들은 생산자 혹은 유통업체의 물류센터 저장시설들 중 고객과 가까운 곳에 위치한 시설로 배송된다. 예를 들어, 한 고객이 이마트 온라인 매장을 통해 특정 상품을 주문하면 해당 상품을 고객과 인접한 이마트 매장으로 발송하고,[5] 이후 고객이 인근 이마트 매장에 장을 보러 갔을 때 주문한 상품을 수령하는 경우가 이 유형에 해당된다.

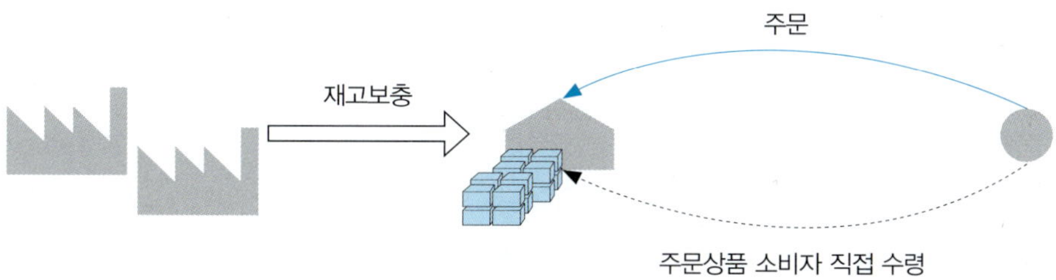

[그림 11-8] 유통(소매)업체 재고보유/소비자 방문수령 유형

수송비용은 소화물 운송업체를 이용하는 다른 유형들과 비교하여 낮은데, 이는 지정된 수령지점으로 배송 시 주문량 통합이 가능하여 소화물 운송 대신 부분적재 수송(LTL) 혹은 만차수송(TL)과 같은 수송비용 단가가 낮은 운송수단을 활용할 수 있기 때문이다. 시설비용은 새로운 수령지점을 건설해야 하는 경우는 높지만, 기존 수령지점을 이용한다면 부가적인 시설비용을 낮출 수 있다.

정보 시스템 측면에서 보면 소비자가 최종적으로 수령하기 전까지 주문 가시성을 확보해야 하기 때문에 소매상, 창고 및 물류센터 그리고 지정된 수령지점 간의 적절한 조정과 조율이 필요하다. 실제로 주문 가시성은 고객이 직접 수령해가는 경우에는 매우 중요하다. 왜냐하면, 주문한 상품이 수령지점에 도착할 때까지의 운송 정보를 고객에게 제공해야 하며 고객이 수령하는 시점에 주문 상품에 대한 확인이

5) 상품 발송 시, 해당 상품만을 따로 발송하는 것이 아니라 이마트 물류센터에서 이마트 매장으로 재고보충이 일어날 때 해당 상품도 같이 트럭에 실어 보내게 된다. 이와 같은 방식을 통해 상품에 대한 배송비용 절감효과를 기대할 수 있다.

용이해야 하기 때문이다.

소비자가 직접 수령지점에 와서 주문한 상품을 수령해야 하므로 고객경험 측면에서는 부정적인 영향을 미친다. 그러나 예를 들어 8,000개 이상의 매장을 가지고 있는 일본 세븐 일레븐의 경우 수령지점(매장)이 최종 소비자 인근에 위치하고 있으며, 고객이 편한 시점에 주문상품을 수령할 수 있기 때문에 부정적인 고객경험이 크지 않다는 의견도 있다. 반품 처리는 지정된 수령지점에서 취급이 가능하며(물론, 수령지점에서 반품처리능력을 갖추어야 한다), 소비자 입장에서는 전반적으로 반품처리가 수월하다.

이 네트워크 유형은 소비자가 직접 상품을 수령함으로써 평균적인 배송비용을 낮출 수 있는 반면, 수령지점에서의 물자취급비용이 상승하게 된다. 따라서 이러한 네트워크 유형은 편의점 등의 시설들을 수령지점으로 활용할 때 효율적임을 알 수 있다.

(6) 유형 6: 유통(소매)업체 재고보유/소비자 방문구매

유통(소매)업체 재고보유/소비자 방문구매

유통(소매)업체 재고보유/소비자 방문구매 네트워크 유형은 우리가 일상생활에서 흔히 접할 수 있는 물류 네트워크 유형이다. 이 유형에서 소비자는 소매업체 매장에 방문하여 필요한 상품들을 구매한다. 공급사슬의 하류에 위치한 소매업체에서 고객 수요를 만족하기 위한 재고를 보유하기 때문에 재고통합을 통한 이점은 기대할 수 없으며 재고비용도 높다. 다만, 재고회전율이 매우 빠른 상품인 경우, 소매업체에서 재고를 보유하더라도 재고비용이 다른 네트워크 유형들과 비교하여 크게 증가하지는 않는다.

비교적 저렴한 수송수단을 이용하여 소매업체의 재고를 보충하는 것이 가능하고 소비자가 직접 방문해서 구매를 하기 때문에 앞서 살펴본 네트워크 유형들과 비교하여 수송비용은 크게 높지 않다. 그러나 다수의 소매업체 매장들을 운영해야 하므로 시설비용이 높아진다. 소비자는 빠른 상품수령이 가능하므로 반응시간은 매우 빠른 반면, 공간제약 등으로 인해 개별 소매업체에서 재고로 보유할 수 있는 품목의 수가 제한적이므로 앞서 살펴본 다른 네트워크 유형들과 비교하여 제품의 다양성은 낮다.

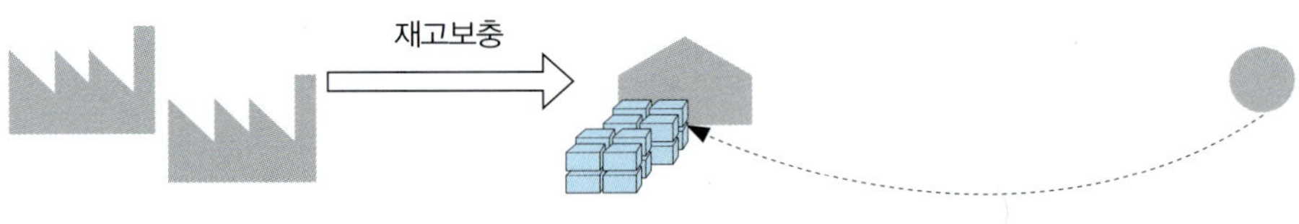

[그림 11–9] 유통(소매)업체 재고보유/소비자 방문구매 유형

다른 네트워크 유형들과 비교하여 이 네트워크 유형의 장점은 빠른 반응시간을 들 수 있으며, 단점으로는 높은 재고비용 및 시설비용을 들 수 있다. 따라서 이러한 네트워크 유형은 재고회전율이 매우 빠른 상품 유통에 적합하다.

11.2.3 공급사슬 물류 네트워크 유형의 선택

11.2.2항에서는 대표적인 공급사슬 물류 네트워크 유형들을 살펴보았으며, 제품 및 고객의 특성 등에 따라서 네트워크 유형별로 서로 다른 장 · 단점을 가지고 있음을 알 수 있었다. 이번 항에서는 물류 네트워크 설계 및 성능평가에 영향을 미치는 각 평가 척도별로 어떠한 네트워크 유형이 우수한지 살펴보고, 또한 제품 혹은 고객의 특성에 따라서 어떠한 물류 네트워크 유형이 적합한지에 대해 알아보기로 하자.

〈표 11-1〉 평가척도별 공급사슬 물류 네트워크 유형 간의 성능 비교

구분		유형 1	유형 2	유형 3	유형 4	유형 5	유형 6
서비스 측면	반응시간	◔	◔	◑	◕	◔	●
	제품의 다양성	●	●	◕	◑	●	◔
	제품의 가용성	●	●	◕	◑	●	◔
	고객경험	◔	◑	◕	●	○	○
	주문가시성	○	◔	◑	◕	○	●
	반품	○	○	◔	◑	◕	●
비용 측면	재고	●	●	◕	◑	●	◔
	수송	◔	◑	◕	○	●	●
	시설 및 취급	●	◕	◑	◔	○	○
	정보	◔	◔	◑	◕	○	●

* ●: 매우 우수, ◕: 우수, ◑: 보통, ◔: 미비, ○: 매우 미비

출처: Chopra(2003)에서 발췌.

Chopra(2003)는 물류 네트워크 성능평가의 두 가지 기준인 고객 서비스 측면과 비용 측면에서 각 세부 평가 척도별로 어떠한 네트워크 유형이 성능이 높은지를 〈표 11-1〉에서와 같이 정리하였다. 예를 들어, 반응시간은 유형 6의 경우가 가장 빠름을 의미하고, 재고비용은 유형 1, 2의 경우가 가장 낮음을 의미한다.

또한, 앞선 항에서 살펴본 바와 같이 제품 및 고객의 특성에 따라 적합한 물류 네

트워크 유형이 상이함을 알 수 있었다. 〈표 11–2〉는 각 제품 혹은 고객 특성별로 어떠한 유형이 적합한지를 나타내고 있다.

〈표 11–2〉 제품 및 고객의 특성별 공급사슬 물류 네트워크 유형의 적합성

구분	유형 1	유형 2	유형 3	유형 4	유형 5	유형 6
재고회전율이 높은 제품	○	◔	◑	◕	◔	●
재고회전율이 중간 정도인 제품	◔	◑	◕	◑	◑	◕
재고회전율이 낮은 제품	◕	◑	◕	◔	◕	◔
재고회전율이 매우 낮은 제품	●	◕	◑	○	◕	○
고가치의 제품	●	◕	◕	◑	●	◔
빠른 반응시간이 요구되는 경우	○	○	◔	◕	○	●
높은 제품 다양성이 요구되는 경우	●	◑	◕	◑	●	◔
고객의 수고가 덜 요구되는 경우	◕	●	●	●	◔	○

* ●: 매우 적합, ◕: 다소 적합, ◑: 중간, ◔: 다소 부적합, ○: 매우 부적합

출처: Chopra(2003)에서 발췌.

〈표 11–2〉에서 보는 바와 같이, 예를 들어 유형 1, 2와 같은 생산자 직접 배송 방식은 수요가 낮으며 불확실성이 높은 고부가가치의 상품을 유통하고자 할 때 혹은 고객이 제품 다양성을 중요시하는 경우에 적합함을 알 수 있다. 이러한 네트워크 유형들은 수송비가 높으며 반응시간이 늦다. 반면, 유통(소매)업체 단계에서 재고를 보유하는 물류 네트워크 유형들의 경우는 수요가 높고 재고회전율이 빠른 제품군에 적합하며, 특히 수송비가 총 비용의 많은 부분을 차지하는 경우에 적합하다. 이러한 네트워크 유형들은 분산된 재고관리로 인해 높은 재고비용을 야기하지만 낮은 수송비용 그리고 빠른 반응시간을 기대할 수 있다.

11.3 공급사슬에서의 네트워크 설계 의사결정

11.2절에서는 대표적인 공급사슬 물류 네트워크 유형들에 대해 살펴보았고, 고객서비스 측면과 비용 측면에서 각 유형별 장 · 단점을 비교, 분석하였다. 본 절에서는 유통 전략에 따른 적절한 공급사슬 물류 네트워크 유형이 결정된 이후, 실제 물

류 네트워크 설계 시 결정되어야 할 시설의 위치결정, 시장 분배 및 시설 규모결정 등과 같은 의사결정 문제들에 대해 다루고자 한다. 이에 먼저 공급사슬에서 네트워크 설계 의사결정에 영향을 미치는 요소들을 살펴보고, 대표적인 시설입지 의사결정 모형들을 소개한다.

11.3.1 공급사슬 네트워크 설계 의사결정에 영향을 미치는 요소들

공급사슬 네트워크 설계와 관련된 의사결정들에는 시설 입지 선정, 시장 배분, 시설 규모 및 화물 처리용량 수준 등이 있다. 이러한 의사결정에 영향을 미치는 주요 요소들은 다음과 같다(Alizadeh, 2009).

- 전략적 요소: 회사의 경쟁 전략은 네트워크 설계 의사결정에 영향을 미치게 되는데, 예를 들어, 비용우위에 중점을 둔 회사는 저비용의 입지를 선호하는 반면, 시장 반응성에 경쟁우위를 두고자 하는 회사는 가능하면 소비시장에 가까운 입지를 선호하게 된다.
- 기술적 요소: 생산기술의 특성들도 네트워크 설계 의사결정에 영향을 미친다. 예를 들어, 생산기술의 성격상 일정 규모 이상의 생산시설이 필요하며 규모의 경제효과를 볼 수 있는 산업의 경우(예를 들어, 자동차, 반도체 등) 소수의 대규모 생산시설 입지를 고려하는 것이 유리하다.
- 거시 경제적 및 정치적 요소: 관세, 세금우대, 환율 등과 같은 거시 경제적 요소들은 공급사슬 네트워크 설계 의사결정에 중요한 고려요소들이다. 또한, 시설입지 대상지역의 정치적 안정성도 중요하다.
- 기반시설 요소: 낮은 노동비용, 노동력 가용성, 시설 입지의 가용성, 공항, 항만, 고속도로 등과 같은 주요 기반시설의 접근성 등은 특정 지역의 시설 입지 의사결정에 중요한 역할을 한다.

다음은 시설입지 및 시장분배 의사결정 등과 관련한 모형들에 대해 논의하고자 한다.

11.3.2 시설입지 및 시장분배 관련 의사결정 모형들

이번 항에서는 다음과 같은 대표적인 공급사슬 시설입지 의사결정 모형들을 소개한다.

- 수송 모형 기반 최적화 모형

• 무게 중심 모형 기반 입지최적화 모형
• 집합 덮개(set covering) 모형

(1) 수송 모형 기반 최적화 모형

수송 모형

수송 모형은 다수의 공급자와 다수의 수요자가 존재하는 상황에서 상품의 공급자가 여러 곳에 퍼져 있고 수요자도 여러 곳에 퍼져 있을 때, 어느 공급자에서 어느 수요자로 얼마만큼씩 수송을 하는 것이 총 수송비를 최소화하는 방법인가를 분석하는 문제이다. 이때 각 공급자 별로 공급할 수 있는 최대 공급량과 각 수요자별로 필요로 하는 최소 수요량 정보가 주어져 있다. 이와 같은 수송 모형은 생산시설들과 수요시장들에 대한 정보가 주어졌을 때 각 생산시설별로 어떻게 시장을 배분할 것인가에 대한 의사결정을 내리는 데 활용될 수 있다. 더 나아가 새로운 시설입지에 대한 결정이나 시설 재배치에 대한 의사결정이 필요할 때, 여러 생산시설 후보지들을 평가하여 최소비용으로 시장수요를 만족시키기 위한 최적 입지를 구하는 시설입지 문제로도 확장할 수 있다. 다음 예제를 통해 수송 모형이 어떻게 시설입지 및 시장분배 의사결정에 활용될 수 있는지 알아보도록 하자.

세계적인 PC 제조업체인 델컴퓨터는 인터넷을 통한 수주 생산 방식 및 직접 판매 방식 도입을 통해 공급사슬의 혁신을 이루었으나, 동시에 고객에게 많은 조합선택이 가능하도록 유연성 높은 공급사슬을 유지하려 함으로써 상당한 수준의 복잡도를 지니고 있었다. 실제로 이러한 접근방식은 많은 경우 높은 생산비로 이어졌다. 델 제품은 사용자로 하여금 추가적인 모듈을 설치 혹은 업그레이드하는 방식으로 보다 고사양의 제품을 구성하도록 기본 모델이 구성되어 있다. 고객들이 델이 의도한 바와 같이 구매를 한다면 아무 문제가 없겠지만, 시간이 지날수록 기본 모델 자체에 대한 수요가 증가함으로써 더 이상 기존의 델 공급사슬 방식이 필요하지 않는 고객군이 크게 증가하고 있다고 여기고, 기존 고비용의 공급사슬에서 탈피하여 다른 PC업체와 마찬가지로 계획 생산 방식에 근거한 공급사슬 또한 고려하게 되었다. 이에 비용을 줄이기 위한 방안 중에 하나로 2009년 유럽생산기지를 아일랜드에서 폴란드로 이동하기로 결정하게 된다.[6]

6) Supply Chain Digest, http://www.scdigest.com/assets/news/08-04-10.htm; 뉴욕타임스, http://www.nytimes.com/2009/01/08/business/worldbusiness/08iht-08dell.19188945.html?_r=0

그렇다면 델컴퓨터는 어떠한 의사결정과정을 거쳐 폴란드로 생산기지를 옮기기로 결정하게 된 것일까? 다음 가상의 예제를 통해 알아보도록 하자. 델컴퓨터가 유럽 생산기지를 재배치하기 위해 기존 아일랜드(c) 이외에 루마니아(a), 그리고 폴란드(b)를 생산기지 후보지로 고려했다고 가정해보자. 델컴퓨터가 주력하는 유럽 시장은 프랑스(1), 독일(2), 이탈리아(3), 스페인(4), 영국(5)이라고 할 때, 수요예측을 통해 각 수요 시장별로 연간 예상 판매량을 예측하고 이를 바탕으로 비용을 최소화하는 생산기지 입지들을 결정하고자 할 것이다. 예를 들어, 〈표 11-3〉과 같은 데이터가 주어졌다고 가정하자.

〈표 11-3〉 델컴퓨터의 생산기지 입지선정 의사결정을 위한 가상 데이터 예시

생산기지 후보지 \ 수요시장	프랑스(1)	독일(2)	이탈리아(3)	스페인(4)	영국(5)	연 생산 능력	시설 고정비 (달러)
루마니아(a)	23	9	23	29	33	50,000	$18,000,000
폴란드(b)	19	15	21	26	36	50,000	$17,500,000
아일랜드(c)	31	11	40	40	20	50,000	$24,500,000
연간 예상 수요량	15,000	20,000	13,000	12,000	19,000		

〈표 11-3〉에서, 표 하단에는 수요 시장별 연간 예상 수요량, 표 우측에는 각 입지 후보지별 생산능력 및 시설 고정비용, 그리고 나머지는 각 생산기지 후보지에서 각 수요 시장으로의 단위당 연간 분배비용(생산, 재고, 수송을 포함한 총 비용)을 나타내고 있다. 예를 들면, 루마니아에서 독일로의 단위당 연간 분배비용은 9이다. 그럼 〈표 11-3〉에서 주어진 데이터를 바탕으로 델컴퓨터는 어떠한 것들을 결정해야 할 것인가? 먼저 (1) 주어진 생산시설 후보지들 중 어느 후보지(들)에 생산시설을 재배치 혹은 입지시킬 것인지, 그리고 (2) 각 생산시설별로 주어진 생산능력 제약 조건하에서 어떻게 하면 주력 시장들의 연간 예상 수요를 충족시킬 수 있을지를 결정해야 할 것이다. 이때 입지가 결정된 생산시설들의 총 생산능력은 수요 시장의 수요량 총합보다 커야 한다. 이 문제를 순차적으로 살펴보기 위해, 일단 모든 생산기지 후보지들에 생산시설들을 입지시켰다고 가정하고 잠시 시설입지에 대한 의사결정 (1)을 뒤로 미루고자 한다. 이 경우, 델컴퓨터는 두 번째 의사결정사항인 각 생산시설별로 시장 수요들을 어떻게 배분해야 할지를 결정해야 한다. X_{ij}를 생산시

설 i에서 수요시장 j으로 매년 분배되는 총량이라 정의하자($X_{ij} \geq 0$). 이는 생산시설별 시장 수요 배분에 관한 결정변수로서 이와 관련한 제약 조건들을 살펴보도록 하자.

먼저, 각 시장별 연간 예상 수요를 만족시켜야 할 것이다(즉, 생산시설들로부터 각 수요시장으로 분배되는 총량은 최소한 연간 예상수요량 이상이 되어야 할 것이다). 이를 식으로 표현하면 수식 1과 같다.

$$
\begin{aligned}
X_{a,1}+X_{b,1}+X_{c,1} &\geq 15,000\\
X_{a,2}+X_{b,2}+X_{c,2} &\geq 20,000\\
X_{a,3}+X_{b,3}+X_{c,3} &\geq 13,000\\
X_{a,4}+X_{b,4}+X_{c,4} &\geq 12,000\\
X_{a,5}+X_{b,5}+X_{c,5} &\geq 19,000
\end{aligned}
\qquad \text{수식 1}
$$

그뿐만 아니라 각 생산시설에서 수요 시장들로 분배되는 양의 총합은 해당 생산시설의 생산능력을 초과할 수는 없을 것이며, 이를 식으로 표현하면 수식 2와 같다.

$$
\begin{aligned}
X_{a,1}+X_{a,2}+X_{a,3}+X_{a,4}+X_{a,5} &\leq 50,000\\
X_{b,1}+X_{b,2}+X_{b,3}+X_{b,4}+X_{b,5} &\leq 50,000\\
X_{c,1}+X_{c,2}+X_{c,3}+X_{c,4}+X_{c,5} &\leq 50,000
\end{aligned}
\qquad \text{수식 2}
$$

이상의 제약식들을 바탕으로 생산시설에서 수요 시장으로의 총 분배비용은 수식 3과 같이 나타낼 수 있다.

$$
\begin{aligned}
&23X_{a,1}+9X_{a,2}+23X_{a,3}+29X_{a,4}+33X_{a,5}+\\
&19X_{b,1}+15X_{b,2}+21X_{b,3}+26X_{b,4}+36X_{b,5}+\\
&31X_{c,1}+11X_{c,2}+40X_{c,3}+40X_{c,4}+20X_{c,5}
\end{aligned}
\qquad \text{수식 3}
$$

델컴퓨터는 이 총 비용을 최소화하는 X_{ij}의 값을 결정함으로써 각 생산시설별로 시장 수요들을 어떻게 배분할지를 결정하게 된다. 이상과 같은 목적식과 제약식으로 구성되어 있는 최적화 모형을 수송 모형이라 일컫는다.

다음은, 주어진 수송 모형을 바탕으로 어떠한 후보지들에 생산시설들을 입지시켜야 하는 지를 결정하는 시설입지 의사결정 모형으로 확장해 보자. 특정 후보지에 생산시설 입지 여부를 결정하기 위한 결정변수를 Y_i라고 정의하고, 만약 생산시설을 후보지 i에 개설하면 $Y_i=1$이고, 아니면 $Y_i=0$이라 하자. 〈표 11-3〉에서 보는 바와 같이 후보지별 시설 고정비에 차이가 있음을 알 수 있다. 따라서 이를 고려하여 의사결정을 내려야 할 것이다. 만약, 후보지들 중 일부에만 생산시설을 입지시키게 된다면, 앞서 살펴본 제약 조건 중에서 생산시설과 관련된 제약식의 수정이 필요하게 된다. 예를 들어, 폴란드에 생산시설을 입지시키기로 결정하게 되면(즉, $Y_b=1$), 해당 생산시설의 연 생산능력은 50,000이지만, 그렇지 않은 경우에는(즉, $Y_b=0$) 폴란드에서는 생산 자체가 불가능하게 되므로 연 생산능력이 0이 된다. 이와 같은 내용을 반영하기 위해 앞에서 살펴본 생산시설 관련 제약식들(수식 2)은 수식 4와 같이 수정되어야 한다.

$$
\begin{aligned}
X_{a,1}+X_{a,2}+X_{a,3}+X_{a,4}+X_{a,5} &\leq 50,000\,Y_a \\
X_{b,1}+X_{b,2}+X_{b,3}+X_{b,4}+X_{b,5} &\leq 50,000\,Y_b \\
X_{c,1}+X_{c,2}+X_{c,3}+X_{c,4}+X_{c,5} &\leq 50,000\,Y_c
\end{aligned}
$$

수식 4

예를 들어, $Y_b=0$이면, $X_{b,1}+X_{b,2}+X_{b,3}+X_{b,4}+X_{b,5}\leq 0$ 이 되어, $X_{ij}\geq 0$ 조건과 함께 고려하면 $X_{b,j}=0,\ j\in\{1, 2, 3, 4, 5\}$ (즉, 생산시설이 없으므로 폴란드로부터 모든 시장으로의 분배량은 0)이 된다. 반면, $Y_b=1$이면 기존 제약식과 같아진다. 따라서 수정된 제약식은 생산 후보지의 생산시설 입지 여부를 고려하여 각 생산시설별로 어떻게 시장 수요에 대한 배분을 할 것인지를 표현하고 있다.

마지막으로 총 비용을 나타내는 목적식 또한 결정변수 Y_i들을 고려해야 한다. 앞서 설명한 목적식에서는 생산시설에서 수요 시장으로의 분배량에 따른 총 비용만을 고려하였으나, 생산 후보지들 중 어느 후보지에 생산시설을 입지시킬 것인가에 따라서 총 시설 고정비가 달라지기 때문에 이를 고려하여 의사결정을 내려야 한다. 이를 반영한 목적식은 수식 5와 같다.

$$
18{,}000{,}000Y_a+17{,}500{,}000Y_b+24{,}500{,}000Y_c+23X_{a,1}+9X_{a,2}+23X_{a,3}+29X_{a,4}+33X_{a,5}+19X_{b,1}+15X_{b,2}+21X_{b,3}+26X_{b,4}+36X_{b,5}+31X_{c,1}+11X_{c,2}+40X_{c,3}+40X_{c,4}+20X_{c,5}
$$

수식 5

델컴퓨터는 궁극적으로 위 목적식을 최소화하는 Y_i와 X_{ij}값(즉, 어느 후보지에 생산시설을 입지시킬 것인지, 그리고 입지가 결정된 생산시설별로 어떻게 수요지들의 수요를 배분할 것인지)들을 결정하게 된다.

이상의 내용을 바탕으로 수송 모형 기반의 시설입지 의사결정 최적화 모형을 일반적인 형태로 나타내면 다음과 같다.

*인자

m = 생산설비 후보지의 수

n = 수요시장의 수

K_i = 후보지 i에 개설한 생산설비의 연 생산능력

D_j = 수요지 j의 예상수요량

f_i = 생산설비를 후보지 i에 위치시킬 때 시설 고정비

c_{ij} = 단위생산비용과 생산설비 i에서 수요 시장 j로의 단위분배비용

*결정변수

Y_i = 생산설비를 후보지 i에 개설하면 1, 아니면 0

X_{ij} = 생산기지 i에서 수요 시장 j에 매년 분배되는 총량

*목적식

$$\text{Minimize} \quad \sum_{i=1}^{m} f_i Y_i + \sum_{i=1}^{m}\sum_{j=1}^{n} c_{ij} X_{ij}$$

*제약조건

$$\sum_{i=1}^{m} X_{ij} \geq D_j, \quad j=1, 2, \cdots, n$$

$$\sum_{j=1}^{n} X_{ij} \leq K_i Y_i, \quad i=1, 2, \cdots, m$$

$$Y_i \in \{0, 1\}, \quad i=1, 2, \cdots, m$$

$$X_{ij} \geq 0, \quad i=1, 2, \cdots, m \quad j=1, 2, \cdots, n$$

(2) 무게 중심 모형 기반 입지최적화 모형

무게 중심 모형은 총 물동량과 거리를 감안한 전체 수송비용을 최소화하도록 하는 시설(예: 공장, 물류센터 등)의 입지를 결정하는 데 사용된다. 즉, 공급지와 수요지의 평면상 기하학적 위치와 시설 입지 내로 반입, 반출되는 물동량이 주어졌을 때, 총 수송비용을 최소화하기 위해서는 한 공급지 혹은 수요지에서 다루는 총 물동량에 그 지점에서 시설입지로의 혹은 시설입지에서 해당 지점으로 수송할 때의 비용 혹은 거리를 곱한 것이 최소가 된다면 총 수송비용이 최소가 된다. 즉, 이와 같은 무게 중심 모형은 다음과 같이 정의한다(Ballou, 1992).

무게 중심 모형

*인자

k	=	공급지 및 수요지의 수
x_i, y_i	=	공급지 혹은 수요지 i의 좌표(i=1, 2,⋯, k)
V_i	=	시설로부터 공급지 혹은 수요지 i까지 싣고 가는 물량
R_i	=	시설로부터 각 공급지 혹은 수요지 i까지 단위거리를 한 단위 싣고 수송하는 데 발생하는 비용

*결정 변수

$\overline{X}, \overline{Y}$	=	시설의 x, y 좌표상의 값
d_i	=	$\sqrt{(\overline{X}-x_i)^2+(\overline{Y}-y_i)^2}$

*목적식

Minimize $\quad TC=\sum_{i=1}^{k} V_i R_i d_i$

최적의 시설입지에 대한 좌표($\overline{X}, \overline{Y}$)의 값은 다음의 식을 통해 구할 수 있다.

$$\overline{X}=\frac{\sum_{i=1}^{k}\frac{V_iR_ix_i}{d_i}}{\sum_{i=1}^{k}\frac{V_iR_i}{d_i}}, \qquad \overline{Y}=\frac{\sum_{i=1}^{k}\frac{V_iR_iy_i}{d_i}}{\sum_{i=1}^{k}\frac{V_iR_i}{d_i}} \qquad \text{수식 6}$$

여기서, 시설입지와 공급지 혹은 수요지 i의 위치 간 거리를 나타내는 d_i는 $d_i=\sqrt{(\overline{X}-x_i)^2+(\overline{Y}-y_i)^2}$ 와 같이 정의되며, 위 식의 우변에 포함되어 있음을 알 수 있다. $\overline{X}, \overline{Y}$ 값을 구하기 위해서는 d_i값이 필요한데, d_i값을 구하기 위해서역으로 $\overline{X}, \overline{Y}$ 값을 알아야만 하는 상황이다. 따라서 결정변수인 $\overline{X}, \overline{Y}$ 의 값은 직접 구할 수는 없으며, 다음과 같은 반복절차를 통해 해를 구할 수 있다(Ballou, 1992).

- 1단계: 초기 시설입지 좌표$(\overline{X}, \overline{Y})$를 추정한다.

  예를 들어, $\overline{Y} = \dfrac{\sum_{i=1}^{k} V_i R_i y_i}{\sum_{i=1}^{k} V_i R_i}$, $\overline{X} = \dfrac{\sum_{i=1}^{k} V_i R_i x_i}{\sum_{i=1}^{k} V_i R_i}$를 추정치 좌표로 사용한다.

- 2단계: 앞선 단계에서 구한 $\overline{X}, \overline{Y}$ 를 이용하여 모든 공급지 혹은 수요지 i별로 거리 d_i를 계산한다.
- 3단계: 단계 2에서 구한 d_i값을 바탕으로 새로운 시설입지의 위치 $\overline{X}', \overline{Y}'$ 를 구한다.

$$\overline{X}' = \frac{\sum_{i=1}^{k} \frac{V_i R_i x_i}{d_i}}{\sum_{i=1}^{k} \frac{V_i R_i}{d_i}}, \qquad \overline{Y}' = \frac{\sum_{i=1}^{k} \frac{V_i R_i y_i}{d_i}}{\sum_{i=1}^{k} \frac{V_i R_i}{d_i}} \qquad \text{수식 7}$$

- 4단계: 이전 좌표 $(\overline{X}, \overline{Y})$와 새로운 좌표 $(\overline{X}', \overline{Y}')$와의 차이가 없거나 매우 적어지면 중단하고, 그렇지 않으면 $(\overline{X}, \overline{Y})$를 $(\overline{X}', \overline{Y}')$로 놓고 단계 2로부터 다시 시작한다.

예를 들어, 4개의 소매점 A, B, C, D가 (x, y) 좌표 상에 각각 $(100, 100)$, $(100, 400)$, $(200, 200)$, $(400, 500)$에 위치하고 있으며, 각 소매점들의 좌표들은 $(0, 0)$을 기준으로 km 단위로 측정되었다고 가정하자. 그리고, 소매점 A, B, C, D에서의 수요량이 각각 100kg, 200kg, 200kg, 400kg이라고 하자. 만약 1km 당 1kg의 상품을 수송하는데 1,000원이 소요된다고 가정할 때, 물류센터로 부터 4개의 소매점들로의 총 수송비용을 최소화하는 물류센터 입지에 대한 좌표를 무게 중심 모형을 적용하여 구해보자. 이 문제의 경우, $(x_A, y_A) = (100, 100)$, $(x_B, y_B) = (100, 400)$, $(x_C, y_C) = (200, 200)$, $(x_D, y_D) = (400, 500)$, $V_A = 100$, $V_B = 200$, $V_C = 200$, $V_D = 400$, $R_A = R_B = R_C = R_D = 1{,}000$과 같다. 입지를 결정하고자 하는 물류센터의 좌표를 $(\overline{X}, \overline{Y})$라 할 때, 물류센터와 각 소매점 간의 거리 d_i는 각각

$$d_A = \sqrt{(\overline{X}-100)^2+(\overline{Y}-100)^2},$$
$$d_B = \sqrt{(\overline{X}-100)^2+(\overline{Y}-400)^2},$$
$$d_C = \sqrt{(\overline{X}-200)^2+(\overline{Y}-200)^2},$$
$$d_D = \sqrt{(\overline{X}-400)^2+(\overline{Y}-500)^2}$$

가 되며, 이때 총 수송비용 TC는 다음과 같다.

$$\begin{aligned} TC &= V_A R_A d_A + V_B R_B d_B + V_C R_C d_C + V_D R_D d_D \\ &= 100\times 1,000\times \sqrt{(\overline{X}-100)^2+(\overline{Y}-100)^2} + 200\times 1,000\times \sqrt{(\overline{X}-100)^2+(\overline{Y}-400)^2} \\ &+ 200\times 1,000\times \sqrt{(\overline{X}-200)^2+(\overline{Y}-200)^2} + 400\times 1,000\times \sqrt{(\overline{X}-400)^2+(\overline{Y}-500)^2} \end{aligned}$$

TC를 최소화하는 물류센터의 좌표값 $(\overline{X}, \overline{Y})$를 구하기 위하여, 위에서 살펴본 반복절차를 적용해보도록 하자.

- 단계 1: 먼저 물류센터의 초기 좌표값을 다음과 같이 추정한다.

$$\overline{X} = \frac{100\times 1,000\times 100+200\times 1,000\times 100+200\times 1,000\times 200+400\times 1,000\times 400}{100\times 1,000+200\times 1,000+200\times 1,000+400\times 1,000} = 255.56$$

$$\overline{Y} = \frac{100\times 1,000\times 100+200\times 1,000\times 400+200\times 1,000\times 200+400\times 1,000\times 500}{100\times 1,000+200\times 1,000+200\times 1,000+400\times 1,000} = 366.67$$

- 단계 2: 추정한 초기 좌표값 $(\overline{X}, \overline{Y}) = (255.56, 366.67)$을 이용하여 d_A, d_B, d_C, d_D를 계산한다. 예를 들면,
  $d_A = \sqrt{(\overline{X}-100)^2+(\overline{Y}-100)^2} = \sqrt{(255.56-100)^2+(366.67-100)^2} = 308.73$
  와 같이 계산되며, 같은 방식으로 계산하면 $d_B = 159.09$, $d_C = 175.69$, $d_D = 196.57$이 된다.
- 단계 3: 앞선 단계에서 구한 값을 바탕으로 새로운 물류센터 좌표값 $(\overline{X}', \overline{Y}')$을 수식 7을 이용하여 계산하면 다음과 같다.

$$\overline{X}' = \frac{\frac{100\times 1,000\times 100}{308.73}+\frac{200\times 1,000\times 100}{159.09}+\frac{200\times 1,000\times 200}{175.69}+\frac{400\times 1,000\times 400}{196.57}}{\frac{100\times 1,000}{308.73}+\frac{200\times 1,000}{159.09}+\frac{200\times 1,000}{175.69}+\frac{400\times 1,000}{196.57}} = 252.35$$

$$\overline{Y'} = \frac{\frac{100\times1,000\times100}{308.73}+\frac{200\times1,000\times400}{159.09}+\frac{200\times1,000\times200}{175.69}+\frac{400\times1,000\times500}{196.57}}{\frac{100\times1,000}{308.73}+\frac{200\times1,000}{159.09}+\frac{200\times1,000}{175.69}+\frac{400\times1,000}{196.57}} = 374.47$$

- 단계 4: 초기 좌표값 $(\overline{X}, \overline{Y}) = (255.56, 366.67)$과 새로운 좌표값 $(\overline{X'}, \overline{Y'}) = (252.35, 374.47)$ 간에 차이가 존재하므로, 새로운 $(\overline{X}, \overline{Y})$값을 $(\overline{X'}, \overline{Y'})$로 치환 – 즉, $(\overline{X}, \overline{Y}) = (252.35, 374.47)$로 업데이트 – 한 후 단계 2부터 다시 시작한다.

이와 같이 반복적으로 계산을 하면 $(\overline{X}, \overline{Y})$값은 (252.35, 374.47)→(252.66, 377.22)→⋯→(257.69, 382.03)→(257.69, 382.03)와 같은 순서로 좌표값이 변경되다가 결국 $(\overline{X}, \overline{Y})$ = (256.69, 382.03)에 수렴함을 확인할 수 있다. 즉, 본 예제에서 총 수송비용을 최소화하는 최적의 물류센터 좌표값 $(\overline{X}, \overline{Y})$는 (256.69, 382.03)임을 알 수 있다.

이러한 단일입지 모형은 몇 가지 가정을 바탕으로 단순화하기 때문에 이로 인한 단점이 존재한다. 무게 중심 모형 기반의 단일입지 최적화 모형에서 사용하는 가정은 다음과 같다.

- 단일설비입지 모형은 변동비를 기초로 하여 입지를 결정한다. 이때, 입지에 시설을 건설하는 데 필요한 자본, 인건비, 재고비 등이 달라진다는 점을 고려하지 않는다.
- 총 수송비용은 수송한 거리에 비례하여 증가하는 것으로 가정한다. 그러나 대부분의 운임은 고정비와 거리에 따라 변화하는 변동비로 구성되어 있으며, 최저운임과 지역운임 등이 보통 일반적인 운임정책이기 때문에, 이러한 거리에 비례하는 운임의 선형성 가정이 적합하지 않은 상황이 발생할 수 있다.
- 물류 네트워크의 수요지 및 공급지와 물류시설 간의 경로를 직선거리로 가정한다. 그러나 실제수송은 기존의 도로 및 철도 네트워크 등 직선거리가 아닌 형태로 이루어지기 때문에 직선거리를 실제 도로 및 철도 네트워크상의 거리로 환산하기 위해 가중치를 사용해야 한다.
- 이러한 입지 모형은 본 항에서 소개하는 다른 모형과 마찬가지로 의사결정을 내리는 특정 시점을 기준으로 하여 입지를 구하는 정적인 모형이기 때문에 장래수익이나 비용의 변화를 반영하는 해를 찾는 것은 불가능하다.

(3) 집합 덮개 모형

집합 덮개(set covering) 모형은 시설입지 결정 모형들 중 기본적인 모형 중 하나로서, 소방서 입지결정, 응급센터 위치설정, 통신망 기지국 결정 등 그 응용 분야가 다양하다. 예를 들어, 대부분의 지방자치단체는 119 화재신고 접수 시 구조대원이 특정 시간(예를 들면, 5분) 이내에 화재장소로 도착하는 것을 목표로 하고 있다. 여기서, 만약 소방서로부터 5분 이내 거리에 거주하는 경우, 그 거주지에서 화재가

집합 덮개(set covering) 모형

dongA.com　　복잡한 유통문제, 수학 이용해 간단히 해결

"고객이 원하는 사이즈 옷 2시간內 매장에 보내드려요"
KAIST '빅데이터 시스템' 활용… 코오롱스포츠 배송서비스 연내 도입

산뜻한 봄옷을 마련할 생각에 옷가게에 들른 A 씨. 마음에 드는 디자인을 발견한 뒤 조금 큰 몸집을 편하게 감싸줄 XXL(투 엑스라지) 사이즈를 입어보기로 마음먹었다. 하지만 때마침 품절된 사이즈. 매장 직원이 다른 매장에 옷이 있는지 알아보거나 본사에 주문해 주겠다고 했지만 이 경우엔 최소 하루는 기다려야 한다. 좀 기다리더라도 옷을 입어보고 살지 말지 결정하고 싶은데…. A 씨는 결국 옷을 사지 못하고 발걸음을 돌렸다.

유통 현장에서 늘 벌어지는 이런 문제를 해결할 방법이 없을까. 장영재 KAIST 산업 및 시스템공학과 교수팀은 수학 이론으로 해결책을 찾아냈다. 장 교수팀이 사용한 원리는 '집합 덮개 문제'로 불리는 수학 이론이다. 집합 덮개 문제는 조건을 만족하는 다양한 경우 중에서 겹치는 부분을 최대한 제외해 가장 적은 경우만으로 전체를 만족시킬 수 있도록 하는 방법이다.

실제로 코오롱스포츠는 고객이 원하는 옷을 2시간 안에 방문 매장에서 받아볼 수 있게 해달라고 장 교수팀에 의뢰했고, 연구진은 집합 덮개 문제를 활용해 전국의 220개 매장 중에서 2시간 안에 물품을 배송할 수 있는 매장을 정한 뒤 겹치는 매장을 제외해 최적의 매장을 최소한으로 선정하는 프로그램 '빅데이터 로지스틱 시스템'을 개발했다. 장 교수는 "다른 매장의 재고 상황을 확인할 수 있는 이 시스템을 갖추면 물품을 2시간 내에 다른 매장으로 보내줄 수 있어 최적의 장소에 있는 매장의 재고 관리가 한결 수월해질 수 있다"고 설명했다. 코오롱스포츠는 올해 이 시스템을 선보일 예정이다.

세계 최대 온라인 유통기업인 아마존도 넓은 미국에서 고객이 원하는 상품을 빠르게 배송하는 경쟁력을 갖추기 위해 집합 덮개 문제를 활용했다. 아마존은 이를 이용해 미국에서 이틀 안에 구매한 상품을 받을 수 있는 '프리미엄 서비스'를 제공하고 있다.

복잡한 체계를 갖춘 대중교통의 시간표를 짜고, 미국 메이저리그 야구 경기의 일정을 짜는 등 산업 및 서비스 현장 곳곳에서 발생하는 문제를 해결하는 데도 수학 이론이 활용되고 있다.

[그림 11-10] 집합 덮개 모형의 국내 응용사례

출처: 동아일보(2014. 5. 9).

발생하면 소방당국의 즉각적 대응이 가능해진다. 따라서 지방자치단체는 모든 거주지가 소방서로부터 5분 이내의 영향권에 들어오면서 동시에 소방서 수를 최소화하도록 소방서 입지를 결정하고자 할 것이다. 이러한 문제는 전형적인 집합 덮개 문제이다. 또 다른 예로, Gavirneni 등(2004)은 슐럼버거(Schlumberger)라는 전기회사의 문제를 집합 덮개 모형을 적용하여 해결하였다. 이 회사는 특정 지역의 전신주에 자사 수신기들을 최소비용으로 설치해야 하는 문제를 가지고 있었다. 해당 지역에는 전기사용량을 측정하는 무선 전기 계량기들이 곳곳에 설치되어 있는데, 이들은 수집한 전기사용량정보를 무선으로 송신한다. 기술적인 제약으로 인해 수신기가 계량기로부터 일정거리 이내에 설치되어야 수신기는 계량기가 송신하는 전기사용량정보를 받을 수 있게 된다. 그리하여 다음에 기술하게 될 집합 덮개 모형을 이용하여 설치해야 하는 수신기 수를 최소화하면서 모든 전기 계량기들로부터 무선 송신되는 전기사용량정보를 수신할 수 있는 수신기 설치 문제를 해결하였다. 국내 사례로는 코오롱스포츠 매장에서 소비자가 구매하고자 하는 특정 제품이 품절되었을 때, 해당 제품을 2시간 내에 방문매장에서 받아볼 수 있게끔 하는 최소의 매장 수를 결정하는 문제를 집합 덮개 모형을 활용하여 해결하였다([그림 11-10]).

이와 같이 집합 덮개 모형은 광범위하게 활용될 수 있는 시설 입지설정 의사결정 모형으로서, 이의 목적식과 제약식은 다음과 같다(Current 등, 2001).

*인자

m = 시설 입지후보지의 수

n = 수요시장의 수

δ_{ji} = 수요시장 j가 시설 후보지 i의 영향권 범위에 들어가면 1, 아니면 0

*결정변수

Y_i = 시설을 후보지 i에 개설하면 1, 아니면 0(예: 물류센터를 후보지 i에 입지시키면 1, 아니면 0)

*목적식

Minimize $\sum_{i=1}^{m} Y_i$

*제약조건

$$\sum_{i=1}^{m} \delta_{ji} Y_i \geq 1, \qquad j=1, 2, \cdots, n$$

$$Y_i \in \{0, 1\}, \qquad i=1, 2, \cdots, m$$

본 모형의 목적식은 입지시키고자 하는 총 시설 수를 최소화해야 함을 나타내고 있으며, 첫 번째 제약식은 각 수요 시장이 적어도 하나 이상의 입지가 결정된 시설들의 영향권 안에 들어가야 함을 의미한다. 이를 통해 최소의 시설 수로 모든 수요 시장이 입지가 결정된 시설들의 영향권 범위 안에 들 수 있도록 시설 입지를 결정할 수 있다.

예를 들어, [그림 11-11]의 경우를 살펴보도록 하자. [그림 11-11]에서 세모는 시설입지 후보지를, 원은 각 시설 후보지의 영향권을, 그리고 네모는 수요 시장을 나타낸다. 앞서 살펴본 슐럼버거 전기회사 사례의 경우, 네모는 무선 전기 계량기, 세모는 수신기 설치 후보지, 그리고 원은 수신기의 전기사용량정보 수신 가능 범위로 볼 수 있다. 따라서 만약 수신기가 후보지 1에 설치가 되면 계량기 a와 b가 송신하는 전기사용량정보는 수신할 수 있으나 계량기 c 혹은 d가 송신하는 정보는 수신할 수 없다.

집합 덮개 모형에서는 최소의 시설 수로 모든 수요 시장이 다 커버될 수 있는 시설입지들을 결정해야 한다. [그림 11-11] 예제의 경우, 만약 후보지 1, 3, 4에 시설을 입지시키면 모든 수요 시장이 다 커버됨을 알 수 있다. 다른 대안으로 후보지 1과 2에 시설을 입지시켜도 모든 수요 시장이 다 커버된다. 전자의 경우 3개의 시설이 필요한 반면 후자의 경우 2개의 시설만 필요하므로 집합 덮개 모형에서는 후자를 더 선호하게 된다. 이제 위 문제를 최적화 모형으로 구조화하도록 하자. 먼저, 예제에서는 후보지가 4개, 수요시장이 4개이므로 $m=n=4$이다.

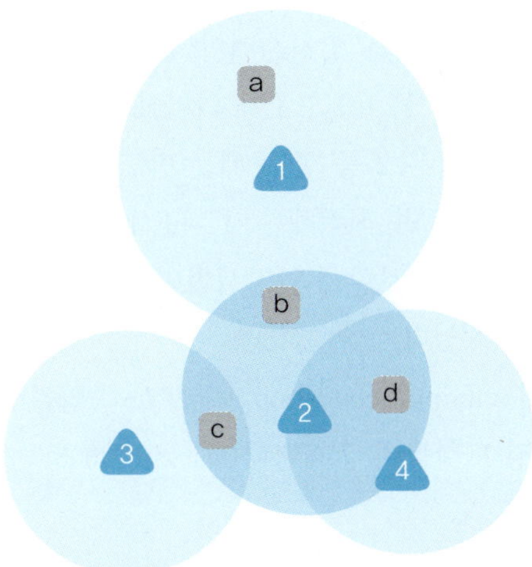

[그림 11-11] 집합 덮개 모형 예제

다음은 δ_{ji} 값이 어떻게 정해지는지 알아보자. 예를 들어, 수요시장 a의 경우 후보지 1의 영향권에만 포함되어 있으며, 다른 후보지들의 영향권 밖에 있음을 알 수 있다. 따라서 $\delta_{a1}=1$, $\delta_{a2}=\delta_{a3}=\delta_{a4}=0$이 된다. 마찬가지로 수요시장 b의 경우는 $\delta_{b1}=\delta_{b2}=1$, $\delta_{b3}=\delta_{b4}=0$, 수요시장 c의 경우는 $\delta_{c2}=\delta_{c3}=1, \delta_{c1}=\delta_{c4}=0$, 그리고 수요시장 d의 경우는 $\delta_{d2}=\delta_{d4}=1, \delta_{d1}=\delta_{d3}=0$와 같음을 알 수 있다. 이상의 정보를 가지고 집합 덮개 최적화 모형을 표현하면 다음과 같다.

$$
\begin{aligned}
\text{Minimize} \quad & Y_1+Y_2+Y_3+Y_4 \\
\text{Subject to} \quad & Y_1 \geq 1 \\
& Y_1+Y_2 \geq 1 \\
& Y_2+Y_3 \geq 1 \\
& Y_2+Y_4 \geq 1 \\
& Y_i \in \{0, 1\}, \quad i=1, 2, 3, 4
\end{aligned}
$$

수식 8

예를 들어 첫 번째 제약조건은

$$
\begin{aligned}
& \delta_{a1} Y_1+\delta_{a2} Y_2+\delta_{a3} Y_3+\delta_{a4} Y_4 \geq 1 \\
& \Rightarrow 1 \times Y_1+0 \times Y_2+0 \times Y_3+0 \times Y_4 \geq 1 \\
& \Rightarrow Y_1 \geq 1
\end{aligned}
$$

와 같이 유도된 것이다. 첫 번째 제약식 $Y_1 \geq 1$의 의미는 수요시장 a가 커버되기 위해서는 반드시 후보지 1에 시설을 입지시켜야 함을 표현하는 것이다. 마찬가지로 수요 시장 b와 관련한 제약식 $Y_1+Y_2 \geq 1$가 의미하는 바는 수요시장 b가 커버되기 위해서는 적어도 후보지 1 혹은 2 중 한 곳에는 반드시 시설을 입지시켜야 함을 표현하는 것이다. 위 문제를 풀면 최적해는 $Y_1=1, Y_2=1, Y_3=0, Y_4=0$와 같다. 이 결과에 따르면 후보지 1과 2에 시설을 입지시키면 최소의 시설 수로 모든 수요지를 다 커버할 수 있음을 알 수 있다.

그 외에도 최대 덮개(maximal covering) 모형, p-중앙값(p-Median) 모형 등 다양한 시설입지 의사결정 모형들이 존재한다(Daskin, 2008).

요약

- 공급사슬상에서 유통 전략에 적합한 물류 네트워크 구조 선정은 고객의 서비스 요구 수준 만족과 총 비용절감을 동시에 고려해야 한다.
- 공급사슬 유통 전략에 따른 물류 네트워크 구조는 유통경로상에서 재고보유 주체 및 상품수령 방식에 따라 크게 6가지 유형으로 나눌 수 있으며, 각기 고객 서비스 및 비용 측면에서 서로 다른 장·단점을 가지고 있다.
- 공급사슬 네트워크 설계 의사결정은 전략적이며 장기간 영향을 미치므로 신중한 결정이 요구되며, 전략적·기술적·거시경제적·정치적·기반시설 요소들 등에 영향을 받는다.
- 공급사슬 네트워크 설계 시 시설 입지 및 용량, 시장배분 의사결정을 위한 다양한 최적화 모형(수송 모형, 무게 중심 모형, 집합 덮개 모형 등)이 존재한다.

연·습·문·제

1. 창문 블라인드 예비 부품을 판매하고자 하는 회사는 '생산자 재고보유/생산자 직송' 혹은 '유통(소매)업체 재고보유/소비자 방문구매'와 같은 두 가지 물류 네트워크 구조를 고려하고 있다고 가정하자. 이 회사에 적합한 물류 네트워크 구조는 어떤 것이며 왜 그렇게 생각하는지 기술하시오.

2. ABC 회사는 중국 시장으로의 진출을 고려하고 있으며, 이에 따라 어떠한 물류 네트워크 구조를 택해야 할지 고민 중에 있다고 가정하자. 구체적으로, 중국 전역을 대상으로 하는 하나의 큰 물류센터를 설립할지, 아니면 각 지역 시장들을 대상으로 하는 여러 개의 소규모 물류센터를 설립할지 결정하고자 한다. 두 가지 방안의 장 · 단점을 논하시오.

3. 미국 최대의 온라인 서점인 아마존은 성장세에 맞추어, 유통 전략을 기존 생산자 직접 배송 방식에서 자체적으로 대규모 물류센터들을 확대 운영하기 시작하여 현재 전 세계 수백 개의 물류센터를 운영하고 있다. 이러한 변화가 아마존 공급사슬의 반응시간 및 비용 측면에 미친 영향에 대해 논하시오.

4. 한 지방 소도시에 의료응급상황에 빠른 대처를 위해 지역응급의료센터들을 설립하려고 추진 중에 있다고 가정하자. 응급 요청 시 응급의료센터로부터 8분 이내에 응급 호출에 응답할 수 있도록(즉, 8분 내 도착) 하는 것이 목표이며, 7곳의 의료센터 후보지(A, B, C, D, E, F, G)가 있다고 하자. 이 소도시는 크게 7개의 구역(가, 나, 다, 라, 마, 바, 사)으로 나누어지며, 각 구역과 의료센터 후보지 간의 거리(단위: km)는 다음과 같다.

구분	A	B	C	D	E	F	G
가	0	4	12	6	15	10	8
나	8	0	15	60	7	2	3
다	50	13	0	8	6	5	9
라	9	11	8	0	9	10	3
마	50	8	4	10	0	2	27
바	30	5	7	9	3	0	27
사	8	5	9	7	25	27	0

그리고 각 응급의료센터 A, B, C, D, E, F, G를 건립하는 데 소요되는 예산(단위: 억)은 100, 80, 120, 110, 90, 90 그리고 110이라고 하자. 만약 각 응급의료센터에서 각 구역으로 응급이동 시 평균 속도가 시간당 60km라고 할 때, 이 소도시의 모든 구역 주민들이 소도시에서 목표로 하는 시간 내에 응급 서비스를 받게 하려면, 최소의 비용으로 7개의 의료센터 후보지 중 어디에 응급의료센터들을 설립해야 할지를 결정하기 위한 최적화 모형식을 작성하시오.

참·고·문·헌

Alizadeh, M.(2009). Facility location in supply chain. In R. Z. Farahani & M. Hekmatfar (Ed.), *Facility location: Concepts, models, algorithms and case studies*(pp. 473–504). Springer–Verlag.

Ballou, R. H.(1992). *Business logistics management (3rd Edition)*. Prentice–Hall.

Chopra, S.(2003). Designing the distribution network in a supply chain. *Transportation Research Part E, 39*, 123–140.

J. Current, M. Daskin, D. Schilling(2001). Discrete network location models. In Z. Drezner & H.W. Hamacher (Ed.) *Facility location: Applications and theory* (pp. 83–120). Springer–Verlag.

Daskin, M. S.(2008). What you should know about location modeling. *Naval Research Logistics, 55*(4), 283–294.

Fraser, L., Khasigian, K., Lynch, A., Madden, F., Reichstetter, H., & Sharp, C.(2009). Netflix: disrupting blockbuster. Retrieved January 31, 2016, from http://faculty.tuck.dartmouth.edu/images/uploads/faculty/ron–adner/Netflix_Final_vFinal.pdf

Gavirneni, S., Clark, L., & Pataki, G.(2004). Schlumberger optimizes receiver location for automated meter reading. *Interfaces, 34*(3), 208–214.

Jo, G.(2004). A study on developing an efficient algorithm for the p–median problem on a tree network. *International Journal of Management Science, Management Science/Operations Research, 29*(1), 57–70.

Panchalavarapu, P. R., & Jeray, J. F.(2003). Application of p–median model for distribution–network design. *Interfaces, 33*(2), 39–40.

정보기술과 비즈니스는 불가분하게 서로 엮여있습니다. 누구라도 둘 중 하나를 다른 하나 없이 의미 있게 설명할 수 있을 거라고 생각하지 않습니다.

– 빌 게이츠(Bill Gates), 마이크로소프트 창업자

경제 예측의 유일한 기능은 점성술이 존경스럽게 보이도록 하는 것이다.

– 존 케네스 갤브레이스(John Kenneth Galbraith), 경제학자

미래를 예측하고자 하는 것은 인간의 마음에 내재되어 있습니다. 왜냐하면, 우리는 곧 미래를 헤쳐나가야 하니까요. 다른 선택이 없어요. 아무리 우리가 자주 틀린다 하더라도, 시도를 그만둘 수는 없습니다.

– 앨런 그린스펀(Alan Greenspan), 미 연방준비제도 이사회 의장, 경제학자

12

CHAPTER

운송과 창고관리

학습 목표

- 공급사슬상에서 운송의 역할을 이해할 수 있다.
- 다양한 운송수단의 차이점과 장 · 단점을 이해할 수 있다.
- 운송망 설계를 포함한 다양한 운송과 관련된 의사결정문제들을 식별하고 관련 의사결정 모형들을 적용할 수 있다.
- 창고의 역할, 기능 및 활동들을 이해할 수 있다.

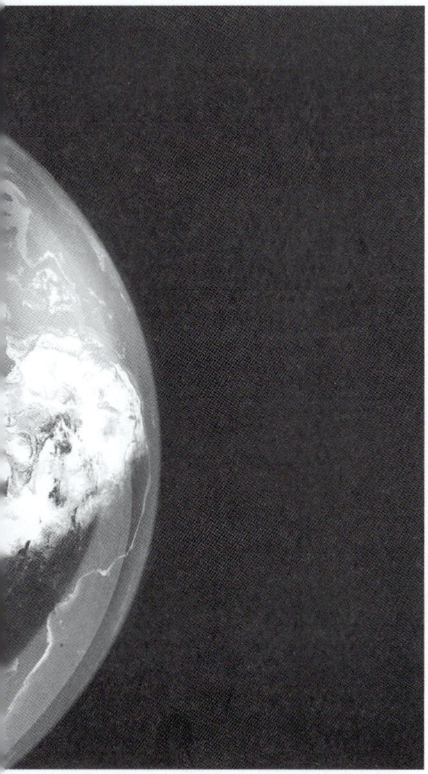

사례

물류센터 671개 택배시장은 전쟁터… 풀필먼트 경쟁 본격화

올해 전국에 구축된 물류센터가 670여 개로 집계됐다. 1992년 국내 첫 택배 서비스가 시작된 이후 온라인 배송 활성화로 전국에 물류시설이 급증한 결과다. 배송 속도와 가격 경쟁이 치열해지면서 이커머스사와 택배사는 풀필먼트(물류 일괄 대행) 구축을 통한 배송 서비스로 고객 유치 경쟁에 나서고 있다.

26일 국토교통부 국가물류통합정보센터에 따르면 이날 기준 물류창고업으로 등록된 물류시설은 671개로 지난해(601개)보다 11.6%(70개) 증가했다. 2015년 167개에 불과했던 물류시설은 10여년 만에 4배 이상으로 불어났다.

이커머스 · 택배시장 성장 추이 (단위: %)

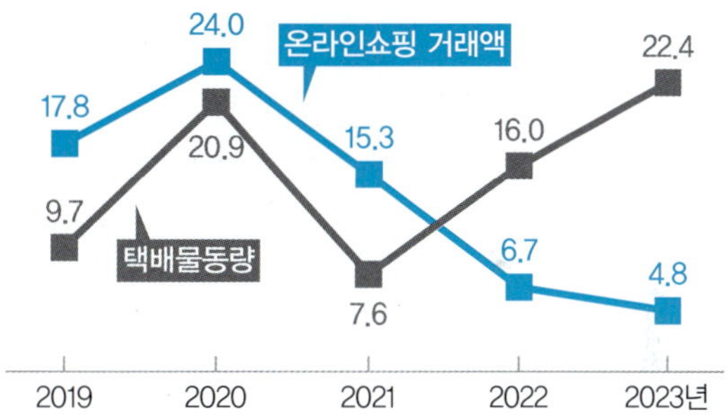

*전년 대비 증가율 〈자료: 통계청, 국가통합물류종합정보센터〉

국내 택배시장이 급속도로 커온 배경에는 이커머스의 성장이 있다. 통계청에 따르면 국내 이커머스 시장 규모는 2017년 73조 원에서 지난해 162조 원으로 확대됐고, 택배 물동량도 같은 기간 23억 1,000만 건에서 51억 5,000만 건으로 증가했다.

최근엔 알리 · 테무 등 'C(China)커머스'의 초저가 공세로 이커머스 경쟁이 심화된 점이 택배 시장 성장에 기여했다. 지난해 국내 이커머스 시장은 전년 대비 4.8% 성장에 그친 반면 택배 물량은

22.4% 증가했다. C커머스 상륙이 본격화된 2022~2023년에만 물류시설은 168개 증가했다. 소비자들이 해외직구에 나서고 C커머스 이용이 늘면서 택배사들이 물량을 흡수하며 새 동력 확보에 나섰기 때문으로 풀이된다.

연도별 물류창고업 등록 현황 (단위: 개)

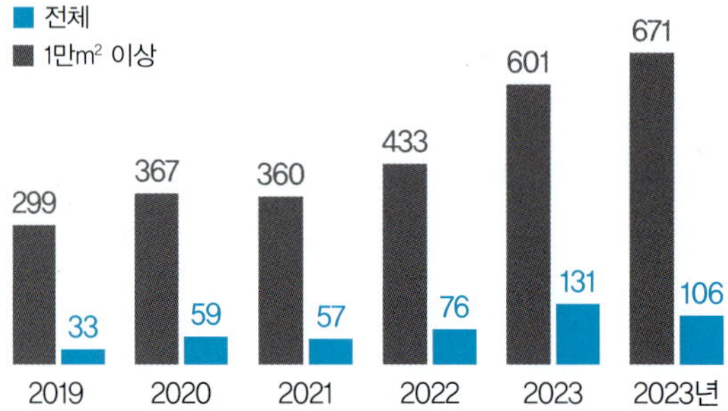

*면적은 물류시설법에 따라 등록된 물류창고업 통계 기준
**2024년은 11월 26일 기준 〈자료: 국가물류통합정보센터〉

2021~2022년 사이에도 73개의 물류시설이 늘었다. 일상을 바꾼 코로나19 대유행과 맞물려 생활물류 수요가 급증했기 때문이다. 생필품 구매가 온라인으로 급격히 전환됐고 2020년 택배 물량은 전년 대비 20.9% 증가했다. 온라인 유통의 취급 품목도 식품까지 다양화됐다.

택배 시장을 키운 건 업체 간 치열한 속도 · 가격 경쟁이다. 택배사는 물류 인프라, 자동화 시스템 구축에 지속적으로 투자했다. 비용 절감을 위해 지역별로 흩어져 있는 물류 인프라를 통합했고 인공지능 · 로봇 등 기술을 활용한 스마트물류센터 구축으로 효율화를 추진했다. 물류 시설도 대형화됐다. 1만㎡ 이상의 물류시설은 2019년 33개에서 올해 106개로 증가했다. 최근엔 마이크로 풀필먼트센터(MFC), 다크스토어 등으로 인구가 밀집한 도심에도 물류 거점이 마련돼 당일 배송이 이뤄지고 있다.

장근무 대한상의 유통물류진흥원장은 "소비자는 이커머스의 성장과 택배 시장의 경쟁으로 빠르고 편리한 서비스를 누릴 수 있게 됐지만, 과대포장, 일회용품 사용 증가 등의 부작용도 낳았다."며 "재활용 · 재사용 등 순환 비즈니스 모델 확산에 대한 관심과 노력도 필요하다."고 지적했다.

물류센터가 급속도로 불어나면서 발생하는 비효율은 기업들의 고민거리가 됐다. 이커머스 시장이 정체된 점도 비용 부담으로 다가왔고 이 가운데 유통사와 택배사의 전략적 협업도 이뤄졌다. 최대 물류기업 CJ대한통운을 거느린 CJ그룹과 이마트 · G마켓 · SSG닷컴 등 온 · 오프라인 유통 채널을 갖춘 신세계그룹의 사례가 대표적이다. 신세계그룹은 배송 인프라를 자체적으로 구축한 것이 성과를 내지 못하고 비효율을 낳자 SSG닷컴의 물류센터 운영권을 CJ대한통운에 이관하기로 했다.

이커머스를 기반으로 성장한 쿠팡은 택배 시장을 뒤흔들었다. 10년간 6조 2,000억 원가량을 투자해 물류 인프라를 구축한 쿠팡은 자사 직매입 상품의 로켓배송을 넘어 3PL(제3자 물류)과 풀필먼트 서비스에 나서면서 택배 시장은 격변기를 맞고 있다.

쿠팡은 내년부터 '로켓그로스'를 통해 수익화에 본격 나설 것으로 보인다. 지난해 3월 시작한 로켓그로스는 오픈마켓 셀러가 쿠팡풀필먼트센터에 상품을 입고하면 보관 · 재고 관리, 포장, 배송, 반품 등 전 물류 과정을 쿠팡이 대행하는 서비스다. 그동안 무료 정책으로 판매자를 끌어모은 만큼 수익성 제고를 위해 일부 비용을 판매자에게 부과할 방침이다. 이는 상품 · 배송 가격 상승으로 이어질 수 있다.

마종수 한국유통연수원 교수는 "이커머스의 절대 강자가 된 쿠팡이 택배 물동량 면에서도 경쟁사에 앞서면서 두 시장에서 독주 체제를 굳혔다."며 "다만 CJ대한통운이 신세계 · 네이버 등과 협업을 강화하고 내년부터 365일 배송에 나서기로 하면서 택배 시장이 양강 구도로 재편될 수 있는 변곡점을 맞고 있다."고 말했다.

출처: 2024년 11월 26일 13:11, 김성훈 기자, 국민일보

원본 보기: https://www.kmib.co.kr/article/view.asp?arcid=1732608495

12.1 운송관리

12.1.1 운송 개요

운송(혹은 수송)은 시 · 공간 측면의 효용을 창출하기 위해 자동차, 선박, 항공, 철도 등의 운송수단으로 사람 혹은 물자를 한 장소에서 다른 장소로 이동시키는 물리적인 행위를 일컫는다. 공급사슬관리 측면에서 운송이 필요한 이유는 일차적으로 대부분의 경우, 물자의 생산지점과 이들의 판매를 통해 수익을 창출하는 소비지점이

다르기 때문이다. 또한, 재화가 공급사슬의 기점으로부터 최종 소비지점으로 이동됨에 따라서 다양한 활동을 통해 부가가치가 창출이 되고, 제품의 가치가 증가하게 된다. 공급사슬상에서 이러한 재화의 이동을 현실화하는 활동이 운송이라 할 수 있으며, 결국 필요한 물자를 적시 적소에 전달하는 운송활동을 통해 앞서 언급한 바와 같이 시 · 공간의 효용을 창출하게 되는 것이다. 반면, 비효율적인 운송으로 인해 제품이 적시에 공급이 되지 못한다면, 기업은 일차적으로 매출 기회를 상실하게 되고, 더 나아가 고객 불만족 등으로 이어지며 추가적인 손실을 감수해야 한다.

(1) 물류에서의 운송의 역할

일반적으로 운송비는 전체 물류비의 70%에 이를 정도로 많은 비중을 차지한다. 예를 들면, 우리나라의 경우 한국교통연구원 자료에 따르면 2022년 GDP 대비 국가물류비 비율은 8.7%이고, 특히 운송비의 비중이 국가물류비의 약 63% 이상을 차지한다.[1] 뿐만 아니라 인터넷 도입에 따라 전자상거래 시장의 활성화되고, 홈쇼핑이 전체 소매업 매출에서 차지하는 비중이 증가함에 따라 국가물류비는 꾸준히 증가할 것으로 보인다. 따라서 기업의 입장에서는 운송비 관리 및 효율적인 운송 시스템의 구축, 운영이 중요한 고려사항이 될 수밖에 없다. 예를 들어, 전 세계 최대 소매업체 월마트의 경우를 살펴보도록 하자. 월마트는 경쟁력의 바탕인 상시저가 정책(Every Day Low Price: EDLP)을 유지하기 위해 독자적인 물류 시스템을 확보 · 운영하고 있다. 먼저, 월마트는 각 매장의 재고 수준을 가능한 한 낮은 수준으로 유지하고, 제품판매 속도에 맞추어 재고를 보충하는 방식을 채택하고 있는데, 이는 운송 측면에서 보면 다빈도 소량운송으로 귀결된다. 따라서 효율적인 운송 시스템을 위해서 우선적으로 공급선에서 매장에 이르기까지 모든 정보의 흐름을 일원화하고, 잦은 배송으로 인한 물류비 증가를 최소화하기 위해 크로스도킹 시스템을 도입하였다. 이 시스템을 활용하면, 일단 공급사의 제품들을 만차(TL) 트럭으로 크로스도킹 유통센터에 전달하면, 이후 각 매장별 수요에 맞추어 제품들을 환적한 후 다시 만차(TL)로 매장으로 수송하게 된다. 크로스도킹 시스템에 대해서는 12.1.4항에서 다시 살펴보겠으며, 이러한 시스템을 통해서 대량 수송을 통한 운송비 절감이라는 장점을 최대한 활용하면서 EDLP 정책을 가능하게 하였다.

---

1) 통계청, e-나라지표 국가물류비 현황, http://www.index.go.kr/potal/main/EachDtlPageDetail.do?idx_cd=2727

(2) 운송 활동과 관계된 주체들

효율적인 운송 시스템을 위한 활동주체는 크게 다음과 같이 운송인, 화주 그리고 정부가 있으며, 이들의 역할과 기능을 이해하는 것이 중요하다. 먼저, 운송인은 공급사슬상에서의 운송 기능을 담당하고 있는 주체로서 운송차량 및 관련 시설, 장비들을 어떻게 하면 효율적으로 운영하고 관리할지에 관해 주로 초점을 맞추고 있다. 반면, 화주는 운송, 보관 등의 활동의 대상이 되는 화물의 소유주 혹은 의뢰인을 의미하며, 운송인이 제공하는 서비스에 대한 비용, 품질 및 신뢰성을 중요하게 생각한다. 예를 들어, 예스24가 우체국택배를 이용하여 예스24 창고에서 고객에게 책을 배송할 경우, 예스24가 화주가 되고 우체국택배가 운송인이 된다. 마지막으로 한국을 포함한 대부분의 국가에서는 공용 수송 시스템 및 제반 기간시설(예를 들면, 도로망, 철로, 항만 및 공항 등)의 설계, 건설 및 운영이 정부 주도하에 이루어지고 있다. 이 뿐만 아니라 정부는 수송과 관련한 정책을 수립하는 주체로, 과세정책 수립, 위험물 혹은 독극물 등의 특정물자 수송에 대한 통제 및 규제 등을 수립한다. 이상과 같은 각 활동주체들 간의 차이점을 제대로 이해하는 것이 운송 시스템과 관련하여 각 주체들이 당면하게 되는 다양한 이슈들을 이해하는 데 있어 매우 중요하다.

(3) 운송 서비스의 성능평가 척도들

운송 서비스의 성능을 평가하는 다양한 척도가 있지만, 여기서는 다음과 같은 세 가지 척도—운송비용, 운송시간, 운송시간 가변성—에 대해 살펴보기로 한다. 먼저 운송비용에 대해 살펴보기로 하자. 운송비용은 일반적으로 운송거리 혹은 물동량에 직접 비례하여 결정되는 변동비와 비례하지 않는 고정비로 구분된다. 고정비는 터미널 설비비, 일반관리비, 철로 설치비, 보험료 등과 같이 운송 활동의 강도에 비례하지 않는 비용을 의미하고, 변동비는 유류비, 도로통행료 및 운반 처리비 등 운송 활동의 양과 강도에 비례하는 비용 항목들을 포함한다. 운송비는 물동량, 운송거리뿐만 아니라, 다음 항에서 알아볼 운송수단에 따라서도 편차가 심하며, 대개 빠른 운송수단일수록 운송비가 증가한다(Ballou, 1999). 일반적으로 톤-km당 비용을 평균 운송비용의 단위로 이용하고 있으며, 이를 운송 서비스 간의 비교 시 보편적으로 활용한다. 다만, 특정 운송 서비스를 선택할 시에는 실제 운송비를 고려하여 결정해야하며, 실제 운송비는 운송할 물자의 종류, 물동량, 시 · 종점 간의 거리, 운송 시점 등에 따라 달라진다.

운송시간은 출발지에서 목적지까지 소요되는 시간을 의미하며, 운송 서비스를 평가하는 또 다른 대표적인 척도이다. 운송시간은 공급사슬이 어떻게 구성되어 있는지에 따라 크게 영향을 받는다. 예를 들면, 유럽연합(EU) 회원국 간의 상품, 인력, 서비스, 자본의 자유이동을 통한 단일 시장 구축 이전에는, 서유럽의 인구밀집 국가 간의 운송 시에 국경통과에 필요한 서류처리를 위해 많은 시간이 소요되어, 대부분의 회사들은 보다 빠른 배송을 위해 주요 국가별로 하나 이상의 물류창고를 운영하였다. 하지만 단일 시장 구축 이후, 통관 서류처리로 인한 지체가 사라짐에 따라서 많은 회사들이 기존에 주요 국가별로 물류창고를 운영하던 방식에서 전체 유럽연합을 대상으로 소수의 전략적 물류거점에 물류창고를 운영하는 방식으로 공급사슬 구조를 변경하였다. 이로 인해 물류시설의 규모의 경제를 도모할 수 있게 되었다.

마지막으로 다른 성능평가 척도 중 하나인 운송시간 가변성에 대해 알아보도록 하자. 공급처로부터 물류창고에 이르는 데 소요되는 운송시간이 불안정한 경우, 이러한 운송시간 가변성에 대응하기 위해 회사들은 안전재고를 보유하게 된다. 문제는 일정 수준의 고객 서비스를 제공하기 위해서는 이러한 가변성이 커질수록 필요로 하는 안전재고 수준이 높아져, 더 큰 창고가 필요하게 되고 결국 재고에 묶여 있는 자본이 많아지게 된다. 따라서 운송 서비스의 성능을 평가하는 데 있어 운송시간의 가변성 또한 주요한 고려요소라 할 수 있겠다.

(4) 운송이 기업의사결정에 미치는 영향

운송은 기업의사결정에 많은 부분 영향을 미치게 되는데, 이에 관해 몇 가지 예를 살펴보고자 한다. 먼저, 가격결정에 있어 물류비용의 많은 비중을 차지하는 운송이 포함되며, 특히 단위무게당 가치가 낮은 원자재 혹은 제품의 경우 판매가격의 상당 부분은 운송비가 차지하게 된다.[2] 운송이 입지 결정과 관련한 의사결정에도 영향을 미치게 되는데, 예를 들어 우리나라 철강, 정유 산업과 같은 경우에는 필요한 원자재를 해상운송을 통해 들여오는 것이 편리하기 때문에, 대부분 관련 공장들이 주로 포항, 울산과 같이 해안에 입지하고 있음을 알 수 있다. 운송수단 활용 가능성, 비용 및 제품의 물리적 특성 등이 시장지역 결정에 제약으로 작용하는 경우도 있는데, 예를 들어 부패가 쉬운 상품 혹은 생물배송이 요하는 경우에는 운송수단 가용성 측면에서 적시에 배송이 불가능한 경우가 존재하기에 시장지역 결정에 운송이 주요한 결정요소가 된다. 이상 몇 가지 예를 통해 살펴본 바와 같이, 운송이 기업의

2) 인천광역시 물류연구회 용어사전, http://ilogistics.or.kr/info/info03.asp?page=771

사결정의 많은 부분에 주요한 고려사항이 됨을 알 수 있다.

12.1.2 운송수단

본 항에서는 다양한 운송수단에 대해 살펴보고자 한다. 운송인이 화물을 이동하는 데 있어서 다양한 운송수단 중 하나 이상을 선택하게 된다. 화주의 입장에서는 화물의 특성, 운송 리드타임과 시장상황 등을 고려하여 어떠한 운송수단을 이용할 것인지, 어떠한 운송인과 계약을 맺는 것이 바람직한지 결정하여야 한다. Chow & Poist(1984)에 따르면 화주 입장에서 운송수단 및 운송인을 (혹은 운송 서비스의 품질을) 결정하는 데 주요한 요소로 문전 배송(door-to-door)비용, 손실 및 파손 발생 가능성 및 클레임 처리 수준, 서비스 가격 조정 협상경험, 화물 추적, 총 운송시간, 신뢰도, 집배 및 배달 서비스 품질 등이 있다. 다음에서는 대표적인 운송수단에 대해 살펴보고, 앞서 언급된 측면에서 운송과 관련한 의사결정에 관련된 내용을 알아보도록 한다.

(1) 항공 운송

항공 운송

항공 운송은 국내 운송에서는 활용도가 낮지만, 국제 운송에서는 항공화물의 비중이 매출에 차지하는 비중이 크다. 대한항공의 경우, 국제 항공화물 운송이 2023년 기준으로 전체 매출의 27% 이상을 차지하고 있다. 대표적인 항공 운송 운송인으로는 대한항공, 아시아나 등 국내 국적기를 포함하여, 대부분 항공 여객업체들 또한 화물 운송 서비스를 지원하고 있다. 항공 운송은 높은 수준의 기본 시설 및 설비 투자가 필요함으로써 높은 고정비, 상대적으로 낮은 변동비의 비용 구조를 가지고 있어, 이에 따라서 항공 운송 운송인 입장에서는 일일 항공 운항시간과 운항에서 발생하는 매출의 최대화에 중점을 두고 있다.

항공 운송은 빠르고 신속한 운송이 가능하다는 점이 큰 장점인 반면, 매우 고가의 운송수단이라는 단점을 가지고 있다. 따라서 항공 운송은 신속한 운송을 요하는 소규모 고부가가치 제품 운송에 제한적으로 활용되어 왔다. OECD의 발표에 의하면, 항공화물은 물동량비중으로 전체 국제화물의 3% 정도에 불과하나, 화물의 가치비중은 40%에 달한다고 한다. 예를 들어, 휴대폰이나 반도체, 컴퓨터 부품과 같은 제품들은 단위무게당 가치가 매우 높기 때문에 고가의 항공 운송을 활용하더라도 운송비의 비중이 높지 않으므로, 신속하고 안정적인 공급이 우선시된다면 항공 운송을 적극적으로 활용할 수 있다. 또한, 자라(Zara)의 경우도 빠른 재고회전율에 맞추어, 스페인에 위치한 중앙 물류센터로부터 전 세계 매장에 신속한 운송을 위해 항공 운송을 활용하고 있다. 이러한 경우, 고비용의 항공 운송을 이용하더라도 신속 배송을 통해 재고비용을 절감하여 고비용에 대한 부담을 상쇄할 수 있다. 다른 예로, 내셔널 세미컨덕터(National Semiconductor)는 전 세계 6개 지역의 창고를 폐쇄하고 싱가포르에 통합 물류센터를 설치하여 항공으로 물자를 배송하는 시스템을 구축하였고, 그 결과 운송시간의 47% 감소, 물류비의 2.5% 절감, 매출액의 34% 증가라는 놀라운 성과를 달성할 수 있었다(이상근, 2009; ChinaAbout.net).

마지막으로 우리나라 항공화물의 경우, 1970년대 가발, 섬유, 잡화류 등으로 시작하여 2000년대 들어 기계, 반도체, LCD 등의 고부가가치 화물에 대한 국제 운송 수요가 증가하여 급성장을 하였으나, 국내 고부가가치 제품 생산시설의 국외 이전 및 경제위기로 인한 해당 제품 수요의 감소는 국내 항공화물 수요 감소로 이어지고 있는 실정이다. 향후 세계 경제가 발전하면 할수록 항공화물 운송산업이 세계 물류 시장에서 중추적인 역할을 할 것이라는 것은 자명한 일이기에, 이에 대한 대책이 필요하다.

(2) 소화물 운송

소화물 운송 및 택배

소화물 운송 및 택배는 소형, 소량의 운송물을 고객의 주택, 사무실 및 기타 장소

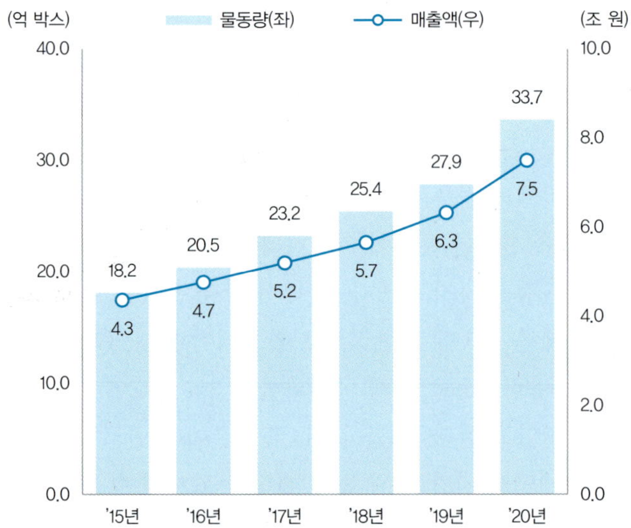

[그림 12-1] 국내 택배 시장 규모

출처: https://usstockinfo.tistory.com/439

등 수하인이 위치한 장소까지 운송하여 운송물을 인도하는 것을 일컫는다. 최근 전자상거래의 성장과 더불어 기업뿐만 아니라 개인의 택배수요 또한 급격히 증가하였다. 국제 소화물 운송 및 택배업체로는 미국의 UPS, 페덱스(FedEx), 일본의 야마토(Yamato) 등이 있으며, 국내 업체는 대형 택배업체와 중소 택배업체로 양분되어 있는 가운데, 대형 택배업체로는 대표적으로 CJ 대한통운, 한진택배, 현대택배, 우체국택배 등이 있다.

앞서 언급한 바와 같이, 화주들은 주로 소형, 소량의 시간에 민감한 물품 운송을 위해 소화물 운송 혹은 택배 서비스를 이용하게 된다. 이러한 환경하에서, 운송 효율을 높임과 동시에 가격 경쟁력을 유지하기 위해 운송 수요의 집화(consolidation)가 운송인 입장에서는 중요한 고려사항이 된다. 이를 가능하게 만들기 위해서는 집화지점의 위치 및 처리능력 결정, 그리고 소화물의 추적, 조회를 위한 정보 시스템 구축 등이 필요하다.

(3) 트럭(화물자동차) 운송

트럭(화물자동차) 운송

트럭화물의 운송 행태는 크게 만차수송(Truckload: TL)과 부분적재수송(Less Then Truckload: LTL)으로 나눌 수 있다. 트럭화물 운송은 다음에 설명할 철도화물 운송에 비해 단위 운임비가 비싸지만, 문전배송이 가능하며 운송시간이 상대적으로 짧다는 장점이 있다. 다음은 두 가지 트럭화물 운송 행태에 대해 살펴보기로 하자.

만차 수송(TL)

먼저 만차 수송(TL)은 단일 품목의 대형화물에 대한 트럭 운송을 말하며, 국내에서는 '차급(화물) 운송'으로 불리기도 한다. 보통 5톤급 이상의 화물차를 이용하는 화물 운송 서비스를 말한다. 일반적으로 단일 화주와의 계약을 통해 운송이 이루어지며, 다수의 화주로부터 운송계약을 맺는 부분 적재 운송(LTL)과는 구별된다. 만차 운송사업은 상대적으로 고정비가 낮으며, 단지 몇 대의 트럭만으로도 시장 진출이 가능할 정도로 진입비용이 매우 낮은 경쟁 시장이다. 만차화물 운송의 특성상, LTL과 달리 운송 도중에 재분류, 트레일러 변경과 같은 별도의 작업이 필요 없다. 이는 낮은 단위 운송비용으로 이어지므로 TL의 장점일 수 있으나, 다른 한편으로는 지역 간 화물 운송이 이루어지는 데 있어 이 지역들이 유출형 지역(생산 중심), 유입형 지역(소비 중심) 등으로 다양하다는 점이다. 이러한 지역 간 유입/유출 불균형은 귀로공차 등 서비스에 따른 수급 불균형이 수시로 발생되기 때문에, 만차 운송업체는 공차 운행과 공차거리를 줄이며 매출을 높일 수 있는 방안을 모색해야 한다. 대표적인 미국 TL 전문 운송업체로는 코베넌트(Covenant), J.B. 헌트(J.B. Hunt), PAM트랜스포트(PAM Transport), 슈나이더(Schneider), 스위프트(Swift) 등이 있다.

부분 적재 수송(LTL)

반면, 부분 적재 수송(LTL)은 일반적으로 1~3톤 이하 화물차를 이용하는 화물 운송 서비스가 이에 해당하며, TL과 달리 다수의 화주와 운송계약을 맺기 때문에 한 차에 단일 품목만을 운송할 필요는 없다. 이로 인해, LTL은 터미널에서 모아온 화물을 다른 트레일러로, 또는 여러 트레일러로부터 유사한 지역으로의 배송을 위해 재분류하는 작업이 필요하다. 대표적인 미국 LTL 업체로는 ABF, 콘웨이(Con-way), 피트 오하이오 익스프레스(Pitt Ohio Express), 페덱스 프레이트(FedEx Freight), UPS 프레이트(UPS Freight), YRCW 등이 있다.

(4) 철도화물 운송

철도 운송

철도 운송은 철로 네트워크를 이용하여 사람 및 물자를 운송하는 것을 말한다. 미국의 경우는 소수의 사기업(예를 들면, 유나이티드 퍼시픽(United Pacific), BNSF, 노퍽 서던(Norfolk Southern), CSX 등) 들이 철도 네트워크관리 및 운송 서비스를 제공하고 있으며, 국내는 공기업인 한국철도공사(코레일)가 국유 철도 운영 및 영업을 담당하고 있다.

철도 운송의 장점은 역시 저렴한 운임비이다. 특히, 중장거리 운송 시 항공 혹은 트럭 운송에 비해 운임비가 낮은 장점을 가지고 있다. 이에 저가치, 대량/중량 화물의 장거리, 대규모 운송에 적합하며, 농·광산물, 중공업 제품들이 철도 운송에 적합한 제품군에 해당한다. 또한, 철도는 타 운송수단에 비해 비교적 낮은 사고율을 보이고 있고, 기상 조건에 덜 영향을 받으며, 운송시간과 관련된 불확실한 상황(예를 들면, 도로 체증)에 노출되지 않기에 화주에게 안전하며 신뢰도 높은 서비스를 제공할 수 있다.

반면, 철도 운송의 단점은 접근성이 낮다는 점이다. 철로 기간망을 따라 물자를 이동하는 철도 서비스는 거의 대부분의 경우, 고객이 원하는 최종 도착지까지의 운송이 불가능하며, 결국 문전 배송을 위해서는 다른 운송수단(예를 들면, 소화물 혹은 트럭 운송)의 집배송이 필요하다. 기타 단점으로는 서비스 빈도의 한계 및 긴급 운송 처리에 대한 탄력성 부족 등을 들 수 있다.

(5) 해상화물 운송

해상화물 운송은 저가로 대형화물을 운송하기에 이상적인 운송수단이며, 대개 저가치 벌크 화물(예를 들면, 석탄, 곡물 등)의 운송에 이용된다. 해상화물 운송은 거리에 따른 운송비용을 비교해 볼 때, 특히 원거리 운송에 따른 화물단위당 운송비용은 타 운송수단과 비교하여 매우 저렴하기 때문에 국제무역거래에 가장 많이 이용되고 있으며, 컨테이너의 활용으로 인해 국제 운송에서 주요하게 고려되는 운송수단이 되었다. 또한, 대량 운송이 가능하다는 점이다. 모든 운송수단 중에서 선박의 단위 운송량이 가장 크다. 물론 철도 운송에서도 화차의 수를 증가시키고 가능한 한 짧은 배차간격으로 발차시킴으로써 단위 운송량을 증가시킬 수는 있지만 그 한계가 명확하다. 따라서 대량화물 운송에는 해상화물 운송이 가장 적합한 수단이라 할 수 있다. 해상화물 운송의 또 다른 장점으로는 다른 운송수단과 비교하여 지형상의 장애를 적게 받는다는 것이다. 해양자유의 원칙에 따라 공해에 있어서 자유로운 항해가 보장되며, 항로개발에 따른 사회간접자본(비용)의 투자가 적게 든다. 이것은 해상화물 운송의 발달에 유리한 조건 중 하나가 되었다. 따라서 해상화물 운송 산업은 운송 산업 중 가장 국제성이 높은 산업이라 볼 수 있다.

해상화물 운송

반면, 낮은 속력으로 매우 긴 운송시간이 발생하는 것은 해상화물 운송에 큰 단점이라 볼 수 있다. 이러한 선박의 속력은 유가와 밀접한 관련이 있으며, 시장수요와 선박규모 등에 따른 경제성을 고려하여 시간당 속력은 상이하게 조정된다. 그 외 국제 해상 운송의 효율과 관련된 문제점으로는 항만 혼잡 혹은 통관 시 정체, 사용 후 공 컨테이너의 관리 등이 있다.

(6) 파이프라인 운송

파이프라인은 원유, 천연가스, 정제석유 제품 및 유사 제품 등의 운송을 위해 연결된 파이프들로 이루어진 네트워크 시스템을 의미하며, 두 개의 지점을 연결하는 단순한 형태뿐만 아니라 다수의 공급점과 수요점을 가진 상호 연결된 네트워크에 이르기까지 매우 다양한 형태를 취하고 있다. 파이프라인은 초기의 방대한 설비 투자와 비교적 낮은 운영비로 특징지을 수 있다. 파이프라인 자본투자비용을 결정하는 핵심적인 요인으로 운송거리, 피크 송출량의 크기, 파이프라인의 경로와 입지 등을 들 수 있다. 비용 구성은 철도화물 운송의 경우와 비슷하다. 변동비는 펌프시설 운영 및 제품 운송비 등을 포함하며, 총 비용 대비 고정비의 비율이 본 절에서 기술한 운송수단 중 가장 높다. 운송 속도는 시속 5~8km로서 그리 빠른 편은 아니지

파이프라인 운송

만, 파이프라인은 24시간 365일 연중 운영이 가능하다는 장점이 있다. 또한, 운송시간 가변성에 영향을 미칠만한 요소들이 적으며, 기상조건 혹은 도로사정에 영향을 받지 않는다. 따라서 앞서 언급한 특징들로 인해 대량의 액체 혹은 가스 에너지원 운송에는 파이프라인 운송이 적합함을 알 수 있다. 반면, 파이프라인의 단점으로는 철도 운송의 경우와 마찬가지로, 접근성이 낮으며, 파이프라인을 통해 운송할 수 있는 제품에 제약이 있다.

(7) 복합 운송

복합 운송(intermodal)

복합 운송(intermodal)이란 하나 이상의 운송수단을 공동화한 것으로, 운송과정이 하나로 통합되어 운송 방식이 극대화된 운송 방식을 말한다. 복합 운송은 컨테이너의 등장과 더불어 부각되기 시작하여 오늘날에는 국제 간 화물 운송 체계에 있어 널리 보편화되어 있다. 이의 궁극적인 목적은 규격화 및 표준화된 컨테이너의 연계 또는 일괄 운송을 통해, 각 운송수단이 갖는 장점들을 효율적으로 결합하여 문전에서 문전까지 목적화물을 운송하는 것으로 물류관리상 많은 경비 절감효과를 가져오게 된다. 이와 같이 하나 이상의 운송수단을 결합하여 일괄 운송하는 체계를 만들기 위해서는 상이한 운송수단 간의 환적이 용이하게 이루어질 수 있도록 하는 정보의 교환이 필수적이다.

복합 운송을 위한 운송수단 간의 다양한 조합이 가능한데, 대표적으로는 트럭과 철도와의 복합 운송 방식을 일컫는 피기백(piggy back)이 있다. 피기백은 컨테이너 트레일러에 컨테이너를 적재한 채로 철도화차 위에 적재되어 운행하며 도착지에서 도로운송으로 환적 시 그대로 화차에서 내려와서 트럭 운송이 용이한 트럭-철도 복합 운송 방식을 말한다. 그 외 특히 국제무역에서 트럭과 항공과의 복합 운송 방식을 일컫는 버디백(birdy back), 트럭과 선박의 결합인 피시백(fishy back) 등이 있으며, 더 나아가 두 가지 이상의 운송수단을 결합하는 복합 운송(예를 들면, 선박-철도-트럭 간의 결합)이 증가하는 추세이다.

마지막으로 운송관리에 일반적으로 적용되는 두 가지 경제원리에 대해 간단히 언급하고자 한다. 운송단위가 커지고 운송수단의 크기가 커질수록 운송단가는 낮아지는 것을 규모의 경제원리라 하고, 동일한 운송수단이라도 운송거리가 길어질수록 단위제품, 단위거리당 운송단가가 낮아지는 것을 거리의 경제원리라 하는데, 이 두 가지 운송 관련 경제원리가 앞서 살펴본 각 운송수단별 운송 물동량, 운송거리와 운송단가 간의 상관관계를 잘 반영하고 있음을 알 수 있다.

12.1.3 운송 관련 기간시설 및 설비투자 시 고려사항

다음은 운송에서 효율적인 기간시설 및 설비투자 의사결정 시 고려사항에 대해 알아보고자 한다. 적절한 기간시설의 확충 없이는 운송인은 고객 수요에 적절히 대응할 수 없을 것이다. 또한, 운송 활동에 관련 주체들이 공공의 운송 기간시설(도로, 고속도로, 철로 등) 이용에 직 · 간접적으로 관여하고 있으며, 각 주체들 간의 경제적 혹은 서비스 목적들이 상이하다. 마지막으로 이러한 기간시설의 확충은 환경 및 지역의 삶의 질에도 영향을 미치게 된다. 따라서 운송 관련 기간시설에 대한 투자결정에는 각 관련 주체들 간의 이해관계에 대한 고려뿐만 아니라 경제적 · 사회적 · 환경적인 요소도 고려되어야만 한다. 본 항에서는 운송망에서 기업들의 기간설비 투자 의사결정과 관련된 몇 가지 측면들을 살펴보고자 한다.

먼저 제공하고자 하는 운송 서비스의 범위 측면에서 살펴보도록 하자. 물류센터, 창고 등 주요 지점 간의 운송 서비스를 제공하는 운송인의 경우, 터미널 운영의 효율성 및 높은 규모의 경제를 실현할 수 있도록 설비 및 시설투자 의사결정이 이루어질 것이다. 반면, 페덱스(FedEx) 혹은 UPS와 같이 문전 배송 서비스를 제공하는 운송인의 경우, 빠른 배송과 고객의 서비스 요구사항을 충족하기 위해 다양한 운송수단들을 구비하고, 이들이 효율적으로 연계될 수 있도록 대규모 운송 네트워크를 구성한다. 이와 같이 운송인이 어떠한 운송 서비스를 제공하는가에 따라서 서로 다른 시설투자에 관한 의사결정이 요구된다.

운송인 입장에서 임의의 두 지점 간의 운송 빈도 또한 시설 및 설비투자 의사결정에 주요한 고려대상이 된다. 먼저 운송 빈도를 낮추는 것이 화주 입장에서는 유리하기에, 빈도를 낮추기 위한 방안으로 소화물로 여러 번 운송하는 대신 여러 수요들을 집화(consolidation)하여 대화물로 결합한 후 운송하여, 운송 횟수를 줄일 수 있다. 이는 운송인 측면에서도 차량에 대한 설비투자비를 낮출 수 있기 때문에 비용 측면에서는 일면 도움이 될 수도 있으나, 이러한 방안은 운송시간에 민감한 고객들이나 혹은 (높은 재고 유지비용을 야기하는) 고가의 제품을 운송하고자 하는 고객들에게는 적합하지 않게 된다. 다른 방안으로는 고객의 운송 요구 조건에 상응하는 계획된 일정에 따라 운송 서비스를 제공하는 것이다. 그러나 고객의 운송청구 불확실성으로 인해 대부분의 경우 높은 차량 가동률을 기대하기 어렵게 된다. 결국 앞서 언급한 방안과 비교하여 상대적으로 차량에 대한 높은 설비투자비가 요구된다. 결론적으로 운송 빈도 및 이에 따른 시설투자 의사결정의 성패는 화물수요예측의 정확도에 달려 있다고 말할 수 있다.

12.1.4 운송 관련 의사결정사항들

(1) 운송수단의 결정

운송수단의 결정

운송수단을 결정할 때는, 운송비용, 운송거리 혹은 시간, 화물의 종류, 지형 등의 제반조건들을 고려해야 한다. 최적의 운송수단이란 단순히 운송원가를 절감한다든지 혹은 운송과 관련한 서비스를 향상시키는 단편적인 측면에서의 향상을 의미하는 것이 아니라, 어떠한 목적에 부합하는 서비스 수준을 유지하면서 동시에 가능하면 전체적인 관점에서 비용 전반을 절감할 수 있는 그러한 운송을 의미한다. 또한, 운송 활동 중 어떠한 운송수단을 적절히 결합, 선택하여 운송업무를 수행하여야 하는가를 결정하는 것은 매우 중요하다.

화주의 입장에서 운송수단 선택 시 운송수단 간의 장 · 단점을 동시에 평가해야 하며 (12.1.2항 참고), 특히 복합운송을 이용할 시에는 어떤 경로를 어떠한 운송수단과 연계 운송하는 것이 적합한지를 고려해야만 한다. 또한, 운송량, 운송거리, 운임, 신속성, 안전성, 기후 환경, 중량 제한, 하역 및 포장 등 다각적인 검토가 필요하다.

(2) 운송업체 선정

운송업체 선정

운송수단이 결정된 후, 각 운송수단 내에서 영업 활동을 하고 있는 다양한 운송업체 중에서 어떠한 운송업체와 거래를 해야 하는지에 대해 결정해야 한다. 이와 같은 운송업체 선정은 운송 성과 측면에서 고려되어야 하며, 화주는 가능한 한 낮은 비용으로 원하는 서비스를 이행할 수 있는 운송업체를 선정하는 것이 중요하다. 국내의 경우, 국토교통부는 우수화물운수업체 인증제도[3]를 통해 화주가 운송업자 선정에 합리적인 결정을 할 수 있도록 기준을 제공한다.

(3) 운송망 설계

운송망 설계
정기순환식
밀크런 방식

운송망이 어떻게 설계되어 있는가에 따라서, 전체적인 공급사슬의 성능에 많은 영향을 미치게 되는데, 수 · 배송 계획 및 경로결정 등 운영 측면에서의 운송 관련 의사결정들이 운송망 설계에 의존적이기 때문이며, 이는 운송비용 및 고객 서비스 수준에도 직 · 간접적으로 영향을 미치게 된다. 본 항에서는 공급자들과 수요자들 간

3) http://www.nlic.go.kr/nlic/crryCertInfo.action

의 운송망을 설계하는 방안에 대해 크게 두 가지 측면에서 살펴보고자 한다.

첫 번째 측면은 운송이 공급자에서 수요자로 직접 운송이 이루어져야 하는지 아니면 중앙배송센터를 경유하여 운송이 이루어져야 하는지 고려해야 한다. 참고로, 중앙배송센터는 일반적인 창고 혹은 물류센터와 같이 장 · 단기 저장 기능을 수행할 수 있거나 아니면 크로스도킹 시스템과 같이 임시 저장 기능만을 수행할 수도 있다.

두 번째 측면은 수 · 배송 경로결정으로, 한 공급자에서 하나의 수요자로 제품을 바로 배송할지(직접 배송 방식), 아니면 한 공급자로부터 다수의 수요자들로 배송 혹은 다수의 공급자들로부터 하나의 수요자로 배송할지(정기순환식 혹은 밀크런 방식)를 결정하는 것이다. 이상의 두 가지 측면에 근거하여 다음과 같은 운송망의 설계들을 생각해 볼 수 있다(Chopra & Meindl, 2013).

- 직접 배송
- 정기순환식 직접배송
- 중앙물류센터 경유 일괄 배송
- 크로스도킹 경유 일괄 배송
- 정기순환식을 이용한 물류센터 경유 배송

그럼 각각의 운송망 설계에 대해 살펴보도록 하자.

① 직접 배송

직접 배송

직접 배송 운송망은 공급자에서 수요자로 직접 선적하게 되며([그림 12-2]의 (a) 참고), 중간 단계를 거치지 않으므로 운영 및 조정이 단순하다. 그리고 하나의 선적과 관련된 의사결정이 다른 선적과 관련된 의사결정에 영향을 주지 않는 것도 본 운송망의 장점이다. 공급자에서 수요자로 직접 배송이 이루어지므로 공급자에서 수요자로의 운송시간이 짧다. 그리고, 운송경로가 정해져 있기 때문에 운송량 및 운송수단결정이 주요 결정사항이다. 따라서 운송량이 운송수단의 용량에 가까울 때 직접 배송 방식이 효과적이다.

② 정기순환식 직접 배송

정기순환식 직접 배송

정기순환식 직접 배송 운송망은 한 트럭으로 하나의 공급자에서 다수의 수요자들을 순환하며 배송하거나 혹은 하나의 수요자로 배송되어야 할 상품들을 하나의 트럭이 다수의 공급자들을 순환하면서 집하 후 해당 수요자로 배송한다([그림 12-2]의 (b) 참고). 이 운송망을 활용할 경우, 각 정기순환 노선을 결정하는 것이 주요 의사결정사항이다. 직접 배송으로 인해 중간 단계를 거치지 않으며, 정기순환식 운송 방식을 통해 하나의 운송수단에 다수의 공급지 혹은 수요지들의 제품 혼재가 가능해짐으로써 운송비용을 낮출 수 있게 된다. 정기순환식 운송 방식이 효과적이기 위해서는 집하 혹은 배송 시의 운송량이 소량이어서 하나의 트럭으로 운송이 가능해야 한다. 따라서 본 방식은 거래처들이 지리적으로 밀집되어 있는 환경하에서 정기적으로 소량의 제품을 빈번히 납품해야 하는 경우에 효과적이다.

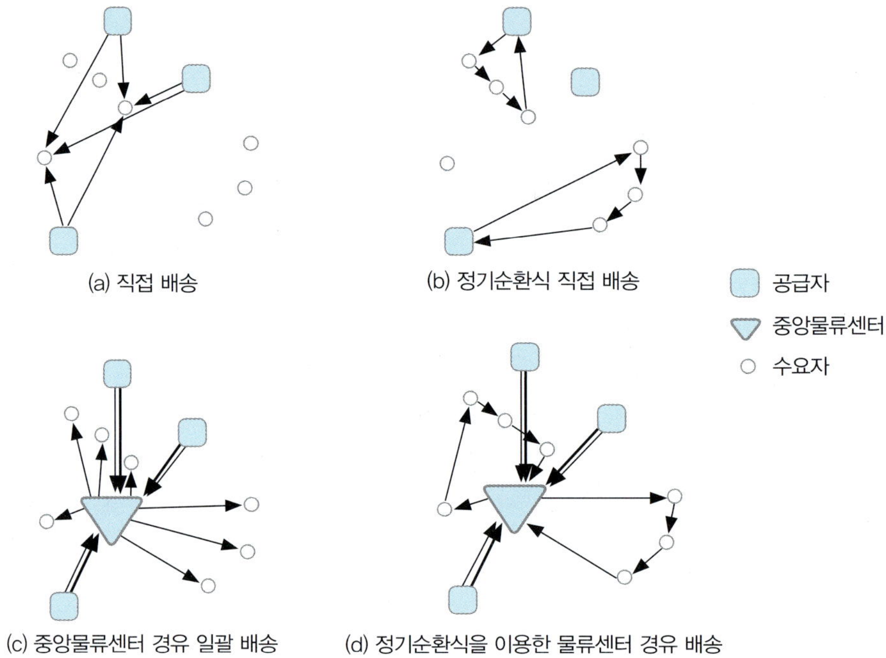

[그림 12-2] 운송망 설계 방식

③ 중앙물류센터(혹은 크로스도킹) 경유 일괄 배송

크로스도킹(crossdocking)

중앙물류센터 혹은 **크로스도킹(crossdocking)** 경유 일괄 배송 운송망의 경우, 공급자들은 중앙물류센터로 제품을 보내고, 필요시 물류센터는 각 수요자에게 적절한 양을 배분, 운송한다([그림 12-2]의 (c) 참고). 공급자와 수요자 간의 거리가 멀고 공급자로부터 물류센터로 입고되는 운송량이 충분히 커서 운송 시 규모의 경제효과를 기대할 수 있을 경우, 중앙물류센터의 활용을 통해 운송과 관련된 비용을 절감할 수 있다.

크로스도킹

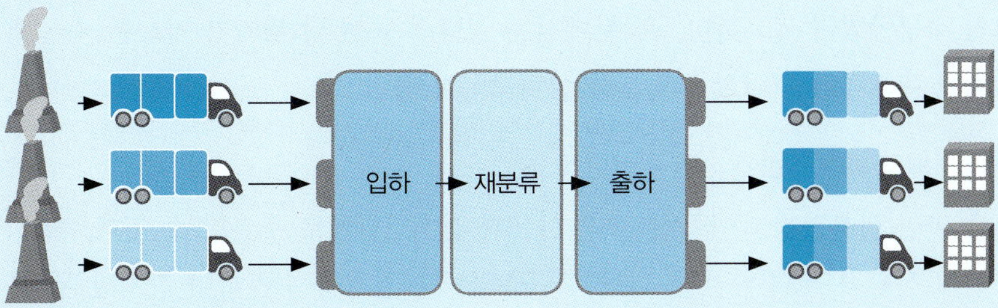

크로스도킹 시스템

크로스도킹 시스템은 입고되는 상품을 보관하는 것을 주요 기능으로 하는 일반적인 물류센터 혹은 창고와 달리, 곧바로 소매점 및 시장에 배송하는 물류 시스템을 말한다. 위 그림에서와 같이 각각의 입하구를 통해 한 종류의 상품이 들어오면 각 도·소매점별 주문에 근거하여 운송이 필요한 상품별로 다시 재분류를 수행한 다음 최종 목적지로의 운송을 위해 바로 출고한다. 이와 같이 크로스도킹 시스템은 보관 단계를 제거하고 시스템 내의 체류시간을 줄여 수송 기간 단축은 물론, TL단위로 입출하가 발생하므로 물류비용절감과 함께 물류의 효율성을 증대시킬 수 있는 방식이다. 이러한 시스템이 효율적으로 운영되기 위해서는 입고 및 출고를 위한 모든 작업의 긴밀한 동기화가 필수적이다.

④ 정기순환식을 이용한 물류센터 경유 배송

정기순환식을 이용한 물류센터 경유 배송의 경우 앞의 중앙물류센터(혹은 크로스도킹) 경유 일괄 배송 ③과 달리 물류센터에서 각 수요자들에게 배송할 때 각 수요자들로 배송되는 운송량이 작아서 이들을 혼재하여 정기순환식 운송 방식을 활용하는 경우이다([그림 12-2]의 (d) 참고). 정기순환식 운송방식을 활용함으로써 집화를 통한 물류센터에서 수요자로의 배송비용 절감효과를 기대할 수 있다. 따라서 물류센터에서 각 수요자들로의 다빈도 소량 배송이 요구되는 경우 본 운송망 활용이 효과적이다.

12.1.5 수 · 배송 관련 수리적 운영 모형에 관한 이해

수 · 배송 시스템 관리를 효율적으로 계획, 설계, 관리 및 운영하기 위해서는 체계적인 접근방법이 필요하다. 본 항에서는 정량적 표현 및 평가가 가능한 수 · 배송과 관련된 대표적인 수리적 모형들을 살펴보고자 한다.

(1) 수 · 배송 관련 수리적 운영 모형의 분류

운송 관련 의사결정 문제들은 크게 다음과 같이 3단계로 구분할 수 있다.

먼저 전략적 계획 단계는 회사 고위층의 의사결정을 수반하며 장기간 투자가 요구되는 의사결정을 포함한다. 물류 네트워크 혹은 운송 네트워크상의 물리적 변화나 개발을 요하는 의사결정(예를 들면, 주요 물류시설들의 입지선정)들이 이 단계에 포함된다. 전술적 계획 단계는 운송 시스템의 성능을 향상시키기 위해 주요 자원들의 효율적인 할당 및 운영과 관련한 의사결정 문제들을 포함한다. 예를 들면, 차량 재배치, 차량 경로설정 문제 등을 들 수 있다. 마지막으로 운영적 계획 단계는 단기간 의사결정이 필요한 문제들을 포함하며, 예를 들어 서비스, 작업자, 혹은 수리와 관련된 스케줄 조정 등이 있다. 다음은 운송인 측면 혹은 화주 측면에서 어떠한 운송 관련 의사결정 문제들이 있는지 간단히 살펴보고 대표적인 수 · 배송 관련 수리적 모형을 소개하고자 한다.

먼저 운송인의 운송 관련 의사결정 문제들은 운송인의 이익을 최대화하기 위한 자원의 효율적인 운영 방안에 대한 문제들이 대부분이다. 예를 들면,

- 화물 운전자 및 승무원 스케줄링 및 할당 문제
- 차량 할당 및 스케줄링 문제: 어떤 수요에 대응할지 여부 및 어떤 차량이 각 수요요청에 대응할지 등에 대한 결정
- 물류 터미널 설계 문제
- 물류 서비스 네트워크 설계 문제
- 보유차량 구성 문제: 주어진 기간 내에 다양한 수요를 최소의 비용으로 충족시키기 위해 몇 대의 차량을 보유할지 혹은 임대할지 등에 대한 결정

등과 같은 의사결정 문제들이 있다.

화주 또한 화주의 이익을 최대화하기 위한 다양한 의사결정 문제들이 있다. 예를 들면,

- 운송자 유형 및 운송수단 결정 문제
- 운송화물 집화 및 배송 계획 문제: 고객의 주문을 정해진 시간에 전달하기 위한 최선의 방안을 모색하는 의사결정 문제로 화물 집화 및 배송 시점 결정 등을 포함

등과 같은 의사결정 문제들이 있다.

다음은 대표적인 수 · 배송 관련 수리적 운영 모형에 대해 소개하고자 한다.

(2) 최단 경로 문제

최단 경로 문제(Shortest Path Problem)는 하나의 공급자에서 하나의 수요자로 직접 배송할 때, 소요되는 거리 혹은 시간을 최소화하는 경로를 결정하는 문제이다. 보통 내비게이션 시스템을 이용하여 최단거리 혹은 최단시간이 소요되는 이동경로를 결정하는 문제도 최단경로 문제라고 볼 수 있다. 최단경로 문제를 해결하기 위한 다양한 해법이 존재하는데, 대표적인 해법으로 **다익스트라 알고리즘(Dijkstra's algorithm)**[4]을 들 수 있다.

최단 경로 문제(Shortest Path Problem)
다익스트라 알고리즘(Dijkstra's algorithm)

(3) 순회 판매원 방문 문제

순회 판매원 방문 문제(Traveling Salesman Problem: TSP)는 차량이 배송구역의 배송을 위하여 배송센터를 출발하여 돌아오기까지 소요되는 거리 또는 시간을 최소화하는 거래처 방문경로를 결정하는 문제이다. 예를 들면, 배송센터에서 출발한 택배기사가 자신에게 할당된 모든 물량에 대한 배송을 마치고 다시 배송센터로 되돌아와야 하는 경우, 어떠한 순서로 고객을 방문해야 최소한의 시간 혹은 거리가 소요될지 결정하는 문제라고 볼 수 있다. 즉, 이미 방문해야 할 거래처 수가 정해져 있으며 그 방문처 간의 운행거리 및 운행소요시간도 정해져 있는 상태에서 최소의 거리 혹은 시간이 소요되는 방문경로를 결정하는 문제로 방문해야 할 총 거래처 수가 n개일 때 모든 거래처를 방문하는 경우의 수는 n!(예를 들어, 방문처 수가 6개만 되어도 방문경로의 경우의 수는 120)이 된다. 최단경로 문제와 달리 방문해야 할 거래처의 수가 증가할수록 가능한 방문경로의 경우의 수는 급격히 증가하게 되어, 최적의 방문경로를 결정하는 것이 매우 어려워진다. 따라서 본 절에서는 최적의 방문경로를 구하는 방법을 소개하는 대신, 효율적인 방식으로 비교적 괜찮은 방문경로를

순회 판매원 방문 문제(Traveling Salesman Problem: TSP)

4) Wikipedia, Dijkstra's algorithm, https://en.wikipedia.org/wiki/Dijkstra%27s_algorithm

절약 알고리즘

결정하는 여러 가지 방법들(예를 들면, 최소 삽입법, 스위프법, 절약 알고리즘(savings algorithm) 등) 중 하나인 절약 알고리즘을 소개하고자 한다.

먼저 절약 알고리즘에서 '절약(savings)'의 의미부터 살펴보도록 하자. [그림 12-3]의 (a)와 같이 하나의 물류센터 P와 두 개의 거래처 A, B로 구성된 네트워크를 생각해보자.

예를 들어, [그림 12-3]의 (a)에서 물류센터(P)에서 거래처 A, B에 별도로 배송한다면 총 운송거리는 10×2+8×2=36이 된다([그림 12-3]의 (b) 참조). 반면, 물류센터에서 거래처 A,B의 화물을 합적하고 모든 거래처를 순회 배송한다면 총 운송거리는 10+11+8=29가 된다([그림 12-3]의 (c) 참조). 즉, 각 물류센터에 별도로 배송하는 두 개의 경로를 화물을 합적하여 하나의 경로로 병합함으로써 총 운송비는 36에서 29로 7만큼의 운송거리 '절약'이 가능해진다. 여기서 7을 절약비용이라 말하며, [그림 12-3]과 같은 경우 절약비용 7은 10+8−11과 같이 계산할 수 있다([그림 12-3]의 (b)와 (c) 참조).

절약 알고리즘은 이상에서 살펴본 '절약' 개념을 활용하여 순회경로를 결정하는 방식을 말한다. 간단히 개념을 설명하자면, 한 대의 차량이 배송해야 할 모든 거래처에 대해서 임의의 두 거래처들 간의 '절약비용'을 앞서 언급한 방식을 활용하여 계산할 수 있다. 두 개의 경로를 병합할 시 가능한 한 많은 비용이 '절약'될 수 있도록, 병합 시 절약이 큰 거래처들 간의 두 경로 병합을 우선적으로 수행한다. 여기서 병합이 가능한 조건은 ㉠ 두 거래처가 서로 다른 경로에 포함되어 있어야 하며, ㉡ 해당 거래처들은 각 경로상에서 물류센터에 직접적으로 연결이 되어 있어야 한다. [그림 12-3]에서 절약비용을 계산할 때, A와 B 모두 각 경로에서 물류센터에 직접적으로 연결이 되어 있었고([그림 12-3]의 (b)), 이들을 하나의 경로로 병합 시 A와 B가 직접적으로 연결됨에 따라 얼마나 비용이 절약되는가를 계산하였음을 상기해보면 ㉡ 조건이 절약개념에 의한 병합의 필수조건임을 알 수 있을 것이다. 이상의 논의에 근거하여 절약 알고리즘의 수행순서는 다음과 같다.

① 먼저 주어진 배송네트워크상에서 모든 두 거래처 상호 간의 절약비용을 계산한다.

② 절약비용이 큰 순서대로 거래처 쌍들을 정렬한다.

③ 정렬된 거래처 쌍들의 첫 번째 쌍에 대해서 앞서 언급한 병합 가능 조건 ㉠과 ㉡을 만족하면, 각 거래처가 포함된 두 경로를 하나로 병합한다.

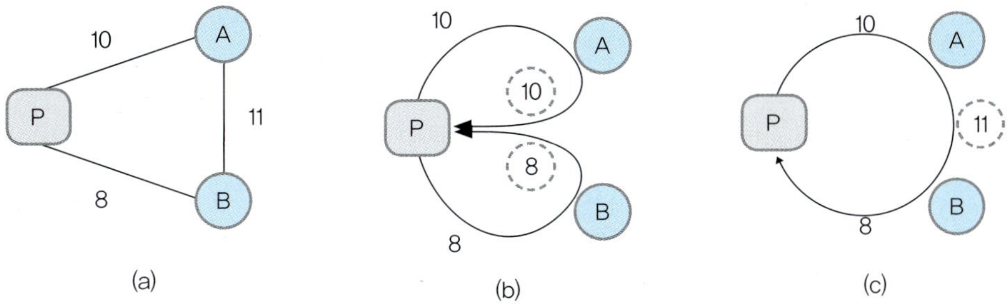

[그림 12-3] 절약의 개념 및 절약비용 계산의 예

④ 해당 거래처 쌍을 목록에서 제거한다.

⑤ 정렬된 목록에 하나 이상의 거래처 쌍이 존재하면, 단계 ③을 수행한다. 아니면, 본 알고리즘 수행을 중단한다.

앞서 살펴본 절약 알고리즘은 순회경로를 순차적으로 구축해나가는 방법 중 하나이기에 이를 순회경로 구축법이라 한다. 순회경로 구축법에 해당하는 알고리즘을 통해서 가능한 순회경로를 도출해 낼 수 있다. 반면, 주어진 순회경로가 최적의 순회경로가 아니라면, 방문순서 중 일부 변경을 통해 순회경로 개선이 가능한데, 이를 순회경로 개선법이라 부른다. 다양한 순회경로 개선법이 존재하지만, 본 항에서는 대표적인 개선법 중에 하나인 2-opt 방법을 소개하고자 한다. [그림 12-4]와 같이 2개의 링크를 교환하여 원래의 순회경로와 비교하여 새로운 순회경로가 짧아진다면 해당 링크들을 교환하는 것을 2-opt라 한다. 2-opt

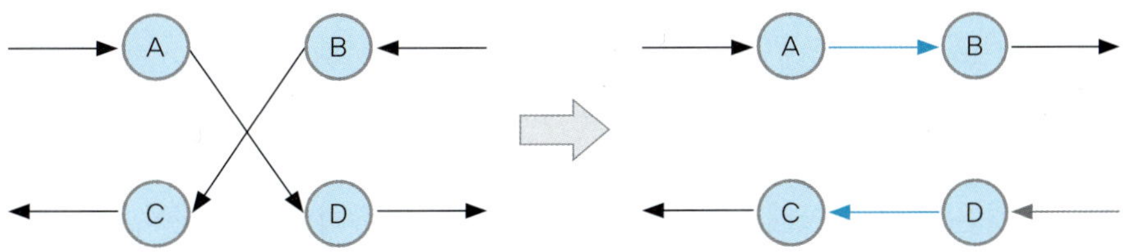

[그림 12-4] 2-opt 방법

이 외에도 다양한 순회경로 개선법이 존재하며, 이러한 방법들을 반복적으로 적용하여 보다 개선된 순회경로를 도출해 낼 수 있다.

12.2 창고관리

최근 창고 및 물류센터들은 저장, 자재 취급, 데이터 수집 등을 위한 복잡한 설비들을 운영한다. 최근과 같은 경쟁적인 환경에서, 창고 관리자들에게는 가능한 한 빠른 시간 내에 재고 및 주문에 대한 엄격한 통제가 요구된다. 본 절에서는 최근 환경 변화에 따른 효과적인 창고관리의 중요성이 대두됨에 따라 재고 및 보관의 중요성에 대해 먼저 살펴보고, 창고관리와 관련하여 다양한 측면에서 살펴보도록 한다.

12.2.1 재고보유의 의미

공급사슬상에서 재고를 유지하는 데 있어, 자본, 창고유지, 재고손실, 보험 및 행정 등의 비용들로 인해 재고유지에 많은 비용이 소요된다. Ballou(1992)에 따르면, 재고는 물류비용의 25~40%을 차지하며 회사의 전 자산의 상당부분을 차지한다. 그럼에도 불구하고, 기업이 재고를 보유하는 이유는 제2장을 포함하여 앞선 장에서 살펴본 바와 같이 다음과 같다.

- 고객 수요와 리드타임의 예상치 못한 변동에 대처하며, 이를 통해 고객 서비스를 향상
- 규모의 경제효과를 위해 대량 구매, 운송 및 제조 시 필요
- 수요와 공급 간의 불균형 시, 이들 간의 균형을 위해 필요
- 파업, 화재 및 홍수 등과 같은 사건들로 인한 상황에 대처하기 위해 필요(재고보유를 통해 일정 기간 동안 안정적인 공급이 가능)
- 생산 병목을 제거하고 생산성을 높이기 위해 재공재고를 보유
- 가격이 예상치 못하게 상승할 경우와 같은 위험상황에 대처하기 위해 필요(원자재 재고보유를 통해 원자재의 경제적 가격 수준 유지)

이상과 같은 이유로 인해 공급사슬상에서 재고를 보유하고 유지해야 하며, 물류센터 등을 포함한 창고는 공급사슬 물류 시스템상에서 재고 유지 기능을 담당하는 주요 주체이다. 다음은 창고의 주요 기능에 대해 살펴보도록 하자.

12.2.2 창고의 주요 기능

창고의 주기능인 보관은 재화를 물리적으로 보존하고 관리하는 것을 일컫는다. 보

관은 생산과 소비지점 간의 시간적 효용을 창출하는 기능을 가지고 있다. 즉, 재화의 생산과 소비 사이에 수요 · 공급 측면에서 시간적으로 불일치가 존재하기에, 보관 기능을 통해 이러한 시간적 조정이 이루어진다. 이러한 보관 기능을 통해 원활한 수 · 배송 지원, 생산과 판매 간의 조정 및 완충 기능을 수행함과 동시에 집산, 분류 등의 역할도 수행할 수 있게 된다.

보관 기능을 포함하여 기업에서 창고를 활용하는 목적은 다음과 같다.

집화(consolidation)
소분(break bulk)
지연(postponement)
크로스도킹

- 제품 저장: 창고의 기본 기능은 미래에 필요로 하는 재화를 저장/보관하는 데 있다.
- 생산과정의 일부: 치즈나 와인 등과 같은 제품의 경우, 제품을 완성하는 데 일정시간이 필요하다. 따라서 생산과정의 일부로서 창고를 활용한다.
- 집화(consolidation): 한 고객이 서로 다른 곳에서 주문을 하고 이들이 한꺼번에 배송되길 원할 때, 창고는 각 주문처로부터 제품들을 수령하고 이들을 묶어 한꺼번에 배송한다.
- 소분(break bulk): 소분 창고는 제조사로부터 벌크 형식으로 전달받은 대량의 화물을 LTL 혹은 이보다 적은 화물들로 나누어 각 고객들에게 배송한다.
- 지연(postponement): 경우에 따라서 창고에서 라벨링 혹은 패키징 등과 같은 간단한 제조활동을 수행할 수 있다. 이 경우 재공재고가 창고에 보관되며 수요 발생 시 라벨링 및 패키징 등의 작업을 수행한 후 완성된 완제품으로 수요를 충족시킨다.
- 크로스도킹: 때로는 창고가 크로스도킹 지점(crossdock point)으로 활용된다. 즉, 배달된 상품을 수령하는 즉시 중간 저장 단계가 거의 없거나(보통 12시간 이내) 전혀 없이 배송지점으로 배송함으로써, 재고비용 및 저장시간 감소로 인한 리드타임 등이 감소된다.

12.2.3 창고 배치와 설계

기업에서 창고의 필요성에 대한 이해가 이루어지면 선행되어야 할 의사결정은 창고의 위치를 결정하는 것이다. 창고 위치결정은 공급사슬 운영상에 장기간 영향을 미치므로, 이는 전략적인 의사결정에 해당된다. Chopra & Meindl(2013)에 따르면, 공사비용, 창고에 대한 지역사회 및 (지방)정부의 태도, 운송 서비스의 가용성 및 접근성, 확장 가능성, 입지의 위험요소들(화재, 침수, 도난 등), 노동력, 입지 주변의 교통 정체, 입지 및 창고 운영에 관련된 세금 등과 같은 요소들이 창고 위치를 결정하는 의사결정에 영향을 미친다고 언급하고 있다.

창고 위치가 결정되면, 창고 크기에 대한 결정이 필요하다. 이러한 결정은 고객 서비스 관련 수준, 시장 크기, 시장에서 요구하는 제품에 대한 제품 수 및 크기, 재고회전율과 같은 처리량, 자재 취급 시스템, 생산 리드타임, 규모의 경제, 제품 배치, 복도에 대한 요구사항, 선반 종류, 수요 수준 및 패턴, 보관정책 등과 같은 의사결정 요소들에 의해 영향을 받는다. 여기서 보관정책에 관해 좀 더 살펴보도록 하자.

ABC 관리 분석(파레토 분석)

일반적으로 제품들의 보관장소 배치와 관련하여 크게 무작위 보관 방식, 전용 보관 방식, 그리고 그룹기반 보관 방식으로 구분한다. 먼저, 무작위 보관 방식은 제품들이 어떠한 보관장소에 저장되어야 하는지에 대한 제약이 존재하지 않으므로, 어떠한 장소에도 제품을 보관할 수 있다. 이 방법은 공간 활용을 최대화할 수 있지만 주문 피킹을 위해 이동하는 시간 소요가 많아질 수 있다. 반면, 전용 보관 방식은 제품이 창고 내 지정장소에 저장된다. 이는 오더피커들이 제품 위치에 대한 숙지가 가능함으로써 효율적인 오더피킹[5]을 수행할 수 있다. 마지막으로 그룹기반 보관 방식은 제품들을 몇 개의 분류기준에 맞추어 그룹을 나누고, 각 그룹별로 지정 저장장소에 보관한다. 예를 들어, **ABC 관리 분석(파레토 분석)**은 분류 기준에 따라 제품을 A, B, C와 같이 3그룹으로 분류한다. A 그룹은 연간판매금액의 80%를 차지하는 20%의 제품들이며, B 그룹은 연간판매금액의 15%를 차지하는 30%의 제품들, C 그룹은 연간판매금액의 5%를 차지하는 50%의 제품들이다. 이 경우, A그룹 제품들은 가능한 한 창고 입출입이 용이한 장소에 보관하는 것이 유리할 것이다. 그룹기반 보관 방식의 경우, 만약 하나의 그룹만 존재한다면 이는 무작위 방식과 동일하며, 각 제품별로 각기 그룹이 존재한다면 이는 전용 보관 방식과 동일하다. 서로 다른 보관방식 중 어떠한 보관 방식을 선택할지 여부는 오더피킹에 소요되는 비용과 창고 공간비용에 의해 결정된다. 만약 오더피킹 비용이 중요할 경우에는 전용 보관 방식을, 창고 공간비용이 중요할 경우에는 무작위 보관 방식을 선택한다. 두 가지 종류의 비용이 동시에 중요할 경우 그룹기반 보관 방식이 최선의 선택이 된다.

---

5) 오더피킹(order picking): 고객에 의해 주문된 제품을 재고(수량 포함)에서 선별하여 모으고 출하하는 것을 말한다. '주문 집출'이라고도 한다.

12.2.4 창고 유형 분류

이번 항에서는 다양한 형태의 창고들을 분류하는 기준에 대해 살펴보도록 하자. 예를 들면, 다음과 같다.

- 공급사슬 단계상에 따른 분류: 창고는 공급사슬상에서 어느 단계에서 보관역할을 담당하는가에 따라 원자재, 재공재고 혹은 완제품 등을 보관한다.
- 담당지역에 따른 분류: 하나의 물류센터가 다수의 국가들을 담당할 수도 있고, 혹은 특정 지역만을 담당할 수도 있다.
- 취급하는 제품 유형에 따른 분류: 창고 내에 다양한 제품군들이 보관될 수도 있으며, 하나의 창고가 특정 제품(군)—예를 들면, 전자부품, 냉동/냉장품, 위험물 등 —만을 취급할 수도 있다.
- 창고의 기능에 따른 분류: 창고가 단순 보관 기능만을 수행할 수도 있으며, 지연, 소분 등을 수행할 수 있는 기능을 갖출 수도 있다.
- 창고 크기에 따른 분류
- 자동화 수준에 따른 분류: 오더피킹, 저장, 출고 등을 위한 장비 등과 관련한 창고 자동화 수준에 따라서 다음과 같이 크게 세 유형으로 구분할 수 있다.
  - 수동 창고 시스템: 사람(오더피커)이 걸어서 또는 운반기계에 탑승하고서 피킹하는 방법으로 다품종 소량 피킹에 많이 이용한다.
  - 자동화된 창고 시스템: 회전선반이나 미니 로드 시스템 같은 기계를 사용하여 오더피커에게로 피킹할 제품을 이동하는 방법이다. 최근 아마존에서

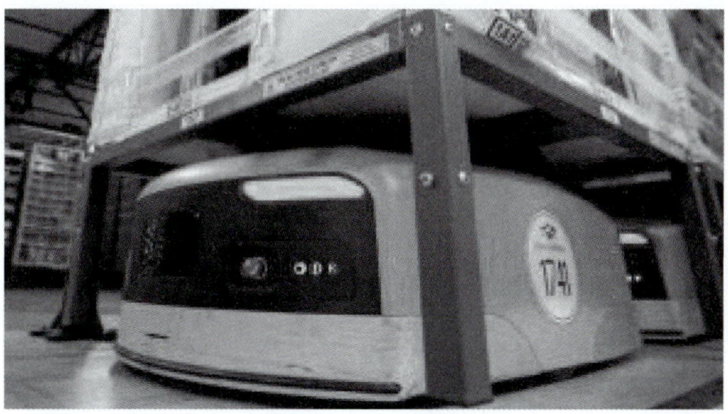

[그림 12-5] 아마존 키바

출처: cnet 코리아, http://www.cnet.co.kr/view/123123

도입한 키바([그림 12-5])도 아마존 물류센터 안을 움직이고 적당한 물품을 찾은 다음, 전체 선반을 오더피커가 있는 곳으로 들어다 나른다.

– 자동 창고 시스템: 이는 '자동화된 창고 시스템'보다도 자동화 수준이 더 높은 경우로 사람이 수행하는 오더피킹을 로봇이 대신하며, 주로 의약품과 같이 작은 혹은 중간 크기 제품들을 대상으로 한다.

• 소유 여부에 따른 분류

자가창고

– 기업은 때로는 기업이 소유 혹은 장기간 임대하는 자가창고를 운영한다. 자가창고는 자기의 물품을 보관하기 위한 창고로서, 초기에 큰 자본투자가 필요하다. 자가창고를 활용하는 것은 다음과 같은 장점이 있다.

(a) 자가창고는 기업의 비용절감에 기여할 수 있으며, 특히 기업이 충분한 재고를 확보하여 대부분의 보관공간이 활용되는 경우 그 비용절감의 효과가 클 수 있다.

(b) 기업은 높은 서비스 수준을 유지할 수 있으며 창고 운영에 보다 많은 제어가 가능해진다.

(c) 자가창고는 임대창고에 비해 고객 요구나 제품 특성에 적합하게 관리할 수 있도록 높은 유연성을 제공한다.

(d) 특별한 제품 취급이 필요할 때 이에 전문화된 직원 혹은 장비 활용이 가능하다.

(e) 보관공간이 더 이상 필요치 않을 경우, 이를 다른 용도로 활용할 수 있다.

임대창고

– 임대창고는 기업이 자가창고에 대한 초기투자가 적당하지 않은 경우 혹은 창고 운영에 대한 아웃소싱을 선호하는 경우 임대하는 창고들을 말한다. 이러한 종류의 창고들은 다음과 같은 장점이 있다.

(a) 큰 자본투자가 필요 없다.

(b) 기업에게 공간 이용에 대한 탄력성을 제공해준다. 즉, 시장상황 변화 혹은 물류 시스템 체계 변화에 따른 대처가 가능해진다.

12.2.5 창고 작업 및 활동

마지막으로 창고 내 자재 흐름에 대해 간략히 살펴보고 그중 주요한 활동 중에 하나인 오더피킹에 대해 알아보도록 하자.

(1) 창고 내 자재 흐름

입고부터 출고 이후 고객 배송에 이르기까지 창고 내에서는 다음과 같이 많은 단계를 거치게 된다.

- 입하: 제품이 운송되어 창고에 도착한 후 제품을 내리고 창고직원에게 전달
- 검수: 입고된 제품을 검수를 통해 확인
- 보관장소로의 이동준비: 제품 라벨링 등과 같은 작업들을 수행
- 보관: 입고된 제품들을 보관장소로 이동
- 오더피킹: 저장 중에 있는 창고의 재고에서 수주받은 물품을 주문별로 모아 출하
- SKU 통합: 주문이 다수의 SKU로 구성된 경우 출하를 위해 SKU 들을 통합
- 출하장으로 이동준비: 예를 들어, 포장 등을 통해 출하준비
- 출하장으로 제품이동: 출하준비가 완료된 주문물품들에 대한 배송준비 완료
- 출고: 고객에게로 배송

(2) 오더피킹

오더피킹(order picking)

창고 내 가장 중요한 활동 중 하나인 **오더피킹(order picking)**은 고객 서비스 수준과 창고비용에 직접적인 영향이 있다. 이에 본 항에서는 오더피킹에 대해 자세히 알아보도록 하자. 오더피킹은 앞서 언급된 바와 같이 저장 중에 있는 창고 내 재고에서 거래처로부터 수주받은 제품들을 주문별로 모아 출하하는 과정을 의미한다. 물류센터 내 작업 중에서 많은 수작업이 요구되는 작업 중 하나가 바로 오더피킹이다. 최근 다품종 소량 생산 시대에서 오더피킹은 창고 작업 중에서 매우 중요한 작업에 해당된다.

다양한 오더피킹 방법들이 존재하는데, 예를 들면 〈표 12-1〉과 같다.

〈표 12-1〉 다양한 오더피킹 방법

오더피킹 방법	설명
인력에 의한 방법	창고 내 인력이 직접 걸어서 혹은 운반기계 탑승을 통해 피킹하는 방법으로 다품종 소량 피킹에 주로 활용된다.
싱글 오더피킹하는 방법	한 명의 피커가 한 주문 내 전표에서 요구하는 모든 물품을 피킹하는 방법이다.
일괄 오더피킹하는 방법	여러 건의 주문전표를 합쳐서 피킹하는 총량 피킹 방식이다.

오더피킹 방법	설명
일정지역에서 오더피킹(zone picking)하는 방법	각 피커가 자신이 담당하는 작업 범위를 정해두고 주문전표 중 자신이 담당하는 작업 범위 내 물품만을 피킹하는 방법이다.
주기적 오더피킹(wave picking)하는 방법	오더피킹 요청이 주기적(예를 들면, 매 시간, 오전 혹은 오후 등)으로 이루어짐으로써 제품의 흐름, 재고보충, 피킹 등에 대한 제어가 용이해진다. 일반적으로 오더피킹 요청 주기는 배송차량 스케줄과 연동이 되어 있다.

이상에서 살펴본 바와 같이 다양한 오더피킹 방법들이 존재한다. 최근 들어 창고작업 중 높은 생산성이 요구되는 부분이 바로 오더피킹으로, 그 이유는 일차적으로 많은 비용투입이 필요하고, 오더피킹 작업관리의 어려움이 있으며, 궁극적으로 품질과 고객 서비스를 향상하는 데 있어 중요한 활동이기 때문이다. 이에 따라 제품 손상의 최소화, 처리시간 단축 및 오더피킹 정확도 향상 등 보다 효과적인 오더피킹 방안에 대한 고민이 필요하고 이에 대한 몇 가지 방안에 대해 살펴보도록 하자.

- 파레토 법칙의 적용: 파레토 법칙에 따르면, 보관 관련 활동 중 약 80%가 20% 내외의 SKU들에 연관되어 있으며, 약 15% 정도의 활동들이 30%에 해당하는 SKU에, 마지막으로 5% 정도의 활동들이 나머지 50% SKU들에 연관되어 있다. 따라서 인기품목들을 따로 그룹 지어놓으면, 오더피킹 시간을 단축시킬 수 있다.
- 명확하며 읽기 쉬운 오더피킹 서류 이용: 명확한 서류를 통해 피커들은 보다 효율적인 업무수행을 할 수 있다. 필요한 물품 및 수량에 대한 정보를 담은 지시사항들을 통해 피커들은 짧은 시간 내에 최소의 오류로 주문을 만족할 수 있다.
- 효과적인 재고-위치 시스템 유지: 위치 시스템은 오더피킹 효율성에 영향을 크게 미치므로, 적절한 시스템의 사용이 중요하다.
- 오더피킹 작업들의 제거 및 통합: 오더피킹 작업들의 일부를 통합함으로써 피킹에 소요되는 시간을 줄일 수 있다. 예를 들어, 피커들이 작업 범위 간 이동 시 혹은 정렬된 제품들을 패키지에 넣으면서 동시에 오더피킹 관련 문서를 읽을 수 있다.
- 주문 통합 후 피킹: 총 이동시간을 축소하기 위해 여러 개의 주문을 통합 후 피킹작업을 수행한다.
- 특정 제품을 위한 공간 할당: 높은 창고 입고율 혹은 출하율을 보이는 제품들

(즉, 피킹 빈도가 높은 제품들)일수록, 피커의 접근이 용이한 장소에 보관한다.

- 동시 주문 가능성이 높은 물품들에 대한 그룹화: 함께 주문될 가능성이 높아 보통 함께 피킹하는 경우가 많은 제품들은 가능한 한 동일 또는 인접장소에 배치한다.
- 피킹 활동과 피킹장소 간의 균형: 혼잡을 피하기 위해 피킹장소 간 피킹 활동을 조절한다.
- 적절한 운반기기 디자인: 분류시간과 오류를 최소화하기 위해 오더피커의 편의를 고려한 운반기기를 설계한다.

요약

- 운송은 한 지점에서 다른 지점으로의 재화 이동을 담당함으로써 공간의 효용을 창출하여 기업의 부가가치를 창출하는 역할을 수행한다.
- 주요한 운송수단으로 항공, 소화물 운송, 트럭, 철도, 해운, 파이프라인 그리고 복합 운송 등이 있으며, 각 수단별 장 · 단점이 존재한다.
- 운송 관련 의사결정으로는 운송수단 결정, 운송업체 결정, 운송망 설계 등이 있으며, 운송망 선택 대안들로는 직접 운송, 정기순환 방식 직접 운송, 중앙물류센터(혹은 크로스도킹) 경유 일괄 운송, 정기순환 방식을 이용한 물류센터 경유 운송 등이 있다.
- 다양한 운송 관련 수리적 모형(최단경로 문제, 외판원 문제 등)이 존재하며 이를 활용하여 운송과 관련한 다양한 의사결정을 수행한다.
- 창고는 제품을 보관했다가 필요 시 제공하는 역할을 수행하며, 이를 통해 시간적 효용을 창출한다.
- 창고는 보관 이외에 다양한 부가가치(집화, 통합, 소분, 지연 등) 기능을 수행한다.

연·습·문·제

1. 저가치 대형화물을 운송하기에 가장 적절한 운송수단은 무엇이며 왜 그러한지 이유를 설명하시오.

2. 월마트의 경우 하나의 물류센터가 다수의 월마트 소매점들을 담당하게 되는데, 각 소매점들의 재고 및 취급 비용절감과 재고회전율을 높이기 위해 소매점들의 재고 보충이 자주 일어난다. 이러한 운송망 설계가 월마트의 운송비에 미치는 영향에 대해 생각해보고 운송비절감을 위해 어떠한 운송 방식을 활용하였는지 설명하시오.

3. 4명의 거래처를 방문하는 상황을 고려해보자. 물류센터로부터 각 거래처 및 거래처 간의 이동거리는 다음과 같다.

구분	0	1	2	3	4
0	-	8	9	13	10
1	8	-	4	11	13
2	9	4	-	5	8
3	13	11	5	-	7
4	10	13	8	7	-

여기서 0은 물류센터를 의미한다. 절약 알고리즘을 활용하여 물류센터로부터 모든 거래처를 1회 방문하고 다시 물류센터로 되돌아오는 순회경로를 구축하시오.

4. 창고의 주요 기능 및 활동에 대해 설명하고, 아마존에서 최근에 활용되고 있는 키바가 창고 활동에 미치는 영향 및 긍정적인 효과에 대해 설명하시오.

참·고·문·헌

이상근(2009). 물류 효율화 사례연구. 국토해양인재개발원 물류선진화과정.

Ballou, R. H.(1999). *Business logistics management: Planning, organizing, and controlling the supply chain*. Prentice-Hall International.

Chopra, S., & Meindl, P.(2013). *Supply chain management: Strategy, planning and operations (5th Edition)*. New Jersey: Prentice Hall.

Chow, G., & Poist, R.(1984). The measurement of quality of service and the transportation purchase decision. *Logistics and Transportation Review, 20*(1), 25–33.

ChinaAbout.net(n.d.). Supply chain management: Case analysis of NSEM (National Semiconductor Sdn Bhd). Retrieved January 31, 2016, from http://www.chinaabout.net/supply-chain-management-case-analysis-of-nsem-national-semiconductor-sdn-bhd/

Evers, P. T., Harper, D. V., & Needham, P. M.(1996). The determinants of shipper perceptions of modes. *Transportation Journal, 36*(2), 13–25.

Fair, M. L., & Williams, E. W.(1981). *Transportation and Logistics*. Business Publication Inc.

Murphy, D., & Hall, P.(1995). The relative importance of cost and service in freight transportation choice before and after deregulation : An update. *Transportation Journal, 35*(1), 30–38.

공급사슬관리

PART VII 공급사슬 위험관리와 지속 가능성

CASE STUDY 1

에릭슨과 노키아의 공급사슬관리

2000년 3월 18일 미국 뉴멕시코 주 앨버커키(Albuquerque)의 전력공급시설에 낙뢰가 떨어졌다. 도시 전체 전력공급과정에서 충격이 있었고, 이 때문에 필립스 공장의 반도체 생산시설 중 아주 작은 청정실(clean room)에 화재가 발생했다. 그런데 전력공급 문제로 청정실의 환기시설이 작동하지 않았다. 잘 알려진 대로 반도체 생산시설의 청정실은 아주 작은 미세먼지조차도 허용되지 않는 시설이어서, 짧은 기간 발생한 화재 사고를 처리하고 정상으로 복구하는 데 약 3주의 시간이 소요되었다.

RFC(Radio Frequency Chip
무대응(Do Nothing)

그런데 더 큰 문제가 발생하였다. 화재가 발생한 시설은 핸드폰의 주요 부품인 RFC(Radio Frequency Chip)를 생산하던 곳이었다. 2000년 당시 핸드폰 시장의 최대 강자였던 노키아(Nokia)와 에릭슨(Ericsson) 두 기업 모두 핵심 부품이었던 RFC 전량을 필립스로부터 납품받고 있었다. 따라서 이 화재로 인해 두 기업의 핸드폰 생산에 큰 차질이 있을 것이 분명했다. 따라서 두 기업은 담당자를 현장으로 보내 상황을 확인하게 하였다. 그런데 이후 두 기업의 대응은 사뭇 달랐다. 우선 에릭슨의 대응 방안은 말 그대로 '무대응(Do Nothing)'이었다. 필립스 공장이 정상화되는 데 3주가 소요된다는 점을 바탕으로 자신의 재고 수준만 확인하고 더 이상의 대응을 하지 않은 것이다. 반면, 노키아는 3주간 생산이 멈추게 되었을 때의 상황을 미리 예견하고 다음과 같은 대응 방안을 마련하였다.

- 동일한 부품을 공급할 수 있는 업체 선정
- 긴급 생산을 위한 특별 계약 제안
- 새로운 업체가 생산 가능하도록 칩 재설계

동일한 사건을 두고 서로 완전히 다르게 대응한 두 기업에게 어떤 결과가 나타났을까? 결론부터 이야기하면 노키아는 시장에서 살아남았고, 에릭슨은 무선 사업에서 철수하고 결국 소니(Sony)에 50 : 50으로 인수 합병되었다. 사건이 발생한 후 6개월이 지난 시점에 에릭슨의 생산량은 평상시의 50% 수준에 머물렀고, 이 기간 동안 에릭슨은 40억 달러의 손해를 감당해야 했다. 물론 당시의 노키아 주가도 급락한 것을 볼 때 노키아 역시 아무런 피해를 입지 않은 것은 아니었다. 그러나 노키아는 스마트폰이 등장하기 전까지 세계 시장 점유율 1위 자리를 유지하였으니, 당시의 대응 방안이 옳았다고 말할 수 있다.

동일한 기업에게 핵심 부품을 외주 생산하게 했던 두 기업이지만 외주 생산업체에 발생했던 사고에 대한 대응 방식은 다르게 설계했다. 다른 대응 방식에서 얻게 된 결과를 통해 공급사슬 위험관리는 기존의 개별 위험에서 수행해오던 위험관리에 비해 어떤 차이점이 있는지, 그것이 왜 중요하게 인식되고 있는지를 생각해 볼 수 있을 것이다.

CASE STUDY 2

'와이어링 하네스 구하기'…현대차 · 부품업체 "동남아서 긴급 공수"

현대 · 기아차에 와이어링 하네스를 납품하는 경신의 직원이 시뮬레이션 룸에 설치한 제품을 살펴보고 있다.

"와이어링 하네스를 구하라"

한국에서만 자동차 323만여 대(2019년 도매 기준)를 생산하는 현대 · 기아차가 비상사태를 맞았다. 중국 우한에서 발생한 신종 코로나 바이러스 감염증으로 차량 내 배선 뭉치 부품인 와이어링 하네스(Wiring Harness) 공급이 끊기면서 수일 내로 공장 가동을 중단해야 하는 상황에 직면했기 때문이다.

와이어링 하네스는 중국에 공장을 둔 국내 부품 업체 3사에서 전량 들여오지만, 신종 코로나 발생 이후 열흘 이상 공급이 끊겼다. 업계에 따르면 현대 · 기아차 승용차 20종의 와이어링 하네스는 오는 6일 오후 3시에 바닥난다. 당장 2~3일 내로 공급되지 않으면 현대 · 기아차 생산 라인은 이번 주 후반이나 다음 주 초 휴업이 불가피하다.

'셧다운' 위기를 맞아 현대 · 기아차에 와이어링 하네스를 공급하는 경신 · 유라코퍼레이션 · 티에이치엔(THN)은 긴급 물량 확보에 나섰다. 방법은 두 가지다. 곧바로 국내 생산 설비를 깔아 생산하는 방법과 중국 외 동남아 공장에서 생산한 물량을 한국으로 돌리는 방안이다.

경신 관계자는 "지난주부터 국내 생산을 시작했다. 또 캄보디아 공장 물량을 증산해 국내로 들여올 것"이라고 말했다. THN은 국내 설비 구축에 들어갔다. THN 관계자는 "부품 특성상 엄청난 설비가 필요하지 않다. 설비 신설보다 숙련된 인력이 더 중요한데, 이런 부분만 해결되면 어렵지 않다."고 말했다.

하지만 국내 생산은 물리적인 시간이 필요해 당장 이번 주 수급 차질을 해결하진 못할 것으로 보인다. 해외 공장 물량을 급히 돌리는 방법도 비용이 들어간다. 경신 관계자는 "비용이 올라가지만, 이 부분은 현대 · 기아차와 협의 중"이라며 "와이어링 3사가 해외 물량을 국내로 돌릴 경우 기존 중국산 부품의 60~70%는 대체할 수 있을 것"이라고 말했다. 단 "차종별로 스펙이 달라 일부 차종의 경우 결품 가능성도 없지 않다"고 덧붙였다.

국내 설비 신설도 비용 부담이 따르기는 마찬가지다. 게다가 와이어링 하네스 3사 실적은 내리막을 걷고 있다. 현대 · 기아차와 부품업체는 이런 점을 고려해 납품단가 등 비용 문제에 대해 조율 중인 것으로 알려졌다.

산업통상자원부도 사태의 심각성을 깨닫고 대책 마련에 나섰다. 산업부는 이날 오후 '수출상황 점검 회의'에서 신종코로나로 부품 수급에 어려움을 겪고 있는 제조업에 대해 방안을 논의할 계획이다.

앞서 지난 2일 산업연구원은 자동차 산업의 중국산 부품 공급 차질 현황과 대책에 관한 보고서를 작성해 산업부에 전달했다. 하지만 국내 · 외에서 긴급 물량을 조달하는 것 외에 뾰족한 대책이 없는 것으로 알려졌다.

이항구 산업연구원 선임연구위원은 "관리 · 조달 비용 때문에 부품 공장을 중국으로 이전했지만, 돌발 변수로 인해 공장 가동을 세울 수도 있는 상황이 발생했다."며, "자동차 산업 구조 변화로 부품업체가 내리막을 걷고 있다는 점도 위기를 극복하는 데 걸림돌"이라고 말했다.

하언태 현대차 국내생산 담당 사장은 이날 울산공장 직원을 대상으로 e메일을 보내 "중국에서 부품을 공급하는 일부 업체의 생산중단이 장기화하면서 (현대차도) 공장별 · 라인별 휴업이 불가피하다."고 밝혔다.

현대차 노조는 성명서를 내고 휴업에 들어간다면 "적극 협조하겠다."고 화답했다. 또 "한국경제 흥망이 달린 만큼 사회적 역할과 책임을 다하겠다."며 "사측은 생산 재가동을 위한 장기 플랜을 시급히 강구해야 한다."고 밝혔다.

출처: 중앙일보, 2020.2.3., https://www.joongang.co.kr/article/236965

13

CHAPTER

공급사슬 위험관리 체계

학습 목표

- 공급사슬의 위험을 정의하고 식별할 수 있다.
- 공급사슬의 위험 모형을 설계하고, 정성적인 방법과 정량적 방법을 통해 평가할 수 있다.
- 공급사슬 위험의 우선순위를 평가하고 근본적인 원인 해결을 위한 방안을 설계할 수 있다.

사례

POSCO 리스크 관리 체계

글로벌 경기 침체 장기화, 철강산업의 저성장 심화, 해외진출 증가에 따른 글로벌 리스크 확대 등 위기 요소가 증가하는 상황에서 포스코는 회사 내외부를 둘러싼 위험을 신속히 감지하고 대응하기 위해 전사적인 노력을 기울이고 있습니다. 이를 통해 급변하는 비즈니스 환경에 대응해 리스크를 사전 예방하고, 이해관계자와 우호적인 관계를 유지함으로써 지속가능한 성장기반을 확보하고자 합니다.

◆ 리스크관리 Overview

포스코는 2010년 상반기부터 성장투자사업 리스크 관리 프로세스를 강화하여 리스크관리 정책 수립과 규정 제정, 조직체계 정립 등 전사 차원의 통합리스크 관리체계 (ERM: Enterprise Risk Management) 운영기반을 마련하였습니다. 글로벌 리스크가 다양해지고 상시화, 복합화됨에 따라 불확실한 경영환경의 변화에 선제적이고 효과적으로 대응하기 위해 2012년부터 철강, 재무, 마케팅, 원료, 금융, 신흥국 등 포스코 경영성과에 영향을 주는 부문별 리스크 선행지표를 선정하고 이에 대한 모니터링을 수행하였습니다. 또 2014년에는 리스크 관리 체계를 포스코 중심에서 그룹 차원으로 확장하여 '그룹사 리스크 관리체계 구축기반'을 마련하였습니다. 관리 대상 또한 철강 중심에서 비철강 사업 분야로 모니터링 범위를 확대하였습니다. 이를 통해 본사와 그룹사 간 정보 비대칭을 해소하고 그룹 내 리스크 의사소통을 활성화하여 리스크에 대한 조기 인지와 대응을 추진하고자 합니다.

◆ 그룹 리스크 관리체계 및 거버넌스

일반적으로 위험(Risk)은 측정 및 관리가 용이한 반면 위기(Crisis)는 외부적인 요인에 의해 갑자기 발생하고 대응이 어렵다는 특징이 있습니다. 재난 또는 위기 발생에 대해서는 각 제철소의 안전방재부를 중심으로 사고 없는 안전한 사업운영을 추진하고 있습니다. 포스코 리스크 관리체계는 사업리스크와 비사업리스크를 중심으로 운영되고 있습니다. 사업리스크 중 회사 비즈니스 관점의 내부리스크는 계열사 재무리스크 관리지표를 중심으로, 외부 환경 관점의 외부리스크는 산업군별 경기 리스크 지수를 통해 관리하고 있습니다. 사업리스크의 식별/대응 활동은 포스코 가치경영실과 각 계열사가 공동 참여하는 형태로 운영됩니다. 이와 별도로 회사의 윤리, 준법, 평판 등 비사업리스크에 대해서는 정도경영실이 중심이 되어 리스크 자율예방체제(RMS)로 관리하고 있습니다.

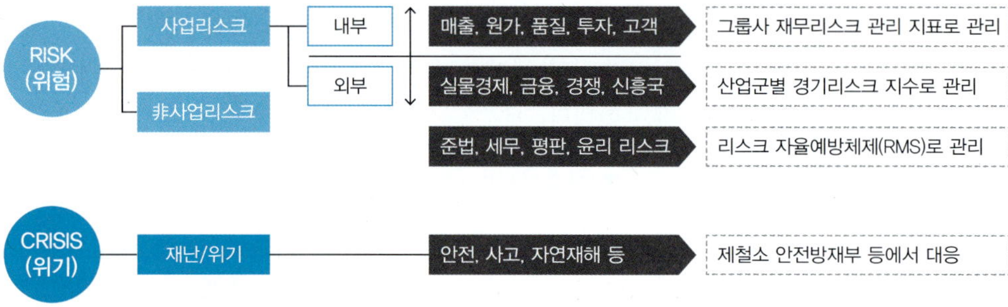

◆ 리스크관리운영방안

2015년부터 리스크 관리 시스템은 포스코와 계열사, 포스코경영 연구소가 모두 참여하는 형태로 운영할 방침입니다. 그룹사에서 매월 리스크 지표를 작성하면 주관 부서인 포스코 가치경영실에서 이를 취합하고, 피드백 등 관리 통제 활동을 수행합니다. 기후 변화 리스크 및 기회요인은 전사 리스크 관리시스템과 유기적으로 연계되어 다각도로 분석하고 있으며, 포스코 중장기 전략에 그 결과를 반영합니다. 또한 투자 사업 의사결정시 온실가스 배출 등 환경 리스크가 예상되는 사업은 관련 전문부서와 협의 과정을 거치도록 포스코 투자관리 규정에 명시하고 있습니다. 포스코경영연구소는 포스코를 둘러싼 외부 경기 리스크 모니터링 및 주요 계열사 비즈니스 리스크에 대한 상시 예비 점검을 수행합니다. 리스크 관리 활동 결과 주요 리스크 이슈에 대해서 정기적으로 경영층에 보고하거나 그룹사 경영진 회의에서 논의토록 하여 리스크 관리체계의 실행력을 강화할 방침입니다. 향후 그룹 리스크 운영 체계가 정착될 경우 ① 선제적 리스크 대응을 통한 잠재손실 축소, ② 효율적 리스크 매니지먼트를 통한 지속성장 추구를 기대할 수 있을 것입니다.

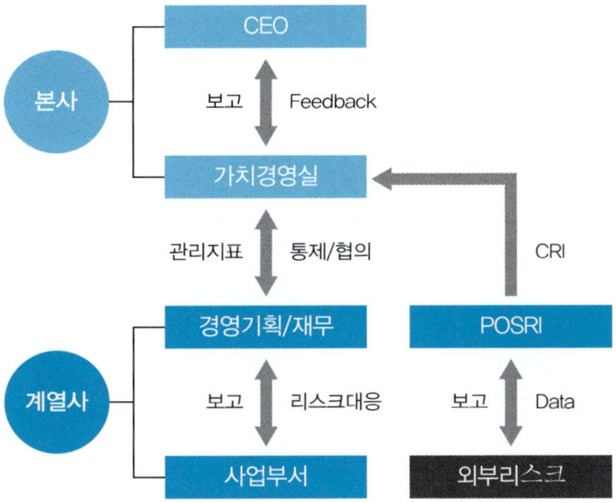

◆ 리스크 관리 규정 내 "역할 정의"

리스크 관리 조직	구성 및 운영	주요 역할
리스크 관리 Comittee	• 위원장 : 대표이사 회장 • 위원: 전략기획총괄 등 8人 (부문 5, 본부3) • 개최주기: - 정기(반기 1회) - 수시(중요안건 부의 時 위원장 발의로 개최)	• 리스크관리 정책 및 전략 심의 및 승인 • 리스크관리 결과 등 중요사안에 대한 심의 및 승인 • 조직 내 리스크관리와 타 기능간 이해관계 • 상충/분쟁 시 이에 대한 조정 • 리스크 허용한도 심의 및 승인
리스크 관리 담당 임원	• 재무투자본부장	• 리스크관리 운영 전반에 대한 최종 책임자 - 포스코에 한함 (패밀리사는 별도 지정)
리스크 관리 실무위원회	• 위원장 : 리스크관리 총괄업무부서 담당임원 (現 가치경영실장) • 위원: 관련부서 그룹리더 - 간사: 총괄업무부서 팀리더	• 개별 리스크관리 세부 실행방안 협의 및 수립 • 리스크관리와 관련한 부서별 업무분담 및 조정 • Committee, 총괄업무부서/유관부서에서 상정한 리스크관련 사안 협의/결정
리스크 관리 총괄업무부서	• 現 가치경영실	• 리스크관리 Committee 지원 및 보고 • 핵심리스크관리(신규, 갱신) 총괄 • 리스크관리 체제 유지/보완 • 교육 및 변화관리 프로그램 개발 및 운영 등
유관부서		• 부서별 리스크식별, 평가, 대응 등 리스크관리 절차 이행 • 리스크 관련 사항에 대한 모니터링 및 보고

출처: 포스코 홈페이지, 지속가능정책 내 리스크 관리

13.1 공급사슬 위험의 정의

13.1.1 일반적 위험의 정의와 속성

위험(risk)
불확실성(uncertainty)
붕괴(disruption)
취약성(vulnerability)

(1) 불확실성, 위험과 붕괴의 정의

'위험(risk)'이라는 단어는 일상생활에서부터 기업 및 국가의 운영 단계까지 우리 주변에서 일상적으로 사용되고 있다. 따라서 공급사슬관리 측면의 위험을 정의하기에 앞서 일반적인 비즈니스 환경에서 사용되는 '위험'의 의미를 먼저 정의한다. ISO(International Organization for Standardization)에서 2009년 발표한 ISO 31000(ISO Guide 73, 2002)에서는 위험을 "불확실성이 목적을 달성하는 데 미치는 영향"으로 정의하고 있다. 이보다 조금 더 자세한 정의는 다음과 같이 경영학 사전(Biz Dictionary)에서 확인할 수 있다.

정의 13-1 위험

외부 혹은 내부의 취약함으로 인해 부정적인 결과가 발생할 가능성 혹은 위협

우리가 일상생활에서 사용하는 위험이라는 단어에 대해서 비즈니스 및 관리적 관점에서 정의하였으나, 불확실성(uncertainty)과 붕괴(disruption), 취약성(vulnerability) 등과의 차이점을 정의하기는 쉽지 않다. Hetland(2003)에 따르면 위험을 '불확실한 현상의 암시'로 불확실성과 구분하고 있다. 다시 말해서, 위험과 불확실성 모두(정확하지는 않지만) 미래에 어떤 사건이 발생할 것인지 목록 정도는 작성할 수 있으나, 불확실성은 그 사건들이 발생할 것인지 여부를 전혀 알 수 없을 때를 의미하며, 위험은 각 사건들이 발생할 확률을 부여할 수 있을 때라고 구분하고 있다.

$$\text{위험(사건)} = \text{확률(사건)} \times \text{영향력(사건)} \qquad \text{수식 1}$$

붕괴와 위험의 차이는 실제로 그 사건이 발생한 상황과 그렇지 않은 상황으로 구분할 수 있다.

(2) 위험의 속성

일반적으로 위험은 다음과 같은 네 가지 핵심적인 공통 속성을 가진다.

- 사건이 발생할 것인지를 알 수 없다. 위험이 불확실성에 비해 확률이라는 정보를 추가로 제공한다고 하더라도 미래에 그 사건이 실제로 발생할 것인지는 누구도 알 수 없다.
- 서로 얽혀 있다. 일반적으로 위험요인들은 서로 서로 얽혀 있어서 특정 위험이 다른 위험의 발생 원인으로 작용하기도 하고 또 반대로 하나의 위험요인이 다른 위험요인을 억제하는 관계를 가지기도 한다.
- 다양한 문제와 연결되어 있다. 하나의 위험요인이 반드시 하나의 문제의 원인이 되지 않고 동시 다발적으로 여러 문제를 일으킨다.
- 그 영향은 누적된다. 하나의 위험요인이 다른 위험의 원인이 되는 경우, 혹은 하나의 위험요인이 다양한 문제의 원인이 되는 경우 일반적으로 그 영향력은 누적되어 나타난다.

13.1.2 공급사슬 위험과 관리

(1) 공급사슬 위험의 정의

위험은 '미래에 일어날 수도 있는 다양한 사건들이 만들어 내는 영향'으로 해석될 수 있으며, 이는 공급사슬의 관리 관점에서도 유사하게 정의될 수 있다. 이미 수많은 연구들을 통해 많은 사람들이 공급사슬의 '위험'에 대해 다양한 관점으로 정의하였으나, 본 교재에서는 Hetland(2003)와 Frank Knight(1965)가 정의한 내용을 사용한다.

> **정의 13-2 공급사슬 위험**
> 공급사슬 위험은 공급사슬 네트워크를 효율적으로 예측, 조정 및 관리하기 어려운 내 · 외적 불확실성으로부터 발생하는 재화 혹은 정보 흐름의 단절

공급사슬관리의 목적이 원자재의 공급에서부터 최종 소비자에 이르는 재화 및 정보의 흐름을 관리하는 데 있다는 사실을 생각해보면, 공급사슬의 위험은 '그 목적을 달성하는 데 방해가 될 수 있는 모든 요인들'로 정의될 수 있다.

(2) 공급사슬 위험의 증가 요인

정보통신기술의 발달과 공급사슬 운영기법의 개선을 통해 기업 경영의 공간적 범위가 넓어졌을 뿐만 아니라 정보의 정확성과 실시간성의 향상으로 관리의 정확도까지 높아지는 효과를 누리고 있다. 그러한 현 시점에서 왜 공급사슬 위험에 대한 관심이 높아지고, 위험관리의 중요성이 공급사슬의 중요한 이슈로 인식되고 있는지에 대해 다시 살펴볼 필요가 있다.

글로벌화

Jüttner(2003)의 연구에 따르면 공급사슬의 위험을 증가시키는 요인으로 현장 전문가들은 공급사슬의 **글로벌화**(52%), 재고 수준의 감소(51%), 공급업체 수 감소(38%)와 외주(30%)를 가장 중요한 요소로 간주하고 있다. 현장 전문가들이 지적한 주요 요인들은 모두 전통적으로 공급사슬 운영의 효율성을 향상시키기 위해 설계된 방법들 중 가장 대표적인 방법이다. 공급사슬의 위험요인이 증가하게 된 원인을 정리해보면 다음 〈표 13-1〉과 같다.

린(Lean) 전략

민첩한 로지스틱스(Agile Logistics)

〈표 13-1〉 공급사슬 위험의 증가 원인

요인	설명
위험 자체의 증가	공급사슬이 시간이 지날수록 더 많은 위험요인에 노출되고 있으며, 그 영향도 커지고 있다.
공급사슬의 통합	공급사슬의 수직·수평적 통합으로 인해 발생하는 기능과 조직의 통합에 따른 위험의 통합과 보안 문제가 발생한다.
비용절감을 위한 **린(Lean) 전략**	비용절감을 위한 린 전략으로 인해 외부 변화에 유연하게 대응하지 못한다.
민첩한 로지스틱스(Agile Logistics) 요구	고객의 물류 활동에 대한 요구사항 증대로 인해 외부 환경 변화와 불확실성에 유연하게 대응할 수 없다.
전자상거래	전자상거래를 통해 거래 속도의 향상, 편의성의 증대, 비용절감효과를 얻을 수 있으나, 사이버 테러, 해킹 등의 새로운 위험 요인이 등장하였다.
세계화	세계화를 통해 시장이 넓어지는 효과는 얻을 수 있으나, 공급사슬의 길이가 길어지면서 불확실성이 높아지고, 국제무역과정에서 발생하는 불확실성이 높아지고 있다.
외주계약	비용절감과 서비스 수준 향상을 위해 외주계약을 체결하는 경우 위험관리의 주체가 외주업체로 전환되므로 만약 외주기업이 위험관리에 실패할 경우 그 피해가 커질 수 있으며, 외주기업 자체로부터 새로운 위험이 발생할 수 있다.

(3) 공급사슬 위험관리

앞서 정의한 공급사슬 위험의 개념을 바탕으로 공급사슬 위험관리를 Norrman &

Lindroth(2004)가 정의한 바와 같이 설명할 수 있다.

정의 13-3 공급사슬 위험관리

공급사슬의 운영에 필요한 자원과 일련의 활동에 직접적으로 영향을 미치거나 혹은 그로 인해 발생할 수 있는 불확실성 혹은 위험요소를 관리하기 위한 절차를 공급사슬의 파트너와 협업하여 적용하는 것

공급사슬의 위험을 체계적으로 관리하기 위한 기법으로 공급사슬 위험관리를 아주 간단하게 정의할 수 있으나, 공급사슬관리가 개별적인 활동이 아니라 공급사슬을 구성하는 여러 요소(예를 들어, 공급자와 구매자) 사이의 상호 관계에 집중하는 활동이라는 점을 고려할 때, 파트너와의 협업을 통해 위험을 관리하는 것으로 정의하는 것이 더욱 적합하다고 할 수 있다.

13.2 공급사슬 위험관리 체계

13.2.1 공급사슬 위험관리 체계

공급사슬 위험을 관리하기 위한 체계는 일반적인 문제 해결과정(문제 발견, 근본 원인 분석, 대안 설계 및 이행)을 따른다고 볼 수 있으나, 본 절에서는 Bart & Maurice (2007)가 기존의 다양한 공급사슬관리 절차를 종합하여 정의한 위험관리 체계를 활용하여 설명한다.

공급사슬 위험관리 체계는 **위험의 식별**, **위험의 평가**, **위험의 처리** 및 **위험의 모니터링**의 총 네 개 단계로 구성되어 있다. 각 단계에 대한 개념과 주요 활동은 다음과 같다.

위험의 식별
위험의 평가
위험의 처리
위험의 모니터링

- 위험의 식별: 기업이 가지고 있는 혹은 해당 기업이 속한 공급사슬의 구조와 역할 등을 분석하여 관련된 위험을 발견하는 과정으로, 식별된 위험에 대한 프로파일을 작성한다.
- 위험의 평가: 식별된 위험에 대한 중요도를 평가하는 단계로 정성적 평가와 정량적 평가방법을 통해 위험요인의 발생 확률과 발생했을 때의 영향력을 정량

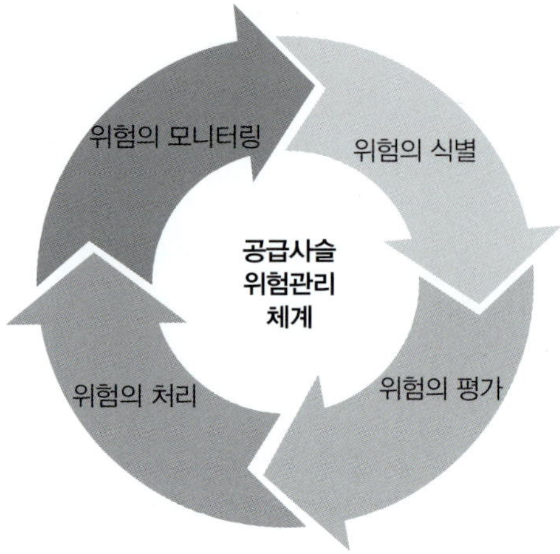

[그림 13-1] 공급사슬 위험관리 체계

적인 수치로 표현하며, 그 결과를 바탕으로 위험의 관리 대상과 우선순위를 결정한다.

- 위험의 처리: 우선순위가 높은 위험요인을 대상으로 관리 전략을 수립하는 단계이며, 위험의 발생 확률을 낮추는 방법과 위험요인의 발생에 따른 영향력을 낮추는 방안을 수립한다.
- 위험의 모니터링: 위험요인에 대한 처리과정에서 실제 목표한 수준을 달성하였는지, 혹은 위험의 처리과정에서 다른 위험요인이 증가하거나 새로운 위험요인이 발견되지 않는지를 감시하는 단계이다.

13.2.2 공급사슬 위험관리와 붕괴관리의 관계

앞서 위험과 붕괴의 차이를 미래에 일어날 가능성이 있는 사건과 실제로 일어난 사건으로 정의하였다. 이러한 사실에 기반하여 공급사슬 위험관리와 붕괴관리의 관계는 [그림 13-2]와 같이 설명할 수 있다(Behdani, 2013).

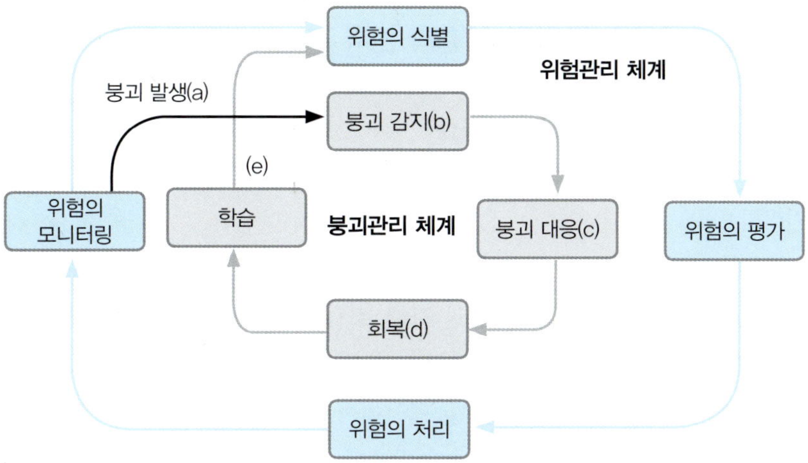

[그림 13-2] 위험관리와 붕괴관리 체계의 연관성

위험관리의 주기
공급사슬 붕괴관리 주기

위험은 미래에 발생 가능한 사건을 사전에 관리하는 데 중점을 두고 있다. 그러므로 전체 관리도에서 바깥쪽 관리 주기를 형성하고 있으며, 위험요인이 실제로 발생하여 공급사슬의 단절과 성능 하락을 가져오게 되면(붕괴 발생; a), 공급사슬의 붕괴가 인식되는 단계로 전환된다. 이때부터는 **위험관리의 주기**를 벗어나 **공급사슬 붕괴관리 주기**가 시작되며, 위험관리와 유사하게 붕괴 인식(b), 붕괴 대응(원인 분석 포함, c), 회복(문제 해결 과정, d), 학습(e)의 절차로 진행된다.

공급사슬 위험관리와 붕괴관리 주기의 연결관계에서 가장 주목해야 하는 단계는 바로 실제로 발생한 붕괴로부터 학습의 결과가 공급사슬 위험관리의 위험 식별 단계의 입력 자료로 활용(e)되는 것이다. 공급사슬의 운영과정에서 실제로 발생한 사건에 대한 철저한 분석을 통해 실제로 미친 영향의 크기와 발생 확률, 원인, 범위 등에 대한 정보를 작성하여 위험의 명세서를 추가로 작성하거나 기존의 명세서를 수정하는 과정이 필요하다. 즉, '소 잃고 외양간 고치는 일'이 가장 중요하다고 볼 수 있는 것이다. 공급사슬 내에서 발생한 붕괴는 다시 발생할 가능성이 항상 존재하기 때문이다.

13.3 공급사슬 위험의 식별과 분류

13.3.1 공급사슬 위험 식별을 위한 원칙

(1) 하인리히 법칙

하인리히 법칙

우선 공급사슬 위험을 발견하기 위해서는 하인리히 법칙(Heinrich, 1941)을 이해할 필요가 있다. 하인리히는 실제 기업의 사례 조사를 통해 "하나의 중요한 사건이 발생하기 전에는 이미 29개의 작은 사건이 먼저 발생했고, 그 이전에 300개의 사전 징후가 존재했다."라는 사실을 발견했다. 즉, 이미 표면적으로 위험이 드러날 때는 수많은 사전 징후 혹은 소규모의 사건들이 발생한 후라는 의미이다. 이러한 작은 규모의 위험요인들을 발견 즉시 신속하게 처리할 때 전체 공급사슬 운영의 단절 혹은 붕괴를 초래할 수 있는 대규모 위험요인의 발생을 사전에 예방할 수 있을 것이다.

따라서 공급사슬 위험을 식별하는 과정에서 개별 위험요인을 독립적인 요소로 가정하게 될 경우 공급사슬을 둘러싼 모든 위험요인을 식별하는 데 한계가 존재할 수밖에 없다. 위험의 일반적인 속성 중 하나인 '상호연관성'을 중심으로 위험요인 간 인과관계를 파악함과 동시에 새로운 위험요인을 찾아내야만 한다.

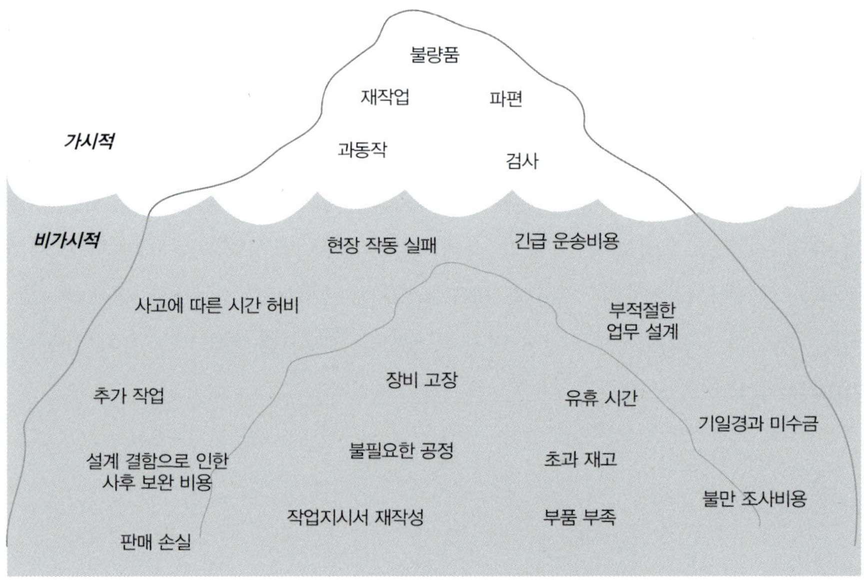

[그림 13-3] 하인리히 법칙: 빙산의 일각

(2) MECE 원칙

위험을 식별하는 과정에서 반드시 지켜야 할 다른 원칙 하나는 바로 맥킨지 앤 컴퍼니에서 처음 사용한 것으로 알려진 MECE(Mutually Exclusive, Collectively Exhaustive) 원칙이다. 이 MECE 원칙은 일반적으로 분류 체계를 수립하는 데 있어 가장 기본적으로 지켜져야 하며, 이미 다양한 분야에서 널리 알려진 원칙이다. 즉, 식별된 위험은 상호 배타적이어야 하며, 하나도 빠짐없이 모두 식별되어야 한다는 것이 MECE 원칙의 의미이다.

MECE(Mutually Exclusive, Collectively Exhaustive)

위험의 기본적인 정의가 미래에 발생 가능한 사건들을 사전에 정의해두는 것임을 감안할 때 공급사슬을 둘러싼 그리고 공급사슬 내부에서 발생 가능한 위험을 하나도 빠짐없이 모두 발견해 낸다는 것은 현실적으로 불가능한 일이다. 다시 말해, 만약 우리가 공급사슬 위험을 하나도 빠짐없이 모두 식별해 낼 수 있다면, 그것은 우리가 미래를 정확하게 알 수 있다는 것과 같은 의미이기 때문이다. 따라서 식별된 위험이 다른 위험의 부분요소이거나 서로 중복되는 부분이 없도록 위험을 정의해야 하며, 최대한 모든 위험요인을 식별할 수 있도록 체계적인 기법을 개발할 필요가 있다.

13.3.2 공급사슬 내 · 외부 위험 식별 기법

공급사슬 위험을 식별하는 데 있어 가장 기본적인 방법은 위험요인의 위치를 기반으로 위험을 식별하는 방법이다. 위험을 관리하고자 하는 기업의 내부 요인에 의해 발생 가능한 위험(내적 위험)과 외부요인에 의해 발생 가능한 위험(외적 위험) 그리고 공급사슬을 구성하는 파트너와의 상호관계에서 기인하는 위험(상호적 위험)으로 구분하여 위험을 식별하는 방법이다.

〈표 13-2〉 내 · 외부 위험 식별 기법의 활용 예시

내적 위험	상호적 위험	외적 위험
• 공급사슬의 내부 운영과정에서 발생하는 위험(예: 사고, 장비 문제, ICT 시스템의 장애, 인적 오류 등) • 관리자의 의사결정과정에서 발생하는 위험(예: 배치 사이즈 결정, 안전재고 수준, 재무적 문제와 배송 스케줄)	• 공급업체로부터의 위험: 신뢰성, 자원 가용성, 배송시간, 배송 문제 • 고객으로부터 발생하는 위험(수요 변동, 지불방법, 주문 처리과정 문제점, 개인화된 요구 사항)	• 사고 • 기후 변화 • 법적 규제 • 이익단체 • 범죄 • 자연 재해 • 전쟁 등

이러한 방법은 가장 단순하고, 직관적이며, 위험 식별 결과를 이해하기 쉽기 때문에 위험을 식별하는 초기 단계에 활용하기 적합하다. 그러나 위험 요소들이 가지고 있는 개별적인 속성과 연관관계를 파악하기 어렵고, 공급사슬의 내·외부를 구분하기 쉽지 않기 때문에 모든 위험요인을 체계적으로 식별하기에는 한계가 있다.

13.3.3 공급사슬 위험의 형상 기반 위험 식별

형상 기반 위험 식별

Ritche & Marshall(1993)은 일반적인 공급사슬의 내부와 외부를 기준으로 위험을 식별하는 기법을 발전시켜 공급사슬 위험의 형상(topology)을 기반으로 위험을 식별하는 기법을 제안하였다. 공급사슬 위험의 형상은 [그림 13-4]와 같이 프레임워크 요인과 문제별 요인, 의사결정자 관련 요인으로 구분할 수 있으며, 프레임워크 요인은 다시 환경적 요인, 산업적 요인, 조직적 요인으로 나눌 수 있으며, 각 요인별로 나누어 위험을 식별하는 방법이다. 특히, 프레임워크 기반 위험 식별방법은 공급사슬 위험을 관리하고자 하는 기업이 속한 외부 환경에서부터 산업 그리고 기업 내부에 이르기까지 위험이 가지는 발생원인과 범위에 따라 위험을 발견해 가는 과정이다.

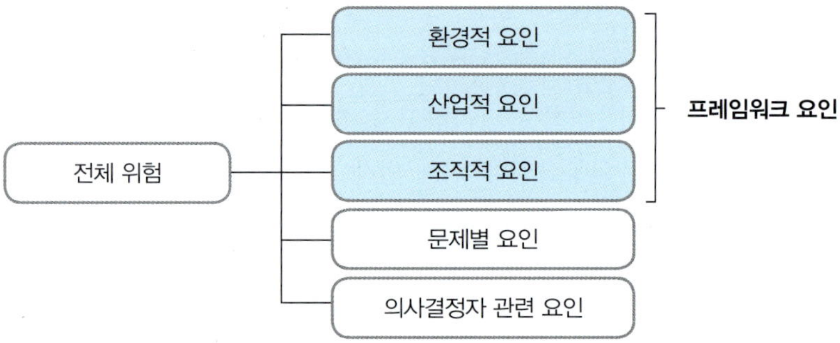

[그림 13-4] 공급사슬 형상 기반 위험 식별 기준

각 요인에 대한 개념 설명과 주요 위험 요인 식별 기준은 〈표 13-3〉과 같이 정리할 수 있다.

〈표 13-3〉 위험 식별 기준별 설명과 주요 위험 요인

요인	설명	주요 위험 요소
환경적 요인	다수의 산업 전반에 걸쳐 영향을 미치는 위험요인	• 정치적 위험 • 정책적 위험 • 거시 경제적 위험 • 사회적 위험 • 자연 환경적 위험
산업적 요인	사회 경제 전반에 걸쳐 영향을 미치지는 않지만 특정 산업영역에 국한되어 영향력을 가지는 위험요인	• 원자재 시장의 위험 • 생산 현장에서의 위험 • 경쟁 시장에서의 위험
조직적 요인	개별 기업 차원에서의 위험요인	• 운영 활동 관련 위험 • 법적 책임 관련 위험 • 신용 관련 위험 • 대리인 관련 위험
문제별 요인	내부적으로 특정 위험을 관리하기 위한 활동이 다른 위험요인을 증가시키는 위험요인	
의사결정자 관련 요인	조직 내 의사결정자들이 가진 능력, 정보, 지식, 경험들로 인해 발생되는 위험요인	• 의사결정자의 이성적 판단 능력 • 의사결정하기 위해 필요한 정보 탐색과정에서의 위험 • 의사결정을 위한 절차와 기준

13.4 공급사슬 위험의 모형 설계 및 평가

13.4.1 공급사슬 위험 프로파일 작성과 정성적 분석

공급사슬 위험의 평가 단계의 목적은 앞선 공급사슬 위험 식별 단계에서 도출된 위험 목록(list)에 우선순위를 부여하는 것이다. 다양한 관점에서 도출된 위험 요소들에 공통으로 적용할 수 있는 평가 기준을 마련하는 것은 쉽지 않은 일이지만, 13.1.1항에서 설명한 바와 같이 위험은 발생확률과 영향력의 곱, 즉 기댓값을 평가 기준으로 활용할 수 있다. 현재 단계에서 우리가 가지고 있는 정보는 위험 요소의 단순 목록뿐이므로, 각 위험 요소별로 발생확률과 영향을 측정해야만 한다. 위험의 발생확률과 그 영향력을 평가하기 위해서는 개별 위험 요소에 대한 기본적인 정보를 작성해야 한다.

앞선 공급사슬 위험 식별 단계의 결과물은 공급사슬 위험의 목록(list)이다. 식별

목록(list)

공급사슬 위험 프로파일(profile)

이해관계자(stakeholder)

된 개별 위험에 대한 중요도를 측정하기 위해서는 발생확률과 위험의 영향을 측정해야만 하는데, 이를 위해서는 우선 공급사슬 위험에 대한 기본적인 정보를 작성해야 한다. 이를 **공급사슬 위험 프로파일(profile)**이라고 하며, 프로파일을 구성하는 항목은 다음과 같다(Waters, 2007).

- 위험의 근본 원인: 위험 요인이 발생하게 되는 근본적인 원인과 속성
- 위험의 발생 결과: 위험요인에 의해 발생 가능한 영향력, 피해와 이득 모두 포함
- 위험의 발생 확률(빈도): 위험이 발생하는 확률을 주관적으로 판단
- 위험의 영향 범위: 위험이 발생했을 때 영향을 받게 되는 범위를 공급사슬 운영과 관리 활동 측면으로 정의
- 위험의 책임: 위험을 정의하고 관리해야 하는 책임자
- **이해관계자(stakeholder)**: 위험이 발생했을 때 영향을 받게 되는 공급사슬 참여자와 그 영향력
- 위험관리의 목적: 위험관리를 통해 달성하고자 하는 궁극적인 목적
- 다른 위험과의 관계: 다른 위험과의 관계, 선·후행 혹은 인과관계
- 대응기법: 위험이 발생했을 때 그 영향력을 최소화하기 위한 대응방법, 운영방식의 변화 등
- 현재 관리기법: 현재 해당 위험을 관리하기 위한 방법

공급사슬 위험의 프로파일을 작성하는 것은 위험에 대한 기초적인 정보를 확보하는 것이 첫 번째 목적이며, 개별 항목을 작성하는 과정에서 주관적으로 각 위험에 대한 평가를 수행하게 된다. 특히, 위험의 발생 확률과 발생 결과는 위험의 우선순위를 평가하는 가장 기본적인 지표로 활용되기 때문에 정확한 숫자로 표현할 수는 없다고 하더라도 정성적으로 그 정도를 측정할 필요가 있다. 가장 단순하면서 효과적으로 사용되는 방법은 5점 혹은 7점 척도를 활용하는 것이다. 〈표 13-4〉는 위험의 영향과 확률의 측정을 5점 척도로 평가하는 기준의 예시이다.

〈표 13-4〉 공급사슬 위험의 정성적 판단 기준의 예시

위험의 영향력에 대한 판단			위험의 발생 확률에 대한 판단		
순서	주관적 판단	설명	순서	주관적 판단	설명
1	영향력 없음	전사 관점에서 영향이 없음	1	매우 낮음	거의 발생하지 않음

위험의 영향력에 대한 판단			위험의 발생 확률에 대한 판단		
순서	주관적 판단	설명	순서	주관적 판단	설명
2	경미한 영향	일회성 및 소규모의 피해	2	낮음	이벤트 발생의 간접적 증거 존재
3	중간 정도 영향	단기간의 피해 지속	3	중간 정도	이벤트 발생의 직접적 증거 존재
4	심각한 영향	장기간의 피해 지속	4	높음	이벤트 발생의 강력한 증거 존재
5	재해 수준 영향	사업의 철수 혹은 기업의 도산	5	아주 높음	매우 자주 반복적으로 발생함

〈표 13-4〉에서 정의한 주관적 판단의 항목은 모든 위험에 동일하게 적용하는 것이 아니라 개별 위험요인의 특성에 맞게 수정하여 사용해야 한다. 특히, 위험의 발생 확률과 영향력에 대한 평가는 평가자의 성향에 따라 동일한 위험에 대해서도 서로 다른 판단 결과를 보일 수 있다. 예를 들어, 위험에 대해 민감한 성향을 가진 관리자의 경우 동일한 사안에 대해 더 높은 영향력을 가지는 것으로 판단할 수 있다. 따라서 이러한 정성적 평가는 관련 분야 전문가의 지속적인 토의를 거치는 **델파이(Delphi) 기법**을 이용하거나 다수의 인원에게 설문하는 방법, 타 기업 혹은 부문을 벤치마킹하는 방법을 통해 특정인에 의한 편향된 결과가 발생하지 않도록 주의해야 한다.

델파이(Delphi) 기법

13.4.2 정량적 위험평가

앞서 언급한 바와 같이 정성적 평가의 가장 큰 장점은 수행 방식이 간단하다는 점이지만, 반대로 판단자의 개인적인 성향이 반영될 가능성이 높아 평가 결과가 한쪽

〈표 13-5〉 정성적 평가 결과의 정량화 예시

위험의 영향력에 대한 판단			위험의 발생 확률에 대한 판단		
순서	주관적 판단	영향력	순서	주관적 판단	발생확률
1	영향력 없음	5,000만 원	1	매우 낮음	0.0001
2	경미한 영향	1억 원	2	낮음	0.001
3	중간 정도 영향	10억 원	3	중간 정도	0.005
4	심각한 영향	100억 원	4	높음	0.01
5	재해 수준 영향	1,000억 원	5	아주 높음	0.05

에 편향되어 나타날 수 있다는 단점이 있다. 따라서 위험의 발생 확률과 영향력에 대한 결과가 다수의 관리자로부터 동의를 얻기 위해서는 정량적인 수치를 통해 그 정도를 명확하게 측정할 필요가 있다. 단순히 높고 낮음을 표현하기보다는 이를 수치화하여 공유할 경우 그 의미가 더욱 명확하게 전달될 수 있기 때문이다.

(1) 정성적 평가 결과의 정량화

위험이 불확실성과 구분되는 기준은 그 발생 확률을 알 수 있다는 것이었으므로, 정성적 평가 이후에도 반드시 확률과 영향력은 정량적 수치로 전환되어야 한다. 13.4.1항에서 설명한 정성적 평가 결과는 위험의 발생 확률과 영향력을 5개의 등급으로 나누어 평가하는 방법을 제시하였다. 그 결과를 간단하게 활용하는 방법은 〈표 13-5〉와 같이 등급별 확률과 영향력의 대푯값을 부여하는 것이다.

물론 모든 기업에게 혹은 하나의 기업이 가진 모든 위험에 동일한 방식으로 대푯값을 부여하는 것은 합당하지 않다. 공급사슬의 특성, 기업의 규모, 위험이 가진 속성 등을 고려하여 등급별 대푯값을 차별적으로 부여해야만 할 것이다.

(2) 정량적 발생 확률의 계산

이론적 확률(theoretical)
경험적 확률(historical)
주관적 확률(subjective)

모든 위험요인이 정성적 분석을 통해서만 정량적 확률값을 부여받을 수 있는 것은 아니다. 예를 들어, 주사위를 던져서 1이 나올 확률을 전문가에게 문의하거나 설문조사를 수행해서 확인할 필요는 없다. 또한 과거 유사한 사례가 충분히 존재한다고 한다면 그 발생 빈도를 바탕으로 확률값을 계산할 수 있다. 여기에서는 공급사슬 위험의 발생확률을 이론적 확률(theoretical), 경험적 확률(historical) 그리고 주관적 확률(subjective)로 나누어 계산하는 방법에 대해 설명한다.

먼저 이론적 확률은 미래에 발생할 수 있는 모든 경우의 수를 알고 있을 때 계산 가능한 방법이다. 앞서 설명한 예시와 같이 주사위를 던져서 나오는 수는 1에서부터 6까지이고, 개별 사건에 대한 확률은 모두 동일하다고 이미 알려져 있다. 이렇듯 특정 위험요인이 나타나는 모든 상황을 사전에 알고 있을 때 그 확률을 이론적으로 알 수 있게 된다. 그러나 일반적인 위험의 정의와 속성에서 알 수 있듯이 위험은 미래에 발생할 수 있는 사건을 기반으로 정의되는 것이므로 미래에 발생 가능한 모든 사건과 그 형태를 모두 식별하는 것은 불가능하다.

다시 한 번 주사위를 예로 생각해보자. 만약 우리가 주사위를 던져서 1이 나올 확률이 1/6임을 알고 있다고 하더라도 실제로 주사위를 던졌을 때 1이 나올 확률이 1/6이 될 때까지는 상당히 많은 횟수를 반복해야 한다. 이는 특정 사건의 발생 여부에는 무작위성이 포함될 수밖에 없기 때문이다. 이러한 무작위성에 의한 영향을 제거하는 가장 간단하면서도 효과적인 방법은 바로 최대한 많이 반복 수행하는 것이다. 주사위를 계속 던질수록 그 확률이 1/6에 가까워지는 것처럼 말이다. 실제 발생한 사건을 바탕으로 계산되는 확률을 경험적 확률이라고 하며, 전체 사건의 발생 건수 중 해당 위험의 발생 건수의 비율로 나타낸다. 전체 사건의 발생 건수가 충분하다는 가정하에 모든 관리자가 동의할 수 있는 방법이기 때문에 대부분의 기업과 공공기관에서는 이론적 확률을 산정하기 어려운 경우 반복 실험(시뮬레이션), 과거 사례 조사 등을 통해 경험적 확률을 확보하기 위해 노력한다.

마지막으로, 이론적 확률과 경험적 확률을 계산할 수 없을 때 활용하는 방법이 바로 주관적 확률이다. 아주 쉽게 말하자면, '전문가에게 물어보는 것'이라고 할 수 있다. 과거에 유사한 사례가 발생하지 않았거나, 발생 가능한 사건과 그 형상에 대한 정보가 전무할 때 사용하는 방법이다. 해당 분야의 전문가 혹은 관련 분야의 경험이 풍부한 관리자의 지식을 활용하여 해당 위험의 발생 확률을 산정한다. 역시 이 경우도 델파이(Delphi) 기법이 유용하게 활용될 수 있다.

(3) 정량적 위험의 결과 평가

정량적 확률에 비해 위험의 영향을 평가하는 방법 중 널리 통용되는 이론은 부족한 상황이다. 그러나 위험의 결과 혹은 영향이라고 하는 것은 실제로 그 위험이 발생했을 경우 해당 기업이 지불해야 하는 비용이라는 관점에서 접근하면 이해가 쉬워질 수 있다. [그림 13-5]와 같이 위험이 실제로 발생했을 때 기업이 지불해야 하는 비용을 자산의 손실, 판매 손실, 추가 투자비용으로 나눠서 설명할 수 있다

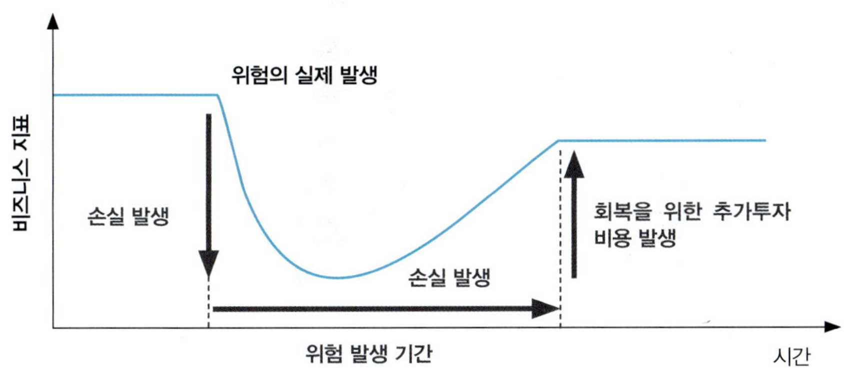

[그림 13-5] 위험의 영향평가기법

(Waters, 2007).

우선 공급사슬의 위험이 실제로 발생했다면, 이는 공급사슬을 구성하고 있는 유·무형의 자원의 손실이 발생했다고 이해할 수 있다. 예를 들어, 생산시설에 화재가 발생한 경우 자산의 손실로 그 영향을 산정할 수 있으며, 이는 생산능력이 급격히 떨어지는 지점까지로 생각할 수 있다. 두 번째는 위험이 발생한 공급사슬이 어떠한 수준이든 (발생 전보다 더 낮은 상태이거나 혹은 더 높은 수준에서) 안정화되는 시점까지의 시간 동안 발생하는 비용이다. 만약 생산용량이 떨어지게 되면 해당 기간 동안 계획되었던 매출이 감소할 수도 있고, 계약 조건의 미준수로 인해 지불해야 하는 위약금도 여기에 포함될 수 있다. 마지막으로 공급사슬을 안정화시키기 위해 투자되는 비용 역시 포함되어야 한다. 공급사슬을 구성하고 있는 유·무형의 자산의 손실로부터 이를 정상화하는 데는 추가적인 시설 투자나 연구 개발이 필요할 수 있다. 이때 투입되는 비용은 공급사슬이 정상적으로 운영되었을 경우 투입될 필요가 없는 비용이므로 공급사슬 위험의 영향으로 계산할 수 있다.

13.4.3 공급사슬 위험관리도 작성 및 우선순위 평가

위험관리도 작성
ABC 분류 체계

공급사슬 위험에 대한 정량적 분석이 완료되면 최종적으로 우리 손에 쥐어진 것은 바로 개별 위험요인에 대한 기대비용이 된다. 따라서 이러한 기대비용이 높고 낮음에 따라 우리가 관심을 가지고 집중적으로 관리해야 하는 위험을 선별할 수 있다. 이를 위해서는 [그림 13-6]과 같이 이미 다양한 분야에서 활용되고 있는 파레토 분석기법을 활용하여 ABC 분류 체계를 수립할 수 있다. 즉, 전체 공급사슬 위험 중에서 누적 기대비용의 절대적인 부분을 차지하는 소수의 위험요인을 A 등급의 위

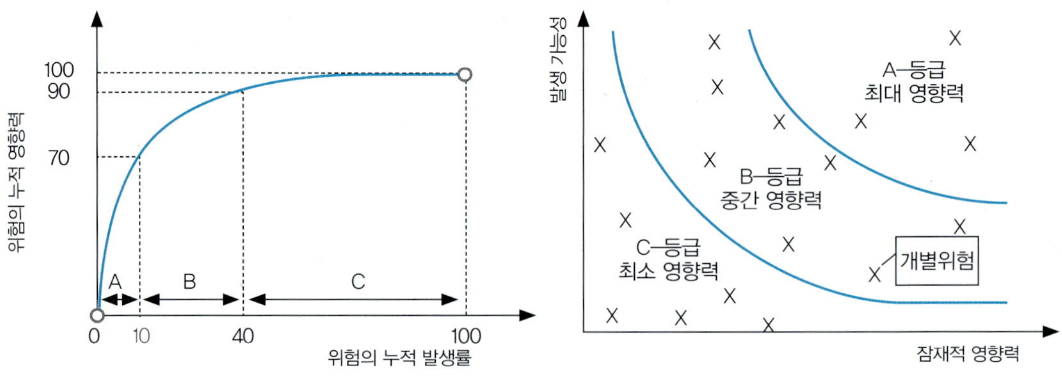

[그림 13-6] 공급사슬 위험요인의 우선순위 평가: (좌) ABC 분류 체계, (우) 위험관리도

험으로 분류하고 이러한 위험요인을 중심으로 관리 전략과 도구를 개발하는 것이다(Waters, 2007).

공급사슬 위험의 우선순위를 평가한 후 추가적으로 수행해야 할 과정은 공급사슬 위험 사이의 선후행 혹은 인과관계를 파악하는 것이다. 비록 특정 위험요인이 B 혹은 C 등급으로 분류되었다고 하더라도 그 위험요인이 A 등급의 위험요인을 유발시키는 관계를 가지고 있다면 해당 위험을 집중관리대상으로 포함시켜야 함은 당연한 일이다. 즉, 근본원인이 되는 위험요인까지 포함하여 관리대상을 선정해야 공급사슬 위험의 근본적인 관리 방안을 수립할 수 있을 것이다.

13.5 공급사슬 위험관리 전략 수립

공급사슬 위험의 우선순위평가 결과에 따라 가장 시급하게 그리고 집중적으로 관리되어야 할 위험요인을 식별한 후에는, 이를 실제로 관리하기 위한 전략 및 도구의 개발이 필요하다. 관리의 대상이 되는 위험의 유형과 근본원인, 영향의 범위 등을 고려해 가장 효과적이고 효율적인 방법을 설계할 필요가 있다.

13.5.1 공급사슬 위험관리 전략 유형

공급사슬 위험관리 전략

공급사슬 위험을 관리한다는 것은 해당 위험으로부터 파생되는 영향을 최소화하는 것을 의미한다. 이를 위해서는 가장 효과적이면서도 효율적인 대안을 설계하는 것이 중요한데, 그 전에 공급사슬 위험관리 전략을 수립하는 데 있어 지켜져야 할 기본 원칙은 다음과 같다.

- 공급사슬 자체가 정상적으로 운영될 수 있을 것
- 공급사슬 위험의 관리가 효과적일 것
- 제한된 자원을 효율적으로 활용할 것
- 법과 제도를 준수할 것

개별 공급사슬 위험을 관리하기 위한 가장 좋은 방법은 개별 위험에 맞게 설계하는 것이지만 본 절에서는 일반적으로 사용되는 여덟 가지 기법을 소개하고자 한다(Zsidisin & Ritchie, 2008).

(1) 무시 혹은 수용

무시 혹은 수용

공급사슬 위험 중 가장 반대되는 두 가지 유형에 해당하는 관리 전략으로 무시(ignore)와 수용(accept)을 들 수 있다. 무시는 공급사슬 위험이 우선순위가 높지 않을 때 사용하는 기법으로 거의 발생하지 않거나 발생하더라도 그 영향력이 매우 작아 정상적인 공급사슬 운영에 미치는 영향이 극히 미비하기 때문에 아무런 사전 조치를 취하지 않는 전략이다.

반대로 해당 위험이 발생할 경우 아주 극심한 영향을 받게 되지만 그 발생 확률이 아주 낮거나 혹은 해당 기업이 취할 수 있는 방법이 없는 경우에는 그대로 수용할 수밖에 없다. 지진을 예로 들어보자. 역사적으로 볼 때 우리나라는 대규모 지진이 발생할 가능성이 매우 낮은 것으로 알려져 있다. 만약 대규모 지진이 발생한다면 우리나라에서 생산시설을 구축한 기업의 경우 대규모의 피해를 받을 수 있으나 이 경우 해당 기업이 취할 수 있는 방법은 내진 규정을 준수하여 시설물을 구축하는 방법 외에는 다른 방안은 없다고 볼 수 있다. 즉, 위험을 수용해야 한다.

(2) 위험의 발생 확률 감소

위험의 발생 확률 감소

공급사슬 위험을 관리하는 방법으로 가장 일반적인 접근법은 바로 그 위험요인이 발생할 가능성을 미리 제한하는 것이다. 즉, 발생 확률을 낮추는 방법이라고 할 수 있다. 위험요인의 발생 확률을 낮추기 위해서는 다음의 서로 다른 두 가지 방식이 선택적으로 활용될 수 있다.

- 공급사슬 위험을 발생시킬 수 있는 활동을 제거하여 근본적으로 해당 위험의 발생 가능성을 낮추는 방법(예: 수요의 변화가 크지 않은 대체 상품의 개발)
- 해당 공급사슬 위험의 발생을 방지할 수 있는 활동을 공급사슬 운영에 추가하는 방법(예: 재고보유 수준의 향상)

(3) 위험의 영향력 감소

위험의 영향력 감소

위험관리의 능력과 범위의 한계 등 다양한 사유로 인해 공급사슬 위험의 발생 가능성을 낮출 수 있는 방법을 선택할 수 없다면 해당 위험이 발생했을 때의 영향력을 낮추는 방법을 설계해야 한다. 예를 들어, 자동차를 운전할 때 안전벨트를 착용하는 것은 사고가 발생했을 때 그 피해를 최소화하기 위한 방법이다.

(4) 위험의 이전 및 분담

위험의 이전 및 분담

위험의 이전은 근본적으로 동일한 위험을 처리하기 위해 필요한 능력을 갖춘 조직으로 그 위험의 관리 책임을 이전하는 것을 의미한다. 이는 위험을 관리하는 데 있어 필요한 비용을 크게 절감시킬 수 있기 때문에 효율성을 높일 수 있는 방법이다. 만약, 위험을 이전받은 조직에서 위험을 제거하거나 그 영향력을 제한할 수 있는 능력을 갖추지 못한다면 오히려 위험의 이전을 통해 위험의 수준이 높아지거나 또 다른 위험을 야기할 수 있게 된다. 이것이 앞서 언급한 대기업의 밀어내기에 해당된다.

위험의 이전과 달리 위험의 분담은 동일한 위험요인에 관련된 공급사슬 운영 활동에 서로 다른 두 개 이상의 조직이 참여하여 위험으로부터 발생하는 피해와 이익을 서로 분담하는 것을 의미한다. 선물 시장에서의 거래에 참여하는 것은 미래 특정 시점에서 거래되어야 할 상품의 거래 가격의 불확실성에 대응하기 위해 판매자와 구매자가 특정 가격에 거래를 합의하는 것을 의미한다. 즉, 합의한 가격보다 더 높은 가격에 거래가 형성될 경우 구매자가 이익을 얻게 되지만, 반대의 경우 판매자가 이익을 얻게 된다. 두 가지 경우 모두 발생 가능하기 때문에 선물 계약을 체결하게 되면 일정 범위 내에서 거래에 따른 피해를 최소화할 수 있게 된다.

(5) 긴급 대책 수립

긴급 대책 수립

공급사슬 위험이 발생했을 때 어떻게 행동해야 하는 지를 사전에 정의해 두고 이에 따라 위험에 대응하는 방법이다. 만약 위험이 발생하지 않는다면 정상적인 상황을 가정하여 설계된 운영 방식을 유지한다. 이러한 긴급 대책(Plan B)은 공급사슬 운영에 참여하는 모든 이해관계자와 관리자, 구성원들 모두가 사전에 충분히 인지하고 있어야 하며, 모두 동일한 방식으로 행동한다는 상호 신뢰가 밑받침되어야 한다. 화재 대피 계획, 국가 재난 방지 매뉴얼 등이 여기에 해당된다.

(6) 위험에 대한 적응

적응(adaptation)

공습사슬 위험요인 중에서 해당 기업이 피하거나 거부할 수 없는 상황이라면, 그 상황에 적응(adaptation)하는 방법이 필요하다. 최근의 인터넷과 무선통신기술의 발전으로 대부분의 기업이 모바일 기반의 업무 수행 환경을 구축하는 변화는 공급사슬에 참여하는 대부분의 기업이 처한 변화이며, 이러한 변화를 적극적으로 내부 변화요인으로 활용하지 않는 경우 시장에서의 경쟁력을 잃을 수도 있다. 위험에 효율적으로 적응하기 위해서는 기업 내부의 프로세스와 의사결정 체계가 간결하고 유연해야만 한다. 이러한 전략을 통해 기업이 시장에서 새로운 기회를 확보할 가능성이 있으나, 그 성공과 실패의 결과는 기업이 주도적으로 만들어 내거나 결정할 수 있는 것이 아니다. 공급사슬을 둘러싼 다양한 환경 자체가 변화의 속도와 방향을 결정하기 때문에 효과적으로 위험에 적응하기 위한 전략을 수립하는 것이 어렵다.

앞서 살펴본 위험에 대한 수용과 적응은 단순하게 보면 비슷한 전략으로 해석될 수 있으나, 수용은 해당 기업이 취할 수 있는 별다른 방법이 없다는 것이 적응과의 차이점이라 할 수 있다.

(7) 변화에 대한 사전 저항

변화에 대한 사전 저항

정부의 정책이나 규제와 같이 전체 산업 혹은 특정 몇몇 기업의 운영에 큰 영향을 미칠 수 있는 환경 변화는 필요한 경우 실제 발생하지 않도록 사전에 저항하여 위험을 제거할 필요가 있다. 물론 모든 저항은 합법적인 범위 내에서 행해져야 한다. 개별기업으로서는 방법과 영향력에 있어 한계가 존재할 수 있으며, 이 경우 전체 기업이 연합하거나 대표 기구 혹은 비영리 조직을 통해 저항하는 방법이 있다.

(8) 사업 환경의 이전

사업 환경의 이전

마지막으로 기업이 직면한 위험의 발생 확률을 낮추거나 혹은 영향력을 제한하기 어렵고, 그 외에도 다른 관리 전략을 수립하기 어려운 경우에 취하는 방법으로 위험 요인이 존재하는 사업 환경을 좀 더 안전한 지역으로 이전할 수 있다. 이 방법은 기업의 사업장 이전이 예산, 비용, 정책, 제도 측면에서 모두 가능하다는 전제 조건하에 매우 신중하게 고려되어야 한다. 그 범위는 물리적인 시설의 이전에서부터 시장 혹은 산업까지도 포함한다.

13.5.2 위험관리 대안의 설계

공급사슬 위험관리 전략이 전체적으로 공급사슬 위험에 대한 관리 방향을 수립하는 것이라면 공급사슬 위험을 직접적으로 관리하기 위해서는 개별 위험에 대한 대안을 설계해야만 한다. 대안을 설계하는 방법은 개별 위험별로 다양하게 존재하지만 여기서는 공급사슬의 재설계, 변동의 축소, 재고 수준 증가, 협업 수준 향상, 외주 계약 및 보험 활용에 대해서 살펴본다.

(1) 공급사슬의 재설계

공급사슬 위험은 근본적으로 공급사슬의 구조에 따라 달라진다고 할 수 있다. 따라서 특정 공급사슬 위험 수준이 증가하거나 더 많은 위험에 노출된다고 한다면, 공급사슬의 구조를 이에 맞추어 재설계할 필요가 있다. 재설계방법으로는 직렬로 연결된 구조를 병렬 구조로 전환하거나 공급사슬의 일정 경로를 단순화하는 방법 등을 예로 들 수 있다.

공급사슬의 재설계

(2) 변동의 제거 혹은 축소

위험이 미래에 발생할 수 있는 불확실한 사건에 의해 발생되는 것이라는 정의를 생각할 때 근본적으로 위험은 변동성에 의한 결과라고 할 수 있다. 따라서 공급사슬 운영의 변동성을 축소시키는 것만으로도 위험의 발생 확률을 낮추거나 영향을 축소시킬 수 있다.

변동의 제거 혹은 축소

(3) 재고 수준의 증가

재고 수준을 높이는 것은 재고 유지비용의 증가를 가져오기 때문에 일반적으로 공급사슬 운영에서 지양되어야 할 방법으로 여겨진다. 특히, 전통적인 공급사슬 운영기법 중 린 생산 체계는 지속적으로 공급사슬 내 존재하는 재고의 양을 줄여가는 방식을 의미한다. 이러한 방법은 결국 외부 변화에 대한 대응능력을 낮추는 결과를 가져오기 때문에 일정 수준까지는 재고의 양을 확보할 필요가 있다. 특히, 고객 주문의 변동성이 높을수록 재고 수준을 더욱 높게 유지해야 한다.

재고 수준의 증가

(4) 협업 수준 향상

최근 공급사슬관리를 둘러싼 가장 뚜렷한 변화는 정보통신기술의 발전에 따른 파트너 간 의사소통과정의 편의성 향상이라고 할 수 있다. 이를 통해 공급사슬을 구성하는 주체 간 협업이 용이해졌으며, VMI(Vendor Managed Inventory)와 CPFR(Collaborative Planning, Forecasting and Replenishment) 방법 등이 가능해졌다. 이를 통해 공급사슬 운영의 반응 속도를 높일 수 있고, 변동성으로 인해 발생하는 위험요인을 제거할 수 있다.

협업 수준 향상

(5) 외주계약

공급사슬 위험관리 대안 중 위험의 전가에 해당하는 외주계약은 해당 기업이 가지지 못한 위험관리 역량을 갖춘 전문기업에게 해당 위험요인을 관리하도록 의뢰하

외주계약

는 방법이라고 할 수 있다. 외주기업을 선택할 때는 해당 기업이 가진 능력에 대한 신뢰성, 지속 가능성에 대해 충분한 사전 검토가 필요하다. 만약 해당 기업의 위험 관리 기능에 문제가 발생할 경우 기업 내부적으로 관리하는 것보다 더 큰 피해를 입게 되기 때문이다.

(6) 보험의 활용

보험의 활용

마지막으로 기업이 선택할 수 있는 공급사슬 위험관리 대안으로는 보험상품을 활용하는 방법을 들 수 있다. 이 방법은 공급사슬 운영과정에서 발생하는 모든 위험 요인에 적용 가능한 방법으로 실제로 공급사슬 운영을 정상화하거나 확률을 낮추는 데는 도움이 되지 못하지만 기업이 지출해야 하는 비용의 일부를 보험금으로 충당하는 방법이라고 할 수 있다. 즉, 공급사슬의 운영이 붕괴됨으로 인해 발생하는 다양한 피해로부터 벗어나기 위한 최후의 수단이다.

13.5.3 공급사슬 위험관리 대안 수립 사례

공급사슬 위험은 그 유형이 비슷하다고 하더라도 공급사슬이 가진 특징, 제조 및 판매하는 상품과 서비스의 특징, 고객의 요구사항 등에 따라 그 발생 형태와 대응 방안이 다르게 나타나는 것이 일반적이다. 심지어 동일한 산업 내 서로 다른 기업은 동일한 공급사슬 위험에 대해 서로 다른 전략과 대응 방안을 설계하기도 한다. 〈표 13-6〉은 대표적인 글로벌 기업이 설계한 공급사슬 위험관리 대안의 사례이다.

〈표 13-6〉 글로벌 기업의 공급사슬 위험관리 대안 설계 사례

기업	위험	공급사슬 위험관리 대안
토요타	배송 지연	• 다양한 업무를 동시에 수행할 수 있는 관리자 육성 • 조립 라인의 유연성 증가
	공급 불확실성	• 생산 공장 수준에서는 단일 공급업체와 전담 계약 • 기업 내부 관점에서는 글로벌 공급 네트워크 운영
시스코	배송 지연	생산시설의 분산 배치 및 가치 기반의 재고관리
	공급 불확실성	필요한 수보다 4~5개의 추가 공급업체 확보
델	공급 지연	재고의 가치를 기반으로 한 배송방법의 다양화
아마존	수요와 재고의 불확실성	전체 시장의 수요 통합 → 단일 시장 형성

13.6 공급사슬 위험 모니터링

공급사슬 위험관리의 마지막 단계는 위험요인의 평가 결과와 관리 방안의 시행 결과를 모니터링하는 것이다. 실제로 이미 식별된 위험요인이 실제로 발생하는지, 더 나아가 발생할 가능성이 높은지를 지속적으로 확인할 필요가 있으며, 또한 위험의 발생 확률을 낮추고 위험에 따른 영향력을 제한하고자 설계된 방안이 실제로 성과를 보이고 있는지를 확인하는 단계가 필요하다.

13.6.1 핵심 공급사슬 위험지표 설계

핵심위험지표(Key Risk Indicator: KRI)

공급사슬 위험을 설계할 때 이미 우리는 위험의 발생 확률과 위험의 영향이라는 두 가지 정량적 지표를 설계하였고, 관리 체계 전체에서 활용하였다. 공급사슬 위험을 모니터링하고 개별 위험요인이 관리가 필요할 정도로 위험 수준이 높아지는지를 지속적으로 확인하기 위해서는 정량적 지표를 설계할 필요가 있다. 이러한 지표를 핵심위험지표(Key Risk Indicator: KRI)로 정의할 수 있으며, 앞서 언급한 발생 확률이나 영향력을 그대로 사용할 수는 없다. 위험요인별로 발생 확률이 어떻게 변화하는지 계산하는 것 자체가 많은 시간이 소요될 뿐만 아니라 그 결과를 신뢰하기 어렵기 때문이다. 따라서 위험이 발생할 수 있는 가능성을 높이는 현상이나 위험의 발생 여부를 판단할 수 있는 직접적인 근거를 KRI로 설계하는 것이 효과적이다. 예를 들어, 자동차 계기판의 속도계는 현재 속도를 안내하는 숫자와 위험의 정도를 나타내는 색깔(초록, 노랑, 빨강)로 구성되어 있다. 운전자는 이 숫자가 높아지고, 색깔이 빨간색에 가까워짐(간혹 경고음이 같이 제공되는 경우도 존재)을 통해 사고가 발생할 확률과 사고 발생 시 그 영향력이 상당이 증가하고 있음을 추론할 수 있게 된다. 재고관리에서도 마찬가지로 재고 수준이 일정 수준보다 떨어진다거나 단위시간당 생산량 혹은 누적 생산량이 떨어지는 것을 보고 공급사슬 위험의 발생 여부를 판단할 수 있게 된다. 따라서 KRI를 설계할 때는 보다 현실적이고 쉽게 측정 가능하며, 모든 사람들이 동일한 방식으로 인지할 수 있도록 해야 한다.

모든 위험에 대한 개별 KRI를 설계하고 난 후에는 KRI 간 상관관계를 통해 2차 혹은 3차의 상위 KRI를 설계할 수 있다. 이를 통해 관리자가 한 번에 모니터링해야 하는 위험요인의 수를 줄여 체계적이고 빠른 의사결정을 지원할 수 있다.

13.6.2 KRI 기반 공급사슬 위험 모니터링 시스템 설계: 시스코 사례

앞서 공급사슬 위험관리 방안 설계 사례에서도 살펴본 시스코(Cisco)는 전 세계 수많은 기업과 정부 기관을 대상으로 정보통신기술 인프라 장비를 제공하고 있다. 취급하는 제품의 종류가 매우 다양하고, 지역별 생산 및 판매량의 변화 폭이 모두 다르기 때문에 글로벌 시장에 대한 공급 측면의 위험관리가 필수인 기업이라고 할 수 있다. 시스코는 [그림 13-7]과 같이 실시간으로 측정되는 공급사슬의 탄력성 지표를 바탕으로 공급사슬의 위험을 모니터링하고 있다(Miklovic & Witty, 2010).

대시보드(Dashboard)

전체 공급사슬의 회복성을 정의하기 위한 세부 구성요소는 부품, 공급, 생산 및 테스트의 탄력성을 통해 평가되며, 공급업체의 회복성은 공급업체의 재무적 건전성, 사업의 지속 가능성, 신규 공급업체 등으로 평가된다. 이렇게 모든 세부 항목을 숫자의 형태로 제공하지 않고, 시각화하여 제공하는 방식을 **대시보드(Dashboard)**를 이용하는 방식이라고 한다. 공급사슬의 위험을 실시간으로 빠르고 정확하게 파악하기 위해서는 대시보드 방식의 시스템 구현이 필수적이다.

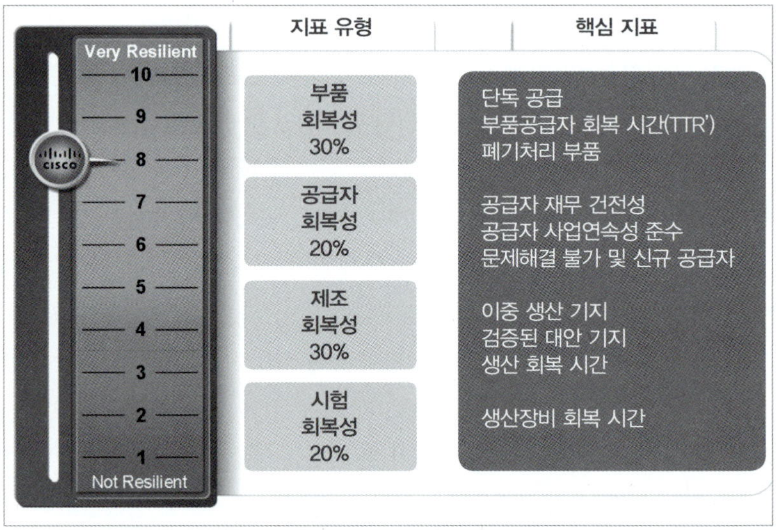

[그림 13-7] 시스코의 공급사슬탄력성 관리 KRI 모니터링 시스템 사례

요약

- 공급사슬 위험은 공급사슬의 정상적인 운영에 영향을 미치는 요인을 의미하며, 불확실성과 취약성 붕괴와는 차이점이 존재한다.
- 공급사슬 위험관리는 위험의 식별, 평가, 대응 및 모니터링의 과정을 통해 수행되며, 붕괴관리와는 사전적 관리와 사후적 관리의 관계를 유지한다.
- 공급사슬 위험을 식별하는 데는 위험이 발생하는 원인, 위치, 형태에 따라 다양하게 구분할 수 있다.
- 공급사슬 위험을 평가할 때는 정성적 평가방법과 정량적 평가방법이 사용되며, 최종적으로는 위험이 발생했을 때의 비즈니스 영향력을 기준으로 비교한다.
- 공급사슬 위험을 관리하기 위해서는 위험 회피, 무시, 확률 감소, 영향력 감소, 이전과 공유 등의 전략 수립이 필요하며, 실제로 이를 구현하기 위한 이행 방안이 수립되어야 한다.
- 위험요인이 아닌 위험을 감지할 수 있는 직접적인 지표를 통해 지속적인 모니터링을 수행해야 위험관리 체계가 완성된다.

연·습·문·제

1. 위험과 불확실성을 구분하는 기준은 미래 발생 가능한 사건의 확률을 알 수 있는지 여부라고 설명하였다. 이와 유사한 개념인 취약성(vulnerability), 강건성(robustness), 탄력성(resilience)의 개념을 서로 비교하시오.

2. 공급사슬 위험을 식별하는 기준을 해당 위험의 발생 원인의 위치 혹은 공급사슬의 구조적 차이 이외에 프로세스 운영 관점과 이벤트 중심의 식별 기법 등에 대해 조사 및 설명하시오.

3. 공급사슬 위험을 평가하기 위한 확률을 계산하는 방법 중 주관적 확률은 그 신뢰도가 가장 떨어진다고 볼 수 있다. 그 한계점을 극복할 수 있는 방법이 존재하는가?

4. 동일한 공급사슬 위험이라고 할지라도 기업이 처한 상황, 전략적 중요도, 생산 및 판매하는 제품의 유형 등 다양한 기준에 따라 그 대응방안이 달라진다. 이 중 시장의 불확실성으로 인해 발생하는 공급사슬 위험에 글로벌 기업이 대응하는 전략에 대해 비교하시오.

5. 공급사슬 위험관리와 붕괴관리는 사전적 대응과 사후적 대응으로 구분하는 것이 일반적이다. 공급사슬의 안정적 운영을 위해서는 이 두 관리 체계가 어떤 관계를 가져야 하는지, 성공적 관리 체계 구현과 운영을 위해서 필요한 것은 무엇인지 설명하시오.

참·고·문·헌

Bart, K., & Maurice, P.(2007). *Supply chain risk management, better control of your business environment*. Deloitte.

Behdani, B.(2013). *Handling disruptions in supply chains: An integrated framework and an agent-based model* (Master).

Frank Knight.(1965). *Risk, uncertainty and profit*. NewYork: Harper Torchbooks.

Heinrich, H. W.(1941). *Industrial accident prevention. A scientific approach. Industrial Accident Prevention. A Scientific Approach.*, (Second Edition)

Hetland, P. W.(2003). Uncertainty management. In Niegel J. Smith (Ed.), *Appraisal, risk and uncertainty* (pp. 59−88). London: Tomas Teldford.

ISO guide 73:2009, Vocabulary U.S.C.(2009).

Jüttner, U., Peck, H., & Christopher, M.(2003). Supply chain risk management: Outlining an agenda for future research. *International Journal of Logistics: Research and Applications, 6*(4), 197−210.

Miklovic, D., & Witty, R. J.(2010). *Case study: Cisco addresses supply chain risk management*. (No. G00206060). Gartner.

Norrman, A., & Lindroth, R.(2004). *Categorization of supply chain risk and risk management*. Burlington, United States: Ashgate Publishing Ltd.

Ritchie, B., & Marshall, D.(1993). *Business risk management*. Chapman & Hall London.

Waters, D.(2007). *Supply chain risk management: Vulnerability and resilience in logistics*. London, United Kingdom: Kogan Page Publishers.

Zsidisin, G. A., & Ritchie, B.(2008). *Supply chain risk: A handbook of assessment, management, and performance*. New York, United States: Springer Science & Business Media.

14

CHAPTER

공급사슬의 유연성과 위험관리

학습 목표

- 공급사슬 위험관리의 가장 대표적인 전략인 유연성 강화 방안이 가지는 의미를 이해한다.
- 유연성 강화 전략이 궁극적으로 공급사슬의 위험을 제거할 수 있는지 여부를 판단한다.
- 전통적인 공급사슬 운영 전략과 유연성의 관계, 그리고 이들을 위험관리 관점에서 분석한다.

사례

아시아나 기내식 대란

◆ 아시아나 이틀째 기내식 대란…승무원들 "굶은 채 승객 라면 끓여"

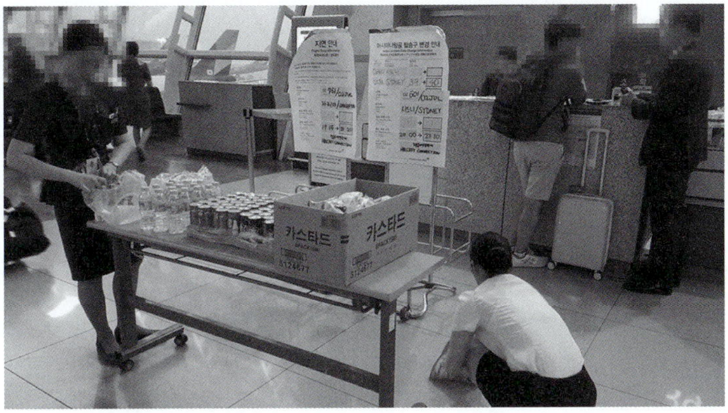

출처: 한겨레 2018-07-02-18:01

1일 시작된 아시아나항공 기내식 공급 차질에 따른 비행기 출발 지연 사태가 2일에도 이어졌다. 이날도 기내식을 싣지 못해 비행기 출발이 늦어지고, 일부 항공기는 기내식이 없는 상태로 이륙하는 상황이 속출했다. 승객들은 길게는 3~5시간이나 도착이 늦어져 연결편 비행기 탑승 등에 어려움을 겪는가 하면, 승무원들은 잇따르는 승객 항의를 감당하며 '빈속' 노동을 버티고 있는 터라 안전 문제도 제기된다. 무엇보다 이번 기내식 공급 부족 사태가 당분간 계속 이어질 수 있다는 우려가 나온다.

2일 아시아나항공에 따르면, 이날 오후 5시 기준 국제선 18편이 1시간 이상 늦게 출발했고, 16편은 기내식이 없거나 부족한 상태로 운항됐다. 기내식 공급 부족 사태가 시작된 전날에는 국제선 86편 가운데 53편이 지연 이륙했고, 38편에 기내식이 실리지 않았다. 공항 통계에 잡히지 않는 1시간 미만 지연까지 포함하면 출발 지연 여객기는 더 많다. 한번 항공기 운항이 지연되면, 뒤따르는 일정도 줄줄이 늦어질 수밖에 없어 지연 사태는 한동안 이어질 전망이다.

출처: http://www.hani.co.kr/arti/economy/marketing/851579.html#csidx4875377fdf89435be450810106d592e

인천공항 등에서는 비행기 출발 지연 이유와 시간을 제대로 공지 받지 못한 승객들의 항의가 이어지고 있다. 하와이로 신혼여행을 떠나기 위해 1일 심야 비행기 탑승을 기다리던 한 승객은 "아시아나항공이 공항 식당에서 밥을 먹고 오라며 한 사람당 1만 원짜리 식사 쿠폰을 줬지만 시간이 늦어 공항 식당은 다 닫혀 있었다"며 "결국 쫄쫄 굶은 상태에서 비행기를 탔다"고 말했다. 같은 날 독일 프랑크푸르트로 향한 비행기에는 두 번째 식사가 일부 실리지 않아 간식으로 준비된 샌드위치와 라면이 분주하게 제공됐다. 이밖에도 여러 항공기에서 아시아나항공이 식사 대신 제공한 30~50달러 상당의 쿠폰(TCV)을 기내 면세품 구매 등에 사용하려는 승객들이 잇따르며 비행 내내 혼잡이 이어졌다.

더욱 큰 문제는 이런 상황을 승무원 등 현장 노동자들이 전부 떠안고 있다는 점이다. 1일 기내식 부족 여객기에서 일한 승무원은 "승객들에게 식사를 하나라도 더 제공하느라 승무원 몫의 기내식은 없어 굶은 상태로 면세품을 팔고 라면을 끓였다"며 "승객 안전을 최우선으로 해야 하는 승무원들을 굶기는 것은 비행 안전에 좋지 않다"고 말했다. 또 다른 직원은 "몇 시간 뒤에 비행이 있는데 승객들 보기 미안해 출근하기 두렵다"며 "손이 발이 되게 빌어야 할 것 같다"고 말했다. 직장인 익명게시판 앱 블라인드에도 "몇백 명 목숨 책임자인 기장도 라면 하나 음료수 하나 초라하게 챙겨 받았다", "승무원 얼굴은 무슨 철판으로 뒤덮인 줄 아는가" 등 하소연이 이어지고 있지만, 김수천 사장 등 아시아나항공 경영진 차원의 공식 해명이나 사과는 나오지 않고 있다.

이런 혼란이 장기화할 수 있다는 우려도 나온다. 이번 기내식 공급 차질 사태는 소규모 기내식 업체 '샤프도앤코'가 아시아나항공에 석 달 동안 기내식을 공급하기로 한 첫날부터 빚어졌다. 업계에서는 하루 3천 식을 공급하던 업체가 2만~3만 식이 필요한 아시아나항공의 주문량을 감당할 정도로 업무가 숙련되려면 꽤 오랜 기간이 걸릴 것으로 보고 있다. 아시아나항공 관계자는 "사태가 차차 호전되고 있다"며 "빠른 정상화를 위해 최선을 다하겠다"고 설명했다.

◆ 게이트고메코리아 기내식 제조시설 완비... 박삼구 회장 "실추된 이미지 회복에 힘 모으자"

아시아나 항공은 기내식 공급업체 이전 작업을 마무리 짓고, 12일부터 OZ731편을 시작으로 기내식 공급이 정상화됐다고 밝혔다.

아시아나항공은 지난 7월부터 기내식을 공급해오던 샤프도앤코와의 임시계약을 종료하고 게이트고메코리아 (GGK)로부터 기내식을 공급받는다.

GGK로부터 공급받은 기내식을 처음으로 섭시한 항공편은 오전 7시 30분 인천공항에서 호치민으로 출발한 OZ731편으로, 이날 하루 동안 총 81편 (인천/김포 출발 기준) 항공기에 3만여 식의 기내식이 공급될 예정이다.

◆ 아시아나 항공 '기내식 대란' 끝... 새 업체서 정상 공급 시작

인천국제공항 인근에 위치한 게이트고메코리아 기내식 제조시설은 2만 5500㎡ 규모의 2층 (지하 1층, 지상 2층) 시설로 일 최대 6만 식 생산까지 가능하며, 작업자의 동선과 식품 위생 관리를 최우선 고려해야 만들어진 최첨단 시설이라는 게 아시아나항공 측 설명이다. GGK는 아시아나항공의 3만2000식~3만5000식의 기내식 생산을 담당하게 된다.

아시아나항공 관계자는 "이번 이전을 계기로 GGK와 함께 아시아나 항공의 기내식 품질을 한 단계 업그레이드 시킬 것"이라며 "지난 두 달 여간 함께 했던 샤프도앤코에 감사드리며 앞으로 게이트코메코리아와 함께 세계 최고의 기내식 서비스를 제공해 빠른 시간 내에 고객 신뢰를 회복하겠다"고 말했다.

GGK 관계자는 "앞으로 안정적이고 고품질의 기내식 공급을 위해 최선을 다할 것"이라고 말했다.

박삼구 금호아시아나 회장은 지난 11일 서울 오쇠동 아시아나항공 본사에서 열린 팀장급 이사 회의에서 "실추된 이미지를 회복하는데 최우선으로 힘을 모으자"며 자신도 아시아나 재건을 위해 초심으로 마음으로 노력하겠다고 밝힌 것으로 알려졌다.

출처: 2018년 9월 12일 15:01 인사이트 코리아

14.1 공급사슬 위험과 유연성의 역할

앞선 13장에서 공급사슬의 위험을 공습사슬의 구조적 측면에서 분류한 바 있다. 이번 절에서는 공급사슬의 위험을 공급자, 시장 및 생산 공정 관점, 그리고 마지막으로 공급사슬의 외부 측면에서의 주요 위험과 이를 유연성 강화 전략을 통해 해결하기 위한 방안에 대해 살펴본다.

공급사슬의 위험관리 전략 중 가장 대표적인 방안은 유연성(flexibility)을 향상시키는 것이다. 다음 리앤펑의 사례는 유연성 강화를 통한 성공적인 위험관리를 보여준다.

리앤펑

리앤펑(Li&Fung)은 홍콩에 본사를 두고 아시아 지역에 4,000개 이상의 공급자를 보유한 면직물 및 장난감 생산 판매 기업이다. 이 기업은 시장 환경의 변화에 빠르게 적응하는 방법을 통해 위험의 발생 가능성과 영향력을 낮추고 있다. 이 기업이 취하고 있는 대표적인 위험관리 전략은 다음의 두 가지이다.

- 문제가 발생한 공급자의 생산 계획을 아시아 지역 내 다른 공급업체로 쉽게 이전할 수 있다.
- 공급자가 재무적 위험에 노출되었을 때 사업의 연속성을 유지할 수 있도록 일정 수준의 자금을 지원한다.

이러한 두 가지 전략은 외부 환경 변화에 의해 공급업체가 위험에 노출되었을 때 전체 공급사슬의 유연성을 높여 사전에 수립된 생산 계획을 차질 없이 수행할 수 있도록 하는 원동력이 되었다.

특히, 리앤펑은 유연성 강화 전략을 Lee(2004)의 연구에서 제시된 **일관성(Alignment)**, **수용성(Adaptability)**, **민첩성(Agility)**의 강화를 의미하는 '**트리플 A(Triple A)**'의 원칙을 통해 구체화하였다고 볼 수 있다. 결국, 리앤펑은 공급사슬 운영의 유연성을 높이는 방법을 통해 공급자들로 인해 발생할 수 있는 다양한 위험에 대해 능동적으로 대처할 수 있게 되었다.

일관성(Alignment)
수용성(Adaptability)
민첩성(Agility)
트리플 A(Triple A)

14.1.1 공급사슬의 구조적 위험과 유연성 강화 전략

(1) 공급자로부터의 위험과 유연성 강화

공급자로부터의 위험요소는 주로 구매자가 제품 혹은 서비스를 생산하기 위해 필요로 하는 원자재의 구매계약과 그 이행과정에서 찾을 수 있다. 이러한 공급자로부터의 위험을 크게 공급원가 위험, 공급계약의 위험, 마지막으로 공급 연속성의 위험으로 나눌 수 있다(Tang & Tomlin, 2009).

- **공급원가 위험**: 구매자가 공급자와 체결한 거래계약 단가는 구매자의 생산비용에 직접적으로 영향을 미치는 주요한 요소이다. 실제 구매 단가를 결정하는 데 있어 원자재에 대한 단위구매비용 외에도 세율과 환율 등이 큰 영향을 미치게 된다. 세율은 수 · 출입국 사이의 정책적 관계에 의해서 변동되는 것으로 구

공급원가 위험

매자와 공급자가 조절할 수 없는 요소이며, 환율 역시 동일한 성격을 가진다. 따라서 구매자가 구매원가를 조절하는 능력은 원자재의 단위비용에 국한되며, 외부 환경의 변화에 따라 구매비용의 변동성도 높아지게 된다. 일반적으로 기업은 생산단가를 일정 수준까지 예측하고, 이를 반영하여 판매 계획을 수립하게 되는데, 이때 원자재 가격의 변동을 실제 판매 가격에 반영할 수 있는 경우는 극히 드물다. 다시 말해서, 원자재 가격의 상승은 원가 상승의 주요 원인이 될 수밖에 없고, 이는 앞서 설명한 시장 경쟁력 약화에 직접적으로 영향을 미치게 된다.

공급계약의 위험

- **공급계약의 위험**: 원자재의 구매계약은 실제로 원자재가 구매자에게 인도되기 전에 이루어지는 것이 일반적이며, 인도될 때까지의 시간 동안 원자재 가격 변동이 발생할 수 있다. 시장 가격의 변동이 발생하더라도 이미 체결된 구매계약에서 명시한 구입 단가의 조정은 쉽지 않은 일이다. 시장 가격이 계약된 금액보다 낮게 형성되어 더 낮은 금액에 원자재를 구매할 수 있다면 구매자에게는 기회비용이 발생하게 되며, 시장에서의 경쟁력을 잃게 되는 근본 원인이 될 수도 있다. 이러한 계약 금액과 시장 가격의 차이는 장기계약이 가지는 가장 기본적인 위험요인이 된다.

공급연속성(supply continuity)의 위험

- **공급연속성(supply continuity)의 위험**: 공급자로부터 생산 혹은 구매 · 가공되어 제공되는 원자재의 경우 단기적 측면에서 생산량 저하와 불량품과 같은 위험에 노출될 수 있다. 즉, 공급자 측에서의 파업, 기기 고장, 원자재 수급 등과 같은 문제로 인해 계약된 물량을 원하는 시점에 공급받을 수 없는 상황이 발생할 수 있다. 비록 예정된 수량만큼 구매자에게 인도되더라도 일부 불량품이 포함될 수 있으며, 이는 원하는 수량만큼 납품받지 못한 것보다 더 큰 문제를 일으킨다. 불량품에 대한 처리 시간과 비용이 발생하거나 납품 즉시 불량을 확인하지 못할 경우 구매자가 생산 및 가공을 완료한 시점에 불량으로 판정되어 반품 및 재주문 등의 추가적인 비용요소를 발생시킬 가능성이 높아지기 때문이다.

이러한 공급자로부터의 위험에 대응하기 위한 전략으로는 공급자 측면에 유연성을 강화하여 미래에 발생 가능한 변동성(위험)으로부터의 영향력을 최소화하는 것이 일반적이다. 이를 위한 방안으로는 구매 계약 조건의 유연성 강화와 다중 공급채널의 확보 전략이 대표적이라고 할 수 있다.

- **구매 계약 조건의 강화 전략**: 구매 계약을 체결할 때 공급량과 구매 단가를 시장 상황에 맞게 조절할 수 있는 조건을 추가하는 방법으로 유연성을 높이는 방안
- **다중공급 채널의 확보 전략**: 원자재의 공급처를 두 개 이상으로 확대하는 전략으로 특정 공급자로부터 발생하는 변동성을 다른 공급업체를 통해 억제하고자 하는 방안

구매 계약 조건의 강화 전략
다중공급 채널의 확보 전략

(2) 생산 공정 관점에서의 위험과 유연성 강화

공급사슬의 운영에서 내부 생산공정, 즉 내부적으로 원자재를 가공하거나 새로운 제품을 생산하는 과정에서 다양한 문제가 발생할 가능성이 높다. 이러한 위험은 이미 전통적인 생산 운영관리영역에서 다루어지던 문제로 **전사적 품질관리(Total Quality Management: TQM)**, **식스시그마(6 Sigma)**, **린 생산 방식(Lean Manufacturing)** 등의 방식을 통해 근본적인 문제를 해결하고자 노력해왔다(Tang & Tomlin 2009). 그러나 내향(inbound) 및 외향(outbound) 물류 활동을 포함하는 전 과정에서 발생하는 변동성은 생산량과 품질에서 다양한 문제점을 만들어 내고 있다. 이러한 문제점은 품질 문제, 생산율 및 생산능력의 문제로 나눌 수 있다.

전사적 품질관리(Total Quality Management: TQM)
식스시그마(6 Sigma)
린 생산 방식(Lean Manufacturing)

- 품질 문제: 동일한 과정을 거쳐 생산되는 제품이라고 하더라도 다양한 내 · 외부 조건에 따라 품질 수준이 달라질 수 있다. 사전에 정의해 둔 제품 사양의 상한과 하한의 범위 내에 속하는 경우는 문제가 되지 않지만, 그 한계를 벗어나게 되면 다음 공정의 입력물로 활용될 수 없게 된다. 이 경우 단순히 한 단위의 제품 혹은 반제품의 사용 불가로 인해 발생하는 추가비용(수리, 폐기, 재생산)뿐만 아니라 전체 제품의 납품 기한과 납품 수량에까지 영향을 미치게 된다.
- 생산율(yield rate) 및 생산능력(capacity) 문제: 일반적으로 생산능력은 단위기간 내에 생산할 수 있는 양을 의미하고, 생산율은 단위시간 동안 실제로 생산 가능한 양을 의미한다. 특정 기업이 소유한 생산시설은 정기 점검, 고장, 파업, 투입 인력 부족 등의 변동성으로 인해 항상 동일한 수준의 생산능력을 보유할 수는 없다. 장기적인 생산 계획은 정상적인 상황을 가정한 생산능력을 바탕으로 수립되기 때문에 생산능력의 변동은 납기를 준수하기 어렵게 만들 수 있다. 또한 생산율은 단기적 관점에서(특히, 단위시간 동안) 생산량을 평가하는 지표로 일정 기간의 생산량을 계획하고 조정하는 기준이 된다. 만약 이 생산율이 일정하지 않고 변동성이 커질 경우 생산 계획의 조정이 불가피하게 된다. 이에 따른 추가 비용과 계약 불이행에 따른 피해도 불가피한 요소이다.

공정의 표준화

범위의 경제

생산 공정에서 발생하는 위험으로부터의 영향력을 최소화하기 위해서는 유연한 생산 체제를 갖추는 것이 중요하며, 동일한 생산 시설에서 다양한 제품을 생산할 수 있게 하는 방법과 부품 혹은 **공정의 표준화**를 통해 구현이 가능하다. 먼저 어떤 기업이 두 개의 제품을 서로 다른 공장 두 곳에서 생산하고 있다고 가정하자. 이때 특정 생산 공장에서 문제가 발생할 경우 해당 제품의 생산이 불가능하거나 목표 생산량을 달성하지 못하는 결과가 예상된다. 이와 반대로 두 개의 생산 공장에서 두 가지 제품을 모두 생산할 수 있다면, 하나의 생산 공장에서 문제가 발생하더라도 그 피해를 최소화할 수 있을 것이다. 이러한 전략이 바로 **범위의 경제**(economies of scope)를 실현하는 것이다.

두 번째, 부품 혹은 공정의 표준화는 앞선 전략을 실제로 이행하기 위한 방법으로 생산율의 저하 혹은 생산용량의 저하를 미연에 방지하는 방법이다. 다양한 제품에 공통적으로 소요되는 부품의 사양을 표준화할 경우 부품의 수급에 의한 생산율의 저하 등을 사전에 방지할 수 있게 된다. 또한 공정의 표준화(process standardization)는 다양한 제품을 공정의 변화 없이 즉시 생산 가능하도록 공정을 설계하는 것으로 다양한 제품을 서로 다른 시설에서 생산할 수 있게 되어 생산 계획의 수립과 조정에 유연하게 대처할 수 있다(Tang & Tomlin, 2009).

(3) 시장으로부터의 위험과 유연성 강화

시장으로부터의 위험은 일반적으로 고객의 요구사항이 변화하는 데서부터 발생한다. 고객의 요구사항의 변동은 주문량의 변동과 제품의 품질 혹은 사양의 변동으로 나타나게 된다. 첫 번째 주문량의 변동은 시장 수요가 시간에 따라 달라지는 것을 의미하는데, 이 현상은 시장을 조정할 수 있는 기능과 권한을 판매자가 소유하기 어렵기 때문에(독과점 시장은 제외) 나타나는 것으로 시장의 변화를 빠르게 파악하고 여기에 유연하게 대응하는 것이 최적의 대안으로 인식되고 있다.

세계적 지역화(Glocalization: Globalization + Localization)

두 번째 제품 사양의 변화는 최근 두드러지게 나타나는 기술의 발전과 **세계적 지역화(Glocalization: Globalization + Localization)** 현상에서 그 원인을 찾을 수 있다. 세계적 지역화란 세계화와 지역화라는 두 가지 모순된 단어의 조합으로 전 세계 시장 관점에서는 동일한 사양의 표준화된 제품을 제공하는 것을 기본 방향으로 하되, 개별 시장에서 경쟁력을 갖추기 위해 지역별 고객의 요구사항에 맞추어 제품을 지역화하는 현상을 의미한다. 기술의 발전 속도는 소비자들의 요구 수준을 지속적으로 높여가고 있으며, 각 기업들은 이러한 요구 수준에 맞추기 위해 지속적인 연구 개발을 통해 서로 경쟁하고 있다. 이러한 현상은 제품의 수명주기가 지속적으로 단축되는 현상을 통해 쉽게 확인할 수 있다.

최근 출시되고 있는 스마트폰이 좋은 사례다. 전 세계에 출시되는 스마트폰의 디자인과 제품명, 기본 사용법 등은 표준화되어 있지만, 각 지역별로 소비자들이 요구하는 기능을 추가로 설정하거나 사용자가 직접 자신의 입맛에 맞게 조정할 수 있도록 하는 것은 세계적 지역화의 대표적인 사례라고 할 수 있다.

지연 전략(postponement)

반응형 가격 책정 (responsive pricing)

시장의 수요 변화와 고객의 요구 수준 변화는 모두 제품의 판매 기업에게 생산 계획의 조정과 재고 증가 등의 추가적인 비용을 발생시키게 된다. 시장으로부터의 위험에 대응하기 위해서는 **지연 전략(postponement)**을 통한 유연한 생산 방식의 구현과 **반응형 가격 책정(responsive pricing)** 방식을 활용하는 방법이 있다. 지연 전략은 주문 생산 방식과 계획 생산 방식을 혼합하기 위한 전략으로 제품이 시장에 맞게 차별화되는 시점을 고객에게 최대한 가깝게 위치하도록 조정하는 방법이다. 이를 통해 원자재 수급의 유연성을 확보하고 시장의 수요 변화에 빠르게 대응할 수 있도록 한다. 반응형 가격정책은 시장의 수요에 따라 수동적으로 반응하는 방식이 아니라 해당 기업이 가진 재고 수준과 시장의 요구사항을 종합하여 제품의 가격을 책정하고 이에 따라 고객의 수요가 반응하도록 하는 선제적 대응 기법이다. 델(Dell)은 이 두 가지 전략을 바탕으로 글로벌 조립 PC 시장에서 큰 성공을 거둔 대표적 사례이다(Tang & Tomlin, 2009).

14.1.2 공급사슬 외부 위험요인과 유연성 강화 전략

공급사슬의 위험은 앞서 언급한 공급업체, 생산 공정 및 시장으로부터의 위험뿐만 아니라 외부 환경 변화에 의한 위험요인을 동시에 고려해야 한다. 주로 이러한 위험은 쓰나미, 태풍, 지진, 화재 등과 같이 공급망의 운영과 관련된 변동성에 기인하기보다는 전체 시장 혹은 산업에 속한 기업들에게 동시에 영향을 미치는 요인들에 기인하는 것이 일반적이다. 즉, 다음 사례와 같이 의도하지 않은 사고 혹은 재해로부터 발생하는 위험을 의미한다.

- 1998년 남미를 강타한 허리케인 미치(Mitch)에 의해 바나나 농장이 파괴된 후 돌(Dole) 사가 급격한 생산량 감소와 매출 급감을 겪었다.
- 2006년 멕시코에 위치한 필립스(Phillips) 사의 화재로 인해 에릭슨은 휴대전화 시장에서 철수하였다.

• 2006년 델은 노트북에서 발생한 화재 사고로 인해 소니사에서 생산한 400만 대 배터리를 전량 회수하였다.

이러한 위험은 실제로 자주 발생하지는 않지만 한 번 발생하면 기업의 도산 혹은 특정 사업 부문 철수까지 큰 파급효과를 발생시키는 위험요인들이다. 이러한 위험에 대응하기 위한 전략으로는 앞서 14.1.1항의 4가지 유연성 강화 전략(다중 공급 채널의 확보, 유연한 계약 조건 설계, 유연한 생산 체계, 반응형 가격정책)이 모두 사용될 수 있다.

14.1.3 공급사슬 위험과 유연성 강화 전략의 비교

앞서 살펴본 공급사슬의 위험요소와 그에 대응하기 위해 유연성을 높이는 전략의 활용방법을 서로 비교하고, 각 전략이 어떻게 실제로 구현되는지를 정리하면 〈표 14-1〉과 같다.

〈표 14-1〉 유연성 강화 전략의 비교

구분	유연성 강화 전략	구현 방식
공급업체	• 다중 공급채널 확보 • 유연한 공급계약 체결	• 다수의 공급업체에게 주문량 분배 • 시간에 따라 공급량을 유연하게 조정
생산 공정	• 유연한 생산 체계 설계	• 내부 생산시설 및 자원에 생산량을 동적으로 조정
시장	• 지연 전략을 통한 유연한 생산 체계 • 반응형 가격 책정 방식 도입	• 서로 다른 제품에 걸쳐 생산량을 조정 • 서로 다른 제품에 전체 수요를 분배 조정

그러나 위의 유연성 강화 전략을 실제 공급사슬 운영과 위험관리에 그대로 적용할 수는 없다. 해당 전략들을 이행하기 위해서 필요한 비용과 그 효과를 분석하지 않았기 때문이다. 또한 유연성 강화 전략을 수립하기 위해서는 유연성의 정도를 단계별로 세분화하여 이행하기 위한 방안을 구체적으로 수립해야 한다. 이 과정에서 비용과 효과에 대한 분석이 이루어져야 한다. 또한 하나의 기업이라고 하더라도 단 하나의 위험에 노출되는 경우는 존재하지 않기 때문에 다양한 위험에 효율적이고 효과적으로 대응하기 위해서는 앞서 설계된 전략들이 유기적으로 연계된 복합 전략을 구성하고 이행할 필요가 있다. 특정 산업 혹은 지역에 속한 기업들에게 보편적으로 적용될 수 있는 전략을 설계하는 것은 불가능하며, 개별 기업이 자신이 처한 상

황을 정확하게 이해하고 미래의 불확실성에 효과적으로 대응할 수 있는 전략을 구성하는 것이 바람직하다.

14.2 생산정책의 유연성과 위험관리

우리는 이미 제8장에서 공급사슬의 전략과 프로세스 파트에서 공급사슬의 전략에 대해 살펴본 바 있다. 본 장에서는 **주문 생산 방식**(Make-To-Order: MTO), **재고 생산 방식**(Make-To-Stock: MTS)과 같은 공급사슬 전략을 위험관리의 관점에서 다시 되짚어 보고자 한다. 두 가지 생산정책을 비교하면 [그림 14-1]과 같다.

주문 생산 방식(Make-To-Order: MTO)

재고 생산 방식(Make-To-Stock: MTS)

[그림 14-1] 주문 생산 방식과 재고 생산 방식의 비교

14.2.1 주문 생산 방식과 재고 생산 방식

주문 생산 방식과 재고 판매 방식의 가장 큰 차이점은 시장에 대한 수요예측 여부라고 볼 수 있다. 즉, 재고 생산 방식은 시장의 수요예측 결과를 기반으로 제품을 생산한 후 재고로 보유하고, 고객의 주문이 발생했을 때 재고를 이용해 충당하는 전략이다. 이와 반대로 주문 생산 방식은 재고를 보유하지 않고, 주문이 발생했을 때 해당 주문량만큼을 생산하는 방식이다. 따라서 이 두 가지 상반된 전략은 시장의 수요 변동성에 의한 위험으로부터 서로 다른 영향을 받게 된다.

우선 재고의 형태와 수준을 기준으로 살펴보면, 주문 생산 방식은 원칙적으로는 재고를 보유하지 않는 전략이다. 따라서 시장의 수요가 발생했을 때 필요한 원자재를 확보하고 생산 후 고객에게 제공할 수밖에 없다. 즉, 고객 수요 발생 시점부터 제품이나 서비스가 제공되는 시점까지 일정 수준의 시간이 소요되고, 이 시간이 길어질수록 고객의 만족도가 떨어지거나 주문의 취소가 발생할 수 있다. 즉, 재고 보유에 따른 비용과 위험은 재고 판매 방식에 비해 상대적으로 낮을 수 있으나, 주문 발생 이후의 위험이 높은 전략이다.

반대로 재고 생산 방식은 시장의 수요가 발생하는 시점에 바로 제품을 공급할 수 있기 때문에 주문 취소 등과 같은 위험이 발생할 가능성은 낮지만, 미래 수요를 정확하게 예측하는 것이 불가능하기 때문에 예측 실패에 따른 위험은 여전히 존재한다. 이로 인해 실제 수요보다 더 많은 재고를 보유하게 되면 과도한 재고 유지비용과 판매되지 못한 재고의 처분에 따른 비용이 발생할 수 있다. 반대로 시장 수요보다 더 적은 양의 재고를 유지하게 되면 기회비용이 발생하게 된다. 물론 제품 생산을 위한 원자재의 재고까지 포함하게 되면 발생 가능한 위험의 종류와 그 영향력은 더욱 커지게 된다(Chopra & Meindl, 2007).

14.2.2 모듈화 및 표준화를 통한 지연 전략

앞서 살펴본 주문 생산 방식과 재고 판매 방식은 상호 배타적인 전략으로 고객 수요 변동에 의한 위험에 상반된 결과를 보여 주고 있다. 주문 생산 방식이 가진 한계점을 극복하기 위해서는 고객의 주문에 대한 반응 속도를 높여 위험의 발생 확률과 영향력을 낮출 수 있어야 하며, 재고 판매 방식은 수요 예측의 정확도를 높이는 방법 외에도 시장 수요의 변동에 빠르게 대응할 수 있는 유연한 생산 체계를 갖출 수 있어야 한다.

지연 전략
표준화(Standardization)
모듈화(modularization)

두 가지 전략의 한계점을 보완하는 방법 중 가장 널리 알려진 것이 바로 **지연 전략**이다. 지연 전략은 제8장에서 이미 살펴본 바와 같이 제품을 구성하는 부품과 기능의 모듈화 및 표준화를 통해 이루어질 수 있다(Simchi-Levi 등, 2002). 델(Dell)의 경우 오프라인 조립 PC 시장을 온라인으로 전환함으로써 지역별로 구분되어 있던 시장을 하나로 통합하고, 고객이 직접 PC의 사양과 부품을 선택하여 주문하면 그 즉시 생산 공장에서 조립 후 고객의 주소로 PC를 배송한다. 이러한 전략이 비용 관점에서 경쟁우위를 확보할 수 있는 것은 PC를 구성하고 있는 주요 부품들이 모두 **표준화(Standardization)** 및 **모듈화(modularization)**가 되어 있기 때문이다. 실제로 PC를 구성하는 주요 부품인 CPU, 메인보드, RAM, 그래픽 및 각종 카드, HDD, ODD, 전원 및 케이스까지도 몇 가지 유형으로 구분할 수 있으며, 특별한 경우를 제외하고는 대부분 호환 가능하다. 따라서 고객은 본인이 원하는 자신만의 PC를 구성할 수 있게 된다. 델은 이러한 온라인 서비스를 위해서 고객이 선택한 부품 간의 호환성을 확인해 주는 역할만을 수행한다. 델의 입장에서는 표준화 및 모듈화가 되어 있는 부품을 사전에 확보하여 고객의 다양한 주문에 공동으로 대응할 수 있기 때문에 시장 수요의 변동성을 최소화할 수 있으며, 고객은 온라인에서 주문한 PC를 수일 내에 배송받을 수 있기 때문에 고객 만족도 역시 높아지게 된다.

주문 조립 방식(Assemble to Order: ATO)

이러한 델의 사업 전략을 표준화 및 모듈화된 부품을 고객의 주문에 맞추어 조립 후 배송하는 **주문 조립 방식**(Assemble to Order: ATO)이라 부를 수 있으며, 개별 상품이 차별화되는 시점을 전체 공급사슬의 상류에서 최종 고객에 가까운 하류 쪽으로 이전시키는 지연(postponement)이라고 볼 수 있다. 이러한 사례는 우리 주변에서 흔히 발견할 수 있는데, 중국음식점이 가장 대표적인 예라고 할 수 있다. 자장면과 짬뽕, 우동은 서로 다른 메뉴이지만, 동일한 면을 사용한다. 따라서 고객의 주문이 발생한 시점에 면을 뽑고, 국물을 만들다가는 고객이 식당을 떠나버리거나 전화 주문을 취소할 가능성이 높아질 수밖에 없다. 따라서 면, 짬뽕국물, 밥, 해산물, 고기류 등의 재료를 반제품의 형태로 준비해두고, 주문이 발생하는 시점에 재료의 조합에 따라 음식을 조리하여 고객에게 제공하는 방식을 취하고 있는 것이다. 비단 중국음식점뿐만 아니라 분식점, 서양식 레스토랑 등 대부분의 식음료 매장에서는 동일한 방식을 사용하고 있다.

물론 모든 산업과 제품에 이러한 지연 전략을 적용하는 것이 가능하거나 비용 절감을 기대할 수 있는 것은 아니다. 특히, 선박 건조 등과 같이 프로젝트 단위로 이루어지는 경우는 주문 설계 방식(Design to Order: DTO)을 적용하는 것이 더욱 유리하다. 대신, 현재 개별 기업에서 적용하고 있는 생산 방식을 고수하기 보다는 다양한 관점에서 위험을 평가하고, 비용을 최소화할 수 있는 방향으로 공급사슬 운영 전략을 혁신하는 방안을 지속적으로 검토하고 설계해야만 시장에서의 지속적인 경쟁우위를 확보할 수 있을 것이다.

14.3 공급업체의 수와 유연성, 위험관리

공급업체로부터 전달되는 위험에 대응하기 위한 방법으로 유연성을 강화하고자 할 때, 가장 쉽게 떠올릴 수 있는 방법은 바로 공급업체 수를 조정하는 것이다.

본 장에서 말하는 공급업체의 수는 특정 원자재를 구입하기 위해 얼마나 많은 공급업체를 거래 대상으로 유지할 것인가에 관한 문제를 해결하는 것이다. 이를 위한 방안으로는 독점 공급(sole sourcing), 단독 공급(single sourcing) 및 다중 공급(multiple sourcing)의 세 가지 방안을 들 수 있다(Simchi-Levi 등, 2002; Blome & Henke, 2009). 각각의 전략이 가지는 의미에 대해 살펴보고, 유연성 측면과 위험관리 측면에서 각 전략이 가지는 장 · 단점에 대해 살펴본다.

14.3.1 독점 공급

독점 공급(sole sourcing)

독점 공급 방식은 구매자의 권한이 최소한으로 축소된 시장 구조에서 나타나는 방식으로 해당 원자재를 공급하는 업체가 시장에서 독점적 권한을 가지는 경우에 해당된다. 이때 독점적 공급업체로부터 필요한 만큼의 물량을 확보하는 것이 가장 중요한 문제가 될 수 있으며, 특히 가격 결정권이 공급업체에게 있는 경우가 대부분이기 때문에 공급사슬 운영의 유연성을 확보할 가능성은 희박하다고 할 수 있다(Blome & Henke, 2009).

합작투자(joint venture)
인수합병(M&A)
전략적 제휴

독점 공급이 이루어지는 제품의 경우 공급업체로부터 발생하는 위험(가격, 계약, 연속성)이 구매자에게 그대로 전달될 가능성이 높기 때문에 구매자 입장에서는 이를 해결하기 위한 방안을 반드시 수립해야 한다. 그 대안으로는 연구 개발을 통해 해당 제품을 대체할 수 있는 제품을 개발하는 방법과 **합작투자(joint venture)**, **인수합병(M&A)**, **전략적 제휴**와 같은 전략을 통해 해당 제품을 공급할 수 있는 업체를 발견하거나 직접 설립하는 방법이 있다. 그 외에도 수직적 통합 전략을 적용하여 독점 공급업체가 마치 구매기업과 하나의 기업인 것처럼 운영할 수도 있다.

앞서 언급한 세 가지 전략 모두 안정적인 원자재 수급을 위한 전략에 해당하는 것으로 시장과 외부 환경 그리고 공급업체로부터 발생하는 변동성에 유연하게 대처하기 위한 전략이라고 할 수 있다. 세 가지 방안 모두 오랜 시간이 소요될 뿐만 아니라 대규모의 투자가 동반되어야 하는 것으로 장기적인 관점에서 세밀한 분석을 필요로 한다.

14.3.2 단독 공급과 다중 공급

(1) 단독 공급

단독 공급은 독점 공급과는 달리 동일한 원자재를 공급할 수 있는 업체가 두 개 이상 존재함에도 불구하고 그중 단 하나의 업체와 거래계약을 맺는 것을 말한다. 공급업체 수를 하나로 한다는 말은 해당 기업이 필요로 하는 원자재의 전량을 특정 기업으로부터 납품받겠다는 것을 의미한다. 전체 물량의 생산을 특정 기업에게 위임함으로써 두 기업 간 협업의 강도를 높여 전략적 파트너십을 형성하는 전략으로 해석할 수 있다(Blome & Henke, 2009).

단독공급(single sourcing)

우선 비용 관점에서 단독 공급 전략을 살펴보면, 공급업체는 규모의 경제를 실현할 수 있기 때문에 단위 생산 비용을 낮출 수 있다. 결국 납품 원가를 낮출 수 있기 때문에 구매자의 입장에서도 구매원가를 낮추는 데 유리한 전략으로 판단된다. 단순히 생산비용 관점뿐만 아니라 전략적 파트너십을 형성하고 있기 때문에 상호 간의 노력에 따라 공동 연구 및 기술 개발, 혁신 등의 활동을 통해 시장 경쟁력을 확보하는 데 유리한 전략임에 틀림없다. 또한 구매자 입장에서는 특정 원자재에 대한 설계 변경이나 생산 일정 및 계획 조정을 위해서는 두 개 이상의 기업과 소통할 필요가 없기 때문에 전체적인 관리 비용의 절감효과를 기대할 수 있다. 즉, 단기적인 생산 계획의 조정에서부터 장기적인 사양의 변경과 신규 기술 개발 및 적용에 있어서 유연성을 발휘할 수 있는 전략이다. 그러나 해당 단독 공급업체에 대한 의존도가 높아지기 때문에 앞서 살펴보면 공급업체로부터의 위험요인은 그대로 유지되는 단점도 가지고 있다. 특히, 해당 기업이 도산하거나 제품의 품질에 문제가 발생하는 경우 추가적인 비용이 발생할 수밖에 없다(Blome & Henke, 2009).

(2) 다중 공급

단독 공급과는 반대로 다중 공급은 특정 원자재의 생산과 공급을 두 개 이상의 기업에게 나누어 계약하는 전략을 의미한다. 앞서 살펴본 단독 공급과는 달리 해당 기업이 필요로 하는 원자재의 전체를 일정 부분씩 나누어 할당하는 방식이다. 단독 공급에 비해 공급업체와의 전략적 파트너십 관계는 형성하기 어렵고 적극적인 협업도 쉽지 않은 것이 사실이다. 또한 생산 일정의 조정과 제품 사양의 변경을 위해서는 다수의 공급업체와 의사소통해야 하므로 단독 공급에 비해 공급업체를 관리하기 위한 비용이 추가로 발생한다(Treleven 등, 1988).

다중 공급(multiple sourcing)

그러나 특정 업체로부터 발생하는 위험으로부터 타 업체를 통해 그 피해를 최소화할 수 있으며, 특히 동일한 제품을 생산하는 업체 간 경쟁을 유발시켜 품질 향상과 구매 단가 절감을 동시에 실현할 수 있다. 공급업체와의 계약 이행과 공급 연속성에 문제가 발생하더라도 그 외 공급업체를 통해 해결할 수 있으므로, 위험에 의한 피해를 완벽하게 해결할 수는 없으나 일정 수준까지는 축소시킬 수 있다(Blome & Henke, 2009).

14.3.3 공급업체 수와 유연성 전략

단독 공급과 다중 공급 전략 중 어느 것이 비교우위를 가지는지에 대해서는 아주 오랜 시간 동안 논의되어 왔다. 여기에서는 위험을 중심으로 하는 관점에서 단독 공급과 다중 공급 전략 두 가지 중 어느 전략이 더 유리한 것인지를 비교하고자 한다. 우선 두 가지 전략은 공존할 수 없는 상호 배타적 전략이기 때문에 하나의 장점이 다른 하나의 단점이 되는 상황이므로 단독 공급 전략이 다중 공급 전략에 비해 가지는 강점과 약점을 설명하는 것으로 비교가 가능하다. 위험의 발생 확률과 영향력 관점에서의 비교 결과는 〈표 14-2〉와 같이 정리할 수 있다(Blome & Henke, 2009).

〈표 14-2〉 위험 관점에서의 단독 공급과 다중 공급 전략의 비교

전략	위험의 발생 확률	위험의 영향
단독 공급	• 발생 가능한 위험의 수가 적다. • 만약 가능하다면, 위험의 발생 원인에 대한 인식과 관리가 선제적으로 이루어질 필요가 있다. • 위험의 발생 확률은 선제적 공급사슬 위험관리를 통해 낮춰질 수 있다.	• 위험이 발생할 경우의 피해는 상대적으로 더 크고, 심지어 독점구매보다 더 커질 수 있다. • 단독 구매계약을 체결한 공급업체가 생산 용량을 독립적으로 산정할 수 있는 경우에 자체적인 판단하에 생산을 위한 조건과 환경을 변경할 수 있어 위험의 영향이 증폭될 수 있다.
다중 공급	• 위험의 종류와 개수와 함께 발생 확률도 동시에 증가한다. • 다수의 공급사슬 위험 발생 원인이 복잡하게 얽혀 있는 경우, 위험에 대한 관리 자체가 어려워진다.	• 구매기업이 가지는 수요를 다수의 공급업체에게 분배했기 때문에 단일 공급업체로부터 발생하는 위험에 따른 영향력은 낮을 수 있다. • 또한, 특정 공급업체로부터 발생한 위험의 영향력을 타 공급업체를 활용하여 축소시키거나 위험의 영향력이 퍼져나가는 것을 제한할 수 있다.

우선 단독 공급은 필요한 원자재 전체를 하나의 공급업체로부터만 공급받기 때문에 그 자체가 앞서 언급한 생산능력 관점에서의 위험요인이 된다. 따라서 단독

공급이 가진 다양한 강점이 무시하지 못할 정도임에도 불구하고 다중 공급에 비해 더욱 위험한 대안으로 인식되기 쉽다. 그러나 실제로 Zsidisin(2003)을 포함한 다양한 연구(Lonsdale, 1999; Pilling & Zhang, 1992; Smeltzer & Siferd, 1998; Treleven 등, 1988; Ellram, 1991)에서는 다중 공급에 비해 단독 공급이 가지는 강점에 대해 설명하고 있으며, 이들 연구의 공통적인 의견은 단독 공급 전략이 공급업체에 대한 의존성을 키우는 것은 맞지만, 그렇다고 해서 공급업체에 대한 의존성이 반드시 높은 위험을 동반한다고 보기는 어렵다는 것이다. 그 근거는 앞서 단독 공급 전략에서 설명한 바와 같이 공동연구 개발을 통한 기술 혁신과 생산 및 판매 과정에서 발생하는 변동성에 대해 빠르고 쉽게 대응할 수 있다는 장점으로 의해 이러한 위험이 상쇄될 수 있다고 생각하기 때문이다.

이러한 논의는 전체 공급사슬을 대상으로 평가하고 결론을 내리는 것은 무의미하다고 볼 수 있다. 특히, 공급업체로부터 구매하는 원자재의 종류와 중요도에 따라 위험의 종류와 발생 정도가 모두 다르게 나타나기 때문이다. 예를 들어, MRO 제품과 같이 종류가 다양하지만 그 중요도가 높지 않고 표준화된 제품의 경우에는 단독 공급과 다중 공급의 장 · 단점을 명확하게 평가할 수 있지만 최근 공급사슬 운영 전략 관점에서는 반드시 어느 전략이 더 유리하다고 판단할 수 없다. 대신, 전략적으로 중요하고 구매비용이 높은 상품에 대해서는 해당 제품의 공급과 관련된 노하우, 가격, 유통 판매, 기술 혁신 및 부대 서비스 등과 같은 다양한 측면에서 이점을 확보할 수 있기 때문에 단독 공급 전략이 가장 적합한 대안으로 결론 내리게 된다. 그렇지만 단일 공급업체가 가진 근본적인 한계점과 위험요인을 무시할 수 없기 때문에 실제로는 이차 공급업체를 선정하여 위험에 대비하는 전략이 시행되고 있다. 이러한 전략은 공급업체 간의 기술과 가격 경쟁을 유발시켜 그로부터 구매 기업이 반사 이익을 얻을 수 있는 기회 요인으로 작용하기도 한다. 반대로 이차 공급자를 선정하고 운영한다는 것이 오히려 구매 기업에 있어 전체 수요를 두 개의 기업에게 나누어 할당해야 하기 때문에 혁신의 속도가 낮아질 수 있다는 점은 반드시 유념해야 한다.

그렇다면, 다중 공급 전략이 전략적 원자재 공급에는 항상 부적합한 전략인가라는 질문을 던질 수 있다. 대답은 "그럴 수도 있고, 그렇지 않을 수도 있다."이다. 모호한 대답이기는 하지만 전략적 상품을 공급하는 업체가 위험에 노출될 가능성이 높다고 가정하면 단독 공급 전략이 항상 유리하지 않을 수도 있다. 이차 공급자를 두는 것 역시 근본적으로는 다중 공급 전략을 취하는 것의 일종이기 때문이다.

공급자가 다양한 위험에 노출되어 있거나 실제로 해당 산업의 기술 발전 속도가 빨라 업체 간 경쟁이 심화된 경우에는 굳이 하나의 업체와 독점 계약을 체결할 필요가 없다. 오히려 여러 업체와의 계약을 통해 업체 간 경쟁을 유도하여 구매자 입장에서 다양한 이점을 취할 수도 있다. 물론 최근 사회적 문제가 되고 있는 갑-을 관계의 형성이나 불공정 거래의 단초가 될 수는 있으나, 다중 공급 전략을 구매기업에게만 유리하도록 악용함으로 인해 발생하는 현상이다. 이러한 방법은 결국 공급사슬의 지속 가능성을 약화시킬 수 있기 때문에 다중 공급 전략이 가지는 근본적인 한계점과 약점으로 이해하는 것이 바람직하다.

그렇다면, 상대적으로 전략적 중요성이 낮은 상품에 대해서는 어떠한 전략이 유리한 것일까? 일반적으로 전략적 중요성이 낮은 제품은 소모성 자재이거나 시장에서의 표준화와 대량 생산이 일반화된 상황이므로, 이 경우는 공급업체와 구매업체 사이의 관계를 중심으로 분석하는 것이 도움이 될 것이다. 만약 구매업체가 공급자에 대한 의존성이 낮다면, 공급업체의 교체가 용이하기 때문에 굳이 다중 공급 전략을 유지할 필요가 없다. 필요한 시점에, 원하는 가격에 공급할 수 있는 일정 수준 이상의 품질 수준을 갖춘 업체를 선정하면 되기 때문이다. 만약 이와 반대로 구매업체가 공급업체에 상당한 수준의 의존성을 가지고 있다면, 완벽하게 반대의 이유로 단일 공급 전략을 택해야만 한다. 즉, 공급업체를 변경하는 것이 상당한 위험을 수반하기 때문에 단일 공급자와 지속적인 관계를 유지하고 협업의 수준을 강화시켜야만 한다(Blome & Henke, 2009).

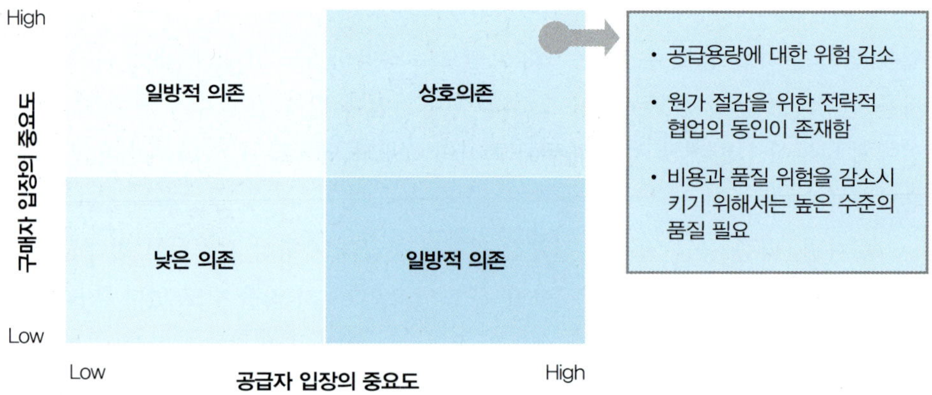

[그림 14-2] 공급자와 구매자 간 관계에 따른 의존성

상호 의존성

이러한 상호 의존성을 기준으로 공급자와 구매자의 관계를 정리해보면 크게 네 가지 유형으로 나눌 수 있다. 이중 상호 의존도가 모두 낮은 경우는 앞서 설명한 바와 같이 단독 공급의 관계를 유지하거나 다수의 공급업체를 두고 지속적으로 교체하는 방법을 택할 수도 있다. 만약 상호 의존성이 모두 높은 경우는 양측 모두 높은 수준의 유연성 강화 전략을 취할 수 있게 된다. 이를 통해 양측 기업은 생산 용량의 불확실성으로 인해 발생하는 위험을 낮추고, 비용절감과 품질 수준 향상에 집중하게 된다. 즉, 공급자와 구매자가 서로 전략적 파트너십을 형성하고 지속적인 기술 혁신을 위한 노력을 기울이도록 유도할 수 있다.

요약

- 공급사슬 위험에 대응하기 위한 전략 중 가장 대표적인 것은 '유연성' 강화이며, 내부 혹은 외부 환경 변화에 빠르게 대응하기 위한 전략이다.
- 공급사슬 위험의 유형에 따라 서로 다른 유연성 강화 방안을 설계할 수 있다.
- 제품의 생산과 판매에 있어 극단적인 차이를 보이는 주문 생산 방식과 재고 판매 방식은 서로 다른 위험에 노출될 수 있으며 서로 다른 장 · 단점을 보이고 있다.
- 주문 생산 방식과 재고 판매 방식의 장점을 극대화하기 위한 전략으로 제품이 차별화되는 시점을 고객에게 제품을 제공하는 시점에 가깝도록 늦추는 '지연' 전략이 활용될 수 있다.
- 특정 원자재나 부품의 공급자 수에 따라 시장 변화에 대응하는 유연성이 달라질 수 있으며, 상호 의존도 및 제품이 가지는 전략적 중요도에 따라 다른 전략을 사용할 수 있다.

연·습·문·제

1. 공급사슬 운영에 있어 유연성(flexibility)이 가지는 의미를 JIT 전략과 비교하여 설명하시오.

2. 주문 생산 방식과 재고 생산 방식은 시장의 수요 변화에 대응하기 위한 양 극단의 전략이라고 할 수 있다. 두 방식 중 어느 전략이 더 유연성을 확보하는 전략이라고 생각하는가?

3. 지연 전략은 주문 생산 방식과 재고 판매 방식의 장점을 모두 극대화하기 위한 전략이라고 할 수 있다. 지연 전략이 가지는 강점에 대해 설명하고, 이를 실현하기 위해 필요한 선결 조건은 무엇이 있는지 설명하시오.

4. 공급업체의 수를 결정하는 것은 원자재 및 부품 공급에 있어 유연성 확보에 큰 영향을 준다. 다중 공급 방식과 단독 공급 방식이 가지는 유연성의 차이를 설명하시오.

5. 최근 두 개의 공급업체를 보유하는 듀얼소싱 전략이 제시되었는데, 구매기업의 입장에서는 다양한 이점을 확보할 수 있음에도 불구하고 다양한 사회적 이슈를 양산하고 있다. 듀얼 소싱 전략이 가지는 문제점을 공급업체의 관점으로 해석하시오.

참·고·문·헌

Blome, C., & Henke, M.(2009). Single versus multiple sourcing: A supply risk management perspective. In G. A. Zsidisin, &B. Ritchie (Eds.), *SUPPLY CHAIN RISK: A handbook of assessment, management, and performance*, 125－135. New York, USA: Springer.

Chopra, S., & Meindl, P.(2007). Supply chain management. strategy, planning &operation. In C. Boersch, &R. Elschen (Eds.), 265－275, Gabler. doi:10.1007/978－3－8349－9320－5_22

Ellram, L. M.(1991). Supply-Chain management: The industrial organisation perspective. *International Journal of Physical Distribution & Logistics Management, 21*(1), 13－22. doi:10.1108/09600039110137082

Lee, H. L.(2004). The triple－A supply chain. *Harvard Business Review, 82*(10), 102－113.

Lonsdale, C.(1999). Effectively managing vertical supply relationships: A risk management model for outsourcing. *Supply Chain Management: An International Journal, 4*(4), 176－183. doi:10.1108/13598549910284499

Pilling, B. K., & Zhang, L.(1992). Cooperative exchange: Rewards and risks. *International Journal of Purchasing and Materials Management, 28*(2), 2－9.

Simchi－Levi, D., & Kaminsky, P.(2002). *Designing and managing the supply chain: Concepts, strategies and case studies*. Boston, US: McGraw－Hill.

Smeltzer, L. R., & Siferd, S. P.(1998). Proactive supply management: The management of risk. *International Journal of Purchasing and Materials Management, 34*(4), 38－45. doi:10.1111/j.1745－493X.1998.tb00040.x

Tang, C., & Tomlin, B.(2009). How much flexibility does it take to mitigate supply chain risk? In G. A. Zsidisin, & B. Ritchie(Eds.), *SUPPLY CHAIN RISK: A handbook of assessment, management, and performance* (pp. 155－174). New York, United States: Springer.

Treleven, M., & Schweikhart, B. S.(1988). A risk/benefit analysis of sourcing strategies: Single vs. multiple sourcing. *Journal of Operations Management; Special Combined Issue, 7*(3), 93－114.

Zsidisin, G. A.(2003). Managerial perceptions of supply risk. *Journal of Supply Chain Management, 39*(4), 14－26. doi:10.1111/j.1745－493X.2003.tb00146.

15

CHAPTER

지속 가능성과 공급사슬관리

학습 목표

- 지속 가능성에 대한 의미를 다양한 관점에서 해석할 수 있다.
- 공급사슬 운영에 있어 지속 가능성을 다양한 관점에서 해석할 수 있다.
- 공급사슬의 지속 가능성을 높이기 위한 방법과 '그린 SCM(Green SCM)'을 구현하기 위한 전략을 이해한다.

사례

'우리 강산 푸르게 푸르게' 유한킴벌리, 꾸준한 CSR에도 불구하고...

유한킴벌리의 우리 강산 푸르게 푸르게는 대표 사회공헌 프로그램이다. 푸른 숲을 주제로 신혼부부 나무 심기, 여고생 그린 캠프 등 다양한 활동을 펼쳤으며 1984년부터 30년 넘게 5,100만 그루의 나무를 심었다. 유한킴벌리는 이 장기간의 캠페인으로 친환경 브랜드 이미지를 굳건히 했다.

회사가 꾸준히 성장하며 활동 반경이 넓어지자 시민사회의 비판의 목소리도 함께 커졌다. 친환경 브랜드 이미지를 갖고 있으나 이와 다르게 일회용품을 너무 많이 제조하고 있다거나 일회용 기저귀와 생리대에 들어 있는 고분자흡수체의 인체 유해성 논란까지 다양한 비판에 적극 해명해왔다.

유한킴벌리는 1996년 환경 경영을 선포하고 20여 년간 환경영향 최소화 활동을 해왔다. 2015년에는 기업의 생산 활동에서 발생하는 환경 훼손을 최소화하기 위해 약 1,130억의 친환경 제품을 구매했다. 또, 지속 가능한 국제인증 마크인 FSC CoC(Forest Stewardship Council Chain of Custody) 인증을 취득했다.

FSC CoC는 FSC(국제산림관리협의회)의 인증으로, 목재의 채집 및 유통 과정에서 합법적인 절차를 거쳤음을 의미한다. FSC는 목재의 채취 · 가공 · 유통의 전 과정을 추적 및 관리하는 국제 NGO다. FSC마크는 국제 환경보호 집단이 인정하는 유일한 마크이기도 하다.

2015년 1월에는 파라벤류 등의 일부 보존제, 합성향 원료, 알레르기 유발 향료, 벤조페논류 등 안전성이 우려되는 59종의 물질의 사용을 자발적으로 제한했다.

이러한 노력에도 불구하고 지난 1월 13일 식품의약안전처가 유한킴벌리 물티슈 제품이 메탄올 허용기준(0.002%)을 초과한 0.003~0.004%로 확인하고 제품을 회수 조치했다. 유한킴벌리는

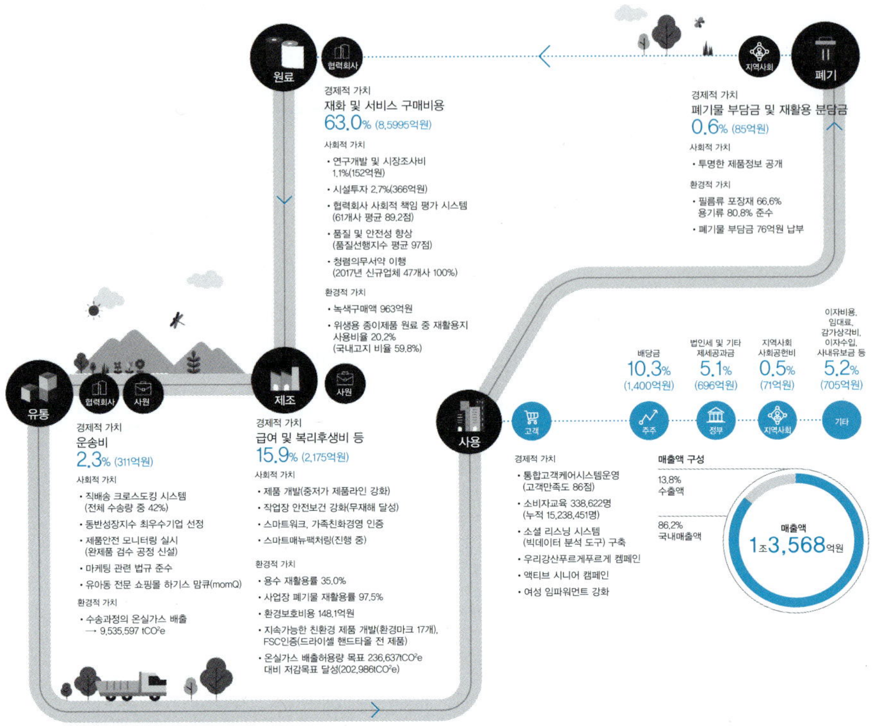

〈참고자료: 유한킴벌리 지속가능경영 가치 사슬〉

납품 원료 중 일부에 미량 혼입된 것으로 인체에 위해를 일으키는 수준은 아닌 것으로 확인되었다고 밝혔다. 실제 미국은 메탄올 허용 기준이 없으며 유럽에서는 5% 이하 규정을 두고 있다. 건강 영향은 알 수 없으나 유한킴벌리의 친환경 이미지에 타격을 입은 것만은 분명하다.

이러한 논란에도, 유한킴벌리가 국내 CSR에 선두주자라는 틀림이 없다. 기업들이 본격적으로 CSR 경영에 나선 2000년대 중반 이전인 1984년부터 환경 캠페인을 벌여왔으며 지금까지 꾸준히 이어가고 있다. 사회공헌투자 부분에서도 눈에 띈다. 전경련 2016년 사회공헌 백서에 따르면 국내 주요 기업들이 자체 보고한 매출 대비 사회공헌 투자 비율은 0.19%였다. 반면 유한킴벌리는 그해 매출의 0.58%를 사회공헌에 투자했다. 평균보다 약 3배 많은 수치다.

세계적인 식품 기업 네슬레는 2015년 인도 시장에서 30년간 판매해온 국수 브랜드 맥기에 납이 허용치보다 7배 많이 함유되어있다는 논란으로 5억 달러의 손해를 봤다. 맥기의 안전성은 검증되었고 판매는 재개되었지만 인도 정부와 네슬레는 깊은 감정의 골을 남겼다. 네슬레는 CSV 선두기업으로 10년 넘게 CSV 경영을 펼쳐왔음에도 이러한 사건은 벌어졌다.

생활 밀착형 제품과 식품을 기업하는 기업은 국민들에게 사랑받는 브랜드를 갖기 마련이고 그 파급력도 엄청나다. 어찌 보면 이러한 혼란은 완벽히 통제하기 어려울 수 있다. 다만 이러한 문제가 발생했을 때 사람들은 기업의 대처 방안을 본다. 사랑받는 브랜드로 남을지 국민적 분노를 일으키고 불매운동에 휩싸일지는 기업의 선택에 달려있다.

출처: 미디어 SR, 윤성민 기자, 2017. 02. 14.

15.1 지속 가능성의 의미

이번 장에서는 기업의 운영과 관련된 지속 가능성에 대한 의미와 함께 공급사슬의 운영 측면에서 지속 가능성을 재해석하고 구현 방안에 대해 살펴보고자 한다.

일반적으로 **지속 가능성(持續可能性, sustainability)**이란 특정한 과정이나 상태를 유지할 수 있는 능력을 의미하지만, 현재는 생태학적 측면과 경제학적 측면에서 주로 사용된다. 생태학적 용어로서의 지속 가능성은 생태계가 생태의 작용, 기능, 생물 다양성, 생산을 미래로 유지할 수 있는 능력을 의미하며, 생태계를 보존하기 위한 이념을 지속적으로 유지하기 위한 계획과 활동을 동반한다. 특히, 경제학적 관점에서 지속 가능성은 지속 가능한 성장과 같은 개념으로 장기간 지속되는 실제 이익과 생산의 증가를 의미한다.

지속 가능성(持續可能性, sustainability)

지속 가능성이라는 단어는 UNCED(United Nations Conference on Environment & Development) 아젠다 21 계획에서 채택된 용어 '지속 가능한 발전'에서 출발하였다. 혹자는 '지속 가능한 발전'이라는 표현이 '끊임없는 발전'의 의미를 연상시키는 포괄적인 용어라고 비판하며, 이 용어의 사용을 실제적인 개발 활동의 영역만으로 제한해야 한다고 주장한다. '지속 가능성'은 그러나 오늘날의 모든 인간 활동에 대한 포괄적인 용어로 사용되고 있으며, 이러한 관점에서 Burton(1987)은 지속 가능성을 다음과 같이 정의하고 있다.

정의 15-1 지속 가능성(sustainability)

미래 세대의 가능성을 제약하는 바 없이, 현 세대의 필요와 미래 세대의 필요가 조우하는 것

경제적(economic) 가치
사회적(social) 가치
환경적(environmental) 가치

이러한 지속 가능성의 의미는 특정 조직이 보유하고 있거나 활용하고자 하는 자원의 운영 계획이 미래 세대가 가진 자원 활용의 가능성을 제한해서는 안 된다는 것을 의미한다. 따라서 지속 가능성은 해당 자원이 가진 가치를 유지하거나 더 높이는 방향으로 모든 활동이 이루어져야 하며, 활동의 범위는 **경제적(economic), 사회적(social), 환경적(environmental) 가치**로 나누어 볼 수 있다. 세 가지 관점의 가치를 TBL(Triple Bottom Line)이라고 부른다 .

특히, 기업 운영 관점에서의 지속 가능성 관리는 TBL의 개념 위에 해당 기업이 지속적인 성장을 유지할 수 있도록 만들기 위한 관리기법을 의미한다. 즉, 기업을 운영하는 데 있어 지속 가능성의 개념이 전략적 도구로 활용되기 위해서는 기업이 시장에서 지속적인 경쟁 우위를 확보하는 근본적 활용 도구로서의 가치를 가져야만 한다.

일반적인 의미에서 지속 가능성은 강건성과 유사하게 해석될 수도 있다. 강건성이 내 · 외부 변화에도 현재 상태를 유지할 수 있는 능력을 의미하기 때문이다. 그러나 두 가지 개념은 〈표 15-1〉에서 설명한 바와 같이 다양한 관점에서 차이를 보

〈표 15-1〉 지속 가능성과 강건성의 차이

구분	지속 가능성	강건성
관점 및 목표	기업 전체 3P: People, Plant, Profit 3E: Equity, Environment, Economics TBL: Economic, Social, Environmental	기업 운영 개별 활동: 비용, 품질, 유연성, 제품 배송
시점	장기적 관점	중 · 단기적 관점
파급효과	진화적 효과	상대적으로 빠른 효과
관리 대상	• 일정 수준 예측 가능하거나 잘 알려진 위험 요인 • 직접적인 연관성을 가지지 않지만 서로 연결된 다양한 요인	• 예측이 어려우며, 잘 알려지지 않은 위험 요인 • 직접적인 영향을 미치는 개별 사건 중심
대응 전략	선제적이고 선도적인 대응 전략	수동적이고 지연된 대응

인다(Wagner & Schaltegger, 2003).

지속 가능성 관리는 기업 전체를 대상으로 장기적인 운영 및 발전 계획을 수립하는 경우가 일반적이며, 도입효과는 즉시 나타나지 않고 오랜 시간에 걸쳐 천천히 나타나게 된다. 이러한 전략은 기업 운영에 직접적인 영향을 미치지는 않지만, 복잡한 연관관계에 의해 영향을 미칠 수 있는 다양한 요인들에 대해 선제적으로 대응해야 하므로 이미 잘 알려져 있거나 예상 가능한 내 · 외부 위협요인을 관리대상으로 한다. 반대로 강건성(robustness)은 중단기적 관점에서 기업 운영의 개별 활동을 대상으로 발전 계획을 수립하며, 그 도입효과는 상대적으로 빠르게 나타난다. 기업의 강건성을 높이기 위한 전략은 일반적으로 기업 운영 활동에 직접적으로 영향을 미치지만 예측이 어렵거나 잘 알려지지 않은 사건에 대해 수동적으로 대응하거나 해당 사건이 발생한 이후에 대응한다.

지속 가능성 관리

강건성(robustness)

15.2 지속 가능한 공급사슬

앞서 정의한 지속 가능성과 기업의 지속 가능성 관리가 공급사슬 운영 측면에서는 어떻게 해석될 수 있는지, 또한 지속 가능한 공급사슬이 가지는 경제적 가치는 무엇인지에 대해 살펴보고자 한다.

15.2.1 지속 가능한 공급사슬

(1) 지속 가능한 공급사슬의 정의와 특징

지속 가능한 공급사슬(Sustainable Supply Chain: SSC)을 정의하기 위해 앞서 설명한 지속 가능성의 개념을 공급사슬의 운영에 적용한다면, 전통적인 공급사슬 운영, 관리 및 혁신 기법을 통해 공급사슬의 가치를 지속적으로 유지하거나 높여가는 것이라고 할 수 있다. 이러한 혁신의 과정은 공급사슬의 참여자뿐만 아니라 기업이 속한 사회적 체계도 포함한다. 지속 가능성의 관점을 전략에 포함시키는 공급사슬이라는 관점에서 지속 가능한 공급사슬을 다음과 같이 정의할 수 있다(김현수 등, 2014).

지속 가능한 공급사슬 (Sustainable Supply Chain: SSC)

> **정의 15-2 지속 가능한 공급사슬**
> 혁신적 전략, 전술 및 기술 발전을 통해 공급사슬의 운영의 수익을 창출할 뿐만 아니라 공급사슬에 참여하는 소비자, 공급업체 모두가 사회 및 환경적 측면에서의 책임을 다하는 것

즉, 지속 가능성을 정의할 때 활용된 경제적 · 사회적 · 환경적 가치를 의미하는 TBL을 전통적인 공급사슬의 설계, 계획 수립 및 운영관리에 적용하는 것을 지속 가능한 공급사슬이라고 할 수 있다. 이러한 지속 가능한 공급사슬 운영 전략은 다음과 같은 특징을 가진다.

- 관리 범위가 공급사슬의 전체로 확장되어 더 많고 다양한 이슈를 다룬다.
- 성과관리의 목표가 경제적 측면에서부터 사회적 · 환경적 측면까지 다양해진다.
- 공급사슬에 참여하는 파트너 기업과의 협업의 범위와 강도가 더 높아지게 된다.

(2) 지속 가능한 공급사슬 전략의 유형

공급사슬 운영에서의 지속 가능성은 공급사슬 내 존재하는 자원을 활용하는 데 있어 경제적 가치, 사회적 가치 및 환경적 가치 등과 같은 목적을 달성하기 위한 다양한 전략으로 나타날 수 있다. 역물류(reverse logistics), 환경적 공급사슬(environmental supply chain), 물류의 사회적 책임(logistics social responsibility) 등을 대표적인 예로 들 수 있다.

역물류

- **역물류**: 최종 소비자에게 제공되어 사용되거나 혹은 반품되는 제품들이 물류 활동의 일반적인 흐름의 반대 방향으로 수거 및 배송하여 폐기, 재사용 및 재활용하는 활동을 의미한다. 따라서 전체 공급사슬에서 사용되는 자원의 가치가 다할 때까지 다양한 방법을 통해 활용하는 전략이라고 할 수 있다(van der Laan, 1997).

환경적 공급사슬

- **환경적 공급사슬**: 기업이 제품 혹은 서비스를 생산하고 소비하는 데 필요한 다양한 활동 전체에 자연환경에 대한 영향력을 함께 고민하는 전략을 의미한다. 따라서 공급사슬에서 일어나는 모든 생산 및 소비활동에 소요되는 자원의 양과 그 부산물이 자연 환경에 미치는 영향력을 평가하고 공급사슬 운영 활동을 조정하는 전략이다. 이러한 활동은 2000년대 초반에 형성되었다가 지속 가능

공급사슬관리로 확대되었으므로, 지속 가능한 공급사슬의 시작점이라고 할 수도 있다(Beamon, 1999).

- **물류의 사회적 책임**: 기업의 물류 활동별로 사회적 책임을 강조하는 것으로, 사회적 책임의 구매 활동, 지속 가능한 운송 활동, 지속 가능한 포장 활동, 지속 가능한 보관 활동 및 역물류 등 다섯 가지 영역으로 구분할 수 있다. 사회적 책임에서의 구매라는 것은 지속 가능성을 보장할 수 있는 원자재의 구매를 우선한다는 것을 의미하며, 그 외 운송, 포장, 보관 등과 같은 물류의 기본적인 활동 모두에서 사회적 책임과 환경적 책임을 강조하는 것이다(Ciliberti 등, 2008). 물류의 사회적 책임

(3) 지속 가능한 공급사슬의 필요 조건

그렇다면, 이렇게 다양한 형태로 나타나는 지속 가능한 공급사슬을 구현하기 위해서 필요한 요소는 무엇인가? 김현수 등(2014)은 전통적인 공급사슬의 운영 방식에서 지속 가능한 공급사슬로의 전환을 위해서는 시장과 고객의 요구, 공급사슬의 미래가치, 환경 규제 및 글로벌 지속 가능성의 네 가지를 달성해야 한다고 설명하고 있다. 이는 [그림 15-1]과 같이 표현될 수 있다.

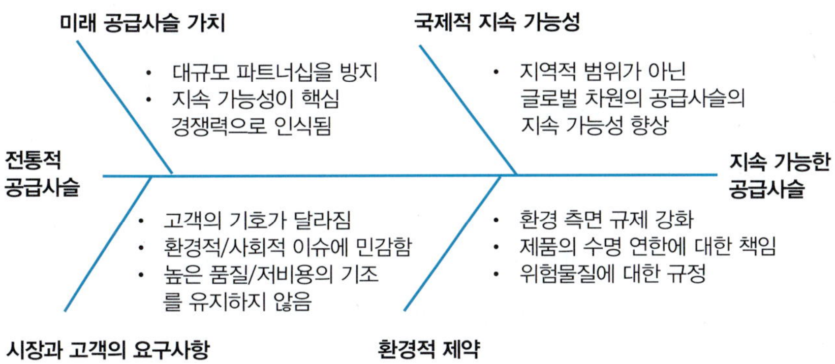

[그림 15-1] 지속 가능한 공급사슬로의 전환을 위한 내·외부 요구사항

공급사슬을 성공적으로 운영하기 위해서는 시장과 고객의 요구사항을 만족시켜야 한다는 것이 어쩌면 당연한 이야기일 수도 있다. 그러나 여기에서는 전통적인 공급사슬의 관리적 측면에서 고객과 시장의 요구사항을 만족시킴과 동시에, 지속 가능한 사회로 전환되면서 달라지는 고객의 요구사항을 만족시킬 것을 강조하고 있다. 특히, 사회 · 환경적 측면에서 유익하지 못한 제품이나 서비스는 더 이상 가격

경쟁력만으로 고객을 만족시킬 수 없기 때문이다. 이는 낮은 가격-높은 품질(high quality low price)로 대변되던 경쟁우위의 필수요소가 변화하고 있음을 의미한다.

공급사슬의 미래 가치라고 하는 측면은 현재의 공급사슬이 미래에도 현재와 동일한 수준의 가치를 유지해야 함을 의미한다. 이를 위해서는 지속적인 성장과 함께 파트너십을 확대를 통해 지속 가능성을 높일 수 있어야 한다. 이는 시장과 고객의 요구사항 변화와 외부 환경 변화에도 불구하고 공급사슬이 가지고 있는 다양한 측면의 가치를 유지하기 위해서는 특정 기업의 노력만으로는 불가능하기 때문이다.

지속 가능성을 대표하는 세 가지 가치 중 하나인 환경적 가치를 보존하고 향상시키기 위한 최소한의 방법은 환경 규제를 준수하는 것이다. 단순히 규제를 준수하는 데서 그치지 않고 수명이 다한 제품을 안전하게 처리하는 활동도 필요하며, 인체와 자연 환경에 유해한 물질의 사용을 축소하거나 완전하게 다른 물질로 대체하는 노력이 필요하다.

마지막으로 전체 공급사슬이 전 세계로 펼쳐져 있는 경우, 특정 지역에서만 지속 가능성을 높이는 것이 아니라 전체 공급사슬의 지속 가능성이 향상될 수 있도록 노력해야만 한다. 특히, 나이키(Nike)와 소니(Sony)의 사례와 같이 특정 지역에서의 지속 가능성을 높이기 위해 다른 지역의 사회적 및 환경적 책임을 포기하는 경우는 전체 공급사슬의 지속 가능성을 높이는 전략이라고 할 수 없다.

15.2.2 ESG 경영과 공급사슬관리

(1) ESG 경영의 의미와 지속 가능한 공급사슬관리의 관계

ESG는 환경(Environment), 사회(Social), 지배구조(Governance)의 약자로 기업의 지속 가능성과 사회적 책임을 평가하는 핵심요소라고 할 수 있다. 앞의 15.2.1에서 지속 가능성을 정의하면서 경제적, 사회적, 그리고 환경적 가치를 동시에 높일 수 있어야 한다고 설명하였다.

지속 가능성의 연장선에서 ESG 경영은 최근 기업의 경영 활동이 미치는 환경적 영향을 최소화하고, 사회적 가치를 높일 수 있어야 하며, 윤리적이고 투명하게 추진되어야 함을 의미한다. 과거에는 기업을 평가함에 있어 재무적 정량지표인 '얼마를 투자해서, 얼마를 벌었는가?'라는 질문에 집중했었다. 그러나 최근 기후변화 등과 같이 기업 활동이 환경과 사회에 미치는 영향력이 증가하면서, 비재무적 지표가 기업의 실질적 가치 평가에 있어 더 중요하다는 인식이 늘어나고 있다.

ESG의 정의는 개별 기업이나 기관이 가진 목적과 사업 특성에 따라 다양하게 정의될 수 있으나, 투자 의사결정, 장기적인 수익, 재무적인 가치, 경영 리스크, 사회적 책임 및 지속가능성이 공통적으로 포함된다. 간단하게는 '투자의사결정 및 장기적인 재무적 가치에 영향을 미칠 수 있는 중요한 비재무적 요인'으로 정의할 수 있다. 따라서 ESG는 기업 운영에 있어 지켜야할 규범적, 통합적, 도구적 그리고 정치적 관점으로 이해할 수 있다.[1] Andreas Rasche외 2인(2017)은 다음 그림과 같이 다양한 관점에서 ESG의 개념을 정의하였다.

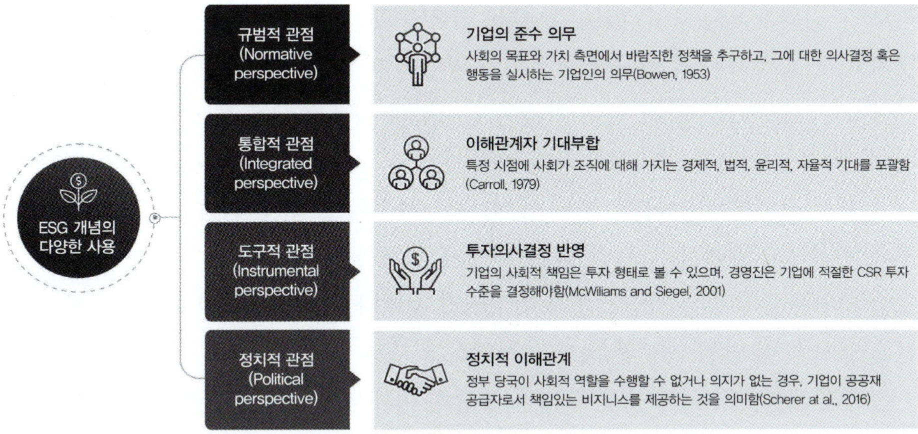

출처: Andreas Rasche, Mette Morsing, Jeremy Moon(2017), Corporate Social Responsibility,

[그림 15-2] ESG의 개념의 다양한 관점적 정의

단편적으로 ESG 경영은 특정 기업 혹은 기관 내부의 운영과 통제를 위한 기준이고 방향성으로 인식될 수 있기 때문에, 다양한 기업과 조직, 고객이 복잡하게 얽혀있는 공급사슬과의 연관성이 모호해 보일 수 있다. 그러나 최근 지속 가능한 공급사슬의 구축과 운영이 글로벌 공급사슬의 가장 큰 화두로 떠오르고 있기 때문에, 큰 이질감 없이 이해할 수 있다. 단, 두 개념의 선후행 관계나 범위의 차이는 다양한 연구자들이 서로 다른 관점에서 정의하고 분석하고 있기 때문에 여기에서는 연관성과 달성 방법 등만 집중해서 설명한다.

첫 번째로 환경적 측면을 살펴보면, 공급사슬 전체 범위에서의 활동이 환경에 미치는 영향을 최소화해야 한다는 것이다. 이를 위해서는 우선 전기, 가스, 물 등과 같은 원자재의 사용을 최적화할 필요가 있다. 그 결과 운송과 생산 등의 과정에서

1) KRX, ESG Portal,

발생하는 탄소배출량 뿐만 아니라 다양한 폐기물의 양을 줄여나갈 수 있다. 최근 RE100(Renewable Electricity 100%)과 같은 글로벌 캠페인 등과 같이 전 세계에서 에너지 사용량 감소, 신재생에너지의 비율 증대 등을 통한 기후 변화에 대응하기 위한 노력이 공급사슬의 운영에 있어서도 예외가 될 수 없을 것이다.

두 번째는 기업 경영의 활동이 사회적 측면의 가치를 높일 수 있어야 한다는 점은 이미 지속 가능성을 정의하는 과정에서 동일하게 설명하였다. 공급사슬 측면에서는 안전하고 공정한 노동조건이나 지역사회 기여뿐만 아니라 공급자에 대한 관리로 그 범위를 확대할 수 있을 것이다. 이를 통해 소비자의 신뢰를 확보할 수 있을 것이고, 기업의 수익성 향상에 긍정적인 영향을 미칠 것으로 기대할 수 있다.

마지막으로 지배구조는 특정 기업이나 기관의 내부 통제로 해석될 수 있다. 그러나 해당 개념을 전체 공급사슬의 윤리적 운영과 투명한 관리로 확장할 수 있다면, 그 효과는 극대화될 것이다. 예를 들어, 공급사슬의 운영 및 의사결정 과정을 투명하게 관리하고 사전에 약속된 범위 내에서 관계자에게 공유할 수 있다면, 윤리적 조달이나 규제 준수는 자연스럽게 이루어질 것이다. 특히, 공급사슬의 투명한 관리는 공급사슬 내 발생 가능한 위험을 식별하고 사전에 통제하는 데 큰 도움이 된다.

종합해 보면, ESG의 세부 요소를 통합하여 내부 운영의 기준이나 지침으로 활용한다면 공급사슬의 지속 가능성은 강화될 것이고, 이는 기업의 경쟁력과 브랜드 가치 향상에 도움이 될 것이다. 따라서 ESG는 장기적인 관점에서 기업의 성장과 사회적 책임을 달성하게 하고, 이를 통해 해당 기업이 속한 전체 공급사슬의 지속 가능성을 향상시키는 도구로 이해할 수 있다.

(2) 환경적 가치를 실현하는 방법

앞서 ESG의 요소 중 환경적 가치에 대해 설명하는 과정에서 전반적인 공급사슬 운영 활동에 있어 에너지 소비량을 줄이기 위한 노력이 필요하다고 설명하였다. ESG나 지속 가능성을 설명하는 과정에서 환경적 가치를 높이기 위한 활동을 대규모 투자가 필요하거나 기업의 수익성을 악화시키는 활동으로 오해하는 경우가 많다. 이러한 의견은 대부분 탄소배출량을 줄이기 위해서 새로운 장비를 도입하거나 대규모 투자가 필요하다는 생각에서 출발한다. 그러나 탄소배출량을 줄이거나 폐기물을 줄이기 위해서는 가장 기본적으로 동일한 산출물을 만들어 내는 데 소비되는 입력물의 양, 다시 말해 원자재 소비량을 줄여야 한다는 것을 의미한다. 예를 들어, 트럭의 운행 과정에서 발생하는 탄소 배출량을 줄이기 위해서는 과적이나 과

속, 급감속을 줄이는 에코드라이빙 활동이 중요하다. 이렇게 공급사슬 운영 활동에 소비되는 원자재의 양을 줄이기 위한 새로운 절차나 기준, 혹은 기존의 운영 방식을 개선하는 활동이 최우선시 되어야 한다.

물론 에너지 소비량이 낮은 장비로 교체하거나 화석연료와 같이 탄소배출량이 많은 에너지원을 친환경 혹은 신재생 에너지로 전환하기 위해서는 일시적인 초기 투자비용이 소요될 수 있다. 합리적인 의사결정을 위해서는 장비의 전환 비용을 에너지 절감 효과가 상쇄할 수 있는지, 탄소배출량을 절감해서 얻을 수 있는 경제적 가치가 투자비용을 넘어설 수 있는지에 대한 객관적인 평가가 필요하다. 이를 위해서는 기업 내부를 넘어 전체 해당 기업과 연계된 공급업체 및 고객과의 관계를 바탕으로 탄소배출량을 산정하기 위한 기준을 정립하고, 공급사슬 운영 활동의 결과에 따른 탄소배출량을 실시간으로 혹은 그에 가까운 수준으로 측정하고 모니터링 할 수 있는 체계가 필요하다.

우리나라는 이미 배출활동별 온실가스 배출량 등의 세부산정 방법 및 기준을 정하여 안내하고 있다. 온실가스의 배출량은 사용 연료의 종류, 배출 시설의 유형에 따라 달라지며, 직접배출과 간접배출에 따라 Scope 1, 2, 3으로 구분한다. 직접배출에 해당되는 Scope 1은 기업 혹은 기관이 소유 및 관리하는 사업장에서 직접

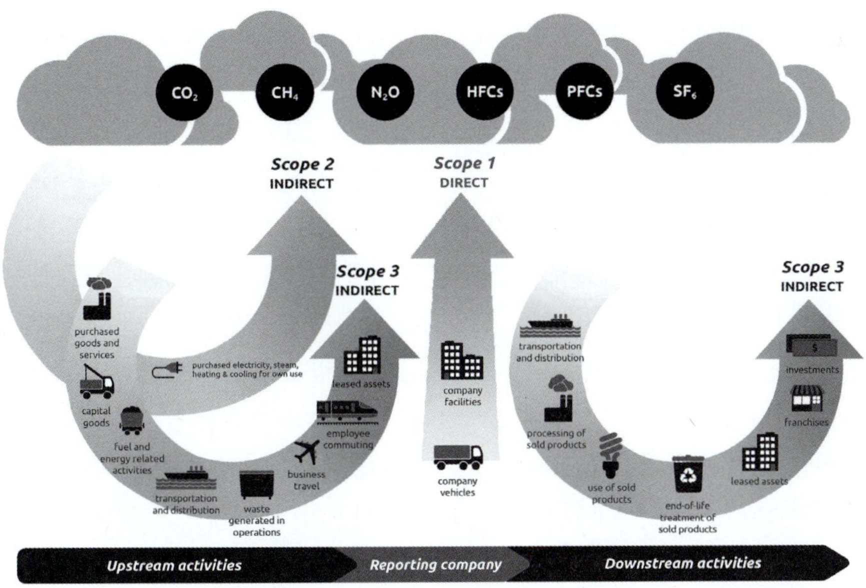

[그림 15-3] 온실가스배출범위 정의 기준

배출되는 온실가스를 의미한다. Scope 2와 3은 간접배출에 해당되지만, Scope 2는 해당 기업이나 기관이 전기 혹은 난방에너지 등을 사용함으로써 외부 발전소 등에서 발생되는 온실가스배출량을 의미한다. Scope 3은 기업이 소유 혹은 관리하지 않지만, 기업의 활동과 연관된 가치사슬 전체에서 발생한 모든 간접배출량을 의미한다. 예를 들어, 외주 혹은 계약사업자에게 의뢰하여 화물을 운송하거나 부품을 생산하는 경우 해당 과정에서 발생하는 배출가스의 양이 해당된다.

온실가스 배출량 산정은 아래 식과 같이 사용되는 에너지원의 종류별 고유 배출계수에 소모량을 곱하는 방법으로 정의한다.[2)]

$$E_{i,j} = Q_i \times EC_i \times EF_{i,j} \times f_i \times 10^{-6}$$

$E_{i,j}$: 연료(i)의 연소에 따른 온실가스(j)의 배출량(tGHG)
Q_i : 연료(i)의 사용량(측정값, ton−연료)
EC_i : 연료(i)의 열량계수(연료 순발열량, MJ/kg−연료)
EF_{ij} : 연료(i)에 따른 온실가스(j)의 배출계수(kgGHG/TJ−연료)
f_i : 연료(i)의 산화계수(CH_4 , N_2O 는 미적용)

이때, 에너지 사용량의 측정 정확도 수준에 따라 산출식에서 사용되는 산화계수의 값이 달라지며, 정확도의 수준에 따라 Tier 1~4로 구분하여 정의하고 있다. Tier 1은 가장 단순한 방식으로 IPCC(기후변화에 관한 정부 간 협의체) 가이드라인에서 정의한 전 세계 평균값을 사용한다. Tier 2는 Tier 1에 비해 더 높은 정확도를 가지는 활동자료로 해당 국가의 고유 배출계수 및 일정 부분 시험 및 분석을 통해 개발된 매개변수값을 활용하는 것이다. Tier 3은 사업장 범위 내에서의 배출시설 및 감축 기술 단위의 배출계수 등을 실제 시험 분석을 통해 개발한 매개변수값을 사용하는 방법이다. 마지막으로 Tier 4는 굴뚝자동측정기기 등 실시간으로 탄소배출량을 측정할 수 있는 장비를 통해 직접 배출량을 계산하는 방법으로 연속배출계수라고도 부른다.

탄소배출량을 정확하게 산정하는 것은 전체 공급사슬 내에서 발생하는 탄소 혹은 온실가스의 양을 줄이기 위한 가장 첫 번째 단계이다. 현재 어느 정도 배출하고

2) 배출활동별 온실가스 배출량 등의 세부산정방법 및 기준(제11조 관련)

있는지를 계산할 수 없다면 얼마를 줄일 수 있는지 목표를 세울 수도 없고, 목표의 달성 여부도 알 수 없기 때문이다. 따라서 IPCC 혹은 국가에서 제시하는 가이드라인에 맞추어 온실가스배출량 산정 기준을 내부적으로 정립하고, 지속적으로 모니터링할 수 있는 체계를 갖추어야 한다. 그 다음으로 온실가스 배출량을 감축하기 위해서 필요한 활동을 정의하고 장비의 도입 여부를 결정해야 할 것이다.

(3) 기업이 사회적 가치를 실현하는 방법

지속 가능한 공급사슬을 구현하기 위한 필요조건 중 하나는 기업의 사회적 책임을 강조하는 것이다. 최근 다수의 기업들이 지역사회에 대한 지원과 협력을 위한 다양한 프로그램을 운영하는 것 역시 이러한 사회적 책임을 다하기 위한 방법으로 이해할 수 있다. 여기에서 기업의 사회적 책임에 대한 깊이 있는 논의를 하는 것은 어렵겠지만, 가장 간단한 예로는 고용안정과 재투자를 들 수 있다.

우선 재투자는 앞서 언급한 지역사회에 대한 지원과 협업으로 표현될 수 있다. 특정 기업이 제품 혹은 서비스의 생산을 통해 수익을 창출하였다면, 생산 활동이 수행된 지역사회에 그 수익을 일부 환원하는 방식을 의미한다. 특히, 환경오염을 유발하거나 천연자원을 소비해야 하는 산업의 경우 기업의 생산활동 자체가 지역주민들에게 직 · 간접적인 피해를 줄 수밖에 없다. 이러한 경우 수익의 일정 부분을 피해를 입은 지역사회에 환원하는 방법이 사회적 책임을 다하는 가장 단순한 방법이라고 할 수 있다.

고용안정과 재투자는 서로 강한 상관관계를 가지고 있는데, 우선 고용안정이 가지는 사회적 가치에 대해서 살펴볼 필요가 있다. 특정 기업에 종사하는 피고용인들은 대부분 해당 사업장이 속한 지역에 혹은 그 지역과 가까운 위치에 거주하는 것이 일반적이다. 이러한 피고용인들의 고용상태가 안정적으로 지속될 가능성과 일정 수준 이상의 임금을 받을 가능성이 높아진다면 피고용인들로부터 파생되는 직 · 간접적인 투자효과는 지역사회의 경제 성장으로 이어지게 된다. 그 결과는 기업이 지역사회에 직접적으로 재투자하는 것에 비해 비교할 수 없을 정도로 더 큰 파급효과를 가질 수 있다. 국내 지역사회 중 구미, 창원, 울산, 포항 등과 같은 대규모 제조업 단지가 형성된 지역은 기업의 특별한 재투자 없이도, 인구 증가, 소비 증대, 지역사회의 소득 증대 등의 효과를 얻을 수 있게 된 대표적인 사례라 할 수 있다.

그렇다면, 이러한 고용안정과 지역사회 재투자를 통해서 기업이 얻을 수 있는 경제적 효과는 무엇일까? 단순히 생각해 보면 고용안정, 높은 임금, 지역 사회 재투자 모두 해당 기업 입장에서는 비용요소이기 때문에, 경제적 효과보다는 반대의 비용 증대를 예상할 수밖에 없다.

우선 높은 임금 수준과 고용안정에 따른 효과를 살펴보자. 높은 임금을 받고 고용이 안정된 피고용인은 해당 기업에 대한 충성도가 높아지게 된다. 즉, 본인이 몸담고 있는 기업의 수익 창출이 바로 본인의 임금과 직결된다는 것을 이해하게 되면, 현재 자신에게 주어진 업무를 소홀히 하지 않고, 지속적으로 문제점을 개선하고자 하는 동기를 유발시킬 수 있다. 이를 통해 제품 혹은 서비스 생산 효율성의 개선효과를 기대할 수 있게 되며, 저렴한 비용으로 높은 품질수준을 유지할 수 있어 기업의 수익 증대로 이어지게 된다.

생산 효율 증대효과와 함께 기대할 수 있는 것은 앞서 언급한 소비자들로부터의 소송이나 불매운동, 파업 혹은 내부 소송에 따른 비용의 회피효과이다. 만약 적정 수준 이상의 임금을 지급하지 않거나 고용 안정을 실현하지 않는 경우 가장 먼저 직면하게 될 위험요인은 바로 내부 피고용인의 파업이다. 파업은 단순히 소송에 따른 비용과 배상액만이 비용요소로 산정되는 것이 아니라, 파업 기간 동안 생산이 멈추는 데 따른 막대한 비용까지도 포함해야만 한다. 이러한 비용은 역시 지역사회에 대한 재투자를 수행하지 않는 경우에도 발생할 수 있다. 즉, 제품과 서비스의 생산과정에서 피해를 입은 지역사회 주민들이 해당 생산시설의 철수, 생산 중단, 혹은 막대한 금액의 피해 배상 소송을 제기할 경우 이를 처리하기 위한 비용이 발생할 가능성을 사전에 방지해야만 한다.

결론적으로는 기업의 궁극적인 존재 이유가 수익 창출에 있지만, 그 수익을 창출하는 데 필요한 피고용인들의 노력과 사업장이 위치한 지역사회와의 상생을 위한 노력 없이는 기업의 지속적인 경제적 가치 창출 역시 불가능하다는 것이다.

15.2.3 지속 가능한 공급사슬의 구현 체계

앞서 설명한 바와 같이 지속 가능한 공급사슬을 구현하는 것이 기업의 경제적 가치 증가를 유도할 수 있는 것이라면, 실제로 기업이 이를 구현하기 위한 방안을 수립해야 한다. [그림 15-4]는 지속 가능한 공급사슬을 구현하기 위한 체계를 보여 주고 있다.

지속 가능한 공급사슬을 구현하기 위해서는 지속 가능한 소비와 혁신적 경영기법 위에 지속 가능한 전략과 지속 가능한 운영이 필요하다. 마지막으로 지속 가능

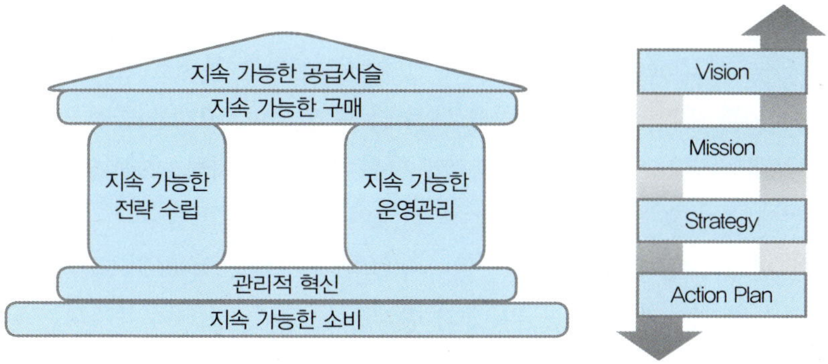

[그림 15-4] 지속 가능한 공급사슬의 구현 방안

지속 가능한 공급사슬
지속 가능한 구매
지속 가능한 전략 수립
지속 가능한 운영관리
관리적 혁신
지속 가능한 소비

한 구매를 통해 지속 가능한 공급사슬을 구현할 수 있다. 이를 종합해보면, 지속 가능한 구매–생산–소비의 흐름을 지속 가능한 관리 전략과 혁신적 경영기법을 통해 구현하고 관리하기 위한 체계라고 할 수 있다. 이러한 체계는 최종 달성 목표인 지속 가능한 공급사슬의 구현이라는 비전을 달성하기 위한 세부 미션, 전략, 이행 계획을 통해 완성되는데, 이는 상향식과 하향식 관점 모두에서 일관성이 유지될 수 있도록 설계되어야 한다.

실제로 지속 가능한 공급사슬을 구현하기 위한 세부 이행 계획은 환경적 가치, 사회적 가치 및 경제적 가치를 실현할 수 있어야 한다. 다음 15.3절에서 현재 개별 기업들이 이러한 계획을 가장 구체적으로 실현한 사례라고 할 수 있는 그린 SCM과 녹색 물류 활동을 통해 이행 방안을 설명한다.

15.2.4 지속 가능한 공급사슬과 공급사슬위험 관리의 관계

강건성(robustness)

지속 가능한 공급사슬과 공급사슬 위험관리는 세부적인 항목 관점에서는 서로 다르다고 표현하는 것이 옳겠지만, 실제로 달성하고자 하는 목표를 살펴보면 유사하다는 점을 알 수 있다. 앞서 우리는 지속 가능성의 의미를 정의하고, 그 특징을 살펴볼 때 강건성(robustness)의 개념과의 비교를 통해 설명한 바 있다. 여기에서는 지속 가능한 공급사슬관리 전략과 공급사슬 위험관리의 관계에 대해 관리대상과 목적의 차이를 중심으로 설명한다.

(1) 전통적인 관리 실패와 지속 가능성

Stonebraker 등(2009)의 연구에 따르면, 공급사슬의 지속 가능성을 높여야 한다는 요구는 전통적인 공급사슬 관리의 실패(failure)를 통제하기 위한 목적으로 다양한 영역에서 나타나기 시작했다. 공급사슬 관리의 실패란 다양한 물류 활동에서 발생할 수 있는 사고(accident), 기술적 원인에서 발생하는 문제점, 공급업체의 도산(bankruptcy)과 비리행위(fraud) 등을 예로 들 수 있으며, 고객을 중심으로 한 시장 환경 및 문화의 변화와 자연 환경 파괴에 따른 비용의 증가로, 앞서 언급한 공급사슬의 구현에 대한 요구 수준을 높이는 직접적인 원인이 되고 있다.

공급사슬의 세계화 (globalization)

공급사슬의 취약성 (vulnerability)

이러한 관리의 실패 원인으로는 공급사슬의 세계화(globalization)와 공급사슬 구조가 복잡해지는 데 따른 공급사슬의 취약성(vulnerability)이 증가하는 데서 찾을 수 있다. 그런데 여기서 중요한 것은 이러한 공급사슬 운영의 지속 가능성이 낮아지는 결과로 나타나는 관리의 실패 원인을 제거하는 것이 지속 가능성을 높이는 것과 동일한 의미를 가지는 것은 아니라는 점이다. 그 이유는 지속 가능성이 가지는 의미에서부터 찾을 수 있다. 지속 가능성의 개념을 정의하기 위해 사용되었던 TBL의 가장 첫 번째는 바로 경제적 가치를 높이는 것이다. 즉, 대부분의 기업들은 자신의 이익 극대화를 가장 최우선시하게 되지만, 공급사슬의 강건성을 높이는 일, 즉 관리 실패의 원인을 제거하여 취약성을 감소시키기 위한 전략은 비용을 기준으로 설계될 수밖에 없다. 바로 여기에서 전략 설계의 목적과 달성 목표가 유사할 것으로 보이는 지속 가능성과 위험관리의 차이점을 확인할 수 있다.

(2) 지속 가능한 공급사슬 구현과 공급사슬 위험관리의 관계

6E(Environment, Empowerment, Economics, Ethics, Equity, Education)

지속 가능한 공급사슬을 구현하는 방법으로는 Welford(2000)가 TBL을 확장하여 제안한 6E(Environment, Empowerment, Economics, Ethics, Equity, Education)를 들 수 있다. 여기에 Employee를 추가하여 7E를 정의할 수도 있다. 이러한 방법의 개별 구현 요소는 앞서 지속 가능한 공급사슬의 구현이 가지는 경제적 가치에서 이미 설명한 바 있으므로, 자세한 설명은 생략하기로 한다. 그러나 실제 기업이 이러한 7개의 개별 구현요소를 어떻게 실제 사업 환경에 적용해야 하는지는 아직까지 명확하게 제시된 바는 없다. 실제로 전체 조사대상 기업 중 43%만이 지속 가능성 구현을 위한 표준을 제시하고 있으며, 그중 70% 기업들만이 표준과 함께 구체적인 실현정책을 제시하고 있는 것으로 나타났다(Muthukrishnan & Shulman, 2006).

그 이유는 개별 기업이 가지는 제품 혹은 서비스의 특징과 시장 환경 등이 하나의 통일된 모형으로 제시될 수 없기 때문이며, 개별 기업은 자신의 특수성과 전략적 방향을 고려하여 실제 현장에서 활용할 수 있는 구체적인 정책을 설계해야만 한다. 또한, 이행정책은 잠재적인 공급사슬의 붕괴 원인을 제거함과 동시에 환경적 위험을 최소화할 수 있어야 한다.

지속 가능성이 경제적 가치, 즉 수익을 중심으로 설계되는 반면 위험관리는 비용을 중심으로 설계된다고 볼 수 있다. 결국, 기업의 이윤을 극대화하기 위해서는 매출 증대와 비용절감이 동시에 실현되어야 하므로, 지속 가능성과 위험관리는 기업 운영 활동에 있어 동시에 수행되어야 할 요소로 인식되어야 한다. 여기서 주의할 점은 공급사슬 위험관리를 자칫 지속 가능한 공급사슬 구현의 수단이나 도구로 이해하는 것이다. 두 가지 전략이 달성 목표와 구현정책이 유사하게 보일 수 있지만, 어느 것 하나가 다른 전략의 부분집합이 되거나 목표 달성의 수단이 될 수는 없다.

수직적(vertical) 관리 체계
수평적(horizontal) 관리 체계

공급사슬의 지속 가능성을 높이는 것과 공급사슬의 위험을 관리하는 것은 기업 운영의 궁극적인 목표를 달성하는 데서는 같은 방향성과 유사한 속성을 가지고 있다고 볼 수 있지만, 실제 그 구현방법과 전략에 있어서는 다른 모습을 보이고 있다. 지속 가능성은 좀 더 상위 수준인 기업의 비전과 미션을 정의하는 단계에서부터 이를 일관성 있게 구현하기 위한 정책을 설계하는 단계까지의 기업 운영 활동의 **수직적(vertical) 관리 체계**에 가깝다고 할 수 있다. 반면, 공급사슬 위험관리는 기업의 모든 운영 활동에서 발생할 수 있는 공급사슬의 위험요인을 사전에 정의하고, 이를 관리하여 공급사슬의 붕괴로부터 발생하는 비용을 최소화하기 위한 전략과 정책을 수립하는 것으로 기업 운영 활동의 **수평적(horizontal) 관리 체계**라고 할 수 있다.

15.3 그린 SCM 및 녹색 물류 활동

지속가능한 공급사슬 구현을 위해서는 공급사슬의 운영을 위한 전략 및 계획 수립이 환경적 가치, 사회적 가치 및 경제적 가치를 모두 향상시킬 수 있어야 한다. 대부분의 기업이 실행하고 있는 경제적 가치를 실현함과 동시에 환경적 가치를 높이기 위한 전략으로 그린 SCM과 녹색 물류 활동을 예로 들 수 있다. 본 장에서는 이 두 가지 활동의 개념과 실제 이행 방안에 대해 설명한다. 녹색 물류와 그린 SCM을 구분하는 기준은 물류관리와 공급사슬관리를 구분하는 기준과 유사하다. 일반적으로 물류관리는 재화를 특정 위치로부터 이동시키는 데 필요한 모든 활동과 그 자체를 관리하는 것을 의미하는 반면 공급사슬관리는 원자재의 확보부터 생산 및 보관 단계를 거쳐 최종 소비자에게 재화 혹은 서비스를 전달하는 과정에 필요한 활동들 사이의 연관관계를 관리하는 데 집중한다.

먼저 그린 SCM과 녹색 물류의 정책 및 제도적 배경과 개념에 대해 살펴보고, 수·배송, 보관, 하역 및 유통 가공 및 포장 효율화로 대표되는 녹색 물류 활동과 구매, 판매, 생산 및 저장, 역물류 및 모달시프트를 중심으로 그린 SCM 활동에 대해서 설명한다.

15.3.1 그린 SCM과 녹색 물류의 개요

(1) 개념과 정의

그린 SCM

일반적으로 녹색 물류 활동은 순물류와 역물류가 포함된 통합형 물류 순환 구조를 가진 공급사슬에서 지속 가능성, 경제성 및 친환경성을 추구하는 물류 활동으로 이해할 수 있으며, 박석하 등(2011)은 다음과 같이 녹색물류를 정의하고 있다.

녹색 물류

정의 15-3 녹색 물류의 정의

제품 및 서비스의 생산, 유통, 판매, 폐기에 걸친 수명 주기(life cycle) 동안 적용되는 물류 분야의 모든 활동이 지구의 지속 가능성 달성을 적극적으로 지원하고, 물류 활동 자체의 직·간접적 결과가 환경에 미치는 부정적 영향력을 최소화할 수 있도록 설계, 구현, 관리 및 통제되고 있는 물류 활동

녹색 물류가 추구하는 지속 가능성은 인류가 경제적 활동 및 성장을 추구하되, 이 모든 것을 반드시 다음 세대를 위하여 지구를 보존할 수 있는 조건하에서만 실시해야 한다는 관점을 물류 관리 활동에 적용한 것이라고 할 수 있다. 이러한 요구사항은 전 세계 모든 기업들에게 있어서는 피할 수 없는 요구사항이자 이윤 창출의 기회로 인식된다.

녹색 물류를 실제로 구현하기 위한 방법으로는 물류 활동에 직접적으로 필요한 물류시설, 장비, 포장 및 차량을 친환경적으로 개선하기 위한 노력과 물류 활동을 지원하는 시스템을 친환경적으로 개선하기 위한 활동 그리고 이러한 활동이 목적을 원활하게 달성할 수 있도록 적극 지원하고 보다 많은 기업의 참여를 유도할 수 있는 정책 개발을 들 수 있다.

그린 SCM은 앞서 정의한 녹색 물류 활동의 개념과 철학을 공급사슬 전체의 범위로 확산하는 것을 의미하는데, 좁게는 녹색 물류 활동에 구매 관련 기능을 추가

하여 **공급자 환경관리(supplier environmental management)**로 설명하는 경우도 있다. 그러나 그린 SCM을 정의하기 위해서는 공급사슬 전체 영역에서 제품 및 서비스의 설계, 구매, 생산, 분배, 자원의 재활용 및 폐기 등과 관련된 환경 문제를 다루기 위한 정책의 수립과 이행뿐만 아니라 관련 주체들과의 관계를 설정하는 것까지 포함하는 것이 더욱 적합하다.

공급자 환경관리 (supplier environmental management)

(2) 기본 추진 전략

지속 가능한 공급사슬을 설계하는 데 있어 가장 먼저 실현해야 할 요소는 바로 경제적 · 사회적 · 환경적 가치를 향상시키는 것이다. 따라서 녹색 물류와 그린 SCM 두 가지 모두 실제로 추진하기 위한 방안을 수립하는 데 있어서도 가장 먼저 고려되어야 할 부분이 바로 경제적 가치, 사회적 가치와 환경적 가치를 향상시킬 수 있는지의 여부이다. 세 가지 가치를 동시에 향상시킬 수 있는 방안으로 가장 기본적으로 적용되는 전략이 바로 3R(Reduce, Reuse, Recycle) 전략이다.

3R(Reduce, Reuse, Recycle)

- **절감(Reduce)**: 공급사슬 전 과정에서 동일한 수준의 산출물을 유지하면서도 투입되는 입력물의 양을 감소시키는 것
- **재사용(Reuse)**: 이미 한 번 사용된 입력물, 시장에서 수명이 다한 완성품의 개별 부품 혹은 그 자체를 별도의 가공 절차 없이 다시 사용하는 것
- **재활용(Recycle)**: 재사용과는 달리 별도의 처리 공정을 거쳐 다른 목적으로 사용하는 것

절감(Reduce)
재사용(Reuse)
재활용(Recycle)

세 가지 전략 모두 공급사슬 전 과정에서 투입되었던 자원이 가지고 있던 가치를 극대화하기 위한 것이라고 이해할 수 있다. 이러한 전략들을 통해 해당 기업은 자원 투입량 절감을 통한 원가절감효과(경제적 가치)를 실현할 수 있으며, 폐기품의 재사용과 재활용이라는 관점에서는 환경부하를 줄일 수 있게 된다.

3R 전략에 **성질 변환(Refine)**과 **에너지 회수(Retrieve Energy)**의 두 가지 전략을 덧붙여 5R이라고 설명하는 경우도 있다. 성질 변환은 재활용과 유사하게 설명될 수 있으나, 첨가물 투입 혹은 물리적 · 화학적 가공과정을 거쳐 전혀 다른 제품 혹은 원료로 활용하는 방안으로 구분지어 설명할 수 있다. 에너지 회수 전략은 원자재의 투입부터 최종 제품의 생산 판매까지의 전 과정에서 소비되는 에너지를 별도의 수집과정을 통해 다시 공급사슬의 특정 과정에 재투입하는 전략을 의미한다(김현수 · 조면식, 2002).

성질 변환(Refine)
에너지 회수(Retrieve Energy)

15.3.2 녹색 물류의 구현 방안

(1) 수 · 배송 물류 효율화

친환경적 수 · 배송 활동

친환경적 수 · 배송 활동은 원자재 공급 또는 완제품의 운송과 역물류상에서 수 · 배송 물류로 인한 환경 유해요인을 최소화하는 활동을 의미한다. 이러한 환경 친화적 활동을 위해서는 화물의 수 · 배송과정에서 소비되는 에너지의 양을 줄여 작업의 효율성을 높이기 위한 구체적인 방안이 필요하다. 특히, 수 · 배송 활동은 다양한 기업 활동 중 화석연료의 소비 비중이 높아 이산화탄소 배출량이 가장 높은 활동으로 인식되고 있기 때문에 녹색 물류 활동의 최우선 추진 대상 영역으로 선정되는 것이 일반적이다.

수 · 배송 물류 활동에서 소비되는 에너지의 양을 줄이기 위한 방안으로 수송기기 경량화 등을 통한 장비의 에너지 효율 향상, 에코업 드라이빙(Eco-up driving)을 통한 운행 효율 향상, 수 · 배송 수단 및 경로 개선을 통한 효율성 향상 등을 들 수 있다.

이와 함께 수 · 배송 공동화를 통한 절대적인 화물의 운송 거리를 단축하는 방법을 들 수 있다. 수 · 배송 공동화는 일정 지역 내 다수의 기업이 유사한 배송 조건을 가진 화물에 대해 공동으로 운송 서비스를 제공하고 실적에 따라 이익을 배분하는 방법을 의미한다.

[그림 15-5] 운행 효율성 향상을 위한 에코업 드라이빙 10계명

출처: 2012년 금호타이어 에코타이어, http://eco-up.kumhotire.co.kr/

(2) 보관, 하역 및 유통 가공 효율화

보관, 하역 및 유통 가공 효율화

보관은 물류 활동의 중요한 요소 중 하나로 운송과정의 화물을 일정 기간 저장하는 활동이다. 이를 통해 공급사슬 전체의 운영 효율성을 높일 수 있게 되는데, 지금까지 다양한 연구를 통해 보관 기능의 효율성(면적 보관 효율 및 체적 보관 효율)을 향상시키기 위해 보관 기능의 다양화, 화물 보관방법의 개선 및 화물 배치방법의 개선 등의 방안이 제시되었다. 이러한 개선 방안은 보관 시설로 유입되는 원자재의 양을 줄이거나 공간을 축소하는 방법과 한 번 사용된 자재와 제품을 다시 사용하는 방법, 그리고 마지막으로 크로스도킹(cross-docking)과 같이 창고의 기능 중에서 보관 기능을 제외시키는 프로세스의 혁신을 수행하는 방법 등을 통해 구현될 수 있다.

하역 작업은 보관과 운송을 연결하는 활동으로 운송 중에 있는 화물을 운송수단에서 내려 저장 위치로 옮겼다가 다시 운송수단으로 옮겨 싣는 활동을 의미한다. 이러한 하역 작업의 효율성 향상을 위해서는 우선 하역의 횟수를 감소시키고 화물을 취급하는 과정을 최소화하며 하역을 위한 시설 및 장비에 대한 투자를 최소화할 수 있어야 한다. 〈표 15-4〉에서 제시한 화물의 운송 활성화 지수는 화물이 얼마나 운송 작업 중에 있었는지를 나타내는 것으로 이 수치를 최대화하는 방향, 다시 말해서, 화물이 한군데 멈추어 있지 않고 계속해서 이동될 수 있도록 작업을 개선할 수 있어야 한다(박석하 등, 2011).

〈표 15-4〉 운송 활성화 지수 산정 기준

활성화 지수	0	1	2	3	4
화물상태	바닥에 놓여 있는 상태	상자 속에 넣은 상태	팰릿에 쌓은 상태	대차에 실어 놓은 상태	컨베이어 위에 놓여 있는 상태

이를 위해서는 화물을 일정한 단위로 관리하고, 하역 작업을 기계 및 시스템을 통해 자동화하여 효율성을 높이고 작업 공정 간 원활한 의사소통을 통해 병목 현상이나 불필요한 작업의 지연 등을 제거하는 노력이 필요하다.

마지막 유통 가공작업은 형태나 기능을 변화시키지 않는 단순 보관 및 운송과는 달리 유통과정에서 부가가치를 향상시키는 활동을 의미한다. 간단하게 설명하자면 생산활동과 물류활동이 결합된 것이라고 할 수 있다. 이러한 유통 가공 활동의 효율성을 높이기 위해서는 가공 절차의 개선과 가공과정에 사용되는 자원의 양과 기기의 에너지 소비량을 감소시키는 방안이 필요하다. 일반적인 기업에서는 고효율

에너지 장비(LED 등)로 기존 장비를 교체하는 방법, 일반적인 화석연료를 이용한 에너지 대신 태양광, 태양열, 지열 및 풍력 등과 같은 자연 에너지를 활용하는 방법들이 가능하다.

(3) 포장 부문 효율화

포장 표준화

포장은 화물이 유통되는 과정에서 그 가치와 상태를 보호하기 위해서 적합한 재료 혹은 용기 등으로 물품을 포장하는 방법 혹은 포장된 상태를 의미한다. 특히, 낱포장의 경우 마케팅적 기능까지도 동시에 수행하기 때문에 원가절감을 위해 전체 작업의 단위와 포장 규격 등을 표준화하고자 하는 방향과 구매 발주 단위를 다양화하여 시장 경쟁력을 높이고자 하는 방향이 충돌하게 된다. **포장 표준화**는 포드(Ford) 시스템에서 정의한 3S, 즉 단순화(Simplification), 표준화(Standardization), 차별화(Specialization) 전략을 통해 상품의 매출에는 영향을 주지 않는 범위 내에서 원가를 절감하고자 하는 노력이라고 할 수 있다.

포장 표준화는 물류 활동의 자동화 및 수·배송 공동화를 실현하기 위한 필수요소이기도 하며, 물류 서비스 효율성 향상을 위한 가장 기본적이며 중요한 요소라고 할 수 있다. 포장 표준화를 위한 6가지 원칙은 다음과 같다(박석하 등, 2011).

- 제1원칙: 대량화 및 대형화의 원칙
- 제2원칙: 집중화 및 집약화의 원칙
- 제3원칙: 규격화 및 표준화의 원칙
- 제4원칙: 시방 변경의 원칙(포장의 보호성이 유지되는 범위 내에서 원가절감을 위해 가능)
- 제5원칙: 재질 변경의 원칙(내용품의 영향이 없는 범위 내에서 재질의 변경이 가능)
- 제6원칙: 시스템화 및 단위화의 원칙

결국 포장 규격의 표준화 여부가 수·배송 및 보관 하역의 기본 단위가 되는 팔레트의 적재 효율을 결정하게 된다. 따라서 물류 활동의 효율성 향상을 실현하기 위해서는 포장 치수의 모듈화, 포장 강도 및 재료의 적정화, 포장 자재의 품질관리 및 포장 표준 치수를 감안하는 활동 등을 통해 유닛로드 시스템의 구현이 필요하다.

15.3.3 그린 SCM 구현 방안

화물의 운송, 하역, 보관, 포장 등의 기능으로 대표되는 녹색 물류 활동을 중심으로 우선적으로 추진되어 오던 지속 가능한 공급사슬의 구현은 구매, 생산, 보관 및 판매 활동뿐만 아니라 시장으로부터 제품을 회수하는 역물류 활동과 여러 운송수단을 효율적으로 활용하는 모달시프트 활동으로 확산되었다. 이를 통해 원자재의 수급부터 완제품의 판매 및 회수에 이르기까지 전체 공급사슬을 대상으로 지속 가능성을 높이기 위한 방안을 설명한다.

(1) 그린 조달, 생산 및 보관

조달(구매)은 생산과 가공에 필요한 원자재 혹은 반제품을 공급자로부터 구매하는 과정을 의미한다. 조달의 전체과정은 공급자의 평가와 선정, 계약의 체결, 납품 및 대금 지급과 같은 주요 활동으로 구성되며, 그린 조달은 이러한 주요 활동을 지속 가능성을 높이는 방향으로 수행하는 것을 의미한다. 따라서 원자재 혹은 반제품의 구입량을 낮춰 원가를 절감하는 활동, 구매계약을 체결한 제품을 납품받는 과정과 네트워크 설계와 운영에서의 효율성을 높이는 직접적인 물류 활동뿐만 아니라 친환경적 기법으로 생산된 원자재와 반제품에 대한 구매를 우선하는 활동까지도 포함한다(Zsidisin & Siferd, 2001).

그린 조달

그린 생산은 필요한 자원을 최대한 효율적으로 사용하여 목표한 생산량을 달성함과 동시에 오염물 발생을 최소화하는 활동을 의미한다(박석하 등, 2011). 제품을 생산하는 공정을 개선하여 오염물 배출을 최소화하고 폐기 시에도 재활용 가능성을 높이거나 환경에 무해하도록 제품을 설계하는 활동들이 포함된다. 세부적인 추진 전략으로는 환경 친화적 원자재로의 변경, 작업 조건 혹은 관리기법의 개선, 생산 공정 변경, 환경 친화적 제품으로의 전환 및 원료의 현장 재사용과 같은 방안을 들 수 있다.

그린 생산

이러한 활동들은 단기적 관점에서 보면 더 많은 자본과 자원을 투입해야 하기 때문에 원가절감효과를 기대할 수 없고 이는 가격 경쟁력을 잃게 만드는 요인이라고 생각하기 쉽다. 그러나 생산에 필요한 원료, 공정, 작업 등을 개선함으로써 내부적인 비용 개선효과를 기대할 수 있으며, 외부 시장에서는 기술경쟁력을 갖출 수 있게 된다. 또한, 기업의 사회적 이미지 개선을 통해 경쟁력 강화에 도움이 될 수 있을 것이다.

(2) 그린 판매를 위한 네트워크 설계

그린 판매

그린 판매 활동은 완성된 제품을 최종 소비자에게 전달하는 과정에서 환경 친화적이며 효율성을 높일 수 있는 방안을 수립하는 것이다. 우선 생산 공정에서부터 최종 소비자에게 제품이 배송되는 전체과정을 하나의 네트워크라고 볼 때 실제 고객의 위치와 생산 기지의 위치는 재고 거점으로 대변되는 물류센터의 위치를 조정하는 것에 비해 더욱 어려운 일이다. 따라서 제품이 생산 기지로부터 어떤 과정을 통해 최종 소비자에게 전달되는지를 면밀하게 따져보고, 그 과정에서 효율성을 높임과 동시에 환경에 유해한 요소의 배출을 줄일 수 있는 방법을 설계할 필요가 있다. 제품의 판매를 위한 물류 네트워크를 설계할 때 참고해야 할 가장 기본적인 원칙으로는 다음 네 가지이다(박석하 등, 2011).

- 움직임이 없는 재고의 제거
- 팔리는 것만이 움직이는 조직
- 공장 직송 원칙
- 물류 서비스 수준(배송 리드타임)을 만족시킬 수 없는 지역만 거점 배치

그러나 모든 경우에 직송(direct shipment)이 유리한 것은 아니다. 판매 거점으로부터 모든 고객에게 제품을 직송하는 것보다는 밀크런(Milk-Run) 방식을 통해 운송 거리를 크게 줄여 비용을 절감할 수 있는 방법도 존재한다.

(3) 역물류

역물류(reverse logistics)

역물류(reverse logistics)는 제품의 생산에 사용된 주요 원자재를 제품이 폐기되는 시점에서 회수하여 원재료로 환원하고, 또 다른 신제품의 생산에 투입하는 활동으로 일반적인 공급사슬의 관리 범위가 원자재 수급부터 생산 및 판매과정을 거쳐 최종 소비자에게 제품 혹은 서비스를 제공하는 순방향에서 그 반대의 과정까지 확대하는 것을 의미한다.

역물류 활동은 자재 및 제품이 최종 소비자에게 전달되는 과정에서 발생하는 포장 용기, 포장재 및 포장 관련 폐기물의 수거 및 회수 활동뿐만 아니라, 최종 소비자가 사용 중 발생하는 불량품 및 반품 그리고 사용 후 폐기되는 제품 및 자재를 수거 및 회수하여 각 상태에 따라 분류한 후 재사용, 재판매, 재생산, 재활용 등 2차적 가공과정 또는 최종 폐기 처분을 위한 수송 및 재분배 과정에 필요한 모든 물류 활동을 포함한다(박석하 등, 2011). 따라서 앞서 언급한 3R 혹은 5R까지의 지속 가

능한 공급사슬 구현을 위한 전략을 모두 포함하는 것으로, 잔존 가치가 남아 있는 제품을 대상으로 해당 가치를 최대한 활용할 수 있도록 공급사슬의 운영을 개선하는 목적을 가지고 있다. 역물류는 크게 반품 물류, 회수 물류, 폐기 물류 활동으로 나눌 수 있으며, 다음과 같은 특징을 가지고 있다(박석하 등, 2011).

- 수요 및 공급의 불확실성: 역물류 대상 제품의 발생 시기, 발생량, 상태 등에 대한 예측이 매우 불확실하다.
- 고비용 구조: 발생한 대상 제품들의 상태 및 처리방법 등이 상이하기 때문에 대부분의 작업이 수작업에 의해 처리되어 높은 수준의 비용이 필요하다.
- 복수의 이해 관계자 공조 필수: 발생한 대상 제품의 수거, 운송, 처리, 관리, 관련 비용 및 이윤의 분배 등은 공급사슬 내 여러 이해 관계자들의 공조가 필요하다.
- 시간의 중요성: 시간이 지남에 따라 보유한 가치가 빠르게 감소하므로, 신속한 의사결정과 그 결과의 실행이 필요하다.
- 재고 파악의 어려움: 발생한 대상 제품에 대한 관심과 관리가 충분하지 못하기 때문에 대상 제품의 재고 파악이 현실적으로 어렵다.
- 추적 및 가시성 확보의 어려움: 발생한 대상 제품의 대부분이 개별 제품이고 포장이 적절하지 못한 상태이기 때문에 현존하는 기술로는 제품의 추적 및 가시성 확보가 어렵다.
- 회계 처리의 복잡성: 역물류 대상 제품과 관련된 비용(환불 및 보상 등)관리가 어렵다.

폐쇄순환형 공급사슬관리
(closed loop SCM)

제품의 판매 후 발생하는 소비자의 다양한 요구사항 증가와 기업의 사회적 책임의 범위가 확대됨에 따라 역물류 활동의 도입에 대한 요구가 증대되고 있다. 위에서 언급한 어려움이 존재함에도 불구하고 역물류 활동의 도입을 고려하고 있는 기업들은 순물류 활동을 통해 관리하지 못했던 영역으로의 관리 범위를 확장하고, 이를 통합적으로 관리함으로써 진정한 의미에서의 '**폐쇄순환형 공급사슬관리(closed loop SCM)**'의 완성을 기대할 수 있다. 이를 통해 공급사슬 전체에 산재해 있는 불필요한 자원의 제거와 재활용을 통한 경제적 효과를 얻을 수 있을 뿐만 아니라 고객 만족도 향상 및 판매 공간, 유통채널의 효율성 향상의 효과까지도 기대할 수 있다.

(4) 모달시프트

모달시프트(Modal Shift)

공급사슬의 물리적 범위가 전 세계로 확대됨에 따라 이제는 한 가지 수단을 통해 원자재를 구매하고, 제품을 생산 · 판매하는 것은 불가능하다고 말할 수 있다. 따라서 기존에 이용하던 운송수단을 보다 효율성이 높은 운송수단으로 변경하는 것을 고민해야 하는 시점이며, 단순한 운송수단의 교체보다는 다양한 운송수단의 결합을 통해 비용뿐만 아니라 전체 효율성을 높일 수 있어야만 한다. 예를 들어 [그림 15-5]와 같이, 전체 운송과정의 일부를 화물 자동차로부터 대량 수송이 가능하며, 환경 부담이 적은 철도나 해상 수송(내륙 수운 포함)으로 전환하는 것이 하나의 대안이 될 수 있다. 모달시프트의 초점은 경쟁 유발 혹은 사용자 편익 향상에 있지 않다. 반면에 에너지 절감 및 환경 부담 감소를 실현하기 위해 고효율 화물 운송 수단의 활용 방법을 적극적으로 도출하는 데 있다.

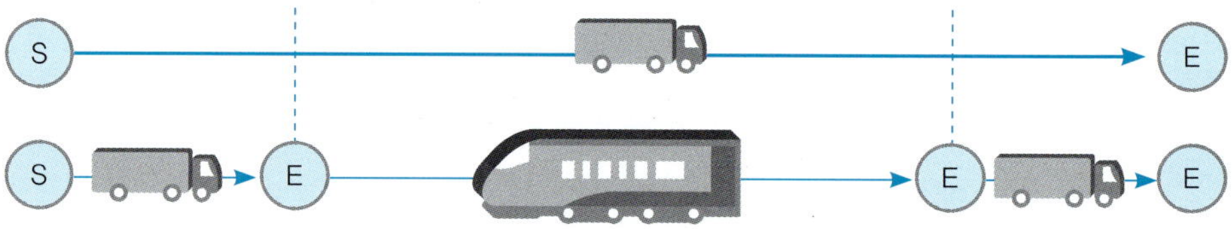

[그림 15-6] 모달시프트 예제

모달시프트의 체계적인 구축과 도입효과의 극대화를 위해서는 운송수단 간 전환 단계가 오히려 병목 현상의 원인이 될 수 있기 때문에 면밀한 조사와 정교한 시스템 설계가 필수적이다. 예를 들어, 트럭을 이용해 운송 중이던 컨테이너를 철도로 옮겨 싣기 위해서는 컨테이너의 하역 작업을 위한 장비가 철도 화물 터미널에 설치되어 있어야 하며, 컨테이너의 적재 순서와 트럭의 정시 도착 여부에 따라 반대로 더 많은 비용과 비효율적 요소가 발생할 수 있다는 점을 유념해야 한다.

모달로 수송 시스템 (modalohr trailer wagon)

이를 개선한 사례로 **모달로 수송 시스템(modalohr trailer wagon)**을 들 수 있는데, [그림 15-7]에서 보이는 로리레일(Lorry Rail) 트레일러 왜건은 수평 상하차 시스템으로 트럭이 사선으로 진입하여 컨테이너를 대차 위에 놓고 빠져 나가는 시스템이다.[3]

3) Modalohr Web site (http://www.modalohr.com/gb.htm)

[그림 15-7] 모달시프트를 위한 시스템 개선 사례

이러한 시스템 도입을 통해 컨테이너 적재를 위한 크레인 등의 설치가 필요 없으며, 다수의 트럭이 동시에 컨테이너 하역 작업을 수행할 수 있기 때문에 모달시프트 도입의 효과를 극대화할 수 있다.

요약

- 일반적인 비즈니스 환경에서 지속 가능성, 지속 가능 경영이 의미하는 바는 현재 상태를 유지하기 위한 기법으로, 미래의 가치를 훼손하지 않는 범위 내에서 현재 가치를 극대화하는 방법을 의미한다.
- 지속 가능한 공급사슬은 지속 가능성 향상을 위한 전략을 공급사슬 관점에서 해석한 것으로, 공급사슬 운영에 있어 경제적 가치, 사회적 가치, 환경적 가치를 유지할 수 있도록 하는 전략을 의미한다.
- 지속 가능한 공급사슬은 마케팅, 생산 및 재무적 관점에서 경제적 가치를 실현할 수 있다.
- 녹색 물류와 그린 SCM은 공급사슬 운영의 활동의 결과가 환경적으로 부정적인 영향을 미치지 않도록 관리하는 전략을 의미한다.
- 운송, 보관, 하역 및 포장 등의 물류활동의 효율화를 위한 전략과 조달, 생산, 판매, 역물류 활동에서 효율성을 높이기 위한 방향을 제시한다.

연·습·문·제

1. 지속 가능한 경영은 단기적 목표보다는 중장기적 경영성과를 얻는 데 중점을 두고 있는 전략이라고 볼 수 있다. 그렇다면 공급사슬 운영에 있어 지속 가능성을 높이는 방법 중 단기적 성과를 얻을 수 있는 방법을 제시하시오.

2. 지속 가능한 경영 혹은 발전이 기업의 경영에 있어서 경제적 가치를 실현하는 과정에 대해서 개인적 의견을 제시하시오.

3. 공급사슬 위험관리와 지속 가능한 공급사슬은 어떠한 관계를 가진다고 할 수 있는지 설명하시오.

4. 녹색 물류 활동과 그린 SCM 활동의 차이를 공급사슬 운영의 범위를 기준으로 설명하시오.

5. 전통적인 공급사슬 운영의 최적화 관련 연구가 지속 가능한 공급사슬의 구현을 위해 어떻게 활용될 수 있는지 설명하시오.

참·고·문·헌

김현수 · 조면식(2002). 환경 포장을 통한 환경친화적 물류 구현. 산업경영시스템학회지, 25(2), 163-171.

박석하 · 김덕열 · 김충일 · 김현수 · 이강대(2011). 녹색물류. 한국표준협회미디어.

Beamon, B. M.(1999). Designing the green supply chain. *Logistics Information Management, 12*(4), 332−342. doi:10.1108/09576059910284159

Burton, I.(1987). Report on reports: Our common future. *Environment: Science and Policy for Sustainable Development, 29*(5), 25−29. doi:10.1080/00139157.1987.9928891

Ciliberti, F., Pontrandolfo, P., & Scozzi, B.(2008). − Logistics social responsibility: Standard adoption and practices in italian companies. *International Journal of Production Economics, 113*(1), 88−106. doi:− http://dx.doi.org/10.1016/j.ijpe.2007.02.049

Kim, K., Jeong, B., & Jung, H.(2014). Supply chain surplus: Comparing conventional and sustainable supply chains. *Flexible Services and Manufacturing Journal, 26*(1−2), 5−23. doi:10.1007/s10696−012−9163−2

Mefford, R. N.(2011). The economic value of a sustainable supply chain. *Business and Society Review, 116*(1), 109−143. doi:10.1111/j.1467−8594.2011.00379.x

Muthukrishnan, R., & Shulman, J. A.(2006). *Understanding supply chain risk: A McKinsey global survey*. McKinsey & Co.

Stonebraker, P. W., Goldhar, J., & Nassos, G.(2009). Weak links in the supply chain: Measuring fragility and sustainability. *Journal of Manufacturing Technology Management, 20*(2), 161−177. doi:10.1108/17410380910929600

van der Laan, E. A.(Erwin).(1997). *The effects of remanufacturing on inventory control.*

Wagner, M., & Schaltegger, S.(2003). Introduction: How does sustainability performance relate to business competitiveness? *Greener Management International*, 2003(44), 5−16.

Welford, R.(2000). Corporate environmental management 3: Towards sustainable development. New York, United States: Earthscan.

Zsidisin, G. A., & Siferd, S. P.(2001). Environmental purchasing: A framework for theory development. *European Journal of Purchasing &Supply Management, 7*(1), 61−73. doi:http://dx.doi.org/10.1016/S0969−7012(00)00007−1

찾·아·보·기

ㅈ

ㅊ

ㅋ

ㅌ

ㅍ

M

N

O

P

T

U

V

W

X